中国机械工业教育协会“十四五”普通高等教育规划教材
新工科·普通高等教育系列教材

理论力学

王晓君　郭章新　吴亚丽　郭美卿　编著

机械工业出版社

为满足新工科建设对创新人才的需求，本书根据教育部高等学校力学类专业教学指导委员会面向21世纪力学课程教学改革要求，在借鉴现有的理论力学教材和近几年国家优秀教改成果的基础上，融合编者多年的教学实践编写而成。

本书继承了经典理论力学教科书的逻辑框架和知识体系，主要内容分为静力学、运动学、动力学三大篇。编者注重在以下几方面进行改进：结合新工科背景更新课堂教学内容，选取具有时代性和前沿性的工程案例及生活实例帮助读者理解力学定理并活学活用；基于矢量与力及力矩的计算，静力学篇直接对三维问题进行分析推导，加强读者对实际中常出现的三维问题的处理能力；书中穿插思考与讨论，每章结尾处提供思维导图，梳理本章知识点之间的脉络关系，有助于读者及时掌握和辨析基本概念和定理，并对所学知识建立整体性认知；配套“课程加油站”电子资源，形成力学专业课程与思政同向同行协同育人；配套用Maple软件求解典型例题的电子资源，引导读者应用计算机软件解决力学问题。

本书共16章，第1~5章为静力学，第6~9章为运动学，第10~16章为动力学。本书涵盖了理论力学的基础知识和理论，考虑到学时减少的因素，略去了碰撞和振动等专题应用篇章。

本书可供高等学校工科类专业不同层次教学选用。

图书在版编目（CIP）数据

理论力学 / 王晓君等编著. -- 北京 : 机械工业出版社, 2025. 8. --（中国机械工业教育协会“十四五”普通高等教育规划教材）（新工科·普通高等教育系列教材）. -- ISBN 978-7-111-78656-6

Ⅰ. O31

中国国家版本馆CIP数据核字第2025LS6389号

机械工业出版社（北京市百万庄大街22号　邮政编码100037）
策划编辑：汤　嘉　　责任编辑：汤　嘉　李　乐
责任校对：郑　婕　陈　越　　封面设计：张　静
责任印制：单爱军
唐山三艺印务有限公司印刷
2025年8月第1版第1次印刷
184mm×260mm · 22.25印张 · 521千字
标准书号：ISBN 978-7-111-78656-6
定价：69.00元

电话服务
客服电话：010-88361066
010-88379833
010-68326294

网络服务
机　工　官　网：www.cmpbook.com
机　工　官　博：weibo.com/cmp1952
金　　书　　网：www.golden-book.com
机工教育服务网：www.cmpedu.com

前　言

党的二十大报告提出“深入实施科教兴国战略、人才强国战略、创新驱动发展战略”。在此背景下，“新工科”正在成为我国大学教育的一种创新与探索。“新工科”以立德树人为引领，不仅注重对学生创新能力和综合能力的培养，还注重学生社会责任感的养成，最终达到培养德才兼备、具有可持续竞争力人才的目的。

作为工科基础力学课程，“理论力学”是工科院校学生从理论迈向工程的第一步，其核心是对力学基本原理的阐述，是理论之源、工程之基，具有逻辑推理的严密性和对工程问题的高度抽象概括性。面对“新工科”需求，建设与其相匹配的理论力学一流课程资源，以期调动读者的学习兴趣、夯实其力学功底，培养其创新精神和工程实践能力。从这个愿望出发，根据教育部高等学校工科本科“理论力学”课程教学基本要求、教育部高等学校力学类专业教学指导委员会面向21世纪力学课程教学改革要求，在借鉴现有的理论力学教材和近几年国家优秀教改成果的基础上，编者融合多年的教学实践，编写了本书。

编者注重从责任、能力和知识的三个维度进行编写，既帮助读者掌握理论力学的专业课程知识和培养分析相关问题的能力，强化其责任和情怀。本书主要在以下几方面做了改进：

(1) 在新工科建设背景下，本课程在夯实力学基础理论的同时，紧密结合各专业特色，精心设计了系列创新性工程实践案例。通过将生动有趣的工程现象和富有启发性的工程实例有机融入教学全过程——从基本概念的引入、课堂互动讨论到典型例题解析和课后习题设计，有效激发读者的学习兴趣，促进其对力学原理的深入理解和灵活应用。本书注重培养读者建立力学模型的抽象思维能力，持续更新优化教学内容体系，既强调基础理论知识与工程实践技能的融会贯通，又注重教学过程与科学思维方法的协同统一，全方位提升读者的工程素养和创新能力。

(2) 静力学篇不同于现有教材编写体系，将力、力矩及力偶等基本概念集中到一章介绍，既突出重点又分散难点。同时，基于矢量运算直接对三维问题进行分析推导，避免读者将学习重点放在二维问题上，对实际中常出现的三维问题缺乏明确的认识和处理能力，为本课程及后续力学系列课程的学习打好基础。

(3) 部分定理采用多种方法进行推导，既有严格证明，又有形象直观的几何解释和物理解释；例题选取充分体现一题多解，特别是动力学部分，经典例题贯穿所有章节；在满足不同基础读者学习需求的同时，培养其多角度思考的习惯，有助于活跃其思维，达到活学活用的目的。

(4) 在正文部分穿插思考与讨论，汇编有助于概念辨析和理解的问题，使读者在阅读、学习的过程中加深理解，及时、准确掌握基本概念，解决其对基础知识理解不准确甚至混淆概念的问题。

(5) 每章引言部分注重理顺本章各节之间的关联及相通之处，结尾处提供本章思维导图，梳理本章知识点及主题之间的脉络关系，培养读者使用思维导图进行学习的习惯，提高其对所学知识的整体性认知。

(6) 配套“课程加油站”数字资源，深入挖掘和系统梳理中外历史人物和经典工程案例中的德育元素，将专业知识传授与社会主义核心价值观引领有机融合，培养读者的家国情怀和工程伦理意识，实现力学专业课程与思想政治理论课的同频共振，实现协同育人。

(7) 配套用 Maple 软件求解例题的电子资源，将理论力学、计算机数值计算和图形可视化技术有机融合，帮助读者深入理解课程内容，提升利用现代计算工具高效解决力学问题的实践能力。

本书由太原理工大学从事理论力学教学工作十年以上的教师编写，其中郭章新副教授编写了第 1~4 章，郭美卿副教授编写了第 5~7 章，吴亚丽副教授编写了第 8~10 章，王晓君教授编写了第 11~16 章并完成全文统稿。

感谢太原理工大学陈昭怡教授、杨强教授对书稿进行了认真仔细的审阅、修改，并提出了宝贵意见，陈昭怡教授还为本书提供了自己精心整理的知识点汇总资料，以及丰富的工程应用和生活实例的图片。感谢河北工业大学李银山教授、中国农业大学陈奎孚教授为本书提供的指导和帮助。感谢太原理工大学研究生李博旺、王政昱、杨明超等为本书例题配套的机械动图制作和 Maple 软件求解程序开发所做的贡献。

限于编者水平，不妥之处恳请读者不吝指正。

编　者

目　录

第 2 篇 运 动 学

第3篇 动力学

绪论

1. 理论力学的研究对象和内容

理论力学是研究物体机械运动一般规律的学科。

机械运动是指物体在空间的位置随时间的变化，是人们生活和生产实际中最常见的一种运动。机械运动无处不在，例如，各种交通工具的运行、机器的运转、大气和河水的流动、原子及电子的运动等。

理论力学研究的是速度远小于光速的宏观物体的机械运动，属于古典力学的范畴。该学科以伽利略和牛顿建立的基本定律为理论基础，借助严密的数学工具进行演绎，得出各种形式的定理和结论。当物体和基本粒子的速度接近光速时，古典力学的定理和结论不再适用，其运动规律必须用相对论和量子力学的观点才能完善地予以解释。在日常生活和一般工程中，物体的运动速度都远小于光速，因此，古典力学有着广泛的应用。

理论力学是一门体系完整的独立学科，不同于大学物理以质点为研究对象的力学部分，理论力学的研究对象是质点系，所建立的有关动力学的定理和方程具有普遍意义。本课程主要将这些定理应用于刚体及简单刚体系统，内容包括静力学、运动学及动力学三大部分。

静力学主要研究物体在力系作用下的平衡规律，涉及物体受力的分析方法，以及力（力系）的一般性质和合成法则。

运动学研究物体运动的几何性质（轨迹、速度和加速度等），不考虑引起物体运动变化的原因，即不进行受力分析。

动力学研究物体受力与运动变化之间的关系。

2. 理论力学的研究方法

理论力学的研究方法首先是在对事物观察和实验的基础上，经过抽象、简化建立力学的理想模型；然后对力学模型应用基本规律，经过逻辑推理和数学演绎，建立数学模型进而求解；最后通过实验和实践得以验证。

自然现象是复杂的，实际问题是千姿百态的，因此必须在各种现象中抓住事物的本质，即起决定性作用的主要因素，撇开次要因素，明确事物之间的内在联系。例如：忽略物体的几何尺寸，抽象得到质点的模型；忽略物体在受力下的变形，抽象得到刚体模型；忽略摩擦，得到理想约束的模型。这种抽象化、理想化的方法，一方面简化了所研究的问题，另一方面也更深刻地反映出事物的本质。

但需要注意的是，抽象化的模型是在一定条件下得到的，当条件改变后，之前的模型不一定适用，需要根据新的条件建立新的模型。学习理论力学，主要是要学会抽象力学模型，并运用理论力学中的概念和理论，灵活、合理、巧妙、综合地分析复杂结构和机构的受力和运动。

与一切科学相同，对力学基本规律的研究起源于对实际现象的观察和归纳。人类在生产实践中很早就开始积累经验并形成初步的力学知识。我国的墨子（约前 468—前 376）在《墨经》中已经对力和重心的概念做了记载。伽利略（1564—1642）正确认识了物体的惯性和加速度的概念，提出了运动相对性原理。开普勒（1571—1630）在对大量天文观测资料的分析中总结出行星的运动规律。牛顿（1643—1727）在前人研究的基础上，提出了动力学基本定律——万有引力定律，奠定了牛顿力学的基础。

课程加油站

此后，力学的研究逐渐从归纳性科学转变为演绎性科学，即以牛顿定律为出发点，利用数学推理得出结论以解释实际现象，数学方法在理论力学的发展中起了重大的作用。欧拉（1707—1783）建立了刚体运动微分方程，达朗贝尔（1717—1783）建立了与牛顿第二定律等效的达朗贝尔原理，拉格朗日（1736—1813）以虚位移原理和达朗贝尔原理为演绎基础，导出拉格朗日方程，产生了与牛顿矢量力学并驾齐驱的分析力学体系。该体系引进标量形式的广义坐标、能量和功，采用纯粹的分析方法，摆脱了以矢量为特征的几何方法。矢量力学和分析力学是经典力学不可分割的两个方面，理论力学成功地应用逻辑推理和数学演绎的方法，建立了严密而完整的理论体系。

在近代力学的发展过程中，需要用古典力学的基本方法对实验资料进行归纳和总结，以解释新的力学现象或探索新的自然规律。计算机的发展和普及，不仅能完成力学问题中大量繁杂的数值计算，而且在逻辑推理、公式推导等方面也是极其有效的工具。对复杂工程对象的动力学计算，已经越来越多地采用分析力学与计算软件相结合的发展道路。然而，不论演绎过程如何严格，所导出的结论都必须经受实践的检验才能被认为是正确的结论。

课程加油站

3. 学习理论力学的意义

理论力学建立的基本规律在工程实际中具有广泛的应用，无论是历史悠久的土木工程、水利工程、机械工程，还是现代兴起的航天航空工程、海洋工程、核技术工程、生物医学工程等都离不开理论力学的支持。理论力学既是基础学科，又是技术学科，对理工科的学生来说既有基础性，又有应用性。因此，理论力学是面向力学、机械、土木、矿业、材料、水利、航天航空等工科专业本科生必修的专业基础课程，是学生接触的第一门力学课程，力学中最基本和最基础性的概念和理论大都在理论力学中建立起来。

通过理论力学的学习，一方面要学会运用力学基本知识直接解决工程实际问题，另一方面要为后续系列课程如材料力学、结构力学、流体力学、振动力学等力学基础课程及机械原理等许多专业课程打下重要的理论基础。

第1篇　静　力　学

静力学是研究物体在**力系**作用下的**平衡规律**的科学。静力学是力学的基本内容，其中所涉及的概念和方法，应用广泛，影响深远。

力是物体间相互的机械作用，这种作用使物体的机械运动状态发生变化，同时使物体发生变形。

平衡是物体**机械运动**的一种特殊状态，在一般工程问题中，平衡是指相对于地球**保持静止或做匀速直线运动**。

静力学主要研究以下三个问题：

（1）物体的受力分析；

（2）力系的简化；

（3）力系的平衡条件及应用。

其中，力系简化是讨论力系平衡的前提条件，力系简化的应用不仅限于静力学，在动力学中同样重要。力系平衡条件可用于计算结构在载荷作用下的约束力，为结构设计提供基础。

第 1 章 静力学公理与物体的受力分析

本章包括静力学公理及物体的受力分析等内容，是静力学的基础。本章首先介绍静力学的基本概念和公理，然后介绍工程中常见的几种约束和约束力，最后介绍物体的受力分析方法及画受力图的方法。

1.1 基本概念

1.1.1 力

力是物体之间相互的机械作用。力的作用使物体发生两种效应：运动效应和变形效应。运动效应是使物体的运动状态发生改变，变形效应是使物体的形状发生改变。

力对物体的作用效果取决于力的**大小、方向**和**作用点**，称为力的三要素。力可以用一个矢量表示，如图 1-1 所示，矢量的模按一定的比例尺表示力的大小。在国际单位制中，力的基本单位是牛顿，用符号 N 表示，$1\mathrm{N}=1\mathrm{kg}\cdot\mathrm{m/s^2}$。矢量的方位和指向表示力的方向，矢量的起点（或终点）表示力的作用点。

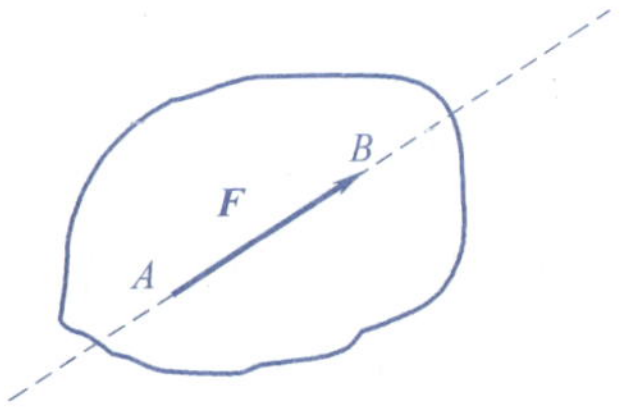

图 1-1

实际上，物体受力时接触处多数情况下并不是一个点，而是具有一定尺寸的面积，这种力称为**分布力**；当分布力作用面积与物体的尺寸相比很小时，可以将其理想化为作用于一点的合力，称为**集中力**。

常见的力有：重力、拉力、推力、风力、雨雪载荷、电磁力等。无论物体之间直接接触还是相隔一定的距离，都有可能存在力的作用，像人推重物、人搬东西等属于前者，万有引力、电磁力等属于后者。

1.1.2 力系

作用于物体上的多个力，称为**力系**。根据力系中各力的作用线在空间的分布可将力系分为**平面力系**和**空间力系**，根据力系中各力的作用线之间的关系又可将力系分为**汇交力系**、**力偶系**、**平行力系**以及**任意力系**。

如果两个力系对同一物体的作用效果相同，则称它们互为**等效力系**。把一个力系用与之等效的另一个力系代替的过程，称为力系的**等效替换**。把一个复杂力系用一个简单力系等效替换的过程，称为**力系的简化**。

如果一个力可与一个力系等效，则该力称为此力系的**合力**，力系中的各力称为**分力**。如果作用于物体上的力系使物体保持平衡，则该力系称为**平衡力系**。此时力系所满足的条件称为力系的**平衡条件**。

1.1.3 刚体

在任何受力情况下都不变形的物体称为**刚体**，这一特征表现为刚体内任意两点之间的距离始终保持不变。当物体受力时变形很小，对物体运动和平衡的影响甚微，可以忽略不计时，可将物体抽象为刚体。刚体是一种理想化的力学模型，如果将某个物体看作刚体，则在研究力对这个物体的作用效应时可以不考虑该物体的变形，这将使所研究的问题得到很大的简化。

课程加油站

思考与讨论：

（1）作用于物体上的两个力等效的条件是什么？

（2）自然界中的石块、金刚石等是刚体吗？

1.2 静力学公理及推论

公理是人类在生活和生产过程中，经过长期的观察和经验积累，又经过实践反复检验，总结得到的大家公认的客观真理。

公理 1　二力平衡公理

作用于刚体上的两个力，使刚体保持平衡的必要与充分条件是：这两个力大小相等、方向相反，并且作用在同一条直线上，如图 1-2 所示。

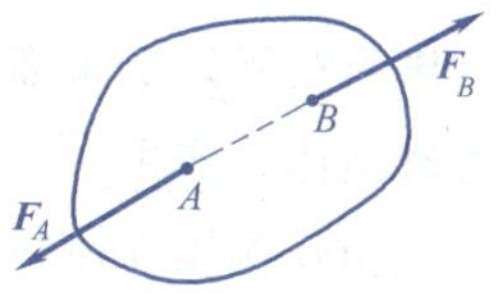

图 1-2

这个公理提供了一种最简单力系的平衡条件。对于刚体，此条件是**充要**条件，但对变形体此条件只是**必要条件而不是充分条件**。例如：水平桌面上放置的不可伸长的轻质柔性绳在大小相等、方向相反并且作用在同一条直线上的两个力作用下，不一定处于平衡状态。如图 1-3 所示，图 1-3a 所示为柔性绳处于平衡状态，图 1-3b 所示为柔性绳处于非平衡状态。

a)　　b)

图 1-3

工程实际中经常遇到的只受两个力作用而平衡的刚体，称为**二力构件**，如图 1-4a、b 所示；只受两个力作用而平衡的直杆，称为**二力杆**，如图 1-4c 所示。

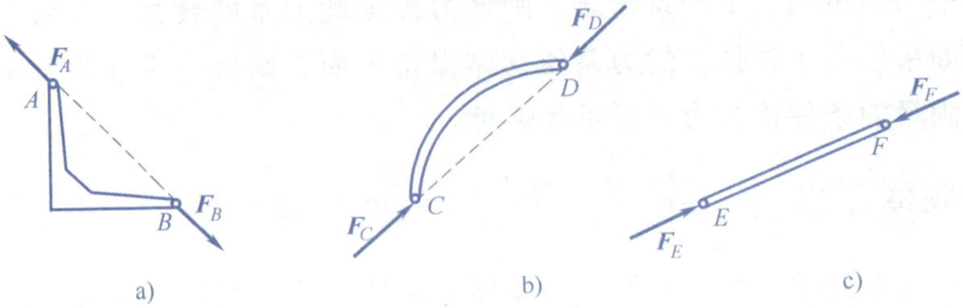

图 1-4

思考与讨论：

（1）只在两点受力的构件（直杆）是否就是二力构件（二力杆）？

（2）二力构件所受力与构件的形状有关吗？

公理 2　加减平衡力系公理

在作用于刚体上的已知力系上，加上或减去任意个平衡力系，不改变原力系对刚体的作用效果。

这个公理是研究力系等效替换的重要依据，也是力系简化的理论依据。相差一个或几个平衡力系的任意两个力系是等效力系，可以等效替换。

加减平衡力系公理只适用于刚体，不适用于变形体；原力系可以是平衡力系，也可以是非平衡力系。

根据上述公理可以得到以下推论：

推论 1　力的可传性原理

作用在刚体上某点的力，可以沿其作用线移动到刚体内任意一点，而不改变该力对刚体的作用。

证明：作用在刚体上点 A 的力 $\boldsymbol{F}$，如图 1-5a 所示。要使力 $\boldsymbol{F}$ 的作用点移至其作用线上任一点 B，根据加减平衡力系公理，在点 B 添加一对平衡力 $\boldsymbol{F}_1$ 和 $\boldsymbol{F}_2$，使 $\boldsymbol{F}=-\boldsymbol{F}_1=\boldsymbol{F}_2$，如图 1-5b 所示。由于力 $\boldsymbol{F}$ 和 $\boldsymbol{F}_1$ 也是一个平衡力系，故可去除。这样只剩下作用于刚体上 B 点的力 $\boldsymbol{F}_2$，如图 1-5c 所示，显然它与原来作用于点 A 的力 $\boldsymbol{F}$ 是等效的。这样就将力 $\boldsymbol{F}$ 从原来的作用点 A 沿着作用线移到了点 B。

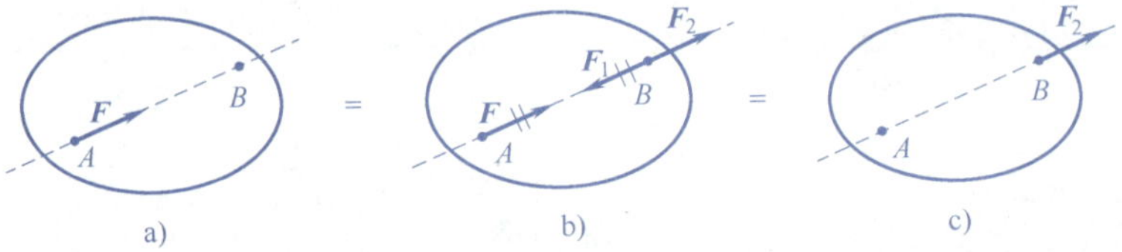

图 1-5

作用于刚体上的力可以沿其作用线任意移动，这种性质称为**力的可传性**。作用在刚体上力的三要素为大小、方向、作用线。作用在刚体上的力为**滑动矢量**。

思考与讨论：

（1）为什么加减平衡力系公理只能适用于刚体？举例说明。

（2）若力 $\boldsymbol{F}$ 的作用线沿着 AB 的连线方向（见图 1-1），力 $\boldsymbol{F}$ 的作用点在 A 处或 B 处，以及线段 AB 的任一点处，力 $\boldsymbol{F}$ 对刚体的作用效果一样吗？

（3）为什么力的可传性原理只能适用于刚体？推导中哪一步体现这一限制条件？

（4）既然作用于刚体上的力具有可传性，那么作用于刚体上的力在刚体内任意移动是否都不改变力对刚体的作用效果？

公理 3　力的平行四边形法则

作用于物体上某一点的两个力，可以合成为一个合力。合力的作用点也是该点，合力的大小和方向，由这两个力为邻边构成的平行四边形的对角线确定，如图 1-6a 所示。

合力可用矢量式表示为

$$\boldsymbol{F}_{\mathrm{R}}=\boldsymbol{F}_1+\boldsymbol{F}_2 \tag{1-1}$$

即合力是两个分力的矢量和（或几何和）。也可以用力的三角形法则求合力的大小和方向，如图 1-6b、c 所示。

课程加油站

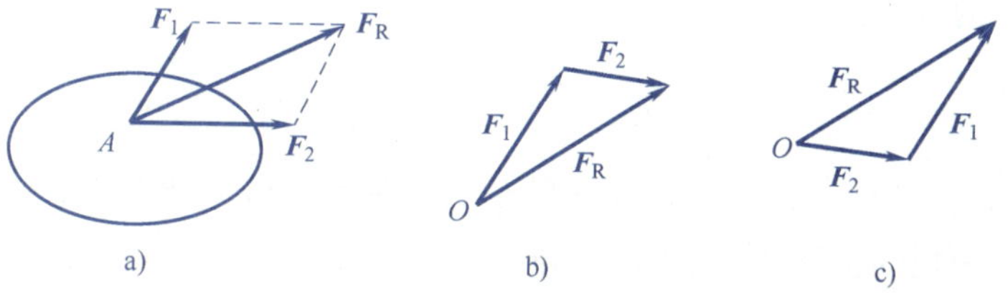

图　1-6

力的平行四边形法则是力系简化的基础。

需要注意，由力的平行四边形法则可知，两个共点力的合力是唯一的。反之，若将一个力分解为两个分力，若无足够的条件，则解答不是唯一的。因为在 $\boldsymbol{F}_{\mathrm{R}}=\boldsymbol{F}_1+\boldsymbol{F}_2$ 中，每个矢量都包含大小和方向两个要素，故上式共有六个要素，必须已知四个要素才能确定其余的两个。

下面介绍力的平行四边形法则的推广应用：作用于同一点的多个力的合成方法。

如图 1-7a 所示，在刚体的点 A 上作用四个力 $\boldsymbol{F}_1$、$\boldsymbol{F}_2$、$\boldsymbol{F}_3$ 和 $\boldsymbol{F}_4$，连续应用力的三角形法则，分别将这些力依次相加，就可以得到合力的大小和方向。选取一定的比例尺，从任意一点 a 作矢量 $\overrightarrow{ab}$ 表示力 $\boldsymbol{F}_1$，再从点 b 作矢量 $\overrightarrow{bc}$ 表示力 $\boldsymbol{F}_2$，连接点 a 和点 c 得到的矢量 $\overrightarrow{ac}$ 即表示力 $\boldsymbol{F}_1$ 和 $\boldsymbol{F}_2$ 的合力 $\boldsymbol{F}_{R1}$。再从点 c 作矢量 $\overrightarrow{cd}$ 表示力 $\boldsymbol{F}_3$，连接点 a 和点 d 得到力 $\boldsymbol{F}_{R1}$ 和 $\boldsymbol{F}_3$ 的合力 $\boldsymbol{F}_{R2}$（也是 $\boldsymbol{F}_1$、$\boldsymbol{F}_2$ 和 $\boldsymbol{F}_3$ 的合力）。再从点 d 作矢量 $\overrightarrow{de}$ 表示力 $\boldsymbol{F}_4$，连接点 a 和点 e 得到力 $\boldsymbol{F}_{R2}$ 和 $\boldsymbol{F}_4$ 的合力 $\boldsymbol{F}_R$，也就是 $\boldsymbol{F}_1$、$\boldsymbol{F}_2$、$\boldsymbol{F}_3$ 和 $\boldsymbol{F}_4$ 的合力，如图 1-7b 所示。

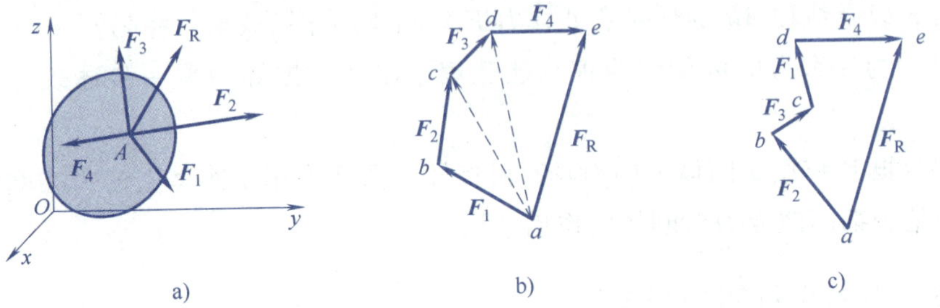

图　1-7

图 1-7b 中的虚线 ac 和 ad 可不作出来，将各分力的矢量依次首尾相连，得到一个多边形 $abcde$，这个多边形称为**力多边形**，该力多边形一般不封闭，其封闭边即各分力的合力，指向由力多边形起点指向它的终点。上述作图方法称为**力的多边形法则**。改变各力的作图顺序，即可得到形状不同的力多边形，但其合力矢保持不变，如图 1-7c 所示。

总之，作用于刚体上同一点的多个力可合成一合力，其合力的大小与方向等于各分力的矢量和（几何和），合力的作用线通过该点。设力系包含 n 个力，以 $\boldsymbol{F}_R$ 表示它们的合力矢，则有

$$\boldsymbol{F}_R=\boldsymbol{F}_1+\boldsymbol{F}_2+\cdots+\boldsymbol{F}_n=\sum_{i=1}^{n}\boldsymbol{F}_i \tag{1-2}$$

在理论力学教材中，为了以后书写方便，在无混淆的情况下，一般均略去求和符号中的 $i=1$，n，把式（1-2）写为

$$\boldsymbol{F}_R=\sum \boldsymbol{F}_i \tag{1-3}$$

思考与讨论：

（1）试比较 $\boldsymbol{F}_R=\boldsymbol{F}_1+\boldsymbol{F}_2$ 和 $F_R=F_1+F_2$ 两个等式代表意义的区别。

（2）用力的三角形法则求合力，作图顺序对结果是否有影响？

（3）两个平行力是否可以合成一个力？如何合成？

根据上述公理可以得到以下推论：

推论 2　三力平衡汇交定理

作用于刚体上三个相互平衡的力，若其中两个力的作用线汇交于一点，则第三个力的作用线必通过此汇交点，且三力的作用线必在同一平面内。

证明：如图 1-8a 所示，在刚体上 A_1、A_2、A_3 三点分别作用三个相互平衡的力 $\boldsymbol{F}_1$、$\boldsymbol{F}_2$、$\boldsymbol{F}_3$。**由力的可传性原理，将力 $\boldsymbol{F}_1$ 和 $\boldsymbol{F}_2$ 移至点 O，再根据力的平行四边形法则，求得合力 $\boldsymbol{F}_{12}$，如图 1-8b 所示。**因为力系平衡，**则力 $\boldsymbol{F}_3$ 一定与 $\boldsymbol{F}_{12}$** 平衡。根据二力平衡公理，力 $\boldsymbol{F}_3$ 的作用线必与合力 $\boldsymbol{F}_{12}$ 共线，并且力 $\boldsymbol{F}_3$ 必位于 $\boldsymbol{F}_1$ 和 $\boldsymbol{F}_2$ 决定的平面内。于是定理得证。

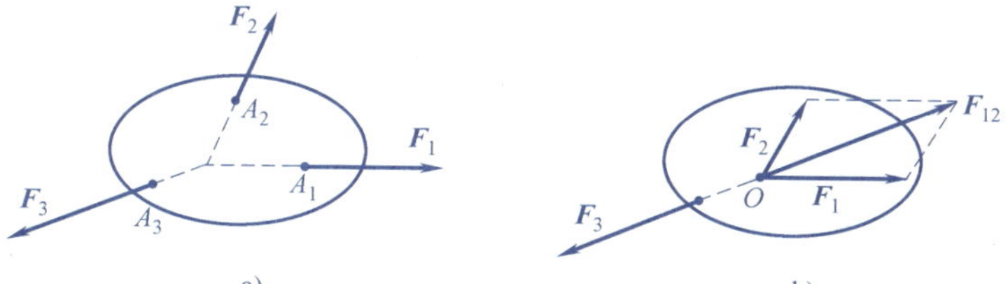

图　1-8

思考与讨论：

（1）刚体在三个力的作用下是否一定处于平衡状态？为什么？

（2）若刚体在三个力的作用下处于平衡状态，则这三个力一定汇交于一点，这种说法对吗？为什么？

（3）三力平衡汇交定理应用的前提条件是刚体，证明过程中哪一步有此条件限制？

公理 4　作用与反作用公理

两物体间相互作用的作用力与反作用力总是同时存在，这两个力大小相等、方向相反、沿着同一直线，分别作用在这两个物体上。

此公理是受力分析时必须遵循的原则，概括了物体间相互作用的关系。作用力和反作用力总是同时成对存在的，如果已知作用力，就可以确定反作用力的大小和方向。作用力和反作用力分别作用在两个物体上，二者不是一对平衡力。

思考与讨论：

（1）二力平衡公理和作用与反作用公理中的两个力，分别满足什么条件？二者有什么异同之处？

（2）作用与反作用公理是否仅适用于刚体？变形体是否适用？

公理 5　刚化原理

变形体在力系作用下处于平衡状态，如果把该变形体视为刚体，则其平衡状态保持不变。

这个公理建立了变形体力学与刚体力学的联系，提供了把变形体看作刚体模型的条件，对处于平衡状态的变形体，总可以把它看作刚体来研究。这个公理为研究刚体系统的平衡问题时，灵活选取研究对象提供了非常重要的理论基础。

如图 1-9a 所示，柔性绳在等大、反向、共线的两个拉力作用下处于平衡状态，如果将柔性绳刚化成刚体，其平衡状态保持不变，如图 1-9b 所示。反之，刚性杆在等大、反向、共线的两个压力作用下处于平衡状态，如图 1-10a 所示，如果把它换成柔性绳，则不能保持平衡状态，如图 1-10b 所示。

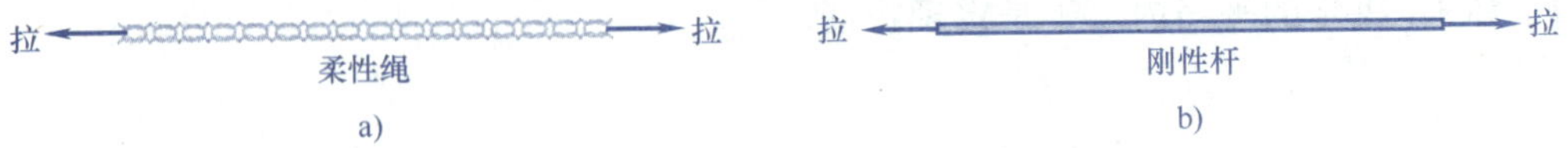

图 1-9

图 1-10

由此可见，刚体的平衡条件是变形体平衡的必要条件，而非充分条件。

1.3 约束和约束力

1.3.1 约束的概念

一些生产和生活中的物体在空间的运动不受任何限制，这些物体称为**自由体**，如空中飞行的飞机、火箭等属于自由体。但有另一些物体，它们在空间的运动受到了周围物体的限制，这些物体称为**非自由体**。限制非自由体运动的周围物体，称为非自由体的**约束**。如重物由绳索吊住，重物受绳索的限制，不能向下运动，绳索是重物的约束；火车受铁轨的限制，只能沿着轨道运动，铁轨是火车的约束。

课程加油站

约束之所以能够限制非自由体的运动，本质上是约束对非自由体施加了力，这种力称为**约束反力**，简称**约束力**或**反力**。**约束力的方向一定与该约束所能阻碍的非自由体的运动或运动趋势方向相反**。工程实际中，还有一些力可以使物体产生运动或运动趋势，为了和约束反力区别，将这种力称为**主动力**，如重力、风力等都属于主动力。

通常情况下，主动力是已知的，而约束力是未知的。但是有些约束力的作用点、方向或者方位是可以根据约束的性质来确定的：约束力的作用点在约束与非自由体的接触处；约束力的方向总是与该约束所限制的非自由体的**运动或运动趋势**方向相反。

约束力的大小都是未知的，在静力学问题中，约束力和主动力形成平衡力系，因此可用平衡条件求出未知的约束力。当主动力改变时，约束力一般也发生变化，可见约束力是被动的，这也是将约束力之外的力称为主动力的原因。

1.3.2 几种常见的平面约束

下面介绍几种常见的平面约束类型，并给出这几种约束类型的约束力方向的确定方法。

1. 柔性约束（柔索约束）

由柔软的不可伸长的绳索、链条或传动带等构成的约束称为**柔性约束（柔索约束）**。如图 1-11a 所示，绳索吊住物体，由于柔软的绳索只能承受拉力，所以它对物体的约束力也只能是拉力，如图 1-11b 所示。链条或传动带也都只能承受拉力，当它们缠绕在轮子上时，对轮子的约束力沿着轮缘的切线方向，如图 1-11c、d 所示。由此可见，**柔性约束对非自由体的约束力作用点在接触点，方向沿着绳索、链条或传动带的中心线**，并且方向**背离非自由体**。这类约束力通常用 $\boldsymbol{F}_{\mathrm{T}}$ 表示。

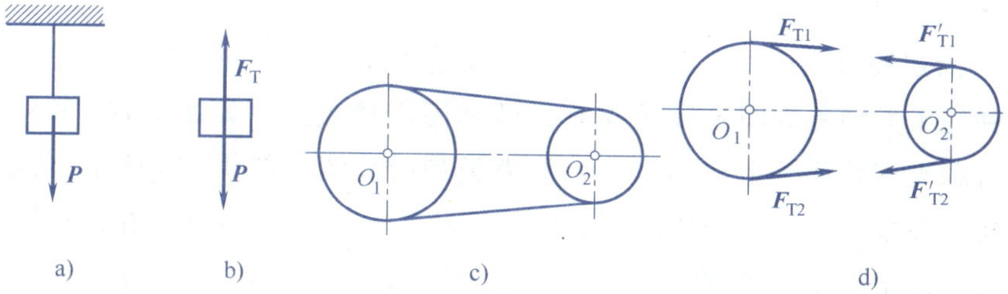

图　1-11

2. 光滑接触面约束

当两个物体在接触处的摩擦可以忽略不计时，如果其中一个物体是非自由体，则另一个物体就是非自由体的光滑接触面约束（见图 1-12）。这类约束类型只能阻碍非自由体沿着接触面公法线并朝向约束的运动。因此，**光滑接触面约束的约束力作用在接触点，方位沿着接触面的公法线，方向指向非自由体**。这种约束力称为法向约束力，通常用 $\boldsymbol{F}_{\mathrm{N}}$ 表示，如图 1-12 中的 $\boldsymbol{F}_{\mathrm{N}A}$ 和 $\boldsymbol{F}_{\mathrm{N}B}$ 等。

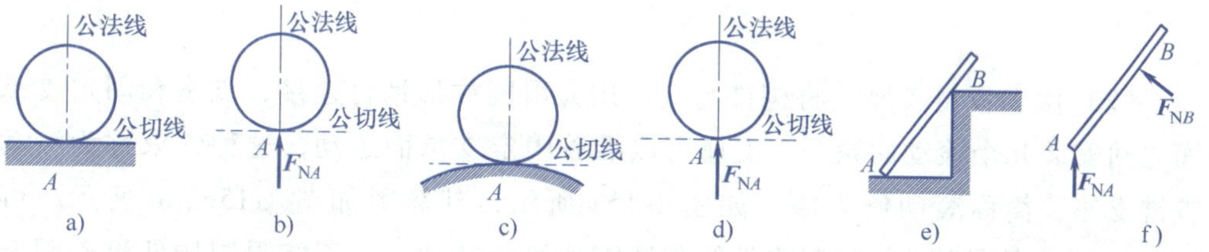

图　1-12

3. 光滑圆柱形铰链约束

光滑圆柱形铰链约束是两个带有大小相同圆孔的构件通过一个圆柱形的销钉连接在一起构成的一种约束，如图 1-13a 所示。这种约束只能限制两个构件在连接点的相对位移，不能限制两个构件绕销钉轴线的转动和沿着销钉轴线的移动。

因此，**光滑圆柱形铰链约束的约束力在垂直于销钉轴线的平面内，约束力的作用线通过销钉中心，方向不确定。**光滑圆柱形铰链约束类型的简图及约束力如图 1-13b 所示，**约束力的大小和方向不能确定，通常用两个方向未知的正交分力表示**，如图 1-13c 所示。

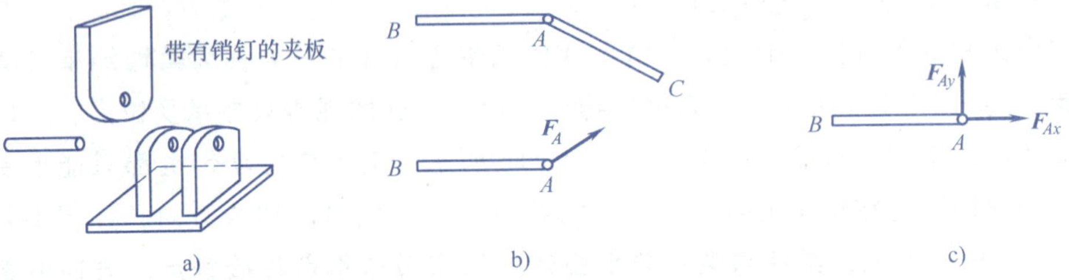

图 1-13

4. 支座约束

（1）固定铰链支座　将构件与固定不动的支座用光滑的圆柱形销钉连接在一起，这种约束类型称为固定铰链支座，简称固定铰支座，如图 1-14a 所示。将圆柱形销钉和支座看作一个整体，这种约束类型的简图如图 1-14b 所示。该约束只能限制构件在垂直于销钉轴线的平面内的运动，不能限制构件绕着销钉轴线的转动。因此，固定铰链支座的约束力在垂直于销钉的平面内，作用线通过销钉中心，方向不定，**通常用两个方向未知的正交分力 $\boldsymbol{F}_{Ax}$ 和 $\boldsymbol{F}_{Ay}$ 表示**，如图 1-14c 所示。

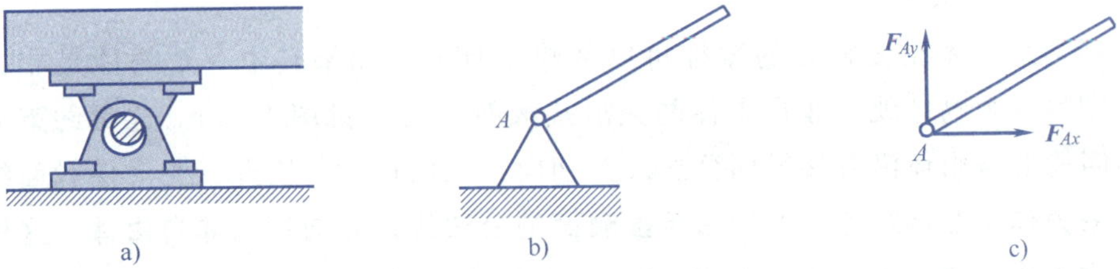

图 1-14

（2）滚动铰链支座　将构件与支座用光滑圆柱形销钉连接，支座和固定支承面之间安装几个滚动的轮子，支座可以沿着固定支承面运动，这种约束称为滚动铰链支座，简称滚动铰支座，如图 1-15a 所示，其简图如图 1-15b、c 所示。可见，这种约束类型不能限制构件绕着销钉轴线的转动，也不能限制构件沿着固定

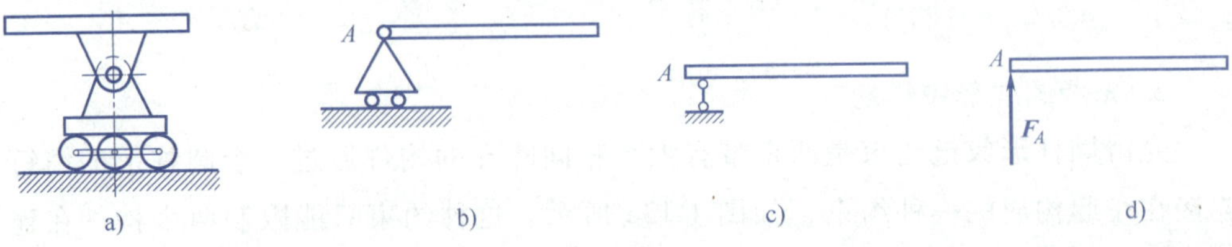

图 1-15

支承面的切线方向运动，只能限制构件沿着固定支承面法线方向的运动。因此，**滚动铰链支座的约束力通过销钉中心，垂直于固定支承面，**如图 1-15d 所示。在某些实际工程结构中，滚动铰支座除了底面有光滑支承面以外，上面可能还设有盖板，以防支座翘起。因此，滚动铰支座的约束力方向是假设的。

思考与讨论：

（1）如何正确理解自由体的概念？

（2）如何正确理解约束提供的约束力？约束力的作用点都是确定的吗？

（3）以上几种常见的平面约束类型，哪些约束的约束力方向是已知的，哪些约束的约束力方向是不确定的？

（4）固定铰支座什么情况下能确定约束力的方向？什么情况下需要正交分解？

（5）榫卯连接可以看作什么约束？

1.4　物体的受力分析和受力图

在工程实际中，为了根据已知力进行强度分析或设计，需要分析物体受哪些力的作用，这些力的作用线方位以及其指向如何。这样的分析过程称为物体的**受力分析**。

为了表示一个物体或若干个物体组成的系统（即非自由体）的受力情况，需要假想地把自由体从周围的物体（约束）中分离出来，单独画出它的简图，这个过程称为**选取研究对象或取分离体**。然后，把施力物体对研究对象（分离体）的作用力，包括主动力和约束反力全部画出来，这种表示物体受力的图形称为**受力图**。

受力分析和画受力图的一般步骤如下：

（1）确定研究对象，取分离体，画其简图并标注尺寸；

（2）在研究对象的简图上画出全部主动力，如无特殊说明，一般研究对象的自重不计；

（3）逐个解除研究对象所受到的约束，明确约束类型，依据约束的类型画出相应的约束反力；

（4）必要时需用二力平衡共线、三力平衡汇交等条件确定某些约束反力的指向或作用线的方位。

画受力图需要注意以下几点：

（1）受力图只画研究对象的简图和所受的全部力；

（2）每画一个力都要有依据，不多不漏；

（3）不要画错力的方向，约束力要和约束性质相符，物体间的相互约束力要符合作用与反作用公理。

例 1-1 画出图 1-16a 中物体 A 的受力图，假设接触面为光滑接触面。

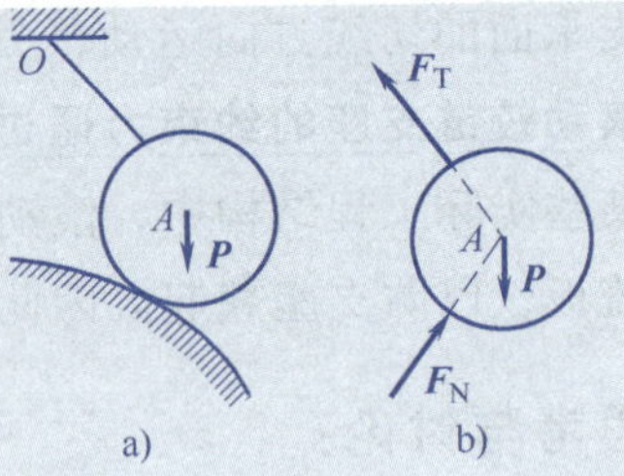

图 1-16

解：（1）取物体 A 为研究对象（即取分离体），解除其约束，并单独画出其简图。

（2）画主动力。物体 A 所受的主动力为自身的重力 $\boldsymbol{P}$。

（3）画约束反力。物体 A 分别受到柔性绳和凸面的约束，柔性绳约束的约束力 $\boldsymbol{F}_T$ 沿着柔性绳背离自由体，物体 A 与凸面之间的约束为光滑接触面约束，其约束力 $\boldsymbol{F}_N$ 沿着公法线指向非自由体。

物体 A 的受力图如图 1-16b 所示。

例 1-2 画出图 1-17a 中构件 AB 和 CD 的受力图，不计构件自重及摩擦。

解：（1）画构件 AB 的受力图。由于构件 AB 自重不计，且只在 A、B 两处受到铰链约束，所以构件 AB 为二力构件。在 A、B 处的约束力 $\boldsymbol{F}_A$ 和 $\boldsymbol{F}_B$ 沿着两点的连线，并且 $\boldsymbol{F}_A=-\boldsymbol{F}_B$，如图 1-17b 所示。

（2）画构件 CD 的受力图。由于构件 CD 自重不计，所以主动力只有载荷 $\boldsymbol{F}$。构件 CD 在铰链 B 处受到构件 AB 给它的约束力 $\boldsymbol{F}'_B$，根据作用和反作用公理，$\boldsymbol{F}'_B=-\boldsymbol{F}_B$。构件 CD 在 C 处受到固定铰链支座给它的约束力 $\boldsymbol{F}_C$ 的作用，由于约束力的方向未定，可以用两个正交分力 $\boldsymbol{F}_{Cx}$ 和 $\boldsymbol{F}_{Cy}$ 表示。构件 CD 的受力图如图 1-17c 所示。

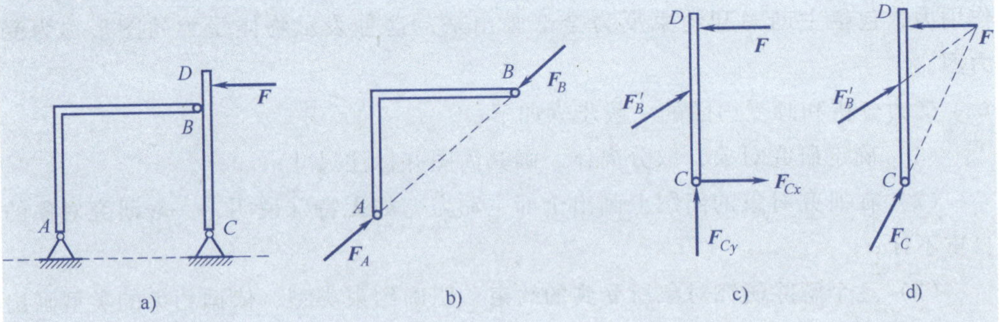

图 1-17

在对构件 CD 进行受力分析的过程中可以发现，构件受到主动力 $\boldsymbol{F}$，B、C 处的约束力 $\boldsymbol{F}'_B$和 $\boldsymbol{F}_C$ 作用。在这三个力的作用下构件 CD 处于平衡状态，因此可以根据三力平衡汇交定理，确定固定铰链支座 C 处的约束力作用线过 $\boldsymbol{F}$ 和$\boldsymbol{F}'_B$ 的汇交点，约束力 $\boldsymbol{F}_C$ 的方向未知，可以假设如图 1-17d 所示，以后由平衡条件确定。

例 1-3　画出图 1-18a 中梁 AB、BC 以及整体的受力图，梁的自重不计。

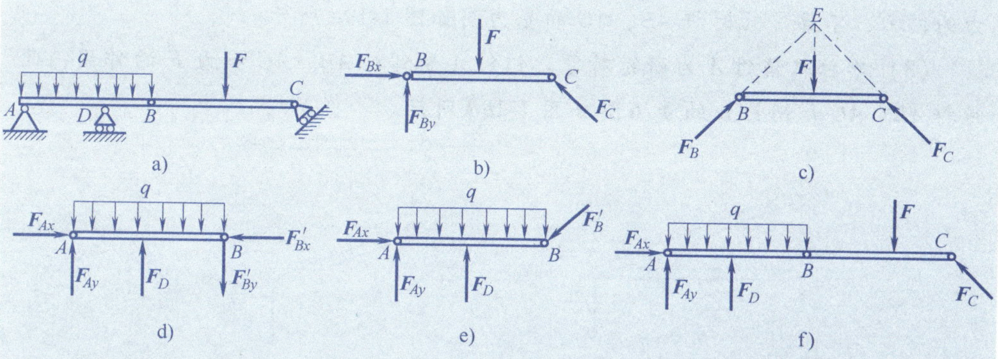

图　1-18

解：（1）画梁 BC 的受力图。梁 BC 在中点处受到一个主动力 $\boldsymbol{F}$ 作用，在 C 处受到滚动铰链约束，有一个约束力 $\boldsymbol{F}_C$，方向与支承面垂直。B 处为光滑圆柱形铰链约束，其约束力可以用两个正交分力 $\boldsymbol{F}_{Bx}$ 和 $\boldsymbol{F}_{By}$ 表示。梁 BC 的受力图如图 1-18b 所示。也可以应用三力平衡汇交定理确定 B 处约束力 $\boldsymbol{F}_B$ 的方位，梁 BC 在三个力的作用下处于平衡状态，所以约束力 $\boldsymbol{F}_B$ 的作用线一定过力 $\boldsymbol{F}$ 和 $\boldsymbol{F}_C$ 的汇交点 E，梁 BC 的受力图如图 1-18c 所示。

（2）画梁 AB 的受力图。梁 AB 受到的主动力是均布力 q，A 处是固定铰链支座约束，其约束力可以用两个正交分力 $\boldsymbol{F}_{Ax}$ 和 $\boldsymbol{F}_{Ay}$ 表示，D 处是滚动铰链约束，其约束力 $\boldsymbol{F}_D$ 的作用线垂直于支承面。在 B 处受到梁 BC 的作用力，根据作用与反作用公理，梁 AB 在 B 处的约束力与梁 BC 的约束力大小相等、方向相反，梁 AB 的受力图如图 1-18d、e 所示。

（3）画整体的受力图。整体的受力图如图 1-18f 所示。

思考与讨论：

（1）画受力图应该注意哪些事项？

（2）什么情况下，构件（直杆）是二力构件（二力杆）？

（3）什么时候可以使用三力平衡汇交定理？

例 1-4　三角架受力如图 1-19a 所示。各杆自重不计，在 A 处作用有力 $\boldsymbol{F}$。试画出杆 AB、AC 及销钉 A 的受力图。

解：杆 AB 和 AC 自重不计，只在两端受光滑圆柱形铰链约束，均为二力杆，因此 B、C 处的约束力沿着杆的方向。由图 1-19a，一般假定力 $\boldsymbol{F}$ 作用在销钉 A 上，销钉在哪个物体上，力 $\boldsymbol{F}$ 便画在哪里。具体受力分析方法如下。

（1）将销钉 A 放置于杆 AB 上，杆 AC 上没有销钉，销钉 A 和杆 AB 之间的力为内力，因此不画。此时杆 AB、AC 的受力图如图 1-19b 所示。

(2) 将销钉 A 放置于杆 AC 上，杆 AB 上没有销钉，销钉 A 和杆 AC 之间的力为内力，不画。此时杆 AB、AC 的受力图如图 1-19c 所示。

(3) 单独取销钉 A 为研究对象。销钉 A 受到杆 AB、AC 和力 $\boldsymbol{F}$ 的作用，此时杆 AB、AC 和销钉 A 的受力图如图 1-19d 所示。

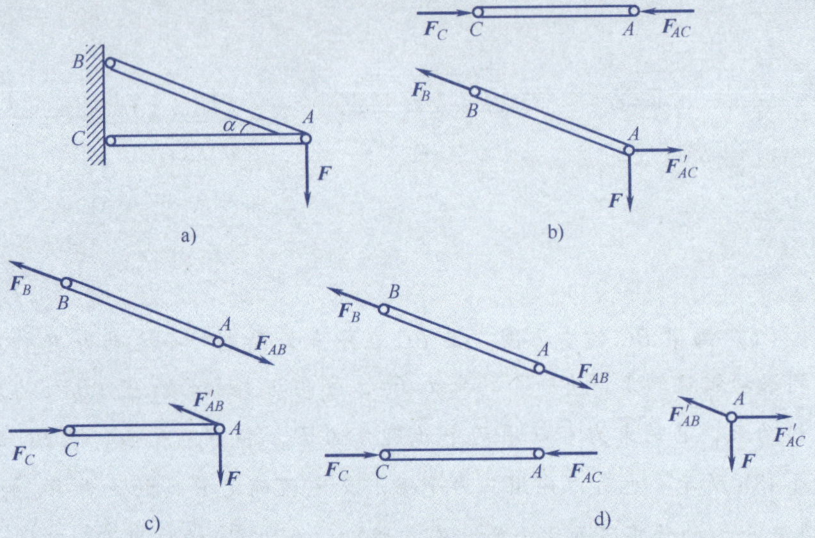

图 1-19

例 1-5 画出如图 1-20a 所示杆 AC、CD 及系统整体的受力图。杆 AC、CD 的自重不计，所有接触处均为光滑接触。

解： (1) 取杆 AC 为研究对象，A 处为滚动铰链支座约束，其约束反力垂直于支承面。B 处为固定铰链支座约束，其约束反力用正交的两个分力表示。C 处为光滑圆柱形铰链约束，其约束反力用正交的两个分力表示。杆 AC 的受力图如图 1-20b 所示。

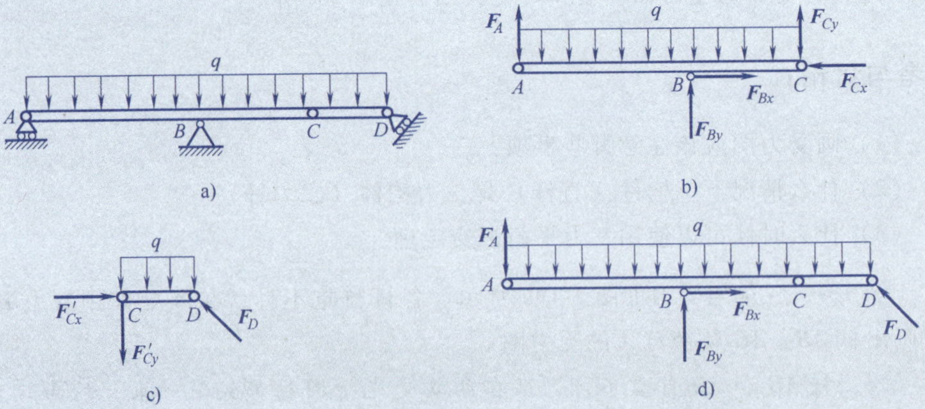

图 1-20

(2) 取杆 CD 为研究对象，C 处的约束力为 $\boldsymbol{F}_{Cx}$ 和 $\boldsymbol{F}_{Cy}$ 的反作用力。D 处为滚动铰链支座约束，其约束反力垂直于支承面。杆 CD 的受力图如图 1-20c 所示。

(3) 取整体为研究对象，其受力图如图 1-20d 所示。

本章思维导图

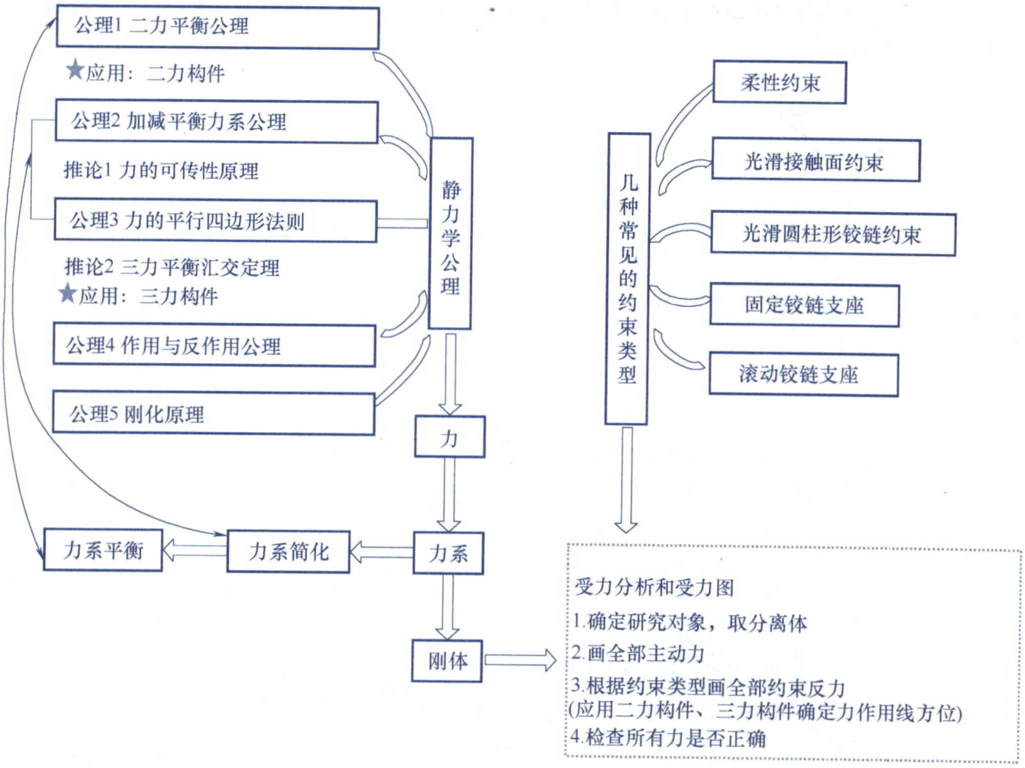
公理1 二力平衡公理
★应用：二力构件
公理2 加减平衡力系公理
推论1 力的可传性原理
公理3 力的平行四边形法则
推论2 三力平衡汇交定理
★应用：三力构件
公理4 作用与反作用公理
公理5 刚化原理
静力学公理
力
力系
刚体
力系简化
力系平衡
几种常见的约束类型
柔性约束
光滑接触面约束
光滑圆柱形铰链约束
固定铰链支座
滚动铰链支座
受力分析和受力图
1.确定研究对象，取分离体
2.画全部主动力
3.根据约束类型画全部约束反力
(应用二力构件、三力构件确定力作用线方位)
4.检查所有力是否正确

习题

1-1　画出题 1-1 图所示各个物体的受力图。未画重力的各物体的自重不计，所有接触处均为光滑接触。

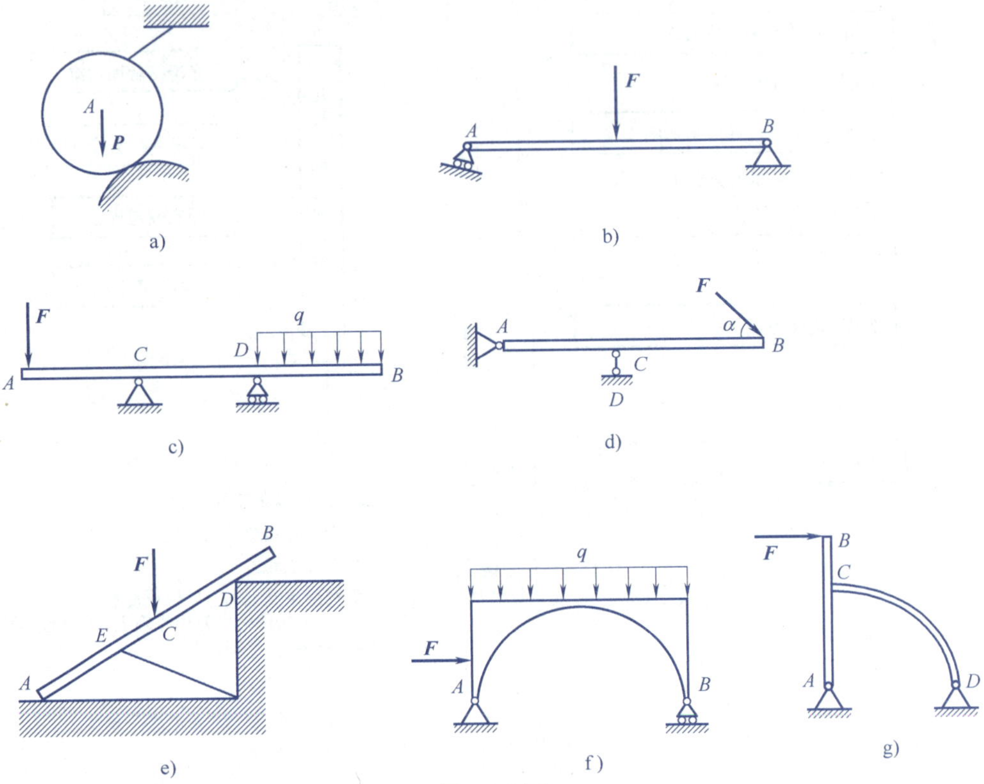

题　1-1 图

1-2　如题 1-2 图所示的三铰拱桥，由左右两拱铰接而成，设各拱自重不计。试分别画出拱 *AC*、*BC* 和整体的受力图。

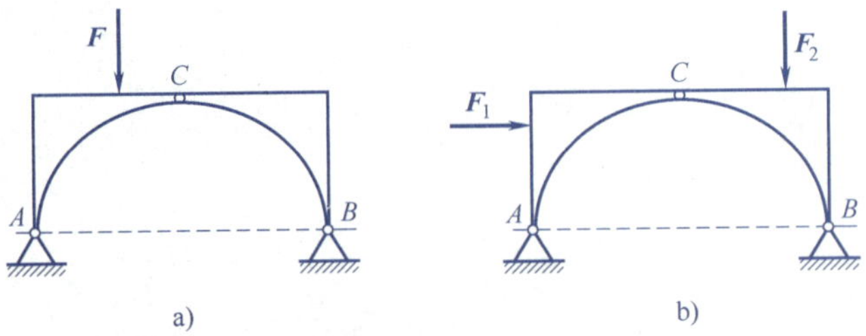

题　1-2 图

1-3　画出题 1-3 图中每个标注字符的物体及整体的受力图。图中未画重力的各物体自重不计，所有接触面处均为光滑接触。

1-4　如题 1-4 图所示，重为 *G* 的重物悬挂在滑轮支架系统上。设滑轮的中心 *B* 与支架 *ABC* 相连接，*AB* 为直杆，*BC* 为曲杆，*B* 为销钉。若不计滑轮与支架的自重，画出各构件的受力图。

1-5　如题 1-5 图所示，一重为 *W* 的起重机静止在多跨梁上，被起吊物体重 *P*。试分别画出起重机、梁 *AC* 和 *CD* 的受力图。各接触面都是光滑的，各梁的自重不计。

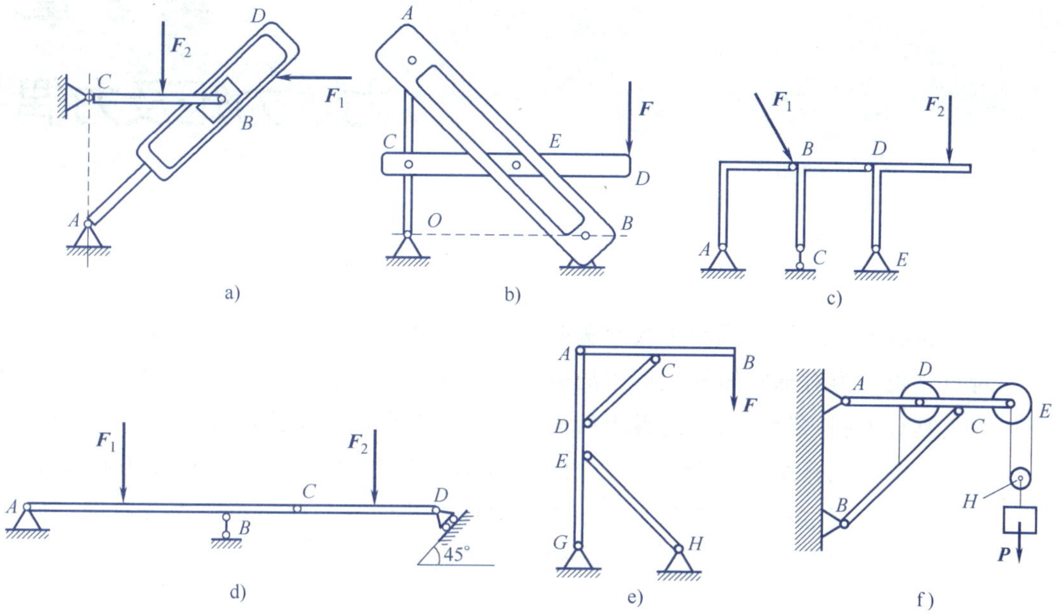

题　1-3 图

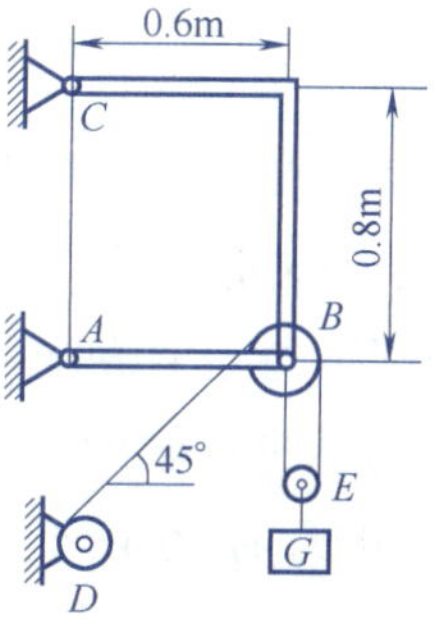

题　1-4 图

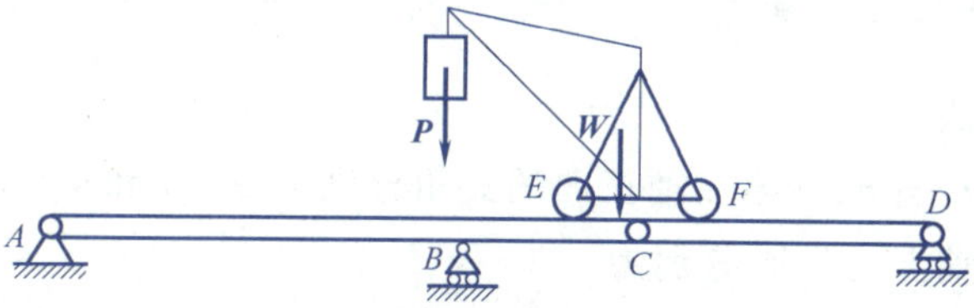

题　1-5 图

习题答案

第2章 力、力矩及力偶

在研究力系的合成和平衡问题时，需掌握力的投影、合力的大小及方向、力对点之矩、力对轴之矩和力偶矩的概念，并会计算它们的大小和方向。这些知识不仅具有工程实际意义，而且为后面的研究分析提供了理论基础。

本章首先介绍力的分解、力的矢量表示、力在轴上的投影和合力投影定理等，然后介绍力对点之矩和力对轴之矩的概念及计算，合力矩定理及应用，最后介绍力偶的概念和性质以及力偶矩的计算等内容。

2.1 力

2.1.1 力的正交分解

对于空间力 $\boldsymbol{F}$，如图 2-1 所示，若以力矢 $\boldsymbol{F}$ 为对角线作长方体，其三棱边分别平行于直角坐标轴 x、y 和 z，则可将力 $\boldsymbol{F}$ 分解为沿坐标轴的三个分力 $\boldsymbol{F}_x$、$\boldsymbol{F}_y$ 和 $\boldsymbol{F}_z$，这三个分力称为正交分力。

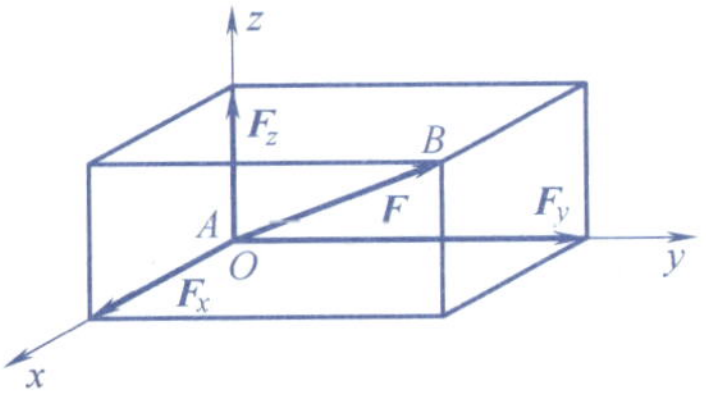

图 2-1

2.1.2 力在轴上的投影

1. 直接投影法

如果已知力 $\boldsymbol{F}$ 与 x、y 和 z 轴正向的夹角分别为 α、β 和 γ，如图 2-2 所示，则力 $\boldsymbol{F}$ 在三个坐标轴上的投影分别为

$$\left.\begin{aligned} F_x &= F\cos\alpha \\ F_y &= F\cos\beta \\ F_z &= F\cos\gamma \end{aligned}\right\} \tag{2-1}$$

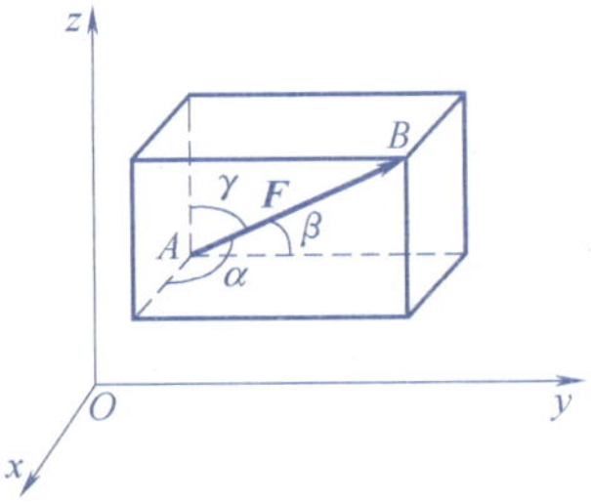

图 2-2

力在某轴上的投影等于力的大小乘以力与坐标轴正向间夹角的余弦。力在轴上的投影是代数量，其数值有正负，而力沿坐标轴的分力是矢量，二者是不同的。

课程加油站

2. 二次投影法

当力 $\boldsymbol{F}$ 与坐标轴 x 和 y 的夹角未知时，若已知力 $\boldsymbol{F}$ 的仰角 θ 和方位角 φ，如图 2-3 所示。可以把力 $\boldsymbol{F}$ 首先投影到坐标平面 xOy 上，得到力 $\boldsymbol{F}_{xy}$，再把这个力 $\boldsymbol{F}_{xy}$ 分别往 x 和 y 轴上投影，这种方法称为**二次投影法**。则力 $\boldsymbol{F}$ 在三个坐标轴上的投影分别为

$$\left.\begin{aligned} F_x &= F\cos\theta\cos\varphi \\ F_y &= F\cos\theta\sin\varphi \\ F_z &= F\sin\theta \end{aligned}\right\} \tag{2-2}$$

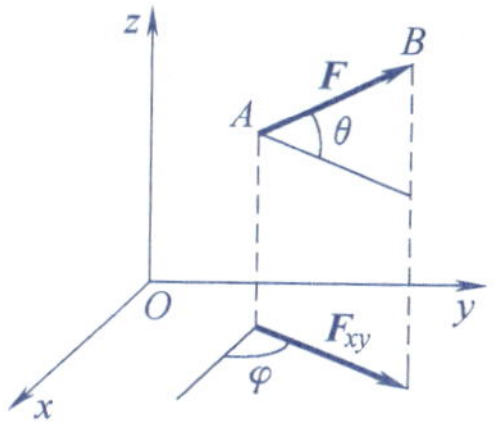

图　2-3

例 2-1　如图 2-4 所示，已知立方体的三棱边长分别为 a、b、c，力 $\boldsymbol{F}$ 的作用位置如图所示。试求力 $\boldsymbol{F}$ 在 x、y、z 轴上的投影。

解：利用二次投影法，由式（2-2）可得力 $\boldsymbol{F}$ 在三个坐标轴上的投影分别为

$$F_x = F\cos\theta\cos\varphi = \frac{Fa}{\sqrt{a^2+b^2+c^2}}$$

$$F_y = F\cos\theta\sin\varphi = \frac{Fb}{\sqrt{a^2+b^2+c^2}}$$

$$F_z = -F\sin\theta = \frac{-Fc}{\sqrt{a^2+b^2+c^2}}$$

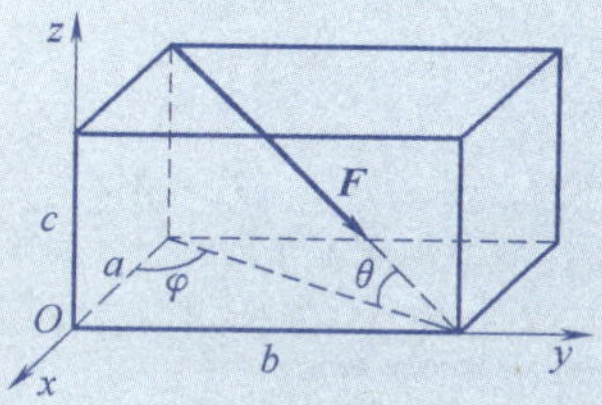

图　2-4

3. 矢量运算法

力在轴上的投影为力与该投影轴单位矢量的标量积，是代数量。设任一投影轴的单位矢量为 $\boldsymbol{\lambda}$，则力 $\boldsymbol{F}$ 在此轴上的投影为

$$F_{\lambda} = \boldsymbol{F}\cdot\boldsymbol{\lambda} \tag{2-3}$$

如果坐标系 $Oxyz$ 的单位矢量为 $\boldsymbol{i}$、$\boldsymbol{j}$、$\boldsymbol{k}$，如图 2-5 所示，则力 $\boldsymbol{F}$ 在各轴上的投影分别为

$$\left.\begin{aligned} F_x &= \boldsymbol{F}\cdot\boldsymbol{i} \\ F_y &= \boldsymbol{F}\cdot\boldsymbol{j} \\ F_z &= \boldsymbol{F}\cdot\boldsymbol{k} \end{aligned}\right\} \tag{2-4}$$

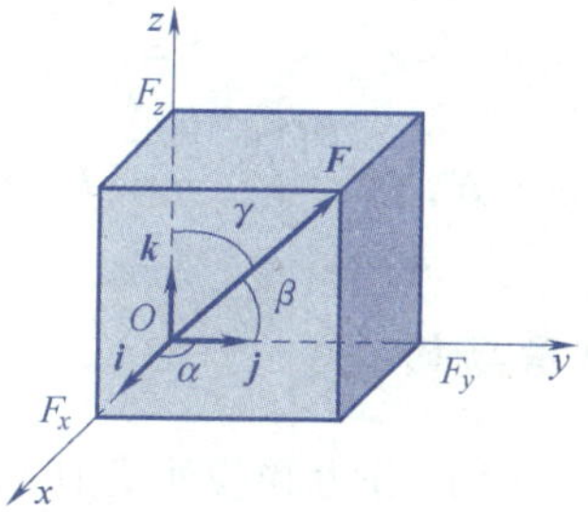

图　2-5

求解程序

例 2-2　如图 2-6a 所示，力 $\boldsymbol{P}$ 作用于点 F，x 轴、y 轴和 z 轴的单位矢量分别为 $\boldsymbol{i}$、$\boldsymbol{j}$ 和 $\boldsymbol{k}$，几何尺寸如图所示，试求力 $\boldsymbol{P}$ 在轴 AG 上的投影。

解：设沿着 AG 方向的单位矢量为 $\boldsymbol{\lambda}$，如图 2-6b 所示，则矢量 $\boldsymbol{P}$ 和 $\boldsymbol{\lambda}$ 可以分别表示为

$$\boldsymbol{P} = \frac{\sqrt{2}P}{2}\boldsymbol{j} - \frac{\sqrt{2}P}{2}\boldsymbol{k} = \frac{\sqrt{2}P}{2}(\boldsymbol{j}-\boldsymbol{k})$$

求解程序

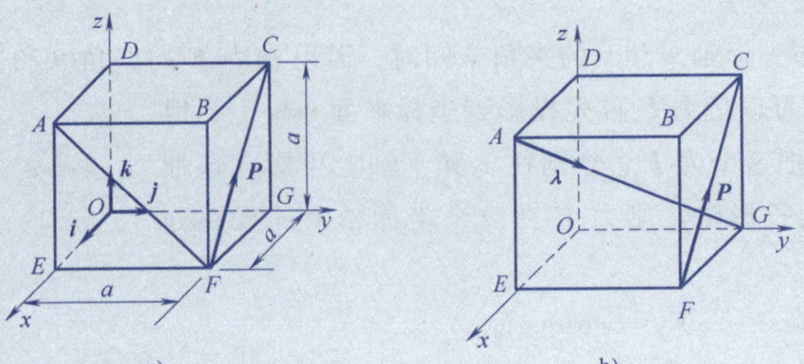

图 2-6

$$\boldsymbol{\lambda}=\frac{\overrightarrow{AG}}{AG}=\frac{a\boldsymbol{i}-a\boldsymbol{j}-a\boldsymbol{k}}{\sqrt{3}\,a}=\frac{\sqrt{3}}{3}(\boldsymbol{i}-\boldsymbol{j}-\boldsymbol{k})$$

可得

$$\boldsymbol{P}\cdot\boldsymbol{\lambda}=\frac{\sqrt{2}P}{2}(\boldsymbol{j}-\boldsymbol{k})\cdot\frac{\sqrt{3}}{3}(\boldsymbol{i}-\boldsymbol{j}-\boldsymbol{k})=\frac{\sqrt{6}P}{6}(0-1+1)=0$$

所以，力 $\boldsymbol{P}$ 在轴 AG 上的投影为 0。

2.1.3 力的解析表达式

空间力 $\boldsymbol{F}$ 沿坐标轴的三个正交分力 $\boldsymbol{F}_x$、$\boldsymbol{F}_y$ 和 $\boldsymbol{F}_z$ 的大小分别为 F_x、F_y 和 F_z，如图 2-7 所示，坐标轴 x、y 和 z 的方向可用单位矢量 $\boldsymbol{i}$、$\boldsymbol{j}$ 和 $\boldsymbol{k}$ 表示，由于单位矢量的大小是 1，且无量纲，则力 $\boldsymbol{F}$ 的解析表达式为

$$\boldsymbol{F}=F_x\boldsymbol{i}+F_y\boldsymbol{j}+F_z\boldsymbol{k} \tag{2-5}$$

该力的大小和方向余弦分别为

$$F=\sqrt{F_x^2+F_y^2+F_z^2}$$

$$\cos\langle\boldsymbol{F},\boldsymbol{i}\rangle=\frac{F_x}{F},\quad \cos\langle\boldsymbol{F},\boldsymbol{j}\rangle=\frac{F_y}{F},\quad \cos\langle\boldsymbol{F},\boldsymbol{k}\rangle=\frac{F_z}{F}$$

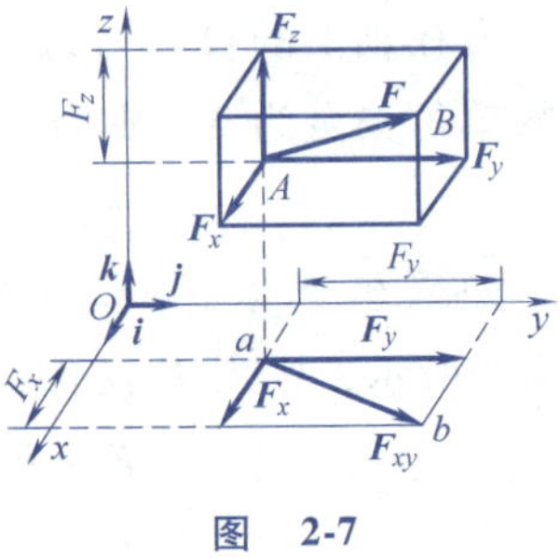

图 2-7

思考与讨论：

(1) 分力和投影有什么联系与区别？

(2) 分力的大小和投影的大小一定相等吗？如果不一定相等，什么情况下相等，什么情况下不相等？

2.1.4 合力投影定理

设刚体上 A 点作用共点力系 $\boldsymbol{F}_1$、$\boldsymbol{F}_2$、…、$\boldsymbol{F}_n$，根据力多边形法则，可以合成为一个合力 $\boldsymbol{F}_R$，且 $\boldsymbol{F}_R=\sum\boldsymbol{F}_i$。

建立直角坐标系 $Oxyz$，如图 2-8 所示。汇交力系的合力 $\boldsymbol{F}_R$ 在 x、y 和 z 轴上

的投影分别为 F_{Rx}、F_{Ry} 和 F_{Rz}，各个力 $\boldsymbol{F}_i$（$i=1$，2，…，n）在 x、y 和 z 轴上的投影分别为 F_{ix}、F_{iy} 和 F_{iz}（$i=1$，2，…，n）。

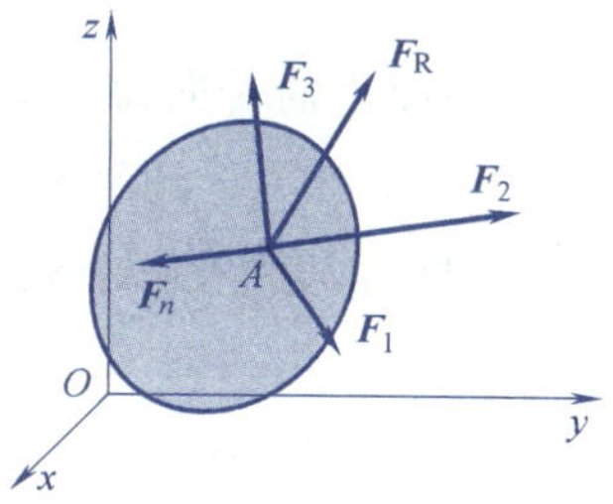

图　2-8

将合力和各分力解析表达式 $\boldsymbol{F}_R=F_{Rx}\boldsymbol{i}+F_{Ry}\boldsymbol{j}+F_{Rz}\boldsymbol{k}$ 和 $\boldsymbol{F}_i=F_{ix}\boldsymbol{i}+F_{iy}\boldsymbol{j}+F_{iz}\boldsymbol{k}$ 代入式 $\boldsymbol{F}_R=\sum\boldsymbol{F}_i$，得

$$F_{Rx}\boldsymbol{i}+F_{Ry}\boldsymbol{j}+F_{Rz}\boldsymbol{k}=\sum(F_{ix}\boldsymbol{i}+F_{iy}\boldsymbol{j}+F_{iz}\boldsymbol{k})=\left(\sum F_{ix}\right)\boldsymbol{i}+\left(\sum F_{iy}\right)\boldsymbol{j}+\left(\sum F_{iz}\right)\boldsymbol{k} \tag{2-6}$$

根据矢量相等的概念，则

$$\left.\begin{aligned}F_{Rx}&=\sum F_{ix}\\F_{Ry}&=\sum F_{iy}\\F_{Rz}&=\sum F_{iz}\end{aligned}\right\} \tag{2-7}$$

式（2-7）表明：**力系的合力在某轴上的投影，等于力系中各分力在同一轴上投影的代数和。**这就是**合力投影定理。**

2.2 力矩

2.2.1 力对点之矩

力可使刚体产生平动和转动，力矩是度量力对刚体转动效果强弱程度的物理量。

1. 空间力对点之矩

在生活和生产实际中，存在着绕固定点转动的物体。例如，用球铰链连接的台灯和汽车操纵杆。实践经验表明，当可绕固定点 O 转动的刚体上受力 $\boldsymbol{F}$ 作用时，刚体将以 $\boldsymbol{F}$ 的作用线与点 O 所形成的平面的法线为轴产生转动趋势，方向取决于力在该平面的指向，强弱程度取决于力 $\boldsymbol{F}$ 的大小和点 O 到力 $\boldsymbol{F}$ 的作用线的垂直距离 d 的乘积。点 O 称为**矩心**，d 称为**力臂**。

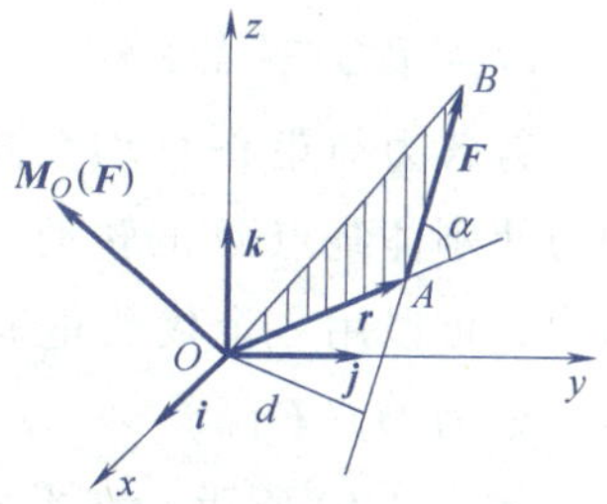

图　2-9

自固定点 O 向力 $\boldsymbol{F}$ 的作用点 A 作矢量 $\boldsymbol{r}$，如图 2-9 所示，则 $\boldsymbol{r}$ 和 $\boldsymbol{F}$ 的矢积称为力 $\boldsymbol{F}$ 对点 O 之矩，简称力矩，记作 $\boldsymbol{M}_O(\boldsymbol{F})$，则

$$\boldsymbol{M}_O(\boldsymbol{F})=\boldsymbol{r}\times\boldsymbol{F} \tag{2-8}$$

即：**空间力对点之矩矢等于矩心到该力作用点的矢径与该力的矢量积。**

上述力矩的模为

$$|\boldsymbol{M}_O(\boldsymbol{F})|=|\boldsymbol{r}\times\boldsymbol{F}|=Fr\sin\alpha=Fd$$

模表示力矩的大小，等于力和力臂的乘积；力矩的方向即矢积 $\boldsymbol{r}\times\boldsymbol{F}$ 的方向，在其作用面内的转向符合右手螺旋法则，作用线表示力矩作用面的法线，垂直于力 $\boldsymbol{F}$ 与点 O 所决定的平面。可见，力矩矢量全面地表达了空间力对点之矩的作用效果，包括：力矩的大小、转向和力矩作用面方位。

力矩的单位是 N · m（牛 · 米），或者 kN · m（千牛 · 米）。

由于力矩矢 $\boldsymbol{M}_O(\boldsymbol{F})$ 的大小和方向都与矩心 O 的位置有关，所以力矩矢的始端一定在矩心，不可任意移动，**力矩矢是定位矢量**。因此，矩心相同的两个力矩矢量也按平行四边形法则合成。

以 O 为原点建立直角坐标系 $Oxyz$，如图 2-9 所示。设力 $\boldsymbol{F}$ 作用点 A 的坐标为 $(x,\ y,\ z)$，则矢径 $\boldsymbol{r}$ 可表示为

$$\boldsymbol{r}=x\boldsymbol{i}+y\boldsymbol{j}+z\boldsymbol{k} \tag{2-9}$$

设力 $\boldsymbol{F}$ 在三个坐标轴上的投影分别是 F_x、F_y 和 F_z，则

$$\boldsymbol{F}=F_x\boldsymbol{i}+F_y\boldsymbol{j}+F_z\boldsymbol{k} \tag{2-10}$$

将式（2-9）和式（2-10）代入式（2-8），根据矢积的算法，得

$$\boldsymbol{M}_O(\boldsymbol{F})=\boldsymbol{r}\times\boldsymbol{F}=\begin{vmatrix}\boldsymbol{i} & \boldsymbol{j} & \boldsymbol{k}\\ x & y & z\\ F_x & F_y & F_z\end{vmatrix}$$

$$=(yF_z-zF_y)\boldsymbol{i}+(zF_x-xF_z)\boldsymbol{j}+(xF_y-yF_x)\boldsymbol{k} \tag{2-11}$$

力矩矢 $\boldsymbol{M}_O(\boldsymbol{F})$ 在三个坐标轴上的投影分别为 $[\boldsymbol{M}_O(\boldsymbol{F})]_x$、$[\boldsymbol{M}_O(\boldsymbol{F})]_y$ 和 $[\boldsymbol{M}_O(\boldsymbol{F})]_z$，其解析表达式为

$$\boldsymbol{M}_O(\boldsymbol{F})=[\boldsymbol{M}_O(\boldsymbol{F})]_x\boldsymbol{i}+[\boldsymbol{M}_O(\boldsymbol{F})]_y\boldsymbol{j}+[\boldsymbol{M}_O(\boldsymbol{F})]_z\boldsymbol{k} \tag{2-12}$$

比较式（2-11）和式（2-12），得

$$\left.\begin{aligned}[\boldsymbol{M}_O(\boldsymbol{F})]_x&=yF_z-zF_y\\ [\boldsymbol{M}_O(\boldsymbol{F})]_y&=zF_x-xF_z\\ [\boldsymbol{M}_O(\boldsymbol{F})]_z&=xF_y-yF_x\end{aligned}\right\} \tag{2-13}$$

2. 平面力对点之矩

若各力与矩心 O 均在同一平面内，力对点之矩的转动效果均发生在该平面，则力使刚体绕点 O 的转动效应取决于两个因素：力矩的大小和转向。故在平面问题中，可以用一个代数量表示这两个因素，这个代数量称为平面力 $\boldsymbol{F}$ 对点 O 之矩，记为 $M_O(\boldsymbol{F})$。

如图 2-10 所示，在平面上作用一力 $\boldsymbol{F}$，在同一平面内任取一点 O，点 O 到力 $\boldsymbol{F}$ 的作用线的垂直距离为 d，则平面力对点之矩的定义为

$$M_O(\boldsymbol{F})=\pm Fd=\pm 2A_{\triangle OAB}$$

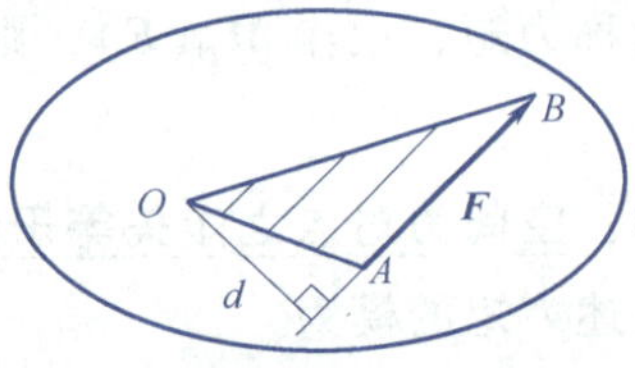

图 2-10

其中，$A_{\triangle OAB}$ 为三角形 OAB 的面积。

即平面力对点之矩是一个代数量，它的绝对值

等于力的大小与力臂的乘积，它的正负规定如下：力使刚体绕矩心逆时针转动为正，反之为负。

由公式 $M_O(\boldsymbol{F})=\pm Fd$ 可知，当力的大小等于零时，力对点之矩等于零；当力臂 d 等于零时，即力的作用线通过矩心时，力对点之矩等于零。力沿其作用线移动后，力矩不变。

思考与讨论：

（1）空间力对点之矩和平面力对点之矩有什么异同？

（2）力对点之矩在什么情况下为零？

（3）力对点之矩的方向如何确定？

2.2.2 合力矩定理

力 $\boldsymbol{F}_1$、$\boldsymbol{F}_2$、…、$\boldsymbol{F}_n$ 作用于刚体的点 A 上，其合力为 $\boldsymbol{F}_R$，如图 2-11 所示，自矩心 O 向力的作用点 A 作矢径 $\boldsymbol{r}$。由力对点之矩的定义，合力 $\boldsymbol{F}_R$ 和各分力 $\boldsymbol{F}_i$ 对点 O 之矩矢分别为 $\boldsymbol{M}_O(\boldsymbol{F}_R)=\boldsymbol{r}\times\boldsymbol{F}_R$，$\boldsymbol{M}_O(\boldsymbol{F}_i)=\boldsymbol{r}\times\boldsymbol{F}_i$

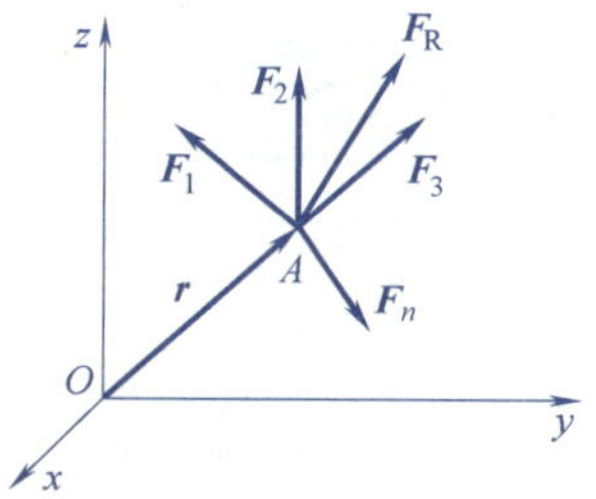

图　2-11

由于 $\boldsymbol{F}_R=\sum\boldsymbol{F}_i$，则

$$\boldsymbol{M}_O(\boldsymbol{F}_R)=\boldsymbol{r}\times\boldsymbol{F}_R=\boldsymbol{r}\times\sum\boldsymbol{F}_i=\boldsymbol{r}\times\boldsymbol{F}_1+\boldsymbol{r}\times\boldsymbol{F}_2+\cdots+\boldsymbol{r}\times\boldsymbol{F}_n=\sum\boldsymbol{M}_O(\boldsymbol{F}_i)\qquad(2\text{-}14)$$

即：**共点力系的合力对一点之矩等于所有各分力对该点之矩的矢量和。**这一结论称为**合力矩定理。**

对于平面问题，由于平面力对点之矩为代数量，由式（2-14）可得

$$M_O(\boldsymbol{F}_R)=\sum M_O(\boldsymbol{F}_i)\qquad(2\text{-}15)$$

即：**平面力系的合力对平面内任意一点之矩等于所有分力对该点之矩的代数和。**

例 2-3　如图 2-12a 所示，$F=10\text{kN}$，求力 $\boldsymbol{F}$ 对 O 点之矩。

解法 1（定义）：在图 2-12b 中，力臂 d 可由三角关系得到，即

$$d=3\sqrt{2}\,\text{m}\times\sin75°=4.098\text{m}$$

所以，力 $\boldsymbol{F}$ 对 O 点之矩为

$$M_O(\boldsymbol{F})=-F\cdot d=-10\text{kN}\times4.098\text{m}=-40.98\text{kN}\cdot\text{m}$$

方向为顺时针方向。

解法 2（合力矩定理）：如图 2-12c 所示，将力 $\boldsymbol{F}$ 正交分解为两个分力 $\boldsymbol{F}_x$ 和 $\boldsymbol{F}_y$，则两个分力的大小分别为

求解程序

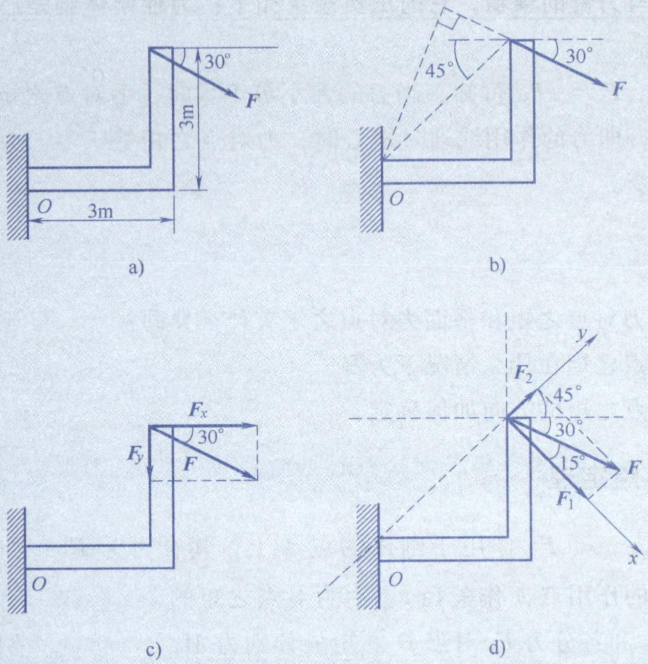

图 2-12

$$F_x = F\times\cos30° = 10\text{kN}\times\frac{\sqrt{3}}{2} = 8.66\text{kN}$$

$$F_y = F\times\sin30° = 10\text{kN}\times\frac{1}{2} = 5\text{kN}$$

由合力矩定理，可得

$$M_O(\boldsymbol{F}) = M_O(\boldsymbol{F}_x) + M_O(\boldsymbol{F}_y) = -F_x\times3\text{m} - F_y\times3\text{m} = -40.98\text{kN}\cdot\text{m}$$

方向为顺时针方向。

解法 3： 建立如图 2-12d 所示的直角坐标系，力 $\boldsymbol{F}$ 沿着 x 轴和 y 轴的两个正交分力分别为 $\boldsymbol{F}_1$ 和 $\boldsymbol{F}_2$。由于分力 $\boldsymbol{F}_2$ 的作用线通过点 O，所以 $\boldsymbol{F}_2$ 对点 O 之矩为零。因此，由合力矩定理可得

$$M_O(\boldsymbol{F}) = M_O(\boldsymbol{F}_1) = -(F\times\cos15°)\times(3\sqrt{2}\,\text{m}) = -40.98\text{kN}\cdot\text{m}$$

方向为顺时针方向。

2.2.3 力对轴之矩

在工程实际中，经常遇到刚体绕定轴转动的情况，例如，齿轮上作用一力，使齿轮绕轴转动。为了度量力对刚体绕定轴转动的作用效果，需要引入**力对轴之矩**的概念。

如图 2-13 所示，**力对轴之矩等于力在垂直于该轴平面上的投影对于轴与平面的交点之矩**。力 $\boldsymbol{F}$ 对 z 轴之矩为

$$M_z(\boldsymbol{F}) = M_O(\boldsymbol{F}_{xy}) = \pm F_{xy}d \tag{2-16}$$

力对轴的矩为代数量。其正负号可以由右手法则确定，以右手四指弯曲方向表示力使刚体绕定轴 z 转动的方向，若拇指的指向与 z 轴的正向一致，则力对轴的矩为正值；反之，若拇指的指向与 z 轴的正向相反，则力对轴的矩为负值。正负号也可以这样确定，从 z 轴正向向其负方向看，若力使刚体逆时针转动取正值，反之取负值。图 2-13 中，力 $\boldsymbol{F}$ 对 z 轴之矩为正值。

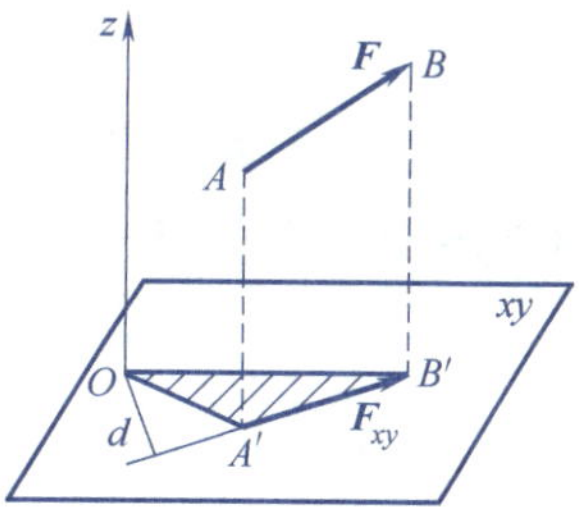

图　2-13

由力对轴之矩的定义可知：①当力的作用线与轴平行时，力对轴之矩等于零；②当力的作用线与轴相交时，力对轴之矩等于零。即：当力的作用线与轴共面时，力对轴之矩等于零。

空间力对轴之矩等同于平面力对点之矩，故合力矩定理对固定轴亦成立。

如图 2-14 所示，由合力矩定理，得

$$\left.\begin{aligned}M_x(\boldsymbol{F})&=M_x(\boldsymbol{F}_x)+M_x(\boldsymbol{F}_y)+M_x(\boldsymbol{F}_z)=yF_z-zF_y\\M_y(\boldsymbol{F})&=M_y(\boldsymbol{F}_x)+M_y(\boldsymbol{F}_y)+M_y(\boldsymbol{F}_z)=zF_x-xF_z\\M_z(\boldsymbol{F})&=M_z(\boldsymbol{F}_x)+M_z(\boldsymbol{F}_y)+M_z(\boldsymbol{F}_z)=xF_y-yF_x\end{aligned}\right\}\tag{2-17}$$

式（2-17）是计算力对轴之矩的解析式。

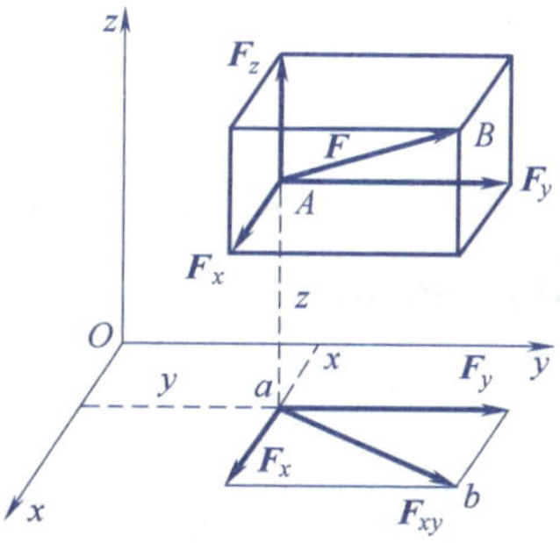

图　2-14

2.2.4　空间力对点之矩与力对通过该点的轴之矩的关系

比较式（2-13）$\left.\begin{aligned}[\boldsymbol{M}_O(\boldsymbol{F})]_x&=yF_z-zF_y\\ [\boldsymbol{M}_O(\boldsymbol{F})]_y&=zF_x-xF_z\\ [\boldsymbol{M}_O(\boldsymbol{F})]_z&=xF_y-yF_x\end{aligned}\right\}$和式（2-17），

可得

$$\left.\begin{aligned}[\boldsymbol{M}_O(\boldsymbol{F})]_x&=M_x(\boldsymbol{F})\\ [\boldsymbol{M}_O(\boldsymbol{F})]_y&=M_y(\boldsymbol{F})\\ [\boldsymbol{M}_O(\boldsymbol{F})]_z&=M_z(\boldsymbol{F})\end{aligned}\right\}\tag{2-18}$$

可见，**空间力对点之矩与力对通过该点的轴之矩的关系为：力对任一点的矩矢在通过该点的任一轴上的投影，等于力对该轴之矩**。

空间力 $\boldsymbol{F}$ 对任一点 A 之矩为 $\boldsymbol{M}_A(\boldsymbol{F})$，设沿着任一轴 AB 的单位矢量为 $\boldsymbol{\lambda}$，利用矢量运算法，可得空间力 $\boldsymbol{F}$ 对轴 AB 之矩 $M_{AB}(\boldsymbol{F})$ 与力 $\boldsymbol{F}$ 对点 A 之矩 $\boldsymbol{M}_A(\boldsymbol{F})$ 的关系为

$$M_{AB}(\boldsymbol{F})=\boldsymbol{\lambda}\cdot\boldsymbol{M}_A(\boldsymbol{F})\tag{2-19}$$

例 2-4　如图 2-15 所示，已知立方体的三棱边长分别为 a、b、c，力 $\boldsymbol{F}$ 的作用位置如图所示。试求力 $\boldsymbol{F}$ 对三坐标轴的矩。

求解程序

解： 由合力矩定理，可得力 $\boldsymbol{F}$ 对 x 轴的矩为

$$M_x(\boldsymbol{F})=M_x(\boldsymbol{F}_x)+M_x(\boldsymbol{F}_y)+M_x(\boldsymbol{F}_z)=-F_y c=-Fc\cos\theta\sin\varphi$$

$$=-\frac{Fbc}{\sqrt{a^2+b^2+c^2}}$$

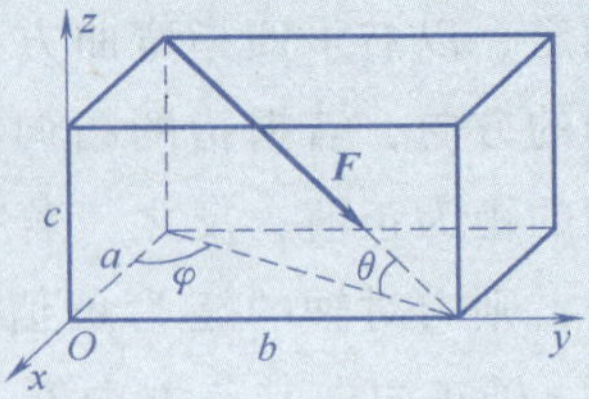

图 2-15

由于力 $\boldsymbol{F}$ 与 y 轴相交，所以力 $\boldsymbol{F}$ 对 y 轴的矩为 0，即

$$M_y(\boldsymbol{F})=0$$

由合力矩定理，可得力 $\boldsymbol{F}$ 对 z 轴的矩为

$$M_z(\boldsymbol{F})=M_z(\boldsymbol{F}_x)+M_z(\boldsymbol{F}_y)+M_z(\boldsymbol{F}_z)=-F_y a=-Fa\cos\theta\sin\varphi=-\frac{Fab}{\sqrt{a^2+b^2+c^2}}$$

求解程序（1）

求解程序（2）

例 2-5 如图 2-16a 所示，长方体棱长分别为 a、b、c，力 $\boldsymbol{F}$ 沿 BD，求力 $\boldsymbol{F}$ 对 AC 之矩。

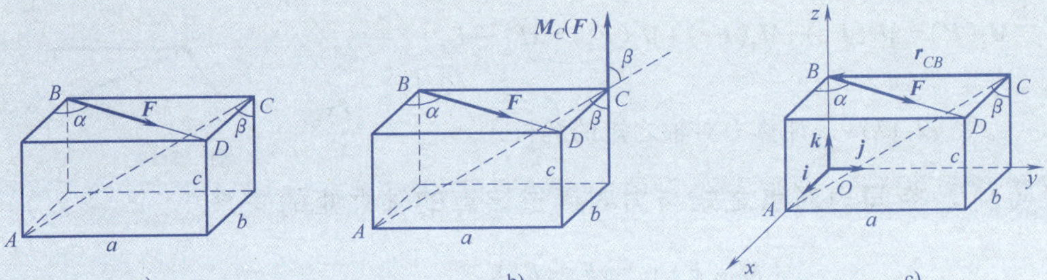

图 2-16

解法 1： 由力对点之矩与力对轴之矩的关系，得

$$M_{AC}(\boldsymbol{F})=[\boldsymbol{M}_C(\boldsymbol{F})]_{AC}$$

$$|\boldsymbol{M}_C(\boldsymbol{F})|=F\cdot\cos\alpha\cdot a=\frac{Fba}{\sqrt{a^2+b^2}}$$

力 $\boldsymbol{F}$ 对点 C 之矩的方向为过点 C 铅垂向上，如图 2-16b 所示。所以

$$M_{AC}(\boldsymbol{F})=|\boldsymbol{M}_C(\boldsymbol{F})|\cos\beta=\frac{Fabc}{\sqrt{a^2+b^2}\sqrt{a^2+b^2+c^2}}$$

解法 2： 建立如图 2-16c 所示坐标系，x 轴、y 轴和 z 轴的单位矢量分别为 $\boldsymbol{i}$、$\boldsymbol{j}$ 和 $\boldsymbol{k}$，则

$$\boldsymbol{r}_{CB}=-a\boldsymbol{j},\ \boldsymbol{F}=\frac{Fb}{\sqrt{a^2+b^2}}\boldsymbol{i}+\frac{Fa}{\sqrt{a^2+b^2}}\boldsymbol{j}$$

由式（2-8），可得力 $\boldsymbol{F}$ 对点 C 之矩矢为

$$M_C(F)=r_{CB}\times F=(-aj)\times\left(\frac{Fb}{\sqrt{a^2+b^2}}i+\frac{Fa}{\sqrt{a^2+b^2}}j\right)=\frac{Fab}{\sqrt{a^2+b^2}}k$$

沿着 AC 方向的单位矢量 λ 的表达式为

$$\lambda=\frac{r_{AC}}{r_{AC}}=\frac{-bi+aj+ck}{\sqrt{a^2+b^2+c^2}}$$

由式（2-19），可得力 F 对轴 AC 之矩为

$$M_{AC}(F)=\lambda\cdot M_C(F)=\frac{-bi+aj+ck}{\sqrt{a^2+b^2+c^2}}\cdot\frac{Fab}{\sqrt{a^2+b^2}}k=\frac{Fabc}{\sqrt{a^2+b^2}\sqrt{a^2+b^2+c^2}}$$

思考与讨论：

（1）空间力对点之矩有哪几种计算方法？

（2）力对轴之矩有哪几种计算方法？

（3）力对任一点之矩矢在任一轴上的投影，等于力对该轴之矩吗？

2.3 力偶

2.3.1 力偶的概念

1. 力偶

由两个大小相等、方向相反、作用线平行但不共线的平行力组成的特殊力系，称为**力偶**，记作（F，F'）。组成力偶的两力作用线之间的垂直距离 d 称为**力偶臂**，组成力偶的两个力所决定的平面称为**力偶的作用面**。在生活实践和工程实际中，经常看到汽车驾驶员用双手转动方向盘（见图 2-17a）、两个手指拧水龙头等。在方向盘和水龙头上都作用了大小相等、方向相反、作用线平行但不共线的两个力 F 和 F'，从而使刚体发生转动，如图 2-17b 所示。

2. 力偶矩矢、力偶矩

在空间中，力偶对物体的作用效果还与力偶的作用面有关。如图 2-18 所示为一长方体，大小和转向相同的力偶分别作用在平面 ABCD 内和平面 ABFE 内，对

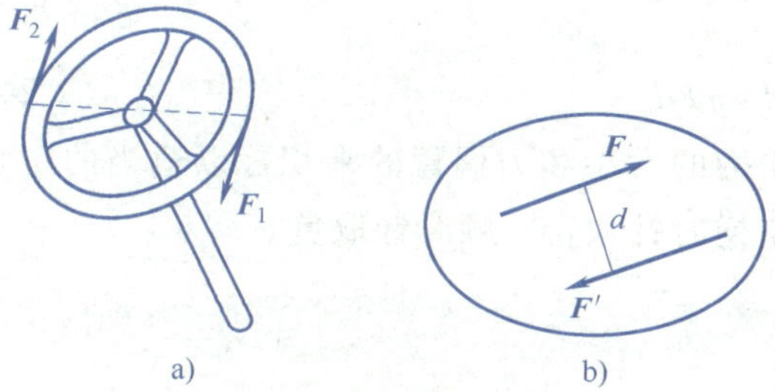

图　2-17

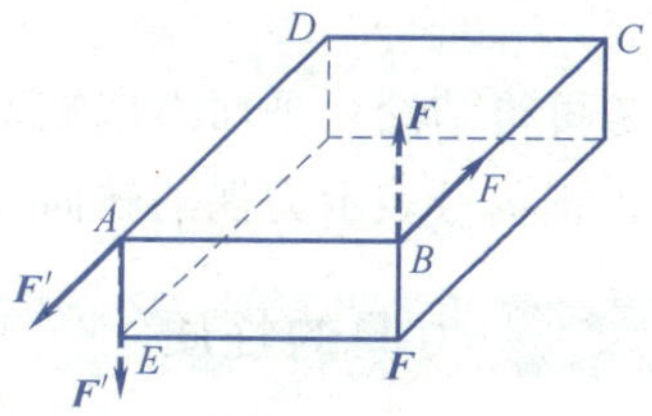

图　2-18

物体的作用效果不同。故空间力偶对物体的转动效应，包括力偶矩大小、力偶转向以及作用面方位，可以用一个矢量即**力偶矩矢 $\boldsymbol{M}$** 来度量。

设有空间力偶（$\boldsymbol{F}$，$\boldsymbol{F}'$），其力偶臂为 d，如图 2-19a 所示。从任意一点 O 到力 $\boldsymbol{F}$ 的作用点 A 作矢径 $\boldsymbol{r}_A$，从点 O 到力 $\boldsymbol{F}'$的作用点 B 作矢径 $\boldsymbol{r}_B$。因此，力偶对空间任一点 O 的力偶矩矢 $\boldsymbol{M}_O(\boldsymbol{F},\ \boldsymbol{F}')$ 为

$$\boldsymbol{M}_O(\boldsymbol{F},\boldsymbol{F}')=\boldsymbol{M}_O(\boldsymbol{F})+\boldsymbol{M}_O(\boldsymbol{F}')=\boldsymbol{r}_A\times\boldsymbol{F}+\boldsymbol{r}_B\times\boldsymbol{F}' \tag{2-20}$$

因为 $\boldsymbol{F}'=-\boldsymbol{F}$，$\boldsymbol{r}_{BA}=\boldsymbol{r}_A-\boldsymbol{r}_B$，所以式（2-20）可写为

$$\boldsymbol{M}_O(\boldsymbol{F},\boldsymbol{F}')=(\boldsymbol{r}_A-\boldsymbol{r}_B)\times\boldsymbol{F}=\boldsymbol{r}_{BA}\times\boldsymbol{F} \tag{2-21}$$

力偶矩矢 $\boldsymbol{M}_O(\boldsymbol{F},\ \boldsymbol{F}')$ 只与两个力的大小及作用点之间的矢径 $\boldsymbol{r}_{BA}$ 有关，而与从任意点 O 到力作用线的矢径 $\boldsymbol{r}_A$ 和 $\boldsymbol{r}_B$ 无关。即力偶对空间任意一点的矩矢与矩心无关，用 $\boldsymbol{M}$ 表示力偶矩矢，则

$$\boldsymbol{M}=\boldsymbol{r}_{BA}\times\boldsymbol{F} \tag{2-22}$$

如图 2-19b 所示，力偶矩 M 的大小为

$$M=Fd \tag{2-23}$$

式中，F 为力偶中一个力的大小；d 为力偶臂。力偶矩的方向通过右手螺旋法则进行判断，右手四指沿着力偶中的力所产生的螺旋方向弯曲，拇指的指向就是力偶矩的方向，力偶矩矢量的方位就表示了力偶作用面法线方位。力偶矩单位同力矩的单位一样，也是 N · m（牛 · 米）或 kN · m（千牛 · 米）。力偶矩矢的表示方法如图 2-19b 所示。

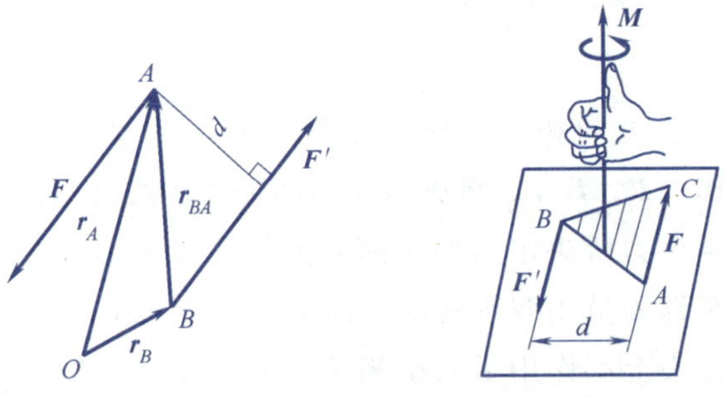

图　2-19

特别地，对于同一个平面作用的力偶，转动效果均发生在该平面。力偶的转动效应取决于两个因素：力偶矩的大小和转向。故平面力偶矩是代数量，用 $M(\boldsymbol{F},\ \boldsymbol{F}')$ 或 M 表示，即

$$M=\pm Fd \tag{2-24}$$

于是可得结论：平面力偶矩是将力偶中力的大小和力偶臂的乘积冠以适当的正负号，正负号表示力偶的转向。同样规定逆时针取正，顺时针取负。

2.3.2 力偶的性质

力偶是一个无合力的非平衡力系。力偶既没有合力，本身又不平衡，是一个

基本的力学量。力偶不能与一个力等效，也不能与一个力平衡，力偶只能与力偶平衡。力偶具有如下性质：

（1）两个空间力偶的等效条件是二者的力偶矩矢相等；两个平面力偶的等效条件是二者的力偶矩大小相等且方向相同。

（2）力偶在作用面内任一轴上的投影均为零。

（3）力偶对其作用面内任一点之矩与矩心的位置无关，恒等于力偶矩。

（4）空间力偶可以在同一刚体上平移到与其作用面平行的任意平面上，而不改变力偶对刚体的作用效果，也可以同时改变力与力偶臂的大小或将力偶在其作用面内任意移转，只要力偶矩矢的大小、方向不变，其作用效果就不变。

这个性质是力偶系合成的基础。

由力偶的性质可知，力偶矩矢可在同一平面和与其平行的平面任意移动，矩心可以是任意点，故力偶矩矢是**自由矢量**。

课程加油站

思考与讨论：

（1）力偶与二力平衡，两者有什么相同点，有什么不同点？

（2）力偶是否可以进一步简化？两个相互平行的力是否无法进一步简化？

（3）力偶和力矩二者之间有什么关系？试比较力偶矩与力矩的异同。

（4）力偶矩的大小为什么与矩心的选择无关？

（5）驾驶员操纵方向盘驾驶汽车时，可以用一只手对方向盘施加一个力，也可以用双手对方向盘施加一个力偶。试问这两种操纵方式对汽车的行驶而言，效果是否相同？这能否说一个力和一个力偶等效？

例 2-6　如图 2-20a 所示梁 AB 受力偶 M 作用，试画出梁 AB 的受力图。

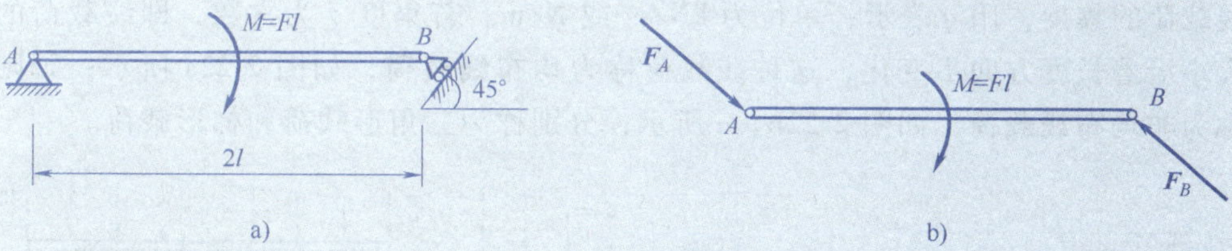

图　2-20

解： 以梁 AB 为研究对象，由于梁 AB 在力偶 M 和 A、B 处的约束反力作用下处于平衡状态，根据力偶只能与力偶平衡的性质，所以 A 处和 B 处的约束反力必是一个力偶，梁 AB 的受力图如图 2-20b 所示。

例 2-7　如图 2-21a 所示矩形板，边长分别为 a、$2a$，分别受大小相等、方向相反的力偶作用，试画出整体和两板的受力图。

解： 以整体为研究对象，由于系统在大小相等、方向相反的两力偶作用下处于平衡状态，所以 A 处和 B 处的约束反力必是一对平衡力，整体的受力图如图 2-21b 所示。根据力偶只能与力偶平衡的性质，两板的受力图如图 2-21c、d 所示。

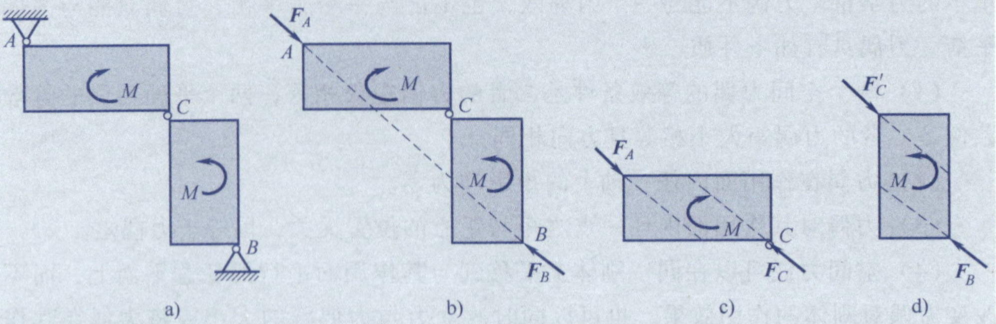

图 2-21

2.4 分布载荷与重心

在前面讨论的问题中，作用于物体上的力被看作集中力，在实际工程应用中，也经常遇到分布载荷的情况。作用在较大范围内，不能看作集中作用于一点的载荷称为**分布载荷**。作用在空间较大范围内的力称为体力，如重力、万有引力等；作用在平面较大范围内的力称为面力，如坝或闸门上受到的静水压力等。

2.4.1 平行分布线载荷的简化

如果分布载荷可以简化为沿物体中心线分布的平行力，则称此力系为**平行分布线载荷**，简称**线载荷**。例如，当梁长远大于梁宽时，分布在梁表面上的载荷可以简化为沿梁表面上纵轴分布的线载荷，如图 2-22a、b、c 所示。表示载荷分布情况的图形称为**载荷图**。线载荷的大小用单位长度上所受力的大小来表示，称为线载荷的**集度**，用 q 表示，单位为 kN/m 或 N/m。若集度 q 为常数，即线载荷的大小沿着长度方向不变化，这种线载荷称为**均布线载荷**，如图 2-22a 所示；否则称为**非均布线载荷**，如图 2-22b、c 所示，分别称为三角形载荷和梯形载荷。

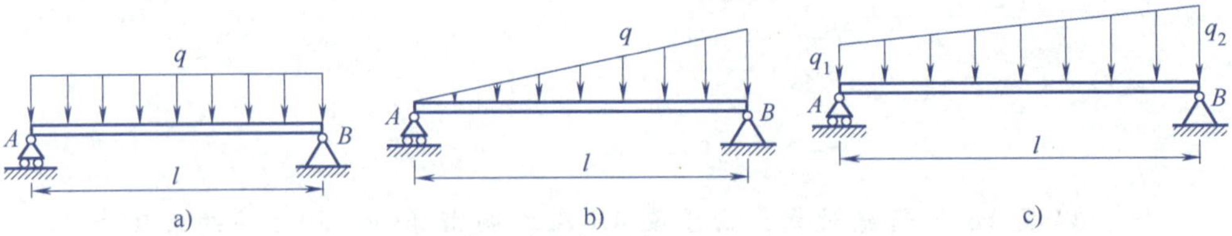

图 2-22

利用加减平衡力系公理及平行四边形法则，两个平行同向的力可以等效合成一个合力。同向的线载荷可以看作作用于无数微小长度上的平行力，故平行分布线载荷必然可以合成一个合力。下面具体确定平行分布线载荷合力的大小、方向以及作用点。

如图 2-23 所示 $AabB$ 为一般线载荷的载荷图，建立直角坐标系 Oxy，使轴 y 平行于线载荷。设距离原点为 x 处的载荷集度为 q，则在该处微小长度 Δx 上的力的大小为 $\Delta Q=q\times\Delta x$，即等于 Δx 上载荷图的面积 ΔA，于是，在线段 AB 上所受线载

荷的合力大小为

$$Q=\sum \Delta Q=\sum q\times\Delta x=\sum \Delta A$$

=线段 AB 上载荷图的面积

设合力作用线离原点的距离为 x_C，由合力矩定理知

$$Q\times x_C=\sum \Delta Q\times x=\sum q\times\Delta x\times x=\sum \Delta A\times x$$

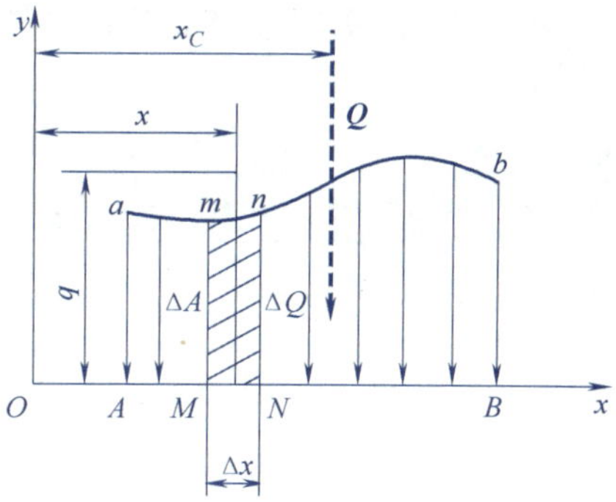

图　2-23

即有

$$x_C=\frac{\sum \Delta A\times x}{Q}=\frac{\sum \Delta A\times x}{\sum \Delta A} \tag{2-25}$$

由式（2-25）决定的 x_C 即是载荷图面积的形心坐标。

由此可知：

（1）同向线载荷的合力的大小等于线载荷所组成的几何图形的面积。

（2）合力的方向与线载荷的方向相同。

（3）合力的作用线通过载荷图的形心。

对于特殊的线载荷，如均布线载荷，线载荷的载荷图为矩形，如图 2-24a 所示，线载荷合力的大小等于线载荷所组成的矩形的面积，即 $Q=ql$，合力的作用线过矩形的中心。对于三角形载荷，如图 2-24b 所示，线载荷合力的大小等于线载荷所组成的三角形的面积，即 $Q=\frac{1}{2}ql$，合力的作用线通过三角形的形心。如图 2-24c 所示梯形载荷，可以分为一个三角形载荷和一个矩形载荷，如图 2-24d 所示，分别求出三角形载荷和矩形载荷的合力的大小和作用线的位置。也可以将梯形载荷分为两个三角形载荷，如图 2-24e 所示，然后分别求出两个三角形载荷的合力大小及作用线的位置。

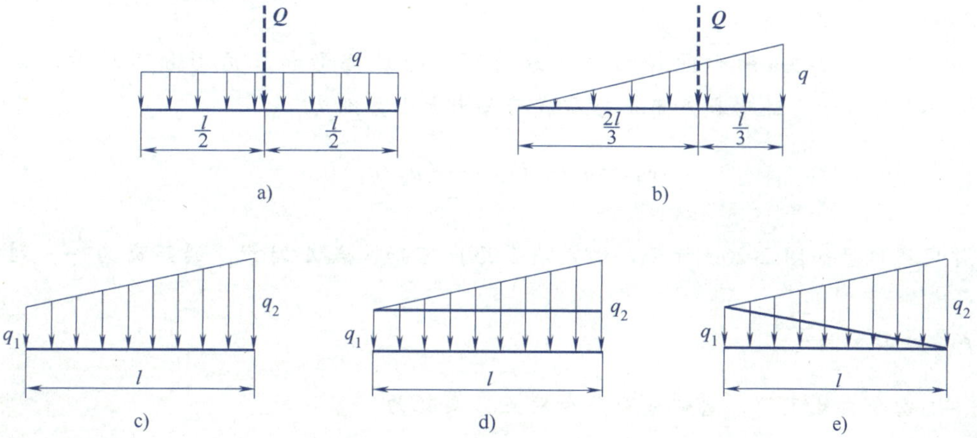

图　2-24

例 2-8　试求图 2-25a 所示分布载荷的合力及对点 A 之矩。

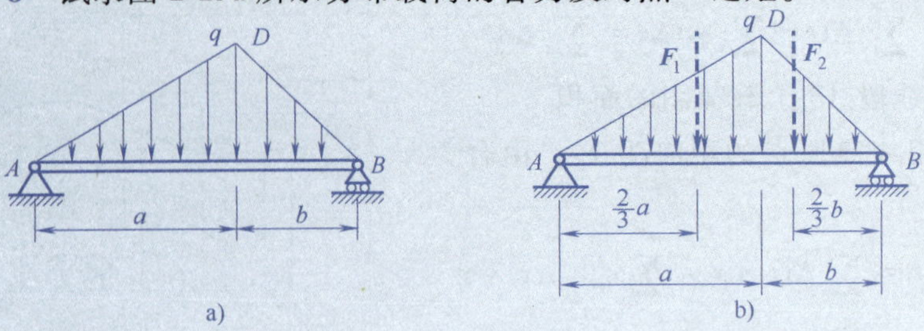

图　2-25

求解程序

解： 将分布载荷图形分成两个三角形，每个三角形分布载荷合力大小分别为

$$F_1=\frac{1}{2}qa,\ F_2=\frac{1}{2}qb$$

作用线位置如图 2-25b 所示。整个分布载荷的合力大小为

$$F_R=F_1+F_2=\frac{1}{2}q(a+b)$$

由合力矩定理，总体分布载荷对点 A 之矩为

$$M_A=-\frac{1}{2}qa\times\frac{2}{3}a-\frac{1}{2}qb\times\left(a+\frac{b}{3}\right)=-\frac{1}{6}q(2a^2+3ab+b^2)$$

例 2-9　水平梁 AB 受如图 2-26a 所示的分布载荷作用，梁长为 L。试求分布载荷对点 A 之矩。

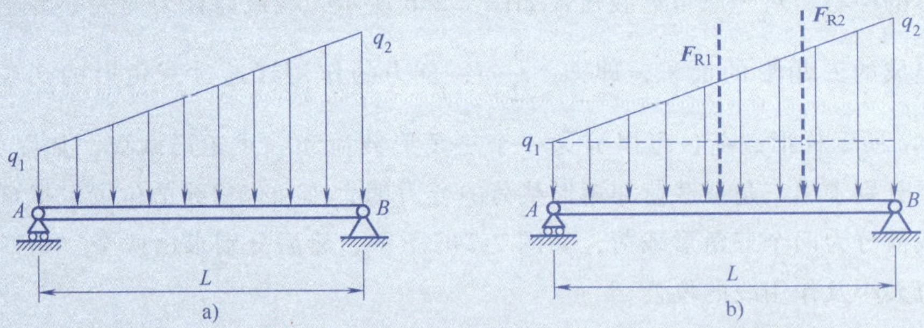

图　2-26

求解程序

解： 图 2-26a 所示的梯形分布载荷可以分成矩形和三角形分布载荷，如图 2-26b 所示，矩形和三角形分布载荷合力大小分别为

$$F_{R1}=q_1L,\ F_{R2}=\frac{1}{2}(q_2-q_1)L$$

作用线位置如图 2-26b 所示。由式（2-25）可知，点 A 到 $\boldsymbol{F}_{R1}$ 的距离为$\frac{L}{2}$，到 $\boldsymbol{F}_{R2}$ 的距离为$\frac{2L}{3}$。

由合力矩定理，总体分布载荷对点 A 之矩为

$$M_A=-F_{R1}\times\frac{L}{2}-F_{R2}\times\frac{2L}{3}=-\frac{1}{6}(q_1+2q_2)L^2$$

2.4.2 重心

重心是工程应用中一个非常重要的概念，它的位置会影响到物体的平衡和稳定性。例如：飞机、船舶、汽车等的重心影响到运动过程中的稳定性；大型货车若出现重心偏移，在转弯时会引起货车倾覆；重心的位置对高速转动的机械零部件影响很大，若重心不在轴线上，会引起剧烈的振动甚至破坏。因此，重心位置的确定对结构设计是一个很重要的因素。

重力可近似看成地球对物体的吸引力，如果将物体看作由无数的质点组成，则重力便构成空间汇交力系。由于地球的半径很大，因此可近似地认为地球表面的重力是平行分布线载荷，其合力就是物体的重量。不论物体如何放置，合力的作用线相对于物体总是通过一个确定的点，这个点称为物体的**重心**。重心有确定的位置，与物体在空间的位置无关。

1. 重心坐标公式

设物体的重力为 $\boldsymbol{P}$，重心为 $C(x_C,\ y_C,\ z_C)$，将其分为若干部分，第 i 部分的重力为 $\Delta\boldsymbol{P}_i$，重心为 $M_i(x_i,\ y_i,\ z_i)$，如图 2-27 所示。

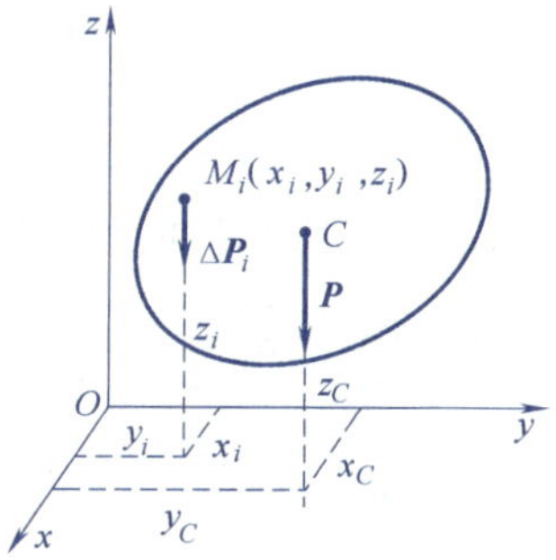

图　2-27

根据合力矩定理，可得

$$Px_C = \sum \Delta P_i x_i$$

$$-Py_C = -\sum \Delta P_i y_i \qquad (2\text{-}26)$$

将坐标绕 y 轴转过 90°，由合力矩定理，得

$$Pz_C = \sum \Delta P_i z_i \qquad (2\text{-}27)$$

由式（2-26）和式（2-27），可得物体重心坐标公式为

$$\left.\begin{aligned} x_C &= \frac{\sum \Delta P_i x_i}{P} \\ y_C &= \frac{\sum \Delta P_i y_i}{P} \\ z_C &= \frac{\sum \Delta P_i z_i}{P} \end{aligned}\right\} \qquad (2\text{-}28)$$

若物体为均质物体，其单位体积的重力为 γ，物体的体积为 V，第 i 部分的体积为 ΔV_i，则有

$$\left.\begin{aligned} P &= \gamma V \\ \Delta P_i &= \gamma \Delta V_i \end{aligned}\right\} \qquad (2\text{-}29)$$

将式（2-29）代入式（2-28），可得物体的重心坐标公式为

$$\left.\begin{aligned} x_C &= \frac{\sum \Delta V_i x_i}{V} \\ y_C &= \frac{\sum \Delta V_i y_i}{V} \\ z_C &= \frac{\sum \Delta V_i z_i}{V} \end{aligned}\right\} \tag{2-30}$$

若物体为均质板，均质板的上下面板的面积为 A，第 i 部分的面积为 ΔA_i，同理可得物体的重心坐标公式为

$$\left.\begin{aligned} x_C &= \frac{\sum \Delta A_i x_i}{A} \\ y_C &= \frac{\sum \Delta A_i y_i}{A} \\ z_C &= \frac{\sum \Delta A_i z_i}{A} \end{aligned}\right\} \tag{2-31}$$

若物体为均质杆，均质杆的长度为 L，第 i 部分的长度为 ΔL_i，同理可得物体的重心坐标公式为

$$\left.\begin{aligned} x_C &= \frac{\sum \Delta L_i x_i}{L} \\ y_C &= \frac{\sum \Delta L_i y_i}{L} \\ z_C &= \frac{\sum \Delta L_i z_i}{L} \end{aligned}\right\} \tag{2-32}$$

综上可知，均质物体的重心只与物体的形状有关。物体的几何形状的中心称为形心。所以，均质物体的重心与形心重合。

2. 物体重心的确定

（1）简单形状物体的重心　具有对称轴、对称面或对称中心的均质物体，其重心一定在对称轴、对称面或对称中心上。简单形状物体的重心，可以从工程手册上查出，而对于工程常用的型钢重心，也可以从型钢表中查出。

（2）用组合法求物体的重心　如果一个物体由几个简单形状的物体组合而成，而这些物体的重心是已知的，那么这个物体的重心可以通过**分割法**求解。如果在一个物体或者薄板内切去一部分，可以采用将切去部分的体积或者面积取负值，再利用分割法进行求解这类物体的重心，这种方法称为**负体积法**或**负面积法**。

例 2-10　试求图 2-28a 所示均质板重心的位置。

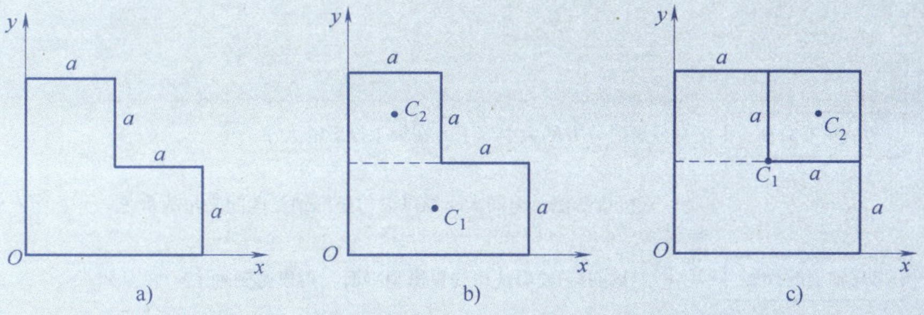

图　2-28

解法 1（分割法）：建立如图 2-28b 所示的坐标系 Oxy，将均质板分割成图示的两部分，下方矩形部分的重心为 $C_1(x_1,\ y_1)$，上方矩形部分的重心为 $C_2(x_2,\ y_2)$，两部分的面积分别为 A_1 和 A_2。则由式（2-31）可得均质板的重心为

$$x_C=\frac{A_1x_1+A_2x_2}{A_1+A_2}=\frac{2a^2a+a^2\cdot\dfrac{1}{2}a}{3a^2}=\frac{5}{6}a$$

$$y_C=\frac{A_1y_1+A_2y_2}{A_1+A_2}=\frac{2a^2\cdot\dfrac{1}{2}a+a^2\cdot\dfrac{3}{2}a}{3a^2}=\frac{5}{6}a$$

解法 2（负面积法）：建立如图 2-28c 所示的坐标系 Oxy，将均质板的右上方补上一个正方形，其重心为 C_2（x_2，y_2），面积为 A_2（取负值），大正方形板的重心为 C_1（x_1，y_1），面积为 A_1。则由式（2-31）可得均质板的重心为

$$x_C=\frac{A_1x_1+A_2x_2}{A_1+A_2}=\frac{4a^2a+(-a^2)\cdot\dfrac{3}{2}a}{4a^2+(-a^2)}=\frac{5}{6}a$$

$$y_C=\frac{A_1y_1+A_2y_2}{A_1+A_2}=\frac{4a^2a+(-a^2)\cdot\dfrac{3}{2}a}{4a^2+(-a^2)}=\frac{5}{6}a$$

求解程序（1）

求解程序（2）

思考与讨论：

（1）物体的重心和几何中心，在什么情况下重合？在什么情况下不重合？为什么？

（2）计算一物体的重心位置时，如果选择不同的坐标系，物体重心的坐标是否会发生变化？重心在物体内的位置是否会发生变化？

本章思维导图

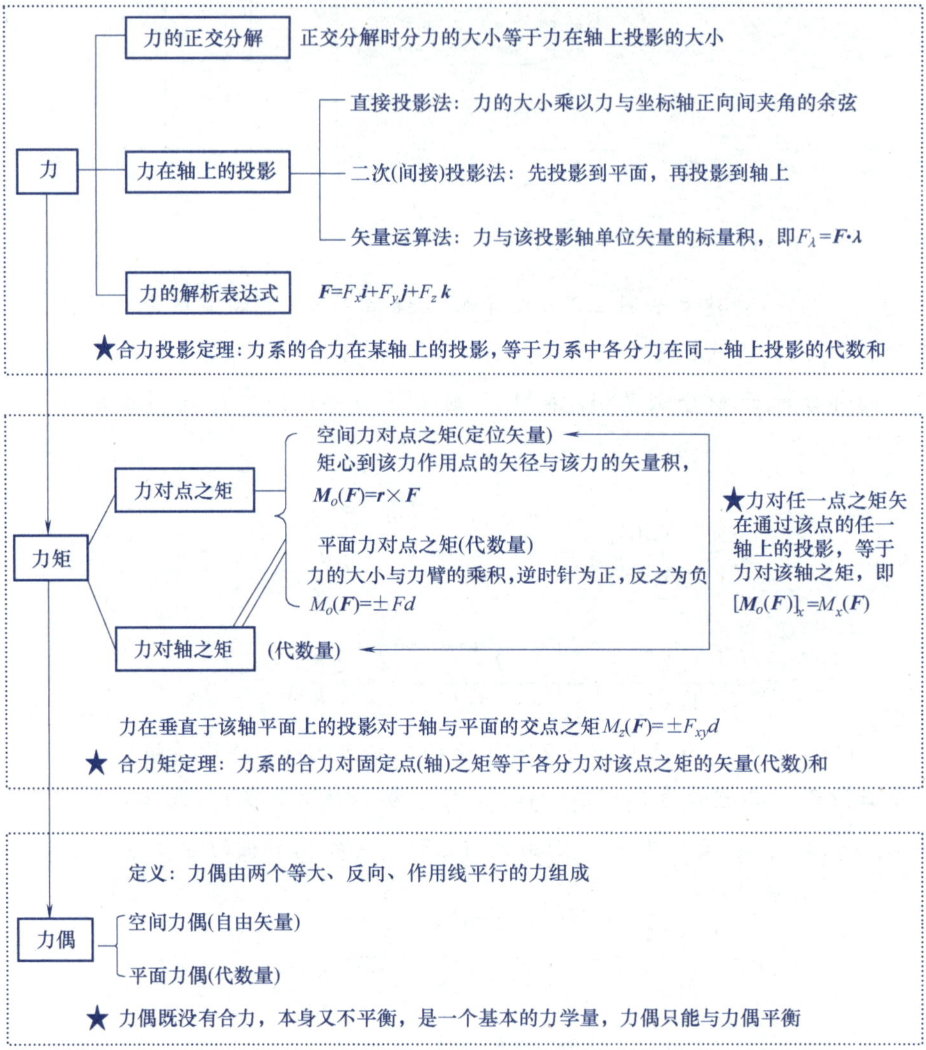
力
力的正交分解
正交分解时分力的大小等于力在轴上投影的大小
力在轴上的投影
直接投影法：力的大小乘以力与坐标轴正向间夹角的余弦
二次(间接)投影法：先投影到平面，再投影到轴上
矢量运算法：力与该投影轴单位矢量的标量积，即$F_\lambda=\boldsymbol{F}\cdot\boldsymbol{\lambda}$
力的解析表达式
$\boldsymbol{F}=F_x\boldsymbol{i}+F_y\boldsymbol{j}+F_z\boldsymbol{k}$
★合力投影定理:力系的合力在某轴上的投影,等于力系中各分力在同一轴上投影的代数和
力矩
力对点之矩
空间力对点之矩(定位矢量)
矩心到该力作用点的矢径与该力的矢量积，
$\boldsymbol{M}_O(\boldsymbol{F})=\boldsymbol{r}\times\boldsymbol{F}$
平面力对点之矩(代数量)
力的大小与力臂的乘积,逆时针为正,反之为负
$M_O(\boldsymbol{F})=\pm Fd$
★力对任一点之矩矢在通过该点的任一轴上的投影，等于力对该轴之矩，即
$[\boldsymbol{M}_O(\boldsymbol{F})]_x=M_x(\boldsymbol{F})$
力对轴之矩
(代数量)
力在垂直于该轴平面上的投影对于轴与平面的交点之矩$M_z(\boldsymbol{F})=\pm F_{xy}d$
★ 合力矩定理：力系的合力对固定点(轴)之矩等于各分力对该点之矩的矢量(代数)和
力偶
定义：力偶由两个等大、反向、作用线平行的力组成
空间力偶(自由矢量)
平面力偶(代数量)
★ 力偶既没有合力，本身又不平衡，是一个基本的力学量，力偶只能与力偶平衡

习题

2-1 在题 2-1 图中，长方体三边长分别为 $a=b=\sqrt{3}\,\text{m}$，$c=\sqrt{2}\,\text{m}$。长方体上作用三个力 $F_1=100\text{N}$，$F_2=200\text{N}$，$F_3=400\text{N}$，方向如图所示。试求各力在 x、y、z 轴上的投影。

2-2 如题 2-2 图所示的圆柱斜齿轮，其上受啮合力 $\boldsymbol{F}$ 的作用。已知斜齿轮的齿倾角（螺旋角）β 和压力角 θ，试求力 $\boldsymbol{F}$ 在 x、y、z 轴上的投影。

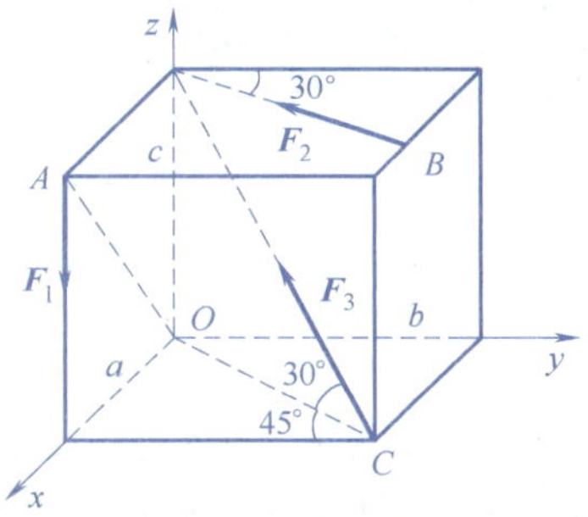

题 2-1 图

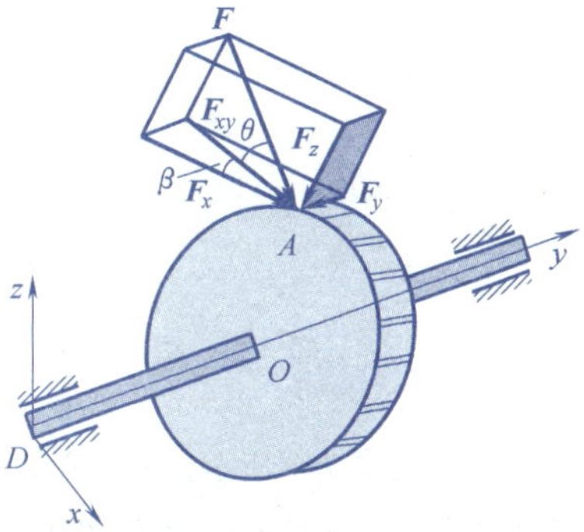

题 2-2 图

2-3 试计算题 2-3 图中各力 $\boldsymbol{F}$ 对点 O 之矩。

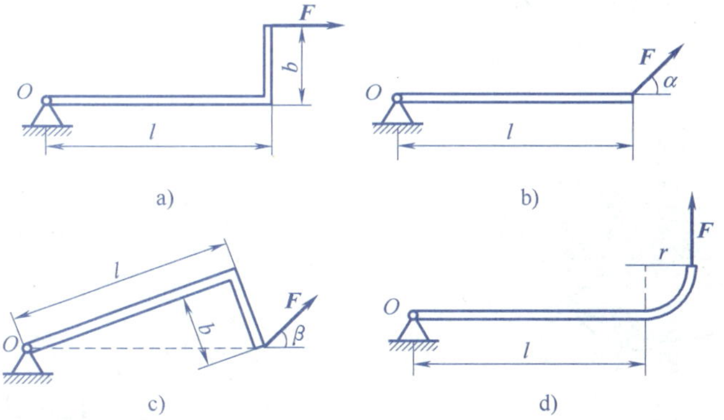

题 2-3 图

2-4 如题 2-4 图所示，已知立方体的三棱边长分别为 a、b、c，力 $\boldsymbol{F}$ 的作用位置如图所示。试求力 $\boldsymbol{F}$ 对点 O 之矩及对三坐标轴之矩，并比较二者的关系。

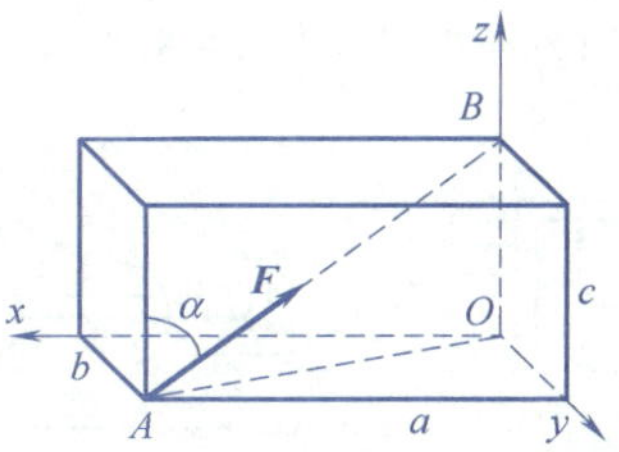

题 2-4 图

2-5　如题 2-5 图所示，在手柄 AB 的端点 B 作用一力 $\boldsymbol{F}$，已知 $F=50\text{N}$，$OA=200\text{mm}$，$AB=180\text{mm}$，$\alpha=45°$，$\beta=60°$。试求力 $\boldsymbol{F}$ 对轴 x、y、z 之矩。

2-6　如题 2-6 图所示，力 $F=1000\text{N}$，试求力 $\boldsymbol{F}$ 对 z 轴之矩（图中长度单位为 mm）。

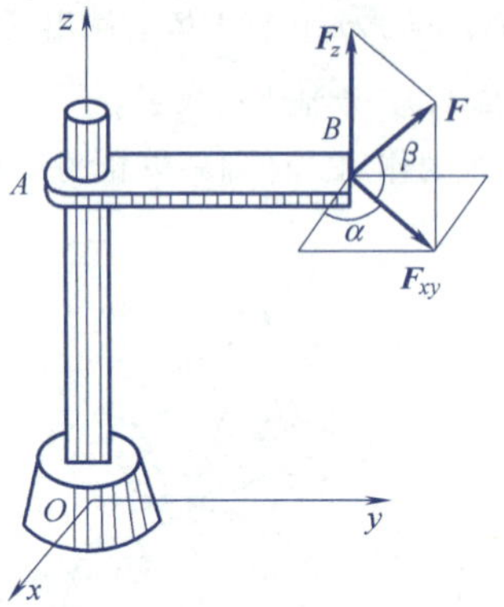

题　2-5 图

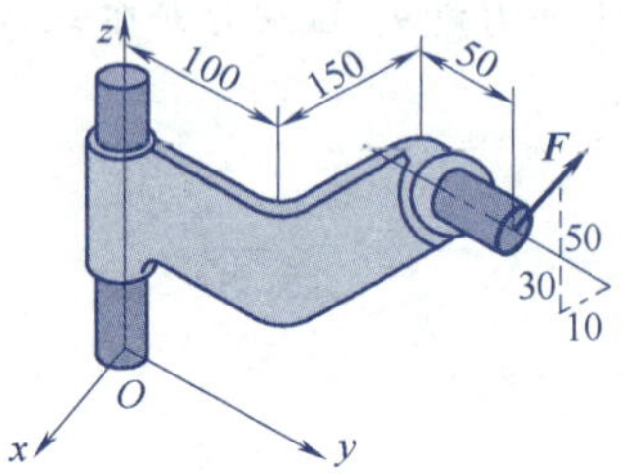

题　2-6 图

2-7　如题 2-7 图所示，水平圆盘的半径为 r，外缘 C 处作用有已知力 $\boldsymbol{F}$。力 $\boldsymbol{F}$ 位于圆盘 C 处的切平面内，且与 C 处圆盘切线夹角为 60°，其他尺寸如图所示。试求力 $\boldsymbol{F}$ 对 x、y、z 轴之矩。

2-8　一平行力系由五个力组成，力的大小和作用线位置如题 2-8 图所示。图中小正方格的边长为 10 mm。试求此平行力系的合力。

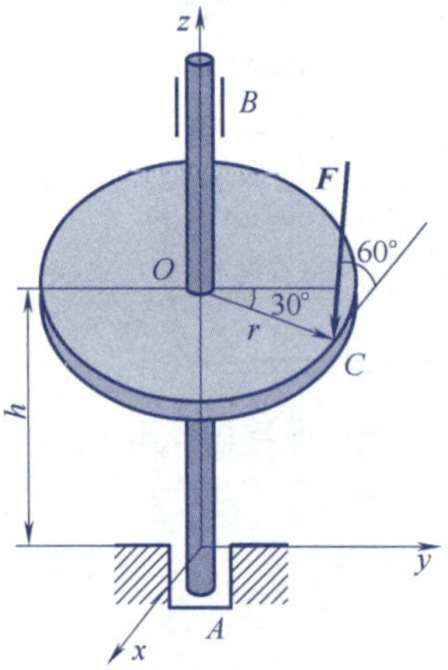

题　2-7 图

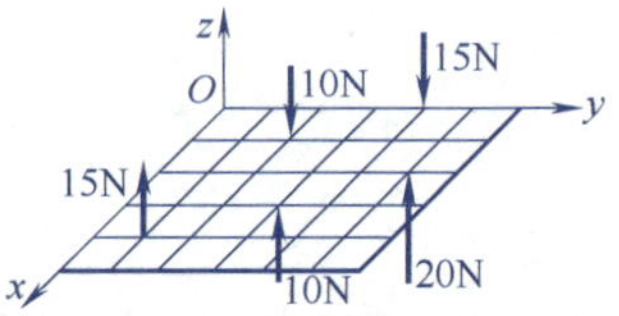

题　2-8 图

2-9　试求如题 2-9 图所示平行分布力的合力及其对点 A 之矩。

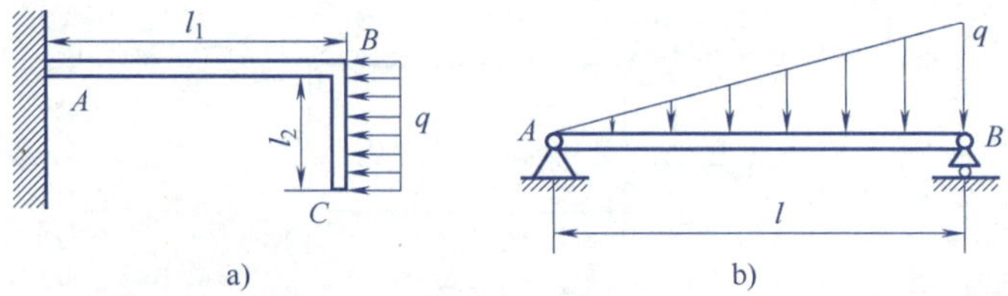

题　2-9 图

2-10　试求如题 2-10 图所示平行分布力的合力及其对点 A 之矩。

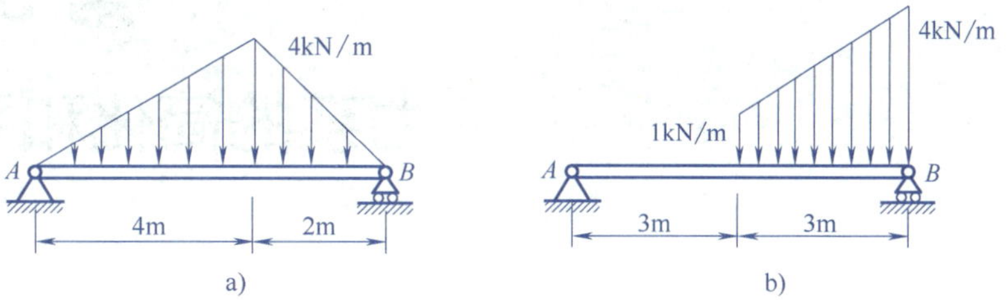

题　2-10 图

2-11　角钢截面的尺寸如题 2-11 图所示，图中长度单位为 mm，试求其重心的位置。

2-12　试求 Z 形截面重心的位置，其尺寸如题 2-12 图所示，图中长度单位为 mm。

2-13　如题 2-13 图所示，在半径为 r_1 的圆盘内有一半径为 r_2 的圆孔，两圆中心相距为$\frac{r_1}{2}$。试求此均质圆盘的重心位置。

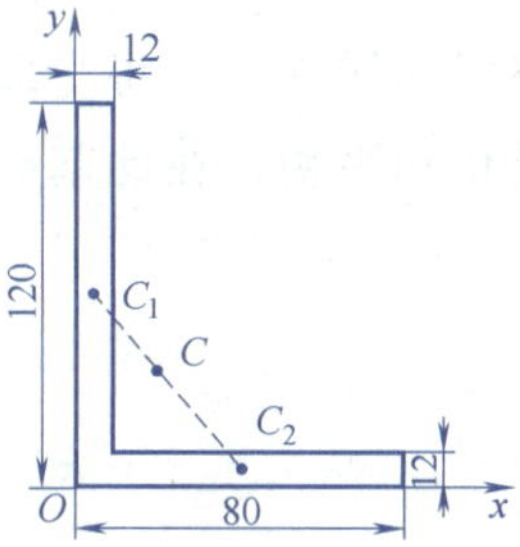

题　2-11 图

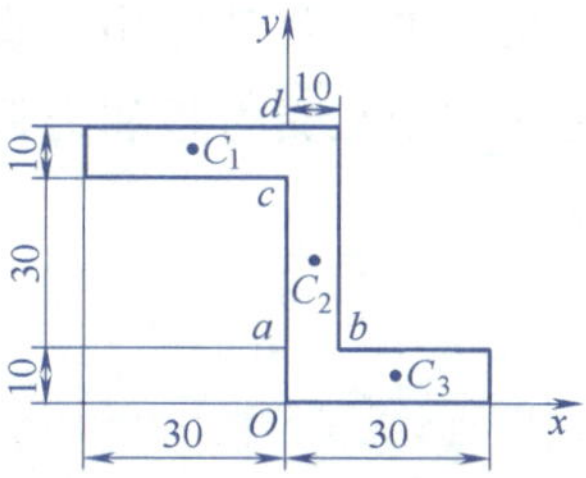

题　2-12 图

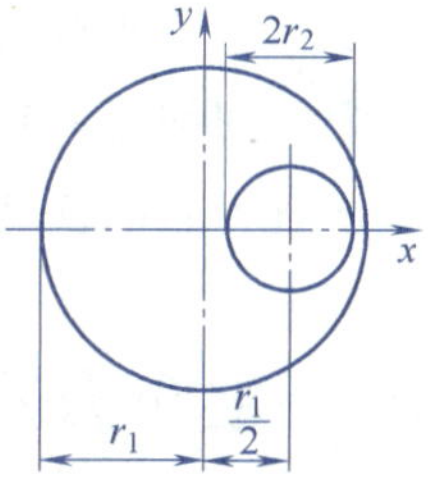

题　2-13 图

2-14　试求如题 2-14 图所示各截面重心的位置（图中长度单位为 mm）。

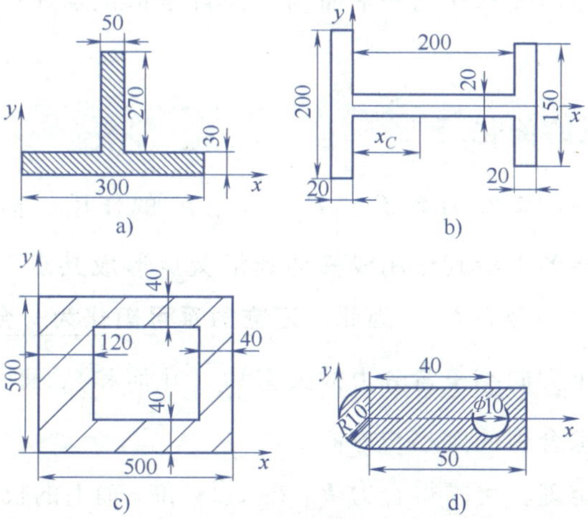

题　2-14 图

习题答案

第 3 章 力系的简化和平衡

静力学和动力学研究刚体在力系作用下的平衡和运动规律。根据作用线的不同特点可对力系进行分类：根据力系中各力的作用线是否在同一平面可将力系分为平面力系和空间力系；根据力系作用线间的相互关系可将其分为汇交力系、平行力系、力偶系和任意力系。空间任意力系是最一般的力系，其他力系都是空间任意力系的特例。

本章研究各种力系的简化、平衡及其应用。直接从空间问题入手，将平面问题作为空间问题的特例。首先讨论汇交力系和力偶系的简化和平衡，在此基础上研究任意力系的简化和平衡。

3.1 汇交力系

力系中各力的作用线不在同一平面内，且全部汇交于一点，这样的力系称为**空间汇交力系**。

力系中各力的作用线都在同一平面内，并且全部汇交于一点时，这样的力系称为**平面汇交力系**。

3.1.1 汇交力系的简化

设一刚体受到空间汇交力系 $\boldsymbol{F}_1$、$\boldsymbol{F}_2$、…、$\boldsymbol{F}_n$ 的作用。根据作用在刚体上的力具有可传性，可将各力沿其作用线移动到汇交点形成共点力系，再由力的多边形法则进一步合成一个合力 $\boldsymbol{F}_R$。因此，**汇交力系可简化为一合力，合力的作用线通过汇交点，其大小方向等于各分力的矢量和**（几何和），即 $\boldsymbol{F}_R=\sum \boldsymbol{F}_i$。

下面用解析法求合力的大小与方向。

根据合力投影定理，可求得合力 $\boldsymbol{F}_R$ 在 x、y 和 z 轴上的投影分别为

$$\left.\begin{aligned} F_{Rx} &= \sum F_{ix} \\ F_{Ry} &= \sum F_{iy} \\ F_{Rz} &= \sum F_{iz} \end{aligned}\right\} \tag{3-1}$$

故合力的大小为

$$F_R = \sqrt{F_{Rx}^2 + F_{Ry}^2 + F_{Rz}^2} = \sqrt{(\sum F_{ix})^2 + (\sum F_{iy})^2 + (\sum F_{iz})^2} \tag{3-2}$$

方向余弦分别为

$$\cos\langle \boldsymbol{F}_R, \boldsymbol{i}\rangle = \frac{F_{Rx}}{F_R} = \frac{\sum F_{ix}}{F_R},\ \cos\langle \boldsymbol{F}_R, \boldsymbol{j}\rangle = \frac{F_{Ry}}{F_R} = \frac{\sum F_{iy}}{F_R},\ \cos\langle \boldsymbol{F}_R, \boldsymbol{k}\rangle = \frac{F_{Rz}}{F_R} = \frac{\sum F_{iz}}{F_R} \tag{3-3}$$

3.1.2 汇交力系的平衡

假设刚体在空间汇交力系 $\boldsymbol{F}_1$、$\boldsymbol{F}_2$、…、$\boldsymbol{F}_n$作用下处于平衡，如图 3-1a 所示，应用力多边形法则将其中 $n-1$ 个力进行合成，其合力记为 $\boldsymbol{F}_{R1}$，如图 3-1b 所示。由于刚体平衡，根据二力平衡公理，力 $\boldsymbol{F}_n$ 必与其他 $n-1$ 个力的合力 $\boldsymbol{F}_{R1}$ 等值、反向、共线，故空间汇交力系 $\boldsymbol{F}_1$、$\boldsymbol{F}_2$、…、$\boldsymbol{F}_n$ 形成的力多边形自行封闭（合力为零）。可见，空间力多边形自行封闭是汇交力系平衡的必要条件。

反过来，若空间汇交力系形成的力多边形自行封闭（合力为零），则力 $\boldsymbol{F}_n$ 和其他 $n-1$ 个力的合力 $\boldsymbol{F}_{R1}$ 等值、反向、共线，满足二力平衡条件，该空间汇交力系平衡。可见，空间力多边形自行封闭是汇交力系平衡的充分条件。

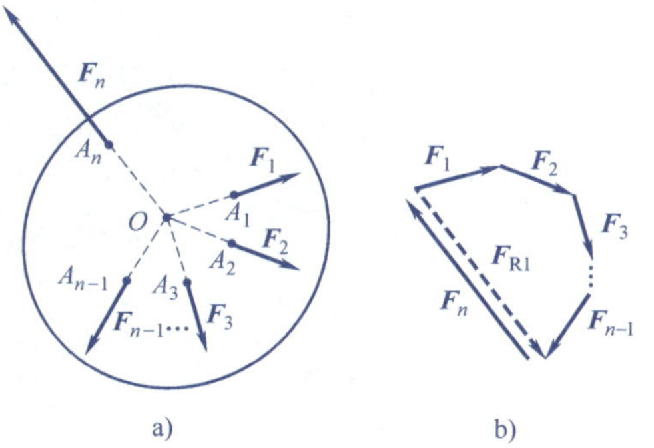

图 3-1

于是可得结论，**空间汇交力系平衡的必要与充分条件是：力系中各力形成的力多边形自行封闭；或各力的矢量和等于零**。用矢量式表示为

$$\boldsymbol{F}_R = \sum \boldsymbol{F}_i = \boldsymbol{0} \tag{3-4}$$

由式（3-4）可知，空间汇交力系平衡的充分和必要条件是：该力系的合力 $\boldsymbol{F}_R$ 等于零。由式（3-2）可得

$$F_R = \sqrt{F_{Rx}^2 + F_{Ry}^2 + F_{Rz}^2} = \sqrt{(\sum F_{ix})^2 + (\sum F_{iy})^2 + (\sum F_{iz})^2} = 0 \tag{3-5}$$

要使式（3-5）成立，则

$$\left.\begin{aligned} \sum F_{ix} &= 0 \\ \sum F_{iy} &= 0 \\ \sum F_{iz} &= 0 \end{aligned}\right\} \tag{3-6}$$

于是，空间汇交力系平衡的解析条件是：**力系中各力在各个坐标轴上投影的代数和分别等于零**。式（3-6）称为**空间汇交力系的平衡方程**，这是三个独立的平衡方程，可以求解三个未知量。

如果空间汇交力系中各力与 x-y 坐标面共面，则力系退化为平面汇交力系。式（3-6）中第三式为恒等式，于是得平面汇交力系的平衡方程为

$$\left.\begin{aligned}\sum F_{ix} = 0\\ \sum F_{iy} = 0\end{aligned}\right\} \tag{3-7}$$

故**平面汇交力系解析法平衡的必要与充分条件是：力系中各力在作用面内两个任选的坐标轴上投影的代数和等于零**。式（3-7）称为**平面汇交力系的平衡方程**。利用该方程可以求解两个未知量。

求解程序

例 3-1 重为 $\boldsymbol{P}$ 的物体用杆 AB 和位于同一水平面的绳索 AC 与 AD 支撑，如图 3-2a 所示。已知 $P=1000\text{N}$，$CE=ED=12\text{cm}$，$EA=24\text{cm}$，$\beta=45°$，不计杆重；求绳索的拉力和杆所受的力。

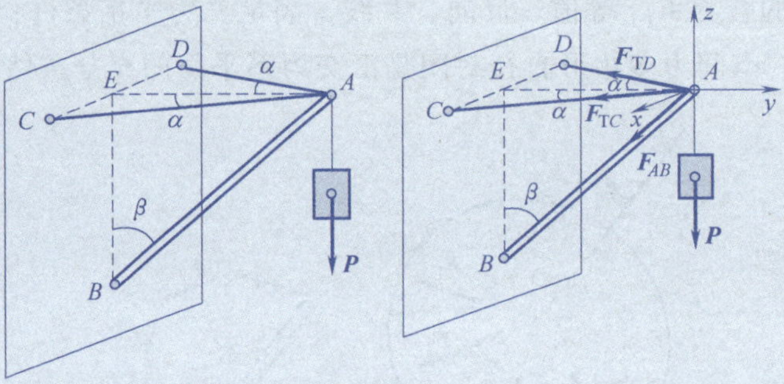

图 3-2

解： 以铰 A 为研究对象，受力如图 3-2b 所示，建立如图所示坐标。列平衡方程得

$$\sum F_{iz} = 0,\ -F_{AB}\cos\beta - P = 0$$

$$\sum F_{ix} = 0,\ F_{TC}\sin\alpha - F_{TD}\sin\alpha = 0$$

$$\sum F_{iy} = 0,\ -F_{TC}\cos\alpha - F_{TD}\cos\alpha - F_{AB}\sin\beta = 0$$

由几何关系得

$$\cos\alpha = \frac{24}{\sqrt{12^2+24^2}} = \frac{2}{\sqrt{5}}$$

解得
$$F_{AB} = -1414\text{N},\ F_{TC} = F_{TD} = 559\text{N}$$

例 3-2 如图 3-3a 所示，平面刚架在中点 C 受到一个力 $\boldsymbol{F}$ 作用，$F=10\text{kN}$，不计刚架自身重力，求 A、B 处的约束力。

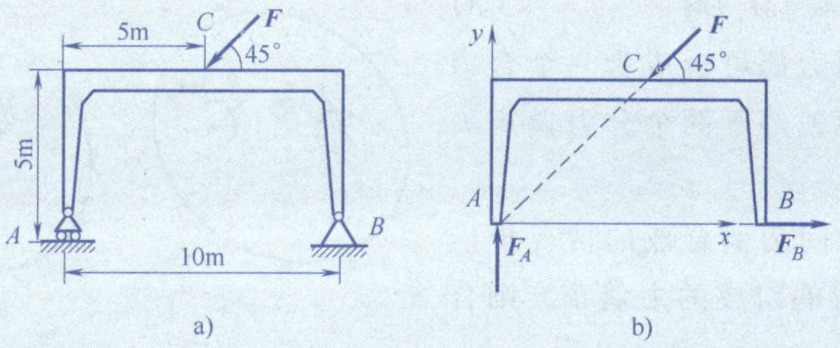

图　3-3

解：以刚架为研究对象，受力如图 3-3b 所示，建立如图所示坐标。列平衡方程得

$$\sum F_{ix} = 0,\ -F\cos45° + F_B = 0$$

$$\sum F_{iy} = 0,\ F_A - F\sin45° = 0$$

解得

$$F_A = F\sin45° = 7.07\text{kN},\ F_B = F\cos45° = 7.07\text{kN}$$

求解程序

思考与讨论：

（1）汇交力系的合力的作用点是力多边形的起点吗？

（2）汇交力系合成什么情况下适合采用几何法求合力？什么情况下适合采用解析法？

（3）用解析法求解平面汇交力系的平衡问题时，x 轴与 y 轴是否一定要相互垂直？

（4）用尽全力也拉不直一根晾衣服的绳，这会是真的吗？央视财经频道《是真的吗》用实验进行现场验证。虽然只是在绳子上挂了一件衣服，连衣架带衣服约重 500g，结果无论是两个人，还是六个人，用尽全力都无法将挂着衣服的绳子拉直，这究竟是为什么呢？

课程加油站

3.2　力偶系

各力偶的作用面在空间分布的力偶系称为**空间力偶系**。

各力偶的作用面均在同一平面的力偶系称为**平面力偶系**。

3.2.1　力偶系的简化

设刚体上作用有两个力偶矩矢 $\boldsymbol{M}_1$ 和 $\boldsymbol{M}_2$（图 3-4a），力偶矩作矢为矢量需服从矢量运算法则。根据力偶的性质，空间力偶是自由矢量，可以将它们移至同一点 O 上，如图 3-4b 所示。根据平行四边形法则将力偶矩矢 $\boldsymbol{M}_1$ 和 $\boldsymbol{M}_2$ 合成为

$$\boldsymbol{M}=\boldsymbol{M}_1+\boldsymbol{M}_2 \tag{3-8}$$

即：两个空间力偶可合成为一个合力偶，合力偶矩矢等于两个分力偶矩矢的矢量和。

将两个空间力偶合成的情况推广到 n 个空间力偶组成的力偶系，则合力偶矩矢为

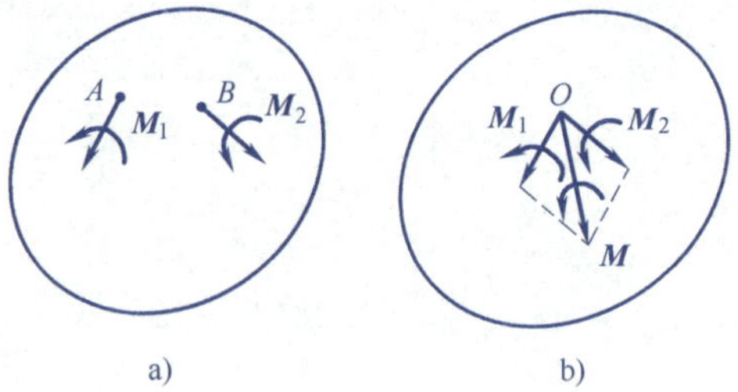

图 3-4

$$\boldsymbol{M}=\boldsymbol{M}_1+\boldsymbol{M}_2+\cdots+\boldsymbol{M}_n=\sum \boldsymbol{M}_i \tag{3-9}$$

于是可得结论：**空间力偶系可以合成为一个合力偶，合力偶矩矢等于各分力偶矩矢的矢量和**。

下面用解析法求合力偶矩矢的大小与方向。

合力偶矩矢 $\boldsymbol{M}$ 在 x、y 和 z 轴上的投影分别为

$$M_x=\sum M_{ix},\ M_y=\sum M_{iy},\ M_z=\sum M_{iz} \tag{3-10}$$

合力偶矩的大小为

$$M=\sqrt{(\sum M_{ix})^2+(\sum M_{iy})^2+(\sum M_{iz})^2} \tag{3-11}$$

合力偶矩矢的方向余弦为

$$\cos\langle \boldsymbol{M},\boldsymbol{i}\rangle=\frac{M_x}{M},\ \cos\langle \boldsymbol{M},\boldsymbol{j}\rangle=\frac{M_y}{M},\ \cos\langle \boldsymbol{M},\boldsymbol{k}\rangle=\frac{M_z}{M} \tag{3-12}$$

特别地，若力偶系中各力偶的作用面都在 x-y 平面，空间力偶系退化为平面力偶系。其合成结果仍为一个合力偶，由式（3-10）可知，合力偶矩矢在 x、y 两个坐标轴上的投影恒为 0。平面力偶矩可视为代数量，规定逆时针为正，顺时针为负，平面力偶系的合成可简化为代数运算，**平面力偶系的合力偶矩等于力偶系中各力偶矩的代数和**，即

$$M=M_1+M_2+\cdots+M_n=\sum M_i \tag{3-13}$$

思考与讨论：

（1）力偶系的简化结果是什么？

（2）空间力偶系一定是汇交矢量吗？为什么？

3.2.2 力偶系的平衡

1. 空间力偶系平衡方程

由于空间力偶系可以用一个合力偶来代替，与空间汇交力系类似，**空间力偶系平衡的必要与充分条件是：该力偶系的合力偶矩等于零，亦即各分力偶矩矢的矢量和等于零**。即

$$\boldsymbol{M}=\sum \boldsymbol{M}_i=\boldsymbol{0} \tag{3-14}$$

写成解析表达式为

$$\left.\begin{aligned}\sum M_{ix}&=0\\\sum M_{iy}&=0\\\sum M_{iz}&=0\end{aligned}\right\}\qquad(3\text{-}15)$$

式（3-15）称为空间力偶系的平衡方程。即**空间力偶系各力偶矩矢在三个坐标轴上投影的代数和都等于零**。利用上述三个独立的平衡方程可以求解三个未知量。

求解程序

例 3-3　如图 3-5a 所示，不计各构件自重，圆盘 O_1 与 O_2 和水平轴 AB 固连，$AB=800\text{mm}$，O_1 盘面垂直于 z 轴，O_2 盘面垂直于 x 轴，盘面上分别作用有力偶（$\boldsymbol{F}_1$，$\boldsymbol{F}_1'$）与（$\boldsymbol{F}_2$，$\boldsymbol{F}_2'$）。两圆盘半径均为 200mm，$F_1=30\text{N}$，$F_2=50\text{N}$。求轴承 A 和 B 处的约束力。

解：取整体为研究对象，由于自重不计，主动力为两个力偶，由力偶只能由力偶来平衡的性质，轴承 A 和 B 处的约束力也应形成力偶。轴承 A 和 B 处的约束力以 $\boldsymbol{F}_{Ax}$，$\boldsymbol{F}_{Az}$，$\boldsymbol{F}_{Bx}$，$\boldsymbol{F}_{Bz}$ 表示，方向如图 3-5b 所示。$\boldsymbol{F}_{Ax}$ 与 $\boldsymbol{F}_{Bx}$ 形成一力偶，力偶矩矢沿 z 轴，$\boldsymbol{F}_{Az}$ 与 $\boldsymbol{F}_{Bz}$ 形成一力偶，力偶矩矢沿 x 轴。力偶（$\boldsymbol{F}_1$，$\boldsymbol{F}_1'$）矩矢沿 z 轴，力偶（$\boldsymbol{F}_2$，$\boldsymbol{F}_2'$）矩矢沿 x 轴。由力偶系的平衡方程，有

$$\sum M_{ix}=0\ ,\ 400\text{mm}\cdot F_2-800\text{mm}\cdot F_{Az}=0$$

$$\sum M_{iz}=0\ ,\ 400\text{mm}\cdot F_1-800\text{mm}\cdot F_{Ax}=0$$

分别解得

$$F_{Ax}=F_{Bx}=-15\text{N},\ F_{Az}=F_{Bz}=25\text{N}$$

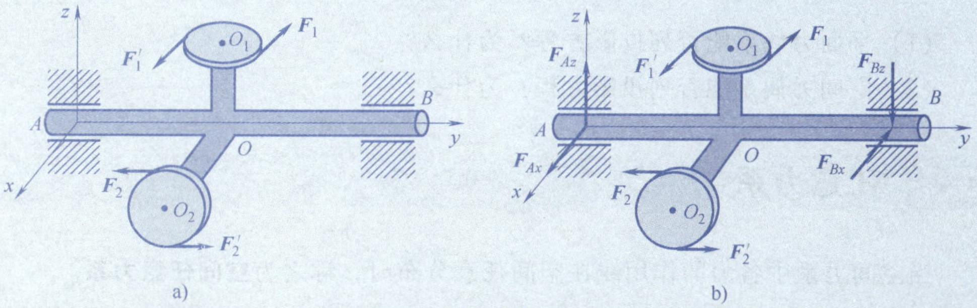

a)　　b)

图　3-5

2. 平面力偶系平衡方程

由于平面力偶系共面，由式（3-13）和式（3-14）可知，**平面力偶系平衡的必要与充分条件是：力偶系中各力偶矩的代数和等于零**。即

$$\sum M_i=0\qquad(3\text{-}16)$$

式（3-16）称为**平面力偶系的平衡方程**。利用该方程可以求解一个未知量。

求解程序

例 3-4 杆件 AB 长 2m，B 端受一力偶作用，其力偶矩的大小 $M=200\text{N}\cdot\text{m}$，杆的自重不计。$A$ 为固定铰支座，杆的中点 C 为光滑面约束，如图 3-6a 所示，求 A、C 处的约束反力。

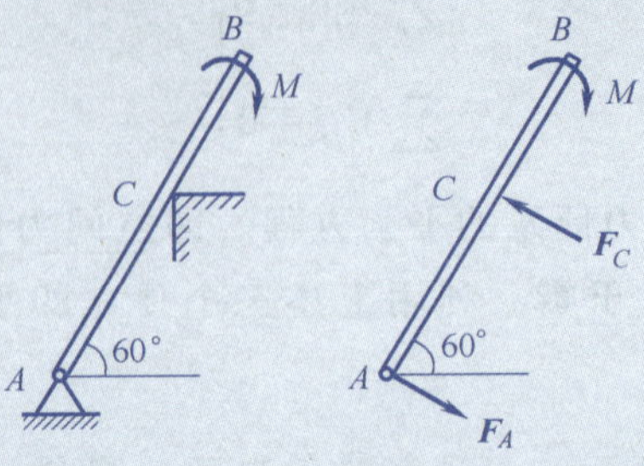

a)　　　b)

图 3-6

解： 取杆 AB 为研究对象。杆受一个主动力偶和两个约束反力的作用。

因力偶不能与一个力相平衡，力偶只能与力偶相平衡，所以 A 和 C 处的约束反力必组成一力偶，即 $F_A=F_C$，且两力均垂直于杆件 AB，指向假设如图 3-6b 所示。由平面力偶系的平衡方程

$$\sum M_i=0,\ F_C\times AC-M=0$$

得

$$F_C=\frac{M}{AC}=200\text{N}$$

所以

$$F_A=F_C=200\text{N}$$

结果为正值，说明实际方向与假设的方向相同。

思考与讨论：

（1）平面力偶系能否列投影方程？为什么？

（2）空间力偶系能否列投影方程？为什么？

3.3 任意力系

当空间力系中各力的作用线在空间任意分布时，称之为**空间任意力系**。

当力系中各力的作用线在同一平面内并且任意分布时，称之为**平面任意力系**。

3.3.1 任意力系的简化

1. 力线平移定理

与力偶不同，力是滑动矢量而不是自由矢量，其作用线若平行移动，就会改变它对刚体的作用效果。力平行移动时需满足力线平移定理。

力线平移定理：作用于刚体上一点的力可以平行移至刚体内任一指定点，但必须同时附加一个力偶（称为附加力偶），其力偶矩矢等于原力对指定点的矩矢。

证明：在刚体上的点 A 作用一力 $\boldsymbol{F}$，如图 3-7a 所示。在刚体上任取一点 B，根据加减平衡力系公理，在点 B 处加上一对等值反向的平衡力 $\boldsymbol{F}'$和 $\boldsymbol{F}''$，使得 $\boldsymbol{F}=\boldsymbol{F}'=-\boldsymbol{F}''$，如图 3-7b 所示。显然这三个力 $\boldsymbol{F}$、$\boldsymbol{F}'$和 $\boldsymbol{F}''$组成的力系与原来的力 $\boldsymbol{F}$ 等效。将其中的 $\boldsymbol{F}'$视为力 $\boldsymbol{F}$ 移动到点 B 后的力，则力 $\boldsymbol{F}$ 和 $\boldsymbol{F}''$大小相等、方向相反、作用线平行，组成一个力偶（$\boldsymbol{F}$，$\boldsymbol{F}''$），称为附加力偶，如图 3-7c 所示。附加力偶的矩矢量 $\boldsymbol{M}$ 等于力 $\boldsymbol{F}$ 对新作用点 B 的力矩，即

$$\boldsymbol{M}=\boldsymbol{M}_B(\boldsymbol{F}) \tag{3-17}$$

定理得以证明。

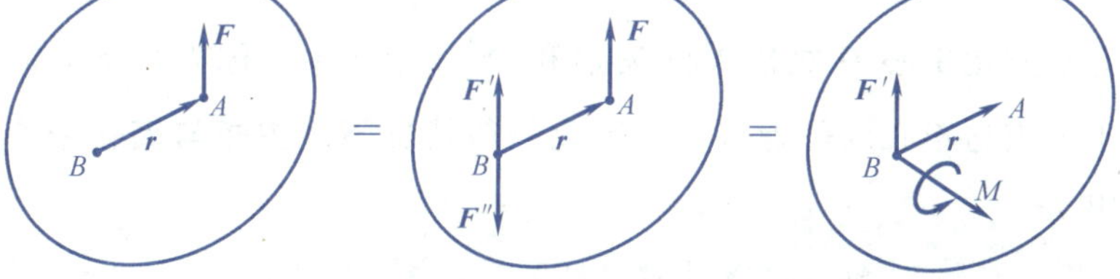

图　3-7

力线平移定理证明的逆过程也是成立的，如图 3-7 所示的变化过程是等效变换，所以逆过程（从图 3-7c 到图 3-7b 再到图 3-7a）也是等效变换，即力线平移定理的逆定理也成立。利用力线平移定理能将一个力分解为一个力和一个力偶；利用力线平移定理的逆定理能将一个力和一个力偶合成为一个力。

2. 空间任意力系向一点简化

设刚体上作用一空间任意力系 $\boldsymbol{F}_1$、$\boldsymbol{F}_2$、…、$\boldsymbol{F}_n$，各力的作用点分别为 A_1、A_2、…、A_n，在刚体内任取一点 O，称为**简化中心**，如图 3-8a 所示。利用力线平移定理，把各力 $\boldsymbol{F}_1$、$\boldsymbol{F}_2$、…、$\boldsymbol{F}_n$ 都平移至简化中心 O，得到作用于点 O 的力$\boldsymbol{F}_1'$、$\boldsymbol{F}_2'$、…、$\boldsymbol{F}_n'$，以及相应的附加力偶，附加力偶矩矢分别为 $\boldsymbol{M}_1$、$\boldsymbol{M}_2$、…、$\boldsymbol{M}_n$，如图 3-8b 所示。由力线平移定理，可知这些附加力偶的矩矢分别为

$$\boldsymbol{M}_i=\boldsymbol{M}_O(\boldsymbol{F}_i)\quad(i=1,\ 2,\ \cdots,\ n) \tag{3-18}$$

这样，原空间任意力系向点 O 平移得到一个空间汇交力系 $\boldsymbol{F}_1'$、$\boldsymbol{F}_2'$、…、$\boldsymbol{F}_n'$和一个空间力偶系 $\boldsymbol{M}_1$、$\boldsymbol{M}_2$、…、$\boldsymbol{M}_n$。空间汇交力系 $\boldsymbol{F}_1'$、$\boldsymbol{F}_2'$、…、$\boldsymbol{F}_n'$可合成为一个合力 $\boldsymbol{F}_{\mathrm{R}}'$，如图 3-8c 所示。因为

$$\boldsymbol{F}_i'=\boldsymbol{F}_i\quad(i=1,\ 2,\ \cdots,\ n) \tag{3-19}$$

所以

$$\boldsymbol{F}_{\mathrm{R}}'=\boldsymbol{F}_1'+\boldsymbol{F}_2'+\cdots+\boldsymbol{F}_n'=\boldsymbol{F}_1+\boldsymbol{F}_2+\cdots+\boldsymbol{F}_n=\sum\boldsymbol{F}_i \tag{3-20}$$

原来各力的矢量和 $\sum\boldsymbol{F}_i$ 称为该力系的**主矢**。显然，**主矢与简化中心位置的选择无关**。

设主矢 $\boldsymbol{F}'_R$ 在 x、y 和 z 轴上的投影分别为 F'_{Rx}、F'_{Ry}、F'_{Rz}，沿着 x、y 和 z 轴的单位矢量分别为 $\boldsymbol{i}$、$\boldsymbol{j}$、$\boldsymbol{k}$，则主矢 $\boldsymbol{F}'_R$ 的解析表达式为

$$\boldsymbol{F}'_R = F'_{Rx}\boldsymbol{i} + F'_{Ry}\boldsymbol{j} + F'_{Rz}\boldsymbol{k} = \sum F_{ix}\boldsymbol{i} + \sum F_{iy}\boldsymbol{j} + \sum F_{iz}\boldsymbol{k} \tag{3-21}$$

主矢 $\boldsymbol{F}'_R$ 的大小和方向余弦分别为

$$F'_R = \sqrt{\left(\sum F_{ix}\right)^2 + \left(\sum F_{iy}\right)^2 + \left(\sum F_{iz}\right)^2} \tag{3-22a}$$

$$\cos\langle \boldsymbol{F}'_R, \boldsymbol{i}\rangle = \frac{\sum F_{ix}}{F'_R},\ \cos\langle \boldsymbol{F}'_R, \boldsymbol{j}\rangle = \frac{\sum F_{iy}}{F'_R},\ \cos\langle \boldsymbol{F}'_R, \boldsymbol{k}\rangle = \frac{\sum F_{iz}}{F'_R} \tag{3-22b}$$

空间力偶系 $\boldsymbol{M}_1$、$\boldsymbol{M}_2$、…、$\boldsymbol{M}_n$ 可合成一合力偶，这个力偶矩矢等于各附加力偶矩矢的矢量和，也等于原来各力 $\boldsymbol{F}_1$、$\boldsymbol{F}_2$、…、$\boldsymbol{F}_n$ 对点 O 的矩的矢量和，即

$$\boldsymbol{M}_O = \boldsymbol{M}_1 + \boldsymbol{M}_2 + \cdots + \boldsymbol{M}_n = \sum \boldsymbol{M}_O(\boldsymbol{F}_i) \tag{3-23}$$

力系中各力对简化中心 O 之矩矢的矢量和 $\sum \boldsymbol{M}_O(\boldsymbol{F}_i)$，称为力系对简化中心的**主矩**。由于力矩与矩心的位置有关，因此**一般情况下，主矩与简化中心的位置选择有关**。由于

$$M_{Ox} = \sum [\boldsymbol{M}_O(\boldsymbol{F}_i)]_x = \sum M_x(\boldsymbol{F}_i)$$

$$M_{Oy} = \sum [\boldsymbol{M}_O(\boldsymbol{F}_i)]_y = \sum M_y(\boldsymbol{F}_i)$$

$$M_{Oz} = \sum [\boldsymbol{M}_O(\boldsymbol{F}_i)]_z = \sum M_z(\boldsymbol{F}_i)$$

所以主矩 $\boldsymbol{M}_O$ 的大小和方向分别为

$$M_O = \sqrt{\left[\sum M_x(\boldsymbol{F}_i)\right]^2 + \left[\sum M_y(\boldsymbol{F}_i)\right]^2 + \left[\sum M_z(\boldsymbol{F}_i)\right]^2} \tag{3-24}$$

$$\cos\langle \boldsymbol{M}_O, \boldsymbol{i}\rangle = \frac{\sum M_x(\boldsymbol{F}_i)}{M_O},\ \cos\langle \boldsymbol{M}_O, \boldsymbol{j}\rangle = \frac{\sum M_y(\boldsymbol{F}_i)}{M_O},\ \cos\langle \boldsymbol{M}_O, \boldsymbol{k}\rangle = \frac{\sum M_z(\boldsymbol{F}_i)}{M_O} \tag{3-25}$$

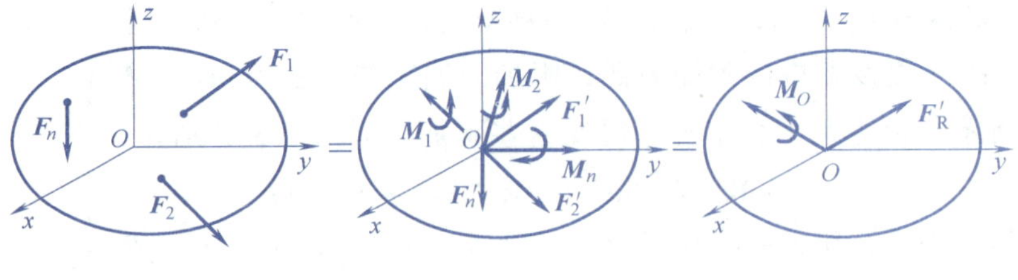

图 3-8

综上所述，可得结论：空间任意力系向任一点 O 简化，可得一力和一力偶，该力作用线过简化中心，大小和方向等于该力系的主矢；该力偶矩矢等于力系对简化中心的主矩。主矢与简化中心的位置无关，主矩与简化中心的位置有关。

课程加油站

下面举例说明空间任意力系简化的实际应用。飞机在飞行时受到重力、升力、推力、阻力等力系组成的空间任意力系作用，实际分布特别复杂，为考虑其

总体效果，通过飞机重心 O 建立直角坐标系 $Oxyz$，如图 3-9 所示。把力系向飞机的重心 O 简化，由空间任意力系简化理论，可得一力 $\boldsymbol{F}'_{\mathrm{R}}$ 与一力偶 $\boldsymbol{M}_O$。把此力和力偶矩矢向上述三坐标轴分解，则得到三个作用于重心 O 的正交分力 $\boldsymbol{F}'_{\mathrm{R}x}$、$\boldsymbol{F}'_{\mathrm{R}y}$、$\boldsymbol{F}'_{\mathrm{R}z}$，以及三个绕坐标轴的力偶矩 $\boldsymbol{M}_{Ox}$、$\boldsymbol{M}_{Oy}$、$\boldsymbol{M}_{Oz}$。可以清楚地看出它们的意义分别是：

$\boldsymbol{F}'_{\mathrm{R}x}$——有效推进力；$\boldsymbol{F}'_{\mathrm{R}y}$——有效升力；$\boldsymbol{F}'_{\mathrm{R}z}$——侧向力；

$\boldsymbol{M}_{Ox}$——滚转力矩；$\boldsymbol{M}_{Oy}$——偏航力矩；$\boldsymbol{M}_{Oz}$——俯仰力矩。

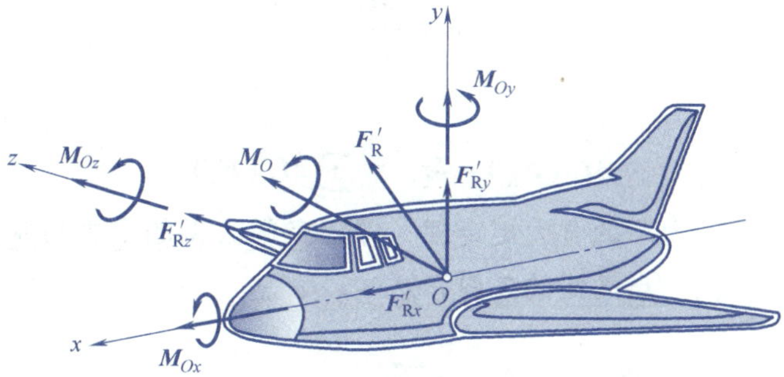

图　3-9

思考与讨论：

（1）主矢是合力吗？主矢与合力的区别是什么？

（2）主矢为什么与简化中心无关？

（3）主矩是力偶还是力矩？

3. 任意力系简化结果讨论

空间任意力系向任一点简化可能出现以下四种情况：

（1）主矢等于零，主矩不等于零（$\boldsymbol{F}'_{\mathrm{R}}=\boldsymbol{0}$，$\boldsymbol{M}_O\neq\boldsymbol{0}$）

当空间任意力系向任一点简化时，若主矢 $\boldsymbol{F}'_{\mathrm{R}}=\boldsymbol{0}$，所得到的空间汇交力系是平衡力系；$\boldsymbol{M}_O\neq\boldsymbol{0}$，力偶系与原力系等效，合成得到一个合力偶 $\boldsymbol{M}$。合力偶的力偶矩矢

$$\boldsymbol{M}=\boldsymbol{M}_O \tag{3-26}$$

此时，空间任意力系向一点简化的最后结果是一个合力偶，合力偶矩矢量的大小、方向可由力系对简化中心的主矩矢确定，此力偶矩矢量与简化中心的位置无关。

（2）主矢不等于零，主矩等于零（$\boldsymbol{F}'_{\mathrm{R}}\neq\boldsymbol{0}$，$\boldsymbol{M}_O=\boldsymbol{0}$）

当空间任意力系向任一点简化时，若主矩矢 $\boldsymbol{M}_O=\boldsymbol{0}$，所得到的空间力偶系是平衡力系；$\boldsymbol{F}'_{\mathrm{R}}\neq\boldsymbol{0}$，最后空间汇交力系可以合成一个合力，即

$$\boldsymbol{F}_{\mathrm{R}}=\boldsymbol{F}'_{\mathrm{R}} \tag{3-27}$$

此时，空间任意力系向一点简化的最后结果是一个合力，合力的作用线通过简化中心 O，其大小和方向可由原力系的主矢确定。该简化结果与简化中心的位置

有关。

(3) 主矢、主矩均不等于零（$F'_R \neq 0$，$M_O \neq 0$）

下面再细分为三种情况。

1）若 $F'_R \perp M_O$ 时，如图 3-10a 所示。

这时，力 F'_R 与力偶矩矢为 M_O 的力偶（F_R，F''_R）位于同一平面内，令 $F_R = F'_R = -F''_R$，如图 3-10b 所示。可以进一步合成为一个合力 F_R，其大小和方向等于原力系的主矢，其作用线到简化中心 O 的距离为

$$d = \frac{|M_O|}{F_R} \tag{3-28}$$

可得

$$M_O(F_R) = M_O = \sum M_O(F_i) \tag{3-29}$$

式（3-29）就是空间力系的合力矩定理，即：**空间力系的合力对空间任一点的矩等于力系中各力对同一点的矩的矢量和。**

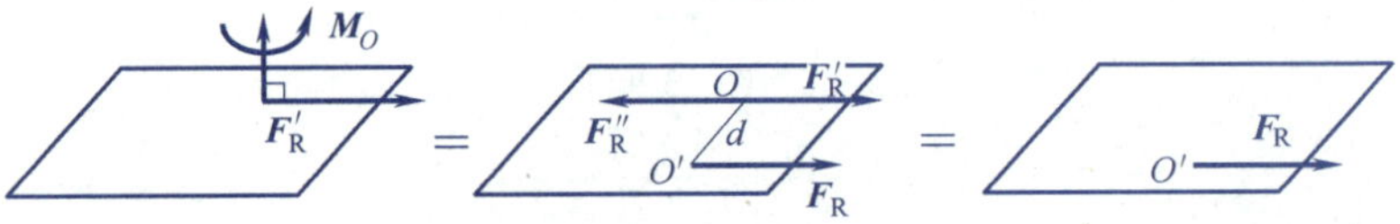

a)　　b)　　c)

图　3-10

2）若 $F'_R // M_O$ 时，如图 3-11 所示。

此时无法进一步合成，这就是简化的最后结果。这种力与力偶作用面垂直的情形称为**力螺旋**。当 F'_R 与 M_O 同方向时，称为**右手螺旋**，如图 3-11a 所示；当 F'_R 与 M_O 方向相反时，称为**左手螺旋**，如图 3-11b 所示。

3）若 F'_R 与 M_O 为任一夹角时，如图 3-12a 所示。

可以将 M_O 沿平行于 F'_R 和垂直于 F'_R 的方向分解为 M_{O1} 和 M_{O2}，如图 3-12b 所示。把 M_{O2} 和 F'_R 进一步合成为一个力 F_R，其大小和方向与主矢 F'_R 相同，即

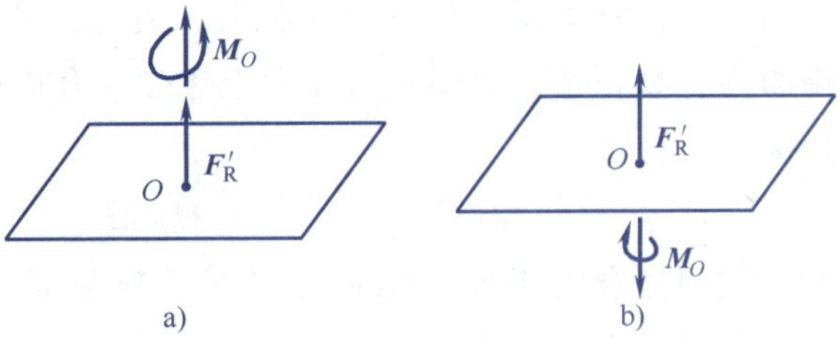

a)　　b)

图　3-11

$$F_R = F'_R \tag{3-30}$$

F_R 的作用线到简化中心 O 的距离为

$$d = \frac{M_{O2}}{F'_R} = \frac{M_O \sin\alpha}{F'_R} \tag{3-31}$$

此时，空间任意力系可合成为力螺旋，如图 3-12c 所示。

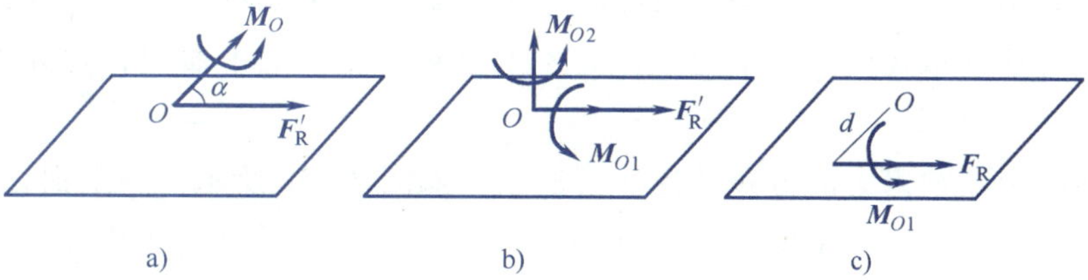

图　3-12

（4）主矢、主矩均等于零（$F'_R=0$，$M_O=0$）

当空间任意力系向任一点简化时，主矢 $F'_R=0$，所得到的空间汇交力系是平衡力系；主矩 $M_O=0$，所得到的空间力偶系是平衡力系。所以，原空间任意力系平衡。空间任意力系平衡的充要条件是主矢、主矩均等于零。

3.3.2　平面任意力系简化与平面固定端约束

1. 平面任意力系简化

设平面任意力系与 x-y 坐标面共面，由空间任意力系的简化理论可推得，平面任意力系向一点简化，可以得到一个力和一个力偶，力的大小和方向决定于力的主矢，力偶的大小和转向决定于力系对简化中心的主矩。

主矢 F'_R的大小和方向余弦分别为

$$F'_R=\sqrt{(\sum F_{ix})^2+(\sum F_{iy})^2} \tag{3-32a}$$

$$\cos\langle \boldsymbol{F}'_R,\boldsymbol{i}\rangle=\frac{\sum F_{ix}}{F'_R},\ \cos\langle \boldsymbol{F}'_R,\boldsymbol{j}\rangle=\frac{\sum F_{iy}}{F'_R} \tag{3-32b}$$

主矩的大小为

$$M_O=M_1+M_2+\cdots+M_n=\sum M_O(\boldsymbol{F}_i) \tag{3-33}$$

由于平面任意力系中各力矩矢量平行且垂直于力系作用面，故最终简化结果只有合力、合力偶以及平衡三种情况，不可能出现力螺旋。

2. 平面固定端约束

物体的一部分固嵌在另一物体中所构成的约束称为**固定端约束**，如图 3-13a

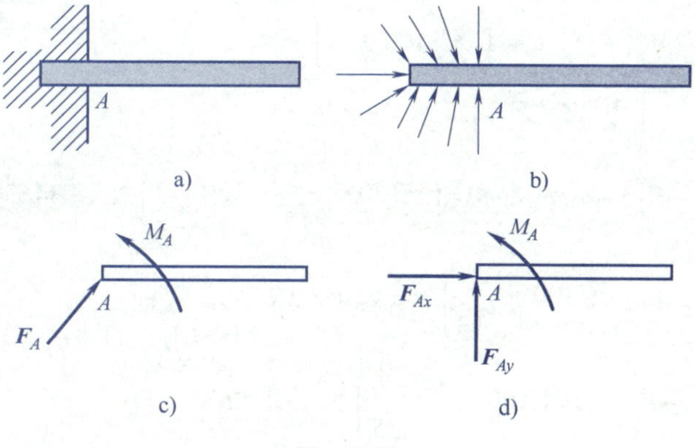

图　3-13

所示。例如阳台、树木、水塔等根部的约束都属于固定端约束。对这些约束，当所有主动力都分布在同一个平面时，约束力也必分布在此平面内，称为**平面固定端约束**。

平面固定端约束力的分布情况非常复杂，如图 3-13b 所示为一平面任意力系，要搞清楚其分布规律非常困难且没有必要。但由平面任意力系简化理论，该力系向一点简化，简化结果为一个力与一个力偶，如图 3-13c 所示。一般情况下，该力的大小和方向都是未知的，可以用它的两个正交分力来表示，约束力偶的大小和转向也都是未知的，其转向可以假设，如图 3-13d 所示。

约束力偶 M_A 的存在，限制了物体的转动。对比平面固定端约束和固定铰链支座可以发现，固定铰链支座限制物体的移动；平面固定端约束不仅限制物体的移动，还限制物体在平面内的转动。

思考与讨论：

（1）空间任意力系向任意点简化的最终结果，有哪些可能的情况？

（2）空间任意力系总可以用两个力来等效，这种说法对吗？为什么？

（3）空间平行力系的简化结果是什么？可能是力螺旋吗？

（4）平面任意力系向一点简化，是向坐标原点简化吗？

（5）设一平面任意力系向某一点简化得到一合力偶。如另选适当的点为简化中心，力系能否简化为一合力？为什么？

（6）某平面任意力系向 A、B 两点简化的主矩均为零，此平面力系简化的最终结果可能是一个力吗？可能是一个力偶吗？可能平衡吗？

（7）某平面任意力系向同平面内每点简化的结果都一样，此平面任意力系简化的最终结果可能是什么？

例 3-5 空间力系中 $F_1=100\ \text{N}$，$F_2=300\ \text{N}$，$F_3=200\ \text{N}$，$a=300\text{mm}$，$b=200\text{mm}$，$c=100\text{mm}$，各作用线的位置如图 3-14 所示。将力系向点 O 简化，试求其主矢和主矩矢量。

解： 该空间力系的主矢和主矩的表达式分别为

$$\boldsymbol{F}'_{\text{R}}=\left(\sum F_{ix}\right)\boldsymbol{i}+\left(\sum F_{iy}\right)\boldsymbol{j}+\left(\sum F_{iz}\right)\boldsymbol{k}$$

$$\boldsymbol{M}_O=\left[\sum M_x(\boldsymbol{F}_i)\right]\boldsymbol{i}+\left[\sum M_y(\boldsymbol{F}_i)\right]\boldsymbol{j}+\left[\sum M_z(\boldsymbol{F}_i)\right]\boldsymbol{k}$$

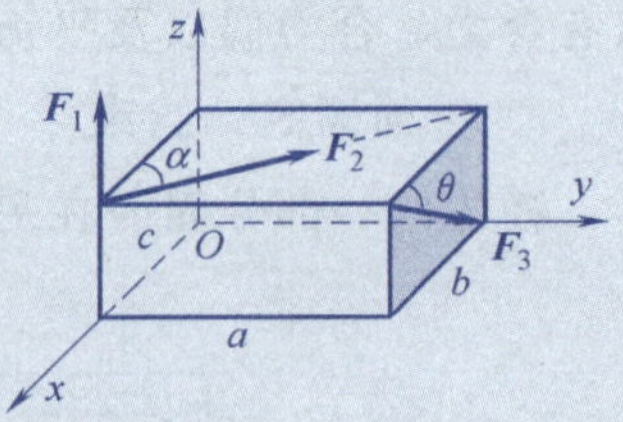

图 3-14

求解程序

其中，$\sum F_{ix}=-F_2\cos\alpha-F_3\cos\theta=\left(-300\times\dfrac{2}{\sqrt{13}}-200\times\dfrac{2}{\sqrt{5}}\right)\text{N}=-345.30\text{N}$

$$\sum F_{iy}=F_2\sin\alpha=\left(300\times\frac{3}{\sqrt{13}}\right)\text{N}=249.62\text{N}$$

$$\sum F_{iz}=F_1-F_3\sin\theta=\left(100-200\times\frac{1}{\sqrt{5}}\right)\text{N}=10.56\text{N}$$

$$\cos\alpha=\frac{2}{\sqrt{13}},\ \sin\alpha=\frac{3}{\sqrt{13}},\ \cos\theta=\frac{2}{\sqrt{5}},\ \sin\theta=\frac{1}{\sqrt{5}}$$

可得主矢为

$$\boldsymbol{F}'_{\mathrm{R}}=(-345.30\boldsymbol{i}+249.62\boldsymbol{j}+10.56\boldsymbol{k})\mathrm{N}$$

由

$$\sum M_x(\boldsymbol{F}_i)=-F_2\cdot\sin\alpha\cdot c-F_3\cdot\sin\theta\cdot a=\left(-300\times\frac{3}{\sqrt{13}}\times0.1-200\times\frac{1}{\sqrt{5}}\times0.3\right)\mathrm{N\cdot m}$$
$$=-51.8\mathrm{N\cdot m}$$

$$\sum M_y(\boldsymbol{F}_i)=-F_2\cdot\cos\alpha\cdot c-F_1\cdot b=\left(-300\times\frac{2}{\sqrt{13}}\times0.1-100\times0.2\right)\mathrm{N\cdot m}$$
$$=-36.6\mathrm{N\cdot m}$$

$$\sum M_z(\boldsymbol{F}_i)=-F_2\cdot\sin\alpha\cdot b-F_3\cdot\cos\theta\cdot a=\left(-300\times\frac{3}{\sqrt{13}}\times0.2-200\times\frac{2}{\sqrt{5}}\times0.3\right)\mathrm{N\cdot m}$$
$$=103.6\mathrm{N\cdot m}$$

可得主矩为

$$\boldsymbol{M}_A=(-51.8\boldsymbol{i}-36.6\boldsymbol{j}+103.6\boldsymbol{k})\mathrm{N\cdot m}$$

例 3-6　如图 3-15 所示平面任意力系中，力 $F_1=100\ \mathrm{N}$，$F_2=100\sqrt{2}\,\mathrm{N}$，$F_3=100\mathrm{N}$，$F_4=200\sqrt{2}\,\mathrm{N}$，$a=300\mathrm{mm}$，$b=200\mathrm{mm}$，各力作用位置如图 3-15a 所示。试求力系向点 O 简化的结果。

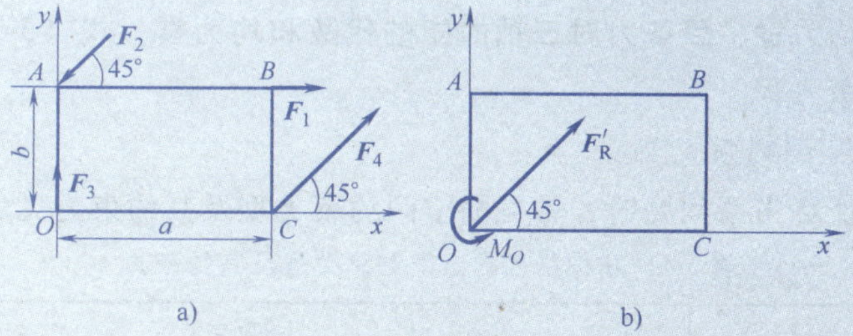

图　3-15

求解程序

解： 取坐标系 Oxy 如图 3-15a 所示，主矢在 x 轴和 y 轴上的投影分别是

$$F'_{\mathrm{R}x}=\sum F_{ix}=F_1-F_2\cos45°+F_4\cos45°=200\mathrm{N}$$

$$F'_{\mathrm{R}y}=\sum F_{iy}=-F_2\sin45°+F_3+F_4\sin45°=200\mathrm{N}$$

主矢的大小为

$$F'_{\mathrm{R}}=\sqrt{F'_{\mathrm{R}x}+F'_{\mathrm{R}y}}=200\sqrt{2}\,\mathrm{N}$$

其与 x 轴夹角的方向余弦为

$$\cos\langle \boldsymbol{F}_R', \boldsymbol{i}\rangle = \frac{F_{Rx}'}{F_R'} = \frac{\sqrt{2}}{2}$$

主矢与 x 轴的夹角为 45°。

主矩的大小为

$$M_O = \sum M_O(\boldsymbol{F}_i) = 60000\text{N} \cdot \text{mm}$$

力系向点 O 的简化结果如图 3-15b 所示。

3.3.3 任意力系的平衡

1. 空间任意力系平衡

由力系的简化知，**空间任意力系平衡的必要与充分条件为：该空间任意力系的主矢和对任一点的主矩同时为零**。即

$$\left.\begin{aligned} \boldsymbol{F}_R' = \boldsymbol{0} \\ \boldsymbol{M}_O = \boldsymbol{0} \end{aligned}\right\} \tag{3-34}$$

由式（3-22a）$F_R' = \sqrt{(\sum F_{ix})^2 + (\sum F_{iy})^2 + (\sum F_{iz})^2}$ 和式（3-24）$M_O = \sqrt{[\sum M_x(\boldsymbol{F}_i)]^2 + [\sum M_y(\boldsymbol{F}_i)]^2 + [\sum M_z(\boldsymbol{F}_i)]^2}$ 可知，要使主矢和主矩同时为零，需要同时满足下式：

$$\left.\begin{aligned} \sum F_{ix} = 0, \sum F_{iy} = 0, \sum F_{iz} = 0 \\ \sum M_x(\boldsymbol{F}_i) = 0, \sum M_y(\boldsymbol{F}_i) = 0, \sum M_z(\boldsymbol{F}_i) = 0 \end{aligned}\right\} \tag{3-35}$$

即空间任意力系平衡的必要与充分条件为：空间任意力系中各力在三个坐标轴上投影的代数和均为零，且各力对三轴的矩的代数和均为零。式（3-35）称为**空间任意力系的平衡方程。**

课程加油站

2. 常见的空间约束类型

求解空间任意力系问题时，常见的空间约束类型及其约束力见表 3-1。

表 3-1 几种常见的空间约束类型及其约束力

约束反力未知量		约束类型			
1	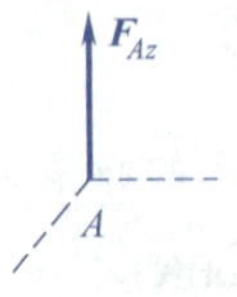	光滑表面 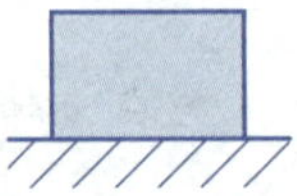	滚动支座 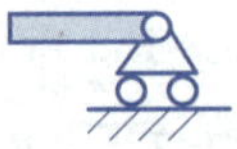	绳索 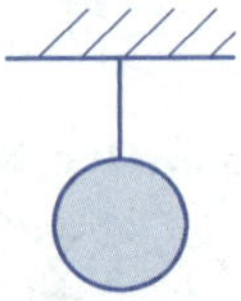	二力杆 
2	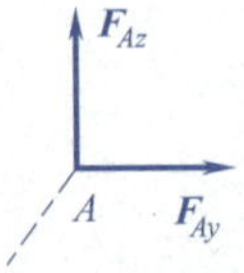	径向轴承 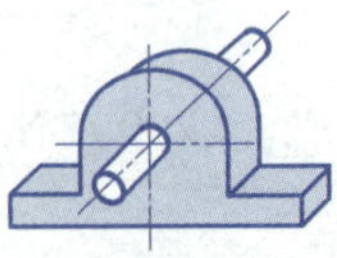	圆柱铰链 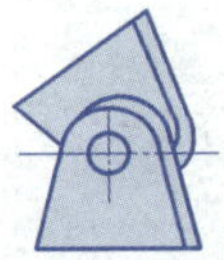	铁轨 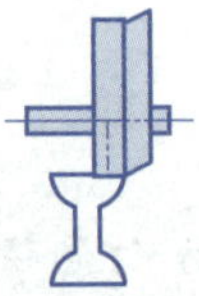	蝶铰链 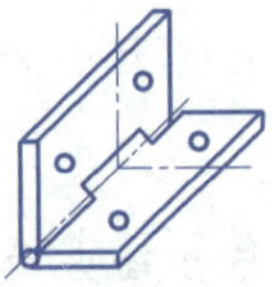

（续）

约束反力未知量		约束类型
3	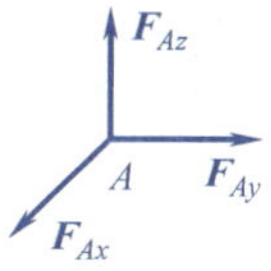	球形铰链  推力轴承 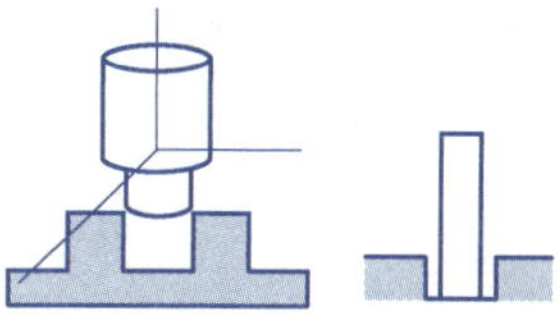
4	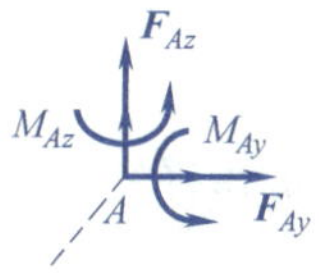 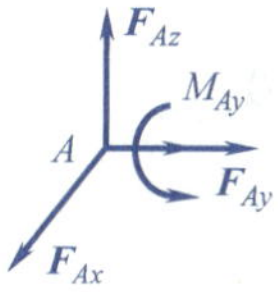	导向轴承 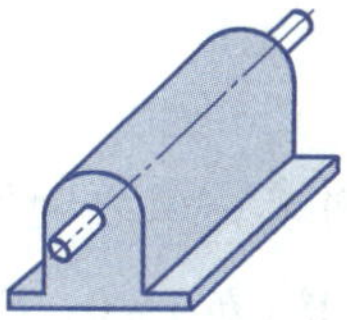 万向接头 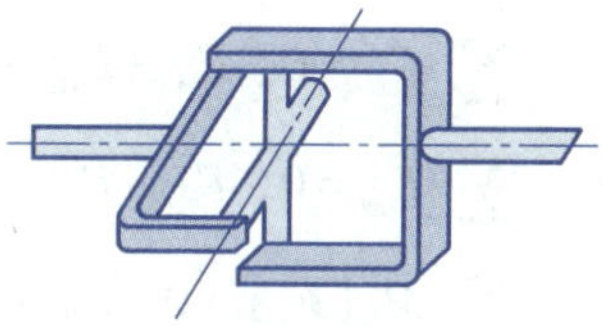
5	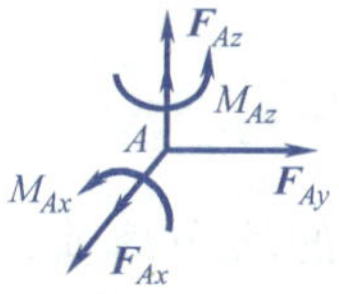 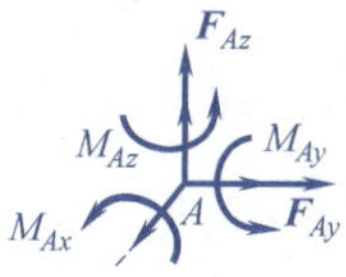	带有销子的夹板 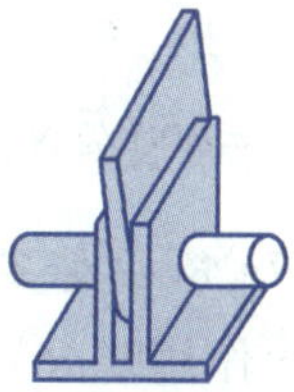 导轨 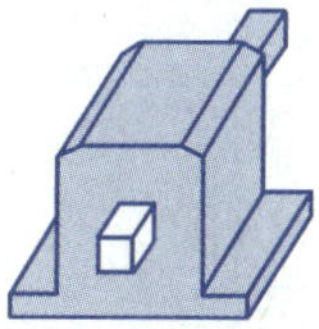
6	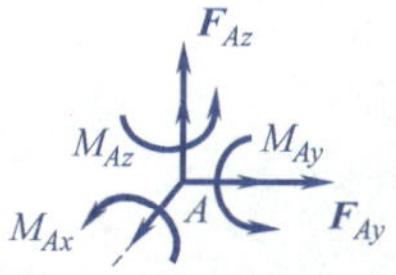	空间的固定端支座 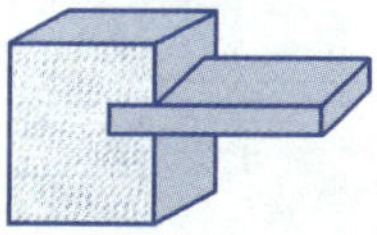

例 3-7　如图 3-16a 所示，均质长方形板 *ABCD* 重量不计，其上 *C* 点处作用一个竖直力 $F=600$ N，用球形铰链 *A* 和蝶形铰链 *B* 固定在墙上，并用绳 *EC* 维持在水平位置，求绳的拉力和支座的约束力。

求解程序

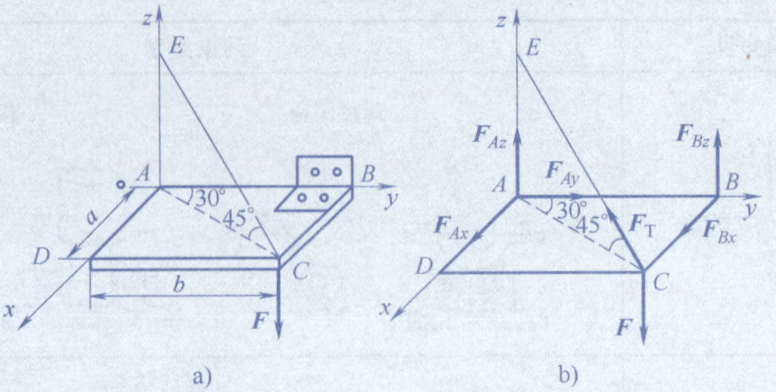

图 3-16

解： 以板为研究对象，受力如图 3-16b 所示，列平衡方程得

$$\sum M_z(\boldsymbol{F}_i)=0,\ F_{Bx}\cdot b=0$$

$$\sum M_y(\boldsymbol{F}_i)=0,\ F\cdot a-F_T\cdot\sin45°\cdot a=0$$

$$\sum F_{ix}=0,\ F_{Ax}+F_{Bx}-F_T\cdot\cos45°\cdot\sin30°=0$$

$$\sum F_{iy}=0,\ F_{Ay}-F_T\cdot\cos45°\cdot\cos30°=0$$

$$\sum M_x(\boldsymbol{F}_i)=0,\ F_T\cdot\sin45°\cdot b+F_{Bz}\cdot b-F\cdot b=0$$

$$\sum F_{iz}=0,\ F_{Az}+F_{Bz}+F_T\cdot\sin45°-F=0$$

解得

$$F_{Bx}=0,\ F_{Bz}=0,\ F_{Az}=0$$

$$F_T=600\sqrt{2}\,\text{N},\ F_{Ax}=300\text{N},\ F_{Ay}=300\sqrt{3}\,\text{N}$$

求解程序

例 3-8 如图 3-17a 所示悬臂梁上作用有 $q=4\text{kN/m}$ 的均布载荷，集中力 $F_1=2\text{kN}$ 和 $F_2=3\text{kN}$ 的作用线分别平行于 AB 和 CD。求固定端 O 处的约束力。

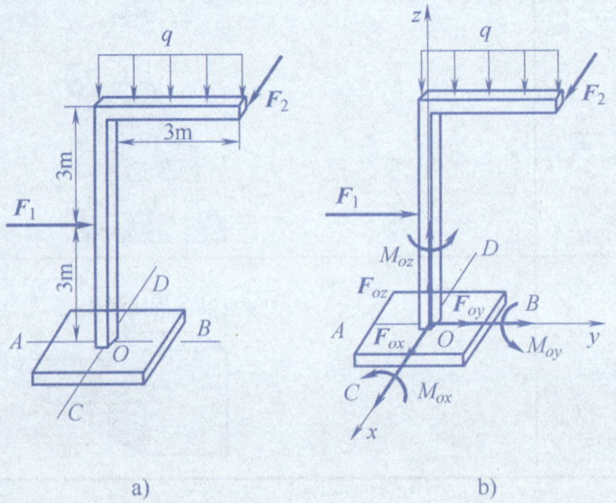

图 3-17

解： 以悬臂梁为研究对象，受力如图 3-17b 所示，列平衡方程得

$$\sum F_{ix}=0,\ F_{Ox}+F_2=0$$

$$\sum F_{iy}=0,\ F_{Oy}+F_1=0$$

$$\sum F_{iz}=0,\ F_{Oz}-q\times 3\text{m}=0$$

$$\sum M_x(\boldsymbol{F}_i)=0,\ M_{Ox}-F_1\times 3\text{m}-q\times 3\text{m}\times\frac{3}{2}\text{m}=0$$

$$\sum M_y(\boldsymbol{F}_i)=0,\ M_{Oy}+F_2\times 6\text{m}=0$$

$$\sum M_z(\boldsymbol{F}_i)=0,\ M_{Oz}-F_2\times 4\text{m}=0$$

解得

$$F_{Ox}=-3\text{kN},\ F_{Oy}=-2\text{kN},\ F_{Oz}=12\text{kN}$$

$$M_{Ox}=24\text{kN}\cdot\text{m},\ M_{Oy}=-18\text{kN}\cdot\text{m},\ M_{Oz}=12\text{kN}\cdot\text{m}$$

例 3-9　如图 3-18a 所示均质正方形板 $ABCD$ 用六根杆支撑，板重为 $\boldsymbol{G}$，在 D 点作用一水平力 $\boldsymbol{F}$，力 $\boldsymbol{F}$ 的作用线沿着 DC 方向（平行于 x 轴）。求各杆的内力。

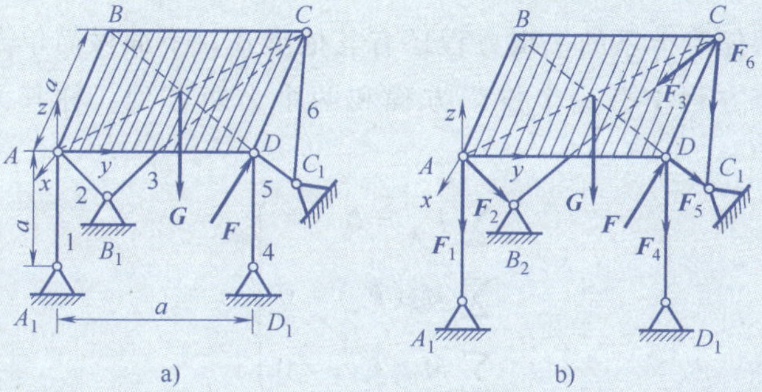

图　3-18

解： 以板为研究对象，受力如图 3-18b 所示，建立如图所示坐标。列平衡方程

$$\sum F_{ix}=0,\quad -F+F_3\cos45°=0$$

解得

$$F_3=\sqrt{2}F$$

$$\sum M_{AA_1}(\boldsymbol{F}_i)=0,\ F\cdot a+F_3\cdot\cos45°\cdot a+F_5\cdot\cos45°a=0$$

解得

$$F_5=-2\sqrt{2}F$$

$$\sum M_{DD_1}(\boldsymbol{F}_i)=0,\ F_3\cdot\cos45°\cdot a-F_2\cdot\cos45°\cdot a=0$$

解得

$$F_2=\sqrt{2}F$$

$$\sum M_{AD}(\boldsymbol{F}_i)=0,\ F_6\cdot a+F_3\cdot\cos45°\cdot a+G\cdot\frac{a}{2}=0$$

解得

$$F_6=-F-\frac{G}{2}$$

求解程序

$$\sum M_{DC}(\boldsymbol{F}_i)=0,\ F_1\cdot a+F_2\cdot \cos45°\cdot a+G\cdot\frac{a}{2}=0$$

解得

$$F_1=-F-\frac{G}{2}$$

$$\sum F_{iz}=0,\ -G-F_1-F_4-F_6-F_2\cdot\cos45°-F_3\cdot\cos45°-F_5\cdot\cos45°=0$$

解得

$$F_4=2F$$

3. 平面任意力系平衡

设平面任意力系与 x-y 坐标面共面，可得平面任意力系的平衡方程为

$$\left.\begin{aligned}\sum F_{ix}&=0\\ \sum F_{iy}&=0\\ \sum M_O(\boldsymbol{F}_i)&=0\end{aligned}\right\}\qquad(3\text{-}36)$$

即：力系中所有各力在其作用面内两个任选的坐标轴上投影的代数和分别等于零，所有各力对任一点之矩的代数和等于零。式（3-36）称为**平面任意力系的平衡方程**。平面任意力系的平衡方程还有其他形式，下面做简单介绍。

若三个平衡方程中有一个投影方程和两个力矩方程，称其为**二矩式平衡方程**，其表达式为

$$\left.\begin{aligned}\sum F_{ix}&=0\\ \sum M_A(\boldsymbol{F}_i)&=0\\ \sum M_B(\boldsymbol{F}_i)&=0\end{aligned}\right\}\qquad(3\text{-}37)$$

其中 A、B 两点的连线 AB 不能垂直于 x 轴。

若 $\sum M_A(\boldsymbol{F}_i)=0$ 成立，则这个平面任意力系不可能简化为一个力偶，其简化结果有两种情形：这个力系或者是简化为经过点 A 的一个力，或者平衡。若 $\sum M_B(\boldsymbol{F}_i)=0$ 成立，则这个力系或者是简化为经过点 B 的一个力，或者平衡。因此，该力系或者有一合力沿 A、B 两点的连线，或者平衡。再加上 $\sum F_{ix}=0$ 成立，该力系如果有合力，则此合力必与 x 轴垂直。式（3-37）的附加条件（A、B 两点的连线 AB 不能垂直于 x 轴）完全排除了力系简化为一个合力的可能性，所以该力系必为平衡力系。

若三个平衡方程均为力矩方程，则称其为**三矩式平衡方程**，其表达式为

$$\left.\begin{aligned}\sum M_A(\boldsymbol{F}_i)&=0\\ \sum M_B(\boldsymbol{F}_i)&=0\\ \sum M_C(\boldsymbol{F}_i)&=0\end{aligned}\right\}\qquad(3\text{-}38)$$

其中 A、B、C 三点不能在同一条直线上。

如果取矩的 A、B、C 三点共线，则只能说明该平面任意力系的合力过 A、B、C 三点，但不能得到该力系平衡的结论。如果取矩的 A、B、C 三点不共线，则说明该力系的合力过 AB 连线、AC 连线和 BC 连线。因此，该力系的合力大小为零，又在点 A、B、C 的主矩为零，该力系一定是平衡力系。

思考与讨论：

（1）如何正确理解平面任意力系只有三个独立的平衡方程？如果再列第四个方程，其与前三个方程有什么关系？

（2）如何正确理解平面任意力系平衡方程的二矩式、三矩式应满足的条件？

（3）平面汇交力系最多只能列两个独立的平衡方程吗？能否再多列一个力矩方程，从而多求解一个未知量？为什么？

（4）试分析空间平行力系和平面平行力系各可以列几个独立的平衡方程？

例 3-10　平面刚架的几何尺寸及受力如图 3-19a 所示，求刚架的约束力。

求解程序

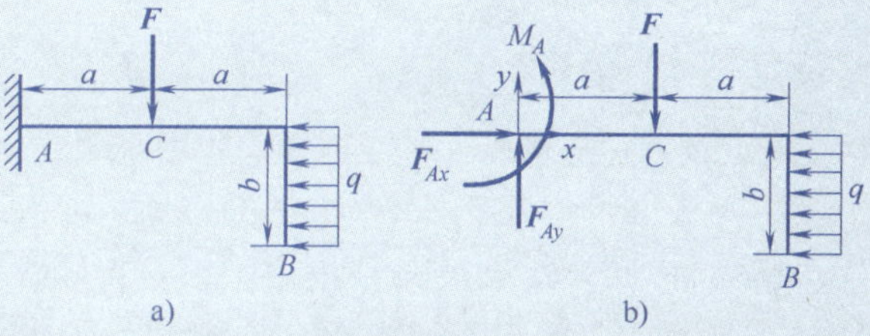

图　3-19

解： 以刚架为研究对象，A 处为平面固定端约束，去除约束，用相应的约束力代替，受力如图 3-19b 所示，建立如图所示的坐标，列平衡方程

$$\sum F_{ix} = 0,\ F_{Ax} - qb = 0$$

$$\sum F_{iy} = 0,\ F_{Ay} - F = 0$$

$$\sum M_A(\boldsymbol{F}_i) = 0,\ M_A - Fa - \frac{1}{2}qb^2 = 0$$

解得

$$F_{Ax} = qb,\ F_{Ay} = F,\ M_A = Fa + \frac{1}{2}qb^2$$

例 3-11　求图 3-20a 所示梁的支座约束力。

求解程序

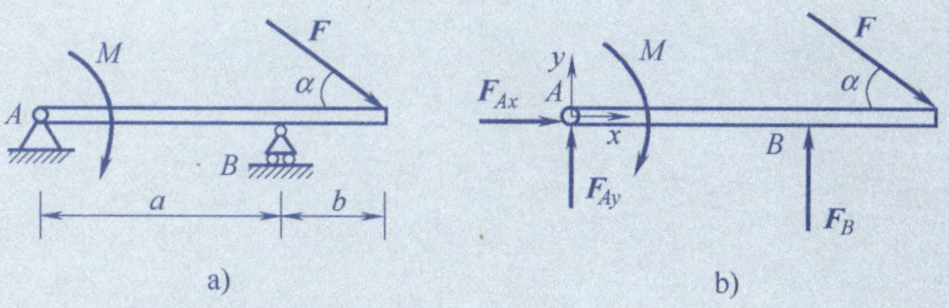

图　3-20

解：以梁为研究对象，A 处为固定铰链支座约束，约束力用正交的两个分力表示，B 处为滚动铰链支座约束，约束力的作用线垂直于梁，其受力图如图3-20b所示，建立如图所示的坐标。列平衡方程

$$\sum F_{ix}=0,\ F_{Ax}+F\cos\alpha=0$$

$$\sum F_{iy}=0,\ F_{Ay}+F_B-F\sin\alpha=0$$

$$\sum M_A(\boldsymbol{F}_i)=0,\ F_B a-F\sin\alpha(a+b)-M=0$$

解得

$$F_{Ax}=-F\cos\alpha,\ F_{Ay}=-\frac{M+Fb\sin\alpha}{a},\ F_B=\frac{M+F\sin\alpha(a+b)}{a}$$

本章思维导图

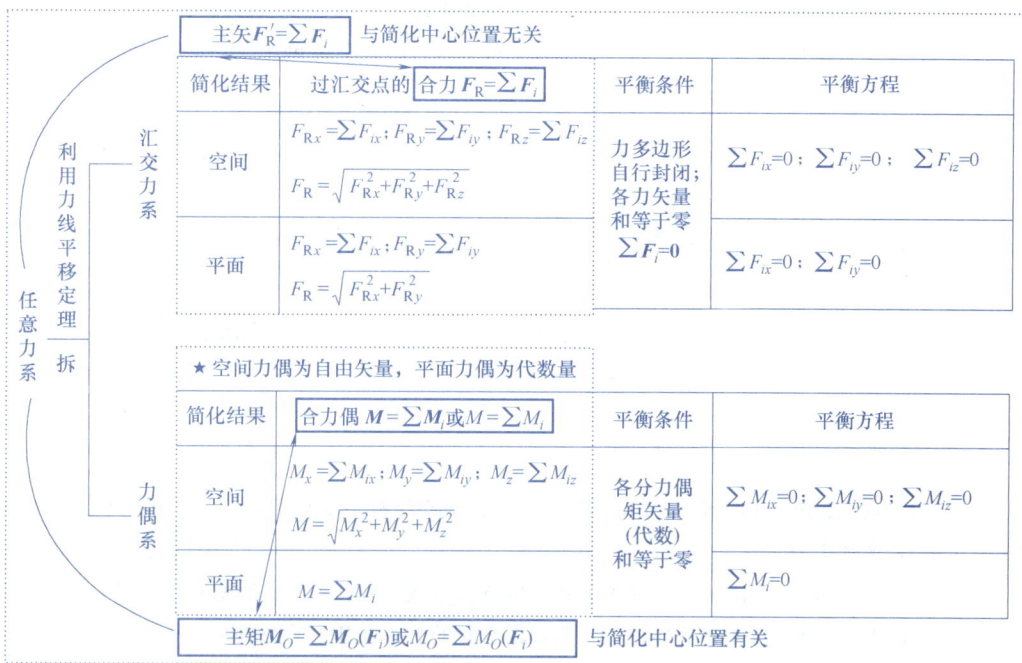

任意力系 —— 利用力线平移定理 拆 —— 汇交力系、力偶系

主矢 $F'_R=\sum F_i$　与简化中心位置无关

汇交力系

简化结果	过汇交点的合力 $F_R=\sum F_i$	平衡条件	平衡方程
空间	$F_{Rx}=\sum F_{ix}$；$F_{Ry}=\sum F_{iy}$；$F_{Rz}=\sum F_{iz}$ $F_R=\sqrt{F_{Rx}^2+F_{Ry}^2+F_{Rz}^2}$	力多边形自行封闭；各力矢量和等于零 $\sum F_i=0$	$\sum F_{ix}=0$；$\sum F_{iy}=0$；$\sum F_{iz}=0$
平面	$F_{Rx}=\sum F_{ix}$；$F_{Ry}=\sum F_{iy}$ $F_R=\sqrt{F_{Rx}^2+F_{Ry}^2}$		$\sum F_{ix}=0$；$\sum F_{iy}=0$

力偶系

★ 空间力偶为自由矢量，平面力偶为代数量

简化结果	合力偶 $M=\sum M_i$ 或 $M=\sum M_i$	平衡条件	平衡方程
空间	$M_x=\sum M_{ix}$；$M_y=\sum M_{iy}$；$M_z=\sum M_{iz}$ $M=\sqrt{M_x^2+M_y^2+M_z^2}$	各分力偶矩矢量（代数）和等于零	$\sum M_{ix}=0$；$\sum M_{iy}=0$；$\sum M_{iz}=0$
平面	$M=\sum M_i$		$\sum M_i=0$

主矩 $M_O=\sum M_O(F_i)$ 或 $M_O=\sum M_O(F_i)$　与简化中心位置有关

⇩

任意力系向一点简化，简化结果为一个力 F'_R（主矢）和一个力偶 M_O（主矩）

⇩

任意力系简化结果及进一步讨论			平衡方程
空间	$F'_R=0$，$M_O\neq0$	合力偶（矢量）	一般式： $\sum F_{ix}=0$ $\sum F_{iy}=0$ $\sum F_{iz}=0$ $\sum M_x(F_i)=0$ $\sum M_y(F_i)=0$ $\sum M_z(F_i)=0$ ★ 空间任意力系独立的平衡方程有6个 ★ 可以有四矩式、五矩式、六矩式
空间	$F'_R\neq0$，$M_O=0$	合力（过简化中心）	
空间	$F'_R\neq0$，$M_O\neq0$：$F'_R\perp M_O$	合力 $d=\dfrac{\lvert M_O\rvert}{F'_R}$	
空间	$F'_R\neq0$，$M_O\neq0$：$F'_R // M_O$	力螺旋	
空间	$F'_R\neq0$，$M_O\neq0$：F'_R 与 M_O 间成任意夹角 α	力螺旋 $d=\dfrac{M_O\sin\alpha}{F'_R}$	
空间	$F'_R=0$，$M_O=0$	平衡	

任意力系简化结果及进一步讨论			一般式	二矩式	三矩式
平面	$F'_R=0$，$M_O\neq0$	合力偶（代数量）	$\sum F_x=0$	$\sum F_x=0$	$\sum M_A(F_i)=0$
平面	$F'_R\neq0$，$M_O=0$	合力（过简化中心）	$\sum F_y=0$	$\sum M_A(F_i)=0$	$\sum M_B(F_i)=0$
平面	$F'_R\neq0$，$M_O\neq0$ 同一平面	合力 $d=\dfrac{\lvert M_O\rvert}{F_R}$	$\sum M_O(F_i)=0$	$\sum M_B(F_i)=0$	$\sum M_C(F_i)=0$
平面	$F'_R=0$，$M_O=0$	平衡		AB 连线与 x 轴不垂直	A、B、C 三点不共线

★ 应用：固定端约束

习题

3-1　如题 3-1 图所示，试求合力的大小和方向。

3-2　如题 3-2 图所示，如果作用在平板上合力的大小为 6kN，方向为（由 x 轴正向沿顺时针方向测量），试求力 $\boldsymbol{F}_2$ 的大小和方向 ϕ。

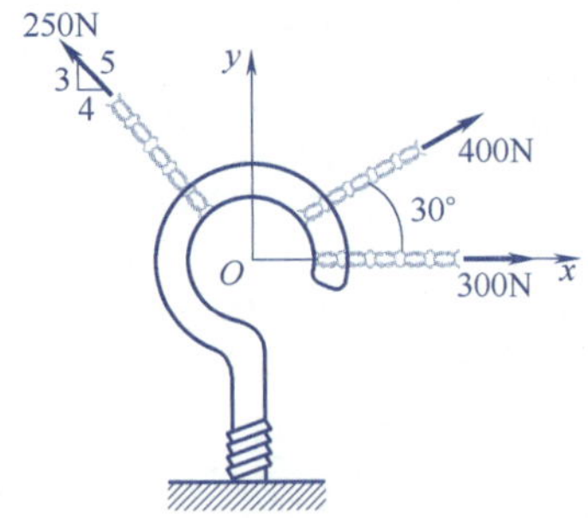

题　3-1 图

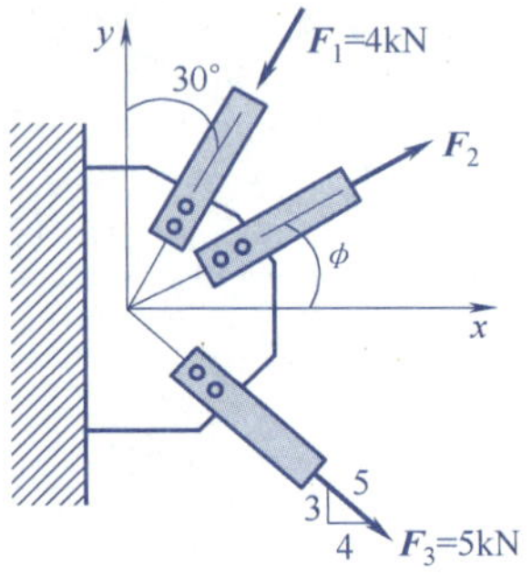

题　3-2 图

3-3　如题 3-3 图所示，门式刚架在点 C 受到力 $F = 30\text{kN}$ 作用，不计刚架自重，试求支座 A、B 的约束力。

3-4　如题 3-4 图所示，物体重 $P = 20\text{kN}$，用绳子挂在支架的滑轮 B 上，绳子的另一端接在绞车 D 上。转动绞车，物体便能升起。设滑轮的大小及其中的摩擦略去不计，A、B、C 三处均为铰链连接。当物体处于平衡状态时，试求拉杆 AB 和支杆 BC 所受的力。

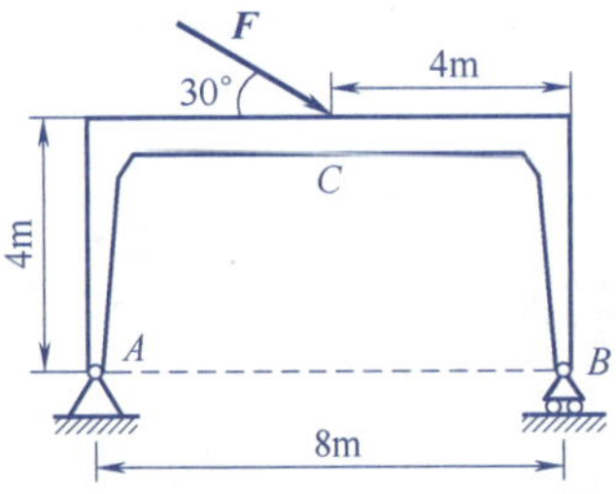

题　3-3 图

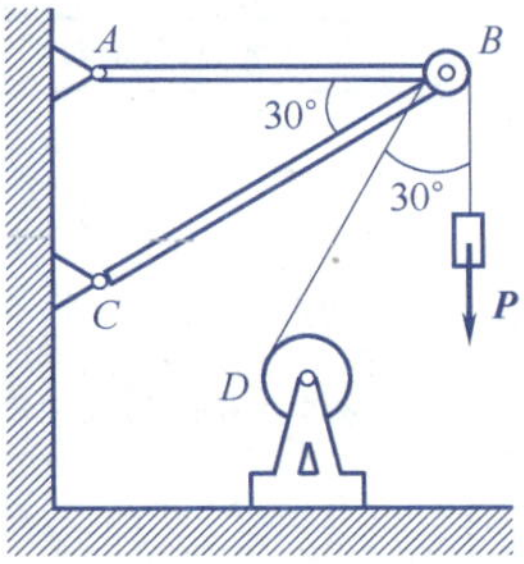

题　3-4 图

3-5　如题 3-5 图所示结构中，不计各杆重量，所受载荷如图所示，试求杆件 BE 所受的力。

3-6　汽车制动机构如题 3-6 图所示。驾驶员踩到脚闸上的力 $P = 212\text{N}$，方向与水平面成 $\alpha = 45°$ 角。当平衡时，BC 水平，AD 铅直，试求 BC 杆所受的力。已知 $EA = 24\text{cm}$，$DE = 6\text{cm}$，点 E 在铅直线 DA 上，并且 B、C、D 都是光滑铰链，机构的自重不计。

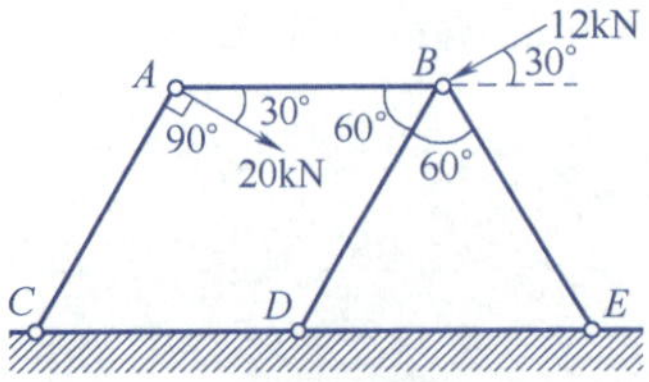

题　3-5 图

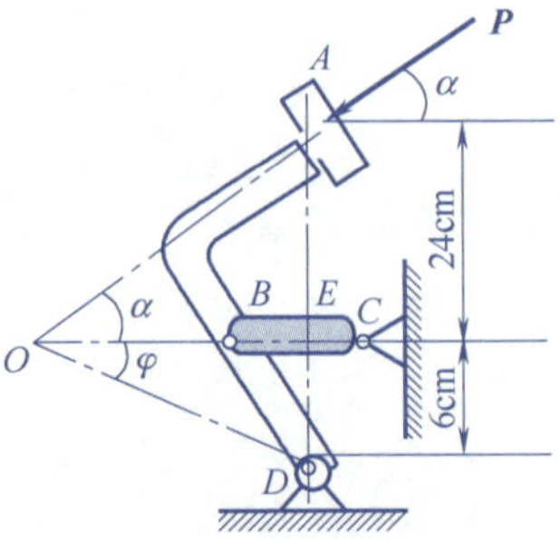

题　3-6 图

3-7　平面机构 $ABCD$ 中的 $AB=0.1\text{m}$，$CD=0.22\text{m}$，杆 AB 及 CD 上各作用一力偶，在如题 3-7 图所示位置平衡。已知 $M_1=0.4\text{N}\cdot\text{m}$，杆重不计，求 A、D 两铰处的约束反力及力偶矩 M_2。

3-8　题 3-8 图中杆 AB 上有一导槽，套在杆 CD 的销子 E 上，在杆 AB 和杆 CD 上各有一力偶作用（其转向如图所示）。已知 $M_1=1000\text{N}\cdot\text{m}$，若不计杆重以及所有接触面的摩擦，求机构平衡时 M_2 应为多大？如果导槽开在杆 CD 上，销子 E 固连在杆 AB 上，则 M_2 应为多大？

3-9　正方体边长为 $a=0.2\text{m}$，在顶点 A 和 B 处沿各棱边分别作用有六个大小都等于 100N 的力，其方向如题 3-9 图所示。试求此力系向点 O 简化的结果。

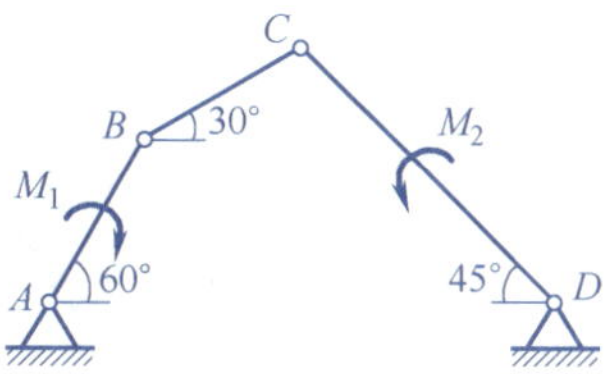

题　3-7 图

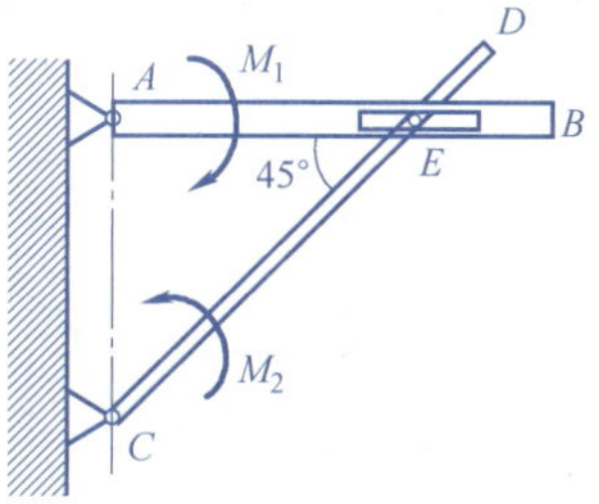

题　3-8 图

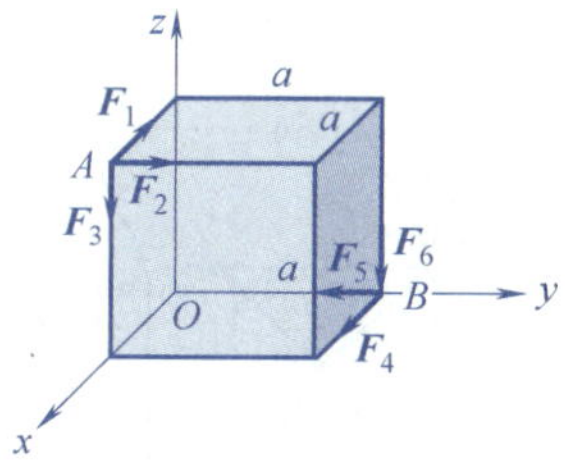

题　3-9 图

3-10　空间力系中，$F_1=100\text{N}$，$F_2=300\text{N}$，$F_3=200\text{N}$，各力作用线的位置如题 3-10 图所示。试求此力系向点 O 简化的结果。

3-11　大小均为 F 的六个力作用于边长为 a 的正方体棱边上，如题 3-11 图所示。求此力系的简化结果。

3-12　如题 3-12 图所示的等边三角形板 ABC，边长为 l，现在其三顶点沿三边作用三个大小相等的力 $\boldsymbol{F}$，试求此力系向点 A 简化的结果。

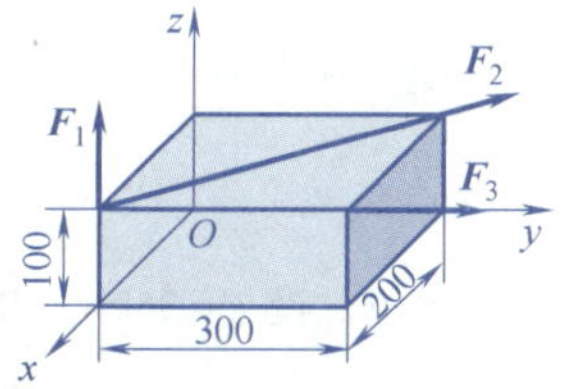

题　3-10 图

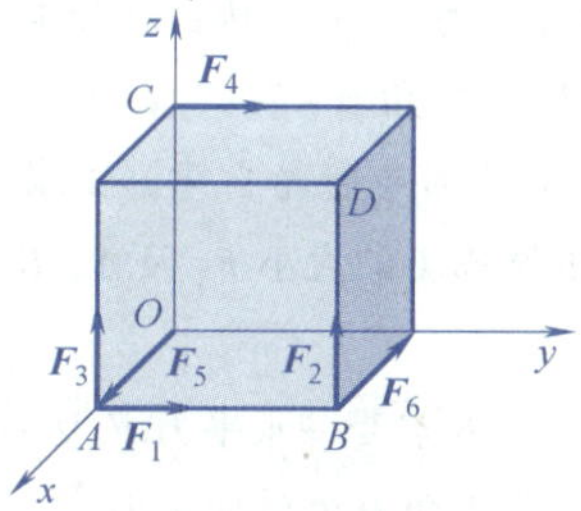

题　3-11 图

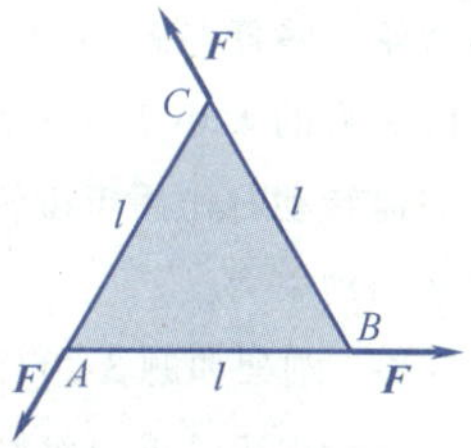

题　3-12 图

3-13　矩形板的四个顶点上分别作用四个力及一个力偶，如题 3-13 图所示。其中 $F_1=1.2\text{kN}$，$F_2=2\text{kN}$，$F_3=1.2\text{kN}$，$F_4=2\text{kN}$，力偶矩 $M=0.4\text{kN}\cdot\text{m}$，转向如图所示。试求力系向点 B 和点 C 简化的结果。

3-14　如题 3-14 图所示，三角形薄板在 A、D 两处分别通过滚子支座和球形铰链支撑，并

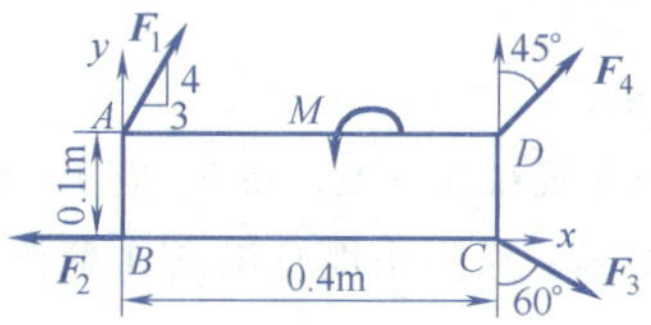

题　3-13 图

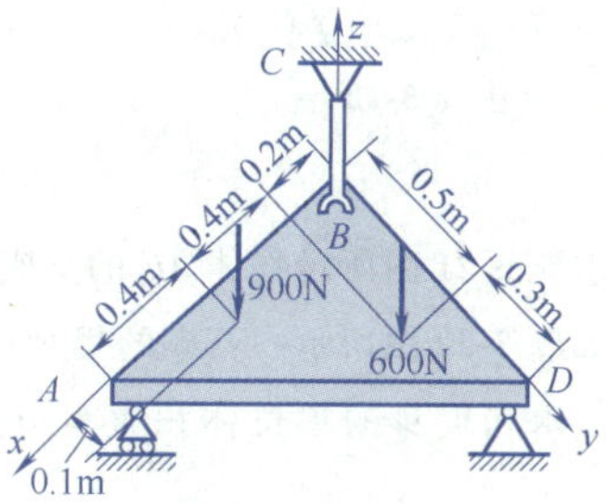

题　3-14 图

在 B 处通过绳保持水平。试求 A、B 和 D 处的约束力。

3-15　用六根杆支撑正方形板 $ABCD$ 如题 3-15 图所示，水平力 $\boldsymbol{F}$ 沿 AD 边作用在 A 点，不计板的自重，求各杆的内力。

3-16　长方形板如题 3-16 图所示，不计板的自重，试求绳 BD、CE 和 CF 的拉力及球形铰链 A 处的约束力。

3-17　两个均质杆 AB 和 BC 分别重 $\boldsymbol{P}_1$ 和 $\boldsymbol{P}_2$，其端点 A 和 C 用球铰固定在水平面，另一端 B 由球铰链相连接，靠在光滑的铅直墙上，墙面与 AC 平行，如题 3-17 图所示。如 AB 与水平线夹角为 45°，$\angle BAC=90°$，求 A 和 C 的支座约束力以及墙上点 B 所受的压力。

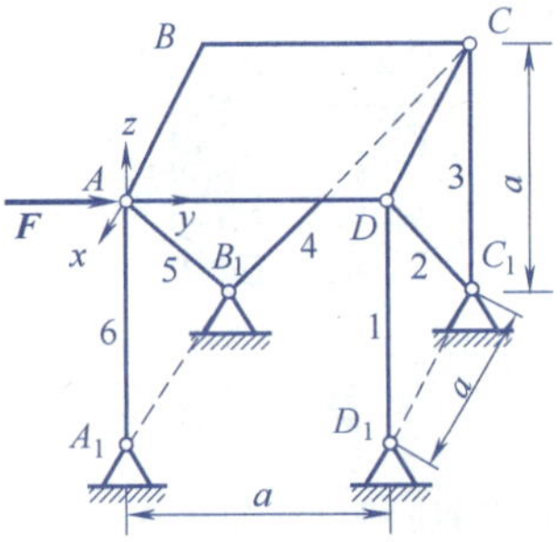

题　3-15 图

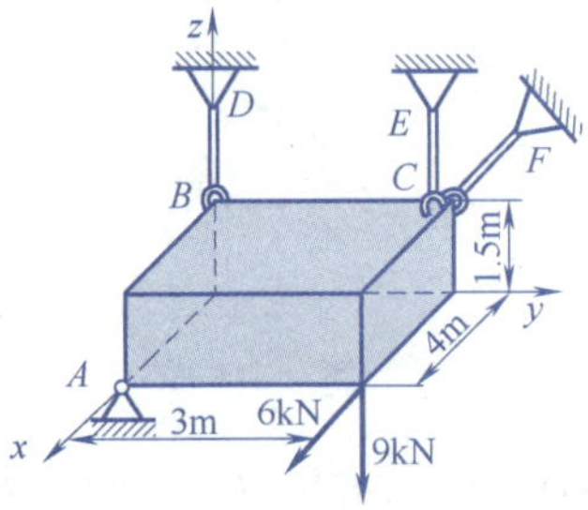

题　3-16 图

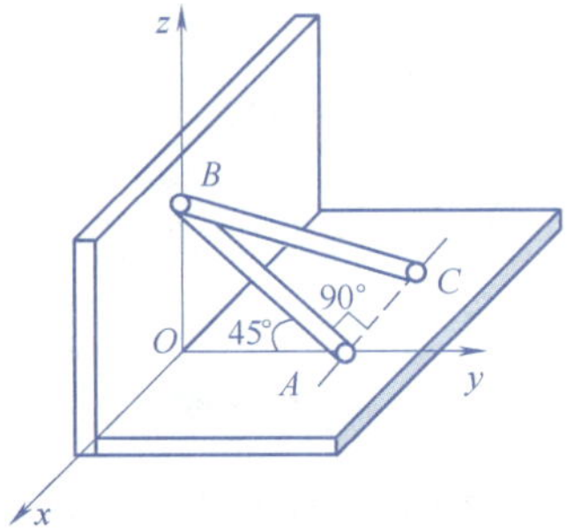

题　3-17 图

3-18　如题 3-18 图所示，质量为 85kg 的木箱放置在手推车上，手推车由 A、B、C 三个轮脚支撑（B 处轮脚在图中没有画出）。试求在 A、B、C 三个轮脚处的铅垂方向约束力。手推车的质量忽略不计。

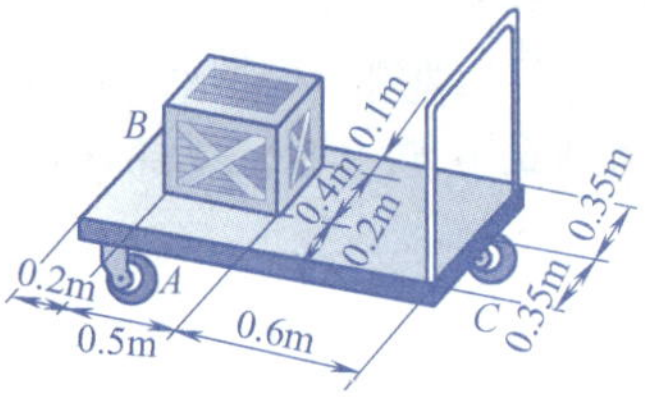

题　3-18 图

3-19　如题 3-19 图所示，变速箱中间轴装有两直齿圆柱齿轮，其分度圆半径 $r_1=100\text{mm}$，$r_2=72\text{mm}$，啮合点分别在两齿轮的最低与最高位置，轮齿压力角 $\alpha=20°$，在齿轮Ⅰ上圆周力的大小 $F_1=1.58\text{kN}$。不计轴与齿轮自重，试求当轴匀速转动时作用于齿轮Ⅱ上的圆周力的大小 F_2 及 A、B 两轴承的约束力。

3-20　刚架如题 3-20 图所示，在 B 点受一水平力 $\boldsymbol{F}$ 及一个力偶 M 作用。设 $F=35\text{kN}$，$M=20\text{kN}\cdot\text{m}$，刚架的重力忽略不计。求 A 和 D 处的约束力。

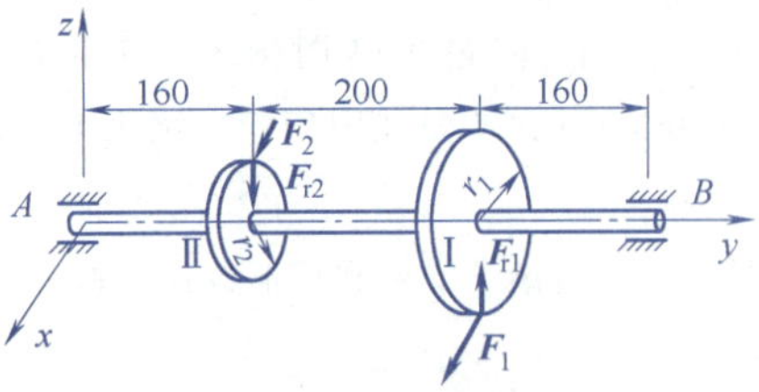

题　3-19 图

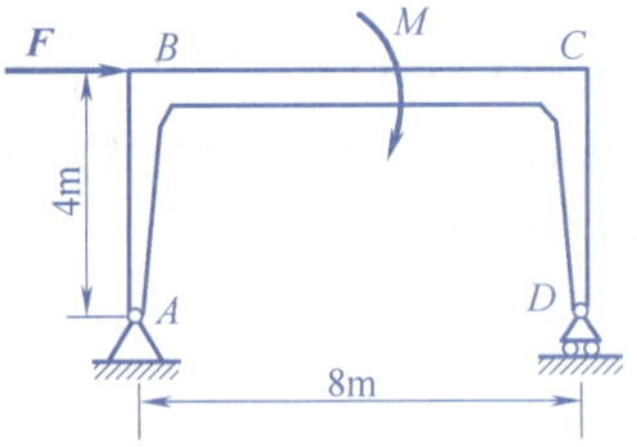

题　3-20 图

3-21　求题 3-21 图所示物体 AC 的支座 A 处的约束力。

3-22　如题 3-22 图所示一石砌的堤坝横截面。堤身筑在基石上，高 h、宽 b。堤前的水深等于堤高 h。水和堤身的单位体积重量分别为 γ_1 和 γ_2。为防止堤身绕点 A 翻倒，b/h 应等于多少？

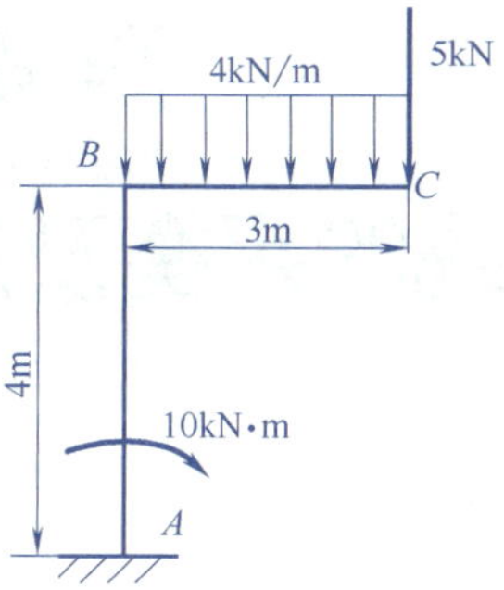

题　3-21 图

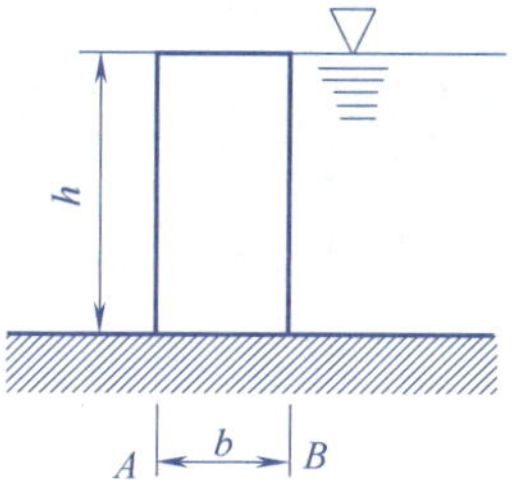

题　3-22 图

3-23　如题 3-23 图所示为一矩形进水闸门的计算简图。设闸门宽（垂直于纸面）1m，$AB=2\text{m}$，重 $Q=15\text{kN}$，上端用铰 A 支撑。若水面与 A 齐平且门后无水，求开启闸门时绳的张力 F_T。

3-24　如题 3-24 图所示汽车前轮载荷为 10kN，后轮载荷为 40kN，前后轮间的距离为 2.5m，行驶在长 10m 的桥上。试求：(1) 当汽车后轮处在桥中点时，支座 A、B 的约束反力；(2) 支座 A、B 的约束反力相等时，后轮到支座 A 的距离 x。

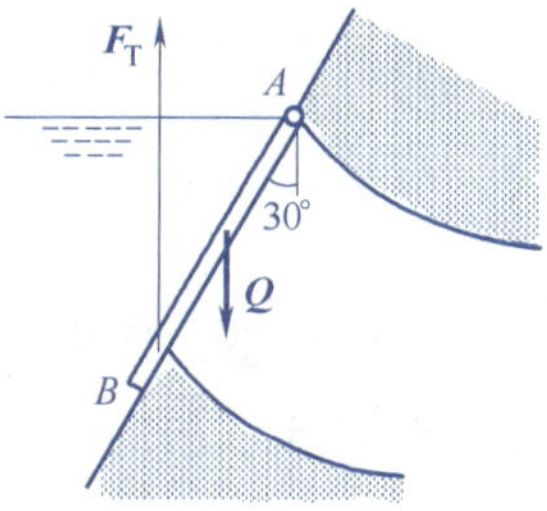

题　3-23 图

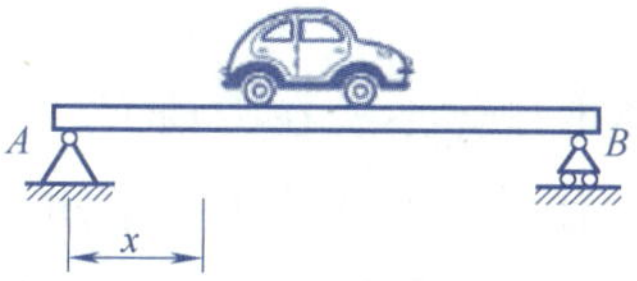

题　3-24 图

习题答案

第 4 章 刚体系统的平衡及应用

上一章讨论了空间及平面各种力系的简化结果和平衡条件，研究的都是单个刚体的平衡问题。但工程中的多数结构都是由若干刚体组成的刚体系统，各刚体之间以一定的方式联系着，系统整体又以适当的方式与其他物体相联系。系统平衡时，组成系统的每一个刚体都处于平衡状态，可取任意单个刚体或刚体组合作为研究对象进行求解。

本章首先介绍静定和超静定的概念，然后介绍解决刚体系统平衡问题的研究思路，最后介绍工程中常见的平面桁架的内力计算。

4.1 静定和超静定问题

刚体或刚体系统在主动力与约束力共同作用下处于平衡状态，通常部分力是未知的。有可能出现约束力未知变量数目与独立平衡方程数目不相同的情况。据此可将静力学问题区分为静定和超静定两种不同类型。

若约束力未知变量数少于或等于独立平衡方程个数，则可以由静力学平衡方程确定全部未知量，这类平衡问题称为**静定问题**。但在工程实际中，为了提高结构的刚度和坚固性，常常会增加约束，使得约束力未知量数大于独立平衡方程数，用静力学平衡方程无法求出全部未知量，这类问题称为**超静定问题**或**静不定问题**。未知量数目与独立平衡方程数目之差，称为**超静定**或**静不定次数**。

对于各种力系的平衡问题，能够通过静力学平衡方程求解的未知量数目取决于独立平衡方程的个数，而独立平衡方程的个数则由每一个刚体所受力系的类型决定。例如：空间任意力系有六个独立的平衡方程；空间汇交力系、空间力偶系和空间平行力系均有三个独立的平衡方程；平面任意力系有三个独立平衡方程；平面汇交力系和平面平行力系有两个独立平衡方程；平面力偶系只有一个独立平衡方程。

课程加油站

在静力学问题中，约束力未知量的数目是由约束的类型决定的，例如：柔性体约束和光滑接触面约束各有一个未知量；平面固定铰链支座有两个未知量；平面固定端约束有三个未知量；空间球形铰链约束和推力轴承有三个未知量；空间固定端约束有六个未知量。图 4-1 列举了单刚体静定和超静定问题的例子。

如图 4-1a 所示，梁受三个柔性约束，未知量有三个，梁受平面任意力系作用

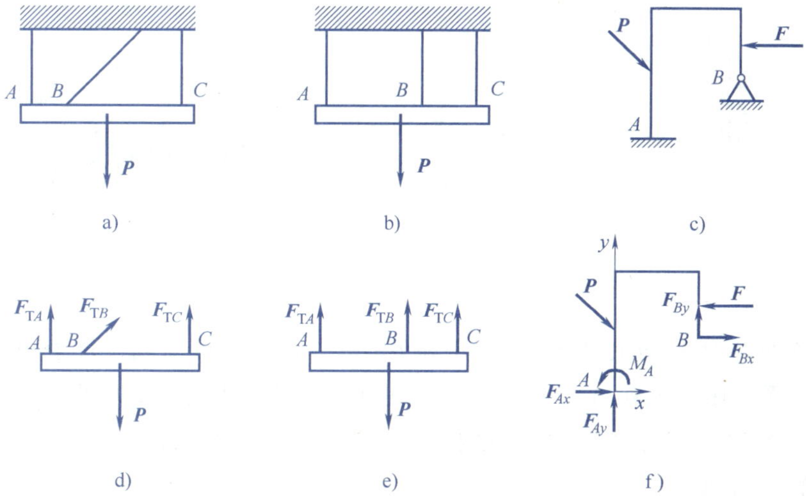

图　4-1

（图 4-1d），可列三个独立的平衡方程，通过平衡方程能够求出全部的未知量，属于静定问题。

如图 4-1b 所示，梁受三个柔性约束相互平行，未知量仍然有三个，但梁受平面平行力系作用（图 4-1e），可列两个独立的平衡方程，属于一次超静定问题。

如图 4-1c 所示，刚架 AB 受平面任意力系作用，受力图如图 4-1f 所示，可列三个独立的平衡方程，平面固定端约束有三个未知量，固定铰链支座约束有两个未知量，共有三个独立的平衡方程和五个未知量，属于二次超静定问题。

对于由 n 个刚体相互连接组成的刚体系统，判断它是否静定，一般必须将其拆开进行分析。当物体系统平衡时，组成该系统的每一个物体都处于平衡状态。对于受空间力系作用的刚体系统，每个刚体均可列六个独立的平衡方程，共有 $6n$ 个独立方程。对于受平面力系作用的刚体系统，每个刚体均可列三个独立的平衡方程，共有 $3n$ 个独立方程。若系统中有刚体受汇交力系、平行力系或力偶系作用，则系统的独立平衡方程数相应减少。

刚体系统约束的未知量数，既包括刚体系统内部的约束力，又包括外部对刚体系统整体的约束力。每个约束的未知量数目由约束类型决定，系统内刚体之间的内部约束力互为作用力与反作用力，计算约束未知量数时只计入一次，例如光滑圆柱形铰链约束有两个未知量。

研究刚体系统平衡问题时，首先要判断它是静定问题还是超静定问题。图 4-2 列举了刚体系统静定和超静定问题的例子。

如图 4-2a 所示的结构，由构件 AC 和构件 BC 通过铰 C 连接在一起，并用固定铰 A、B 固结于地面。该刚体系统由两个物体 AC 和 BC 组成，每个刚体均受平面任意力系作用，可列 $2\times3=6$ 个独立的平衡方程。中间铰 C 和固定铰 A、B 处的约束未知量均为 2，故未知量总数为 6。独立的平衡方程与约束未知量个数相等，故为静定问题。

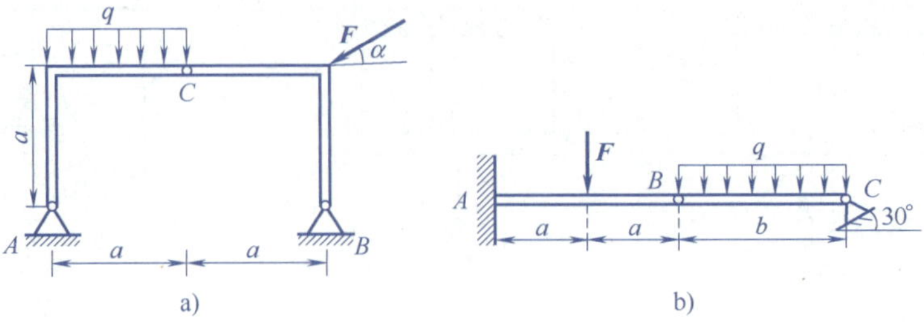

图 4-2

如图 4-2b 所示的组合梁，由 AB 和 BC 两个构件铰接而成，每个刚体均受平面任意力系作用，可列出 $2\times3=6$ 个独立的平衡方程。A 处固定端约束，未知量个数为 3，中间铰 B 和固定铰 C 处的未知量个数均为 2，总未知量个数为 7，因而是一次超静定问题。

理论力学只研究静定问题，对于超静定问题需要在静力学平衡方程基础上补充其他方程才能求解，这类问题将在后续材料力学、结构力学等课程中讨论。

思考与讨论：

（1）如何判断静定与超静定问题？

（2）将图 4-2a 中，A 处约束换成固定端约束，则三铰拱为几次超静定问题？

（3）将图 4-2a 中，A 处约束换成固定端约束，若无力 F 作用，刚架 BC 为二力构件，系统未知量个数为 4，此时三铰拱是否又成为静定问题？为什么？

（4）系统是静定还是超静定问题，与主动力的施加情况是否相关？

4.2 刚体系统平衡问题的应用

若干个刚体通过约束组成**刚体系统**，外界作用于刚体系统的力称为该系统的**外力**，刚体系统内各刚体间相互作用的力称为该系统的**内力**。需要注意的是，外力和内力的划分是相对的，与所选取的研究对象有关。

对于受平面力系作用的静定刚体系统，每个刚体均可列三个独立的平衡方程，由于系统的未知量数等于独立平衡方程数，因此从数学角度考虑，可归结为解 $3n$ 个线性方程组，最后通过计算机进行程式化数值求解。但实际中许多工程问题并不需要求出系统的所有外部和内部的约束力，常常只需求出其中的一部分或一小部分，因此，静定刚体系统的平衡问题也可以采用分析的方法实现简化运算。

分析求解物体系统平衡问题的关键是选择合适的研究对象。当整个刚体系统平衡时，系统内每个刚体都平衡；反之，刚体系统中每个刚体都平衡，则系统必然平衡。因此，当研究刚体系统的平衡时，研究对象可以是整体，可以是局部，也可以是单个刚体。研究对象的选择很难有统一的方法，但大体有以下几个原则：

（1）如果有静定部分，先选取静定部分为研究对象，即所包含的未知量数不超过作用于该对象的力系的独立平衡方程数。列平衡方程，尽可能满足一个方程求解一个未知量，如果不能满足，也可以列平衡方程联立求解，但尽可能减少联立的平衡方程数目。

（2）如果没有静定部分，以刚体系统整体研究，可以求出系统的全部或部分外约束力，可先取系统为研究对象。

（3）选择受力情形简单，有已知力和未知力同时作用的某个刚体或局部作为研究对象。

分析求解物体系统平衡另一个值得注意的问题是正确进行受力分析。应注意以下几点：

（1）受力分析时只分析所选择研究对象受到的外力，不考虑内力。

（2）刚体之间的相互作用力要符合作用与反作用公理。

（3）可根据二力平衡公理、三力平衡汇交定理或力偶只能由力偶平衡的性质，确定约束力的作用线方位，以简化计算过程。

由于工程中多数遇到的为平面问题，且一部分空间问题也可以简化为平面问题，故下面通过一些实例，介绍平面力系作用下静定刚体系统平衡问题的求解。

求解程序

例 4-1　静定多跨梁的载荷和尺寸如图 4-3a 所示，求支座和中间铰的约束力。

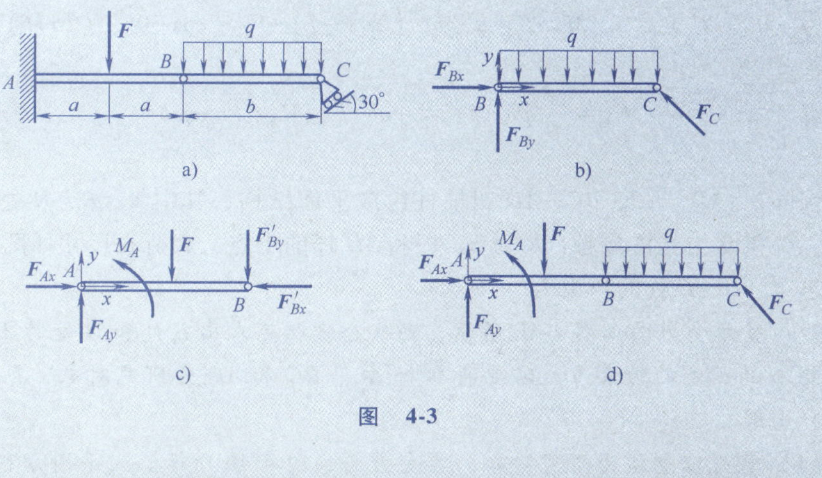

图　4-3

解： 静定结构中能独立承受载荷而保持平衡的部分称为**基础部分**。必须依赖基础部分的支撑才能承受载荷而保持平衡的部分称为**附属部分**。该多跨梁中，AB 为基础部分，BC 为附属部分。对于有基础部分和附属部分的结构，在进行静力分析时，通常是先分析附属部分，然后分析基础部分。

首先以 BC 为研究对象，其受力图如图 4-3b 所示，建立如图所示坐标。列平衡方程

$$\sum F_{ix}=0,\ F_{Bx}-F_C\cdot\sin 30^\circ=0$$

$$\sum F_{iy}=0,\ F_{By}+F_C\cdot\cos 30^\circ-qb=0$$

$$\sum M_B(\boldsymbol{F}_i)=0,\ F_C\cdot\cos 30^\circ\cdot b-qb\cdot\frac{1}{2}b=0$$

求解得

$$F_C=\frac{\sqrt{3}}{3}qb,\ F_{Bx}=\frac{\sqrt{3}}{6}qb,\ F_{By}=\frac{1}{2}qb$$

再以 AB 为研究对象，其受力图如图 4-3c 所示，F'_{Bx}和 F'_{By}分别是 F_{Bx} 和 F_{By} 的反作用力，则 $F'_{Bx}=F_{Bx}$，$F'_{By}=F_{By}$，建立如图所示的坐标。列平衡方程

$$\sum F_{ix}=0,\ F_{Ax}-F'_{Bx}=0$$

$$\sum F_{iy}=0,\ F_{Ay}-F'_{By}-F=0$$

$$\sum M_A(\boldsymbol{F}_i)=0,\ M_A-F\cdot a-F'_{By}\cdot 2a=0$$

解得

$$F_{Ax}=\frac{\sqrt{3}}{6}qb,\ F_{Ay}=\frac{1}{2}qb+F,\ M_A=Fa+qab$$

要求解平面固定端 A 处的约束力，也可以取整体作为研究对象，其受力图如图 4-3d 所示。列平衡方程

$$\sum F_{ix}=0,\ F_{Ax}-F_C\cdot\sin 30^\circ=0$$

$$\sum F_{iy}=0,\ F_{Ay}-F-qb+F_C\cdot\cos 30^\circ=0$$

$$\sum M_A\ (\boldsymbol{F}_i)\ =0,\ M_A-F\cdot a-qb\cdot\left(2a+\frac{1}{2}b\right)+F_C\cdot\cos 30^\circ\cdot(2a+b)=0$$

求解得

$$F_{Ax}=\frac{\sqrt{3}}{6}qb,\ F_{Ay}=\frac{1}{2}qb+F,\ M_A=Fa+qab$$

例 4-2 AB、AC、BC、AD 四根杆组成平面结构，其中 A、B、E 处为光滑铰链，C 和 D 为光滑接触，E 为 BC 杆和 AD 杆的中点，载荷和尺寸如图 4-4a 所示。求 B、D、E 处的约束力。

解： 整体受力图如图 4-4b 所示，列 3 个方程可求出 B 处和 D 处的 3 个未知力。要求出 E 处的约束力，需要再取杆 AC、BC 和 AD 为研究对象，列平衡方程进行求解。

求解程序

(1) 首先以整体为研究对象，其受力图如图 4-4b 所示。列平衡方程

$$\sum F_{ix}=0,\ F_{Bx}=0$$

$$\sum F_{iy}=0,\ F_{By}-F+F_D=0$$

$$\sum M_B(\boldsymbol{F}_i)=0,\ F_D\cdot 2a-F\cdot a=0$$

解得

$$F_D=\frac{1}{2}F,\ F_{By}=\frac{1}{2}F,\ F_{Bx}=0$$

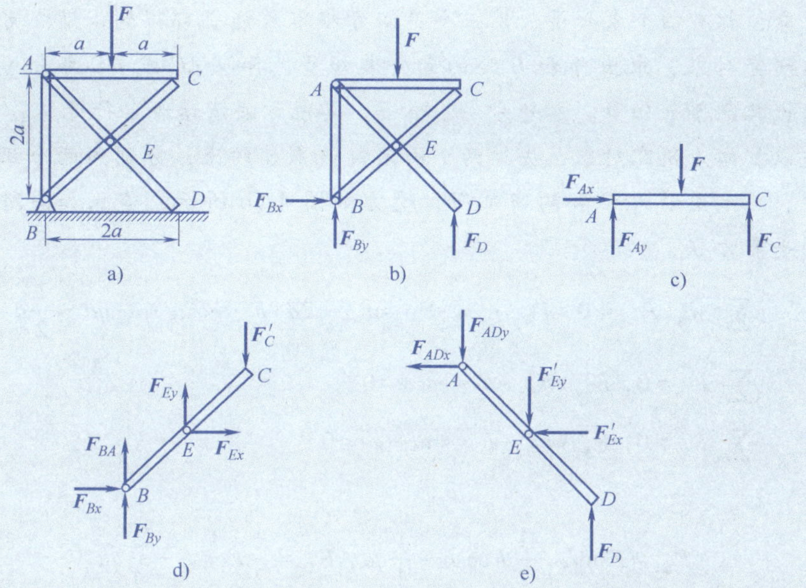

图　4-4

(2) 再以杆 AC 为研究对象，其受力图如图 4-4c 所示。对 A 点取矩，列平衡方程

$$\sum M_A(\boldsymbol{F}_i)=0,\ F_C\cdot 2a-F\cdot a=0$$

解得

$$F_C=\frac{1}{2}F$$

(3) 再以杆 BC 为研究对象，其受力图如图 4-4d 所示。对 B 点取矩，列平衡方程

$$\sum M_B(\boldsymbol{F}_i)=0,\ F_{Ey}\cdot a-F_{Ex}\cdot a-F'_C\cdot 2a=0$$

由于

$$F'_C=F_C=\frac{1}{2}F$$

得

$$F_{Ey}-F_{Ex}=F \tag{a}$$

(4) 最后以杆 AD 为研究对象，其受力图如图 4-4e 所示。可以对 A 点取矩，列平衡方程

$$\sum M_A(\boldsymbol{F}_i)=0,\ F_D\cdot 2a-F'_{Ex}\cdot a-F'_{Ey}\cdot a=0$$

由于 $F'_{Ex}=F_{Ex}$，$F'_{Ey}=F_{Ey}$，代入上式，得

$$F_{Ex}+F_{Ey}=F \tag{b}$$

联立式 (a) 和式 (b)，解得

$$F_{Ex}=0,\ F_{Ey}=F$$

例 4-3　静定结构载荷和尺寸如图 4-5a 所示，求支座的约束力。

解： 该题是静定问题，但不论取系统整体为研究对象，还是取 AC 或 BC 为

求解程序

研究对象，都有四个未知量，用三个平衡方程不可能全部得到求解。可以先以整体为研究对象，求出 A 和 B 处的部分未知量，再以 AC 或 BC 部分为研究对象，求出其余各未知量。本题方法不唯一，其他方法请读者自行计算。

先以整体为研究对象，去掉两个固定铰链支座约束，分别用两个正交的分力代替，画上主动力 $\boldsymbol{F}$ 和均布载荷，受力如图 4-5b 所示，建立如图所示的坐标。列平衡方程

$$\sum M_A(\boldsymbol{F}_i)=0,\ F_{By}\cdot 2a-F\cdot\sin\alpha\cdot 2a+F\cdot\cos\alpha\cdot a-qa\cdot\frac{1}{2}a=0$$

$$\sum F_{ix}=0,\ F_{Ax}+F_{Bx}-F\cdot\cos\alpha=0$$

$$\sum F_{iy}=0,\ F_{Ay}+F_{By}-F\cdot\sin\alpha-qa=0$$

解得

$$F_{By}=F\sin\alpha-\frac{1}{2}F\cos\alpha+\frac{1}{4}qa,\ F_{Ay}=\frac{1}{2}F\cos\alpha+\frac{3}{4}qa$$

再以 AC 为研究对象，受力如图 4-5c 所示，建立如图所示的坐标。列平衡方程

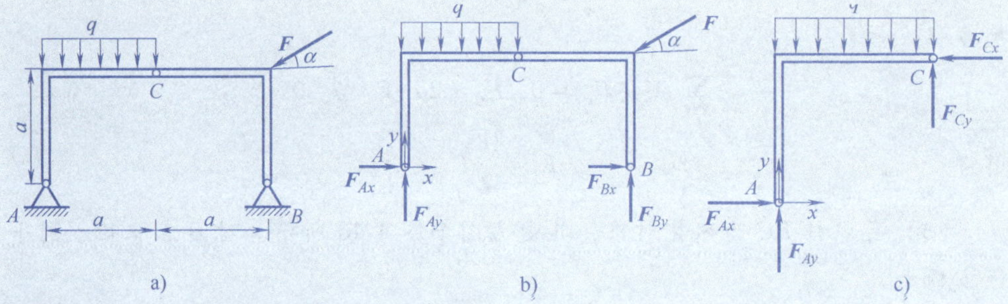

图 4-5

$$\sum M_C(\boldsymbol{F}_i)=0,\ F_{Ax}\cdot a-F_{Ay}\cdot a+qa\cdot\frac{1}{2}a=0$$

求解得

$$F_{Ax}=\frac{1}{2}F\cos\alpha+\frac{1}{4}qa,\ F_{Bx}=\frac{1}{2}F\cos\alpha-\frac{1}{4}qa$$

例 4-4 结构的荷载和尺寸如图 4-6a 所示，$CE=ED$，试求固定端 A 和铰支座 B 的约束力。

求解程序

解： 先以 BD 为研究对象，受力如图 4-6b 所示。可以通过对一点取矩列平衡方程，求出部分未知量，对 D 点取矩，列平衡方程

$$\sum M_D(\boldsymbol{F}_i)=0,F_{Bx}\cdot a+M=0$$

解得

$$F_{Bx}=-\frac{M}{a}$$

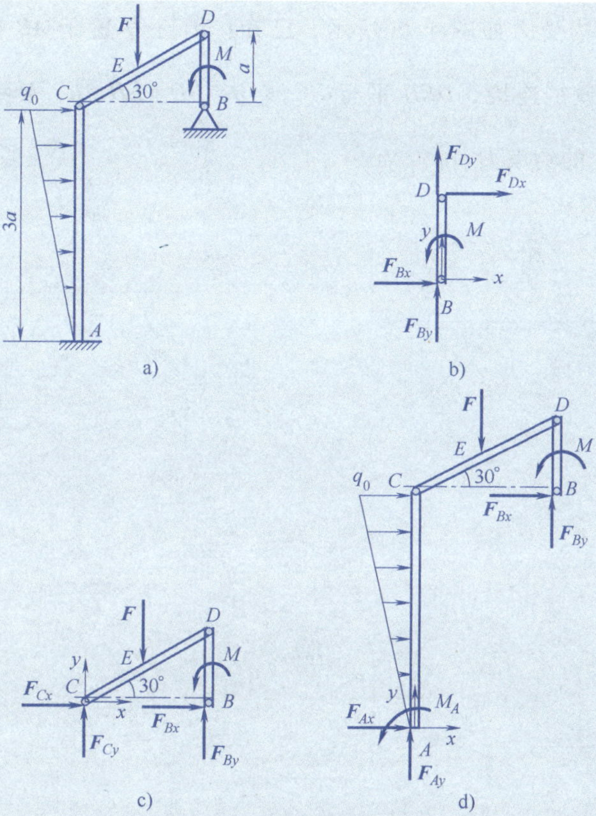

图　4-6

再以 CDB 局部为研究对象，受力如图 4-6c 所示。对 C 点取矩，列平衡方程

$$\sum M_C(\boldsymbol{F}_i)=0,\ F_{By}\cdot\sqrt{3}a-F\cdot\frac{\sqrt{3}}{2}a+M=0$$

解得

$$F_{By}=\frac{F}{2}-\frac{\sqrt{3}M}{3a}$$

最后以整体为研究对象，受力如图 4-6d 所示，建立如图所示的坐标。列平衡方程

$$\sum F_{ix}=0,\ F_{Ax}+F_{Bx}+\frac{1}{2}q_0\cdot 3a=0$$

$$\sum F_{iy}=0,\ F_{Ay}+F_{By}-F=0$$

$$\sum M_A(\boldsymbol{F}_i)=0,\ M_A-\frac{3}{2}q_0a\cdot\frac{2}{3}\cdot 3a-F\cdot\frac{\sqrt{3}}{2}a+M-F_{Bx}\cdot 3a+F_{By}\cdot\sqrt{3}a=0$$

解得

$$F_{Ax}=\frac{M}{a}-\frac{3}{2}q_0a,\ F_{Ay}=\frac{F}{2}+\frac{\sqrt{3}M}{3a},\ M_A=3q_0a^2-3M$$

求解程序

例 4-5 结构受力如图 4-7a 所示，已知：销钉 D 置于 AB 杆的光滑槽内，A、E 均为光滑铰链连接，DEH 平行 BC，$AD=BD=EH=a$，$M=\dfrac{1}{2}Fa$。求：A、B、C、D、E 处的约束力。

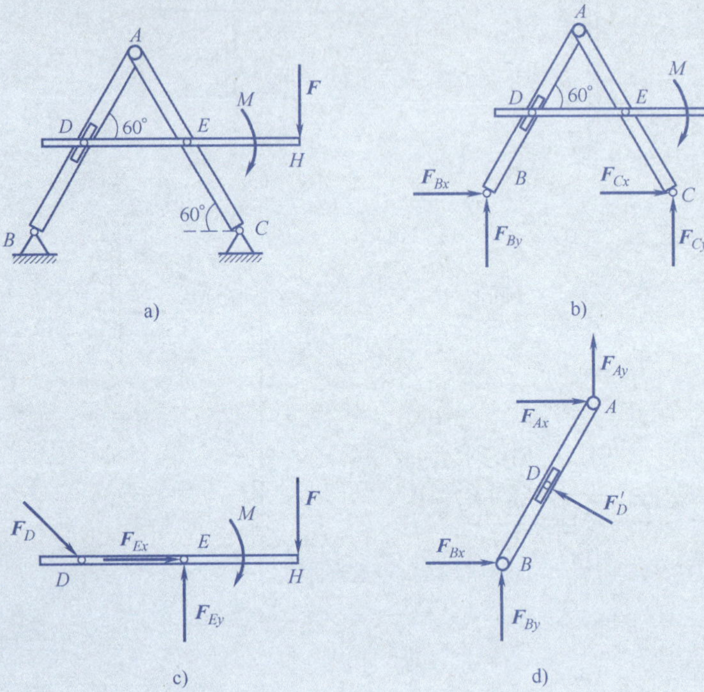

图 4-7

解：（1）首先以整体为研究对象，受力如图 4-7b 所示，列平衡方程

$$\sum F_{ix}=0,\ F_{Bx}+F_{Cx}=0 \tag{a}$$

$$\sum F_{iy}=0,\ F_{By}+F_{Cy}-F=0 \tag{b}$$

$$\sum M_B(\boldsymbol{F})=0,\ F_{Cy}\cdot 2a-M-F\left(\frac{3}{2}a+a\right)=0 \tag{c}$$

由式（b）和式（c）解得

$$F_{Cy}=\frac{3}{2}F,\ F_{By}=-\frac{1}{2}F$$

（2）再以杆 DEH 为研究对象，其受力图如图 4-7c 所示，列平衡方程

$$\sum F_{ix}=0,\ F_D\cdot\cos 30°+F_{Ex}=0$$

$$\sum F_{iy}=0,\ -F_D\cdot\sin 30°+F_{Ey}-F=0$$

$$\sum M_E(\boldsymbol{F}_i)=0,F_D\cdot\sin 30°\cdot a-M-F\cdot a=0$$

解得

$$F_D=3F,\ F_{Ex}=-\frac{3\sqrt{3}}{2}F,\ F_{Ey}=\frac{5}{2}F$$

(3) 最后以杆 ADB 为研究对象，其受力图如图 4-7d 所示，其中 $F'_D=F_D$，列平衡方程

$$\sum F_{ix}=0,\ F_{Ax}+F_{Bx}-F'_D\cdot\cos 30°=0$$

$$\sum F_{iy}=0,\ F_{Ay}+F_{By}+F'_D\cdot\sin 30°=0$$

$$\sum M_B(\boldsymbol{F}_i)=0,\ F'_D\cdot a-F_{Ax}\cdot\sqrt{3}a+F_{Ay}\cdot a=0$$

解得

$$F_{Ay}=-F,\ F_{Ax}=\frac{2\sqrt{3}}{3}F,\ F_{Bx}=\frac{5\sqrt{3}}{6}F$$

结合式 (a)，得

$$F_{Cx}=-\frac{5\sqrt{3}}{6}F$$

思考与讨论：

(1) 若分布力跨过刚体 BC，作用长度延伸到 AB 段，以整体为研究对象时，能否将 AC 段的分布力合成一个合力？以刚体 BC 为研究对象时，还能否将 AC 段的分布力合成一个合力作用在点 B？

(2) 例 4-3、例 4-5 中以整体为研究对象，由于固定铰支座 AB 或 BC 在同一水平位置，故有三个未知量过取矩点，可求得一个未知量。若固定铰支座 AB 或 BC 不在同一水平位置，还可以想办法求出其中一个未知量吗？

4.3 平面简单桁架的内力计算

在各种工程结构中，广泛使用一种特殊的刚体系统，它们由一些细长且直的刚杆在两端以适当的方式连接而组成的、几何形状不变的结构。当刚杆之间的连接能近似看作中间铰链时，这种杆系结构称为**桁架**。对于大型结构物，经常采用桁架结构，例如：起重机架、大型场馆屋架、桥梁及电视塔等，采用桁架结构可以起到减轻结构自重、节约材料的作用。

4.3.1 平面简单桁架

若桁架内杆件轴线呈空间分布，这样的桁架称为**空间桁架**。若桁架内所有杆件的轴线都在同一平面内，这样的桁架称为**平面桁架**。桁架中各杆件的结合处称为**节点**。

在设计桁架时，需要计算支座处的约束力及杆件的内力。为了简化桁架的计算，工程实际中常常采用以下几个假设：

(1) 桁架的杆件都是直杆且杆件轴线过铰链中心；

课程加油站

(2) 各杆件之间用光滑铰链连接；

(3) 桁架所受的力都作用到节点上，且在桁架平面内；

(4) 桁架杆件自重不计，或认为平均分配在杆件两端的节点上。

满足以上假设的平面桁架称为**理想桁架**。理想桁架中的各个杆件都可以看作二力杆，只承受拉力或压力。

实际中的桁架与理想桁架有一定的差距，如杆件轴线不一定是严格的直线，节点多采用铆接、焊接或榫接等方式。严格讲，应看作固定端。只是由于杆件细长，端部对杆件的转动限制较小，可以抽象为铰链连接。如果外力作用点不在节点处，可以将其按比例分配到节点上。实践证明，对于上述理想模型的计算结果与实际情况相差不大，可以满足工程设计的一般要求。

如果平面桁架的全部杆件的内力都能通过平衡方程求出，这样的平面桁架称为平面静定桁架。否则，称为平面静不定桁架。

最简单的几何形状不变形式是由三根杆件组成的三角形，称为**基本三角形**。在此基础上每增加两根杆件，相应地增加一个节点，这样组成的桁架称为**简单桁架**，如图 4-8a 所示。由几个简单桁架按照几何形状不变规则组成的桁架称为**联合桁架**，如图 4-8b 所示。如果从桁架中任意除去一根杆件，桁架就会活动变形，此桁架称为**无冗杆桁架**。反之，若除去几根杆件桁架仍不会活动变形，此桁架称为**有冗杆桁架**。

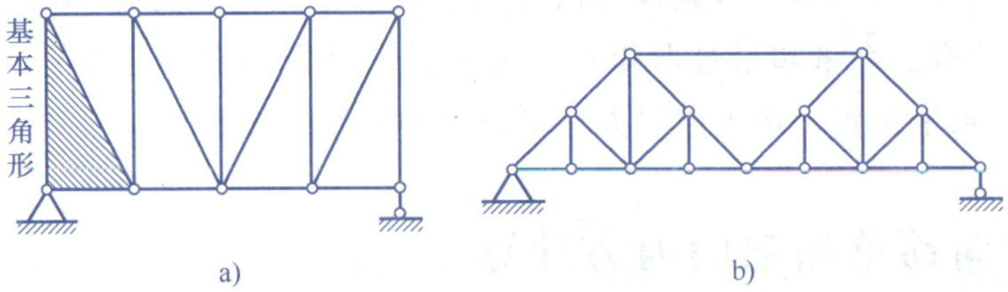

图 4-8

若桁架的全部杆件内力都能通过平衡方程求出，该桁架称为**静定桁架**；否则，称为**静不定桁架**。显然，无冗杆桁架一定是静定桁架，而有冗杆桁架为静不定桁架。而简单桁架既是无冗杆桁架又是静定桁架。

平面简单桁架的杆件数目 m 和节点数 n 存在一定的关系。基本三角形的杆件和节点均为 3。在此基础上，每增加一个节点，相应要增加两根杆件，所以，有如下关系式成立：

$$m-3=2(n-3)$$

即

$$m=2n-3 \tag{4-1}$$

从静定角度来讲，由于每根杆件都是二力杆，每个节点都受平面汇交力系作用，n 个节点应有 $2n$ 个独立平衡方程、m 个杆件内力和三个支座反力，应该满足：

$$m+3=2n$$

即　　　　　　　　　　　　　　　$m=2n-3$

与式（4-1）相同。

本章只讨论平面静定桁架，分析计算桁架各杆件内力的方法有两种：节点法和截面法，下面分别介绍。

4.3.2　节点法求桁架内力

由前面基本假设可知，组成桁架的杆件均为二力杆，桁架内每个节点都受平面汇交力系作用，逐个取各个节点为研究对象，通过静力平衡方程，依次求出与节点相连杆件的内力，这种求桁架杆件内力的方法称为**节点法**。

下面举例介绍如何应用节点法求解桁架杆件内力。

例 4-6　平面桁架如图 4-9a 所示，桁架中各个杆件的长度均为 a，在节点 E 处受一集中载荷 $\boldsymbol{F}$ 作用。求桁架各个杆件的内力。

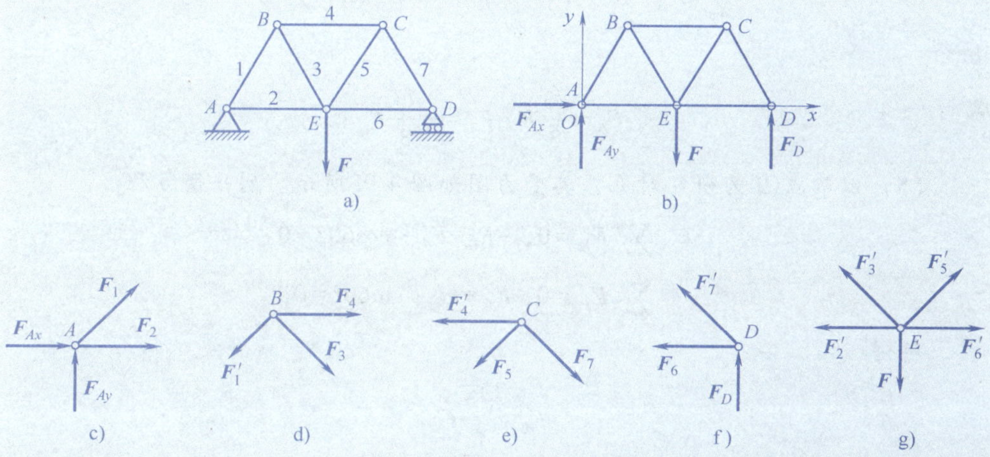

图　4-9

求解程序

解：（1）首先以整体为研究对象，可求出支座约束力，受力如图 4-9b 所示，建立如图所示的坐标。列平衡方程

$$\sum F_{ix}=0,\ F_{Ax}=0$$

$$\sum F_{iy}=0,\ F_{Ay}+F_D-F=0$$

$$\sum M_A(\boldsymbol{F}_i)=0,\ -F\cdot a+F_D\cdot 2a=0$$

解得

$$F_D=\frac{F}{2},\ F_{Ay}=\frac{F}{2}$$

（2）以节点 A 为研究对象，其受力图如图 4-9c 所示。列平衡方程

$$\sum F_{ix}=0,\ F_{Ax}+F_2+F_1\cdot\cos 60°=0$$

$$\sum F_{iy}=0,\ F_{Ay}+F_1\cdot\sin 60°=0$$

解得

$$F_1 = -\frac{\sqrt{3}}{3}F,\ F_2 = \frac{\sqrt{3}}{6}F$$

(3) 以节点 B 为研究对象，其受力图如图 4-9d 所示。列平衡方程

$$\sum F_{ix} = 0,\ -F_1' \cdot \cos60° + F_3 \cdot \cos60° + F_4 = 0$$

$$\sum F_{iy} = 0,\ -F_1' \cdot \sin60 - F_3 \cdot \sin60° = 0$$

解得

$$F_3 = \frac{\sqrt{3}}{3}F,\ F_4 = -\frac{\sqrt{3}}{3}F$$

(4) 以节点 C 为研究对象，其受力图如图 4-9e 所示。列平衡方程

$$\sum F_{ix} = 0,\ -F_4' - F_5 \cdot \cos60° + F_7 \cdot \cos60° = 0$$

$$\sum F_{iy} = 0,\ -F_5 \cdot \sin60° - F_7 \cdot \sin60° = 0$$

解得

$$F_5 = \frac{\sqrt{3}}{3}F,\ F_7 = -\frac{\sqrt{3}}{3}F$$

(5) 以节点 D 为研究对象，其受力图如图 4-9f 所示。列平衡方程

$$\sum F_{ix} = 0,\ -F_6 - F_7' \cdot \cos60° = 0$$

$$\sum F_{iy} = 0,\ F_D + F_7' \cdot \sin60° = 0$$

解得

$$F_6 = \frac{\sqrt{3}}{6}F$$

(6) 校核计算结果

求解出桁架各个杆件的内力之后，可以用剩余节点的平衡方程来校核已得到的结果。以节点 E 为研究对象，其受力图如图 4-9g 所示。列平衡方程

$$\sum F_{ix} = 0,\ -F_2' + F_6' - F_3' \cdot \cos60° + F_5' \cdot \cos60° = 0$$

$$\sum F_{iy} = 0,\ -F + F_3' \cdot \sin60° + F_5' \cdot \sin60° = 0$$

将求得的 F_2'、F_3'、F_5'、F_6' 的值代入上面两式，等式成立，说明计算结果正确。

节点法求桁架内力的一般步骤如下：

(1) 一般先以整体为研究对象求解支座约束力，即先求外约束力。

(2) 依次以桁架节点为研究对象求杆件内力。若为平面桁架，节点处的力系是平面汇交力系，可列两个独立平衡方程，故选取未知量不多于两个的节点入手求解。若为空间桁架，则选取未知量不多于三个的节点入手求解。

(3) 依次选各节点为研究对象，直至求出全部所需求解的杆件内力。一般将杆件的内力假设为拉力，即力的指向背离节点。若计算结果为正，说明为拉力；

若结果为负，则为压力。

（4）校核计算结果，求解得到全部杆件的内力后，以剩余节点为研究对象，列平衡方程，并校核得到的结果是否正确。

为了求解方便，对组成桁架的某些简单节点的杆件的受力情况可先做出判断，先找出内力为零的杆件，即**零杆**。下面介绍判断零杆的四个规则：

（1）节点 A 连接两根不共线的杆件 1、2，且节点上无载荷作用，则杆 1、2 均为零杆，如图 4-10a 所示。

（2）节点 A 连接三根不共线的杆件 1、2、3，其中杆 2、3 共线，节点 A 上无载荷作用，则杆 1 为零杆，如图 4-10b 所示。

（3）节点 A 连接两根不共线的杆件 1、2，节点上作用一载荷 $\boldsymbol{P}$，且 $\boldsymbol{P}$ 与杆 2 共线，此时杆 1 为零杆，如图 4-10c 所示。

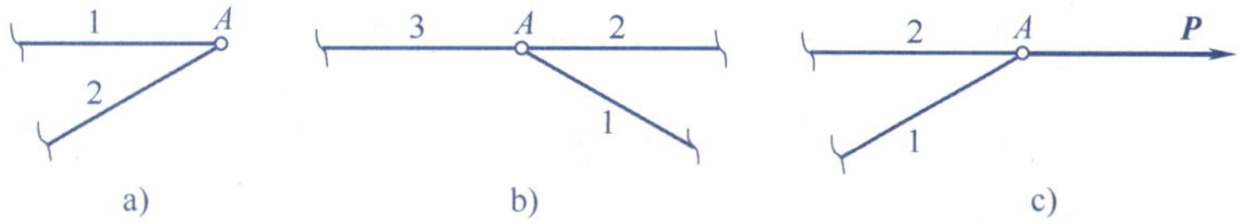

图　4-10

思考与讨论：

（1）零杆内力为零，是否可以将零杆拆除？

（2）拆除后桁架不会变形的杆件为冗杆，是否冗杆的内力为零？

4.3.3　截面法求桁架内力

利用节点法可以求出平面桁架全部杆件的内力。如果组成桁架的杆件数目较多，只要求计算桁架内某几个杆件的内力时，用节点法求解较为烦琐，这种情况可以采用截面法。

用假想的截面将桁架截开分成两部分，取至少包含两个节点以上部分为研究对象，每个部分都受平面任意力系作用，求出被截断杆件内力，这种求桁架杆件内力的方法称为**截面法**。

下面举例介绍如何应用截面法求解桁架杆件内力。

课程加油站

求解程序

例 4-7　平面桁架如图 4-11a 所示，桁架中各个杆件的长度均为 a，在节点 E 处受一集中载荷 $\boldsymbol{F}$ 作用。求桁架中杆件 4、5 和 6 的内力。

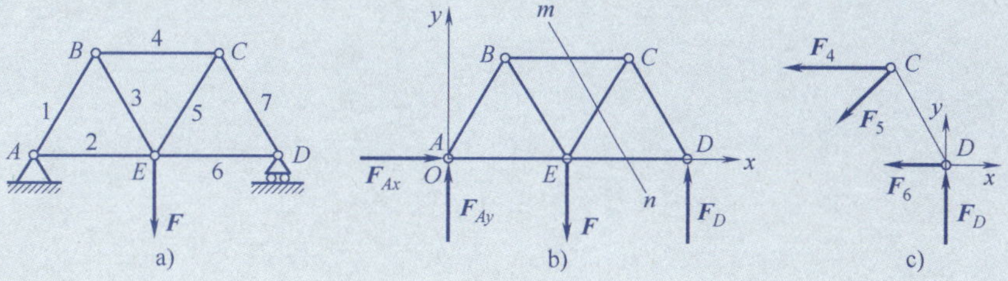

图　4-11

解：(1) 首先以整体为研究对象，可求出支座约束力，受力如图 4-11b 所示，建立如图所示的坐标。列平衡方程

$$\sum F_{ix}=0,\ F_{Ax}=0$$

$$\sum F_{iy}=0,\ F_{Ay}+F_D-F=0$$

$$\sum M_A(\boldsymbol{F}_i)=0,\ -F\cdot a+F_D\cdot 2a=0$$

解得

$$F_D=\frac{F}{2},\ F_{Ay}=\frac{F}{2}$$

(2) 为求杆 4、5 和 6 的内力，用假想截面 $m—n$ 将桁架截开，取右半部分为研究对象，受力如图 4-11c 所示，建立如图所示的坐标。列平衡方程

$$\sum F_{ix}=0,\ -F_4-F_5\cdot\cos60°-F_6=0$$

$$\sum F_{iy}=0,\ -F_5\cdot\sin60°+F_D=0$$

$$\sum M_C(\boldsymbol{F}_i)=0,\ F_D\cdot a\cdot\cos60°-F_6\cdot a\cdot\sin60°=0$$

解得

$$F_5=\frac{\sqrt{3}}{3}F,\ F_6=\frac{\sqrt{3}}{6}F,\ F_4=-\frac{\sqrt{3}}{3}F$$

可见，此例用截面法求得的结果与例 4-6 用节点法求得的结果一致。同样，如取桁架的左半部分为研究对象，能够得到相同的结果。

截面法求桁架内力的一般步骤如下：

(1) 一般先以整体为研究对象求解支座约束力，即先求外约束力。

(2) 选择适当的截面将桁架截开，取其中任一部分为研究对象求杆件内力。若为平面桁架，任一部分受平面任意力系，能列三个独立的平衡方程，故所选截面不一定是平直截面，但每次最好只截断三根内力未知的杆件。

(3) 多次选取适当的截面，直至求出全部所需求解的杆件内力。一般将杆件的内力假设为拉力，若计算结果为正，说明为拉力；若结果为负，则为压力。

(4) 校核计算结果，求解得到全部所需求解的杆件内力后，可以选节点为研究对象，列平衡方程，校核得到的结果是否正确。

实际应用中，根据平面桁架的具体情况，可以采用节点法、截面法或者节点法和截面法相结合，求解各个杆件的内力。

本章思维导图

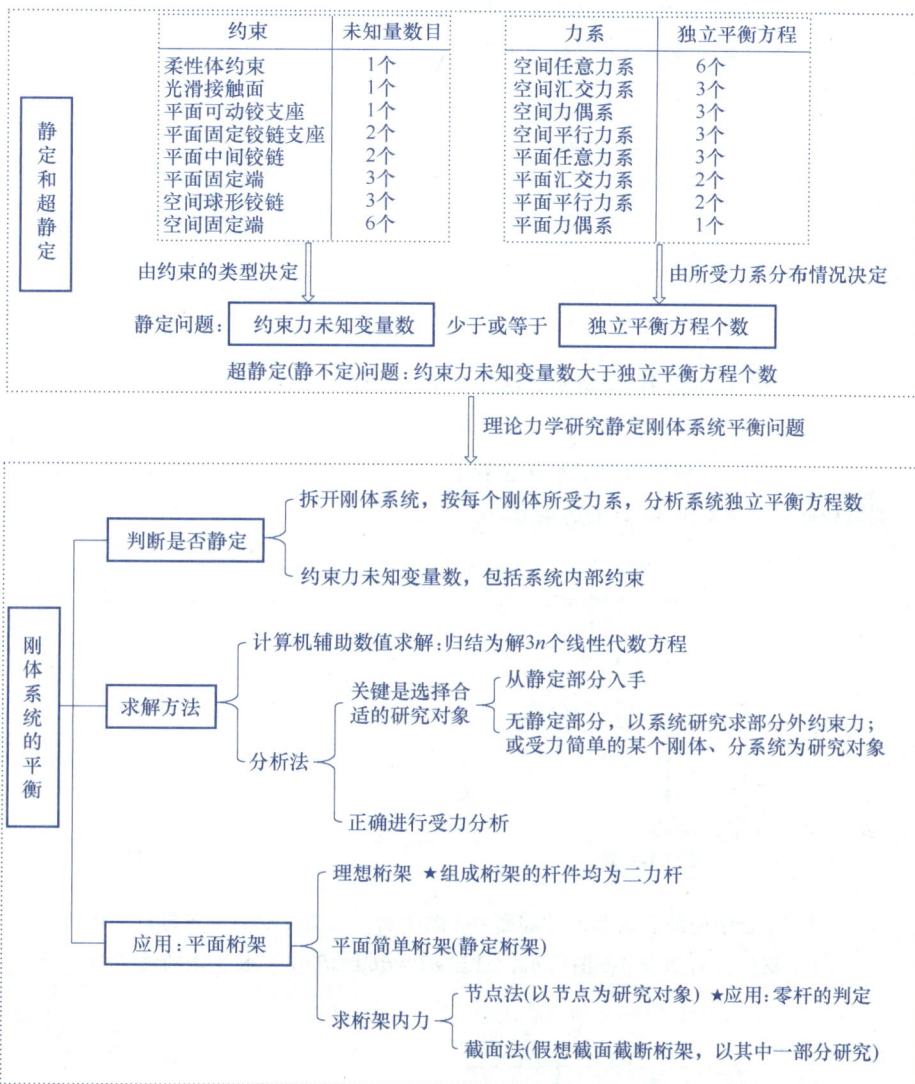

静定和超静定

约束	未知量数目
柔性体约束	1个
光滑接触面	1个
平面可动铰支座	1个
平面固定铰链支座	2个
平面中间铰链	2个
平面固定端	3个
空间球形铰链	3个
空间固定端	6个

力系	独立平衡方程
空间任意力系	6个
空间汇交力系	3个
空间力偶系	3个
空间平行力系	3个
平面任意力系	3个
平面汇交力系	2个
平面平行力系	2个
平面力偶系	1个

由约束的类型决定　　由所受力系分布情况决定

静定问题：约束力未知变量数　少于或等于　独立平衡方程个数

超静定(静不定)问题：约束力未知变量数大于独立平衡方程个数

↓ 理论力学研究静定刚体系统平衡问题

刚体系统的平衡

- 判断是否静定
  - 拆开刚体系统，按每个刚体所受力系，分析系统独立平衡方程数
  - 约束力未知变量数，包括系统内部约束
- 求解方法
  - 计算机辅助数值求解：归结为解$3n$个线性代数方程
  - 分析法
    - 关键是选择合适的研究对象
      - 从静定部分入手
      - 无静定部分，以系统研究求部分外约束力；或受力简单的某个刚体、分系统为研究对象
    - 正确进行受力分析
- 应用：平面桁架
  - 理想桁架　★组成桁架的杆件均为二力杆
  - 平面简单桁架(静定桁架)
  - 求桁架内力
    - 节点法(以节点为研究对象)　★应用：零杆的判定
    - 截面法(假想截面截断桁架，以其中一部分研究)

习题

4-1 求题 4-1 图所示三铰刚架的支座反力。

4-2 组合梁的载荷尺寸如题 4-2 图所示。求支座 A、B 和 D 处的约束力。

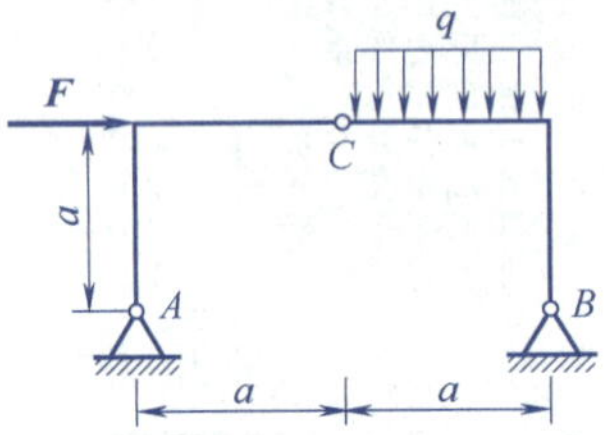

题 4-1 图

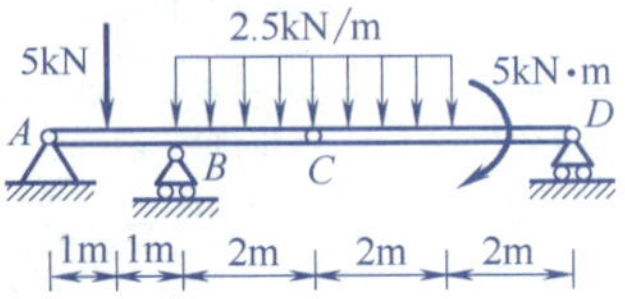

题 4-2 图

4-3 一刚架如题 4-3 图所示，已知 F 和 a，且 $F_1 = 2F$。试求支座 A、B 和铰链 C 处的约束力。

4-4 如题 4-4 图所示的刚架自重不计。已知 $q = 2\text{kN/m}$，$M = 10\sqrt{2}\,\text{kN}\cdot\text{m}$，$L = 2\text{m}$，$C$、$D$ 为光滑铰链。试求支座 A、B 的约束力。

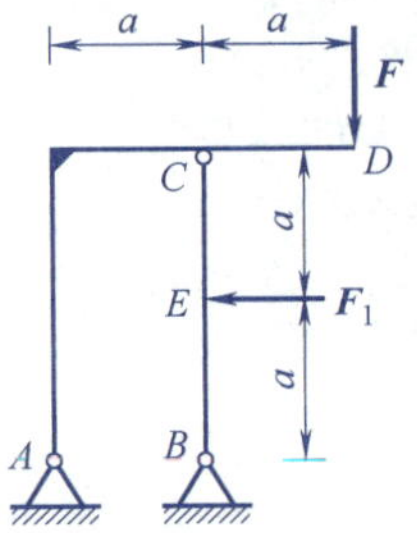

题 4-3 图

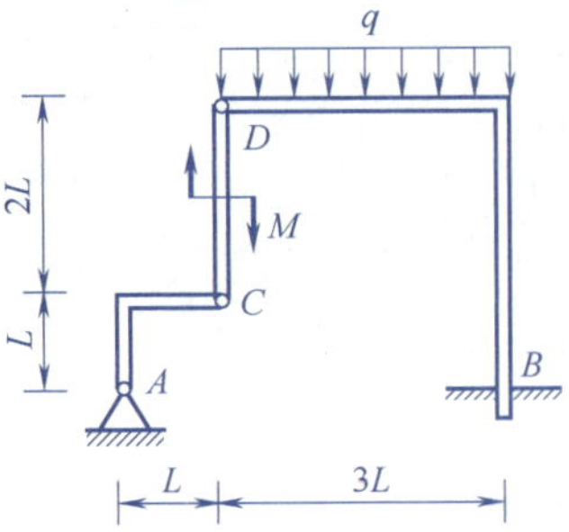

题 4-4 图

4-5 组合结构的载荷和尺寸如题 4-5 图所示，求支座反力和各链杆的内力。

4-6 结构受力如题 4-6 图所示，已知 $AB = BC = CD = a$，求 A 端的约束力。

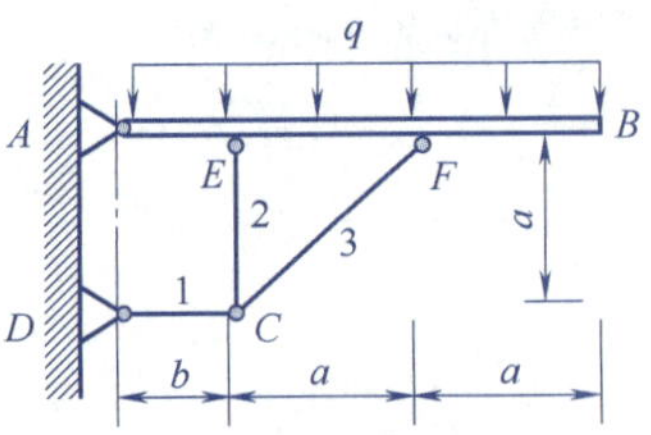

题 4-5 图

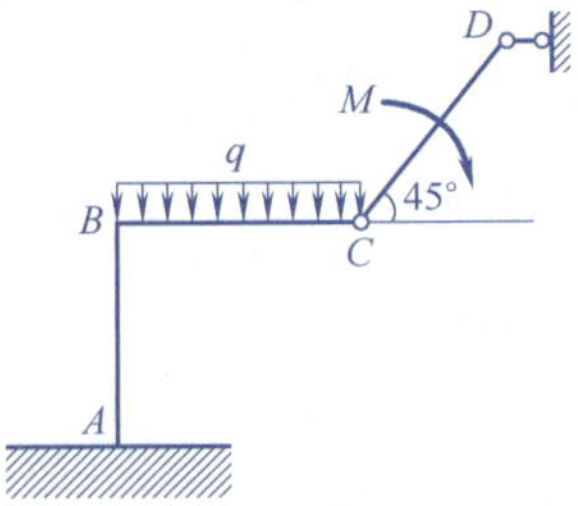

题 4-6 图

4-7 如题 4-7 图所示，已知 $F = 15\text{kN}$，$M = 40\text{kN}\cdot\text{m}$。各杆件自重不计，试求 A、B 和 D 处的支座约束力。

4-8 如题 4-8 图所示结构，所受载荷和尺寸如图所示，求支座 A、B 和 D 处的约束力。

4-9 如题 4-9 图所示平面结构，所受载荷和尺寸如图所示。已知 $q = 10\text{kN/m}$、$F = 20\text{kN}$、$M = 20\text{kN}\cdot\text{m}$，若不计各杆自重，试求铰 A、D 和 E 处所受的约束力。

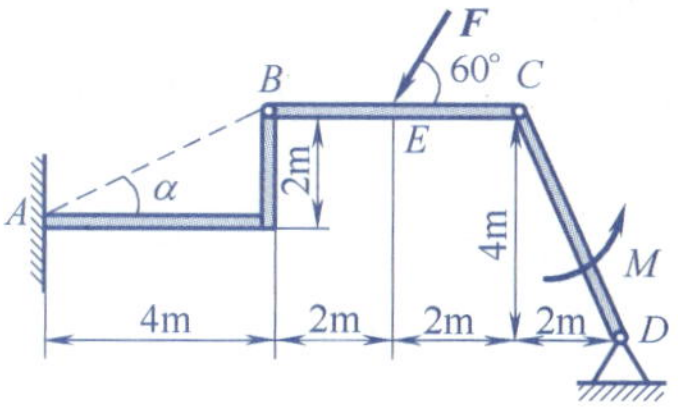

题　4-7 图

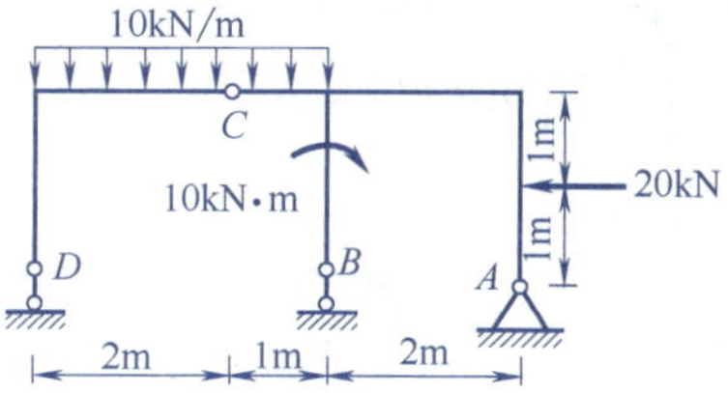

题　4-8 图

4-10　如题 4-10 图所示平面结构，各杆自重不计。C、D、E、H 均为铰链。已知：$a=1\text{m}$，$F=5\text{kN}$，$q=2\text{kN/m}$，力偶矩 $M_1=M_2=4\text{kN}\cdot\text{m}$。求固定端 A 和铰支座 B 处的约束力。

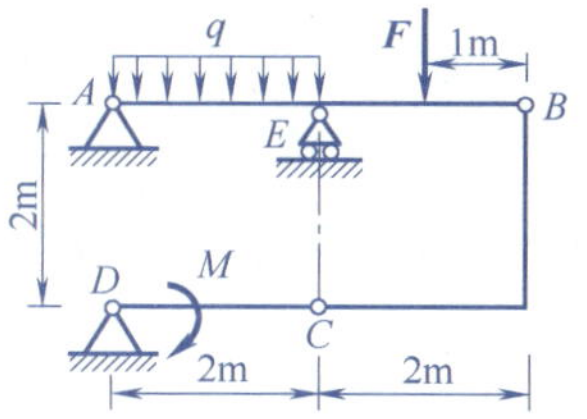

题　4-9 图

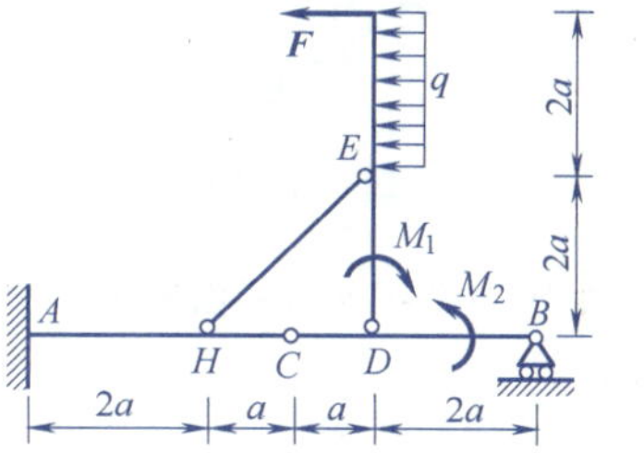

题　4-10 图

4-11　汽车（或飞机）称重用的地秤简化如题 4-11 图所示。其中 AOB 是杠杆，可绕轴 O 转动，BCE 为整体台面。已知 $AO=b$，$BO=a$。试证明平衡时砝码的重量 P 和被称物体重量 Q 之间的关系式与尺寸 d 无关。地秤各部分自重均不计。

4-12　如题 4-12 图所示为一夹子，销钉 E 与 B 分别固定在手柄 ACE 与 DCB 上，并可以在光滑的槽内移动，A、D、C 处均为铰链。今夹子夹住一物件，已知其压力为 $\boldsymbol{Q}$。试问此时手柄上所加的力 $\boldsymbol{P}$ 为多大？图中力的单位为 N。

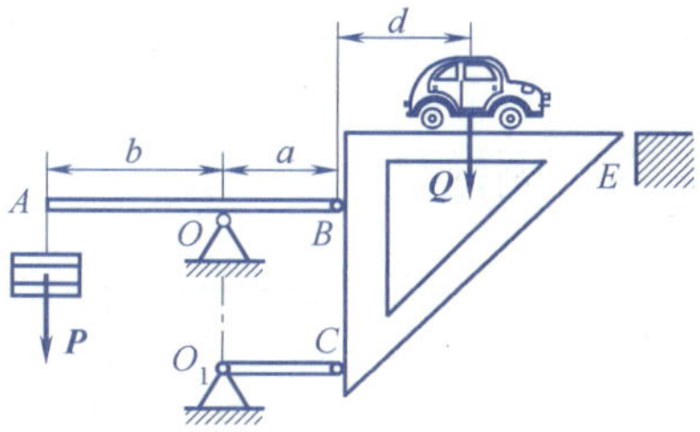

题　4-11 图

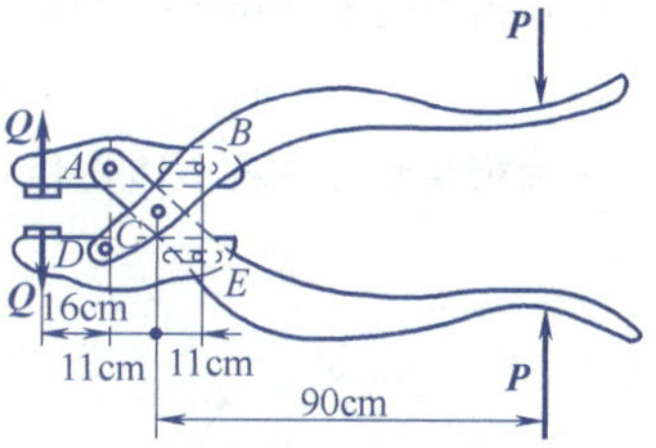

题　4-12 图

4-13　如题 4-13 图所示一颚式破碎机的计算简图。电动机传给 OE 杆的力矩 $M=100\text{N}\cdot\text{m}$，使 OE 旋转，并通过连杆 CE、BC 和颚板 AB 压碎石料。设机构工作时石块与颚板接触点 G 离轴 A 为 40cm，石块对颚板的约束力 $\boldsymbol{R}$ 可分解为 $\boldsymbol{P}$ 和 $\boldsymbol{F}$，且 $F=0.4P$，指向如图所示。已知 $OE=10\text{cm}$，$AB=BC=CD=60\text{cm}$，不计各杆的自重。破碎机在图示位置处于平衡，试计算：

（1）连杆 CE 和 CB 所受的力；

（2）颚板的破碎力 $\boldsymbol{P}$ 及铰 A 的约束反力。

4-14　如题 4-14 图所示，用三根杆连接成一构架，各连接点均为铰链，各接触表面均为光滑表面。求铰链 D 所受的力。

4-15　如题 4-15 图所示，牛头刨床机构由于运动速度较小，可近似地按静力平衡问题分析其受力情况。刨床的主动件 OA，通过套筒 A、杆 BC 及摇杆 O_1B 带动装有刨刀的滑块 C 沿水平导轨运动；套筒 A 可沿杆 BC 滑动。已知切削力 $P=300\text{N}$，$OA=50\text{mm}$，$O_1B=90\text{mm}$，$BC=340\text{mm}$，在图示位置 $\alpha=15°$，$\beta=70°$，试求此时作用在曲柄 OA 上的主动力偶矩 M。各处摩擦均略去不计。

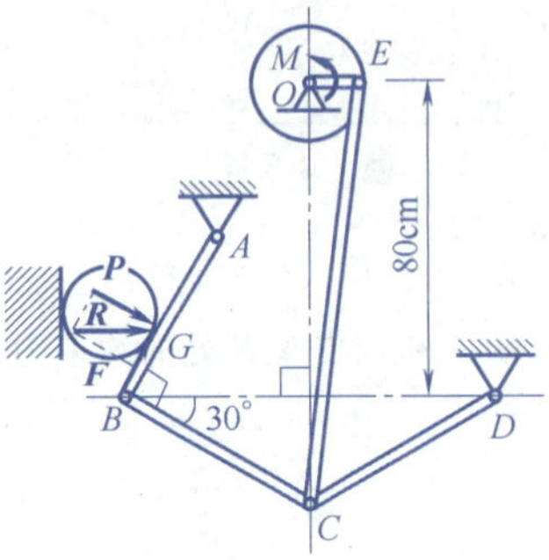

题　4-13 图

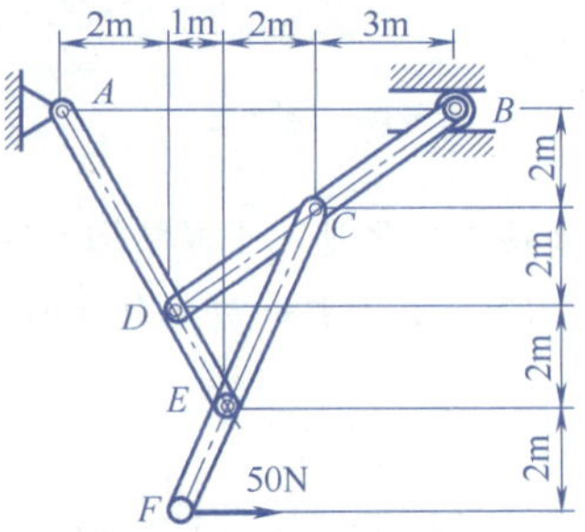

题　4-14 图

4-16　如题 4-16 图所示平面桁架，求 FE、DE、CD 杆的内力。已知铅垂力 $F_D=4\text{kN}$，水平力 $F_E=2\text{kN}$。

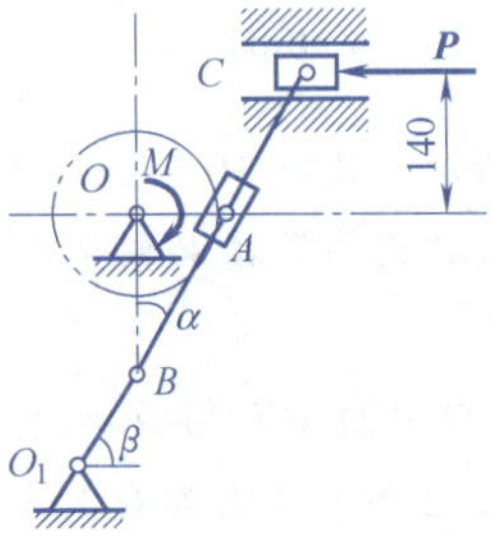

题　4-15 图

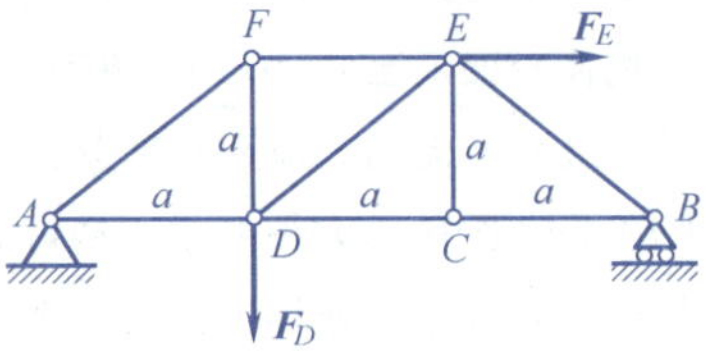

题　4-16 图

4-17　平面桁架的支座和载荷如题 4-17 图所示，$\triangle ABC$ 为等边三角形，且 $AD=DB$。求杆 CD 的内力。

4-18　平面桁架受力如题 4-18 图所示，求杆 1，2，3 的内力。

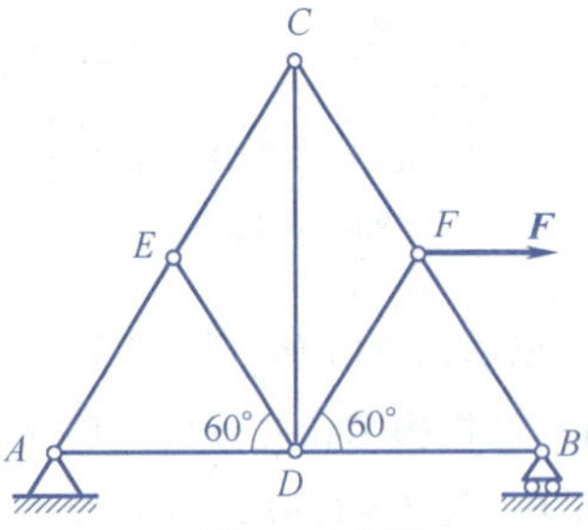

题　4-17 图

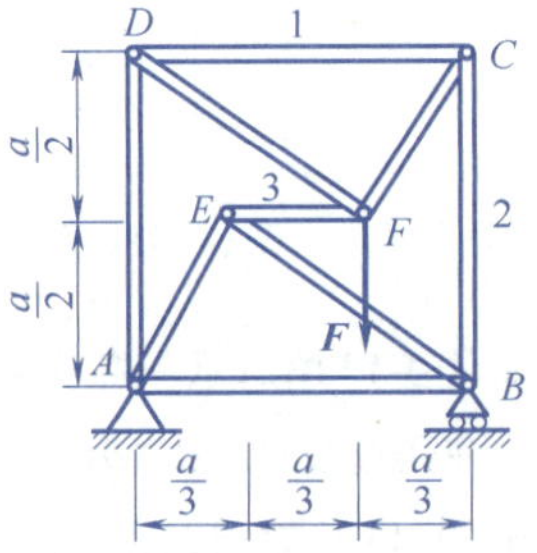

题　4-18 图

习题答案

第 5 章 摩擦

前面几章介绍了约束下物体及物体系统的平衡问题，把物体之间的接触看作光滑的，没有考虑摩擦力。当物体之间接触面比较光滑，摩擦对研究的问题影响较小时，这种简化是合理的。当接触面比较粗糙，摩擦对问题研究有重要影响时，就必须考虑摩擦力。摩擦理论是对光滑支承面约束的重要补充，也是平面一般力系平衡理论的具体应用。

在工程实践和日常生活中，摩擦是普遍存在的自然现象。摩擦既有有利的一面，也有有害的一面。若没有摩擦，人无法行走，机械无法制动，物体不容易被固定；但是，摩擦也会导致机器零件磨损严重、降低仪器使用寿命，研究摩擦的目的是为了趋利避害。

课程加油站

课程加油站

摩擦的机理相当复杂，有专门的学科“摩擦学”。如果固体之间不存在其他介质而产生的摩擦，则称为干摩擦，干摩擦产生的原因是由于实际物体接触表面凸凹不平，造成对物体相对运动的阻碍；如果固体之间存在某种介质，尤其是液体介质，则称为湿摩擦，湿摩擦产生的原因是液体介质形成润滑膜，产生的黏附性阻碍物体相对运动。

本章讨论干摩擦，包括滑动摩擦和滚动摩擦。介绍静滑动摩擦和动滑动摩擦的性质、摩擦定律、摩擦角和自锁现象等重要概念，正确分析滑动摩擦力存在时物体可能的运动趋势，解决不能忽略摩擦的平衡问题；其次介绍滚动摩擦，引入纯滚动的概念。

5.1 滑动摩擦

5.1.1 滑动摩擦定律

当两个相互接触的物体具有相对滑动或相对滑动趋势时，彼此间产生的阻碍相对滑动或相对滑动趋势的力，称为**滑动摩擦力**。若仅有滑动趋势而没有滑动时产生的摩擦力称为**静滑动摩擦力**；若存在相对滑动时产生的摩擦力称为**动滑动摩擦力**。

1. 静滑动摩擦定律

重为 $\boldsymbol{P}$ 的物块静止放置在水平面上，设接触面是非光滑的。现在物块上施加

水平拉力 F_T，如图 5-1a 所示。

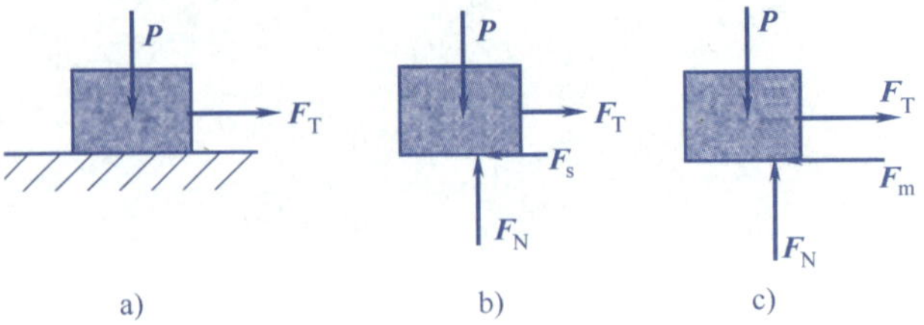

图 5-1

当 F_T 较小时，物块仍处于静止状态，作用在物块上的约束力除法向约束力 F_N 外，由于物体有向右运动的趋势，在接触面上还会产生一个阻碍相对运动的静滑动摩擦力 F_s，如图 5-1b 所示，其大小由平衡方程来确定。

$$\sum F_x=0, F_s-F_T=0$$

思考与讨论：

在如图 5-1b 所示物块受力图中，F_N 与 F_s 的作用点为什么不在物块底部中点的位置？需要向右侧移动到何处，才能使物块处于平衡状态？

当 F_T 增大至某一确定值时，物体将处于将动未动的临界平衡状态，即若 F_T 再增大，物体的平衡将不复存在。此时静滑动摩擦力达到最大值，称为**最大静滑动摩擦力**，用 F_m 表示，受力如图 5-1c 所示。物体处于临界平衡状态，仍可由平衡方程确定 F_m 的大小。

$$\sum F_x=0, \quad F_m-F_T=0$$

结论：**静滑动摩擦力随主动力的变化而变化，其大小由平衡方程确定，其值在零与最大静摩擦力之间**，即

$$0\leqslant F_s\leqslant F_m \tag{5-1}$$

实验证明，**最大静滑动摩擦力的大小与两物体间正压力的大小成正比**，即

$$F_m=f_sF_N \tag{5-2}$$

这就是**静滑动摩擦定律**。式中，f_s 称为**静滑动摩擦系数**。静滑动摩擦系数由实验测定，与接触物体的材料组成和表面状况有关，与接触面大小无关。表 5-1 列出了部分常用材料的滑动摩擦系数。

表 5-1 部分常用材料的滑动摩擦系数

材料	静滑动摩擦系数		动滑动摩擦系数	
	无润湿	有润湿	无润湿	有润湿
钢-钢	0.15	0.1~0.2	0.15	0.05~0.1
钢-软钢			0.2	0.1~0.2
钢-铸铁	0.3		0.18	0.05~0.15

（续）

材料	静滑动摩擦系数		动滑动摩擦系数	
	无润湿	有润湿	无润湿	有润湿
钢-青铜	0.15	0.1~0.15	0.15	0.1~0.15
软钢-铸铁	0.2		0.18	0.05~0.15
软钢-青铜			0.18	0.07~0.15
铸铁-铸铁		0.18	0.15	0.07~0.12
铸铁-青铜			0.15~0.2	0.07~0.15
青铜-青铜		0.1	0.2	0.07~0.1
橡皮-铸铁			0.2	0.5
木材-木材	0.4~0.6	0.1	0.2~0.5	0.07~0.15

由此可得静滑动摩擦力的几个特点：

（1）方向：静滑动摩擦力沿接触处的公切线，与相对滑动趋势反向。

（2）大小：静滑动摩擦力大小在 0 与 F_m 之间变化，可以通过列平衡方程求解。

2. 动滑动摩擦定律

当拉力 $\boldsymbol{F}_T$ 超过最大静滑动摩擦力 $\boldsymbol{F}_m$ 时，物体开始滑动，此时摩擦力为动滑动摩擦力，用 $\boldsymbol{F}_d$ 表示。动滑动摩擦力与静滑动摩擦力不同，其不再随主动力的变化，$\boldsymbol{F}_d$ 是一个固定的数值。

实验证明，**动滑动摩擦力 $\boldsymbol{F}_d$ 的大小与两物体间正压力（法向约束力）$\boldsymbol{F}_N$ 的大小成正比**，即

$$F_d = f_d F_N \tag{5-3}$$

这就是**动滑动摩擦定律**。其中，f_d 称为**动滑动摩擦系数**。

动滑动摩擦系数与接触物体的材料组成、表面状况、温度、湿度以及物体之间的相对滑动速度有关。一般情况下，相同物体之间的动滑动摩擦系数小于静滑动摩擦系数，即 $f_d<f_s$，且随着相对滑动速度的增加而略微减小，如图 5-2 所示。在工程实际中，物体之间的相对滑动速度较小，近似认为动滑动摩擦系数不变，是一个固定的数值。

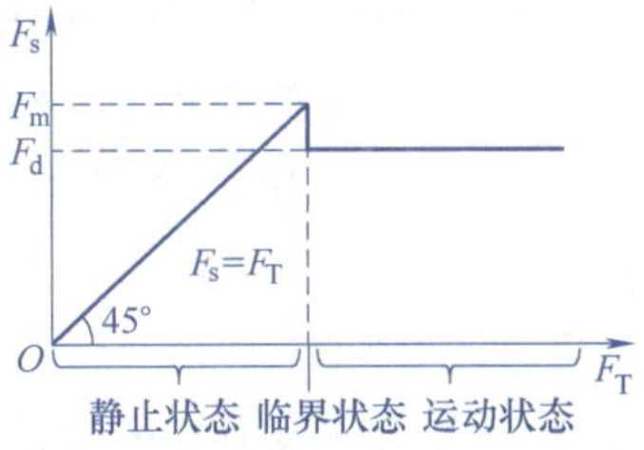

图　5-2

动滑动摩擦力的特点：方向沿接触处的公切线，与两物体接触面的相对运动方向相反；大小为一定值 $F_d=f_dF_N$。

上述静滑动摩擦力 F_s、动滑动摩擦力 F_d 与主动力 F_T 的关系曲线如图 5-2 所示。

5.1.2　摩擦角和自锁现象

1. 摩擦角

考察图 5-3 所示物块的受力图，当 $F_s<F_m$ 时，物块处于平衡状态，支承面对

平衡物体的约束力包含法向约束力 $\boldsymbol{F}_N$ 和切向静滑动摩擦力 $\boldsymbol{F}_s$。为讨论问题方便，在某些情况下，将这两个力合起来，即 $\boldsymbol{F}_R=\boldsymbol{F}_N+\boldsymbol{F}_s$，$\boldsymbol{F}_R$ 称为**全约束力**。由于 $F_N=P$ 是常量，全约束力 $\boldsymbol{F}_R$ 与支承面法向之间的夹角 φ 将随静滑动摩擦力 $\boldsymbol{F}_s$ 的增大而增大，作用点亦逐渐向右移动，如图 5-3a 所示；当物体处于临界平衡状态时，静滑动摩擦力 $\boldsymbol{F}_s$ 达到最大值 $\boldsymbol{F}_m$，此刻，全约束力 $\boldsymbol{F}_R$ 与支承面法向之间的夹角 φ 达到最大值 φ_m，φ_m 称为**摩擦角**，如图 5-3b 所示；当物体开始滑动时，由于 $F_d\leqslant F_m$，全约束力 $\boldsymbol{F}_R$ 与支承面间法向的夹角不再增大。可见，**摩擦角 φ_m 是全约束力 $\boldsymbol{F}_R$ 与接触面法线夹角的最大值**。

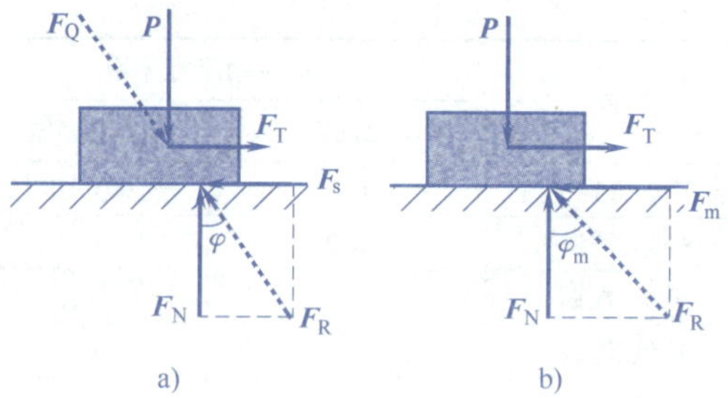

图 5-3

物体平衡时，静滑动摩擦力在零与最大静滑动摩擦力之间变化，相应地，全约束力与接触面法线之间的夹角 φ 也在零与摩擦角之间变化，即

$$0\leqslant\varphi\leqslant\varphi_m \tag{5-4}$$

式（5-4）是全约束力 $\boldsymbol{F}_R$ 在二维空间的作用范围，$0\leqslant F_s\leqslant F_m$ 和 $0\leqslant\varphi\leqslant\varphi_m$ 分别为静滑动摩擦力有最大限定值 F_m 这一概念的解析与几何表达式，两式等价。

当 $F=F_m$ 时，摩擦角 φ_m 与静滑动摩擦系数 f_s 之间满足下列关系：

$$\tan\varphi_m=\frac{F_m}{F_N}=\frac{f_sF_N}{F_N}=f_s \tag{5-5}$$

式（5-5）表明，摩擦角的正切值等于静滑动摩擦系数，φ_m 与 f_s 一样，都是描述两物体间干摩擦性质的物理量。

当物块的滑动趋势方向改变时，全约束力的作用方位也随之改变，在临界状态下，$\boldsymbol{F}_R$ 的作用力将形成一个以接触点为顶点的锥面，称为**摩擦锥**。如图 5-4 所示，假设物体与支承面间沿任何方向的摩擦系数都相同，摩擦锥是一个顶角为 $2\varphi_m$ 的圆锥。摩擦锥是全约束力 $\boldsymbol{F}_R$ 在三维空间的作用范围。

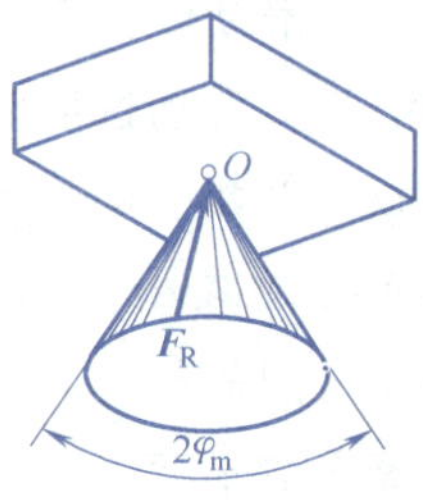

图 5-4

2. 自锁现象

由于滑动摩擦力不能超过最大静滑动摩擦力，因而全约束力的作用线不能超出摩擦角，即全约束力作用线只能在摩擦角范围内变化。物体平衡时对其进行受力分析，若将主动力合成一个合力 $\boldsymbol{F}_Q$，则可认为物块在主动力合力 $\boldsymbol{F}_Q$ 与全约束力 $\boldsymbol{F}_R$ 两个力的作用下处于平衡状态，故二者大小相等、方向相反，作用在同一条直线上，如图 5-3a 所示。可见，主动力合力与接触面法线的夹角即全约束力作用线与接触面法线的夹角。

因此，**当主动力合力 $\boldsymbol{F}_Q$ 的作用线在摩擦角的范围内，且指向支承面时，无论主动力有多大，物体总是处于平衡状态，这种现象称为自锁；相反，当主动力**

的合力的作用线在摩擦角的范围之外时，无论主动力的合力有多小，物体总是处于运动状态，这种与力的大小无关而与摩擦角有关的平衡条件称为自锁条件。

考察水平面上物体的运动趋势，如图 5-5 所示。物体置于水平面处于静止状态时，静滑动摩擦力随着主动力合力 $\boldsymbol{F}_Q$ 的增加而增加，直到达到最大静滑动摩擦力 $\boldsymbol{F}_m$ 时，全约束力 $\boldsymbol{F}_R$ 与支承面法向之间的夹角 φ 达到最大 φ_m。因此，当主动力作用线位于摩擦角范围内时，不管主动力多大，物体都保持平衡，如图 5-5a 所示；当主动力作用线与法线之间的夹角等于摩擦角时，物体处于临界平衡状态，如图 5-5b 所示；当主动力作用线位于摩擦角范围以外时，不管主动力多小，物体都将发生运动，如图 5-5c 所示。

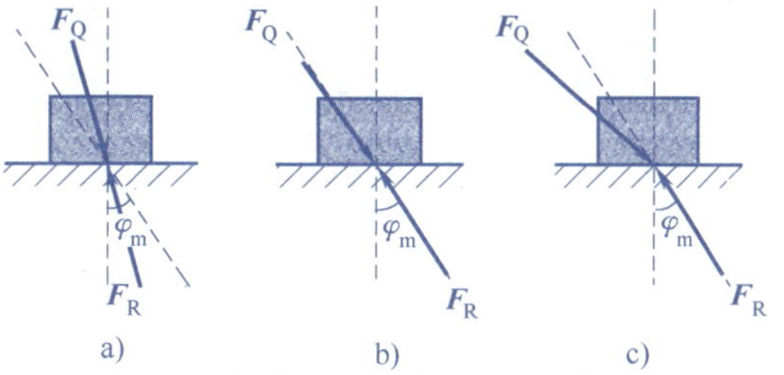

图　5-5

考察斜面上物体的运动趋势，如图 5-6 所示。当斜面倾角在一定范围内时，主动力的合力（物块的重力 $\boldsymbol{P}$）与支承面法向之间的夹角 $\theta<\varphi_m$，重力 $\boldsymbol{P}$ 与全约束力 $\boldsymbol{F}_R$ 大小相等、方向相反，此时无论 $\boldsymbol{P}$ 多大，物体都处于平衡状态，如图 5-6a 所示；随着斜面倾角增大，$\boldsymbol{P}$ 的作用线与支承面法向之间的夹角 $\theta=\varphi_m$ 时，物块处于临界平衡状态，如图 5-6b 所示；斜面倾角继续增大到一定值，$\boldsymbol{P}$ 的作用线与支承面法向之间的夹角 $\theta>\varphi_m$，$\boldsymbol{F}_R$ 与 $\boldsymbol{P}$ 不能构成平衡力，此时无论 $\boldsymbol{P}$ 多小，物体都不能平衡，如图 5-6c 所示。由此可见，物体是否平衡只与斜面倾角 θ 有关，与物体本身重力无关。物体放置在斜面上的静止条件是 $\theta\leqslant\varphi_m$，也称为重物在斜面的自锁条件。

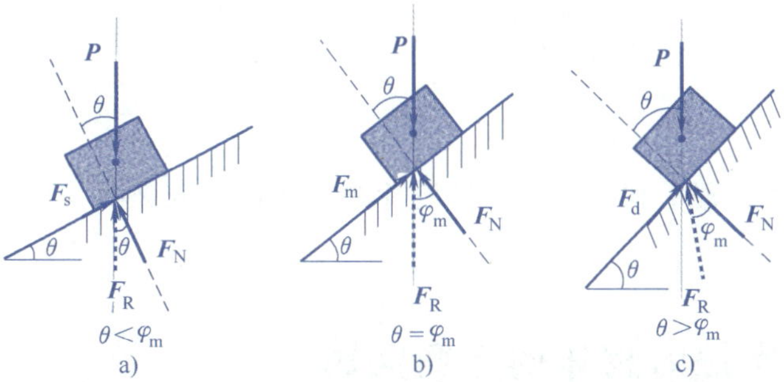

图　5-6

利用斜面自锁条件，设计一种简单的测试摩擦系数的方法。如图 5-7 所示，要测定物块与板之间的静摩擦系数。将物块放在板上，板从水平位置开始，逐渐增大板与地面的倾角，直到物块处于将动未动的临界平衡状态位置，测出此时板的倾角 θ，则 θ 角就是物体间的摩擦角 φ_m，由式（5-5）可知，其正切值就是要测定的静摩擦系数 f_s，即 $f_s=\tan\varphi_m$。

螺纹自锁条件与斜面相似，如图 5-8 所示。螺纹可以看成是绕在圆柱体上的斜面，螺纹升角就是斜面的倾角，螺母与轴向载荷相当于斜面上的物块，因此，斜面的自锁条件就是螺纹的自锁条件，即 $\theta \leqslant \varphi_m$。

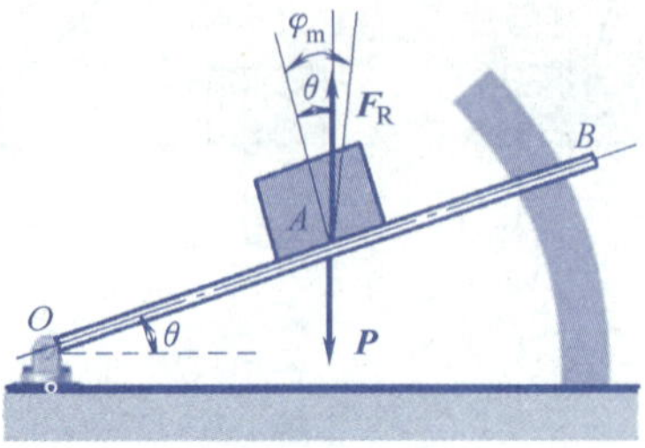

图 5-7

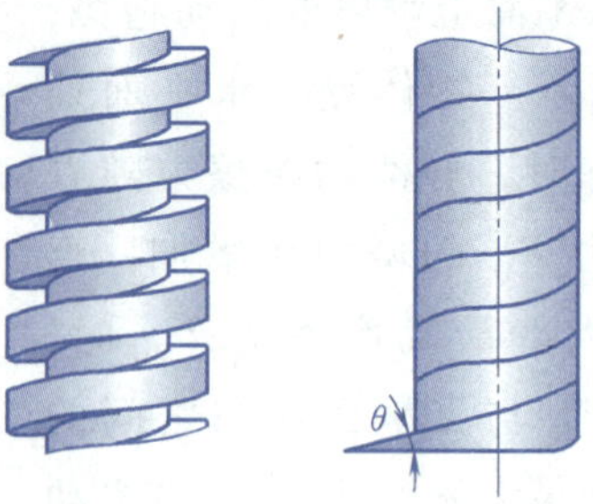

图 5-8

思考与讨论：

（1）楔块与尖劈也是一种类似斜面-物块系统的简单器械，如图 5-9 所示，楔块被楔入物体中，当外力去除时，如何保证楔块不被挤出来，即处于自锁状态？

（2）1999 年，中国首次北极科学考察队乘坐我国自行研制的“雪龙”号科学考察船对北极地区海域进行科学考察，“雪龙”号采用特殊材料制成，船体结构也需要满足一定条件以应对北极地区的冰块与冰层。要靠本身的重力压碎周围的冰块，同时又将碎冰块挤向船底，船侧壁与铅垂面之间必须有倾斜角 θ，如图 5-10 所示。设船体与冰块间的动摩擦系数为 f_d，要使压碎的冰块能被挤向船底，θ 角应满足什么条件？（冰块受到的重力，浮力忽略不计）。

课程加油站

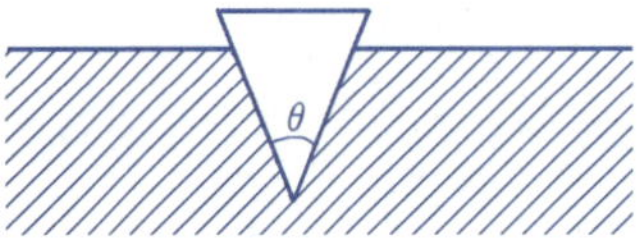

图 5-9

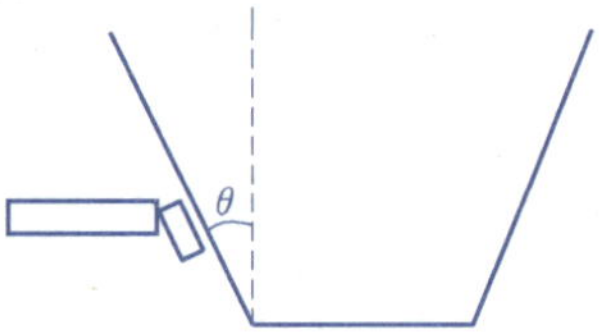

图 5-10

（3）试举例工程中利用自锁条件设计的一些机构或夹具，以及设法避免的自锁现象。

5.2 考虑摩擦时物体的平衡问题

与无摩擦平衡问题相似，考虑摩擦时物体的平衡问题，依然是从受力分析入手，但分析时需要考虑摩擦力，然后根据力系特点建立平衡方程。

5.2.1 工程中常见的摩擦平衡问题

工程中考虑摩擦的平衡问题一般分为以下三类：

1. 判断物体运动状态

已知作用在物体上的所有外力及物体之间的摩擦系数，要求确定物体的运动状态。

这类问题首先假设物体处于平衡状态，并假设摩擦力指向；然后根据平衡方程求摩擦力和法向约束力，并根据静滑动摩擦定律求最大静滑动摩擦力；最后比较摩擦力和最大静滑动摩擦力，判断物体运动状态。

2. 求解物体处于平衡状态时主动力的范围

已知物体之间的静滑动摩擦系数，要求确定物体处于平衡状态时某个主动力的范围。

假设物体处于临界平衡状态，滑动摩擦力达到最大静滑动摩擦力，其方向与可能运动方向相反，结合平衡方程与静滑动摩擦定律 $F_m=f_sF_N$，联立求解可能的临界运动状态下未知主动力的大小和方向；最后确定主动力的范围。

3. 根据临界平衡状态求静滑动摩擦系数

物体处于临界平衡状态，且已知主动力，要求确定物体之间的静滑动摩擦系数。

这类问题首先可通过平衡方程确定法向约束力和最大静滑动摩擦力，结合静滑动摩擦定律 $F_m=f_sF_N$，确定静滑动摩擦系数 f_s。

5.2.2 求解滑动摩擦平衡问题的基本方法

考虑滑动摩擦的平衡问题，需要注意以下几个特点。

(1) 受力分析时必须考虑滑动摩擦力，特别需要注意滑动摩擦力方向的确定。滑动摩擦力沿接触处公切线，若滑动趋势或方向是已知的，滑动摩擦力的方向应与滑动趋势或方向相反。若滑动趋势超过一种，则需要分别讨论。

(2) 静滑动摩擦力除了满足刚体的平衡条件外，还必须满足滑动摩擦的物理条件，即 $0\leqslant F_s\leqslant f_sF_N$。

(3) 由于滑动摩擦的物理条件为不等式，其值随主动力的变化而变化，故求出的平衡条件不是一个定值，而是一个范围。

求解考虑滑动摩擦的平衡问题，可用解析法，也可以用几何法。解析法是利用平衡方程和补充的物理方程联立求解；几何法则利用摩擦角的概念，借助力多边形进行求解。下面举例说明。

求解程序

例 5-1 将重为 P 的物块放在斜面上，斜面倾角 α 大于接触面的摩擦角 φ_m，如图 5-11a 所示，已知物体与斜面之间的静滑动摩擦系数为 f_s，若加一水平力 $\boldsymbol{F}_Q$ 使物块处于平衡，求力 $\boldsymbol{F}_Q$ 值的范围。

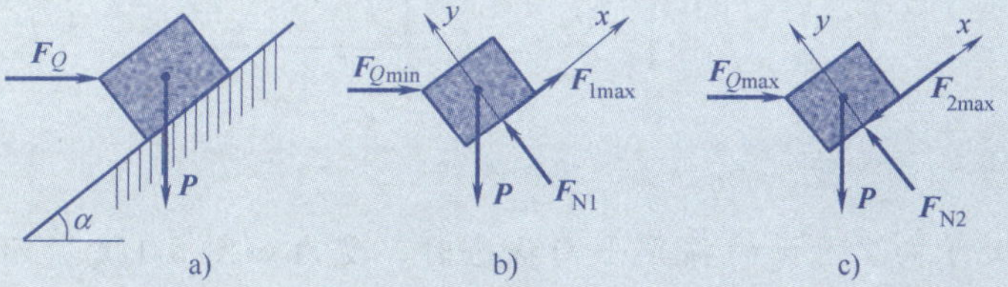

图　5-11

解法 1（解析法）：以物块为研究对象，当物块处于向下滑动的临界平衡状态时，受力如图 5-11b 所示。

$$\sum F_x=0,\ F_{Q\min}\cos\alpha+F_{1\max}-P\sin\alpha=0$$

$$\sum F_y=0,\ F_{Q\min}\sin\alpha+F_{N1}-P\cos\alpha=0$$

$$F_{1\max}=f_sF_{N1}$$

联立解得，$F_{Q\min}=\dfrac{\sin\alpha-f_s\cos\alpha}{\cos\alpha+f_s\sin\alpha}P$

以物块为研究对象，当物块处于向上滑动的临界平衡状态时，受力如图 5-11c 所示。

$$\sum F_x=0,\ F_{Q\max}\cos\alpha-F_{2\max}-P\sin\alpha=0$$

$$\sum F_y=0,\ F_{Q\max}\sin\alpha+F_{N2}-P\cos\alpha=0$$

$$F_{2\max}=f_sF_{N2}$$

联立解得 $$F_{Q\max}=\frac{\sin\alpha+f_s\cos\alpha}{\cos\alpha-f_s\sin\alpha}P$$

因此，力 $\boldsymbol{F}_Q$ 的大小应满足的条件为

$$\frac{\sin\alpha-f_s\cos\alpha}{\cos\alpha+f_s\sin\alpha}P\leqslant F_Q\leqslant\frac{\sin\alpha+f_s\cos\alpha}{\cos\alpha-f_s\sin\alpha}P$$

解法 2（几何法）：当作用在物体上的力超过三个时，几何法不太方便，故将约束力采用全约束力 $\boldsymbol{F}_R$ 表示。当物体处于向下滑动的临界平衡状态时，静滑动摩擦力沿斜面向上且达到临界值，所需水平力 $\boldsymbol{F}_Q$ 最小。全约束力 $\boldsymbol{F}_{R1}$ 与接触面法线的夹角达到摩擦角 φ_m，受力如图 5-12a 所示。可认为物块在重力 $\boldsymbol{P}$、水平推力 $\boldsymbol{F}_{Q\min}$ 及全约束力 $\boldsymbol{F}_{R1}$ 三个力的作用下处于平衡状态，作力三角形如图 5-12b 所示。

由力三角形计算可得 $$F_{Q\min}=P\tan(\alpha-\varphi_m)$$

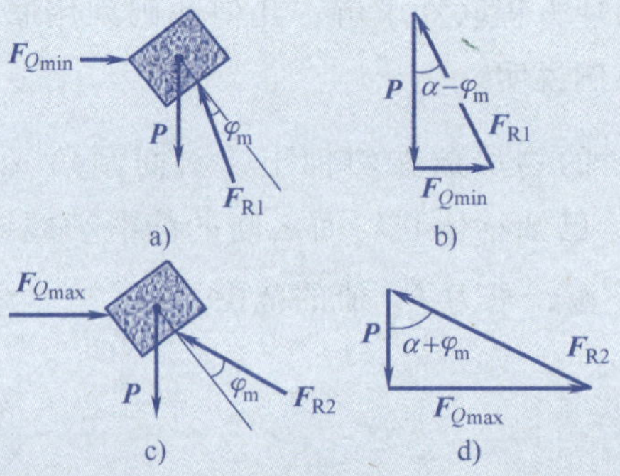

图 5-12

当物体处于向上滑动的临界平衡状态时，受力如图 5-12c 所示，静滑动摩擦力沿斜面向下且达到临界值，所需水平力 $\boldsymbol{F}_Q$ 最大。全约束力 $\boldsymbol{F}_{R2}$ 与接触面法线的夹角达到摩擦角 φ_m，可认为物块在重力 $\boldsymbol{P}$、水平推力 $\boldsymbol{F}_{Q\max}$ 及全约束力 $\boldsymbol{F}_{R2}$ 三个力的作用下处于平衡状态，得力三角形如图 5-12d 所示。

由力三角形得　　　　$F_{Q\max}=P\tan(\alpha+\varphi_m)$

故主动力 F_Q 应满足的条件为 $P\tan(\alpha-\varphi_m)\leqslant F_Q\leqslant P\tan(\alpha+\varphi_m)$

例 5-2　梯子 AB 长 $2a$，重为 $\boldsymbol{P}$，其一端置于水平面上，另一端靠在铅垂墙上，如图 5-13a 所示。设梯子与地和墙的静摩擦系数均为 f_s，问梯子与水平线的夹角 α 多大时，梯子能处于平衡？

求解程序

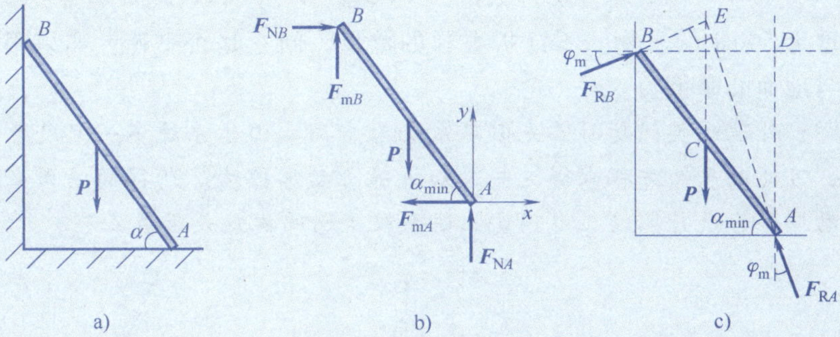

图　5-13

解法 1（解析法）：以梯子为研究对象，当梯子有向下滑动的趋势，且 A、B 两端均处于临界平衡状态时，角 α 取最小值 α_{min}，受力如图 5-13b 所示。

$$\sum F_x=0,\ F_{NB}-F_{mA}=0$$
$$\sum F_y=0,\ F_{NA}+F_{mB}-P=0$$
$$\sum M_A(\boldsymbol{F})=0,\ Pa\cos\alpha-F_{mB}2a\cos\alpha_{min}-F_{NB}2a\sin\alpha_{min}=0$$
$$F_{mA}=f_sF_{NA}$$
$$F_{mB}=f_sF_{NB}$$

联立求得
$$F_{NA}=\frac{P}{1+f_s^2},\ F_{NB}=\frac{Pf_s}{1+f_s^2}$$

将 F_{NA} 和 F_{NB} 代入上述平衡方程，得

$$\cos\alpha_{min}-f_s^2\cos\alpha_{min}-2f_s\sin\alpha_{min}=0$$

将 $f_s=\tan\varphi_m$ 代入得

$$\tan\alpha_{min}=\frac{1-\tan^2\varphi_m}{2\tan\varphi_m}=\cot2\varphi_m=\tan\left(\frac{\pi}{2}-2\varphi_m\right)$$

解得 $\alpha_{min}=\dfrac{\pi}{2}-2\varphi_m$

故 α 应满足的条件是 $\dfrac{\pi}{2}-2\varphi_m\leqslant\alpha\leqslant\dfrac{\pi}{2}$

解法 2（几何法）：当梯子有向下滑动的趋势，且 A、B 两端均处于临界平衡状态时，受力如图 5-13c 所示，显然 $\boldsymbol{F}_{RA}\perp\boldsymbol{F}_{RB}$，于是

$$\alpha_{\min}=\frac{\pi}{2}-\angle CAE-\angle EAD=\frac{\pi}{2}-2\varphi_{\mathrm{m}}$$

故 α 应满足的条件是$\frac{\pi}{2}-2\varphi_{\mathrm{m}}\leqslant\alpha\leqslant\frac{\pi}{2}$

求解程序

例 5-3 如图 5-14a 所示，折叠梯放在地面上，与地面的夹角 $\theta=60°$。脚端 A 与 B 和地面的摩擦系数分别为 $f_{sA}=0.2$，$f_{sB}=0.6$。在折叠梯的 AC 侧的中点处有一重为 500N 的重物。不计折叠梯的重量，问它是否平衡？如果平衡，计算两脚与地面的摩擦力。

说明： 处理此类问题时首先假定系统为平衡。由于系统不一定处于临界平衡状态，可通过平衡方程求得这些未知的静滑动摩擦力。所得的结果必须与最大静滑动摩擦力进行比较，以确认上述系统平衡的假定是否成立。

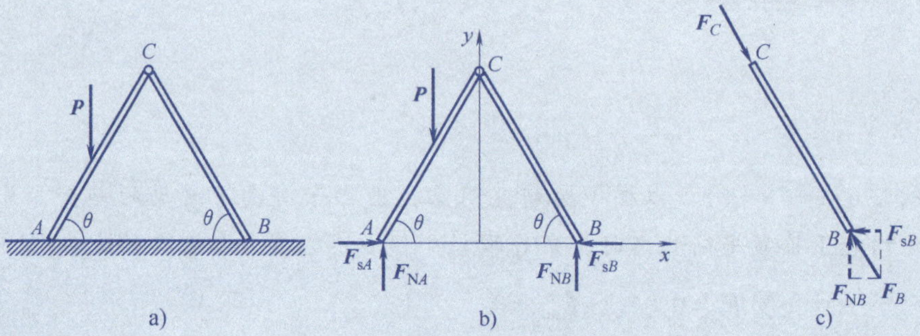

图 5-14

以整体为研究对象，受力如图 5-14b 所示，设等边三角形的边长为 l，建立如图所示的坐标系，列平衡方程：

$$\sum M_A(\boldsymbol{F})=0,\ F_{NB}l-P\times0.5l\cos\theta=0$$

$$\sum F_{iy}=0,\ F_{NA}+F_{NB}-P=0$$

$$\sum F_{ix}=0,\ F_{sA}-F_{sB}=0$$

可得 $F_{NB}=0.25P=125\text{N}$，$F_{NA}=P-F_{NB}=375\text{N}$

以杆 BC 为研究对象，由于不计杆件的重量，该杆为二力杆，即静滑动摩擦力与法向约束力的合力与铰 C 的约束力均沿杆的轴线。由图 5-14c 的矢量几何关系，则有

$$F_{sB}=F_{NB}\tan30°=72.17\text{N}$$

代入整体平衡方程可得 $F_{sA}=F_{sB}=72.17\text{N}$

下面判断系统是否处于静平衡状态。

脚端 A 与 B 的最大静滑动摩擦力分别为

$$F_{mA}=f_{sA}F_{NA}=75\text{N};\ F_{mB}=f_{sB}F_{NB}=75\text{N}$$

脚端 A 与 B 的静滑动摩擦力均小于最大静滑动摩擦力，可见折梯处于平衡状态，假定成立。

5.3 滚动摩擦

在工程实际中，常常用滚动代替滑动，可以明显提高效率。比如搬运重物，可以在底部安放一些小滚子；火车或汽车底部都安装了轮子；轴在轴承中转动时，会在轴与轴承之间添加滚珠。这些措施都会使物体受到的阻力明显减小，就是因为在这些装置中均采用了滚动代替滑动，减小了摩擦阻力。为什么滚动代替了滑动会省力？阻碍轮子滚动的原因是什么？这是本节要解决的问题。

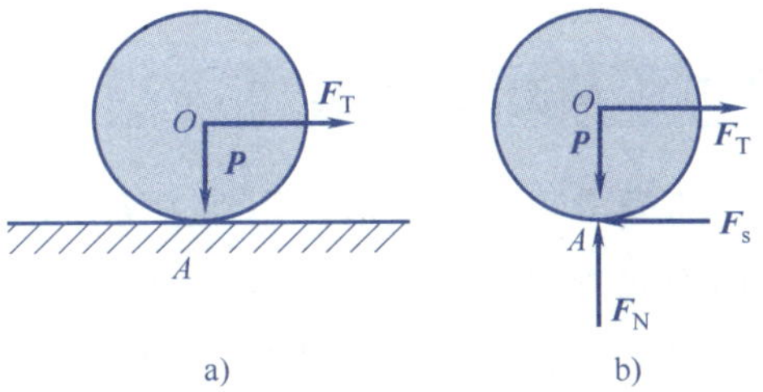

图 5-15

如图 5-15a 所示，重为 $\boldsymbol{P}$ 的轮子放在粗糙的水平地面上，在轮心 O 处施加水平拉力 $\boldsymbol{F}_T$，使轮子仍保持静止。若将轮子与地面均视为刚体，对轮子进行受力分析，则轮子上除主动力 $\boldsymbol{P}$、$\boldsymbol{F}_T$ 之外，还受到地面的法向约束力 $\boldsymbol{F}_N$（与 $\boldsymbol{P}$ 等值反向），以及阻止轮子向前滑动的静滑动摩擦力 $\boldsymbol{F}_s$，它与 $\boldsymbol{F}_T$ 等值反向，如图 5-15b 所示。

思考与讨论：

根据图 5-15b 所示受力分析，不难看出，无论在轮心处施加多小的拉力，拉力 $\boldsymbol{F}_T$ 与静滑动摩擦力 $\boldsymbol{F}_s$ 都会形成力偶，使轮子发生滚动。而事实上，只有 $\boldsymbol{F}_T$ 达到一定数值时，轮子才开始滚动，很显然理论分析与实际情形相矛盾。产生这一矛盾的原因是什么？轮子在什么情况下才能处于平衡状态？

分析其原因，是假设不恰当所致。上述受力分析中将轮与地面的接触视为完全刚性接触，认为二者只在 A 点接触。而实际上，轮与地面接触时会产生或大或小的变形，接触部分是一个面，不可以视为一个点。

因此，将轮子视为刚体，将地面视为受力后会产生变形的柔性约束，这样的假设才能适用于轮与地面的接触情况，如图 5-16a 所示。轮子在同一平面内运动，地面对轮子的约束力将不均匀地分布在接触面上，构成平面任意力系，如图 5-16b 所示。将其向 A 点简化，简化结果为一个力 $\boldsymbol{F}_R$ 和一个力偶 M_f。力 $\boldsymbol{F}_R$ 分解为正压力 $\boldsymbol{F}_N$ 和静滑动摩擦力 $\boldsymbol{F}_s$，分别与主动力 $\boldsymbol{P}$ 和 $\boldsymbol{F}_T$ 相平衡。同时 $\boldsymbol{F}_s$ 与主动力 $\boldsymbol{F}_T$ 形成力偶，使轮产生滚动的趋势或发生滚动；力偶 M_f 称为**滚动摩阻力偶**，为发生滚动需要克服的滚动摩擦阻力，它的转向与滚动趋势或发生滚动的方向相反，如图 5-16c 所示。

与滑动摩擦类似，滚动摩擦也可以分为静滚动摩擦和动滚动摩擦。下面根据主动力情况，对轮子的运动状态进行分析。

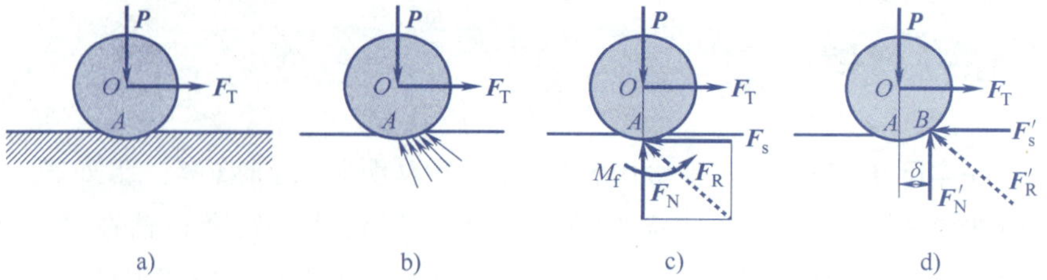

图 5-16

5.3.1 静滚动摩擦定律

与静滑动摩擦相似，主动力 $\boldsymbol{F}_T$ 由零逐步增大，若轮子处于平衡状态，滚动摩阻力偶 M_f 与主动力偶（$\boldsymbol{F}_T$，$\boldsymbol{F}_s$）相平衡，随着主动力偶矩的增大而增大。

当 $\boldsymbol{F}_T$ 增加到某个值时，轮子处于将滚未滚的临界平衡状态，滚动摩阻力偶矩达到最大值，用 M_{max} 表示，称为**最大滚动摩阻力偶矩**。静滚动阻力偶矩 M_f 与静滑动摩擦力 $\boldsymbol{F}_s$ 一样，有最大限定值，即 $0 \leqslant M_f \leqslant M_{max}$。

实验表明，**最大滚动摩阻力偶矩 M_{max} 与滚子半径无关，与支承面的正压力 $\boldsymbol{F}_N$ 的大小成正比**，即

$$M_{max} = \delta F_N \tag{5-6}$$

此定律称为**滚动摩阻定律**。其中，δ 为**滚动摩阻系数**，简称滚阻系数。由式(5-6)可知，滚阻系数具有长度量纲，单位一般用 mm。其物理意义是，将地面对轮子的约束力（$\boldsymbol{F}_R$，M_f）简化为一合力 $\boldsymbol{F}'_R$时，合力的作用点 B 到原力系简化中心点 A 的距离，亦是（$\boldsymbol{F}_N$，M_f）合成一合力 $\boldsymbol{F}'_N$时，$\boldsymbol{F}'_N$与 $\boldsymbol{F}_N$ 的距离，如图 5-16d 所示。δ 是两者接触变形区域大小的一种度量，与轮子和支承面材料的硬度和湿度有关，具体值由实验测定。表 5-2 列出了常用材料的滚阻系数。

表 5-2 常用材料的滚阻系数

材料	滚阻系数/mm	材料	滚阻系数/mm
铸铁-铸铁	0.5	软钢-钢	0.5
钢质车轮-钢轨	0.05	淬火钢珠与钢	0.01
木材-钢	0.3~0.4	有滚珠轴承的料车-钢轨	0.09
木材-木材	0.5~0.8	无滚珠轴承的料车-钢轨	0.21
软木-软木	1.5	轮胎-路面	2~10

思考与讨论：

为什么自行车车胎打足气后骑起来更省力？同样的自行车在柏油路上和沙土路上骑行的感觉大不相同？

5.3.2 动滚动摩擦定律

随着主动力 $\boldsymbol{F}_T$ 的增大，静滑动摩擦力 $\boldsymbol{F}_s$ 增加，滚动摩阻力偶矩 M_f 增加。

当滚动摩阻力偶矩达到最大滚动阻力偶矩 M_m 时，若 $\boldsymbol{F}_T$ 继续增大，轮子开始滚动。发生滚动后，滚动阻力偶矩为一定值，一般认为滚动阻力偶矩与最大滚动摩阻力偶矩相等。

实际上，轮子在主动力作用下克服滚动摩阻产生滚动时，受到的滑动摩擦力远小于最大静滑动摩擦力，轮子滚动前不会发生滑动。即当 $M_f>M_m$ 时，$F_f \leqslant F_m$，轮子进行**无滑动滚动，称为纯滚动**。

下面具体分析滚动比滑动省力的原因。

如图 5-17 所示，图 5-17a 为一滑动的物块，图 5-17b 为一滚动的圆柱体，二者重量均为 P。

当物块处于临界滑动状态时，有

$F_m = f_s F_N$；$F_N = P$；$F_{T1} = F_m = f_s P$

当圆柱体处于临界滚动状态时，有

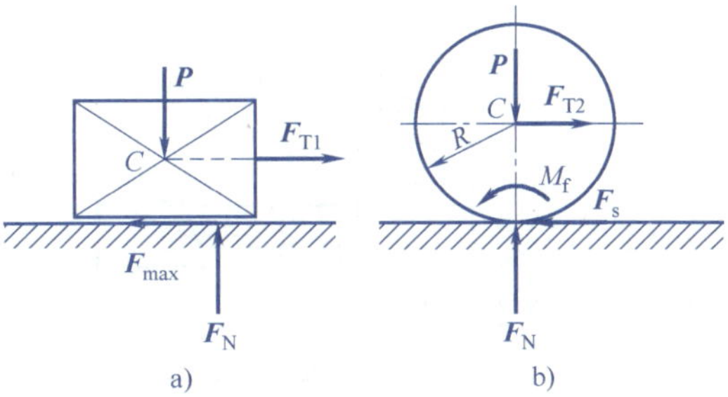

图　5-17

$$M_f = M_m = \delta F_N；\ F_N = P；\ M_f = F_{T2} R；F_{T2} = F_s = \frac{\delta}{R} P$$

一般情况下，

$$\frac{\delta}{R} \ll f_s$$

所以 $F_{T2} \ll F_{T1}$，故滚动远比滑动省力。

思考与讨论：

（1）为什么车辆的轮胎上要刻花纹？为什么雪地行车需要在轮胎上系链条？

（2）轮子做纯滚动时，接触处是否有滑动摩擦力？

本章思维导图

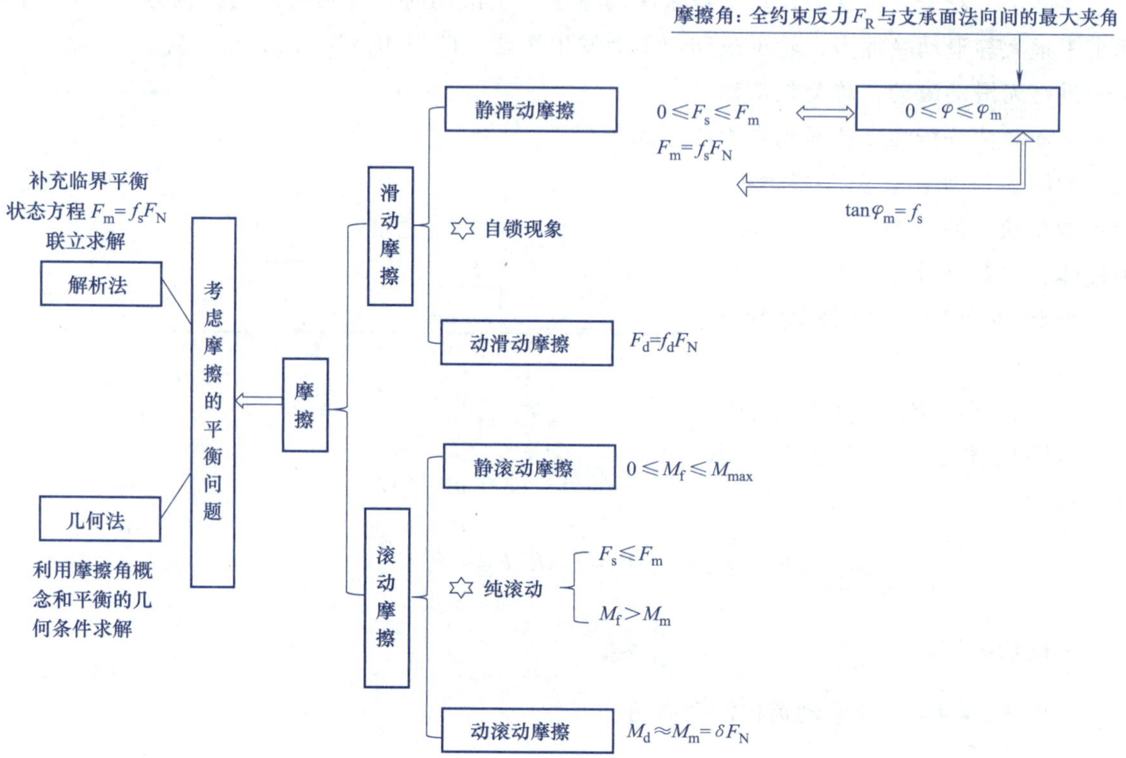
摩擦角：全约束反力F_R与支承面法向间的最大夹角
静滑动摩擦
$0 \leqslant F_s \leqslant F_m$
$F_m = f_s F_N$
$0 \leqslant \varphi \leqslant \varphi_m$
$\tan\varphi_m = f_s$
补充临界平衡
状态方程$F_m = f_s F_N$
联立求解
解析法
滑动摩擦
自锁现象
动滑动摩擦
$F_d = f_d F_N$
考虑摩擦的平衡问题
摩擦
静滚动摩擦
$0 \leqslant M_f \leqslant M_{max}$
几何法
利用摩擦角概
念和平衡的几
何条件求解
滚动摩擦
纯滚动
$F_s \leqslant F_m$
$M_f > M_m$
动滚动摩擦
$M_d \approx M_m = \delta F_N$

习题

5-1　如题 5-1 图所示，物块 A 重 $Q=5\text{kN}$，物块 B 重 $P=2\text{kN}$，在 B 上作用一水平力 $\boldsymbol{F}$，当系物块 A 的绳与水平面成 $\theta=30°$，物块 B 与水平面间静摩擦系数 $f_1=0.2$，物块 A 与 B 之间静摩擦系数 $f_2=0.25$ 时，求 B 拉出时所需要水平力 $\boldsymbol{F}$ 的最小值。

5-2　如题 5-2 图所示，半圆柱重为 $\boldsymbol{P}$，重心 C 到圆心 O 点的距离 $a=\dfrac{4R}{3\pi}$，其中 R 为圆柱半径，在 A 端作用一个力 $\boldsymbol{F}$，如柱体和水平面间的摩擦系数为 f，求半圆柱体被拉动时所偏过的角度 θ？

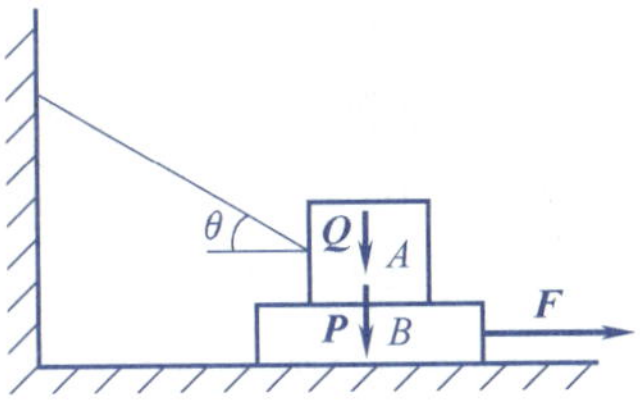

题　5-1 图

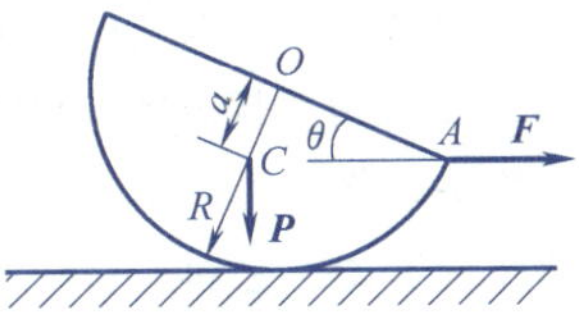

题　5-2 图

5-3　尖劈顶重装置，如题 5-3 图所示。尖劈 A 的顶角为 α，在块 B 上受力 $\boldsymbol{F}_B$ 作用。A 与 B 块间的摩擦系数为 f（有滚珠处表示光滑接触）。如不计物块 A 和 B 的重量，试求：(1) 顶住重物所需力 $\boldsymbol{F}_A$ 的值；(2) 使重物不向上移动所需的力 $\boldsymbol{F}_A$ 的值？

5-4　如题 5-4 图所示，三个大小相同、重量均为 P 的圆柱叠起，求平衡时圆柱与地面接触处之间摩擦系数最小值 f_1，以及圆柱与圆柱之间摩擦系数最小值 f_2？

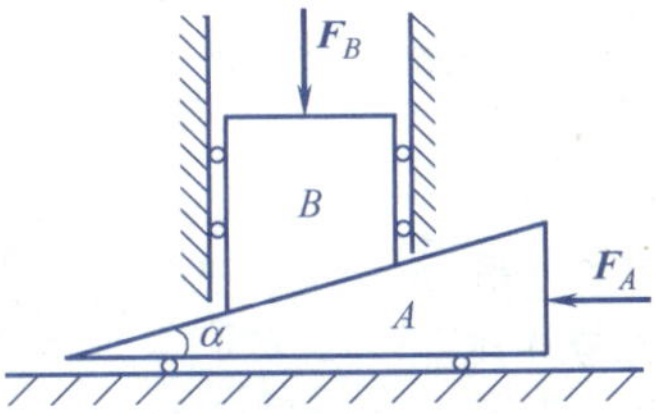

题　5-3 图

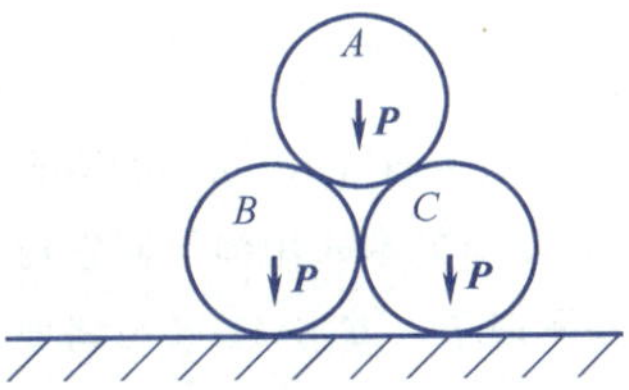

题　5-4 图

5-5　如题 5-5 图所示，组合梁 A 处为固定端，B 处为铰链连接。BC 梁的 C 端系一绳跨过滑轮 O 与放在斜面上的滑块 D 相连。已知滑块与斜面间的摩擦系数为 $f=0.3$，滑块重 $P=600\text{N}$，均布载荷 $q=200\text{N/m}$。求：(1) 系统平衡时，力偶矩 M 的最大值；(2) A 处的约束反力。

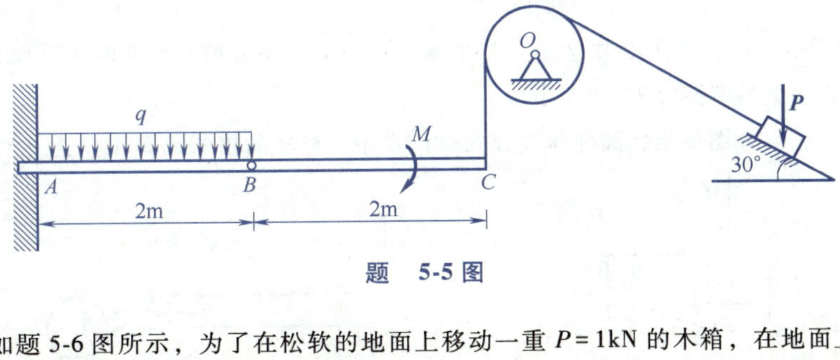

题　5-5 图

5-6　如题 5-6 图所示，为了在松软的地面上移动一重 $P=1\text{kN}$ 的木箱，在地面上铺以木板，并在木箱与木板间放入直径为 50mm 的钢管，设钢管与木板及木箱间滚动摩阻系数 $\delta=2.5\text{mm}$，试求推动木箱所需的水平力 $\boldsymbol{F}$ 的数值。

5-7 如题 5-7 图所示，一叠纸片按图示形状堆叠，露出的自由端用纸粘连，成为两叠彼此独立的纸本 A 和 B，每张纸重 0.06N，纸片总数有 200 张，纸与纸之间以及纸与桌面之间的摩擦系数都是 0.2，假设其中一叠纸是固定的，求拉出另一叠纸所需的水平力 $\boldsymbol{F}$。

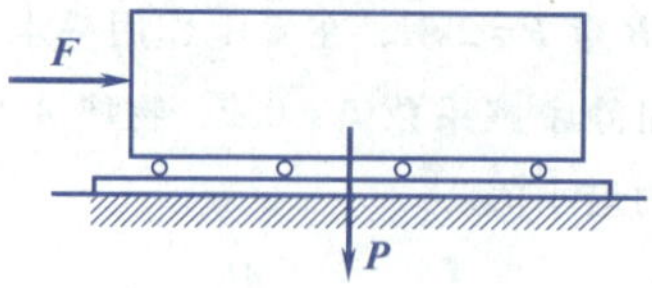

题 5-6 图

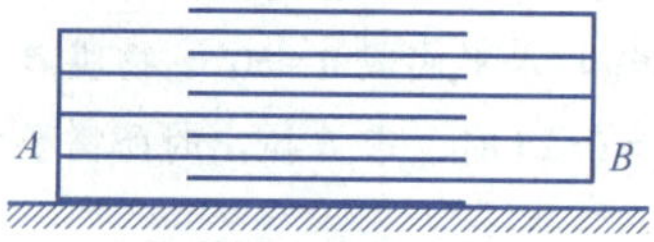

题 5-7 图

5-8 设已知土壤的摩擦系数 $f=0.8$，求土壤的自然倾角。自然倾角是指土壤颗粒在斜面上平衡时斜面与水平面的最大夹角。

5-9 如题 5-9 图所示，重 $\boldsymbol{P}$ 的箱子放在粗糙的水平面上，摩擦系数是 f，想用最小的力 $\boldsymbol{Q}$ 移动箱子，试问力 $\boldsymbol{Q}$ 应该按怎样的角度 β 作用？试求力 $\boldsymbol{Q}$ 的大小。

5-10 如题 5-10 图所示，在重 200N 的矩形方木 B 上放着重 100N 的矩形方木 A，方木 B 的底面放置在水平面 C 上，它和水平面之间的摩擦系数是 $f_2=0.2$，方木 A 和 B 之间的摩擦系数是 $f_1=0.5$。在方木 A 上作用着与水平面成 30°角的力 $P=60$N，问方木 A 是否会相对于方木 B 运动？方木 B 是否会相对于平面 C 运动？

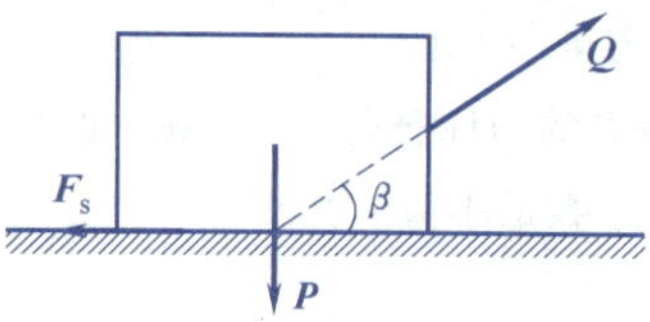

题 5-9 图

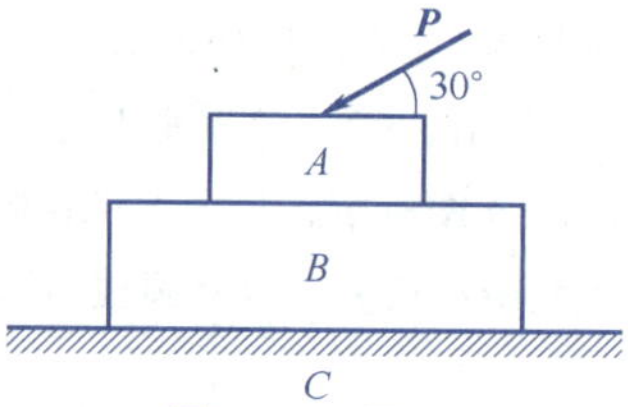

题 5-10 图

5-11 如题 5-11 图所示，重 400N 的矩形方木 B 放在斜面上，重 200N 的矩形方木 A 用绳子同它连在一起，且方木 A 沿斜面滑动而拉紧绳子。方木 A、B 与斜面之间的摩擦系数分别为 $f_A=0.5$，$f_B=\frac{2}{3}$。问：该系统能否继续保持静止？试求绳子的张力 $\boldsymbol{F}_{\mathrm{T}}$ 和作用在每个物体上的摩擦力的大小，绳重不计。

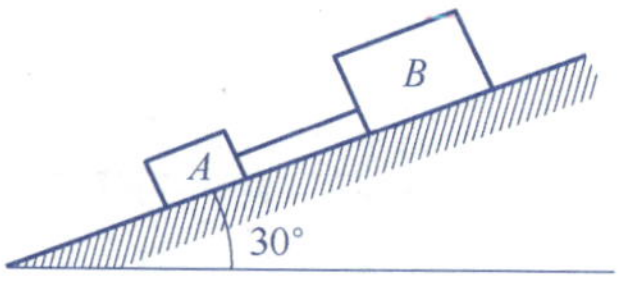

题 5-11 图

5-12 楔块 C 嵌在两物块 A 和 B 之间，A、B 放在不光滑的水平面上，楔块的一面是铅直的，另一面与铅直面成角 $\alpha=\arctan\frac{1}{3}$。物块 A 重 400N，物块 B 重 300N，各面之间的摩擦系数如题 5-12 图所示。问：当作用力 $\boldsymbol{Q}$ 多大时才能使其中某物块运动？求此时水平面作用在保持静止的那个物块上的摩擦力 $\boldsymbol{F}_{\mathrm{s}}$ 的大小。

5-13 如题 5-13 图所示，圆柱体 A 放在导轨 B 中，导轨的横截面是顶角为 θ 的对称楔形。

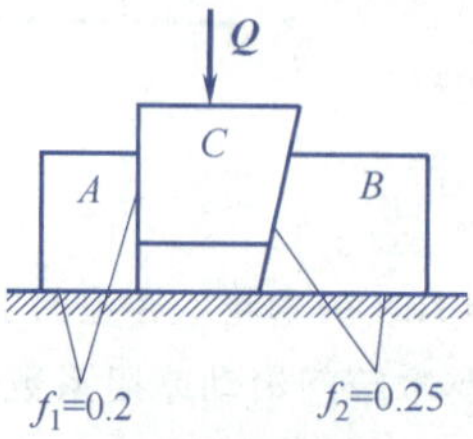

题 5-12 图

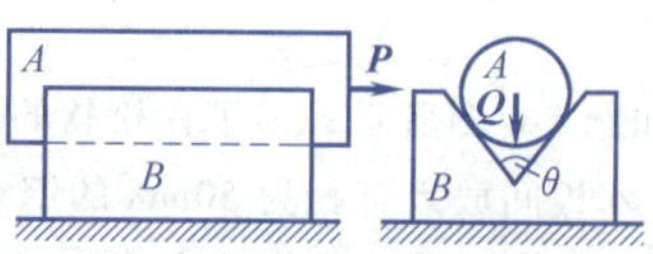

题 5-13 图

圆柱体 A 放在导轨 B 之间的摩擦系数是 f，圆柱的重量等于 Q，问：当 P 为何值时，圆柱体开始水平运动？又当力 P 等于圆柱重量 Q 时，角 θ 应为何值才能使圆锥开始运动？

5-14　如题 5-14 图所示，不计曲柄机构的滑块 A 和导轨之间的摩擦，也不计机构上所有铰链和机构的摩擦，机构在图示位置能提起重物 $\boldsymbol{Q}$，试求力 $\boldsymbol{P}$ 的大小。如果滑块 A 与导轨之间的摩擦系数是 f，为使重物 $\boldsymbol{Q}$ 不动，求力 $\boldsymbol{P}$ 的最大值与最小值。

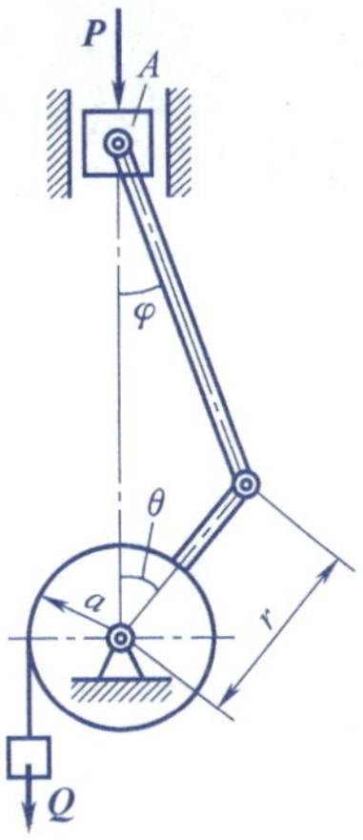

题　5-14 图

5-15　如题 5-15 图所示，梯子 AB 靠在不光滑的墙上，并放在不光滑的地板上，与地板成 60°角。梯子上放有重物 $\boldsymbol{P}$，不计梯子重量，梯子与墙、地板的摩擦角都是 15°，试用几何法求出梯子能保持静止的最大距离 BP。

5-16　攀登电线杆的脚套钩如题 5-16 图所示。设电线杆直径 $d=300\text{mm}$，A、B 间的铅直距离 $b=100\text{mm}$。若套钩与电杆之间的摩擦系数 $f_s=0.5$，求工人操作时，站在套钩上的最小距离 l。

5-17　压延机由两根直径是 $d=50\text{cm}$ 的轴构成。这两轴按相反方向移动，如题 5-17 图中箭头所示，两轴间距离 $a=0.5\text{cm}$，已知烧红的铁板与两轴之间的摩擦系数是 $f_s=0.1$，试问能在该机上压延的铁板厚度 b 是多少？为了使压延机能工作，铁板与旋转的两轴挤送，则作用在铁板上 A、B 两点的正压力和摩擦力的合力方向必须向右。

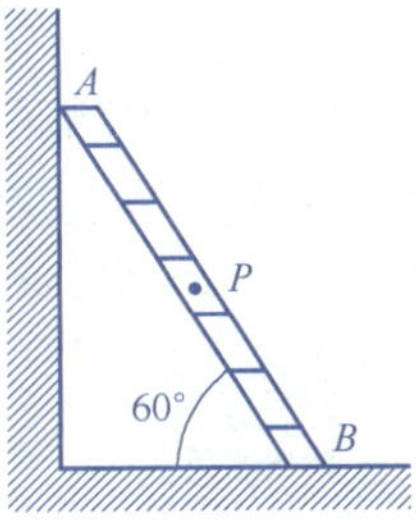

题　5-15 图

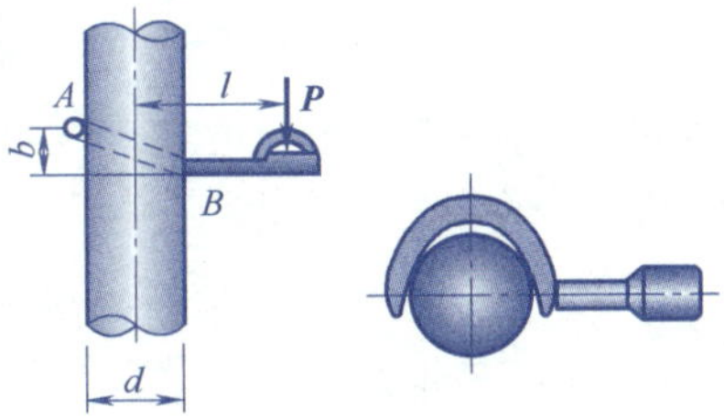

题　5-16 图

5-18　如题 5-18 图所示，重 300N，直径是 60cm 的圆柱滚子在力 $\boldsymbol{P}$ 的作用下沿水平面匀速滚动。设滚动摩阻系数是 $\delta=0.5\text{cm}$，力 $\boldsymbol{P}$ 与水平面的夹角是 $\theta=30°$，试求力 $\boldsymbol{P}$ 的大小。

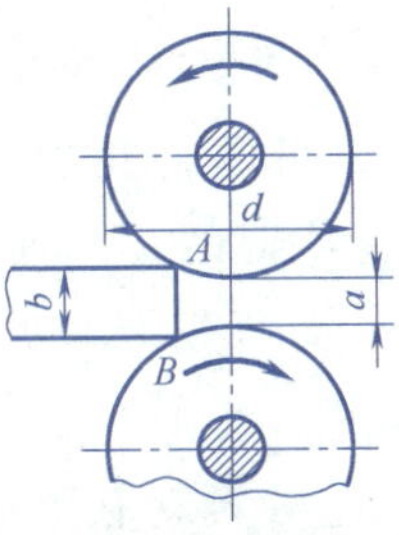

题　5-17 图

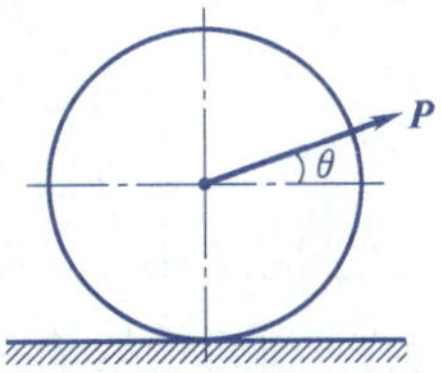

题　5-18 图

习题答案

第2篇 运 动 学

运动学是研究物体机械运动几何性质的科学，不考虑引起运动变化的原因，即不涉及物体的受力分析。运动学可以独立应用在机构设计中分析机构的运动特性，还与静力学一起构成了动力学的基础。

机械运动是指物体空间位置随时间的变化，物体运动与空间和时间不可分割。相对论已经证明，当物体的运动速度接近光速时，时间和空间的度量与速度有显著依赖关系。在一般工程问题中，物体速度远小于光速，属于古典力学的范畴，时间和空间与速度的依赖关系可以忽略不计。古典力学中时间与空间相互独立，在空间的不同位置有相同的时间坐标。古典力学中的空间是孤立于物体运动之外的绝对空间，即三维欧几里得空间。古典力学中的时间是孤立于物体运动之外的绝对时间。

运动学中与时间相关的概念有两个：瞬时与时间间隔。瞬时指物体运动中的某一个特定时刻，通常用 t 表示，是时间坐标轴上的一个点；时间间隔是两个瞬时之间流逝的时间，通常用 Δt 表示，是时间坐标轴上两点之间的线段。

物体的运动是绝对的，但对于运动的描述却是相对的，选择不同的参考体对同一物体的运动描述则可能不同，这就是运动描述的相对性。因此，描述物体的运动必须首先选定**参考体**（一般将观察者所在的物体称为参考体），将固结于参考体上的坐标系称为参考坐标系，只有明确了参考系，分析物体的运动才有意义。在一般工程问题中，如果不做特别说明，默认固结在地球表面的坐标系作为参考坐标系。

运动学的研究对象有质点、质点系、刚体及刚体系统，由于运动学仅从几何角度研究运动问题，不涉及其质量，因此质点与点、刚体与几何形体是同一概念。当物体的几何尺寸与其运动范围相比可以忽略不计时，或物体上每个点的运动都相同时，可以将其视为一个点；否则，就要将其视为刚体。而实际物体抽象为点或刚体的结论也不是绝对的，与所研究的问题相关。例如，在研究人造卫星的轨迹时，可以将其看作质点（点），而研究卫星的姿态控制时，则将其视为有尺寸大小的刚体（几何体）。

点的运动分为直线运动和曲线运动；刚体的运动分为平行移动、定轴转动和平面运动等，研究刚体的运动，包括刚体整体运动描述及刚体上任一点的运动描述。

运动学的研究方法包括解析法和几何法。解析法从建立运动方程出发，通过数学求导获得速度、加速度等运动特性，适用于研究运动过程，也便于计算机求解。几何法比较直观，建立了各瞬时点运动的矢径、速度、加速度等矢量之间的几何关系，适用于研究某一瞬时的运动情况。

第 6 章

点的运动学

点的运动是研究刚体运动的基础。点运动时，其在空间的位置随时间连续变化而形成的曲线称为点的运动轨迹，表示其任意时刻空间位置的数学方程称为点的运动方程。

本章采用矢量法、直角坐标法和自然法研究点的运动，包括点的运动方程、运动轨迹、速度和加速度，以及它们之间的关系。

课程加油站

6.1 矢量法

6.1.1 运动方程

如图 6-1 所示，假设点 M 在空间沿其轨迹任意运动，为表示点 M 在某瞬时 t 的位置，在参考系内任选一固定点 O，由 O 点向所研究的点 M 作一矢量，用 $\boldsymbol{r}$ 表示，即 $\boldsymbol{r}=\overrightarrow{OM}$，$\boldsymbol{r}$ 称为点 M 相对于 O 点的矢径，点 M 的位置可由矢径 $\boldsymbol{r}$ 确定。

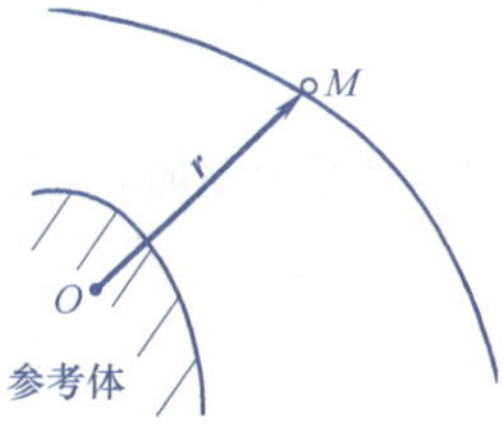

图 6-1

课程加油站

当点 M 运动时，矢径 $\boldsymbol{r}$ 的大小、方向随时间变化，是时间 t 的单值连续函数。因此，以<u>矢量形式表示的点的运动方程</u>为

$$\boldsymbol{r}=\boldsymbol{r}(t) \tag{6-1}$$

点运动时，矢径端点所构成的曲线（矢端曲线），即点的运动轨迹。

6.1.2 速度

点的速度是描述某瞬时点运动快慢和方向随时间变化的物理量，点的速度反映了矢径的大小和方向随时间的变化。设点在空间任意运动，轨迹为曲线 AB，如图 6-2 所示，某瞬时 t 位于点 M，其矢径为 $\boldsymbol{r}(t)$，经过 Δt 时间后，在 $t+\Delta t$ 瞬时运动到点 M'，矢径为 $\boldsymbol{r}(t+\Delta t)$。则点在 Δt 时间间隔内的位移为

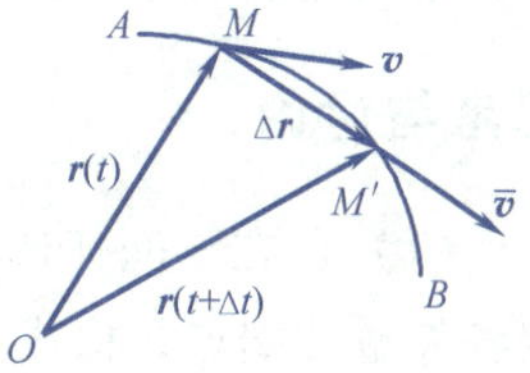

图 6-2

$$\overrightarrow{MM'}=\Delta\boldsymbol{r}=\boldsymbol{r}(t+\Delta t)-\boldsymbol{r}(t)$$

点在 Δt 时间间隔内的平均速度为

$$\bar{\boldsymbol{v}}=\frac{\Delta \boldsymbol{r}}{\Delta t}$$

当 Δt 趋近于零时，点 M'趋于点 M，割线 MM'成为轨迹在点 M 的切线。平均速度的极限值即为点 M 在 t 时刻的瞬时速度，用$\boldsymbol{v}$ 表示，即

$$\boldsymbol{v}=\lim_{\Delta t\to 0}\bar{\boldsymbol{v}}=\lim_{\Delta t\to 0}\frac{\Delta \boldsymbol{r}}{\Delta t}=\frac{\mathrm{d}\boldsymbol{r}}{\mathrm{d}t}=\dot{\boldsymbol{r}} \tag{6-2}$$

因此，<u>**点的速度等于点的矢径对时间的一阶导数，方向沿轨迹在该点的切线方向**</u>。国际单位制中，速度的单位是 m/s（米/秒）。

6.1.3 加速度

点的加速度是表示点的速度大小和方向随时间变化快慢的物理量。如图 6-3 所示，点 M 在空间沿任意轨迹运动，假设点 M 在某瞬时 t 和 $t+\Delta t$ 的速度分别为$\boldsymbol{v}$ 和$\boldsymbol{v}'$，则点 M 在 Δt 时间间隔内的速度的变化量为

$$\Delta\boldsymbol{v}=\boldsymbol{v}'-\boldsymbol{v}$$

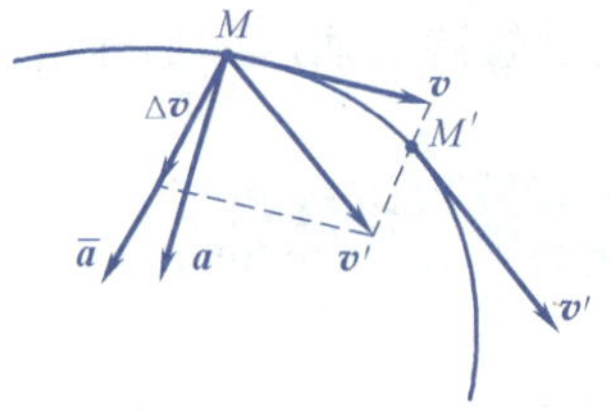

图　6-3

点 M 在 Δt 时间间隔内的平均加速度，用 $\bar{\boldsymbol{a}}$ 表示，即

$$\bar{\boldsymbol{a}}=\frac{\Delta \boldsymbol{v}}{\Delta t}$$

当 Δt 趋近于零时，点 M 的平均加速度的极限值，定义为点 M 的瞬时加速度，用 $\boldsymbol{a}$ 表示，即

$$\boldsymbol{a}=\lim_{\Delta t\to 0}\bar{\boldsymbol{a}}=\lim_{\Delta t\to 0}\frac{\Delta \boldsymbol{v}}{\Delta t}=\frac{\mathrm{d}\boldsymbol{v}}{\mathrm{d}t}=\dot{\boldsymbol{v}}=\ddot{\boldsymbol{r}} \tag{6-3}$$

因此，根据式（6-3），<u>**点的加速度等于该点的速度对时间的一阶导数，也等于该点的矢径对时间的二阶导数，方向指向位置矢端曲线（轨迹）的凹侧**</u>。国际单位制中，加速度的单位是 m/s^2（米/秒^2）。

矢量法描述点的运动仅需要选择一个参考点，无须建立参考坐标系，具有简洁、直观的优点，多用于公式推导、定理证明等。在实际应用中，为了便于计算，可在参考体上建立参考坐标系，比如直角坐标系、自然坐标系、柱坐标系等，来描述点的运动。

思考与讨论：

（1）若在空间任选一固定点 O，将动点在不同瞬时的速度都平移到 O 点，连接各矢量的端点，构成速度矢端曲线，那么加速度的方向会沿该速度矢端曲线的切向方向吗？为什么？

（2）点做曲线运动时，其加速度一定沿轨迹的凹侧，为什么？

6.2 直角坐标法

6.2.1 运动方程

在固定点 O 处建立空间直角坐标系 $Oxyz$，如图 6-4 所示，点 M 在空间的位置可由空间直角坐标 (x, y, z) 表示，(x, y, z) 称为点 M 的位置坐标。当点 M 在空间任意运动时，点 M 的矢径 $\boldsymbol{r}$ 在空间直角坐标系 $Oxyz$ 三个坐标轴的投影为点 M 的位置坐标，即

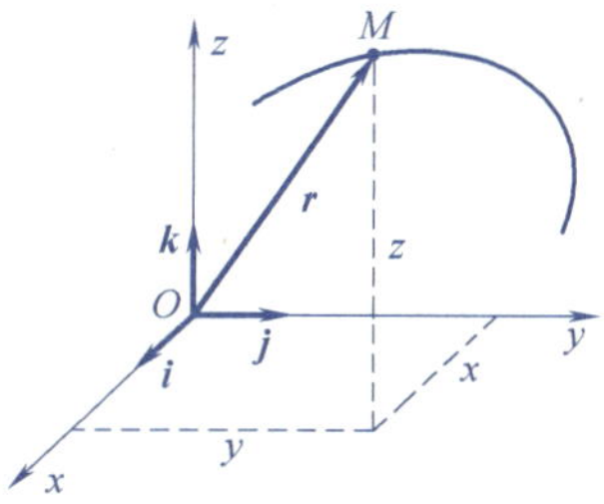

图 6-4

$$\boldsymbol{r}=\overrightarrow{OM}=x\boldsymbol{i}+y\boldsymbol{j}+z\boldsymbol{k}$$

其中，$\boldsymbol{i}$、$\boldsymbol{j}$、$\boldsymbol{k}$ 为直角坐标系沿坐标轴的单位矢量。

由于矢径 $\boldsymbol{r}$ 是时间 t 的单值连续函数，故点的位置坐标 (x, y, z) 亦是时间 t 的单值连续函数，即

$$\boldsymbol{r}(t)=x(t)\boldsymbol{i}+y(t)\boldsymbol{j}+z(t)\boldsymbol{k} \tag{6-4}$$

可得<u>直角坐标形式下点的运动方程</u>为

$$\left.\begin{aligned} x&=f_1(t)\\ y&=f_2(t)\\ z&=f_3(t)\end{aligned}\right\} \tag{6-5}$$

式（6-5）实际上也是点的轨迹的参数方程，消去时间 t，可得点 M 的轨迹方程。

6.2.2 速度

根据矢量法，某瞬时点的速度是矢径对时间的一阶导数，将式（6-4）代入式（6-2），注意到 $\boldsymbol{i}$、$\boldsymbol{j}$、$\boldsymbol{k}$ 为常矢量，可得

$$\boldsymbol{v}=\frac{\mathrm{d}\boldsymbol{r}}{\mathrm{d}t}=\frac{\mathrm{d}(x\boldsymbol{i}+y\boldsymbol{j}+z\boldsymbol{k})}{\mathrm{d}t}=\frac{\mathrm{d}x}{\mathrm{d}t}\boldsymbol{i}+\frac{\mathrm{d}y}{\mathrm{d}t}\boldsymbol{j}+\frac{\mathrm{d}z}{\mathrm{d}t}\boldsymbol{k} \tag{6-6}$$

假设点的速度 $\boldsymbol{v}$ 在直角坐标轴上的投影分别为 v_x、v_y、v_z，即

$$\boldsymbol{v}=v_x\boldsymbol{i}+v_y\boldsymbol{j}+v_z\boldsymbol{k} \tag{6-7}$$

比较式（6-6）和式（6-7），可得

$$\left.\begin{aligned} v_x&=\frac{\mathrm{d}x}{\mathrm{d}t}=\dot{x}\\ v_y&=\frac{\mathrm{d}y}{\mathrm{d}t}=\dot{y}\\ v_z&=\frac{\mathrm{d}z}{\mathrm{d}t}=\dot{z}\end{aligned}\right\} \tag{6-8}$$

这就是用直角坐标法描述的点的速度的表达式，即**点的速度在直角坐标轴上的投影，等于点的对应坐标对时间的一阶导数。**

若已知速度在直角坐标轴上的投影，则速度的大小为

$$v=\sqrt{v_x^2+v_y^2+v_z^2} \tag{6-9}$$

其与各坐标轴的方向余弦为

$$\left.\begin{aligned}\cos\langle \boldsymbol{v},\boldsymbol{i}\rangle&=\frac{v_x}{v}\\ \cos\langle \boldsymbol{v},\boldsymbol{j}\rangle&=\frac{v_y}{v}\\ \cos\langle \boldsymbol{v},\boldsymbol{k}\rangle&=\frac{v_z}{v}\end{aligned}\right\} \tag{6-10}$$

6.2.3 加速度

根据矢量法，某瞬时点的加速度是速度对时间的一阶导数，将式（6-7）代入式（6-3），注意到 $\boldsymbol{i}$、$\boldsymbol{j}$、$\boldsymbol{k}$ 为常矢量，可得

$$\boldsymbol{a}=\frac{\mathrm{d}\boldsymbol{v}}{\mathrm{d}t}=\frac{\mathrm{d}(v_x\boldsymbol{i}+v_y\boldsymbol{j}+v_z\boldsymbol{k})}{\mathrm{d}t}=\frac{\mathrm{d}v_x}{\mathrm{d}t}\boldsymbol{i}+\frac{\mathrm{d}v_y}{\mathrm{d}t}\boldsymbol{j}+\frac{\mathrm{d}v_z}{\mathrm{d}t}\boldsymbol{k} \tag{6-11}$$

假设点的加速度在直角坐标轴上的投影分别为 a_x、a_y、a_z，即

$$\boldsymbol{a}=a_x\boldsymbol{i}+a_y\boldsymbol{j}+a_z\boldsymbol{k} \tag{6-12}$$

比较式（6-11）和式（6-12），并结合式（6-8）可得

$$\left.\begin{aligned}a_x&=\frac{\mathrm{d}v_x}{\mathrm{d}t}=\frac{\mathrm{d}^2x}{\mathrm{d}t^2}\\ a_y&=\frac{\mathrm{d}v_y}{\mathrm{d}t}=\frac{\mathrm{d}^2y}{\mathrm{d}t^2}\\ a_z&=\frac{\mathrm{d}v_z}{\mathrm{d}t}=\frac{\mathrm{d}^2z}{\mathrm{d}t^2}\end{aligned}\right\} \tag{6-13}$$

即**点的加速度在直角坐标轴上的投影等于该点速度在对应坐标轴上的投影对时间的一阶导数，也等于该点对应坐标对时间的二阶导数。**

若已知加速度的投影，则加速度的大小为

$$a=\sqrt{a_x^2+a_y^2+a_z^2} \tag{6-14}$$

其与各坐标轴的方向余弦为

$$\left.\begin{aligned}\cos\langle \boldsymbol{a},\boldsymbol{i}\rangle&=\frac{a_x}{a}\\ \cos\langle \boldsymbol{a},\boldsymbol{j}\rangle&=\frac{a_y}{a}\\ \cos\langle \boldsymbol{a},\boldsymbol{k}\rangle&=\frac{a_z}{a}\end{aligned}\right\} \tag{6-15}$$

思考与讨论：

（1）采用直角坐标法描述点的运动，哪一步最关键？

（2）写出点的运动方程即任意时刻点的位置坐标，首先需要建立直角坐标系，有什么技巧和原则吗？

（3）直角坐标法是否可以求解任何情况下点的运动情况？

例题动画

求解程序

例 6-1　图 6-5 所示为驱动油泵中的曲柄导杆机构。设曲柄 OA 的长度为 r，由水平位置开始以角速度 ω 匀速转动。曲柄端点 A 通过滑块在滑槽中滑动带动导杆做竖直平动。求导杆上点 M 的运动方程、速度和加速度。

解： 首先建立运动方程，然后根据速度和加速度与运动方程的导数关系进行求解。

（1）以机构上的固定点 O 作为坐标原点，坐标轴方向如图 6-5 所示，本机构中点 M 的坐标（x，y）可写为变量 φ 的函数。

$$\begin{cases} x=0 \\ y=OM=OA\sin\varphi=r\sin\omega t \end{cases}$$

即为点 M 的运动方程。

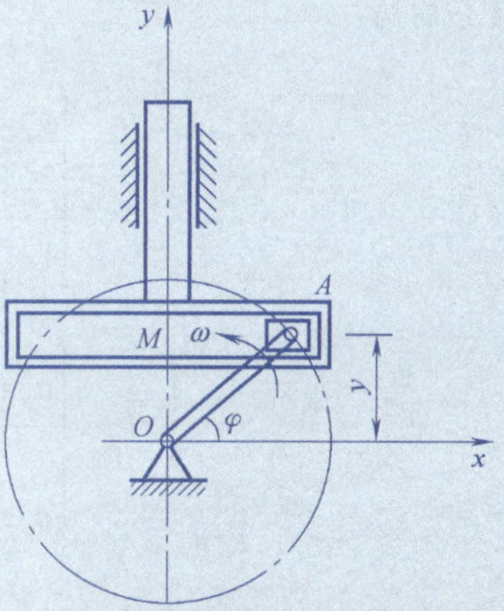

图　6-5

（2）点 M 的轨迹为竖直线。

图 6-5 所示位置速度方向竖直向上，大小为

$$v=v_y=\frac{\mathrm{d}y}{\mathrm{d}t}=r\omega\cos\omega t$$

假设加速度方向竖直向上，大小为

$$a=a_y=\frac{\mathrm{d}v_y}{\mathrm{d}t}=-r\omega^2\sin\omega t$$

例 6-2　半径为 R 的轮子沿直线轨道纯滚动（无滑动滚动）。轮子在同一竖直平面内运动，且轮心速度为 $\boldsymbol{u}$，如图 6-6a 所示，试分析轮子边缘上一点 M 的运动。

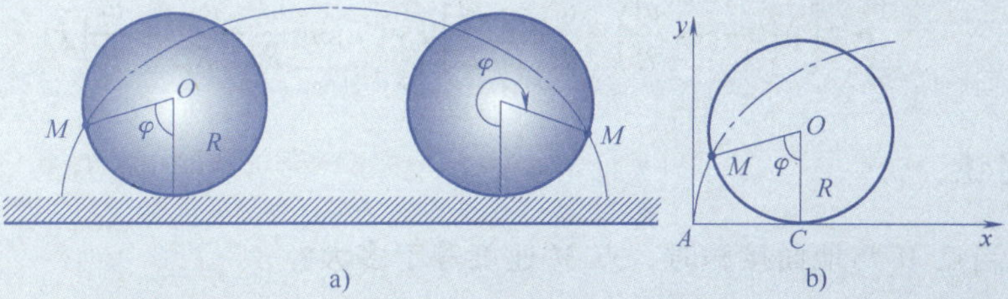

图　6-6

解： 点 M 的运动轨迹未知，采用直角坐标法描述点的运动。选点 M 初始与地面接触点 A 为坐标原点，建立如图 6-6b 所示直角坐标系 Axy，则当轮子转过任意一个角度 φ 后，点 M 坐标为

例题动画

求解程序

$$\begin{cases} x = AC - OM\sin\varphi = R\varphi - R\sin\varphi = R(\varphi - \sin\varphi) \\ y = OC - OC\cos\varphi = R(1-\cos\varphi) \end{cases}$$

这是旋轮线的参数方程。

由于轮心做水平方向直线运动，且轮做纯滚动，故 $ut = R\varphi$，将其对时间分别求一次导数、二次导数可得

$$\dot{\varphi} = \frac{d\varphi}{dt} = \frac{u}{R},\ \ddot{\varphi} = \frac{d\dot{\varphi}}{dt} = \frac{\dot{u}}{R}$$

根据点的运动描述的直角坐标法，点 M 的速度和加速度在 x 和 y 轴上的投影分别为

$$\begin{cases} v_x = \dfrac{dx}{dt} = R\dot{\varphi}(1-\cos\varphi) \\ v_y = \dfrac{dy}{dt} = R\dot{\varphi}\sin\varphi \end{cases}$$

$$\begin{cases} a_x = \dfrac{dv_x}{dt} = R\ddot{\varphi}(1-\cos\varphi) + R\dot{\varphi}^2\sin\varphi \\ a_y = \dfrac{dv_y}{dt} = R\ddot{\varphi}\sin\varphi + R\dot{\varphi}^2\cos\varphi \end{cases}$$

所以点 M 的速度可表示为

$$\boldsymbol{v} = v_x\boldsymbol{i} + v_y\boldsymbol{j} = R\dot{\varphi}(1-\cos\varphi)\boldsymbol{i} + R\dot{\varphi}\sin\varphi\boldsymbol{j}$$

加速度可表示为

$$\boldsymbol{a} = a_x\boldsymbol{i} + a_y\boldsymbol{j} = [R\ddot{\varphi}(1-\cos\varphi) + R\dot{\varphi}^2\sin\varphi]\boldsymbol{i} + (R\ddot{\varphi}\sin\varphi + R\dot{\varphi}^2\cos\varphi)\boldsymbol{j}$$

将 $ut = R\varphi$、$\dot{\varphi} = u/R$、$\ddot{\varphi} = \dot{u}/R$ 代入，可得

$$\boldsymbol{v} = u\left(1-\cos\frac{ut}{R}\right)\boldsymbol{i} + u\sin\frac{ut}{R}\boldsymbol{j}$$

$$\boldsymbol{a} = \left[\dot{u}\left(1-\cos\frac{ut}{R}\right) + \frac{u^2}{R}\sin\frac{ut}{R}\right]\boldsymbol{i} + \left(\dot{u}\sin\frac{ut}{R} + \frac{u^2}{R}\cos\frac{ut}{R}\right)\boldsymbol{j}$$

思考与讨论：

（1）当点 M 与地面接触时，点 M 速度等于多大？

（2）当点 M 与地面接触时，点 M 的加速度等于多大？沿什么方向？

（3）根据纯滚动轮上与地面接触点的速度、加速度如何进一步理解纯滚动？

例 6-3 具有铅垂滑槽的物块 B 水平平移，其运动方程为 $x = 0.05t^2$，并带动销钉 M 沿着固定抛物线形状的滑槽运动，如图 6-7 所示。已知抛物线方程为

$y=\frac{x^2}{4}$，其中 x、y 以 m 计。试求：（1）当 $t=5$s 时，销钉 M 的加速度；（2）什么时刻 $a_x=a_y$？

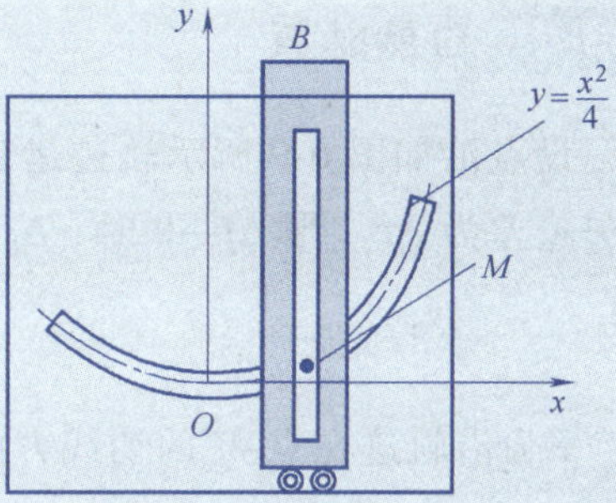

图 6-7

解： 由于销钉 M 被物块 B 带动而做平面曲线运动，所以其 x 方向的运动方程为 $x=0.05t^2$，以固定抛物线形状的滑槽最低点为坐标原点建立直角坐标系，则

$$v_x=\frac{\mathrm{d}x}{\mathrm{d}t}=0.1t$$

$$a_x=\frac{\mathrm{d}v_x}{\mathrm{d}t}=0.1\mathrm{m/s^2}$$

固定曲线槽的抛物线方程 $y=\frac{x^2}{4}$，就是销钉 M 的轨迹方程，此方程对时间求一阶导数得

$$v_y=\frac{\mathrm{d}y}{\mathrm{d}t}=\frac{xv_x}{2}=0.0025t^3$$

$$a_y=\frac{\mathrm{d}v_y}{\mathrm{d}t}=0.0075t^2$$

当 $t=5$s 时，$a_x=0.1\mathrm{m/s^2}$；$a_y=0.1875\mathrm{m/s^2}$；$a=\sqrt{a_x^2+a_y^2}=0.2125\mathrm{m/s^2}$

$\boldsymbol{a}$ 与 y 轴正向的夹角为 $\theta=\arccos\frac{a_y}{a}=\arccos 0.882=28.12°$

当 $a_x=a_y$ 时，有 $0.1=0.0075t^2$，解得 $t=3.65$s。

6.3 自然法

6.3.1 运动方程

对已知运动轨迹的点，只要知道沿轨迹的运动规律即可确定其位置。已知点 M 的运动轨迹如图 6-8 所示，在轨迹上任选一点 O 作为坐标原点，规定曲线某一边为正方向，另一边为负方向，建立弧坐标系。

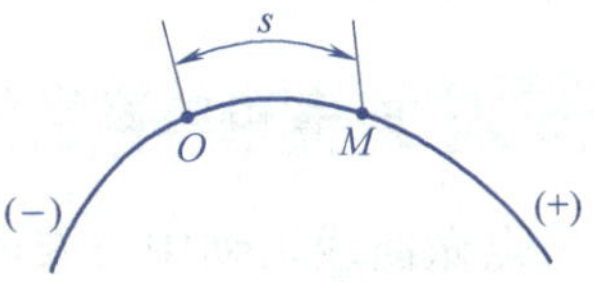

图 6-8

点 M 在任意瞬时的位置可以用点沿轨迹从 O 到 M 的弧长 s 唯一确定，弧长 s 为代数量，称为弧坐标。当点 M 沿轨迹运动时，弧坐标随时间 t 变化，是时间 t 的单值连续函数，即

$$s=f(t) \tag{6-16}$$

式（6-16）称为点沿轨迹的**运动方程**，或以弧坐标表示的点的运动方程。

例题动画

求解程序

6.3.2 自然轴系

设点沿如图 6-9 所示轨迹运动，经过 Δt 时间，由点 M 运动到点 M'，两点位置矢量差为 $\Delta \boldsymbol{r}$。当 $\Delta t \to 0$ 时，$\Delta r = \Delta s$，则

$$\boldsymbol{\tau} = \lim_{\Delta t \to 0} \frac{\Delta \boldsymbol{r}}{\Delta s} = \frac{\mathrm{d}\boldsymbol{r}}{\mathrm{d}s} \tag{6-17}$$

$\boldsymbol{\tau}$ 为沿轨迹在点 M 的切线方向的单位矢量，其指向与弧坐标正向一致。

设点 M 和点 M'的切向单位矢量分别为 $\boldsymbol{\tau}$ 和 $\boldsymbol{\tau}'$，如图 6-10 所示。将 $\boldsymbol{\tau}'$平移至点 M，$\boldsymbol{\tau}$ 和 $\boldsymbol{\tau}'$决定一平面，当点 M'无限趋近于点 M 时，$\boldsymbol{\tau}$ 和 $\boldsymbol{\tau}'$所决定的平面趋近某一极限位置，此极限平面称为曲线在点 M 的**密切面**。过点 M 与切线垂直的平面称为**法平面**，法平面与密切面的交线称为**主法线**，主法线的单位矢量为 $\boldsymbol{n}$，正方向是指向曲线凹侧。过点 M 且与主法线和切线相垂直的直线称为**副法线**，其单位矢量为 $\boldsymbol{b}$。

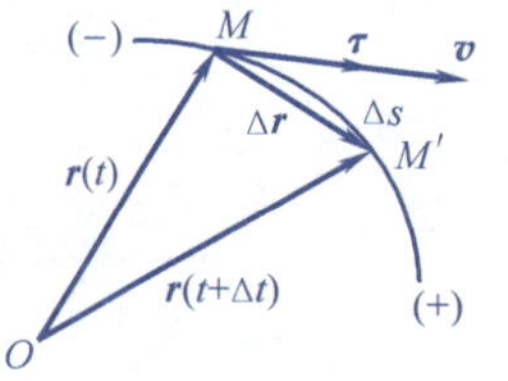

图 6-9

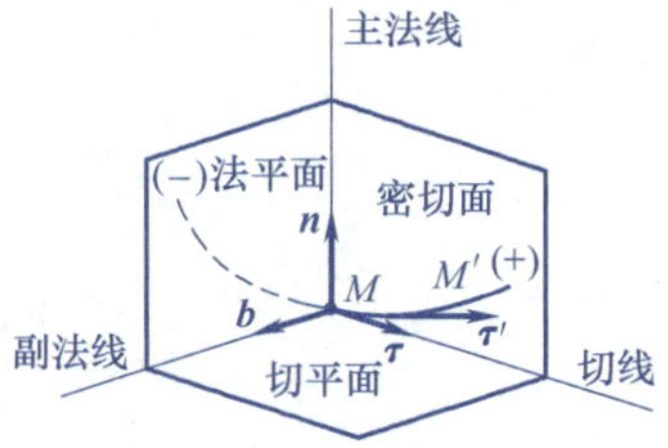

图 6-10

以点 M 为原点，由切线、主法线和副法线为坐标轴构成的正交坐标系称为曲线在点 M 的**自然轴系**，三个轴称为自然轴，且三个单位矢量满足右手法则，即

$$\boldsymbol{b} = \boldsymbol{\tau} \times \boldsymbol{n} \tag{6-18}$$

注意：由于点 M 沿着空间曲线运动，不同瞬时点 M 在曲线上的位置不同，因此，不同瞬时 $\boldsymbol{\tau}$、$\boldsymbol{n}$、$\boldsymbol{b}$ 的方向不同，自然轴系不是固定的坐标系，是沿轨迹曲线变动的移动坐标系。

思考与讨论：

试述直角坐标系单位矢量 $\boldsymbol{i}$、$\boldsymbol{j}$、$\boldsymbol{k}$ 与自然轴系单位矢量 $\boldsymbol{\tau}$、$\boldsymbol{n}$、$\boldsymbol{b}$ 之间有何区别与联系？

6.3.3 曲率和曲率半径

点做曲线运动中需要明确曲率和曲率半径的概念。

假设点 M 的运动轨迹为某空间曲线，如图 6-11 所示。假设经过 Δt 时间后点 M 运动到 M'，轨迹在 M 和 M'的切向单位矢量分别为 $\boldsymbol{\tau}$ 和 $\boldsymbol{\tau}'$，指向和弧坐标的正方向保持一致。$\boldsymbol{\tau}$ 和 $\boldsymbol{\tau}'$之间的夹角用 $\Delta\varphi$ 表示，$\overset{\frown}{MM'}$这段弧长用 Δs 表示，则曲线在$\overset{\frown}{MM'}$这一段弧长内的平均曲率为

$$\bar{k}=\frac{\Delta\varphi}{\Delta s}$$

当点 M' 无限趋近于点 M 时，曲线在点 M 的曲率

$$k=\lim_{\Delta s\to 0}\bar{k}=\lim_{\Delta s\to 0}\frac{\Delta\varphi}{\Delta s}=\frac{\mathrm{d}\varphi}{\mathrm{d}s} \tag{6-19}$$

曲率是曲线切线转角对弧长的一阶导数，反映了曲线的弯曲程度。

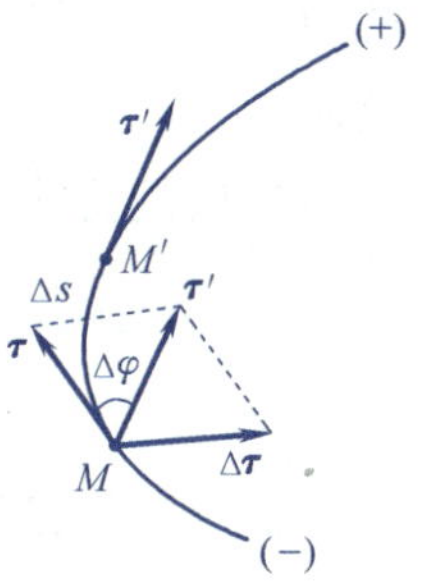

图　6-11

曲率的倒数称为曲线在点 M 的曲率半径，用 ρ 表示，即

$$\rho=\frac{1}{k}=\frac{\mathrm{d}s}{\mathrm{d}\varphi} \tag{6-20}$$

思考与讨论：

（1）当点的运动轨迹为半径为 R 的圆时，其曲率和曲率半径各是多大？

（2）任意一条曲线是否可以看作由不同曲率半径的圆上截下的微小弧段拼接而成？

6.3.4　速度

根据点的速度矢量法

$$\boldsymbol{v}=\frac{\mathrm{d}\boldsymbol{r}}{\mathrm{d}t}=\frac{\mathrm{d}\boldsymbol{r}}{\mathrm{d}s}\cdot\frac{\mathrm{d}s}{\mathrm{d}t}$$

其中，$\frac{\mathrm{d}s}{\mathrm{d}t}=\lim\limits_{\Delta t\to 0}\frac{\Delta s}{\Delta t}=\lim\limits_{\Delta t\to 0}\bar{v}=v$，由式（6-18）知 $\frac{\mathrm{d}\boldsymbol{r}}{\mathrm{d}s}=\boldsymbol{\tau}$，代入可得

$$\boldsymbol{v}=v\boldsymbol{\tau}=\dot{s}\,\boldsymbol{\tau} \tag{6-21}$$

即**点沿已知轨迹运动速度的大小等于弧坐标对时间的一阶导数，速度方向沿着轨迹的切线方向。**当 $\dot{s}>0$ 时，速度指向与 $\boldsymbol{\tau}$ 相同，点沿轨迹正向运动；反之，当 $\dot{s}<0$ 时，速度指向与 $\boldsymbol{\tau}$ 相反，点沿轨迹负向运动。

6.3.5　加速度

由点的加速度矢量法

$$\boldsymbol{a}=\frac{\mathrm{d}\boldsymbol{v}}{\mathrm{d}t}=\frac{\mathrm{d}(v\boldsymbol{\tau})}{\mathrm{d}t}=\frac{\mathrm{d}v}{\mathrm{d}t}\boldsymbol{\tau}+v\frac{\mathrm{d}\boldsymbol{\tau}}{\mathrm{d}t} \tag{6-22}$$

式（6-22）中右端两项均为矢量，第一项是反映速度大小变化的加速度，称为**切向加速度**，记为

$$\boldsymbol{a}_\tau=\frac{\mathrm{d}v}{\mathrm{d}t}\boldsymbol{\tau}=\frac{\mathrm{d}^2s}{\mathrm{d}t^2}\boldsymbol{\tau} \tag{6-23}$$

由此可得结论：切向加速度反映点的速度值对时间的变化率，它的代数值等于速度的代数值对时间的一阶导数，或弧坐标对时间的二阶导数，方向永远沿轨

迹的切线方向。当 $\dot{v}>0$ 时，$\boldsymbol{a}_\tau$ 指向轨迹的正向；反之，当 $\dot{v}<0$ 时，$\boldsymbol{a}_\tau$ 指向轨迹的负向。

第二项是反映速度方向变化的加速度，称为**法向加速度**，记为 $\boldsymbol{a}_n$，即

$$\boldsymbol{a}_n = v\frac{d\boldsymbol{\tau}}{dt}$$

其中，$\frac{d\boldsymbol{\tau}}{dt}=\frac{d\boldsymbol{\tau}}{ds}\cdot\frac{ds}{dt}=v\frac{d\boldsymbol{\tau}}{ds}$，下面先计算$\frac{d\boldsymbol{\tau}}{ds}$的大小。

当 $\Delta s\to 0$ 时，$\Delta\varphi\to 0$，$\sin\Delta\varphi\approx\Delta\varphi$，且 $|\boldsymbol{\tau}|=1$，由图 6-12 得

$|\Delta\boldsymbol{\tau}|=2|\boldsymbol{\tau}|\sin\frac{\Delta\varphi}{2}\approx\Delta\varphi$，结合式（6-20），故得

$$\frac{d\boldsymbol{\tau}}{ds}=\lim_{\Delta s\to 0}\frac{\Delta\boldsymbol{\tau}}{\Delta s}=\lim_{\Delta s\to 0}\frac{\Delta\varphi}{\Delta s}=\frac{d\varphi}{ds}=\frac{1}{\rho}$$

再计算$\frac{d\boldsymbol{\tau}}{ds}$的方向。

由图 6-12 知，$\Delta\boldsymbol{\tau}$ 与 $\boldsymbol{\tau}$ 的夹角为

$$\theta=\frac{\pi}{2}-\frac{\Delta\varphi}{2}$$

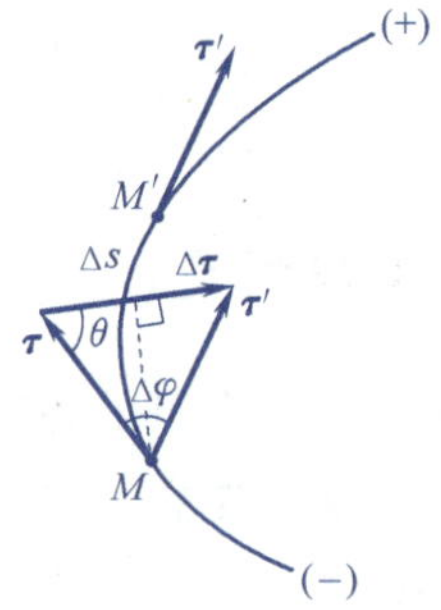

图 6-12

当 $\Delta s\to 0$ 时，$\Delta\varphi\to 0$，$\theta\to\frac{\pi}{2}$，即$\frac{d\boldsymbol{\tau}}{ds}$沿主法线 $\boldsymbol{n}$ 的方向。

即$\frac{d\boldsymbol{\tau}}{dt}=\frac{v}{\rho}\boldsymbol{n}$，因此可得

$$\boldsymbol{a}_n = v\frac{d\boldsymbol{\tau}}{dt}=\frac{v^2}{\rho}\boldsymbol{n} \tag{6-24}$$

由此可得结论：法向加速度反映点的速度方向改变的快慢程度，它的大小等于点的速度的平方除以曲率半径，方向沿主法线，指向曲率中心。

将式（6-24）代入式（6-22），可得

$$\boldsymbol{a}=\frac{dv}{dt}\boldsymbol{\tau}+\frac{v^2}{\rho}\boldsymbol{n} \tag{6-25}$$

可见，自然法描述点的运动，加速度包括切向加速度 $\boldsymbol{a}_\tau$ 和法向加速度 $\boldsymbol{a}_n$。由于 $\boldsymbol{a}_\tau$、$\boldsymbol{a}_n$ 均在密切面内，全加速度必位于密切面内，加速度沿副法线方向的分量为零。即加速度在三个自然轴上的投影分别为

$$a_\tau=\frac{dv}{dt}=\frac{d^2s}{dt^2},\ a_n=\frac{v^2}{\rho},\ a_b=0 \tag{6-26}$$

全加速度的大小为

$$a=\sqrt{a_\tau^2+a_n^2+a_b^2}=\sqrt{\left(\frac{dv}{dt}\right)^2+\left(\frac{v^2}{\rho}\right)^2} \tag{6-27}$$

其与切向和主法线间的方向余弦分别为

$$\cos\langle\boldsymbol{a},\boldsymbol{\tau}\rangle=\frac{a_\tau}{a},\ \cos\langle\boldsymbol{a},\boldsymbol{n}\rangle=\frac{a_n}{a}$$

思考与讨论：

（1）忽略空气阻力，斜抛出去的铅球是否做匀变速曲线运动？

（2）什么情况下点的切向加速度为零？什么情况下点的法向加速度为零？什么情况下点的加速度为零？

（3）$\frac{\mathrm{d}\boldsymbol{v}}{\mathrm{d}t}$与$\frac{\mathrm{d}v}{\mathrm{d}t}$有何异同？

忽略空气阻力，试计算斜抛出去的铅球运动最佳抛射角和最大射程。

例 6-4　杆 AB 绕 A 点转动时，如图 6-13a 所示，带动套在半径为 R 的固定大圆环上的小环 M 运动，已知 $\varphi=\omega t$（ω 为常数）。求小环 M 的运动方程、速度和加速度。

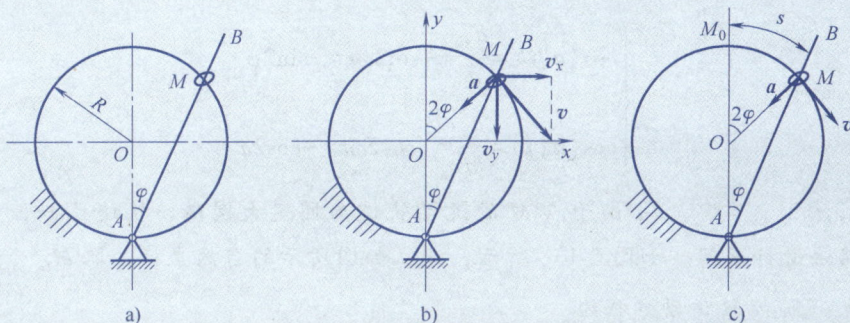

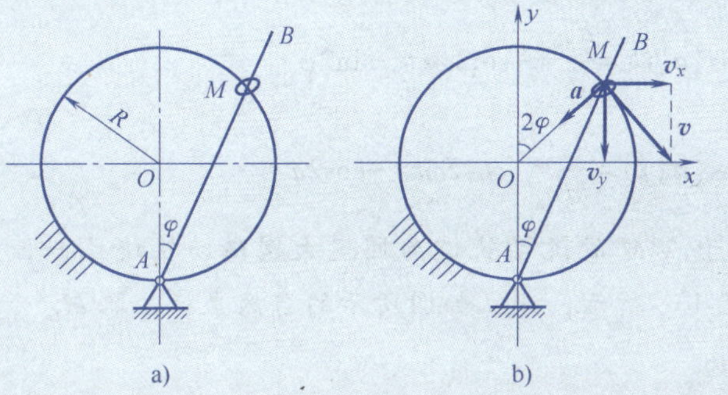

图　6-13

例题动画

求解程序（1）

求解程序（2）

解法 1（直角坐标法）：如图 6-13b 所示，以点 O 为坐标原点建立直角坐标系，则

$$\begin{cases}x=R\sin2\varphi\\y=R\cos2\varphi\end{cases}$$

将 $\varphi=\omega t$ 代入，得

$$\begin{cases}x=R\sin2\omega t\\y=R\cos2\omega t\end{cases}$$

这就是点 M 的运动方程。

求速度在直角坐标轴上的投影得

$$\begin{cases}v_x=\dfrac{\mathrm{d}x}{\mathrm{d}t}=2R\omega\cos2\omega t\\[2ex]v_y=\dfrac{\mathrm{d}y}{\mathrm{d}t}=-2R\omega\sin2\omega t\end{cases}$$

故点 M 的速度大小为　　$v=\sqrt{v_x^2+v_y^2}=2R\omega$

其方向余弦为

$$\begin{cases}\cos\langle \boldsymbol{v},\boldsymbol{i}\rangle=\dfrac{v_x}{v}=\cos2\omega t=\cos2\varphi\\ \cos\langle \boldsymbol{v},\boldsymbol{j}\rangle=\dfrac{v_y}{v}=-\sin2\omega t=-\sin2\varphi\end{cases}$$

再求加速度在直角坐标轴上的投影得

$$\begin{cases}a_x=\dfrac{\mathrm{d}v_x}{\mathrm{d}t}=-4R\omega^2\sin2\omega t\\ a_y=\dfrac{\mathrm{d}v_y}{\mathrm{d}t}=-4R\omega^2\cos2\omega t\end{cases}$$

则加速度的大小为 $a=\sqrt{a_x^2+a_y^2}=4R\omega^2$

其方向余弦为

$$\begin{cases}\cos\langle \boldsymbol{a},\boldsymbol{i}\rangle=\dfrac{a_x}{a}=-\sin2\omega t=-\sin2\varphi\\ \cos\langle \boldsymbol{a},\boldsymbol{j}\rangle=\dfrac{a_y}{a}=-\cos2\omega t=-\cos2\varphi\end{cases}$$

解法 2（自然法）：由于点 M 的运动轨迹为固定大圆环，轨迹已知，可使用自然法进行求解。如图 6-13c 所示，建立如图所示的自然坐标，取 M_0 为弧坐标原点。则点 M 运动方程为

$$s=R\cdot2\varphi=2R\omega t$$

速度为

$$\boldsymbol{v}=\frac{\mathrm{d}s}{\mathrm{d}t}\boldsymbol{\tau}=2R\omega\boldsymbol{\tau}$$

加速度分为切向加速度和法向加速度，大小分别为

$$a_\tau=\frac{\mathrm{d}v}{\mathrm{d}t}=\frac{\mathrm{d}^2s}{\mathrm{d}t^2}=0;\ a_\mathrm{n}=\frac{v^2}{\rho}=4R\omega^2$$

故加速度的大小为 $a=\sqrt{a_\tau^2+a_\mathrm{n}^2}=4R\omega^2$，方向沿主法线方向，由 M 指向 O 点。

例 6-5 一点做平面曲线运动，其速度在 x 轴上的投影始终为一常数 C。试证明在此情形下，点的加速度的大小为 $a=\dfrac{v^3}{C\rho}$。

证明：设点沿图 6-14 所示曲线运动，假设速度和加速度如图 6-14 所示。

由于速度在 x 轴上的投影始终为一常数，则有

$$v_x=v\cos\theta=C$$

$$a_x=\dot{v}_x=0$$

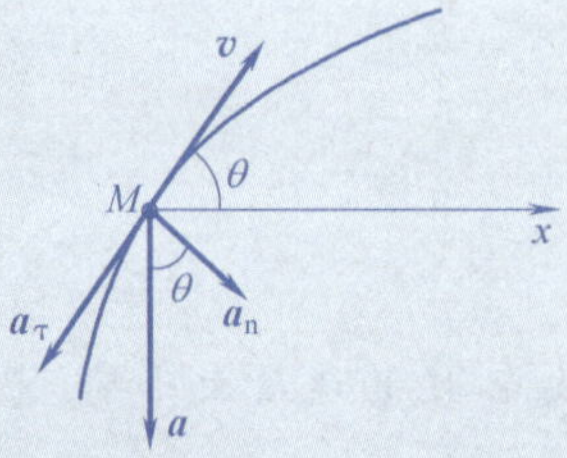

图 6-14

求解程序

由图可得
$$a=\sqrt{a_\tau^2+a_n^2}=\frac{a_n}{\cos\theta}$$

由于 $a_n=\dfrac{v^2}{\rho}$，$\cos\theta=\dfrac{C}{v}$，故 $a=\dfrac{v^2}{\rho\cos\theta}=\dfrac{v^3}{C\rho}$，得证。

例 6-6　已知点做平面曲线运动，其运动方程为 $x=x(t)$，$y=y(t)$，求任一瞬时该点的切向加速度、法向加速度及轨迹的曲率半径。

解： 根据直角坐标法，可求点的速度和加速度分别为

$$v_x=\dot{x}\ ,\ v_y=\dot{y}$$

$$a_x=\ddot{x}\ ,a_y=\ddot{y}$$

因此
$$v=\sqrt{\dot{x}^2+\dot{y}^2}\ ,\ a=\sqrt{\ddot{x}^2+\ddot{y}^2}$$

对 $v^2={v_x}^2+{v_y}^2=\dot{x}^2+\dot{y}^2$ 两边求导有 $2v\dot{v}=2v_x\dot{v}_x+2v_y\dot{v}_y=2\dot{x}\ddot{x}+2\dot{y}\ddot{y}$

由于
$$a_\tau=\dot{v}\text{，故有 } a_\tau=\frac{\dot{x}\ddot{x}+\dot{y}\ddot{y}}{\sqrt{\dot{x}^2+\dot{y}^2}}$$

根据点的加速度自然法，则

$$a_n=\sqrt{a^2-a_\tau^2}=\sqrt{\frac{(\ddot{x}^2+\ddot{y}^2)(\dot{x}^2+\dot{y}^2)-(\dot{x}\ddot{x}+\dot{y}\ddot{y})^2}{\dot{x}^2+\dot{y}^2}}=\frac{\dot{x}\ddot{y}-\ddot{x}\dot{y}}{\sqrt{\dot{x}^2+\dot{y}^2}}$$

$$\rho=\frac{v^2}{a_n}=\frac{\sqrt[3]{(\dot{x}^2+\dot{y}^2)^2}}{\dot{x}\ddot{y}-\ddot{x}\dot{y}}$$

a_τ 还可直接对速率 v 的表达式直接求导，或用其他方法求出，例如，

$$a_\tau=a\cos\langle \boldsymbol{a},\boldsymbol{\tau}\rangle=a\,\frac{\boldsymbol{v}\cdot\boldsymbol{a}}{va}=\frac{v_xa_x+v_ya_y}{v}=\frac{\dot{x}\ddot{x}+\dot{y}\ddot{y}}{\sqrt{\dot{x}^2+\dot{y}^2}}$$

求解程序

思考与讨论：

（1）试述直角坐标法与自然法之间的速度和加速度是如何联系的？

（2）已知点直角坐标法的运动方程，如何求点在任一瞬时的曲率半径？

本章思维导图

点的运动

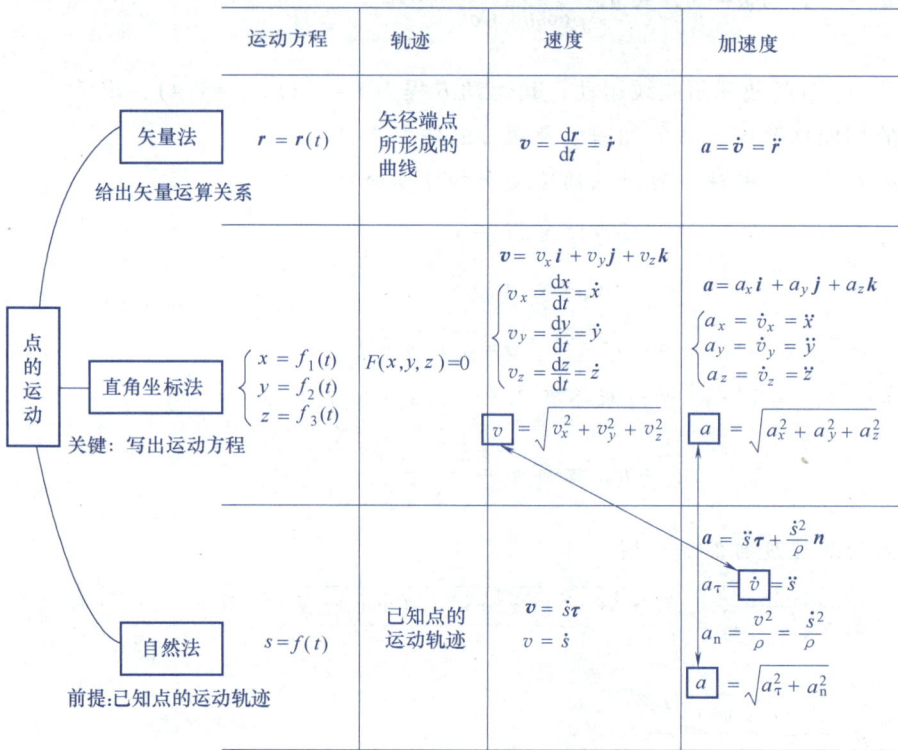

	运动方程	轨迹	速度	加速度
矢量法 给出矢量运算关系	$\boldsymbol{r}=\boldsymbol{r}(t)$	矢径端点所形成的曲线	$\boldsymbol{v}=\dfrac{\mathrm{d}\boldsymbol{r}}{\mathrm{d}t}=\dot{\boldsymbol{r}}$	$\boldsymbol{a}=\dot{\boldsymbol{v}}=\ddot{\boldsymbol{r}}$
直角坐标法 关键：写出运动方程	$\begin{cases}x=f_1(t)\\y=f_2(t)\\z=f_3(t)\end{cases}$	$F(x,y,z)=0$	$\boldsymbol{v}=v_x\boldsymbol{i}+v_y\boldsymbol{j}+v_z\boldsymbol{k}$ $\begin{cases}v_x=\dfrac{\mathrm{d}x}{\mathrm{d}t}=\dot{x}\\v_y=\dfrac{\mathrm{d}y}{\mathrm{d}t}=\dot{y}\\v_z=\dfrac{\mathrm{d}z}{\mathrm{d}t}=\dot{z}\end{cases}$ $\boxed{v}=\sqrt{v_x^2+v_y^2+v_z^2}$	$\boldsymbol{a}=a_x\boldsymbol{i}+a_y\boldsymbol{j}+a_z\boldsymbol{k}$ $\begin{cases}a_x=\dot{v}_x=\ddot{x}\\a_y=\dot{v}_y=\ddot{y}\\a_z=\dot{v}_z=\ddot{z}\end{cases}$ $\boxed{a}=\sqrt{a_x^2+a_y^2+a_z^2}$
自然法 前提:已知点的运动轨迹	$s=f(t)$	已知点的运动轨迹	$\boldsymbol{v}=\dot{s}\boldsymbol{\tau}$ $v=\dot{s}$	$\boldsymbol{a}=\ddot{s}\boldsymbol{\tau}+\dfrac{\dot{s}^2}{\rho}\boldsymbol{n}$ $a_\tau=\boxed{\dot{v}}=\ddot{s}$ $a_n=\dfrac{v^2}{\rho}=\dfrac{\dot{s}^2}{\rho}$ $\boxed{a}=\sqrt{a_\tau^2+a_n^2}$

习题

6-1 已知点的运动方程为 $x=5\cos t^2$，$y=5\sin t^2$，求其轨迹方程，并自起始位置计算弧长，求出点沿轨迹的运动规律。

6-2 如题 6-2 图所示，杆 AB 长 l，以等角速度 ω 绕 B 转动，转动方程 $\varphi=\omega t$，与杆连接的滑块 B 按规律 $s=a+b\sin\omega t$ 沿水平线做简谐振动，其中 a 和 b 均为常数，求点 A 的运动轨迹。

6-3 如题 6-3 图所示，摇杆机构由摇杆 BC、滑块 A 和曲柄 OA 组成，已知 $OA=OB=10\text{cm}$，BC 杆绕 B 轴按 $\varphi=10t$（以 rad 计）的规律转动，并通过滑块 A 在 BC 上滑动，带动 OA 绕 O 轴转动。试用直角坐标法和自然法，求滑块 A 的速度和加速度。

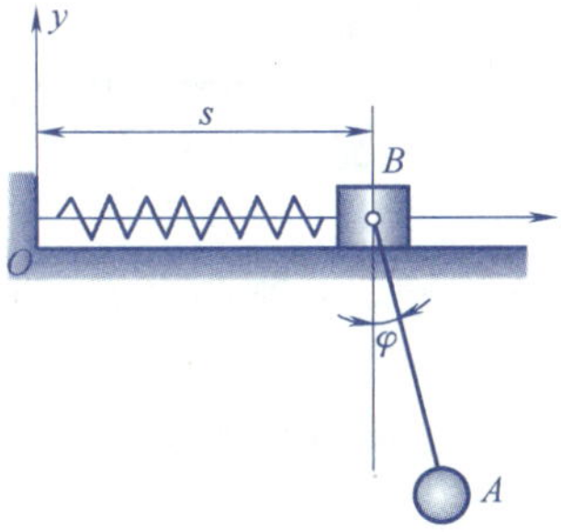

题 6-2 图

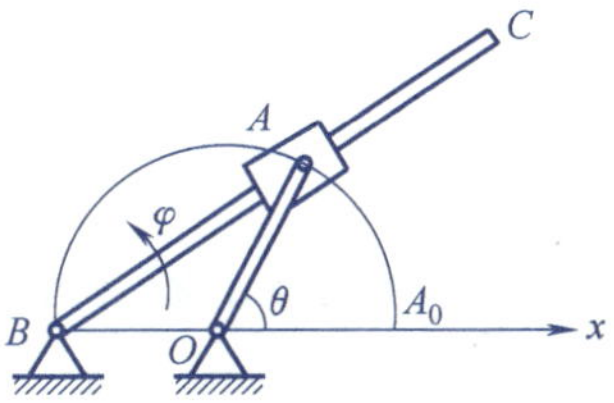

题 6-3 图

6-4 椭圆规机构如题 6-4 图所示，曲柄 OD 以 $\omega=\pi\text{rad/s}$ 的匀角速度绕 O 轴转动。已知 $OD=AD=DB=20\text{cm}$，$AM=10\text{cm}$，起始时 OD 在水平位置。

（1）写出 M 点的运动方程和轨迹方程。

（2）求当 $t=\dfrac{1}{2}\text{s}$ 及 $t=2\text{s}$ 时 M 点的速度和加速度。

6-5 在题 6-5 图所示机构中，CD 杆铰接于曲柄 OA，并可在套筒 B 内滑动。已知 $OA=OB=a$，$AD=b$，曲柄 OA 以匀角速度 ω 转动，试求 D 点的运动方程及速度和加速度。

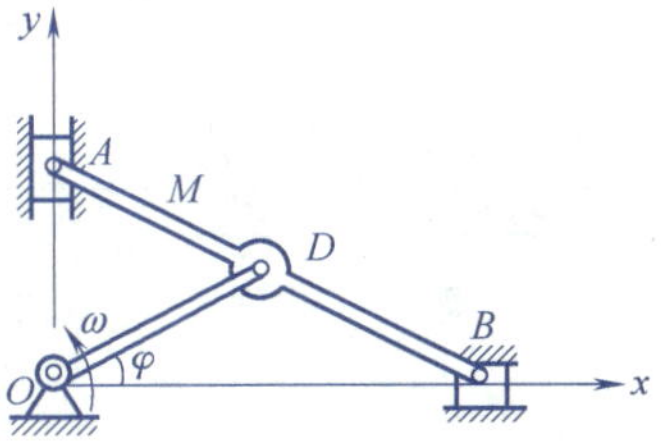

题 6-4 图

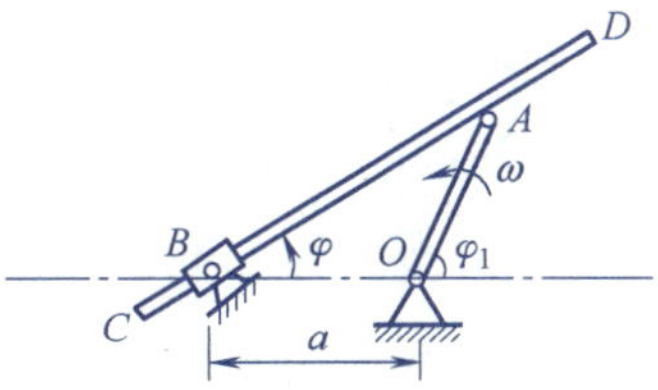

题 6-5 图

6-6 一点的运动方程为 $x=2t$，$y=t^2$（t 以 s 为单位，x、y 以 m 为单位），试求当 $t=1\text{s}$ 时该点速度、加速度的大小和方向以及轨迹的曲率半径。

6-7 已知炮弹的运动方程是 $x=v_0\cos\alpha\cdot t$，$y=v_0\sin\alpha\cdot t-\dfrac{1}{2}gt^2$，其中 v_0 是炮弹的初速度，α 是 v_0 与水平轴 x 的夹角，g 是重力加速度，求炮弹的运动轨迹以及炮弹飞行的高度 H、射程 L、时间 T。

6-8 如题 6-8 图所示，半圆形凸轮以匀速 $v_0=10\text{mm/s}$ 沿水平方向向左运动，使活塞杆 AB

沿铅直方向运动。滑杆 AB 长 70mm，凸轮半径 $R=80\text{mm}$，当运动开始时，活塞杆 A 端在凸轮的最高点上，求滑杆上 B 端的运动方程和速度方程。

6-9 套管 A 由绕过定滑轮 B 的绳索牵引而沿导轨上升，滑轮中心到导轨的距离为 l，如题 6-9 图所示。设绳索以等速 v_0 向下拉，忽略滑轮尺寸，求套管 A 的速度和加速度与距离 x 的关系式。

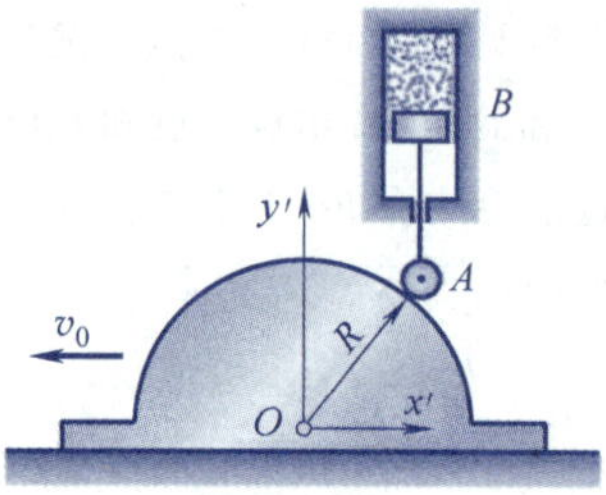

题 6-8 图

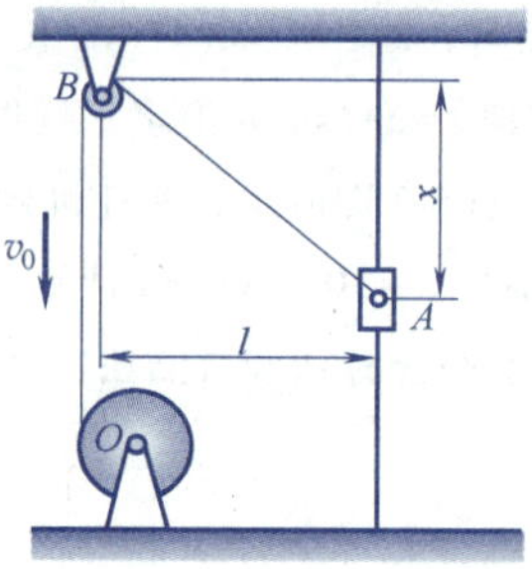

题 6-9 图

6-10 已知一点的运动方程 $x=v_0t\cos\alpha_0$，$y=v_0t\sin\alpha_0-\dfrac{1}{2}gt^2$，且轴 Ox 水平，轴 Oy 铅直向上，v_0、g、$\alpha_0<\dfrac{\pi}{2}$都是常数；求：(1) 该点的轨迹；(2) 该点最高位置的坐标；(3) 该点在 Ox 轴上时，速度在两坐标轴上的投影。

6-11 点 M 的柱坐标形式运动方程为 $r=a$，$\varphi=kt$，$z=vt$，求该点的速度在柱坐标上的投影。

6-12 如题 6-12 图所示，轮子沿水平轴 Ox 滚动，轮缘上一点 M 按方程 $x=20t-\sin 20t$，$y=1-\cos 20t$（t 以 s 为单位，x、y 以 m 为单位）描出摆线轨迹。求该点加速度的大小、方向。

6-13 在题 6-13 所示机构中，QM 杆铰接于曲柄 OA，可在套筒 B 内滑动。已知 $OA=OB=a$，$AM=b$，曲柄 OA 以匀角速 ω 逆时针转动，试求 M 点的运动方程及速度和加速度。

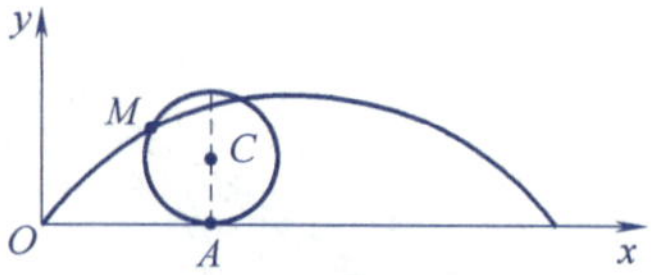

题 6-12 图

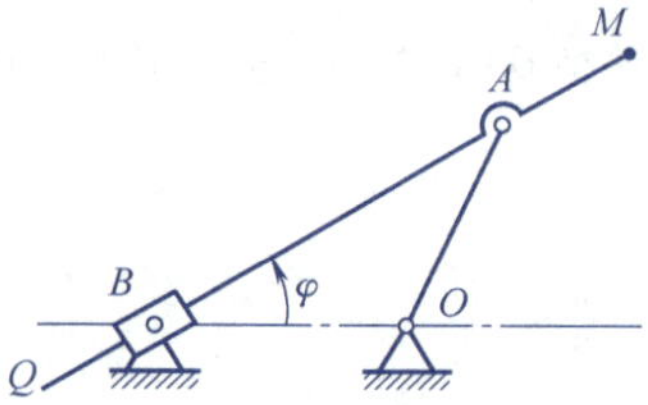

题 6-13 图

习题答案

第 7 章 刚体的基本运动

刚体是由无数点组成的，在点的运动学基础上可以研究刚体的运动。刚体和点一样，也是一种抽象化模型，在所研究的问题中，当物体大小不能忽略而形状变化可以忽略不计时，可以将其看作刚体。

刚体的平动和定轴转动是最简单的刚体基本运动形式，刚体其他复杂形式的运动都可以看作上述两种运动形式的合成。

本章研究刚体的平动和定轴转动，包括对刚体整体运动的描述、刚体上各点的运动描述及其之间的关系。

7.1 刚体的平动

刚体运动时，若刚体内任一直线始终与它的初始位置保持平行，这种运动称为刚体的平行移动，简称平动。工程中刚体平动的例子很多，如图 7-1 所示，沿直线轨道行驶的车厢的运动、筛沙机中筛子 *AB* 的运动等。

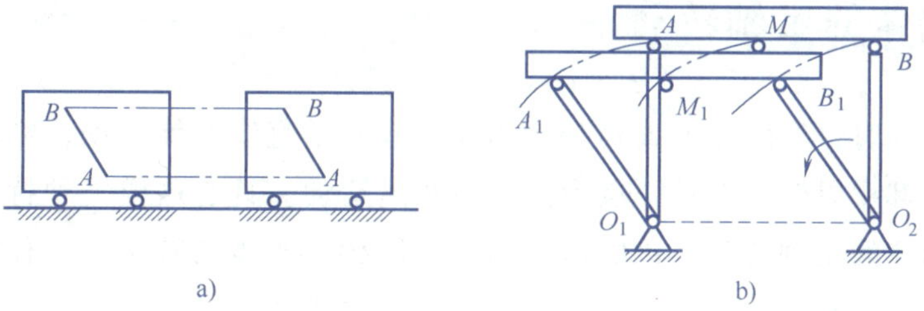

图 7-1

若刚体上任一点的轨迹为直线，则刚体的运动称为直线平移（见图 7-1a）；若刚体上任一点的轨迹为曲线，则刚体的运动称为曲线平移（见图 7-1b），曲线平移轨迹可以是平面曲线，也可以是空间曲线。

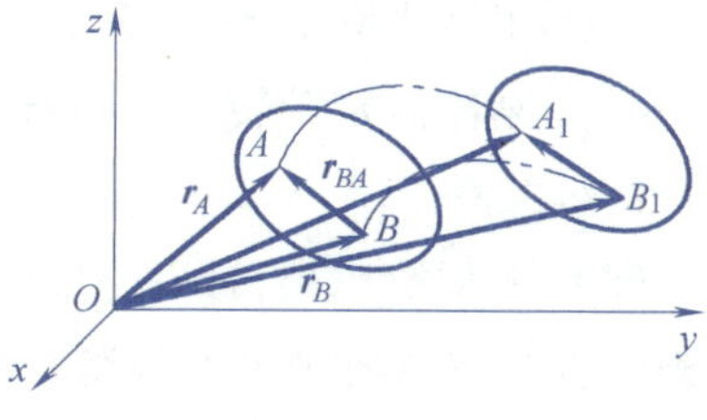

图 7-2

假设刚体做平动，刚体上任一直线 *AB*，$t+\Delta t$ 时刻运动到 A_1B_1 位置，以固定点 *O* 为定参考系的原点，建立直角坐标系，如图 7-2 所示。设 *A*、*B* 两点位置相对固定参考点 *O* 的位置矢量分别为 $\boldsymbol{r}_A$ 和 $\boldsymbol{r}_B$，*B* 到 *A* 的矢量为 $\boldsymbol{r}_{BA}$。任一瞬时，有矢量关系

$$\boldsymbol{r}_A=\boldsymbol{r}_B+\boldsymbol{r}_{BA} \tag{7-1}$$

由于刚体平行移动，其上任一直线在运动过程中始终保持和初始位置平行，故 $\boldsymbol{r}_{BA}$ 为常矢量。点 B 的轨迹沿 $\boldsymbol{r}_{BA}$ 方向平行移动一段距离 AB，就能与点 A 的轨迹重合，即平动刚体上任意两点的轨迹是完全相同的。

将式（7-1）对时间 t 求导，由于 $\dfrac{\mathrm{d}\boldsymbol{r}_{BA}}{\mathrm{d}t}=\boldsymbol{0}$

故有

$$\frac{\mathrm{d}\boldsymbol{r}_A}{\mathrm{d}t}=\frac{\mathrm{d}\boldsymbol{r}_B}{\mathrm{d}t}$$

即

$$\boldsymbol{v}_A=\boldsymbol{v}_B \tag{7-2}$$

再将式（7-2）对时间 t 求导，得

$$\boldsymbol{a}_A=\boldsymbol{a}_B \tag{7-3}$$

AB 为刚体上任一直线，因此可推得如下结论：**刚体平动时，刚体内各点的轨迹形状相同，且在同一瞬时，各点具有相同的速度和加速度。**

由此可知，刚体平动时，其上任一点的运动代表了刚体上其他各点的运动。因此，研究刚体的平动，可以归结为研究刚体内任一点的运动。

课程加油站

思考与讨论：

（1）若刚体做轨迹为圆的平动，那么每个点形成的轨迹都为圆，这些圆之间有什么关系？

（2）车辆绕圆形的街心公园转一圈，车身在做轨迹为圆的平动吗？为什么？

7.2 刚体的定轴转动

刚体运动时，若刚体上或其延伸部分上有一条直线始终不动，刚体内不在转轴上的点，都在以转轴上的一点为圆心做圆周运动。具有这样一种特征的刚体的运动称为**刚体的定轴转动**，该固定不动的直线称为刚体的**转轴**。工程中常见的齿轮、机床的主轴和定滑轮等的运动，都属于定轴转动。

思考与讨论：

（1）车辆绕圆形的街心公园转一圈，车身在做定轴转动吗？转轴在哪里？

（2）刚体做定轴转动，刚体内不在转轴上的点的运动轨迹都为圆，这些圆之间有什么关系？

（3）大型游乐项目阿拉伯飞毯和海盗船都是通过座舱的往复摆动，让乘客体验到失重与超重所带来的惊险。二者是否属于同一种刚体的运动？

显然，定轴转动刚体上每个点的轨迹不尽相同，研究定轴转动的刚体，需要先研究刚体定轴转动的整体运动情况，再研究定轴转动刚体上任意点的运动情况。

课程加油站

7.2.1 定轴转动刚体的整体运动描述

定轴转动刚体的整体运动描述包括刚体的转动方程（任一时刻刚体的位置角）、角速度和角加速度。

1. 转动方程

如图 7-3 所示，设刚体绕定轴 Oz 转动。为确定转动刚体的位置，过转轴先作一个与参考体固结的平面（静平面），再过转轴作一个与刚体固结，并随刚体转动的平面（动平面）。动平面和静平面之间的夹角确定了刚体的位置，称为**位置角**，用 φ 表示，其单位为 rad（弧度）。角 φ 为代数量，其符号规定为：由 Oz 轴正向朝负向看，从静平面起按逆时针转向量取角 φ，为正值，按顺时针转向量取角 φ，为负值。

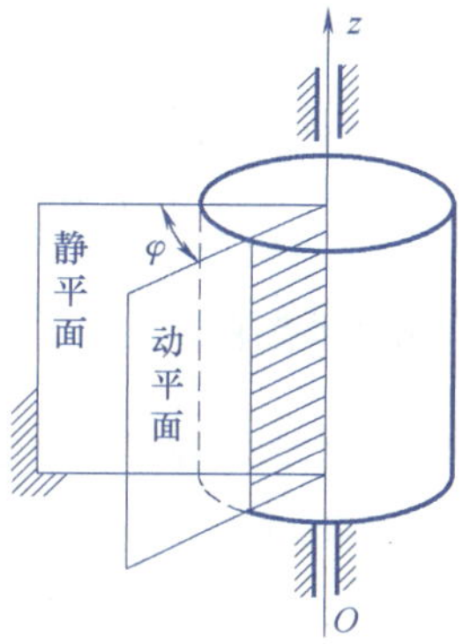

图　7-3

当刚体转动的时候，位置角是时间 t 的单值连续函数，即

$$\varphi=\varphi(t) \tag{7-4}$$

刚体上各点相对于动平面的位置是固定的，因此，确定了动平面的位置，就确定了整个刚体的位置。式（7-4）是刚体整体运动的转动方程，它确定了刚体在任一瞬时的位置。

2. 角速度

为度量刚体转动的快慢和方向，需要引入**角速度**的概念。假设定轴转动刚体 t 瞬时刚体位置角为 φ，$t+\Delta t$ 瞬时刚体位置角为 $\varphi+\Delta\varphi$，Δt 时间段内刚体转动的平均角速度为

$$\overline{\omega}=\frac{\Delta\varphi}{\Delta t}$$

则 t 瞬时刚体转动的角速度为

$$\omega=\lim_{\Delta t\to 0}\overline{\omega}=\lim_{\Delta t\to 0}\frac{\Delta\varphi}{\Delta t}=\frac{\mathrm{d}\varphi}{\mathrm{d}t} \tag{7-5}$$

刚体绕定轴转动的角速度等于其位置角对时间的一阶导数。ω 是代数量，其正负号规定与角 φ 相同，也由右手法则确定，由 Oz 轴正向朝负向看，逆时针取正值，反之取负值。

在国际单位制中角速度的单位是 rad/s（弧度/秒）。工程上常用转速 n 来表示刚体转动的快慢。n 的单位是 r/min（转/分），与角速度的转换关系为

$$\omega=\frac{2\pi n}{60}=\frac{\pi n}{30} \tag{7-6}$$

3. 角加速度

为了度量角速度变化的快慢，引入**角加速度**的概念。与角速度推导过程相似，**刚体绕定轴转动的角加速度等于其角速度对时间的一阶导数，或等于位置角**

对时间的二阶导数。即

$$\alpha=\frac{\mathrm{d}\omega}{\mathrm{d}t}=\frac{\mathrm{d}^2\varphi}{\mathrm{d}t^2} \tag{7-7}$$

在国际单位制中，角加速度的单位为 rad/s^2（弧度/秒^2）。α 是代数量，其正负号规定亦由右手法则确定，由 Oz 轴正向朝负向看，逆时针为正，顺时针为负。若 α 与 ω 转向相同，则刚体做加速转动；反之，若 α 与 ω 转向相反，则刚体做减速转动。当 α 恒为常量时，称为匀变速转动。

思考与讨论：

（1）刚体做匀变速转动时，其位置角 φ、角速度 ω 及角加速度 α 之间的关系与点的弧坐标 s、速度 v 及切向加速度 a_τ 之间的关系有何不同？

（2）刚体定轴转动时，角加速度为正表示加速转动；角加速度为负表示减速转动。这句话对吗？为什么？

例 7-1 物块以匀速 $\boldsymbol{v}_0$ 沿水平直线平动。杆 OA 可绕 O 轴转动，杆保持紧靠在物块的侧棱上，如图 7-4 所示。已知物块的高度为 h，试求 OA 杆的转动方程、角速度和角加速度。

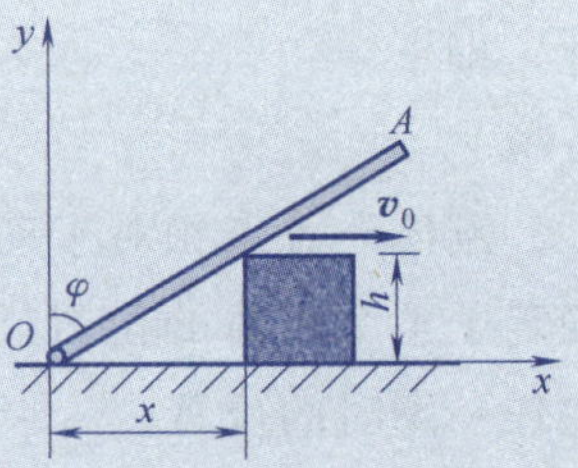

图 7-4

解： 建立如图 7-4 所示的直角坐标系，则

$$\tan\varphi=\frac{x}{h}=\frac{v_0t}{h}$$

故 OA 杆的转动方程 $\qquad \varphi=\arctan\dfrac{x}{h}=\arctan\dfrac{v_0t}{h}$

角速度

$$\omega=\frac{\mathrm{d}\varphi}{\mathrm{d}t}=\frac{hv_0}{h^2+v_0^2t^2}$$

角加速度

$$\alpha=\frac{\mathrm{d}\omega}{\mathrm{d}t}=\frac{-2hv_0^3}{(h^2+v_0^2t^2)^2}$$

例题动画

求解程序

7.2.2 定轴转动刚体上各点的速度和加速度

刚体绕定轴转动时，刚体转轴上的点静止不动，其他点在与转轴垂直的平面内做圆周运动，每个点的运动情况不同，与其到转轴的距离相关。下面具体讨论定轴转动刚体上各点的速度和加速度。

1. 运动方程

刚体绕定轴转动时，转轴过 O 点垂直于运动平面，设刚体在任一瞬时由静平面绕定轴 O 转过的角度 φ 达到动平面位置，此瞬时角速度为 ω，角加速度为 α。观察刚体上距转轴距离为 r 的任一点，其由 M_0 运动到 M，运动轨迹为以 O 为圆心、r 为半径的圆周运动，如图 7-5 所示。

由于已知点的运动轨迹，可采用自然法来描述点 M 的运动。

取固定平面与点 M 运动轨迹的交点 M_0 作为弧坐标原点，按 φ 角的正向规定弧坐标 s 的正向，则点 M 在任一位置的弧坐标 s 与刚体整体运动的位置角 φ 之间有如下关系：

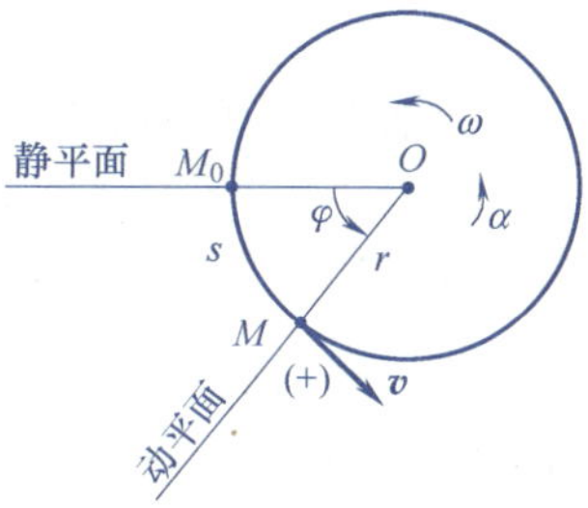

图 7-5

$$s=r\varphi=r\varphi(t) \tag{7-8}$$

此即为自然法表示的点的运动方程。

2. 速度

由自然法可知，在任一瞬时，点 M 的速率为

$$v=\frac{\mathrm{d}s}{\mathrm{d}t}=r\frac{\mathrm{d}\varphi}{\mathrm{d}t}=r\omega \tag{7-9}$$

已知点的运动轨迹，速度则沿轨迹的切向方向，即垂直于 OM，指向与角速度 ω 的转向一致，可表示为 $\boldsymbol{v}=v\boldsymbol{\tau}$。

由式（7-9）可知，**转动刚体上任一点速度的大小等于该点到转轴的距离与刚体角速度的乘积，方向沿轨迹在这一点的切线方向，指向与刚体的转动角速度方向保持一致。**

3. 加速度

由自然法可知，在任一瞬时，点 M 的加速度可分为切向加速度和法向加速度。即

$$\boldsymbol{a}=a_{\tau}\boldsymbol{\tau}+a_{\mathrm{n}}\boldsymbol{n} \tag{7-10}$$

其中切向加速度

$$a_{\tau}=\frac{\mathrm{d}v}{\mathrm{d}t}=\frac{\mathrm{d}(r\omega)}{\mathrm{d}t}=r\alpha \tag{7-11}$$

由式（7-11）可知，**转动刚体上任一点的切向加速度的大小等于该点到转轴的距离与刚体角加速度的乘积，方向沿轨迹在这一点的切线方向，垂直于这个点到转轴距离的连线，指向与刚体的转动角加速度方向保持一致**，如图 7-6 所示。

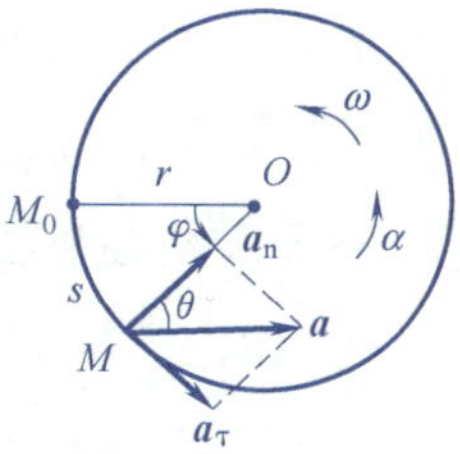

图 7-6

法向加速度

$$a_{\mathrm{n}}=\frac{v^2}{\rho}=\frac{(r\omega)^2}{r}=r\omega^2 \tag{7-12}$$

由式（7-12）可知，**转动刚体上任一点的法向加速度的大小等于该点到转轴的距离与刚体角速度平方的乘积，方向是从这个点指向轨迹的曲率中心，即指向圆心 O**，如图 7-6 所示。

全加速度的大小为

$$a=\sqrt{a_{\tau}^{2}+a_{n}^{2}}=r\sqrt{\alpha^{2}+\omega^{4}} \tag{7-13}$$

全加速度的方向由 $\boldsymbol{a}$ 与半径 OM 的偏角 θ 表示，如图 7-6 所示，则有

$$\theta=\arctan\frac{|a_{\tau}|}{a_{n}}=\arctan\frac{|\alpha|}{\omega^{2}} \tag{7-14}$$

在每一瞬时，刚体的 ω 和 α 都只有一个确定的数值，所以由式（7-9）、式（7-13）、式（7-14）可知：

（1）转动刚体内任一点的速度和加速度的大小都与该点到转轴的距离成正比。

（2）各点速度的方向垂直于转动半径，各点全加速度与半径的夹角 θ 都相同，与转动半径无关。

定轴转动刚体的速度和加速度分布如图 7-7 所示。

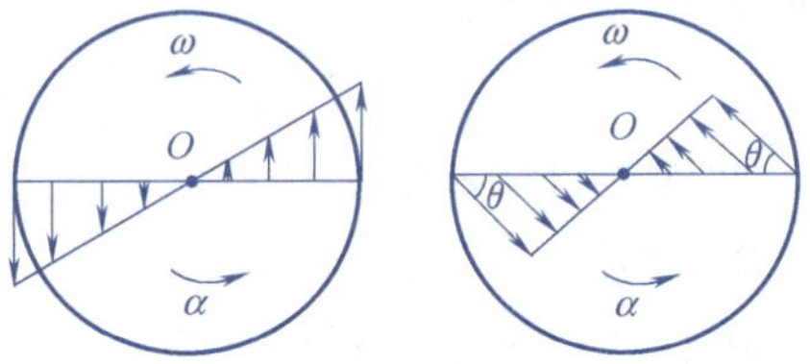

图 7-7

课程加油站

例题动画

求解程序

例 7-2 圆轮半径 $R=0.2\text{m}$，绕固定轴 O 的转动方程为 $\varphi=-t^{2}+4t$（rad）。求 $t=1\text{s}$ 时，轮缘上任一点 M 的速度和加速度（见图 7-8）。如在此轮缘上绕一柔软而不可伸长的绳子并在绳端悬挂一物体 A，求当 $t=1\text{s}$ 时，物体 A 的速度和加速度。

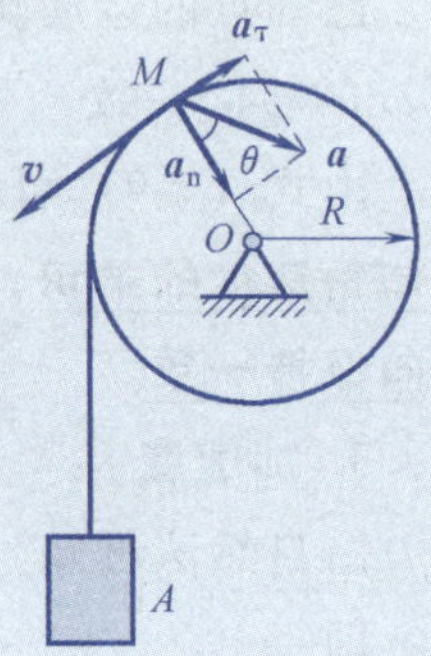

图 7-8

解： 圆轮在任一瞬时的角速度和角加速度为

$$\omega=\frac{\mathrm{d}\varphi}{\mathrm{d}t}=-2t+4；\ \alpha=\frac{\mathrm{d}\omega}{\mathrm{d}t}=-2$$

当 $t=1\text{s}$ 时，刚体定轴转动的角速度和角加速度分别为

$$\omega=2\text{rad/s}；\ \alpha=-2\text{rad/s}$$

因此，当 $t=1\text{s}$ 时定轴转动刚体轮缘上任一点 M 的速度和加速度分别为

$$v_{M}=R\omega=0.4\text{m/s}；\ a_{M}^{\tau}=R\alpha=-0.4\text{m/s}^{2}；\ a_{M}^{n}=R\omega^{2}=0.8\text{m/s}^{2}$$

全加速度的大小为

$$a_{M}=\sqrt{(a_{M}^{\tau})^{2}+(a_{M}^{n})^{2}}=r\sqrt{(-0.4)^{2}+(0.8)^{2}}\ \text{m/s}^{2}=0.894\text{m/s}^{2}$$

全加速度与半径方向的偏角为 θ，如图 7-8 所示，则有

$$\theta=\arctan\frac{|\alpha|}{\omega^{2}}=\arctan\frac{0.2}{0.4}=26°34'$$

求物体 A 的速度和加速度，由于 $s_{A}=s_{M}$

两边求导，得 $v_{A}=v_{M}$；$a_{A}=a_{M}^{\tau}$

故 $v_{A}=0.4\text{m/s}$；$a_{A}=-0.4\text{m/s}^{2}$

7.2.3 轮系传动比

齿轮传动是工程上常见的一种传动方式，可用来改变转速和转向，传动方式

通常是由主动轮带动若干从动轮而运动。

例 7-3　齿轮 1 和齿轮 2 相互啮合，分别绕定轴 O_1 和 O_2 转动，如图 7-9 所示。已知主动齿轮 1 的角速度为 ω_1，角加速度为 α_1，节圆半径为 r_1；从动齿轮 2 的节圆半径为 r_2，求齿轮 2 的角速度 ω_2 及角加速度 α_2。

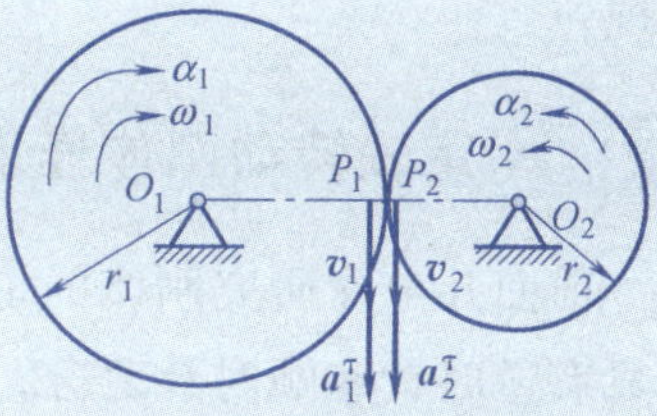

图　7-9

例题动画

求解程序

解：因齿轮啮合，在啮合点处无相对滑动，所以两齿轮的接触点 P_1 与 P_2 的速度相同，切向加速度相同。即

$$v_1 = v_2,\ a_1^\tau = a_2^\tau$$

由于

$$v_1 = r_1\omega_1, v_2 = r_2\omega_2$$

$$a_1^\tau = r_1\alpha_1,\ a_2^\tau = r_2\alpha_2$$

则有

$$\omega_2 = \frac{r_1}{r_2}\omega_1;\ \alpha_2 = \frac{r_1}{r_2}\alpha_1$$

即

$$\frac{\omega_1}{\omega_2} = \frac{\alpha_1}{\alpha_2} = \frac{r_2}{r_1}$$

通常称主动轮与从动轮角速度或角加速度之比为传动比，记为i_{12}，由例 7-3 可知，

$$i_{12} = \frac{\omega_1}{\omega_2} = \frac{\alpha_1}{\alpha_2} = \frac{r_2}{r_1}$$

设齿轮 1 和齿轮 2 的齿数分别为 z_1、z_2，由于齿轮啮合齿距相同，齿数与其节圆半径成正比，则有

$$i_{12} = \frac{\omega_1}{\omega_2} = \frac{\alpha_1}{\alpha_2} = \frac{r_2}{r_1} = \frac{z_2}{z_1} \tag{7-15}$$

即**相互啮合的两齿轮的角速度之比等于角加速度之比，均与它们的节圆半径成反比，亦与它们的齿数成反比。**

有时为了区分轮系中各轮的转向，对各轮都规定统一的转动正向，这时各轮的角速度可取代数值，从而传动比也取代数值。

对于链轮、带轮等传动，如不考虑传动带（或链）的厚度，并假设传动带与带轮间无相对滑动，则式（7-15）对于链轮、带轮等传动同样适用。需要注意的是，外啮合时两齿轮转向相反，而带（或链）轮传动时，两轮的转向相同。

思考与讨论：

（1）齿轮啮合传动时，在啮合点处两齿轮接触点速度相同，切向加速度相同，法向加速度是否也相同？为什么？

（2）例 7-3 两齿轮属于外啮合，内啮合和外啮合的不同之处在传动比上如何体现？

7.2.4 定轴转动刚体速度、加速度的矢量表示

前面几节在研究刚体的定轴转动时，认为刚体都在同一平面上转动，转动方向只有逆时针和顺时针之分，故将角速度、角加速度视为代数量。但是实际中定轴转动可以发生在空间任意平面，需要知道转轴的空间方位。为了便于用矢量的方法研究刚体的转动，有必要引入角速度矢量和角加速度矢量的概念，并用这两个矢量来表示转动刚体上各点的速度和加速度。

1. 角速度、角加速度的矢量表示

可以用转动平面的法线方向来代表角速度 $\boldsymbol{\omega}$ 以及角加速度 $\boldsymbol{\alpha}$ 的矢量方向，如图 7-10 所示，方向按右手螺旋法则确定。右手四指微弯表示刚体转动的方向，大拇指的方向即角速度 $\boldsymbol{\omega}$ 以及角加速度 $\boldsymbol{\alpha}$ 的矢量方向。角速度矢量和角加速度矢量均为滑动矢量，在轴上的起点是任意位置，可以从转轴上任一点画出，其长度按比例尺由角速度及角加速度的大小决定。

以单位矢量 $\boldsymbol{k}$ 表示 z 轴的正向，如图 7-10 所示，则

$$\boldsymbol{\omega}=\omega\boldsymbol{k}$$

对上式求导，则角加速度矢量

$$\boldsymbol{\alpha}=\frac{\mathrm{d}\boldsymbol{\omega}}{\mathrm{d}t}=\frac{\mathrm{d}\boldsymbol{k}\omega}{\mathrm{d}t}=\alpha\boldsymbol{k}$$

当二者方向相同时，刚体越转越快；当二者方向相反时，刚体越转越慢。

2. 转动刚体上点的速度、加速度的矢量表示

定轴转动刚体以角速度 $\boldsymbol{\omega}$ 以及角加速度 $\boldsymbol{\alpha}$ 绕 z 轴做定轴转动，如图 7-11 所示。在转轴上任选一点 O 为原点，刚体上任一点 M 的位置可用矢径 $\boldsymbol{r}$ 确定，刚体定轴转动的过程中，点 M 绕 O' 做半径为 R 的圆周运动。

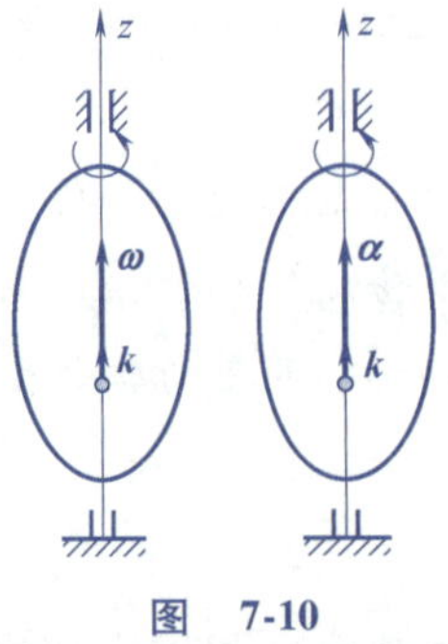

图 7-10

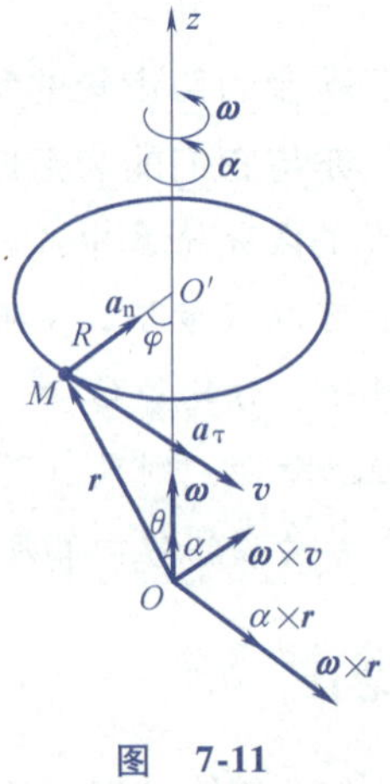

图 7-11

设矢径 $\boldsymbol{r}$ 与转轴 Oz 的夹角为 θ，设 $\theta=0$ 时点 M 所在的位置为其初始位置。

则点 M 的运动方程为

$$s=R\varphi=(r\sin\theta)\varphi$$

将上式对时间求导，点 M 的速率为

$$v=\dot{s}=R\dot{\varphi}=(r\sin\theta)\dot{\varphi}=\omega R=\omega r\sin\theta$$

其方向可以用角速度矢 $\boldsymbol{\omega}$ 与它的矢径 $\boldsymbol{r}$ 的矢量积表示，即

$$\boldsymbol{v}=\boldsymbol{\omega}\times\boldsymbol{r} \tag{7-16}$$

即定轴转动刚体上任意点的速度等于刚体的角速度矢量与该点矢径的矢量积。

将式（7-16）对时间求一阶导数，则点 M 的加速度为

$$\boldsymbol{a}=\frac{\mathrm{d}\boldsymbol{v}}{\mathrm{d}t}=\frac{\mathrm{d}(\boldsymbol{\omega}\times\boldsymbol{r})}{\mathrm{d}t}=\frac{\mathrm{d}\boldsymbol{\omega}}{\mathrm{d}t}\times\boldsymbol{r}+\boldsymbol{\omega}\times\frac{\mathrm{d}\boldsymbol{r}}{\mathrm{d}t}=\boldsymbol{\alpha}\times\boldsymbol{r}+\boldsymbol{\omega}\times\boldsymbol{v} \tag{7-17}$$

其中，$\boldsymbol{\alpha}\times\boldsymbol{r}$ 的大小为 $\alpha r\sin\theta$，即 αR，方向沿轨迹的切向方向，与切向加速度方向一致；$\boldsymbol{\omega}\times\boldsymbol{v}$ 的大小为 $\omega R\omega\sin90°$，即 $R\omega^2$，方向沿 M 指向 O'，与法向加速度方向一致。

因此可得

$$\boldsymbol{a}_\tau=\boldsymbol{\alpha}\times\boldsymbol{r} \tag{7-18}$$

$$\boldsymbol{a}_\mathrm{n}=\boldsymbol{\omega}\times\boldsymbol{v} \tag{7-19}$$

即定轴转动刚体上任一点的切向加速度等于刚体的角加速度矢量与该点矢径的矢量积；任一点的法向加速度等于刚体的角速度矢与该点速度矢的矢量积。

本章思维导图

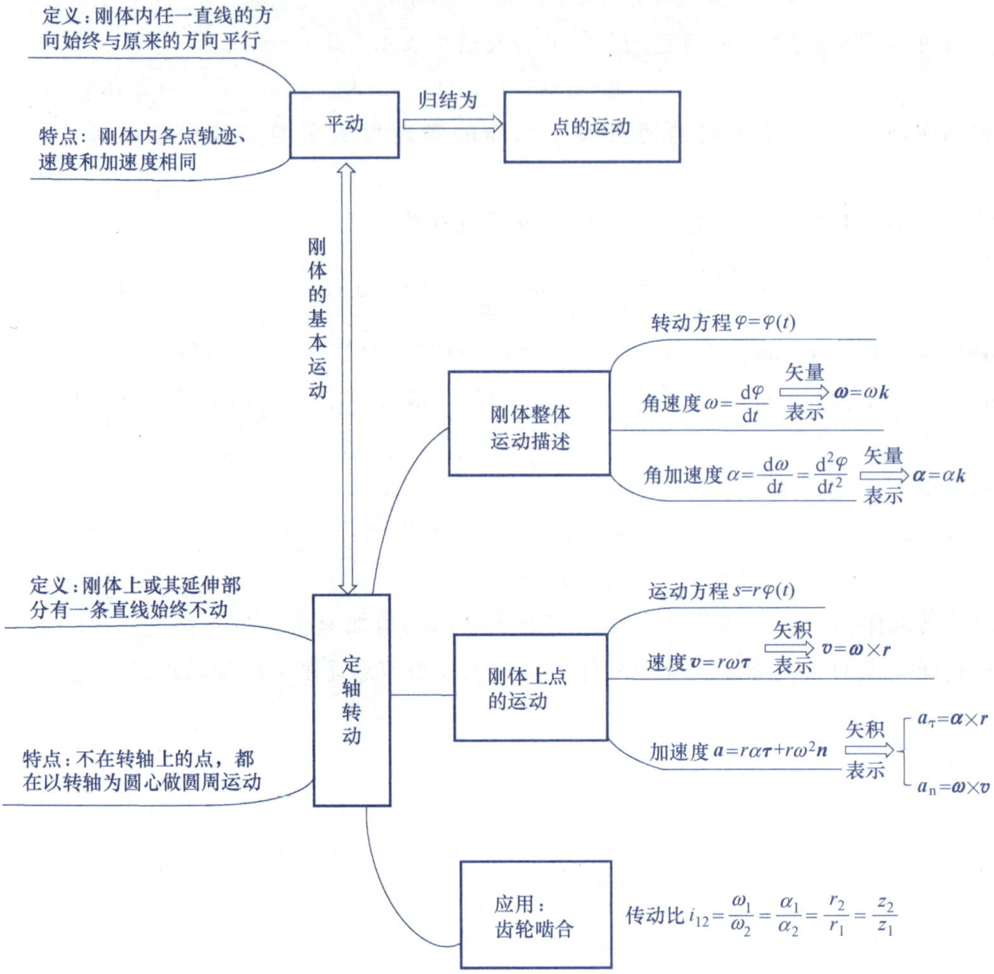

定义：刚体内任一直线的方向始终与原来的方向平行
特点：刚体内各点轨迹、速度和加速度相同
平动
归结为
点的运动
刚体的基本运动
定轴转动
定义：刚体上或其延伸部分有一条直线始终不动
特点：不在转轴上的点，都在以转轴为圆心做圆周运动
刚体整体运动描述
转动方程 $\varphi=\varphi(t)$
角速度 $\omega=\frac{d\varphi}{dt}$ 矢量表示 $\boldsymbol{\omega}=\omega\boldsymbol{k}$
角加速度 $\alpha=\frac{d\omega}{dt}=\frac{d^2\varphi}{dt^2}$ 矢量表示 $\boldsymbol{\alpha}=\alpha\boldsymbol{k}$
刚体上点的运动
运动方程 $s=r\varphi(t)$
速度 $v=r\omega\tau$ 矢积表示 $\boldsymbol{v}=\boldsymbol{\omega}\times\boldsymbol{r}$
加速度 $\boldsymbol{a}=r\alpha\boldsymbol{\tau}+r\omega^2\boldsymbol{n}$ 矢积表示 $\boldsymbol{a}_\tau=\boldsymbol{\alpha}\times\boldsymbol{r}$ $\boldsymbol{a}_n=\boldsymbol{\omega}\times\boldsymbol{v}$
应用：齿轮啮合
传动比 $i_{12}=\frac{\omega_1}{\omega_2}=\frac{\alpha_1}{\alpha_2}=\frac{r_2}{r_1}=\frac{z_2}{z_1}$

习题

7-1　搅拌机如题 7-1 图所示，已知 $O_1A=O_2B=r$，$O_1O_2=AB$，如曲柄 O_1A 的转速为 n(r/min)，试求构件 BAM 上点 M 的轨迹形状、速度和加速度。

7-2　如题 7-2 图所示机构中，当 $\theta=30°$时，$\omega=1.2\text{rad/s}$，$\alpha=1.5\text{rad/s}^2$，$AB=CD=2\text{m}$，$AC=3\text{m}$，$CF=4\text{m}$，求均质板 $ACFE$ 的重心 G 的速度、切向加速度和法向加速度的大小和方向。

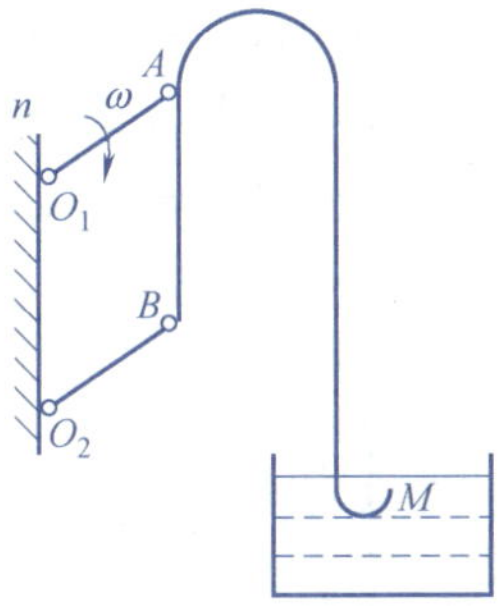

题　7-1 图

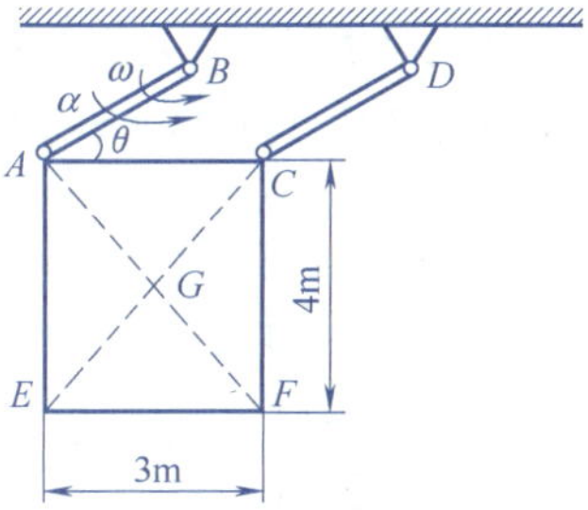

题　7-2 图

7-3　如题 7-3 图所示，曲柄 AB 以等角速度 ω 绕 A 轴转动，其转动方程为 $\varphi=\omega t$，并通过滑块 B 带动摇杆 OC 绕轴 O 转动。设 $OA=h$，$AB=r$，试求摇杆 OC 的转动方程。

7-4　如题 7-4 图所示，两轮Ⅰ、Ⅱ的半径分别为 $r_1=100\text{mm}$，$r_2=150\text{mm}$，平板 AB 放置在两轮上。已知在某瞬时轮Ⅱ边缘上一点的速度为 200mm/s，加速度为 280mm/s^2，求此时平板移动的速度、加速度，以及轮Ⅰ的角速度和角加速度。

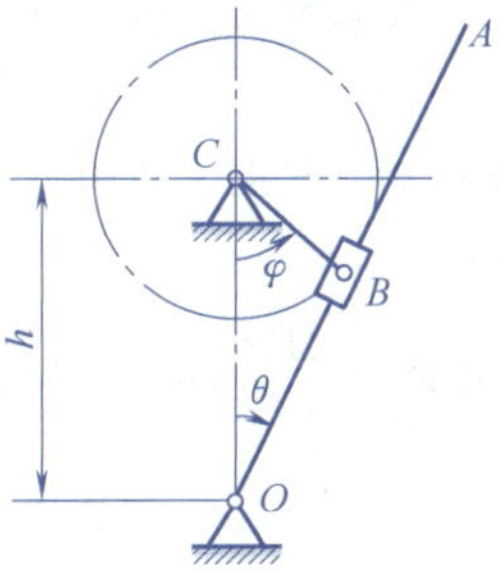

题　7-3 图

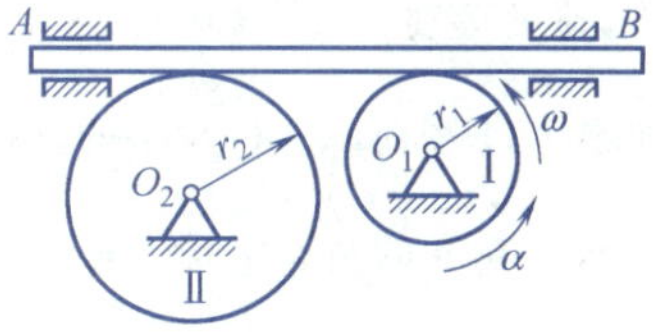

题　7-4 图

7-5　半径为 r 的圆轮沿水平直线运动，如题 7-5 图所示，轮心速度 v 为常量，求 OA 杆的角速度、角加速度与角 θ 的关系。

7-6　如题 7-6 图所示，纸盘由厚度为 δ 的纸条卷成，现以等速 $\boldsymbol{v}$ 拉动纸条将纸条解开，当

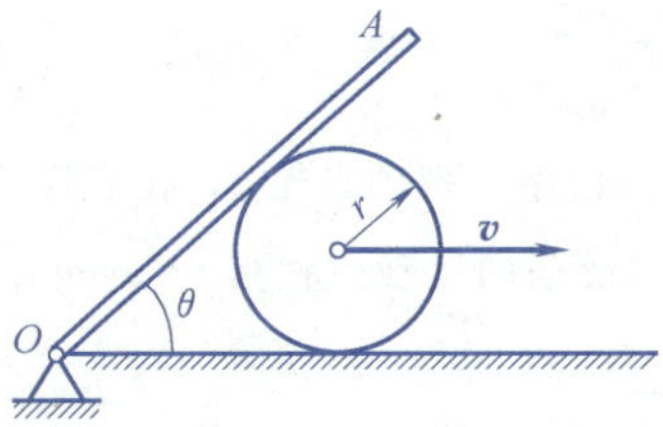

题　7-5 图

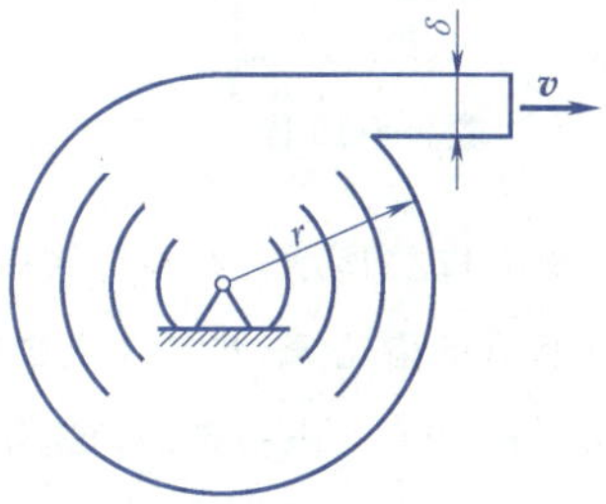

题　7-6 图

纸盘半径减小时，其转速加快。求纸盘半径为 r 时的转动角加速度。

7-7　如题 7-7 图所示，在驱动刨床 4 运动的机构中，齿数为 z_1 的齿轮 1 按规律 $\varphi_1=a\sin pt$ 转动，a、p 为已知常数。若齿轮 2 和 3 的齿轮数分别为 z_2 和 z_3，且齿轮 2 和齿轮 3 刚性固结。求从运动开始（$t=0$）至时刻$t_1=\dfrac{\pi}{4p}$时，齿轮 3 和齿条 4 上点 M_3 和 M_4 的速度和加速度。已知齿距均为 h（$\dfrac{h}{2\pi}=\dfrac{r}{z}$，其中 h 为齿距，z 为齿数，r 为节圆半径）。图示位置即为机构在时刻t_1的位置。

7-8　如题 7-8 图所示，摩擦轮传动机构的主轴 1 的转速 $n=600\text{r/min}$。轴 1 的轮盘 A 与轴 2 的轮盘 B 接触，接触点按箭头所示方向移动。距离 $d=10-0.5t$，d 以 cm 计，t 以 s 计。已知 $r=5\text{cm}$，$R=15\text{cm}$。求：(1) 以距离 d 表示轴 2 的角加速度；(2) 当 $d=r$ 时，轮 B 边缘上一点的加速度。

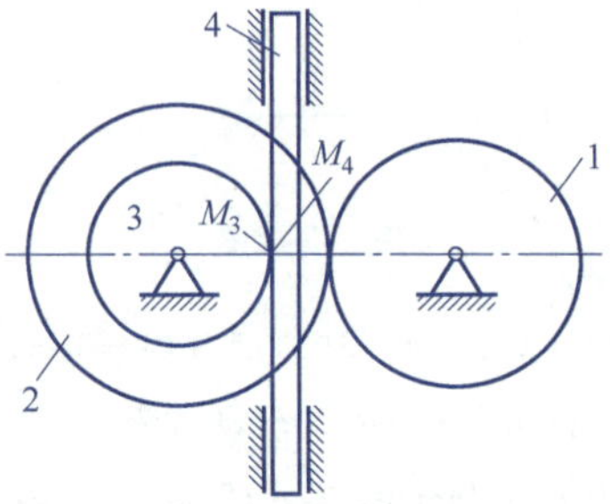

题　7-7 图

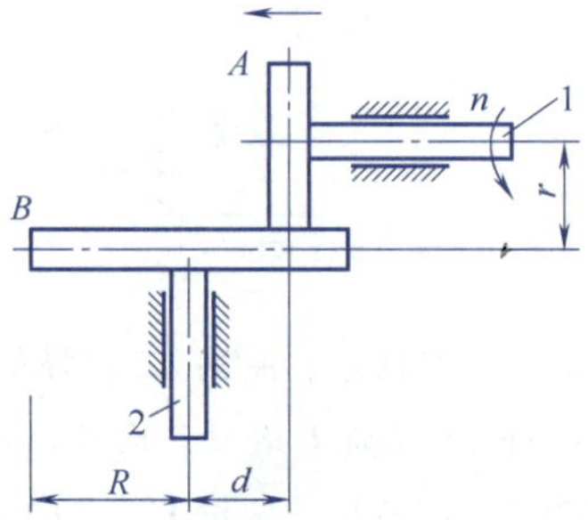

题　7-8 图

7-9　一物体绕固定摆运动，转角由方程 $\varphi=20^\circ\sin\psi$ 表示，$\psi=2t$［ψ 以°（度）为单位，t 以 s 为单位］，当 $t=0$ 时，求此物体的角速度，并求最初两次改变转动方向的时刻 t_1、t_2 以及振动的周期 T。

7-10　如题 7-10 图所示，带轮边缘点 A 以 50cm/s 的速度运动，与点 A 在同一半径上的点 B 以 10cm/s 的速度运动，$AB=20\text{cm}$，求带轮的角速度及其直径。

7-11　如题 7-11 图所示，齿轮Ⅰ的直径 $D_1=360\text{mm}$，角速度等于$\dfrac{10\pi}{3}\text{rad/s}$。齿轮Ⅱ与齿轮Ⅰ作内啮合，设齿轮Ⅱ的角速度是齿轮Ⅰ的 3 倍，求齿轮Ⅱ的直径 D_2。

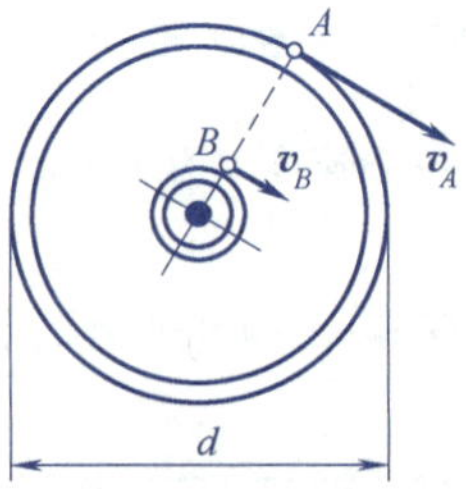

题　7-10 图

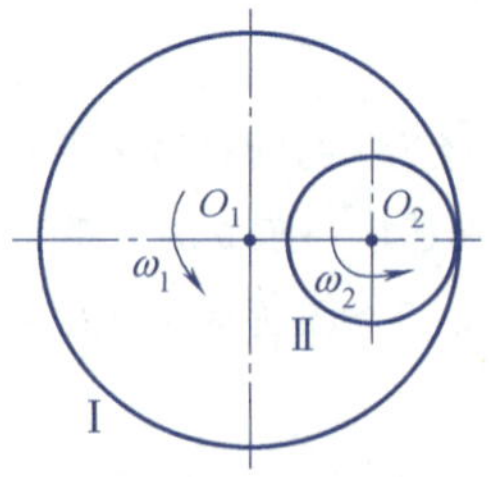

题　7-11 图

7-12　如题 7-12 图所示，在指针式指示器机构中，齿条 1 带动齿轮 2，在齿轮 2 的轴上装有与齿轮 4 相啮合的齿轮 3，齿轮 4 上带有指针。已知齿条的运动方程是 $x=a\sin kt$，各齿轮的半径分别是 r_2、r_3 和 r_4，求指针的角速度。

7-13　如题 7-13 图所示，半长轴与半短轴分别为 a 和 b 的椭圆齿轮副中，齿轮Ⅰ的角速度

ω_1 = 常数，求此椭圆齿轮副的传送规律，已知两齿轮轴间的距离是 $O_1O_2=2a$，φ 是两转动轴的连线与椭圆齿轮 I 的长轴之间的夹角，两转动轴各自通过椭圆的一个焦点。

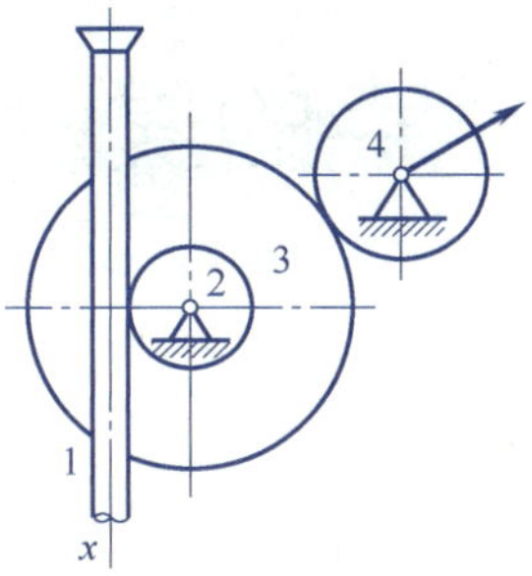

题 7-12 图

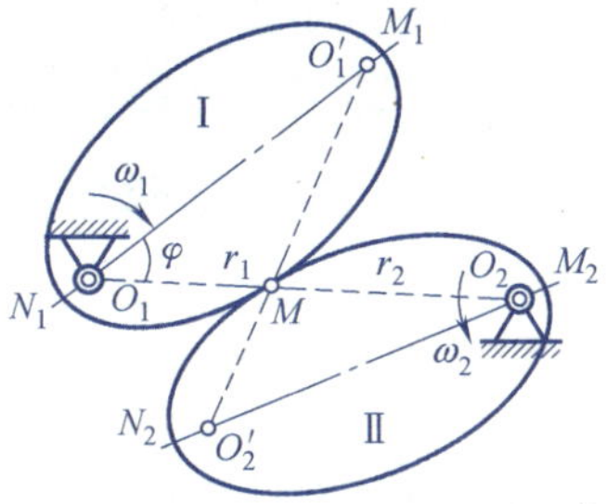

题 7-13 图

7-14　如题 7-14 图所示，推杆的末端搁在半径为 $r=30\text{cm}$ 的圆形凸轮上，凸轮以速度 $v=5\text{cm/s}$ 做往复移动。已知推杆降落的时间是 $t=3\text{s}$，且初始瞬时处于最高位置，求推杆下落的距离。

7-15　半径 $R=100\text{mm}$ 的圆盘绕其圆心转动，题 7-15 图所示瞬时，点 A 的速度为 $\boldsymbol{v}_A=200\boldsymbol{j}\text{mm/s}$，点 B 的切向加速度 $\boldsymbol{a}_B^\tau=150\boldsymbol{i}\text{mm/s}^2$。求角速度 $\boldsymbol{\omega}$ 和角加速度 $\boldsymbol{\alpha}$，并进一步写出点 C 的加速度矢量表达式。

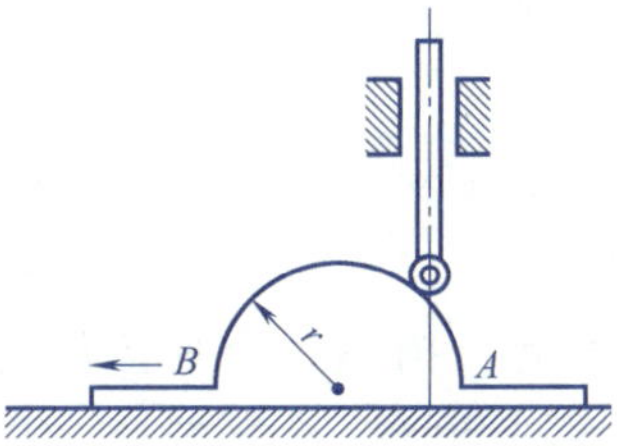

题 7-14 图

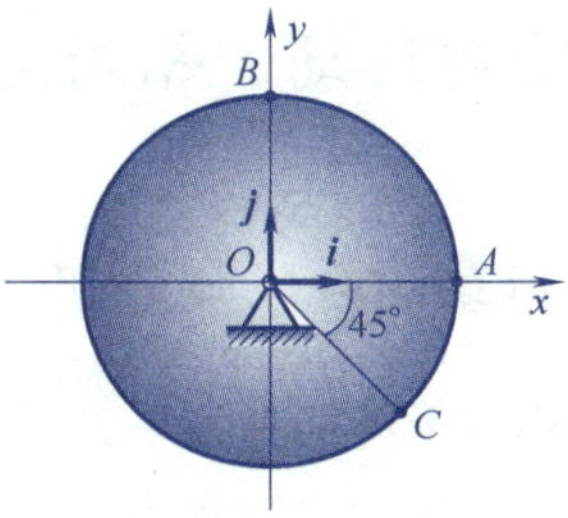

题 7-15 图

习题答案

第8章 点的复合运动

物体的运动是绝对的，但是对物体运动的描述是相对的，选择不同的参考系观察同一物体的运动，结果是不相同的。在第6章点的运动学中，描述点的运动是相对于固定参考系而言的，而实际上有时不能或不方便在固定参考系下描述点的运动。

本章研究同一个点相对于两个参考系的运动，分析两种运动间的相互关系，探寻点的运动分解与合成的规律；推导运动中某一瞬时点的速度和加速度合成定理，以及其在工程实际中的应用。

8.1 绝对运动、相对运动和牵连运动

8.1.1 运动的合成与分解

物体相对于不同参考系其运动是不同的，因此，描述一个物体的运动时要指明参考系。例如，自行车沿着水平地面匀速直线行驶时，观察后轮上任意一点 M 的运动轨迹，如图8-1所示，若以地面为参考系，点 M 的运动轨迹是旋轮线，但以自行车车架为参考系，点 M 的运动轨迹则是圆。点 M 的旋轮线运动可以看成是该点相对于自行车车架的运动和自行车车架相对于地面的运动合成的。再如无风下雨时，以地面为参考系，雨点是铅垂向下的，但是以正在直线行驶的汽车为参考系，雨点则是斜向后的，如图8-2所示。雨点垂直向下的运动可以看成是雨点相对于汽车的运动和汽车相对于地面的运动合成的。

图 8-1

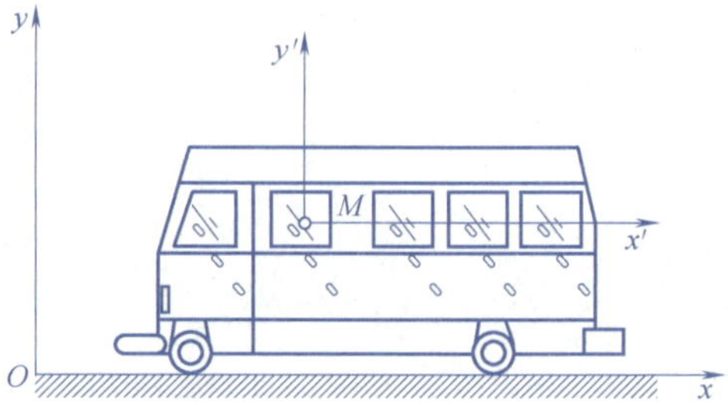

图 8-2

这种相对于某一参考系的运动可由相对于其他参考系的几个运动复合而成，这种运动称为复合运动。将复杂的运动分解为简单的运动来研究，然后再把它们

合成，这种方法就是研究点运动的一种重要方法——运动的分解与合成。

8.1.2 三种运动

一般来说，把所研究的点称为动点，将固结在地球上的坐标系称为**固定参考系**，简称**定系**或者**静系**。把固定于其他物体上相对于静参考系运动的参考系称为**动参考系**，简称**动系**。为了区分动点相对于不同参考系的运动，把动点相对于静参考系的运动，称为**绝对运动**；动点相对于动参考系的运动，称为**相对运动**；动参考系相对于静参考系的运动，称为**牵连运动**。

以图 8-1 为例，描述自行车后轮上点 M 的运动，取点 M 为动点，固结在地面的坐标系 Oxy 为静系，固结在自行车车架上的坐标系 $Cx'y'$为动系，则绝对运动是点 M 相对于地面的运动，绝对运动轨迹为旋轮线；相对运动是点 M 相对于自行车车架的运动，相对运动轨迹是以自行车后轮轮心为圆心，轮半径为半径的圆周运动；牵连运动是固结在自行车车架上的坐标系相对于地面的运动，是水平直线平动。

课程加油站

分析三种运动时，必须明确：①站在什么地方看物体的运动；②看什么物体的运动。从上述定义可知，绝对运动和相对运动都描述的是点的运动，点的运动可以是直线运动或曲线运动。而牵连运动描述的是动系的运动，动系的运动属于刚体的运动，刚体的运动可以是平动、定轴转动或其他复杂的刚体运动。

8.1.3 三种速度和加速度

显然，在动系与静系中观察到动点的速度是不同的。某瞬时，动点相对于静系的速度和加速度，称为**绝对速度**和**绝对加速度**，分别用 $\boldsymbol{v}_{\mathrm{a}}$ 和 $\boldsymbol{a}_{\mathrm{a}}$ 表示。动点相对于动系的速度和加速度，称为**相对速度**和**相对加速度**，分别用 $\boldsymbol{v}_{\mathrm{r}}$ 和 $\boldsymbol{a}_{\mathrm{r}}$ 表示。至于动点的牵连速度和牵连加速度的定义，需要特别注意。与绝对运动和相对运动不同，牵连运动是刚体的运动，除非刚体平动，否则在一般情况下刚体上各点的速度和加速度是不相同的。在任意瞬时，动参考系上与动点位置相重合的点，称为**牵连点**，只有牵连点的运动对动点的运动有直接的影响，故定义：牵连点相对于静系的速度和加速度分别称为动点的**牵连速度**和**牵连加速度**，分别用 $\boldsymbol{v}_{\mathrm{e}}$ 和 $\boldsymbol{a}_{\mathrm{e}}$ 表示。

例 8-1　如图 8-3a 所示，OA 杆长为 l，绕 O 轴以匀角速度 ω 转动，杆的 A 端铰接一个半径为 r 的圆盘，圆盘相对于直杆 OA 以角速度 ω'绕 A 轴转动。求圆盘边缘点 M_1 和点 M_2 的牵连速度和牵连加速度。

例题动画

解：(1) 求圆盘边缘点 M_1 的牵连速度和牵连加速度。

选圆盘边缘点 M_1 为动点，静系取在地面上，动系固结在杆 OA 上。根据牵连点的概念，牵连点是此瞬时动参考系（固结在 OA 杆）上与动点（圆盘边缘点 M_1）重合的点，即为 OA 杆上的点 M_1'(位置与点 M_1 重合)，如图 8-3b 所示。由于动系绕 O 做定轴转动，故牵连点 M_1'的运动轨迹是以 O 为圆心、OM_1'为半径的圆，故

求解程序

$$v_{e1}=OM_1'\cdot\omega=(l-r)\omega$$

方向垂直于 OM_1'，并与 ω 转向一致。

由于动系绕 O 做匀速定轴转动，故牵连点只有法向加速度，大小为 $a_{e1}=OM_1'\cdot\omega^2=(l-r)\omega^2$，方向由点 M_1' 指向点 O，如图 8-3b 所示。

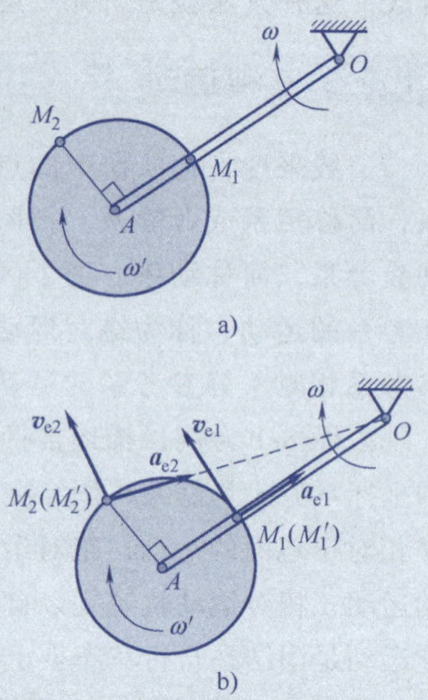

图 8-3

（2）圆盘边缘点 M_2 的牵连速度和牵连加速度。

选圆盘边缘点 M_2 为动点，静系取在地面上，动系固结在杆 OA 上。根据牵连点的概念，牵连点为动系上的点 M_2'，此瞬时杆 OA 上找不到与点 M_2 重合的点。需要注意的是，动参考系固结在杆 OA 上，与杆 OA 运动情况相同，但坐标系是可以无限延伸的，故此瞬时牵连点是绕轴 O 做定轴转动的动参考系上与点 M_2 重合的点 M_2'，其运动轨迹是以 O 为圆心，OM_2 为半径的圆，故

$v_{e2}=OM_2'\cdot\omega=\sqrt{l^2+r^2}\,\omega$，方向为垂直于 OM_2'，与 ω 转向一致。

$a_{e2}=OM_2'\cdot\omega^2=\sqrt{l^2+r^2}\,\omega^2$，方向由 M_2' 指向 O，如图 8-3b 所示。

思考与讨论：

（1）为什么牵连速度和牵连加速度不能说是动系相对于静系的速度和加速度？

（2）牵连点是某瞬时动系上与动点相重合的点，若在动系所固结的参考体上找不到与动点相重合的点，应该怎么处理？

（3）不同瞬时动点和牵连点是动系上的同一个点吗？

8.1.4 复合运动中运动方程之间的关系

动点的绝对运动、相对运动和牵连运动方程之间的关系可以通过动点在静系和动系中的坐标变换得到。以平面问题为例，设点 M 为动点，Oxy 为静系，$O'x'y'$为动系，如图 8-4 所示。动点 M 的绝对运动方程为

$$x=x(t),\ y=y(t)$$

动点 M 的相对运动方程为

$$x'=x'(t),\ y'=y'(t)$$

牵连运动是动系 $O'x'y'$ 相对于静系 Oxy 的运动，则牵连运动方程为

$$x_{O'}=x_{O'}(t),\ y_{O'}=y_{O'}(t),\ \varphi=\varphi(t)$$

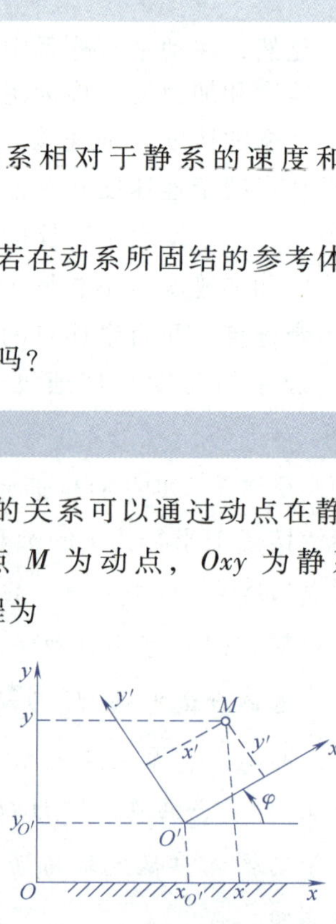

图 8-4

其中 φ 角是从 x 轴到 x'轴的转角，以逆时针方向为正值。

由图 8-4 可以得到动系与静系之间的坐标变换关系

$$\left.\begin{aligned} x &= x_{O'} + x'\cos\varphi - y'\sin\varphi \\ y &= y_{O'} + x'\sin\varphi + y'\cos\varphi \end{aligned}\right\}$$

例 8-2　点 M 相对于动系 $Ox'y'$沿半径为 r 的圆周以速度$\boldsymbol{v}$ 做匀速圆周运动（圆心为 O_1），动系 $Ox'y'$相对于静系 Oxy 以匀角速度 ω 绕点 O 做定轴转动，如图 8-5 所示。初始时 $Ox'y'$与 Oxy 重合，点 M 与点 O 重合。求点 M 的绝对运动方程。

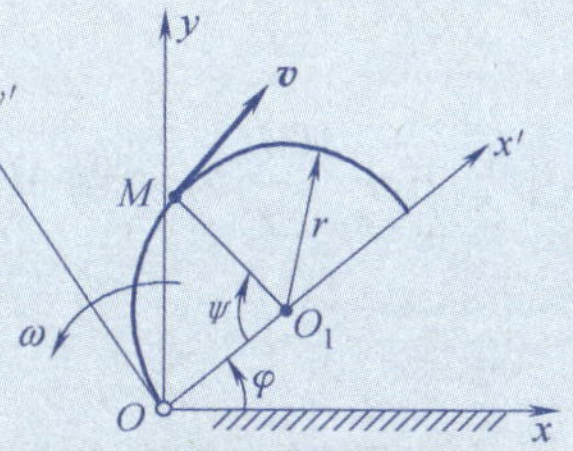

图　8-5

解： 连接 O_1M，由图 8-5 可知

$$\psi = \frac{vt}{r}$$

于是得点 M 的相对运动方程为

$$x' = OO_1 - O_1M \cdot \cos\psi = r\left(1-\cos\frac{vt}{r}\right)$$

$$y' = O_1M \cdot \sin\psi = r\sin\frac{vt}{r}$$

牵连运动方程为

$$x_{O'} = x_O = 0, y_{O'} = y_O = 0,\ \varphi = \omega t$$

利用坐标变换关系式可以得到点 M 的绝对运动方程为

$$x = r\left(1-\cos\frac{vt}{r}\right)\cos\omega t - r\sin\frac{vt}{r}\sin\omega t$$

$$y = r\left(1-\cos\frac{vt}{r}\right)\sin\omega t + r\sin\frac{vt}{r}\cos\omega t$$

8.2　点的速度合成定理

下面研究点的绝对速度、相对速度和牵连速度三者之间的关系。

设动点 M 沿着曲线 AB 运动，曲线 AB 相对于地面运动，如图 8-6 所示。将动系固结于曲线 AB 上，静系取在地面上，在瞬时 t，动点 M 与曲线 AB 上的点 M_0 重合，经过微小的时间间隔 Δt 后，动系随着曲线 AB 运动到新的位置 $A'B'$，同时动点 M 沿着曲线 AB 运动到点 M'。根据定义可知，动点 M 的绝对运动轨迹为弧线 $\overset{\frown}{MM'}$，动点的相对运动轨迹为弧线 $\overset{\frown}{MM_2}$。在瞬时 t 动点 M 的牵连点 M_0 则沿着弧线 $\overset{\frown}{MM_1}$ 运动到点 M_1。那么矢量$\overrightarrow{MM'}$、$\overrightarrow{MM_2}$ 和$\overrightarrow{MM_1}$ 分别为动点 M

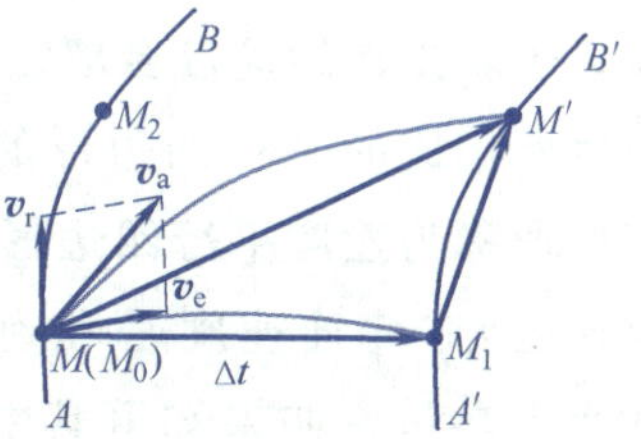

图　8-6

的绝对位移、相对位移和牵连位移。

由图中的矢量合成关系可知

$$\overrightarrow{MM'}=\overrightarrow{MM_1}+\overrightarrow{M_1M'}$$

根据速度的定义，上式两端同除以 Δt，并取 $\Delta t\to 0$ 的极限，得

$$\lim_{\Delta t\to 0}\frac{\overrightarrow{MM'}}{\Delta t}=\lim_{\Delta t\to 0}\frac{\overrightarrow{MM_1}}{\Delta t}+\lim_{\Delta t\to 0}\frac{\overrightarrow{M_1M'}}{\Delta t}\tag{8-1}$$

式中，$\lim\limits_{\Delta t\to 0}\dfrac{\overrightarrow{MM'}}{\Delta t}$为动点 M 在瞬时 t 的绝对速度，其方向沿弧线 $\overset{\frown}{MM'}$的切线。即

$$\boldsymbol{v}_{\mathrm{a}}=\lim_{\Delta t\to 0}\frac{\overrightarrow{MM'}}{\Delta t}\tag{8-2}$$

由于瞬时 t 牵连点是动参考系上与动点 M 重合的一点，即曲线 $A'B'$上的 M_1 点，因此$\lim\limits_{\Delta t\to 0}\dfrac{\overrightarrow{MM_1}}{\Delta t}$为动点 M 在瞬时 t 的牵连速度，其方向沿弧线 $\overset{\frown}{MM_1}$ 的切线。即

$$\boldsymbol{v}_{\mathrm{e}}=\lim_{\Delta t\to 0}\frac{\overrightarrow{MM_1}}{\Delta t}\tag{8-3}$$

令

$$\Delta\boldsymbol{r}=\overrightarrow{M_1M'}-\overrightarrow{MM_2}$$

相对速度为$\lim\limits_{\Delta t\to 0}\dfrac{\overrightarrow{MM_2}}{\Delta t}$，由于 $\overrightarrow{M_1M'}$和 $\overrightarrow{MM_2}$ 的模相等，则

$$|\Delta\boldsymbol{r}|=2\cdot|\overrightarrow{MM_2}|\cdot\sin\frac{\Delta\theta}{2}$$

其中，$\Delta\theta$ 是矢量$\overrightarrow{M_1M'}$和$\overrightarrow{MM_2}$ 之间的夹角，由于$\lim\limits_{\Delta t\to 0}\Delta\theta=0$，从而动点 M 的相对速度为

$$\boldsymbol{v}_{\mathrm{r}}=\lim_{\Delta t\to 0}\frac{\overrightarrow{MM_2}}{\Delta t}=\lim_{\Delta t\to 0}\frac{\overrightarrow{M_1M'}}{\Delta t}\tag{8-4}$$

将式（8-2）~式（8-4）代入式（8-1），得到

$$\boldsymbol{v}_{\mathrm{a}}=\boldsymbol{v}_{\mathrm{e}}+\boldsymbol{v}_{\mathrm{r}}\tag{8-5}$$

即在任一瞬时动点的绝对速度等于它在该瞬时的牵连速度和相对速度的矢量和，这就是点的速度合成定理。也就是说动点的绝对速度可以由牵连速度与相对速度所构成的平行四边形的对角线来确定，该平行四边形称为**速度平行四边形**。式（8-5）中包含有相对速度$\boldsymbol{v}_{\mathrm{r}}$、牵连速度$\boldsymbol{v}_{\mathrm{e}}$ 和绝对速度$\boldsymbol{v}_{\mathrm{a}}$ 的大小及方向共六个参量，如果知道其中任意四个参量，便可求出其余的两个未知量，同时要特别注意绝对速度在速度平行四边形的对角线上。

课程加油站

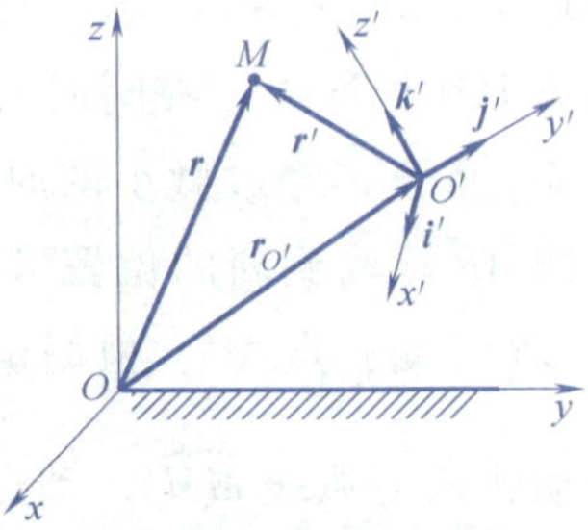

图 8-7

点的速度合成定理也可采用数学关系式进行推导。如图 8-7 所示，选取 $Oxyz$ 为静坐标系，$O'x'y'z'$

为动坐标系，动系坐标原点 O'在静系中的矢径为$\boldsymbol{r}_{O'}$，沿动系坐标轴的三个单位矢量分别为 $\boldsymbol{i}'$、$\boldsymbol{j}'$、$\boldsymbol{k}'$。动点 M 在静系中的矢径为 $\boldsymbol{r}$，在动系中的矢径为 $\boldsymbol{r}'$，由图中几何关系，有

$$\boldsymbol{r}=\boldsymbol{r}_{O'}+\boldsymbol{r}' \tag{8-6}$$

式中，$\boldsymbol{r}'=x'\boldsymbol{i}'+y'\boldsymbol{j}'+z'\boldsymbol{k}'$

其中，$x'=x'(t)$，$y'=y'(t)$，$z'=z'(t)$ 为动点 M 在动系中的坐标。

由定义，动点 M 在瞬时 t 的相对速度为

$$\boldsymbol{v}_{\mathrm{r}}=\frac{\mathrm{d}x'}{\mathrm{d}t}\boldsymbol{i}'+\frac{\mathrm{d}y'}{\mathrm{d}t}\boldsymbol{j}'+\frac{\mathrm{d}z'}{\mathrm{d}t}\boldsymbol{k}' \tag{8-7}$$

由于相对速度 $\boldsymbol{v}_{\mathrm{r}}$ 是动点相对于动参考系的速度，在求导时将动系的三个单位矢量 $\boldsymbol{i}'$、$\boldsymbol{j}'$、$\boldsymbol{k}'$视为常矢量。

若瞬时 t 动点 M 的牵连点为 M_1，由于该瞬时点 M_1 与动点 M 相重合，因此点 M_1 在动坐标系中的坐标为 x'，y'、z'。注意到点 M_1 是动系上的一点，它在动系中的坐标是常数，故点 M_1 在静系中的运动方程为

$$\boldsymbol{r}_1=\boldsymbol{r}\,\big|_{x',y',z'=C} \tag{8-8}$$

式中，$\boldsymbol{r}_1$ 表示 M_1 在静系中的矢径，下标 C 表示“常数”。由此得到牵连速度的表达式

$$\boldsymbol{v}_{\mathrm{e}}=\frac{\mathrm{d}\boldsymbol{r}_1}{\mathrm{d}t}=\frac{\mathrm{d}\boldsymbol{r}_{O'}}{\mathrm{d}t}+x'\frac{\mathrm{d}\boldsymbol{i}'}{\mathrm{d}t}+y'\frac{\mathrm{d}\boldsymbol{j}'}{\mathrm{d}t}+z'\frac{\mathrm{d}\boldsymbol{k}'}{\mathrm{d}t} \tag{8-9}$$

将式（8-6）两边对 t 求导数，得

$$\frac{\mathrm{d}\boldsymbol{r}}{\mathrm{d}t}=\frac{\mathrm{d}\boldsymbol{r}_{O'}}{\mathrm{d}t}+x'\frac{\mathrm{d}\boldsymbol{i}'}{\mathrm{d}t}+y'\frac{\mathrm{d}\boldsymbol{j}'}{\mathrm{d}t}+z'\frac{\mathrm{d}\boldsymbol{k}'}{\mathrm{d}t}+\frac{\mathrm{d}x'}{\mathrm{d}t}\boldsymbol{i}'+\frac{\mathrm{d}y'}{\mathrm{d}t}\boldsymbol{j}'+\frac{\mathrm{d}z'}{\mathrm{d}t}\boldsymbol{k}'$$

并注意到式（8-7）~式（8-9）而且

$$\boldsymbol{v}_{\mathrm{a}}=\frac{\mathrm{d}\boldsymbol{r}}{\mathrm{d}t}$$

可得

$$\boldsymbol{v}_{\mathrm{a}}=\boldsymbol{v}_{\mathrm{e}}+\boldsymbol{v}_{\mathrm{r}}$$

上述在推导点的速度合成定理时，并没有限制动系做什么样的运动，因此，点的速度合成定理适用于牵连运动是任何运动的情况。

思考与讨论：

（1）什么情况下，动参考系中任一点的运动（速度、加速度）与牵连点的运动相同？

（2）根据速度合成定理，动点的绝对速度是否一定大于其相对速度？

（3）在雨中撑伞行走时，在无风的情况下，为什么常向行走的前方斜着撑伞？

在运用点的速度合成定理解决实际问题时，首先要选择恰当的动点和动系，

而动点和动系的选择是否恰当，对于求解问题的难易程度有很大的影响。下面通过举例说明点的速度合成定理的运用。

例题动画

求解程序

例 8-3 如图 8-8 所示，半径为 R、偏心距为 e 的凸轮，以匀角速度 ω 绕 O 轴转动，杆 AB 能在滑槽中上下平移，杆的端点 A 始终与凸轮接触，且 OAB 成一直线。求在图示位置时，杆 AB 的速度。

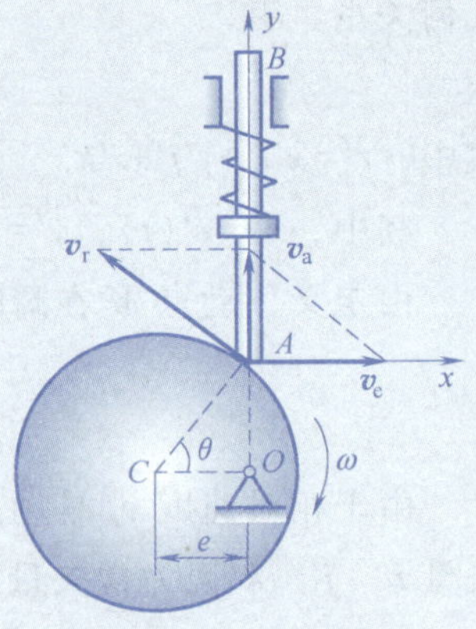

图 8-8

解：(1) 动点、动系的选取及三种运动分析

动点：杆 AB 上的点 A；

动系：固结在凸轮上；

绝对运动：沿杆 AB 的直线运动；

相对运动：以 C 为圆心的圆周运动；

牵连运动：绕 O 轴的定轴转动。

(2) 速度分析

绝对速度 $\boldsymbol{v}_a$：大小未知，方向沿 AB 方向；

相对速度 $\boldsymbol{v}_r$：大小未知，方向沿凸轮的切线方向；

牵连速度 $\boldsymbol{v}_e$：$v_e = OA \cdot \omega$，方向垂直于 OA 与 ω 一致。

(3) 运用速度合成定理求解未知量

解法 1（几何法）：

根据速度合成定理画出速度矢量平行四边形，其中绝对速度位于速度平行四边形对角线位置，如图 8-8 所示，于是有

$$\boldsymbol{v}_a = \boldsymbol{v}_e + \boldsymbol{v}_r$$

在图 8-8 的速度合成矢量图中，由其速度的三角形关系，求得绝对速度的大小为

$$v_a = v_e \cot\theta = \omega \cdot OA \cdot \frac{e}{OA} = e\omega$$

这就是杆 AB 此瞬时的速度，方向竖直向上。

解法 2（解析法）：

由点的速度合成定理

$$\boldsymbol{v}_a = \boldsymbol{v}_e + \boldsymbol{v}_r$$

取图示坐标轴 Ax 轴和 Ay 轴，将各矢量分别向 Ax 轴和 Ay 轴投影，有

$$v_a = v_r \cos\theta, 0 = v_e - v_r \sin\theta$$

求解可得

$$v_a = v_e \frac{\cos\theta}{\sin\theta} = e\omega$$

由上述分析可知，选择杆 AB 上的点 A 为动点，动系与凸轮固结，相对运动轨迹十分明显、简单。在求解实际问题时，动点和动系的选择并不唯一，本题还有另一种解法。

选择凸轮的轮心 C 为动点，动系固结在杆 AB 上。这种情况下，绝对运动是以 O 为圆心的圆周运动，绝对速度大小为 $OC \cdot \omega$，方向垂直于 OC；相对运动是以 A 为圆心的圆周运动，相对速度大小未知，方向垂直于 AC；牵连运动为铅垂平动，则牵连速度大小未知，方向平行于杆 AB，速度合成矢量图如图 8-9 所示。

杆 AB 的速度可以由图中的速度关系得出

$$v_{AB}=v_a=v_e=\omega \cdot OC=e\omega\text{，方向竖直向上}$$

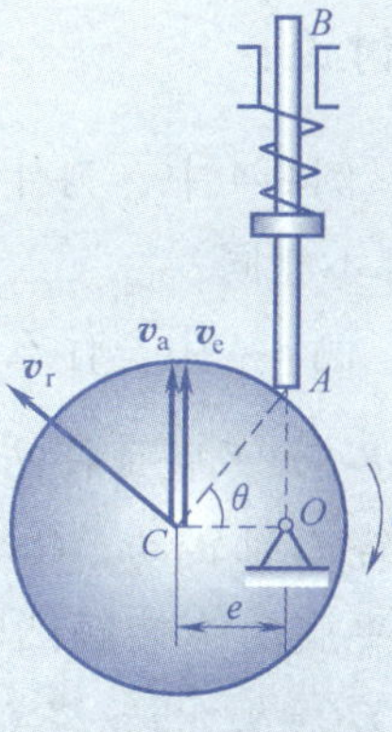

图　8-9

思考与讨论：

是否可以选择凸轮与杆的接触点作为动点，AB 杆作为动系进行求解？试描述相对运动轨迹。

例题动画

求解程序

例 8-4　如图 8-10a 所示，车 A 沿半径为 150m 的圆弧道路以匀速 $v_A=45\text{km/h}$ 行驶，车 B 沿直线道路以匀速 $v_B=60\text{km/h}$ 行驶，两车相距 30m，求 A 车相对 B 车的速度以及 B 车相对 A 车的速度。

解：(1) 以车 A 为动点，静系固结在地面上，动系固结在车 B 上，速度合成矢量图如图 8-10b 所示，有

$$v_{r_1}=\sqrt{v_a^2+v_e^2}=\sqrt{v_A^2+v_B^2}=75\text{km/h}$$

$$\sin\alpha_1=\frac{v_A}{v_{r_1}}=0.6$$

则　　$\alpha_1=36.9°$

(2) 以车 B 为动点，静系固结在地面上，动系固结在车 A 上，速度合成矢量图如图 8-10c 所示，有

$$\omega=\frac{v_A}{R}=\frac{45\times10^3}{150\times3600}\text{rad/s}=0.083\text{rad/s}$$

$$v_e=OB\cdot\omega=15\text{m/s}=54\text{km/h}$$

$$v_{r_2}=\sqrt{v_B^2+v_e^2}=80.72\text{km/h}$$

$$\sin\alpha_2=\frac{v_e}{v_{r_2}}=0.669$$

则　$\alpha_2=42°$

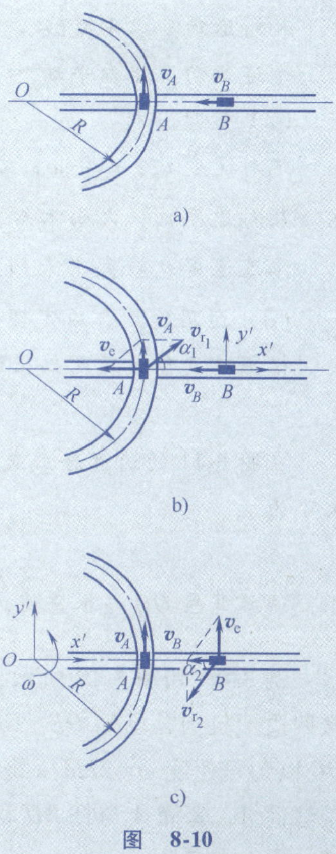

图　8-10

思考与讨论：

（1）例 8-4 中，为什么 A 车相对于 B 车的速度和 B 车相对于 A 车的速度大小和方向都不相同？

（2）例 8-4 中，什么情况下可以将 A 车和 B 车看作两个点？

例题动画

求解程序

例 8-5 平底顶杆凸轮机构如图 8-11 所示，顶杆 AB 可沿导槽上下移动，偏心圆盘绕 O 轴转动，O 轴位于顶杆轴线上。工作时顶杆的平底始终接触凸轮表面。该凸轮半径为 R，偏心距 $OC=e$，凸轮绕 O 轴转动的角速度为 ω。求当 OC 与水平线成夹角 φ 时顶杆 AB 的速度。

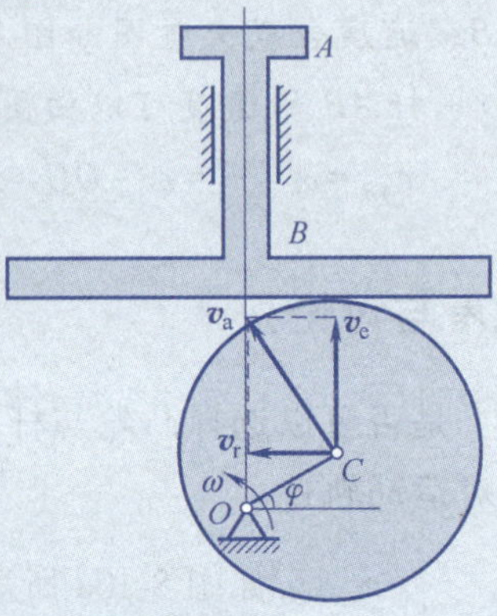

图　8-11

解：（1）动点、动系的选取及三种运动分析

动点：圆盘的中心点 C；

动系：固结在顶杆 AB 上；

绝对运动：以 O 为圆心的圆周运动；

相对运动：水平直线；

牵连运动：铅垂平动。

（2）速度分析

绝对速度 $\boldsymbol{v}_a$：$v_a=e\omega$，方向垂直于 OC 与 ω 一致；

相对速度 $\boldsymbol{v}_r$：大小未知，方向沿水平线；

牵连速度 $\boldsymbol{v}_e$：大小未知，方向沿铅垂线。

（3）运用速度合成定理求解未知量

根据速度合成定理画出速度矢量平行四边形，如图 8-11 所示。于是有

$$\boldsymbol{v}_a=\boldsymbol{v}_e+\boldsymbol{v}_r$$

在图 8-11 的速度合成矢量图中，由其速度的三角形关系，求得牵连速度的大小为

$$v_e=v_a\cos\varphi=e\omega\cos\varphi$$

这就是当 OC 与水平线成夹角 φ 时顶杆 AB 的速度，方向铅垂向上。

例题动画

求解程序

例 8-6 如图 8-12 所示，在同一铅垂面内的铰接四边形机构，已知 $OE=CB$，$OC=EB=10\text{cm}$，杆 OC 以匀角速度 $\omega=2\text{rad/s}$ 绕 O 轴转动。杆 BC 上有一套筒 A，套筒 A 与杆 AD 相铰接。求当 $\varphi=60°$时，杆 AD 的速度。

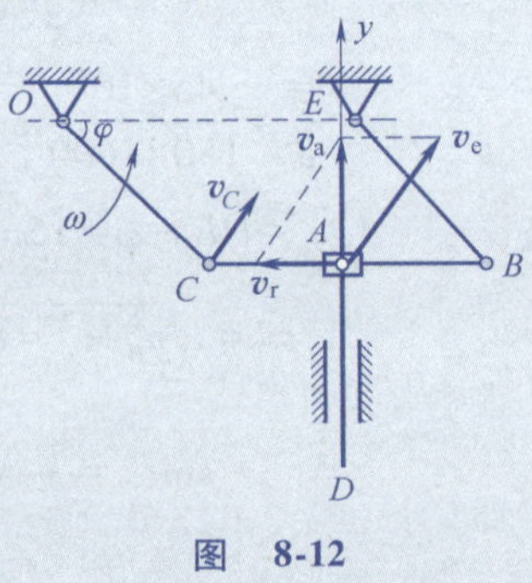

图　8-12

解：（1）动点、动系的选取及三种运动分析

动点：套筒 A；

动系：固结在杆 BC 上；

绝对运动：沿杆 AD 的直线运动；

相对运动：沿杆 BC 的直线运动；

牵连运动：随杆 BC 的曲线平动。

（2）速度分析

绝对速度 $\boldsymbol{v}_a$：大小未知，方向沿杆 AD 方向；

相对速度 $\boldsymbol{v}_r$：大小未知，方向沿杆 BC 方向；

牵连速度 $\boldsymbol{v}_e$：与杆 OC 上点 C 的速度大小和方向一致。$v_e = OC \cdot \omega$，方向平行于 $\boldsymbol{v}_C$。

（3）运用速度合成定理求解未知量

根据速度合成定理画出速度矢量平行四边形，如图 8-12 所示。

$$\boldsymbol{v}_a = \boldsymbol{v}_e + \boldsymbol{v}_r$$

在图 8-12 的速度合成矢量图中，由其速度的三角形关系，求得绝对速度的大小为

$$v_{AD} = v_a = v_e \cos\varphi = 10\text{cm/s}$$

这就是当 $\varphi = 60°$ 时杆 AD 的速度，方向向上。

以上采用的是几何法进行求解，也可以采用解析法求解。由速度合成定理

$$\boldsymbol{v}_a = \boldsymbol{v}_e + \boldsymbol{v}_r$$

取图示坐标轴 Ay，将各矢量向 Ay 轴投影，可得

$$v_a = 0 + v_e \cos 60° = 10\text{cm/s}$$

思考与讨论：

怎样选取动点、动系才能使相对运动简单好描述？

在应用速度合成定理解题时，可按以下步骤进行：

（1）选取动点、动系和静系。

关于动点和动系的选择需要注意以下两点：一是动点和动系不能选在同一个刚体上，否则动点和动系之间无相对运动；二是动点对动系的相对运动轨迹尽量简单直观。

（2）分析三种运动和三种速度。

注意绝对运动和相对运动是动点的运动，轨迹有直线和曲线两种形式；牵连运动是刚体的运动，运动形式有平动、转动或其他复杂形式的运动，分析牵连速度必须先明确牵连点的轨迹。

（3）应用速度合成定理，画速度合成矢量图。

（4）有解析法和几何法两种求解方法，一般多采用几何法求解。

几何法：利用速度平行四边形中的几何关系求解出未知量，注意绝对速度的方位沿平行四边形的对角线，各种速度都有大小和方向两个要素，只有四个要素已知时才能确定速度平行四边形。

解析法：选择投影轴，根据矢量表达式进行投影求解。

8.3 点的加速度合成定理

8.3.1 牵连运动为平动时点的加速度合成定理

在证明点的速度合成定理时，对牵连运动未加任何限制，因此该定理对任何形式的牵连运动都适用，但加速度的合成关系与动系的运动形式有关。下面先推导牵连运动为平动时点的加速度合成定理。

如图 8-13 所示，设 $O'x'y'z'$为平动参考系，动点 M 在动系中的坐标为（x'，y'，z'），由于 x'、y'、z' 各轴方向始终不变，$\boldsymbol{i}'$、$\boldsymbol{j}'$、$\boldsymbol{k}'$ 为恒矢量，动点对动系原点的矢径为

$$\boldsymbol{r}'=x'\boldsymbol{i}'+y'\boldsymbol{j}'+z'\boldsymbol{k}'$$

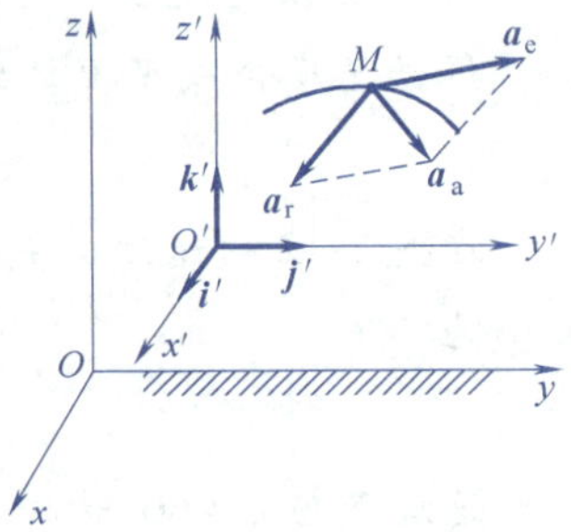

图 8-13

则相对速度和相对加速度分别为

$$\boldsymbol{v}_r=\frac{dx'}{dt}\boldsymbol{i}'+\frac{dy'}{dt}\boldsymbol{j}'+\frac{dz'}{dt}\boldsymbol{k}'$$

$$\boldsymbol{a}_r=\frac{d^2x'}{dt^2}\boldsymbol{i}'+\frac{d^2y'}{dt^2}\boldsymbol{j}'+\frac{d^2z'}{dt^2}\boldsymbol{k}'$$

即

$$\boldsymbol{a}_r=\frac{d\boldsymbol{v}_r}{dt} \tag{8-10}$$

由于动系做平动，动系上各点的速度和加速度在任一瞬时都是相同的，因而动系原点 O'的速度 $\boldsymbol{v}_{O'}$和加速度$\boldsymbol{a}_{O'}$就等于牵连速度 $\boldsymbol{v}_e$ 和牵连加速度$\boldsymbol{a}_e$，即

$$\frac{d\boldsymbol{v}_e}{dt}=\frac{d\boldsymbol{v}_{O'}}{dt}=\boldsymbol{a}_{O'}=\boldsymbol{a}_e$$

根据 $\boldsymbol{v}_a=\boldsymbol{v}_e+\boldsymbol{v}_r$ 得

$$\boldsymbol{a}_a=\frac{d\boldsymbol{v}_a}{dt}=\frac{d\boldsymbol{v}_e}{dt}+\frac{d\boldsymbol{v}_r}{dt}=\boldsymbol{a}_e+\boldsymbol{a}_r \tag{8-11}$$

即

$$\boldsymbol{a}_a=\boldsymbol{a}_e+\boldsymbol{a}_r \tag{8-12}$$

式（8-12）就是牵连运动为**平动时点的加速度合成定理**，即**当牵连运动为平动时，动点的绝对加速度等于牵连加速度与相对加速度的矢量和**。当绝对运动、相对运动及牵连点的运动轨迹均为曲线时，各项加速度均由切向加速度和法向加速度合成，式（8-12）最一般的形式为

$$\boldsymbol{a}_a^{\tau}+\boldsymbol{a}_a^{n}=\boldsymbol{a}_e^{\tau}+\boldsymbol{a}_e^{n}+\boldsymbol{a}_r^{\tau}+\boldsymbol{a}_r^{n} \tag{8-13}$$

思考与讨论：

（1）在点的合成运动中，绝对速度对时间求一阶导数一定等于绝对加速度吗？牵连速度对时间求一阶导数一定等于牵连加速度吗？相对速度对时间求一阶导数一定等于相对加速度吗？

（2）什么情况下，牵连速度对时间求一阶导数等于牵连加速度，相对速度对时间求一阶导数一定等于相对加速度？

例 8-7　图 8-14a 所示平面机构中，曲柄 $OA=r$，以匀角速度 ω_O 转动，套筒 A 可沿杆 BC 滑动，已知 $BC=DE$，且 $BD=CE=l$，求图示位置时，杆 BD 的角速度和角加速度。

例题动画

求解程序

解：（1）选择动点和动系。由于 $DBCE$ 为平行四边形，因而杆 BC 做曲线平动，以套筒 A 为动点，动参考系固结在杆 BC 上。

（2）分析三种运动。绝对运动为以 O 为圆心的圆周运动，相对运动为沿着 BC 的直线运动，牵连运动为曲线平动。

（3）求解杆 BD 的角速度。

$$\boldsymbol{v}_a=\boldsymbol{v}_e+\boldsymbol{v}_r$$

其中，$v_a=r\omega_O$，方向垂直于杆 OA；$\boldsymbol{v}_e$ 大小未知，方向平行于 $\boldsymbol{v}_B$；$\boldsymbol{v}_r$ 大小未知，方向水平向左。

由图 8-14a 可得

$$v_e=v_r=v_a=r\omega_O$$

因此杆 BD 的角速度 ω 转向如图 8-14a 所示，大小为

$$\omega=\frac{v_B}{l}=\frac{v_e}{l}=\frac{r\omega_O}{l}$$

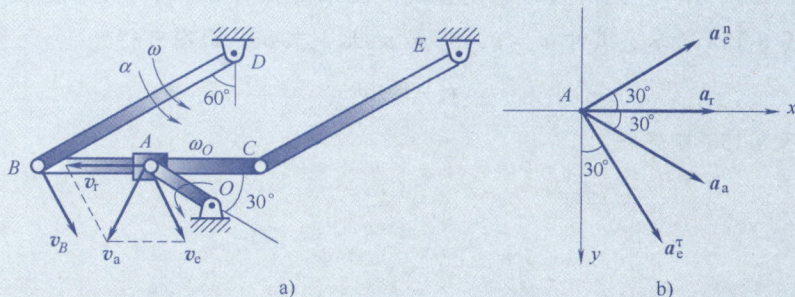

图　8-14

（4）求解杆 BD 的角加速度。

由于绝对运动为圆周运动，且角速度 ω_O 为常数，故绝对切向加速度为 0，其绝对法向加速度大小为 $r\omega_O^2$；牵连点为杆 BC 上的点 A，牵连运动为曲线平动，故牵连加速度与点 B 的加速度相同，应分解为 $\boldsymbol{a}_e^\tau$ 和 $\boldsymbol{a}_e^n$ 两项，其中 $\boldsymbol{a}_e^\tau$ 大小

未知，$a_e^n=l\omega^2$；相对运动为直线运动，$\boldsymbol{a}_r$ 的大小未知。加速度合成矢量图如图 8-14b 所示。点的加速度合成定理为

$$\boldsymbol{a}_a=\boldsymbol{a}_e^\tau+\boldsymbol{a}_e^n+\boldsymbol{a}_r$$

取图示坐标轴 Ay，将各矢量向 Ay 轴投影，可得

$$a_a\sin30°=a_e^\tau\cos30°-a_e^n\sin30°$$

解出

$$a_e^\tau=\frac{(a_a+a_e^n)\sin30°}{\cos30°}=\frac{\sqrt{3}\,r\omega_O^2(l+r)}{3l}$$

计算结果为正，表明所设 $\boldsymbol{a}_e^\tau$ 实际指向与图示假设方向相同。

由于动系为平动，点 B 的加速度等于牵连加速度，因此杆 BD 的角加速度转向如图 8-14a 所示，大小为

$$\alpha=\frac{a_e^\tau}{l}=\frac{\sqrt{3}\,r\omega_O^2(l+r)}{3l^2}$$

例题动画

求解程序（1）

求解程序（2）

例 8-8 如图 8-15a 所示，半径为 R 的半圆形凸轮以速度 $\boldsymbol{v}$ 和加速度 $\boldsymbol{a}$ 沿水平轨道向右减速运动，带动顶杆 AB 沿铅垂方向运动。求图示位置时杆 AB 的速度和加速度。

解法 1：

（1）选择动点和动系。以顶杆 AB 上的点 A 为动点，动参考系固结在凸轮上。

（2）分析三种运动。绝对运动为沿 AB 的直线运动，相对运动为以 O 为圆心的圆周运动，牵连运动为水平平动。

（3）速度分析。运用点的速度合成定理求解出杆 AB 的速度，速度合成矢量图如图 8-15a 所示，其中 $\boldsymbol{v}_e=\boldsymbol{v}$，$\boldsymbol{v}_a$ 和 $\boldsymbol{v}_r$ 大小未知，由图可得

$$\boldsymbol{v}_a=\boldsymbol{v}_e+\boldsymbol{v}_r$$

由图 8-15a 可得

$$v_r=\frac{v}{\sin\varphi}$$

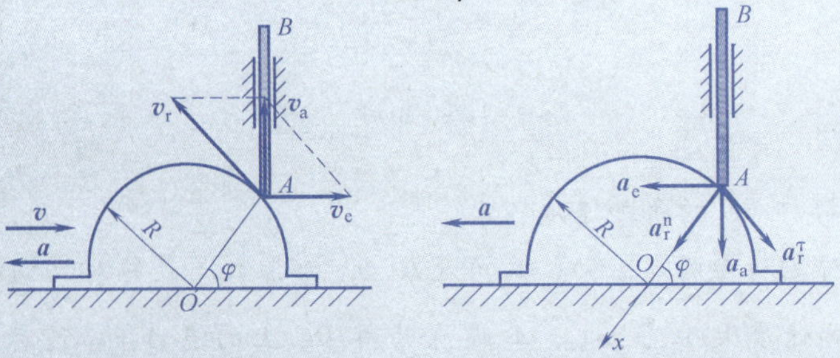

a)　　　　b)

图 8-15

$$v_{AB}=v_a=v_r\cos\varphi=v\cot\varphi$$

即顶杆 AB 在此位置时的速度，其方向向上。

（4）加速度分析。运用牵连运动为平动时的加速度合成定理表达式

$$\boldsymbol{a}_a=\boldsymbol{a}_e+\boldsymbol{a}_r^n+\boldsymbol{a}_r^\tau$$

求解出杆 AB 的角加速度。

由于绝对运动为直线运动，故 $\boldsymbol{a}_a$ 的方向沿 AB，大小未知；相对运动为圆周运动，则相对加速度应分解为 $\boldsymbol{a}_r^\tau$ 和 $\boldsymbol{a}_r^n$ 两项，$a_r^n=v_r^2/R$，$\boldsymbol{a}_r^\tau$ 大小未知；牵连运动为平动，则 $\boldsymbol{a}_e=\boldsymbol{a}$。加速度合成矢量图如图 8-15b 所示。

取图示坐标轴 Ax，将各矢量向 Ax 轴投影，可得

$$a_a\sin\varphi=a_e\cos\varphi+a_r^n$$

解出

$$a_{AB}=a_a=\frac{1}{\sin\varphi}\left(a\cos\varphi+\frac{v^2}{R\sin^2\varphi}\right)=a\cot\varphi+\frac{v^2}{R\sin^3\varphi}$$

计算结果为正，表明所设 $\boldsymbol{a}_a$ 实际指向与图示假设方向相同。

解法 2：

（1）选择动点和动系。以凸轮的圆心 O 为动点，动系固结在杆 AB 上。

（2）分析三种运动。绝对运动为水平直线运动，相对运动为以 A 为圆心的圆周运动，牵连运动为铅垂平动。

（3）速度分析。运用点的速度合成定理求解出杆 AB 的速度。速度合成矢量图如图 8-16a 所示。于是有

$$\boldsymbol{v}_a=\boldsymbol{v}_e+\boldsymbol{v}_r$$

其中，$\boldsymbol{v}_a=\boldsymbol{v}$，$\boldsymbol{v}_e$ 和 $\boldsymbol{v}_r$ 大小未知，方向如图 8-16a 所示。

由图 8-16a 可得

$$v_r=\frac{v_a}{\sin\varphi}=\frac{v}{\sin\varphi}$$

$$v_{AB}=v_e=v_a\cot\varphi=v\cot\varphi$$

即顶杆 AB 在此位置时的速度，方向向上。

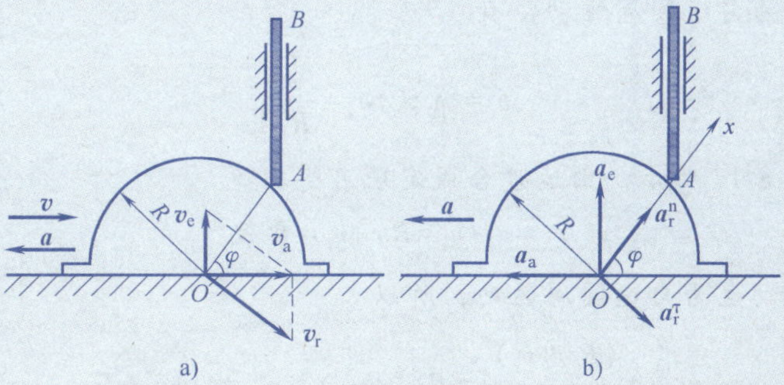

图 8-16

(4) 加速度分析。运用牵连运动为平动时的加速度合成定理表达式

$$\boldsymbol{a}_{\mathrm{a}}=\boldsymbol{a}_{\mathrm{e}}+\boldsymbol{a}_{\mathrm{r}}^{\mathrm{n}}+\boldsymbol{a}_{\mathrm{r}}^{\tau}$$

求解出杆 AB 的角加速度。

由于绝对运动为水平直线运动，则$\boldsymbol{a}_{\mathrm{a}}=\boldsymbol{a}$；相对运动为圆周运动，则相对加速度应分解为$\boldsymbol{a}_{\mathrm{r}}^{\tau}$ 和$\boldsymbol{a}_{\mathrm{r}}^{\mathrm{n}}$ 两项，其中 $a_{\mathrm{r}}^{\mathrm{n}}=v_{\mathrm{r}}^{2}/R$，$\boldsymbol{a}_{\mathrm{r}}^{\tau}$ 大小未知；牵连运动为平动，$\boldsymbol{a}_{\mathrm{e}}$ 大小未知。加速度合成矢量图如图 8-16b 所示。

取图示坐标轴 Ox，将各矢量向 Ox 轴投影，可得

$$-a_{\mathrm{a}}\cos\varphi=a_{\mathrm{e}}\sin\varphi+a_{\mathrm{r}}^{\mathrm{n}}$$

解出

$$a_{AB}=a_{\mathrm{e}}=-\frac{1}{\sin\varphi}\left(a\cos\varphi+\frac{v^{2}}{R\sin^{2}\varphi}\right)$$

$$=-\left(a\cot\varphi+\frac{v^{2}}{R\sin^{3}\varphi}\right)$$

计算结果为负，表明所设$\boldsymbol{a}_{\mathrm{e}}$ 实际指向与图示假设方向相反，顶杆 AB 的加速度方向向下。

8.3.2 牵连运动为转动时点的加速度合成定理

下面通过举例说明当牵连运动为定轴转动时，绝对加速度是否等于相对加速度与牵连加速度的矢量和。

例题动画

求解程序

例 8-9 设一个半径为 R 的圆盘以匀角速度 ω 绕定轴 O 顺时针转动，如图 8-17 所示，盘上圆槽内有一点 M 以大小不变的速度 $\boldsymbol{v}_{\mathrm{r}}$ 沿槽做圆周运动，那么点 M 相对于静系的绝对加速度应是多少呢？

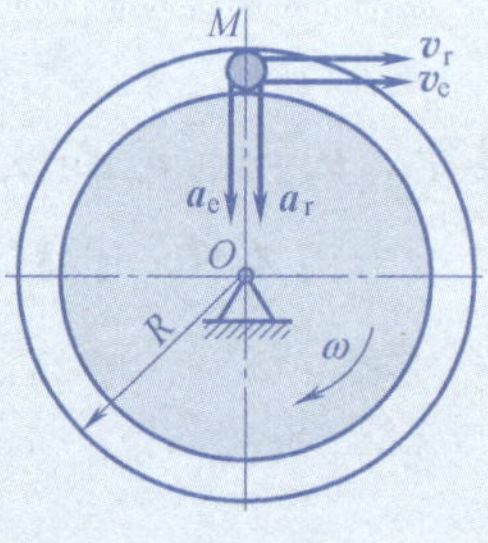

图 8-17

解： 选点 M 为动点，动系固结在圆盘上，则点 M 的牵连运动为匀速转动，且

$$v_{\mathrm{e}}=R\omega,a_{\mathrm{e}}=R\omega^{2}$$

相对运动为匀速圆周运动，有

$$v_{\mathrm{r}}=\text{常数},a_{\mathrm{r}}=\frac{v_{\mathrm{r}}^{2}}{R}$$

方向如图 8-17 所示。由速度合成定理可得出

$$v_{\mathrm{a}}=v_{\mathrm{e}}+v_{\mathrm{r}}=R\omega+v_{\mathrm{r}}=\text{常数}$$

即绝对运动也为匀速圆周运动，所以

$$a_{\mathrm{a}}=\frac{v_{\mathrm{a}}^{2}}{R}=\frac{(R\omega+v_{\mathrm{r}})^{2}}{R}=R\omega^{2}+\frac{v_{\mathrm{r}}^{2}}{R}+2\omega v_{\mathrm{r}}=a_{\mathrm{e}}+a_{\mathrm{r}}+2\omega v_{\mathrm{r}}$$

$\boldsymbol{a}_{\mathrm{a}}$ 的方向指向圆心 O。

可见，当牵连运动为转动时，动点的绝对加速度并不等于牵连加速度与相对加速度的和，还多了一项 $2\omega v_{\mathrm{r}}$。那么它们之间的关系是什么呢？$2\omega v_{\mathrm{r}}$ 是什么呢？下面就讨论这些问题，并推导牵连运动为转动时点的加速度合成定理。

假设动参考系做定轴转动，如图 8-18 所示。动系 $O'x'y'z'$ 坐标的单位矢量 $\boldsymbol{i}'$、$\boldsymbol{j}'$、$\boldsymbol{k}'$ 的方向随时间不断变化，是时间 t 的函数。因此，先分析单位矢量 $\boldsymbol{i}'$，$\boldsymbol{j}'$，$\boldsymbol{k}'$ 对时间的导数。设动系 $O'x'y'z'$ 以角速度 ω_{e} 绕定轴 z 转动，角速度矢为 $\boldsymbol{\omega}_{\mathrm{e}}$，首先分析 z' 轴单位矢量 $\boldsymbol{k}'$ 对时间的导数。设 $\boldsymbol{k}'$ 的端点 A 的矢径为 $\boldsymbol{r}_A$，则点 A 的速度为

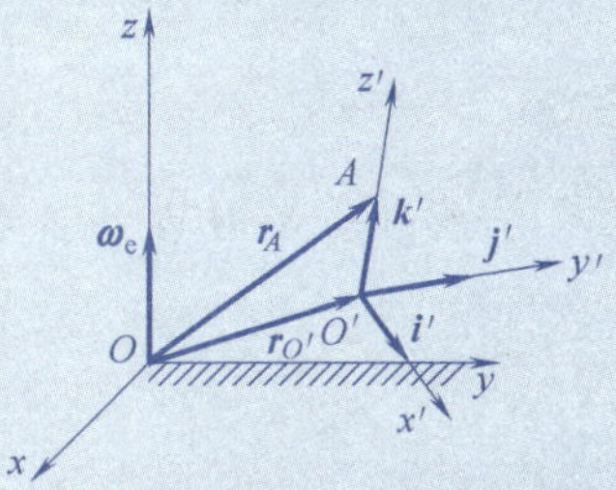

图　8-18

$$\boldsymbol{v}_{\mathrm{a}}=\frac{\mathrm{d}\boldsymbol{r}_A}{\mathrm{d}t}=\boldsymbol{\omega}_{\mathrm{e}}\times\boldsymbol{r}_A \tag{8-14}$$

设动系原点 O' 的矢径为 $\boldsymbol{r}_{O'}$，则有

$$\boldsymbol{r}_A=\boldsymbol{r}_{O'}+\boldsymbol{k}'$$

将上式代入式（8-14）得

$$\frac{\mathrm{d}\boldsymbol{r}_A}{\mathrm{d}t}=\frac{\mathrm{d}\boldsymbol{r}_{O'}}{\mathrm{d}t}+\frac{\mathrm{d}\boldsymbol{k}'}{\mathrm{d}t}=\boldsymbol{\omega}_{\mathrm{e}}\times(\boldsymbol{r}_{O'}+\boldsymbol{k}')$$

而动系原点 O' 的速度为

$$\boldsymbol{v}_{O'}=\frac{\mathrm{d}\boldsymbol{r}_{O'}}{\mathrm{d}t}=\boldsymbol{\omega}_{\mathrm{e}}\times\boldsymbol{r}_{O'}$$

所以有

$$\frac{\mathrm{d}\boldsymbol{k}'}{\mathrm{d}t}=\boldsymbol{\omega}_{\mathrm{e}}\times\boldsymbol{k}'$$

同理可以得到 x'、y' 轴的单位矢量 $\boldsymbol{i}'$、$\boldsymbol{j}'$ 对时间的导数，整理可得

$$\frac{\mathrm{d}\boldsymbol{i}'}{\mathrm{d}t}=\boldsymbol{\omega}_{\mathrm{e}}\times\boldsymbol{i}',\frac{\mathrm{d}\boldsymbol{j}'}{\mathrm{d}t}=\boldsymbol{\omega}_{\mathrm{e}}\times\boldsymbol{j}',\frac{\mathrm{d}\boldsymbol{k}'}{\mathrm{d}t}=\boldsymbol{\omega}_{\mathrm{e}}\times\boldsymbol{k}' \tag{8-15}$$

下面来推导牵连运动为定轴转动时的加速度合成定理。设动点 M 的矢径为 $\boldsymbol{r}$，如图 8-19 所示。将速度合成定理对时间求导，有

$$\frac{\mathrm{d}\boldsymbol{v}_{\mathrm{a}}}{\mathrm{d}t}=\frac{\mathrm{d}\boldsymbol{v}_{\mathrm{e}}}{\mathrm{d}t}+\frac{\mathrm{d}\boldsymbol{v}_r}{\mathrm{d}t} \tag{8-16}$$

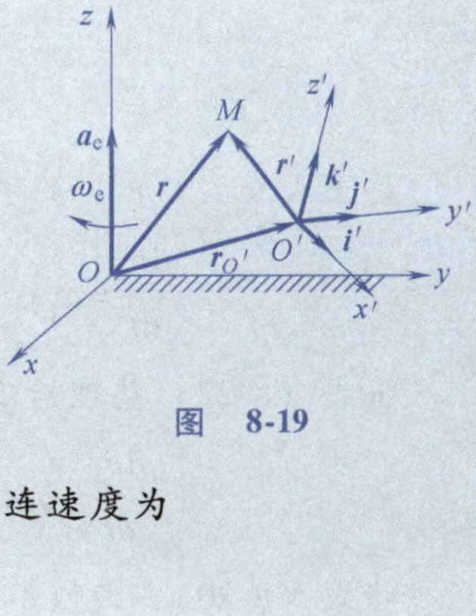

图　8-19

先研究式（8-16）右端第一项 $\dfrac{\mathrm{d}\boldsymbol{v}_{\mathrm{e}}}{\mathrm{d}t}$。

当 $O'x'y'z'$ 绕定轴 z 以角速度矢 $\boldsymbol{\omega}_{\mathrm{e}}$ 转动时，则牵连速度为

$$\boldsymbol{v}_{\mathrm{e}}=\boldsymbol{\omega}_{\mathrm{e}}\times\boldsymbol{r}$$

对上式求导可得

$$\frac{\mathrm{d}\boldsymbol{v}_{\mathrm{e}}}{\mathrm{d}t}=\frac{\mathrm{d}\boldsymbol{\omega}_{\mathrm{e}}}{\mathrm{d}t}\times\boldsymbol{r}+\boldsymbol{\omega}_{\mathrm{e}}\times\frac{\mathrm{d}\boldsymbol{r}}{\mathrm{d}t} \tag{8-17}$$

引入牵连运动的角加速度矢

$$\boldsymbol{\alpha}_{\mathrm{e}}=\frac{\mathrm{d}\boldsymbol{\omega}_{\mathrm{e}}}{\mathrm{d}t}$$

$\boldsymbol{r}$ 表示动点 M 在静系中的矢径，则 $\frac{\mathrm{d}\boldsymbol{r}}{\mathrm{d}t}$ 为动点的绝对速度，即

$$\frac{\mathrm{d}\boldsymbol{r}}{\mathrm{d}t}=\boldsymbol{v}_{\mathrm{a}}=\boldsymbol{v}_{\mathrm{e}}+\boldsymbol{v}_{\mathrm{r}}$$

代入式（8-17）可得

$$\frac{\mathrm{d}\boldsymbol{v}_{\mathrm{e}}}{\mathrm{d}t}=\boldsymbol{\alpha}_{\mathrm{e}}\times\boldsymbol{r}+\boldsymbol{\omega}_{\mathrm{e}}\times(\boldsymbol{v}_{\mathrm{e}}+\boldsymbol{v}_{\mathrm{r}}) \tag{8-18}$$

由第 7 章以矢积表示点的速度和加速度中

$$\boldsymbol{a}=\boldsymbol{\alpha}\times\boldsymbol{r}+\boldsymbol{\omega}\times\boldsymbol{v}$$

可知，牵连加速度为

$$\boldsymbol{a}_{\mathrm{e}}=\boldsymbol{\alpha}_{\mathrm{e}}\times\boldsymbol{r}+\boldsymbol{\omega}_{\mathrm{e}}\times\boldsymbol{v}_{\mathrm{e}} \tag{8-19}$$

将式（8-19）代入式（8-18）得

$$\frac{\mathrm{d}\boldsymbol{v}_{\mathrm{e}}}{\mathrm{d}t}=\boldsymbol{a}_{\mathrm{e}}+\boldsymbol{\omega}_{\mathrm{e}}\times\boldsymbol{v}_{\mathrm{r}} \tag{8-20}$$

下面研究式（8-16）右端第二项 $\frac{\mathrm{d}\boldsymbol{v}_{\mathrm{r}}}{\mathrm{d}t}$，由式（8-7）动点的相对速度表达式

$\boldsymbol{v}_{\mathrm{r}}=\frac{\mathrm{d}x'}{\mathrm{d}t}\boldsymbol{i}'+\frac{\mathrm{d}y'}{\mathrm{d}t}\boldsymbol{j}'+\frac{\mathrm{d}z'}{\mathrm{d}t}\boldsymbol{k}'$，动系 $O'x'y'z'$ 坐标的单位矢量 $\boldsymbol{i}'$、$\boldsymbol{j}'$、$\boldsymbol{k}'$ 的方向随时间不断变化，所以有

$$\frac{\mathrm{d}\boldsymbol{v}_{\mathrm{r}}}{\mathrm{d}t}=\frac{\mathrm{d}^2x'}{\mathrm{d}t^2}\boldsymbol{i}'+\frac{\mathrm{d}^2y'}{\mathrm{d}t^2}\boldsymbol{j}'+\frac{\mathrm{d}^2z'}{\mathrm{d}t^2}\boldsymbol{k}'+\frac{\mathrm{d}x'}{\mathrm{d}t}\frac{\mathrm{d}\boldsymbol{i}'}{\mathrm{d}t}+\frac{\mathrm{d}y'}{\mathrm{d}t}\frac{\mathrm{d}\boldsymbol{j}'}{\mathrm{d}t}+\frac{\mathrm{d}z'}{\mathrm{d}t}\frac{\mathrm{d}\boldsymbol{k}'}{\mathrm{d}t} \tag{8-21}$$

其中，

$$\boldsymbol{a}_{\mathrm{r}}=\frac{\mathrm{d}^2x'}{\mathrm{d}t^2}\boldsymbol{i}'+\frac{\mathrm{d}^2y'}{\mathrm{d}t^2}\boldsymbol{j}'+\frac{\mathrm{d}^2z'}{\mathrm{d}t^2}\boldsymbol{k}'$$

将上式及式（8-15）代入式（8-21）有

$$\frac{\mathrm{d}\boldsymbol{v}_{\mathrm{r}}}{\mathrm{d}t}=\boldsymbol{a}_{\mathrm{r}}+\frac{\mathrm{d}x'}{\mathrm{d}t}(\boldsymbol{\omega}_{\mathrm{e}}\times\boldsymbol{i}')+\frac{\mathrm{d}y'}{\mathrm{d}t}(\boldsymbol{\omega}_{\mathrm{e}}\times\boldsymbol{j}')+\frac{\mathrm{d}z'}{\mathrm{d}t}(\boldsymbol{\omega}_{\mathrm{e}}\times\boldsymbol{k}') \tag{8-22}$$

将式（8-22）整理后有

$$\frac{\mathrm{d}\boldsymbol{v}_{\mathrm{r}}}{\mathrm{d}t}=\boldsymbol{a}_{\mathrm{r}}+\boldsymbol{\omega}_{\mathrm{e}}\times\left(\frac{\mathrm{d}x'}{\mathrm{d}t}\boldsymbol{i}'+\frac{\mathrm{d}y'}{\mathrm{d}t}\boldsymbol{j}'+\frac{\mathrm{d}z'}{\mathrm{d}t}\boldsymbol{k}'\right)=\boldsymbol{a}_{\mathrm{r}}+\boldsymbol{\omega}_{\mathrm{e}}\times\boldsymbol{v}_{\mathrm{r}} \tag{8-23}$$

将式（8-20）、式（8-23）代入式（8-16）可得

$$\boldsymbol{a}_a=\boldsymbol{a}_e+\boldsymbol{a}_r+2\boldsymbol{\omega}_e\times\boldsymbol{v}_r \tag{8-24}$$

令

$$\boldsymbol{a}_C=2\boldsymbol{\omega}_e\times\boldsymbol{v}_r \tag{8-25}$$

式中，$\boldsymbol{a}_C$ 称为科氏加速度，它等于动系角速度矢与点的相对速度的矢积的两倍。则牵连运动为**定轴转动时点的加速度合成定理**可写为

$$\boldsymbol{a}_a=\boldsymbol{a}_e+\boldsymbol{a}_r+\boldsymbol{a}_C \tag{8-26}$$

即当动系做定轴转动时，动点在某瞬时的绝对加速度等于该瞬时它的牵连加速度、相对加速度与科氏加速度的矢量和。

由于点的绝对运动、相对运动轨迹以及牵连点的运动轨迹可能是曲线，因此点的加速度合成定理一般可以写成

$$\boldsymbol{a}_a^\tau+\boldsymbol{a}_a^n=\boldsymbol{a}_e^\tau+\boldsymbol{a}_e^n+\boldsymbol{a}_r^\tau+\boldsymbol{a}_r^n+\boldsymbol{a}_C \tag{8-27}$$

式（8-27）是根据牵连运动是定轴转动的情况下推导出来的，当动参考系为平动时，其角速度矢 $\boldsymbol{\omega}_e$ 为 $\mathbf{0}$，则科氏加速度 $\boldsymbol{a}_C=\mathbf{0}$。式（8-27）中的每一项都包括大小和方向两个要素。

根据矢积的计算规则，科氏加速度 $\boldsymbol{a}_C$ 的大小为

$$a_C=2\omega_e v_r\sin\theta,\ 0\leqslant\theta<\pi$$

其中，θ 为 $\boldsymbol{\omega}_e$ 与 $\boldsymbol{v}_r$ 两个矢量之间的最小夹角。矢量 $\boldsymbol{a}_C$ 垂直于 $\boldsymbol{\omega}_e$ 和 $\boldsymbol{v}_r$，指向按照右手螺旋法则确定，如图 8-20 所示。

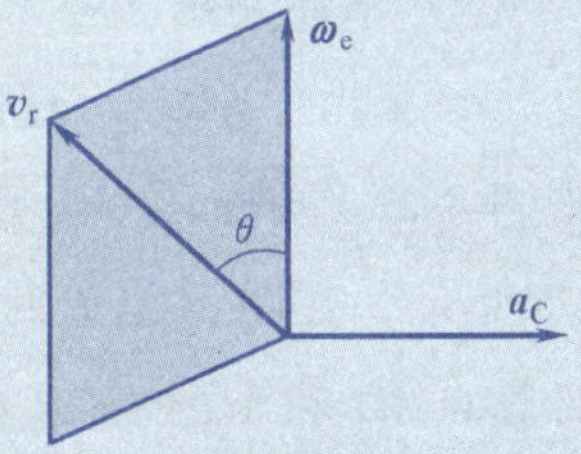

图　8-20

显然，当 $\boldsymbol{\omega}_e\perp\boldsymbol{v}_r$ 时，$a_C=2\omega_e v_r\sin90°=2\omega_e v_r$；当 $\boldsymbol{\omega}_e /\!/ \boldsymbol{v}_r$ 时，$a_C=0$。

思考与讨论：

（1）当牵连运动为定轴转动时，是否一定有科氏加速度？

（2）用合成运动的方法分析点的运动时，若牵连角速度 $\omega_e\neq0$，$v_r\neq0$，则科氏加速度一定不为零吗？

科氏加速度是 1832 年由科里奥利在研究水轮机转动时提出的，因而命名为科里奥利加速度，简称为科氏加速度。由表达式可知，科氏加速度由两部分组成，一部分是由于动点有相对运动，重合点的位置不断变化，即相对运动对牵连速度的影响；另一部分是由于动系的牵连运动引起相对速度的变化。因此，科氏加速度是动系为转动时，牵连运动和相对运动相互影响的结果。实际生活中的一些自然现象可以用科氏加速度来解释。

例如在北半球，河流沿经线向北流，则河水的科氏加速度 $\boldsymbol{a}_C$ 向西，指向左侧，如图 8-21 所示。由动力学可知，这是由于河的右岸对水作用了向左的力。根据作用与反作用公理，河水对右岸的反作用力就是科氏惯性力。北半球的江河，

其右岸都受到较明显的冲刷。沿纬线或其他走向的河流，右岸仍易被冲刷，只是与河岸垂直的惯性力比沿径线走向的河流相应惯性力小，不易察觉。而在南半球，则与北半球相反，这是地理学中的一项规律。

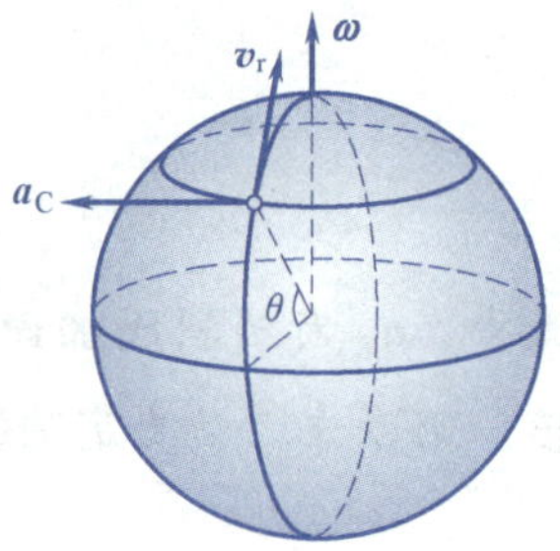

图 8-21

例如在田径比赛的中长跑项目中，运动员都是沿着逆时针方向跑动的。按科里奥利理论，在北半球的田径场上，运动员的科氏加速度的水平分量指向左侧，科氏力水平分量指向右侧。根据作用力与反作用力规律，地面将给运动员一个方向向左的作用力，所以运动员向左转弯比较省力。当然，对于近距离的运动，科氏力影响极小。

思考与讨论：

（1）如果考虑地球自转，那么在地球上任何地方运动的物体（将运动的物体视为质点）是否都有科氏加速度？

（2）天气预报节目中，卫星云图中的气旋是逆时针的；在北半球的龙卷风从上往下看其漩涡也是逆时针的，为什么？

（3）落体偏东的现象如何通过科氏惯性力来解释？

课程加油站

例 8-10 矩形板 $ABCD$ 以匀角速度 ω 绕固定轴 z 转动，如图 8-22 所示，点 M_1 和 M_2 分别沿板的对角线 BD 和边线 CD 运动，在图示位置时相对于板的速度分别为 $\boldsymbol{v}_1$ 和 $\boldsymbol{v}_2$。计算点 M_1 和 M_2 的科氏加速度大小，并标明方向。

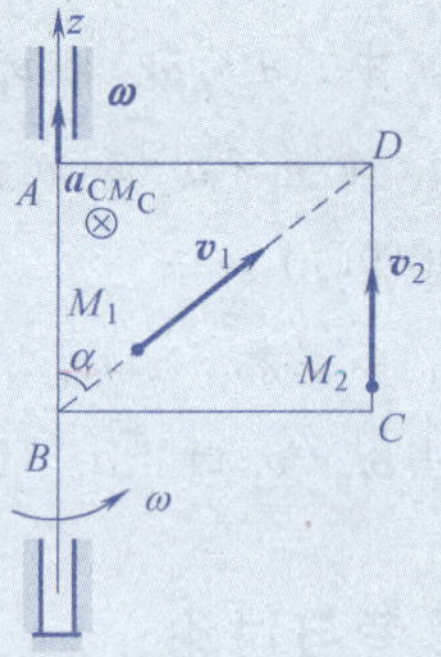

图 8-22

解： 点 M_1 的科氏加速度大小为

$a_{CM_1}=2\omega v_1\sin\alpha$，方向垂直矩形板面向里

由于 $\boldsymbol{\omega}//\boldsymbol{v}_2$，点 M_2 的科氏加速度大小为

$$a_{CM_2}=0$$

例题动画

求解程序

例 8-11 已知圆轮半径为 r，以匀角速度 ω 绕轴 O 转动，从而带动靠在轮上的杆 AB 绕轴 B 转动，如图 8-23a 所示。试求杆 AB 在图示位置的角速度 ω_{AB} 及角加速度 α_{AB}。

解：（1）选择动点和动系。以圆轮的轮心 C 为动点，动参考系固结在杆 AB 上。

例题动画

（2）分析三种运动。绝对运动是以点 O 为圆心的圆周运动，相对运动是平行于杆 AB 的直线运动，牵连运动是绕轴 B 的定轴转动。

（3）速度分析。运用点的速度合成定理求解出杆 AB 的速度，有

求解程序

$$\boldsymbol{v}_a=\boldsymbol{v}_e+\boldsymbol{v}_r$$

其中，$v_a=r\omega$，$\boldsymbol{v}_e$ 和 $\boldsymbol{v}_r$ 大小未知。速度合成矢量图如图 8-23a 所示。由图可得

$$v_e = v_r = \frac{v_a}{2\cos 30°} = \frac{\sqrt{3}}{3} r\omega$$

则杆 AB 的角速度为

$$\omega_{AB} = \frac{v_e}{BC} = \frac{\sqrt{3}}{6}\omega$$

其转向为逆时针。

（4）加速度分析。由于牵连运动是定轴转动，因此有科氏加速度 $\boldsymbol{a}_C$，于是

$$\boldsymbol{a}_a = \boldsymbol{a}_r + \boldsymbol{a}_e^n + \boldsymbol{a}_e^\tau + \boldsymbol{a}_C$$

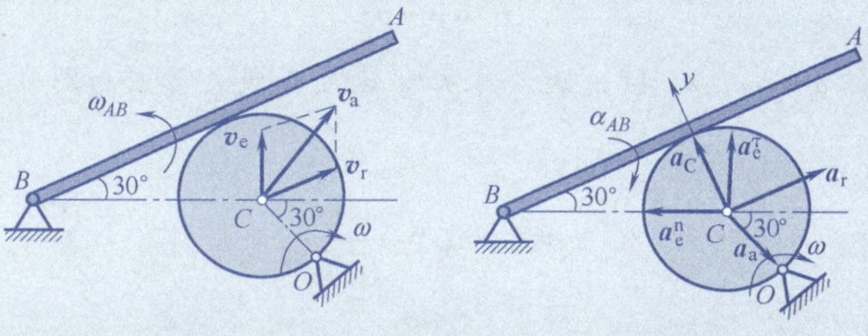

图　8-23

由于绝对运动是以 O 为圆心的匀速圆周运动，故只有法向加速度，$a_a = r\omega^2$；相对运动是平行于杆 AB 的直线运动，其相对加速度大小未知；牵连运动为转动，则牵连加速度为固结在 AB 杆上的动系与动点 C 重合的那一点的加速度，其牵连加速度可分解为$\boldsymbol{a}_e^n$ 和$\boldsymbol{a}_e^\tau$ 两项，其中 $a_e^n = BC \cdot \omega_{AB}^2 = \frac{1}{6} r\omega^2$，$\boldsymbol{a}_e^\tau$ 大小未知；科氏加速度 $a_C = 2\omega_{AB} v_r \sin 90° = \frac{1}{3} r\omega^2$。加速度合成矢量图如图 8-23b 所示。

取图示坐标轴 Cy，将各矢量向 Cy 轴投影，可得

$$-a_a \cos 30° = a_e^\tau \cos 30° + a_e^n \cos 60° + a_C$$

解出

$$a_e^\tau = -\left(1 + \frac{5\sqrt{3}}{18}\right) r\omega^2$$

则杆 AB 的角加速度为

$$\alpha_{AB} = \frac{a_e^\tau}{BC} = -\frac{18 + 5\sqrt{3}}{36}\omega^2 \approx -0.74\omega^2$$

计算结果为负，表明所设实际转向与图示假设方向相反，为顺时针转向。

思考与讨论：

是否可以选杆 AB 与圆轮的接触点为动点，动参考系固结在轮 C 上，为什么？

例题动画

求解程序

例 8-12 刨床的急回机构如图 8-24a 所示。曲柄 OA 的一端 A 与滑块用铰链连接，当曲柄 OA 以匀角速度 ω 绕固定轴 O 转动时，滑块在摇杆 O_1B 上滑动，并带动摇杆 O_1B 绕固定轴 O_1 摆动，设曲柄长 $OA=r$，两轴间距离 $O_1O=l$。试求当曲柄在水平位置时摇杆的角速度 ω_1 和角加速度 α_1。

解：（1）选择动点和动系。以滑块 A 为动点，动系固结在摇杆 O_1B 上。

（2）分析三种运动。绝对运动是以点 O 为圆心的圆周运动，相对运动是沿 O_1B 方向的直线运动，牵连运动是绕轴 O_1 的定轴转动。

（3）速度分析。运用速度合成定理求解出摇杆 O_1B 的角速度，有

$$\boldsymbol{v}_a=\boldsymbol{v}_e+\boldsymbol{v}_r$$

其中，$v_a=OA\cdot\omega=r\omega$，$\boldsymbol{v}_e$ 和 $\boldsymbol{v}_r$ 大小未知。速度合成矢量图如图 8-24a 所示。由图可得

$$v_e=v_a\sin\varphi=\frac{r^2\omega}{\sqrt{l^2+r^2}}$$

$$v_r=v_a\cos\varphi=\frac{\omega rl}{\sqrt{l^2+r^2}}$$

则曲柄在水平位置时摇杆的角速度 ω_1 为

$$\omega_1=\frac{v_e}{O_1A}=\frac{r^2\omega}{l^2+r^2}$$

计算结果为正，表明所设实际转向与图示假设方向相同，为逆时针转向。

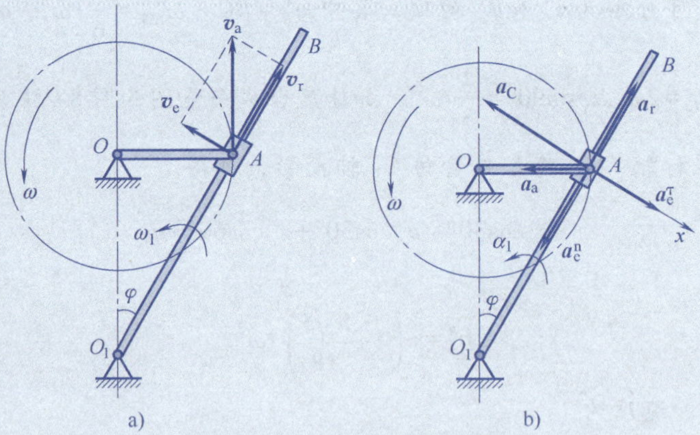

图 8-24

（4）加速度分析。

绝对运动是以 O 为圆心的匀速圆周运动，故只有法向加速度，且 $a_a=r\omega^2$；相对运动是沿 O_1B 方向的直线运动，其相对加速度大小未知；牵连运动是绕 O_1 轴的定轴转动，牵连加速度可分解为 $\boldsymbol{a}_e^\tau$ 和 $\boldsymbol{a}_e^n$ 两项，其中 $a_e^n=O_1A\cdot\omega_1^2=$

$\dfrac{r^4\omega^2}{(l^2+r^2)^{\frac{3}{2}}}$，$\boldsymbol{a}_e^\tau$ 大小未知；由于牵连运动为定轴转动，因此有科氏加速度，则 $a_C=2\omega_1 v_r\sin 90°=\dfrac{2r^3\omega^2 l}{(l^2+r^2)^{\frac{3}{2}}}$，加速度合成矢量图如图 8-24b 所示。则点的加速度合成定理为

$$\boldsymbol{a}_a=\boldsymbol{a}_r+\boldsymbol{a}_e^\tau+\boldsymbol{a}_e^n+\boldsymbol{a}_C$$

取图示坐标轴 Ax，将各矢量向 Ax 方向投影，得

$$-a_a\cos\varphi=a_e^\tau-a_C$$

解得

$$a_e^\tau=-\frac{rl(l^2-r^2)}{(l^2+r^2)^{\frac{3}{2}}}\omega^2$$

则摇杆 O_1B 的角加速度为

$$\alpha_1=\frac{a_e^\tau}{O_1A}=-\frac{rl(l^2-r^2)}{(l^2+r^2)^2}\omega^2$$

计算结果为负，表明所设实际转向与图示假设方向相反，其真实转向为逆时针转向。

例 8-13　如图 8-25a 所示机构，已知带滑道的圆盘以匀角速度 ω_0 绕轴 D 转动，$AD=BC=l/2$，$AB=CD=\sqrt{3}\,l/2$，当 $AD\perp CD$ 时，求该瞬时杆 ABC 的角速度和角加速度。

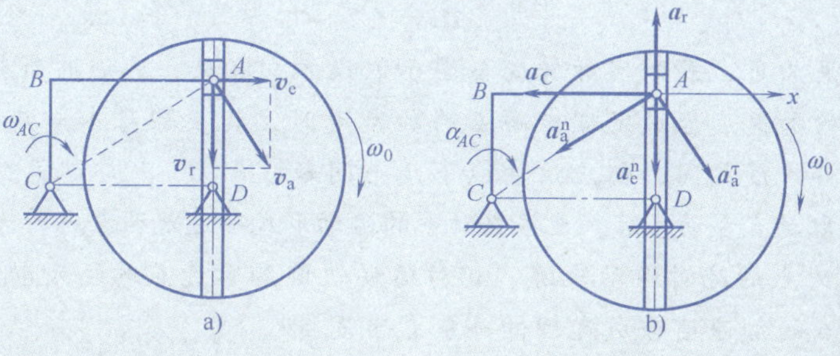

图　8-25

例题动画

求解程序

解：(1) 选择动点和动系。以滑块 A 为动点，动参考系固结在圆盘上。

(2) 分析三种运动。绝对运动是以点 C 为圆心的圆周运动，相对运动是沿滑道 AD 的直线运动，牵连运动是绕轴 D 的定轴转动。

(3) 速度分析。运用速度合成定理求解出杆 ABC 的角速度，有

$$\boldsymbol{v}_a=\boldsymbol{v}_e+\boldsymbol{v}_r$$

其中，$v_e=AD\cdot\omega_0$，$\boldsymbol{v}_a$ 和 $\boldsymbol{v}_r$ 大小未知。速度合成矢量图如图 8-25a 所示。由图可得

$$v_a=\frac{v_e}{\sin 30°}=2v_e=l\omega_0$$

$$v_r=v_a\cos 30°=\frac{\sqrt{3}}{2}l\omega_0$$

则杆 ABC 的角速度为

$$\omega_{AC}=\frac{v_a}{AC}=\omega_0$$

计算结果为正，表明实际转向与图示假设方向相同，为顺时针转向。

(4) 加速度分析。

绝对运动是以 C 为圆心的圆周运动，其加速度可分解为$\boldsymbol{a}_a^{\tau}$ 和$\boldsymbol{a}_a^{n}$ 两项，$a_a^n=AC\cdot\omega_{AC}^2$，$\boldsymbol{a}_a^{\tau}$ 大小未知；相对运动是沿滑道 AD 的直线运动，其相对加速度大小未知；牵连运动是绕轴 D 的定轴转动，牵连加速度可分解为$\boldsymbol{a}_e^{\tau}$ 和$\boldsymbol{a}_e^{n}$ 两项，其中 $a_e^n=AD\cdot\omega_0^2$，$\boldsymbol{a}_e^{\tau}$ 大小未知；由于牵连运动为定轴转动，因此有科氏加速度，则 $a_C=2\omega_{AC}v_r\sin 90°$，加速度合成矢量图如图 8-25b 所示。则点的加速度合成定理为

$$\boldsymbol{a}_a^{\tau}+\boldsymbol{a}_a^{n}=\boldsymbol{a}_r+\boldsymbol{a}_e^{\tau}+\boldsymbol{a}_e^{n}+\boldsymbol{a}_C$$

取图示坐标轴 Ax，将各矢量向 Ax 方向投影，得

$$a_a^{\tau}\sin 30°-a_a^{n}\cos 30°=-a_C$$

解得

$$a_a^{\tau}=-\sqrt{3}\,l\omega_0^2$$

则杆 ABC 的角加速度为

$$\alpha_{AC}=\frac{a_a^{\tau}}{AC}=-\sqrt{3}\,\omega_0^2$$

计算结果为负，表明实际转向与图示假设方向相反，为逆时针转向。

应用点的加速度合成定理求解点的加速度时，其步骤基本与应用点的速度合成定理求解速度相同，但应注意以下几个问题：

(1) 选取动点和动系后，应根据动系的运动形式确定是否考虑科氏加速度。

(2) 因为点的绝对运动轨迹、相对运动轨迹和牵连点的运动轨迹都可能是曲线，因此点的加速度合成定理的一般式可写成

$$\boldsymbol{a}_a^{\tau}+\boldsymbol{a}_a^{n}=\boldsymbol{a}_r^{\tau}+\boldsymbol{a}_r^{n}+\boldsymbol{a}_e^{\tau}+\boldsymbol{a}_e^{n}+\boldsymbol{a}_C$$

式中每一项都包含大小和方向两个要素。式中各项的法向加速度的方向总是指向相应轨迹曲线的曲率中心，大小可根据相应的速度大小和曲率半径求出。因此在速度已经求解的情况下，各项法向加速度都是已知量。同时由于科氏加速度的大小和方向是由牵连角速度和相对速度来确定，因此科氏加速度的大小和方向也是已知量。

(3) 选择投影轴时应尽量选择垂直于不需要求解的未知量方向，避免联立方程求解。在根据加速度矢量方程列投影方程求解时，需要矢量方程的左右两端分别向投影轴方向进行投影。

本章思维导图

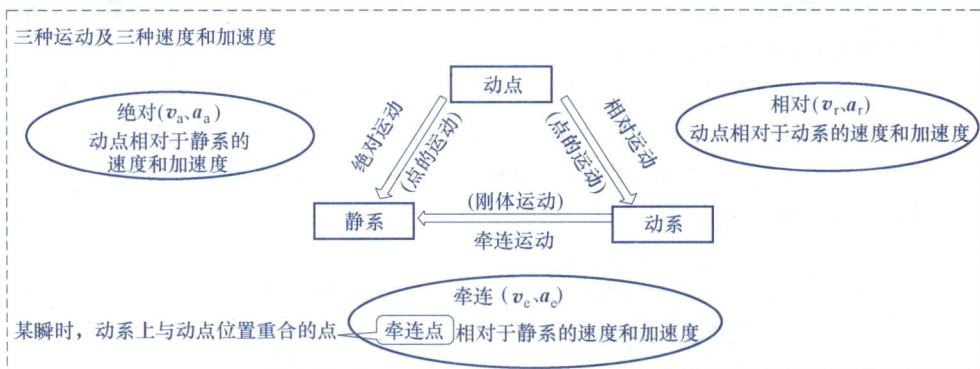

三种运动及三种速度和加速度

动点

绝对运动（点的运动）：动点 → 静系

相对运动（点的运动）：动点 → 动系

牵连运动（刚体运动）：动系 → 静系

绝对（v_a、a_a）动点相对于静系的速度和加速度

相对（v_r、a_r）动点相对于动系的速度和加速度

牵连（v_e、a_e）牵连点相对于静系的速度和加速度

某瞬时，动系上与动点位置重合的点——牵连点

运用点的合成定理解决实际问题

1.选动点动系

选取原则
- 动点、静系及动系不能选在同一个物体上
- 相对运动轨迹应该直观简单

2.求速度

描述三种运动，在动点上画速度图

速度合成定理 $v_a=v_e+v_r$　☆ 适用于牵连运动为任何形式的运动

求解
- 几何法：绝对速度位于平行四边形对角线上
- 解析法：速度矢量式等号两端向同一轴投影

3.求加速度

在动点上画加速度图

加速度合成定理
- 牵连运动为平动 $a_a=a_r+a_e$
- 牵连运动为转动 $a_a=a_r+a_e+a_C$

科氏加速度 a_C：$a_C=2\omega_e\times v_r$

最复杂的形式：$a_a^\tau+a_a^n=a_e^\tau+a_e^n+a_r^\tau+a_r^n+a_C$

求解：常用投影法，将加速度矢量式等号两端向同一投影轴进行投影

习题

8-1　如题 8-1 图所示，公路上行驶的两车速度均恒为 72km/h。在图示瞬时，在 A 车中的观察者看来，B 车的速度为多大？

8-2　如题 8-2 图所示，水流在水轮机的入口处的绝对速度 $v_a=15\text{m/s}$，并且与铅垂直线成 60°角。工作轮半径 $R=2\text{m}$，转速 $n=30\text{r/min}$，为避免水流与工作轮叶片相冲击，叶片应恰当地安装，以使水流对工作轮的相对速度与叶片相切。求在工作轮外缘处水流对工作轮的相对速度的大小和方向。

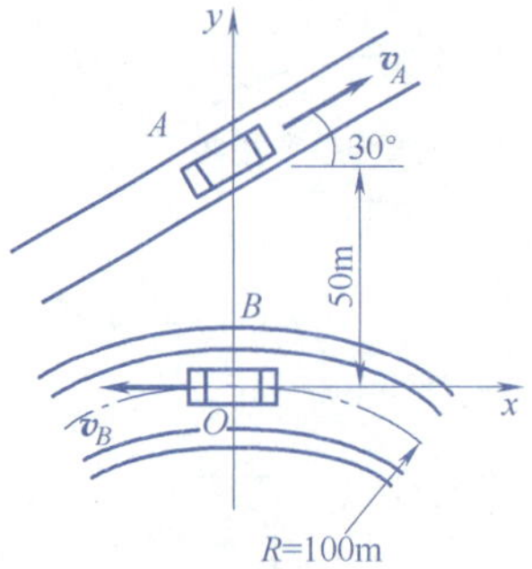

题　8-1 图

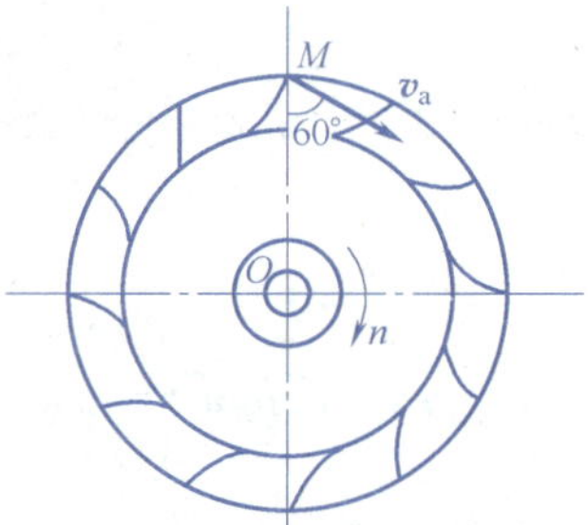

题　8-2 图

8-3　如题 8-3 图所示，车床主轴的转速 $n=30\text{r/min}$，工件的直径 $d=40\text{mm}$，如车刀横向走刀速度 $v=10\text{mm/s}$。求车刀对工件的相对速度。

8-4　如题 8-4 图所示，在曲柄滑道连杆机构中，已知 $r=\sqrt{3}\,\text{cm}$，$\omega=2\text{rad/s}$，$\varphi=60°$，求曲柄 OA 在 $\theta=0°$、30°、60°时杆 BC 的速度。

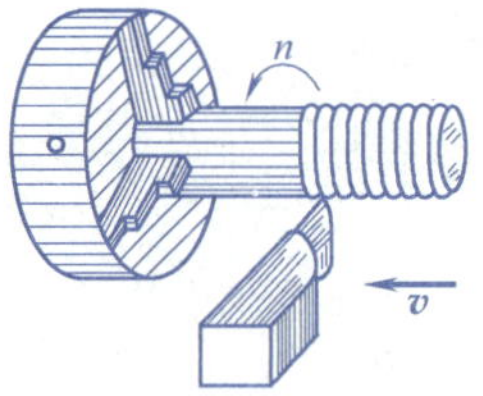

题　8-3 图

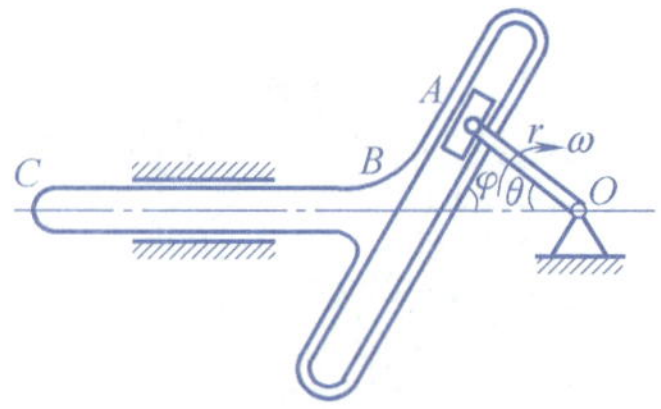

题　8-4 图

8-5　如题 8-5 图所示，在这两种机构中，已知 $O_1O_2=a=200\text{mm}$，$\omega_1=3\text{rad/s}$。求图示位置时杆 O_2A 的角速度 ω_2。

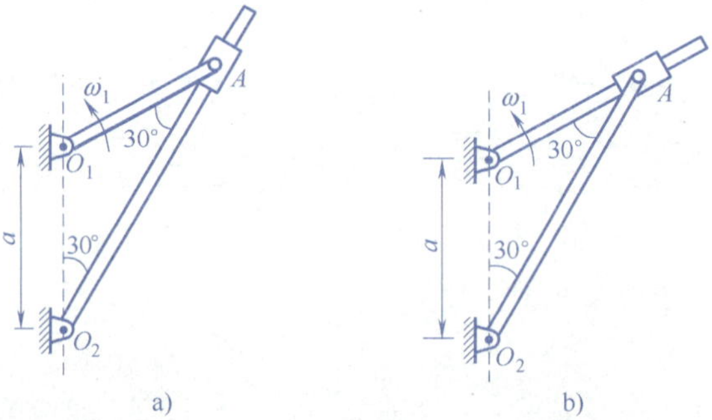

题　8-5 图

8-6　如题 8-6 图所示，半径为 r、偏心距 $OC=e$ 的圆形凸轮以匀角速度 ω 绕固定轴 O 转动，杆 AB 长为 l，其中 A 端置于凸轮上，B 端以铰链支承，在图示瞬时杆 AB 处于水平位置时，求此瞬时杆 AB 的角速度。

8-7　如题 8-7 图所示，曲柄 $OA=r=40\text{mm}$，以匀角速度 $\omega=0.5\text{rad/s}$ 绕轴 O 转动。由曲杆 A 端推动水平板 D 而使滑杆 BC 沿铅直方向上升。求当曲柄与水平线夹角 $\theta=30°$时，滑杆 BC 的速度和加速度。

8-8　如题 8-8 图所示，半径为 R 的曲柄 OA 以匀角速度 ω 绕轴 O 转动，通过铰链 A 带动连杆 AB 运动。由于连杆 AB 穿过套筒 CD，从而使套筒 CD 绕轴 E 转动。在图示瞬时，$OA\perp OE$，$\angle AEO=30°$。求此时套筒 CD 的角加速度 α。

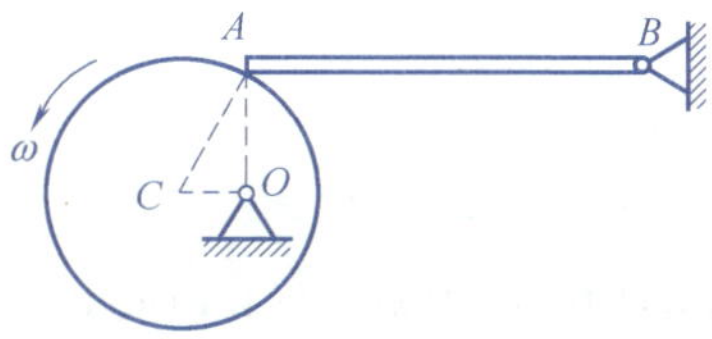

题　8-6 图

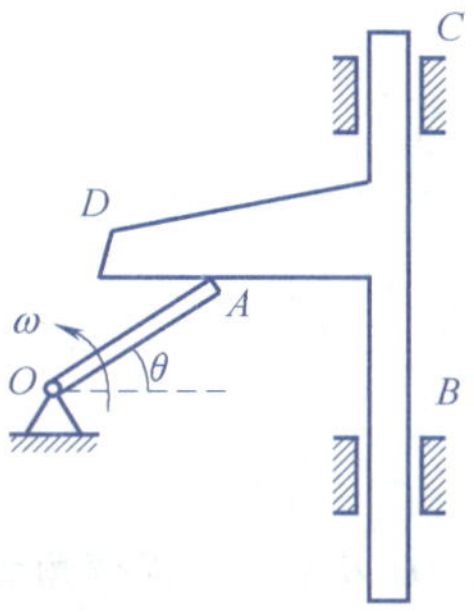

题　8-7 图

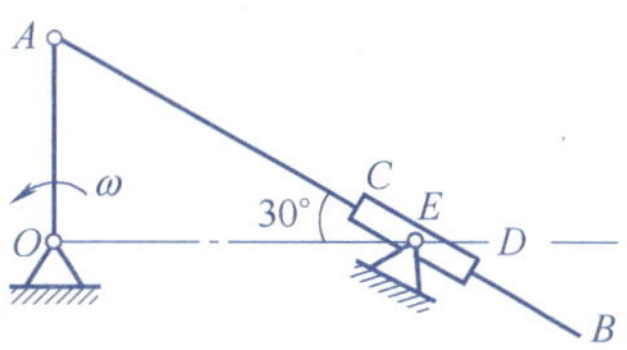

题　8-8 图

8-9　如题 8-9 图所示，机构由曲柄 O_1A、O_2B，半圆形平板 ACB 及铅直杆 CD 组成，机构在平面内运动。已知曲柄 O_1A 以匀角速度 ω 绕固定轴 O_1 逆时针转动，$O_1O_2=AB$，$O_1A=O_2B=l$，半圆形平板的半径 $r=\dfrac{l}{2}$，O_1 与 O_2 位于同一水平线，求在图示位置杆 CD 的加速度。

8-10　如题 8-10 图所示，直角曲杆 OAB 以匀角速度 ω 绕 O 轴逆时针方向转动。滑筒与铅直杆 DC 铰接于 C 点，已知 $OA=r$，求当 O 点与杆 DC 位于同一铅垂线上，$\varphi=30°$时，杆 DC 的速度和加速度。

8-11　如题 8-11 图所示，曲杆 OBC 绕 O 轴转动，使套在曲杆 OBC 上的小环 M 沿固定直杆 OA 滑动。已知 $OB=100\text{mm}$，OB 与 BC 垂直，曲杆的角速度 $\omega=0.5\text{rad/s}$。求当 $\varphi=60°$时，小环 M 的速度和加速度。

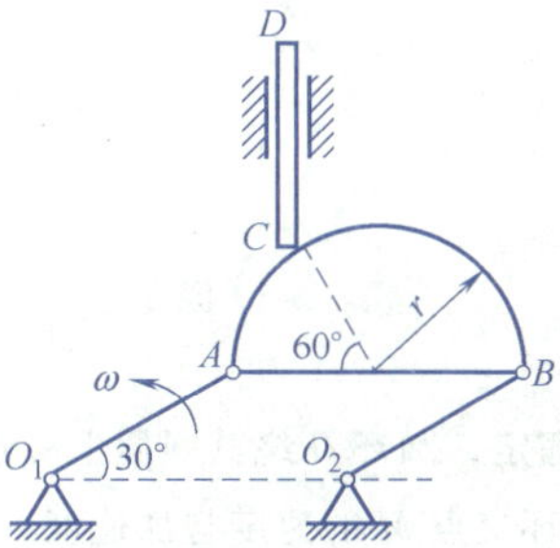

题　8-9 图

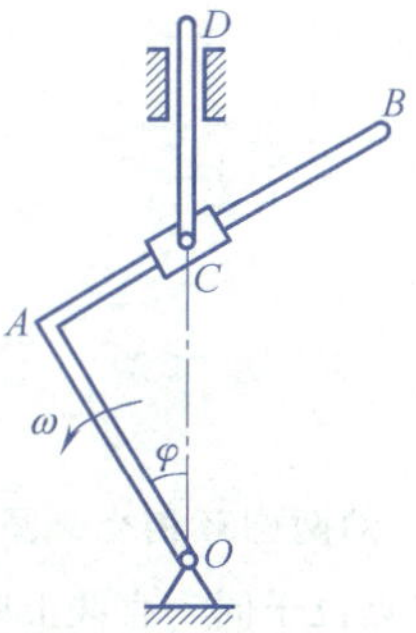

题　8-10 图

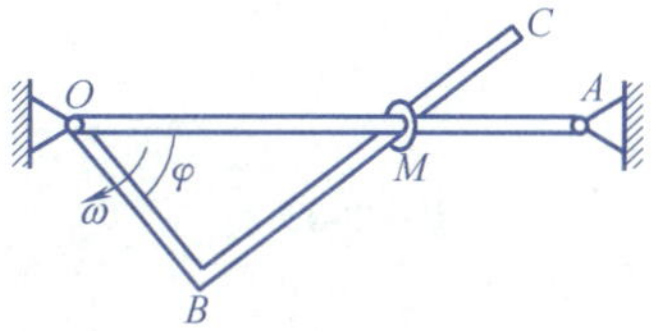

题　8-11 图

8-12　如题 8-12 图所示，半径为 R 的圆盘以匀角速度 ω_1 绕水平轴 O_1O_2 转动，该轴又以匀角速度 ω_2 绕铅直轴 AB 转动。求圆盘上点 A 和点 B 的速度和加速度。

8-13　如题 8-13 图所示的机构中，曲柄 $OA=2r$，绕固定轴 O 转动；圆盘半径为 r，绕轴 A

转动。已知 $r=10\text{cm}$，曲柄 OA 的角速度 $\omega_1=4\text{rad/s}$，角加速度 $\alpha_1=3\text{rad/s}^2$，圆盘相对 OA 的角速度 $\omega_2=6\text{rad/s}$，角加速度 $\alpha_2=4\text{rad/s}^2$。试求圆盘上点 M 和点 N 的绝对速度和绝对加速度。

8-14　如题 8-14 图所示，三角块 M 以速度 $u=10\text{mm/s}$ 向右做匀速运动，并通过圆轮轴 A 带动杆 AB 沿铅直方向运动。试求杆 AB 的速度和加速度。

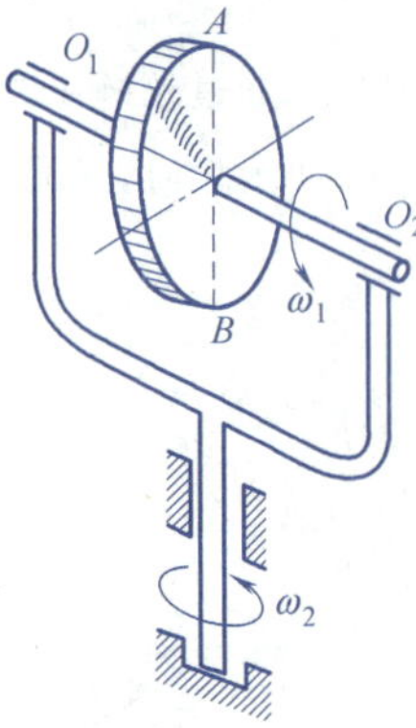

题　8-12 图

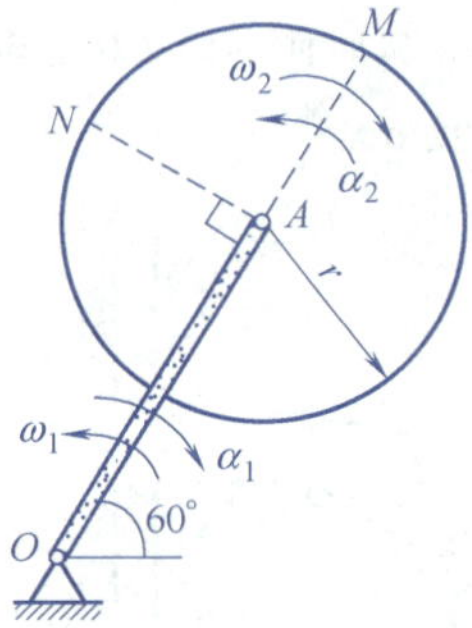

题　8-13 图

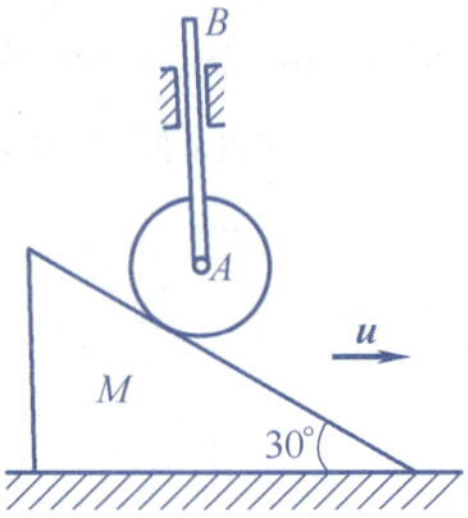

题　8-14 图

8-15　如题 8-15 图所示，设 $OA=O_1B=r$，斜面倾角为 θ_1，$O_2D=l$，D 点可以在斜面上滑动，A、B 为铰链连接。在图示位置时，OA、O_1B 铅垂，AB、O_2D 为水平，已知该瞬时 OA 转动的角速度为 ω，角加速度为零，试求此时杆 O_2D 绕轴 O_2 转动的角速度和角加速度。

8-16　如题 8-16 图所示的偏心轮摇杆机构中，摇杆 O_1A 借助弹簧压在半径为 R 的偏心轮 C 上。偏心轮 C 绕轴 O 往复摆动，从而带动摇杆绕轴 O_1 摆动。当 $OC\perp OO_1$ 时，轮 C 的角速度为 ω，角加速度为零，$\theta=60°$。求此时摇杆 O_1A 的角速度 ω_1 和角加速度 α_1。

8-17　如题 8-17 图所示的牛头刨床机构中，已知 $O_1A=200\text{mm}$，匀角速度 $\omega_1=2\text{rad/s}$。求图示位置滑杆 CD 的速度和加速度。

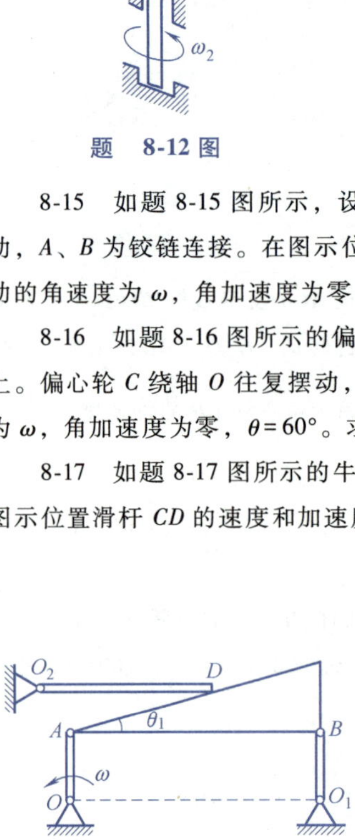

题　8-15 图

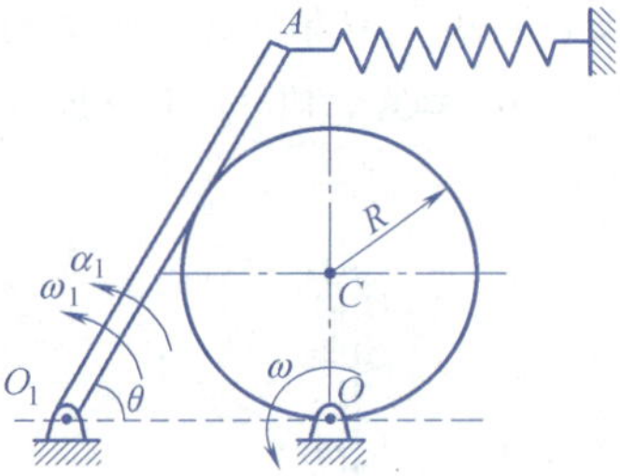

题　8-16 图

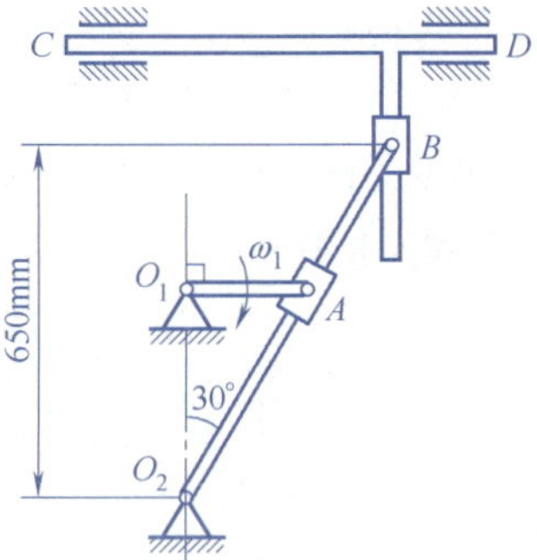

题　8-17 图

8-18　如题 8-18 图所示，半径均为 r 的两圆环相交，圆环 O' 固定，圆环 O 绕其圆周上一点 A 以匀角速度 ω 转动。求当 A、O、O' 三点位于同一直线上时两圆环交点 M 的速度与加速度。

8-19　如题 8-19 图所示，半径均为 r 的两圆环相交，分别绕其圆环上一点 A 与 B 以相同的匀角速度 ω 反向转动，求当 A、O、O'、B 四点位于同一直线上时两圆环交点 M 的速度与加速度。

8-20　如题 8-20 图所示的牛头刨床的滑道摇杆机构中，曲柄 OA 以匀角速度 ω_0 逆时针方向转动。设 $OA=r$，$OD=\sqrt{3}r$，$h=2\sqrt{3}r$，且点 O 与点 D 在同一铅直线上。试求当曲柄转到图中所示的水平位置时，水平滑道中滑块 C 的速度和加速度。

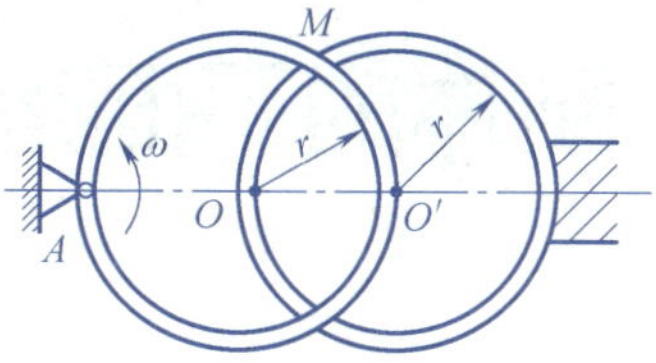

题 8-18 图

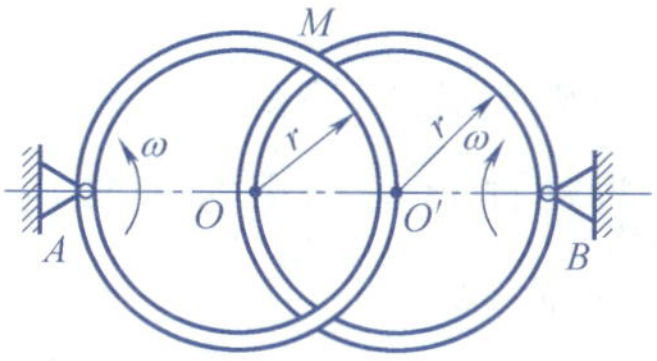

题 8-19 图

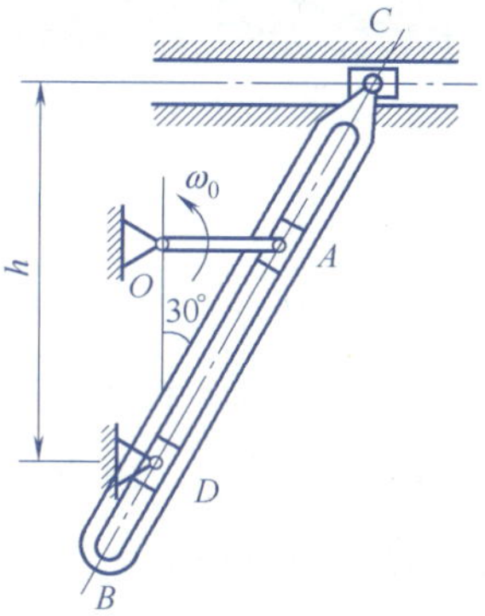

题 8-20 图

习题答案

第 9 章 刚体的平面运动

第 7 章中讨论刚体的基本运动，包括平动和定轴转动，是最常见的、简单的刚体运动。在此基础上，本章将进一步研究由这两种简单运动组合而成的复杂运动——刚体的平面运动。

刚体的平面运动是工程实际中常见的运动形式，可以看作平动和定轴转动的合成，也可以看作绕一系列动轴转动的合成。研究刚体的平面运动，一方面可以直接应用于平面运动机构的运动分析，另一方面掌握了研究平面运动的理论和方法后，就可以处理更复杂的刚体运动。

本章将对刚体的平面运动进行简化和分解，分析平面运动刚体的角速度和角加速度，以及刚体上各点的速度和加速度。

9.1 刚体平面运动的简化与分解

9.1.1 刚体平面运动的简化

工程中有很多部件的运动，例如，沿直线轨道滚动的车轮（图 9-1a）、曲柄连杆机构中的连杆 AB 的运动（图 9-1b）、行星齿轮机构中齿轮 A 的运动（图 9-1c）都是刚体的平面运动。它们既不是平动，也不是定轴转动，但它们的运动都有一个共同的特征。即**在运动过程中，刚体上任意一点与某一固定平面的距离始终保持不变**，也就是**刚体上任一点都始终保持在与这一固定平面平行的某一平面内运动，这种运动称为刚体的平面运动**。

根据刚体平面运动的特征可对其进行简化。如图 9-2 所示，刚体做平面运动，

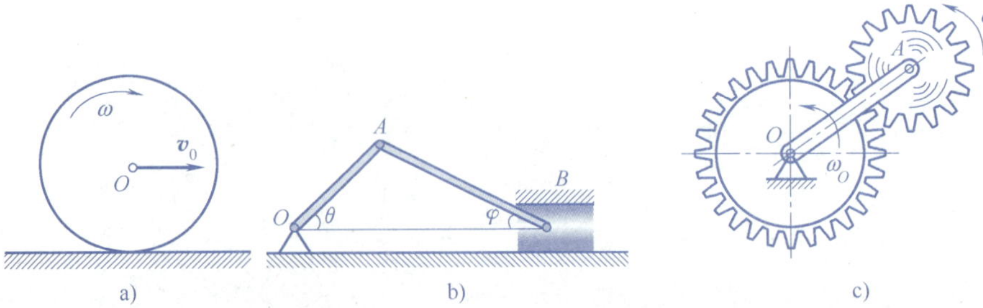

图 9-1

取刚体内任意点 A，过点 A 作与固定平面 π_0 平行的平面 π，它与刚体相交截出一个平面图形 S。根据刚体平面运动的特点，刚体运动时其上任意一点到某一固定平面 π_0 的距离始终保持不变，则平面图形 S 始终处于平面 π 内运动。过点 A 作垂直于平面 π 的线段 A_1A_2，则 A_1A_2 做平动，点 A 的运动即可以代表整个线段 A_1A_2 上所有点的运动，以此类推，与平面图形 S 相垂直的任一条直线上所有点的运动都可以由它和平面图形 S 的交点的运动来代表。因此，平面图形 S 的运动就代表了整个刚体的运动。由此得到结论：**刚体的平面运动可简化为平面图形在其自身平面内的运动。**

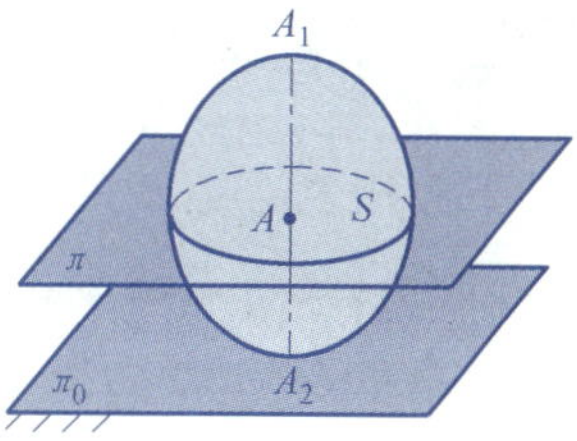

图　9-2

上述简化结果可以用一个形象的例子来理解，一本书在桌面上做平面运动，可以用其中任意一页纸的运动来代替整本书的运动。

思考与讨论：

（1）刚体做平面运动时，为什么其上任一条垂直于固定平面的直线均做平动？

（2）如何截取平面图形 S 才能保证图形上各点的运动包含刚体上每个点的运动？

9.1.2 刚体平面运动方程

刚体的平面运动可以简化为平面图形 S 在自身平面内的运动，平面图形 S 在固定平面 xOy 内运动时，其位置可由图形内任意线段 AB 的位置来确定。确定线段 AB 在平面内的位置需要三个独立变量，线坐标 x_A、y_A 确定点 A 在平面的位置，角坐标 φ（AB 与固定坐标轴 Ox 间的夹角）确定线段 AB 在平面中的方位，如图 9-3 所示。当平面图形在其自身平面内运动时，x_A、y_A、φ 都是时间的单值连续函数，即

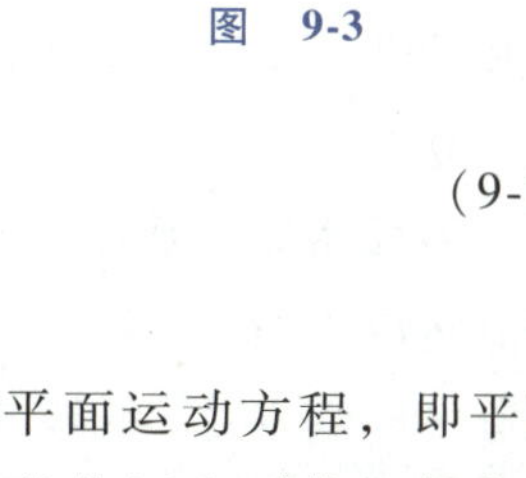

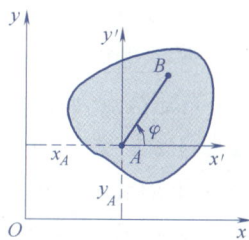

图　9-3

$$\left.\begin{aligned} x_A &= f_1(t) \\ y_A &= f_2(t) \\ \varphi &= f_3(t) \end{aligned}\right\} \tag{9-1}$$

式（9-1）称为**刚体平面运动的运动方程**。写出刚体平面运动方程，即平面图形 S 的运动方程，就可以确定平面运动刚体在任意瞬时的位置和刚体上任意点的运动规律。

从式（9-1）可以看出，若夹角 φ 为常数，则刚体做平动；若 x_A 和 y_A 都是常数，则刚体做定轴转动。由此可见，刚体的平面运动包含了平动和定轴转动两种基本运动形式。

9.1.3 刚体平面运动的分解

下面用复合运动的方法，研究刚体的平面运动。

以沿直线轨道滚动的车轮为例，如图 9-4 所示，采用与点的复合运动类似的方法研究车轮的运动。车轮相对于地面的平面运动为绝对运动。如果以车厢为动参考体，并在其上建立以车轮中心 O'为坐标原点的动坐标系 $O'x'y'$，则站在地面上的人看车厢做平动，车轮做平面运动；而站在车厢上的人看车轮做定轴转动。于是车轮的运动可分解为两个简单的运动：牵连运动为车厢的平动，相对运动为车轮绕动系原点 O'的转动。这样车轮的平面运动就分解为平动和转动。

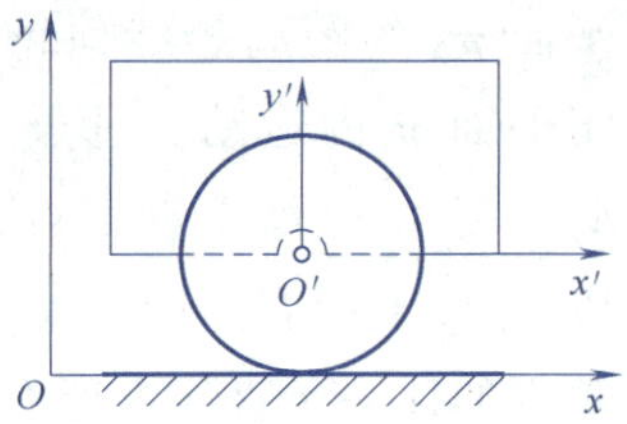

图 9-4

下面考察一般情况。设平面图形 S 在其自身平面内运动，如图 9-5 所示。设在时间间隔 Δt 内，平面图形 S 从 t 瞬时的位置 I 运动到 $t+\Delta t$ 瞬时的位置 II，图形内任取的线段也由 AB 位置运动到 $A'B'$位置，A、B 两点的运动轨迹分别为图中两条不同的曲线。

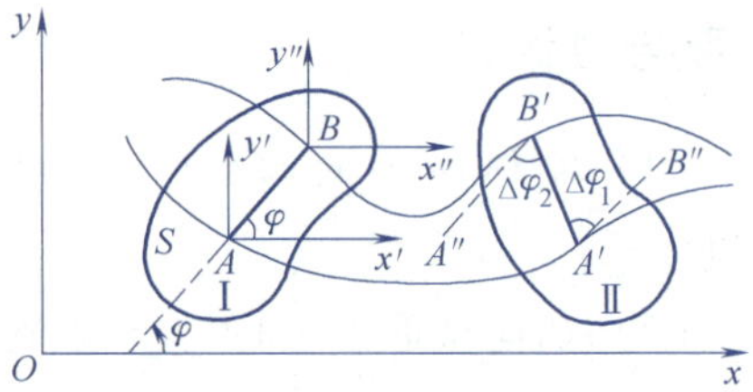

图 9-5

对于任意的平面运动，可在平面图形上任取一点 A，称为**基点**，以基点 A 为原点建立动坐标系 $A'x'y'$，这个坐标系随基点做平动。此时图中线段 AB 的**平面运动可分解为随基点 A 的平动和绕基点 A 的转动**。若取点 A 为基点，以 A 为坐标原点建立平动坐标系 $Ax'y'$，如图 9-5 所示，线段 AB 运动到 $A'B'$的过程可以看成线段 AB 先随基点 A 平移到位置 $A'B''$，再绕着点 A'由位置 $A'B''$逆时针转动角度 $\Delta\varphi_1$ 到位置 $A'B'$；若取点 B 为基点，以 B 为坐标原点建立平动坐标系 $Bx''y''$，线段 AB 运动到 $A'B'$的过程可以看成线段 AB 先随基点 B 平移到位置 $A''B'$，再绕着基点 B' 由位置 $A''B'$逆时针转动角度 $\Delta\varphi_2$ 到位置 $A'B'$。事实上，当刚体做平面运动时，平动和转动总是同时进行的，这里将复杂运动分解为两个简单运动的合成是为了便于研究。

平面图形随基点平动的速度、加速度与基点的选择有关。取 A 点为基点时，基点轨迹为曲线 AA'，线段 AB 随基点 A 平移到位置 $A'B''$；取 B 点为基点时，平动轨迹为曲线 BB'，线段 AB 随基点 B 平移到位置 $A''B'$，显然选择不同的基点，由于平面运动刚体上任意两点的运动情况不相同，则图形随基点的运动也不相同。

平面图形绕基点的转动规律与基点的选择无关。必须指出，绕基点的转动是指相对于在基点处建立的平动参考系而言的，在随基点 A 平动的参考系中，看到图形绕 A'转过的角度为 $\Delta\varphi_1$，在随基点 B 平动的参考系中，看到图形绕 B'转过的角度为 $\Delta\varphi_2$，二者大小相同、转向也相同。由于动参考系平移，相对于静参考系

无方位变化，故与静系中看到图形转过的角度亦相同。即

$$\Delta\varphi_1 = \Delta\varphi_2 = \Delta\varphi \tag{9-2}$$

平面图形转过的角度对时间的变化率称为平面图形的角速度，角速度对时间的变化率称为平面图形的角加速度。由于在时间间隔 Δt 内转过的转角相同，故**平面图形的角速度和角加速度与基点位置的选择无关**，在同一瞬时，刚体只有一个角速度和角加速度，它们既是相对的，又是绝对的，是描述刚体整体转动情况的运动特征量。

于是可得结论：**刚体的平面运动可取任意基点而分解为平动和转动；其中平动的速度和加速度与基点的选择有关；而平面图形绕基点转动的角速度和角加速度与基点的选择无关**。研究刚体的平面运动时，已知或求得的平面运动刚体的角速度和角加速度，不做特殊说明，都是指其绝对角速度和角加速度。

思考与讨论：

（1）研究停车入库或侧方停车问题时，车身的运动能否视为平面运动？

（2）刚体的平动和定轴转动是否一定是刚体平面运动的特例？

（3）平面运动刚体上任意两点的轨迹、速度、加速度是否相同？

课程加油站

9.2 平面图形内各点的速度分析

本节介绍求解平面运动刚体上各点速度的三种方法，即基点法、速度投影法及速度瞬心法，其中基点法是基础。

9.2.1 基点法

刚体平面运动可以看作随基点的平动和相对基点的转动合成，下面通过点的速度合成定理来求解平面图形上任一点的速度。

如图 9-6 所示，设某瞬时平面图形的角速度为 ω，其上点 O'的速度为 $v_{O'}$，求平面图形上任一点 M 的速度。点 M 为动点，选取速度已知的点 O'为基点，以点 O'为原点建立随 O'平动的坐标系，则平面图形的运动可分解为随基点 O'的平动和绕基点 O'的定轴转动。由于牵连运动为平移，所以牵连点的速度等于基点 O'的速度，即 $\boldsymbol{v}_e=\boldsymbol{v}_{O'}$；相对运动是平面图形相对 O'的定轴转动，故点 M 的相对运动轨迹为以基点 O'为圆心，$O'M$ 为半径的圆，相对速度大小为 $v_r=v_{MO'}=O'M\cdot\omega$，方向垂直于 $O'M$，指向与 ω 的转向一致；绝对速度 $\boldsymbol{v}_a$ 即为所求点 M 的速度 $\boldsymbol{v}_M$。

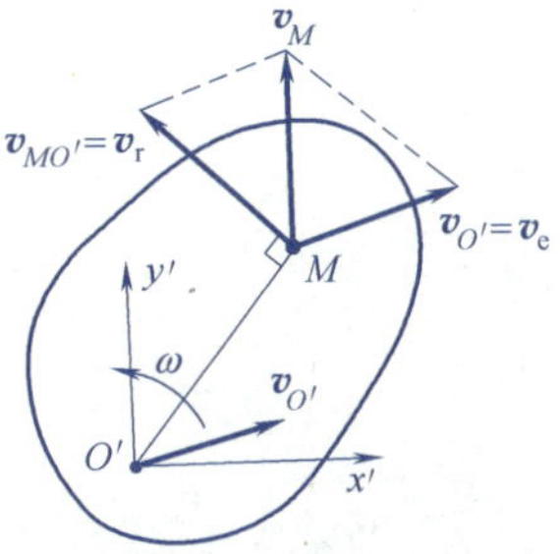

图　9-6

根据点的速度合成定理 $\boldsymbol{v}_a=\boldsymbol{v}_e+\boldsymbol{v}_r$，有

$$\boldsymbol{v}_M=\boldsymbol{v}_{O'}+\boldsymbol{v}_{MO'} \tag{9-3}$$

这表明，**平面图形内任一点的速度等于基点的速度与该点随同平面图形绕基点转动速度的矢量和**。这种求平面图形上点的速度的方法称为**基点法**。它表明了平面图形内任意两点之间的速度关系，采用基点法既可以求解速度，也可以求解角速度。基点法是求解平面图形内任一点速度的基本方法。基点可以任意选取，在求解实际问题时，常选取刚体内运动速度已知的点作为基点。

平面图形线段 $O'M$ 上各点的速度可根据基点法得出，如图 9-7 所示，$O'M$ 上各点的牵连速度相同，而相对速度与该点至基点 O'的距离成正比。

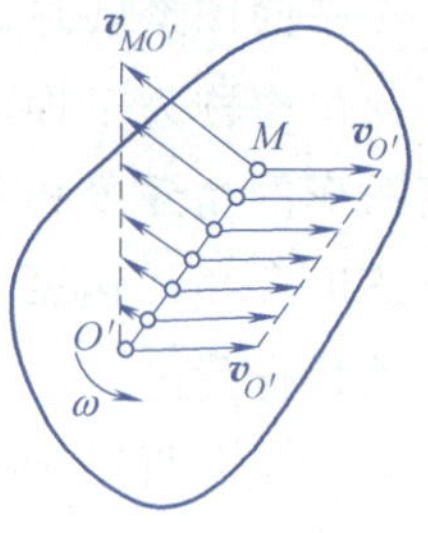

图 9-7

思考与讨论：

基点法研究刚体的平面运动时，随基点运动的动系是否一定做平动？为什么？

例题动画

求解程序

例 9-1 如图 9-8 所示的行星轮系中，齿轮Ⅰ固定，半径为 r_1；行星齿轮Ⅱ沿齿轮Ⅰ只滚动而不滑动，半径为 r_2。杆 OA 的角速度为 ω_0。求齿轮Ⅱ的角速度 ω_{II} 及其上 B、C 两点的速度。

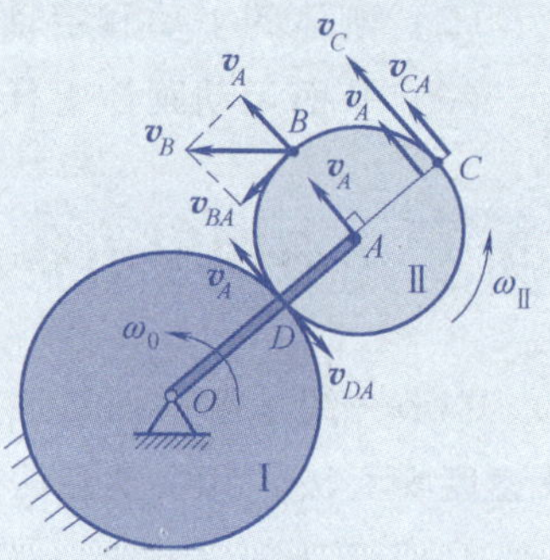

图 9-8

解：(1) 求齿轮Ⅱ的角速度 ω_{II}

行星齿轮Ⅱ做平面运动，以 A 为基点，则齿轮Ⅱ上与齿轮Ⅰ相接触的点 D 的速度可表示为

$$\boldsymbol{v}_D=\boldsymbol{v}_A+\boldsymbol{v}_{DA}$$

由于齿轮Ⅰ固定不动，点 D 是齿轮Ⅰ和齿轮Ⅱ的啮合点，故齿轮Ⅱ上点 D 的速度为 0，即 $v_D=0$；$v_A=\omega_0\cdot OA=\omega_0(r_1+r_2)$，方向垂直于杆 OA；$\boldsymbol{v}_{DA}$ 大小未知，方向垂直于杆 OA。速度合成矢量图如图 9-8 所示。

因而有

$$v_{DA}=v_A=\omega_0(r_1+r_2)$$

v_{DA} 为点 D 相对于基点 A 的速度，则

$$\omega_{\text{II}}=\frac{v_{DA}}{DA}=\frac{\omega_0(r_1+r_2)}{r_2}$$

ω_{II} 为逆时针转向。

(2) 求齿轮Ⅱ上点 B 的速度

以点 A 为基点，点 B 的速度为

$$\boldsymbol{v}_B=\boldsymbol{v}_A+\boldsymbol{v}_{BA}$$

其中，$\boldsymbol{v}_B$ 的大小和方向均未知；$v_A=\omega_0(r_1+r_2)$，$\boldsymbol{v}_{BA}=\omega_{\text{II}}\cdot BA$。速度合成矢量图如图 9-8 所示。由图可得

$$v_B=\sqrt{2}v_A=\sqrt{2}\omega_0(r_1+r_2)$$

$\boldsymbol{v}_B$ 与 $\boldsymbol{v}_A$ 之间的夹角为45°，指向如图 9-8 所示。

(3) 求齿轮Ⅱ上点 C 的速度

以点 A 为基点，点 C 的速度为

$$\boldsymbol{v}_C=\boldsymbol{v}_A+\boldsymbol{v}_{CA}$$

其中，$\boldsymbol{v}_C$ 的大小和方向均未知；$v_A=\omega_0(r_1+r_2)$，$v_{CA}=\omega_{\text{Ⅱ}}\cdot CA$。速度合成矢量图如图 9-8 所示。由图可得

$$v_C=v_A+v_{CA}=2\omega_0(r_1+r_2)$$

方向与 $\boldsymbol{v}_A$ 方向一致。

9.2.2 速度投影法

将式 (9-3) 向点 O'、M 连线方向投影，由于 $v_{MO'}$ 必垂直于 $O'M$ 连线，即它在 $O'M$ 上的投影为 0，可得

$$[\boldsymbol{v}_{O'}]_{O'M}=[\boldsymbol{v}_M]_{O'M} \tag{9-4}$$

设 α 和 β 分别为速度 $\boldsymbol{v}_{O'}$、$\boldsymbol{v}_M$ 与线段 $O'M$ 间的夹角。如图 9-9 所示，则

$$v_{O'}\cos\alpha=v_M\cos\beta$$

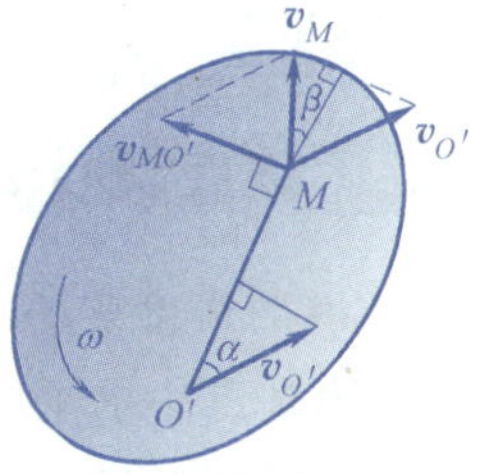

图 9-9

式 (9-4) 表明，**平面图形在某一瞬时，其上任意两点的速度在这两点连线上的投影相等，这就是速度投影定理**。两点的速度在两点连线方向的分量必须相等，即图形上两点沿两点连线没有相对速度，否则两点距离必将变化。这个定理反映了刚体上任意两点之间的距离应始终保持不变的性质，因此，速度投影定理不仅适用于刚体做平面运动，而且也适用于刚体做任何形式的运动。采用速度投影法在求解平面图形上任一点的速度时较为简便，只要知道一点的速度大小和方向，以及另一点的轨迹或速度的方位，即可求出该点的速度。但是这种方法具有一定的局限性，它只能求平面运动刚体上点的速度，不能求刚体转动的角速度，也不能揭示平面运动刚体上速度的分布规律。

思考与讨论：

(1) 平面图形上任意两点的速度方向能否任意假定？

(2) 平面图形上任意两点的速度在某固定轴上的投影是否相等？

例 9-2　如图 9-10 所示的平面机构中，曲柄 $OA=100\text{mm}$，以角速度 $\omega=2\text{rad/s}$ 转动。连杆 AB 带动摇杆 CD，并拖动轮 E 沿水平面滚动。已知 $CD=3CB$，图示位置时 A、B、E 三点恰在同一水平线上，且 $CD\perp ED$，求此瞬时点 E 的速度。

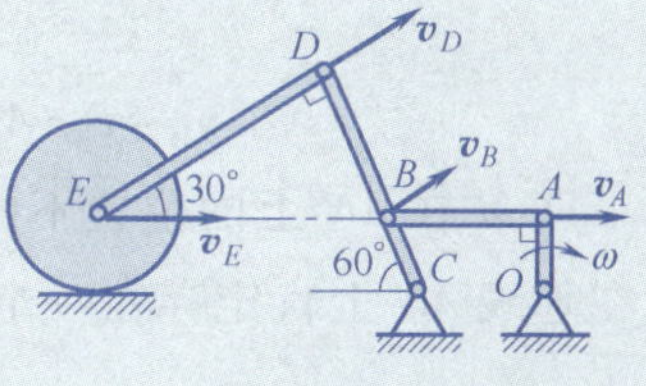

图 9-10

例题动画

求解程序

解：轮 E、杆 DE、杆 AB 做平面运动。由运动情况已知的曲柄 OA 可知点 A 的速度 $v_A=OA\cdot\omega=0.2\text{m/s}$，方向垂直于杆 OA，根据运动分析可依次画出点 B、D、E 的速度，方向如图 9-10 所示。

(1) 连杆 AB 做平面运动，由速度投影定理，杆 AB 上点 A、点 B 的速度在 AB 线上投影相等，即 $v_A=v_B\cos30°$，则

$$v_B=\frac{v_A}{\cos30°}=\frac{OA\cdot\omega}{\cos30°}=0.23\text{m/s}$$

(2) 杆 CD 绕轴 C 转动，有

$$v_D=\frac{v_B}{CB}\cdot CD=3v_B=0.69\text{m/s}$$

(3) 杆 DE 做平面运动，轮 E 沿水平面纯滚动，因此轮心 E 的速度方向为水平。根据速度投影定理可得

$$v_D=v_E\cos30°$$

则

$$v_E=\frac{v_D}{\cos30°}=0.8\text{m/s}$$

9.2.3 速度瞬心法

1. 瞬时速度中心

应用基点法求平面图形上任意一点的速度时，如果选择速度为零的点作为基点，那么图形上任一点的速度就等于该点绕基点做圆周运动的相对速度，这样计算将能大大简化。平面图形上是否存在一个速度为零的点，如果存在，应该如何确定这个点的位置。下面就来讨论这两个问题。

定理：**一般情况下，在任一瞬时，平面图形（或其延拓部分上）都唯一地存在一个速度为零的点。**

证明：设平面图形 S 在某瞬时以角速度 ω 转动，如果已知点 A 的速度为 $\boldsymbol{v}_A$，如图 9-11 所示。选择以点 A 为基点，过点 A 作速度 $\boldsymbol{v}_A$ 的垂线 AN，则垂线 AN 上任一点 M 的速度为

$$\boldsymbol{v}_M=\boldsymbol{v}_A+\boldsymbol{v}_{MA}$$

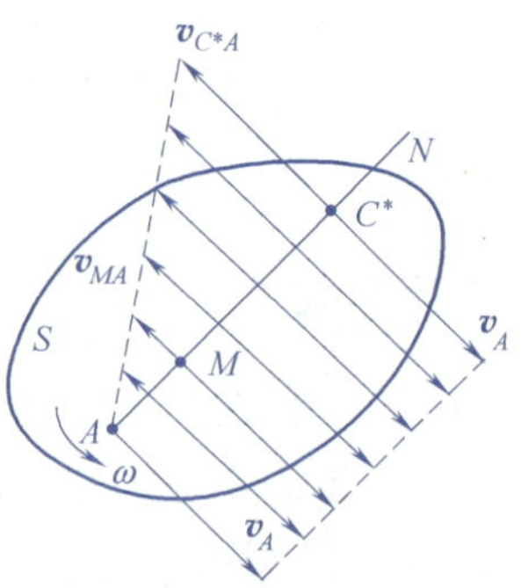

图 9-11

由图中可以看出，$\boldsymbol{v}_A$ 和 $\boldsymbol{v}_{MA}$ 共线且方向相反。有

$$v_M=v_A-v_{MA}$$

即

$$v_M=v_A-AM\cdot\omega$$

点 M 在 AN 上的位置不同，v_M 的大小也不同。因此在垂线 AN 上肯定存在一个点 C^*，使该点的瞬时速度为零，则

$$v_{C^*}=v_A-AC^*\cdot\omega=0$$

点 C^* 的位置应满足

$$AC^* = \frac{v_A}{\omega}$$

即：在任一瞬时，如果平面图形的角速度不为零，则平面图形（或其延拓部分上）必唯一地存在着速度为零的点。这个速度为零的点称为**瞬时速度中心**，简称**速度瞬心**。定理得证。

2. 速度瞬心法

如图 9-12 所示，设平面图形转动的角速度为 ω，若以速度瞬心 C^* 为基点，则平面图形上任意一点 A 的速度

$$\boldsymbol{v}_A = \boldsymbol{v}_{C^*} + \boldsymbol{v}_{AC^*}$$

由于 $v_{C^*}=0$，点 A 的速度大小为

$$v_A = v_{AC^*} = AC^* \cdot \omega$$

方向垂直于 AC^*，并与图形转动的方向一致。

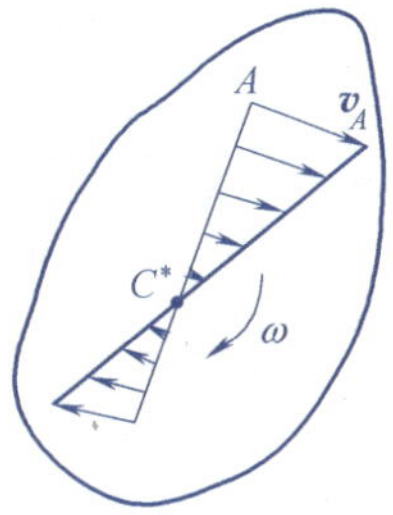

图　9-12

必须指出：速度瞬心可以在平面图形内，也可以在平面图形外，它的位置不是固定的。即：平面图形在不同的瞬时具有不同的速度瞬心。由此可见，刚体的平面运动可以认为是绕一系列的速度瞬心做瞬时转动。如果求出图形的角速度和确定出速度瞬心的位置，就可以求出图形上所有各点在此瞬时的速度。这种方法称为**瞬时速度中心法**，简称**速度瞬心法**。

思考与讨论：

（1）自行车车轮在平坦的路面上沿直线纯滚动时，车轮上的辐条为什么距离地面越近越清晰，距离地面越远越模糊不清？

（2）汽车转弯时两个前轮的转向角是否相同？两个前轮的转向角应满足什么关系，转向机构如何设计？

（3）汽车最小转弯半径与哪些因素有关？

用速度瞬心法求解平面图形上任一点的速度非常方便，既可以求速度也可以求解图形转动的角速度。采用速度瞬心法的关键是如何确定速度瞬心的位置。下面介绍几种常用的确定速度瞬心位置的方法。

（1）已知平面图形上任意两点 A、B 的速度方向，且两速度互不平行，如图 9-13a 所示。此时，过 A、B 两点分别作速度 $\boldsymbol{v}_A$、$\boldsymbol{v}_B$ 的垂线，垂线的交点 C^* 就是图形的速度瞬心。

（2）已知某瞬时平面图形上 A、B 两点的速度大小和方向，且两点的速度均垂直于该两点的连线，如图 9-13b、c 所示。A、B 两点速度矢端的连线与该两点的连线或者连线的延长线的交点 C^* 就是图形的速度瞬心。

（3）已知某瞬时平面图形上 A、B 两点速度相互平行但不垂直于两点连线，如图 9-13d 所示；或两点速度相等，且垂直于 A、B 两点连线，如图 9-13e 所示，这两种情况下，图形的速度瞬心在无穷远处，此时平面图形的瞬时角速度 $\omega=0$，

平面图形做**瞬时平动**，该瞬时平面图形内各点的速度完全相同。

（4）当平面图形沿某一固定表面做无滑动的滚动时，如图 9-13f 所示，这两个面的接触点的相对速度为零，平面图形上的接触点 C^* 即为此瞬时平面图形的速度瞬心。

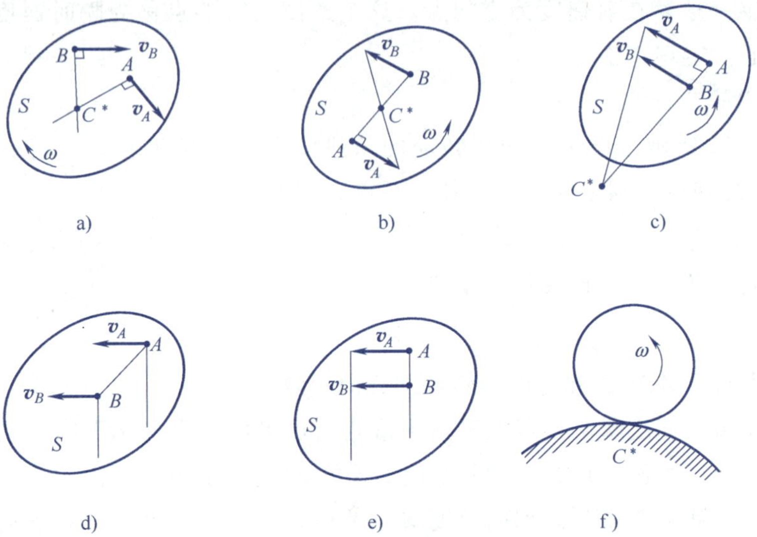

图 9-13

思考与讨论：

（1）瞬时平动和平动二者之间有何相同点和不同点？

（2）刚体做瞬时平动时，刚体的角速度和角加速度在该瞬时是否一定都等于零？

（3）平面运动的刚体，速度瞬心处的速度为零，那么其加速度是否也为零？

（4）轮子做平面运动时，如果轮上与地面接触点的速度不等于零（相对于地面有滑动），那么此时轮子是否不存在瞬时速度中心？

例题动画

求解程序

例 9-3 如图 9-14 所示，曲柄 $OA=r$，以匀角速度 ω 绕定轴 O 转动。连杆 $AB=2r$，轮 B 半径为 $r/2$，在地面上滚动而不滑动。求曲柄在图示铅垂位置时，连杆 AB 及轮 B 的角速度。

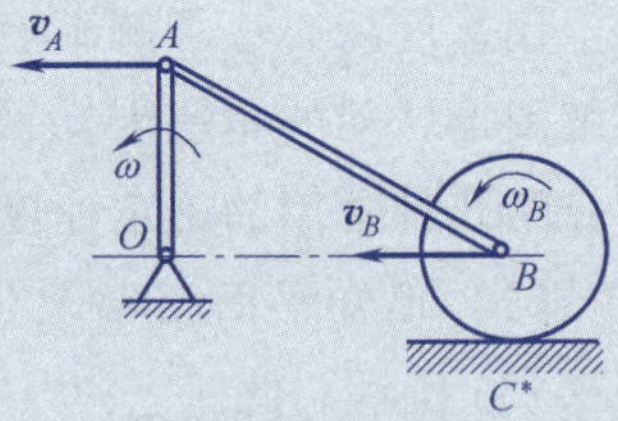

图 9-14

解： 曲柄 OA 做定轴转动，连杆 AB 和轮 B 均做平面运动。已知点 A 的速度大小和方向、点 B 的速度方向，如图 9-14 所示。过点 A、点 B 分别作速度 $\boldsymbol{v}_A$ 和 $\boldsymbol{v}_B$ 的垂线，两条速度垂线的交点在无穷远处，故连杆 AB 做瞬时平动，于是有

$$\omega_{AB}=0, v_B=v_A=r\omega$$

轮 B 做平面运动，轮与地面间无相对滑动，则接触点 C^* 为轮 B 的速度瞬心，因此

$$\omega_B=\frac{v_B}{BC^*}=2\omega$$

转向为逆时针方向。

例 9-4　椭圆规尺的 A 端以速度 $\boldsymbol{v}_A$ 沿 x 轴的负向运动，$AB=l$，如图 9-15a 所示，求连杆与水平方向夹角为 30°时，滑块 B 的速度及杆 AB 的角速度。

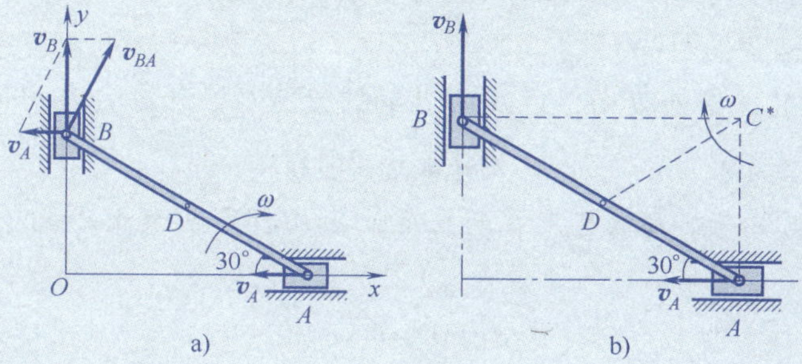

图　9-15

例题动画

求解程序

分析：杆 AB 做平面运动，滑块 A、B 做平动。

解法 1（基点法）：

选择以点 A 为基点，则点 B 的速度可以表示为

$$\boldsymbol{v}_B=\boldsymbol{v}_A+\boldsymbol{v}_{BA}$$

其中，$\boldsymbol{v}_A$ 的大小及方向已知，$\boldsymbol{v}_B$ 和 $\boldsymbol{v}_{BA}$ 的大小未知，方向如图 9-15a 所示。

由图中的几何关系可得

$$v_B=v_A\cot 30°=\sqrt{3}v_A$$

$$v_{BA}=\frac{v_A}{\sin 30°}=2v_A$$

因此，杆 AB 的角速度为

$$\omega=\frac{v_{BA}}{AB}=\frac{2v_A}{l}$$

转向为顺时针方向。

解法 2（速度瞬心法）：

根据题意可知点 A、点 B 的速度，分别过点 A 和点 B 作两点的速度垂线，两条速度垂线交于点 C^*，如图 9-15b 所示，则点 C^* 就是杆 AB 的速度瞬心，于是杆 AB 的角速度为

$$\omega=\frac{v_A}{AC^*}=\frac{2v_A}{l}$$

点 B 的速度为

$$v_B=BC^*\cdot\omega=\frac{BC^*}{AC^*}\cdot v_A=\sqrt{3}v_A$$

方向如图所示。

在这里也可以用速度瞬心法求图形内任一点的速度，如杆 AB 的中点 D 的速度为

$$v_D = DC^* \cdot \omega = \frac{l}{2} \cdot \frac{2v_A}{l} = v_A$$

它的方向垂直于 DC^*，且指向图形转动的一方。

解法 3（速度投影法）：

已知点 A 的速度和方向，以及点 B 的速度方位，由速度投影定理

$$[\boldsymbol{v}_B]_{AB} = [\boldsymbol{v}_A]_{AB}$$

杆 AB 上点 A、点 B 的速度在两点连线上的投影应该大小相等，符号相同，于是

$$v_B \cos 60° = v_A \cos 30°$$

解出

$$v_B = \sqrt{3} v_A$$

点 B 的速度方向向上。

采用速度投影法可以很简便地求解点 B 的速度，但是无法求杆 AB 的角速度。

例题动画

求解程序

例 9-5 曲柄连杆机构如图 9-16a 所示，曲柄 $OA=r$，连杆 $AB=l$，曲柄 OA 以匀角速度 ω 绕 O 轴转动，当 OA 与水平线的夹角 $\theta=45°$时，$OA \perp AB$，求此瞬时杆 AB 的角速度及滑块 B 的速度。

解法 1（基点法）：

在曲柄连杆机构中，杆 AB 做平面运动，杆 OA 做定轴转动，滑块 B 做平动。选择点 A 为基点，则

$$\boldsymbol{v}_B = \boldsymbol{v}_A + \boldsymbol{v}_{BA}$$

其中，$v_A = r\omega$，$\boldsymbol{v}_B$ 和 $\boldsymbol{v}_{BA}$ 大小未知。各速度方向如图 9-16a 所示。

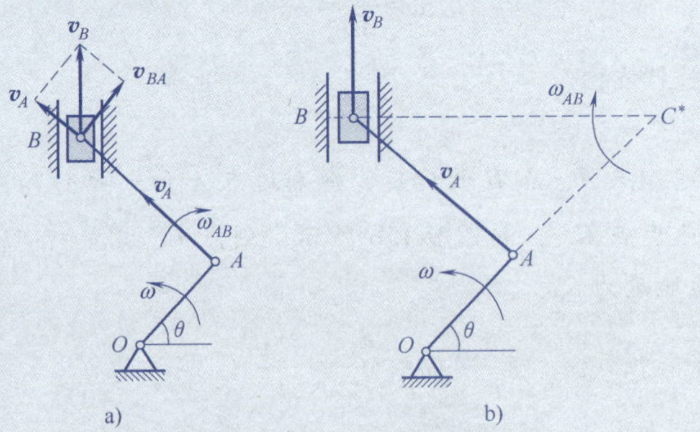

图 9-16

由图中的几何关系可得

$$v_B=\frac{v_A}{\cos\theta}=\sqrt{2}\,r\omega$$

$$v_{BA}=v_B\cos\theta=r\omega$$

因此，杆 AB 的角速度为

$$\omega_{AB}=\frac{v_{BA}}{AB}=\frac{r\omega}{l}$$

转向为顺时针方向。

解法 2（速度瞬心法）：

过点 A、B 作速度 $\boldsymbol{v}_A$ 和 $\boldsymbol{v}_B$ 的垂线，两条速度垂线交于点 C^*，如图 9-16b 所示，则点 C^* 就是图形 AB 的速度瞬心，于是图形的角速度为

$$\omega_{AB}=\frac{v_A}{AC^*}=\frac{r\omega}{l}$$

点 B 的速度为

$$v_B=BC^*\cdot\omega_{AB}=\sqrt{2}\,l\cdot\frac{r\omega}{l}=\sqrt{2}\,r\omega$$

$\boldsymbol{v}_B$ 的方向和 ω_{AB} 的转向如图 9-16b 所示。

解法 3（速度投影法）：

已知点 A 的速度和方向，以及点 B 的速度方向，由速度投影定理可得

$$v_A=v_B\cos\theta$$

解出

$$v_B=\frac{v_A}{\cos\theta}=\sqrt{2}\,r\omega$$

同样，采用速度投影法无法求出杆 AB 的角速度。

本节介绍了平面运动刚体上任意一点速度的三种求解方法：基点法、速度瞬心法和速度投影法。其中，基点法是基础，既可以求速度，也可以求角速度，但不便于分析速度分布规律。速度投影法应用时非常方便，但应用时受到一定的局限，不能求角速度，也不便于分析速度分布规律。速度瞬心法是基点法的特殊情况，速度瞬心法不仅能求速度，也能求角速度，同时也能分析速度的分布规律，是一种简便、适用、有效的求速度的方法。

9.3 平面图形内各点的加速度分析

本节介绍确定平面图形上点的加速度的基点法。

刚体的平面运动可以分解为随基点的平动和绕基点的转动，因此利用牵连运动为平动时的加速度合成定理可以求平面图形内任一点的加速度。已知平面图形 S 上点 A 的加速度 $\boldsymbol{a}_A$、图形的角速度 ω 与角加速度 α，求图形上任一点 B 的加速

度，如图 9-17 所示。

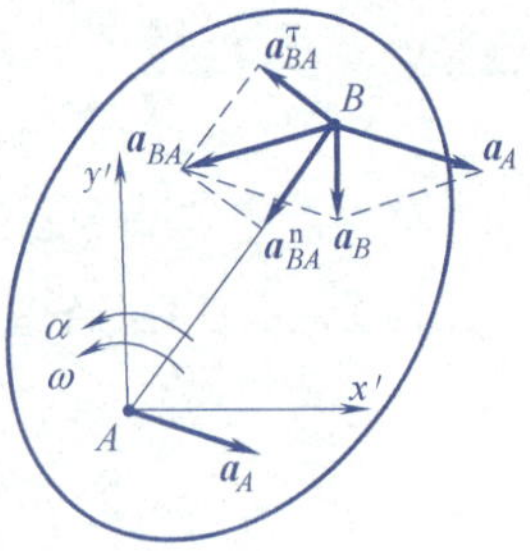

图 9-17

以 B 为动点，选加速度已知的点 A 为基点，在点 A 上建立平动坐标系，牵连运动是随基点 A 的平动，牵连加速度即为点 A 的加速度；平面图形相对点 A 做定轴转动，相对运动轨迹是以点 A 为圆心、AB 为半径的圆，相对加速度分为切向加速度和法向加速度。

应用牵连运动为平动时的加速度合成定理

$$\boldsymbol{a}_a=\boldsymbol{a}_e+\boldsymbol{a}_r^{\tau}+\boldsymbol{a}_r^{n}$$

对应地，$\boldsymbol{a}_a=\boldsymbol{a}_B,\boldsymbol{a}_e=\boldsymbol{a}_A,\boldsymbol{a}_r^{\tau}=\boldsymbol{a}_{BA}^{\tau},\boldsymbol{a}_r^{n}=\boldsymbol{a}_{BA}^{n}$

于是用基点法求点的加速度合成公式为

$$\boldsymbol{a}_B=\boldsymbol{a}_A+\boldsymbol{a}_{BA}^{\tau}+\boldsymbol{a}_{BA}^{n} \tag{9-5}$$

其中，点 B 相对平动坐标系的切向加速度 $a_{BA}^{\tau}=AB\cdot\alpha$，方向垂直于 AB，指向与角加速度 α 的转向一致；法向加速度 $a_{BA}^{n}=AB\cdot\omega^2$，方向沿 AB 指向基点 A，加速度合成矢量图如图 9-17 所示。

式（9-5）表明，**平面图形内任一点的加速度等于基点的加速度与该点随图形绕基点转动的切向加速度和法向加速度的矢量和**。此式为平面矢量方程，计算时常采用其投影式。

例题动画

求解程序

例 9-6　曲柄连杆机构如图 9-18a 所示，曲柄 $OA=r$，连杆 $AB=l$，曲柄 OA 以匀角速度 ω 绕 O 轴转动，当 OA 与水平线的夹角 $\theta=45°$时，$OA\perp AB$，求此瞬时杆 AB 的角加速度和滑块 B 的加速度。

解： 连杆 AB 做平面运动。由例 9-5 可知此瞬时杆 AB 的角速度及滑块 B 的速度分别为 $\omega_{AB}=\dfrac{r\omega}{l}$，$v_B=\sqrt{2}r\omega$。

以点 A 为基点，则点 B 的加速度为

$$\boldsymbol{a}_B=\boldsymbol{a}_A+\boldsymbol{a}_{BA}^{\tau}+\boldsymbol{a}_{BA}^{n} \tag{a}$$

其中，$a_A=r\omega^2$，$a_{BA}^{n}=AB\cdot\omega_{AB}^2$，$\boldsymbol{a}_B$ 和$\boldsymbol{a}_{BA}^{\tau}$ 大小未知，加速度合成矢量图如图 9-18b 所示。

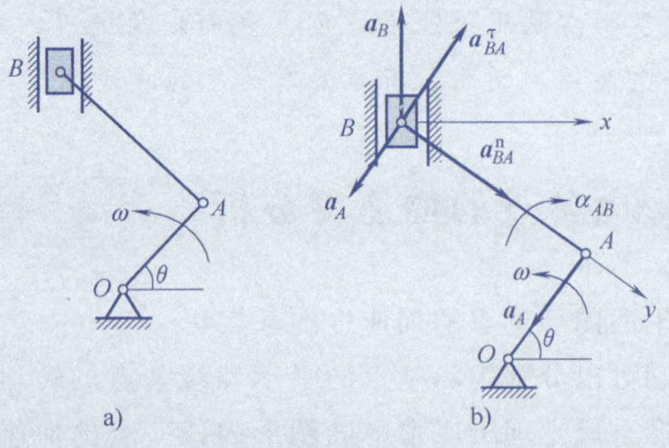

图 9-18

将式（a）向 Bx 轴投影，得

$$0=-a_A\cos\theta+a_{BA}^{\tau}\cos\theta+a_{BA}^{n}\sin\theta$$

解出

$$a_{BA}^{\tau}=r\omega^2-\frac{r^2\omega^2}{l}$$

则

$$\alpha_{AB}=\frac{a_{BA}^{\tau}}{AB}=\frac{r\omega^2(l-r)}{l^2}$$

方向为顺时针转向。再将式（a）向 By 轴投影，得

$$-a_B\cos\theta=a_{BA}^{n}$$

所以

$$a_B=-\frac{\sqrt{2}r^2\omega^2}{l}$$

负号说明图中假设方向与实际方向相反，即点 B 的加速度方向向下。

思考与讨论：

用基点法求平面图形上各点的加速度，当基点所在的刚体角速度不为零时，是否需要考虑科氏加速度？

例 9-7　车轮沿直线纯滚动，如图 9-19a 所示。已知车轮半径为 R，中心 O 的速度为 $\boldsymbol{v}_O$，加速度为 $\boldsymbol{a}_O$。设车轮与地面接触无相对滑动。求车轮上速度瞬心的加速度。

例题动画

求解程序

解： 轮 O 做平面运动，其上与轨道接触点 C^* 即为速度瞬心，由速度瞬心法，得滚轮的角速度

$$\omega=\frac{v_O}{R}$$

ω 转向与 $\boldsymbol{v}_O$ 的指向一致，即顺时针转向。

车轮的角加速度 α 等于角速度对时间的一阶导数，即

$$\alpha=\frac{\mathrm{d}\omega}{\mathrm{d}t}=\frac{\mathrm{d}}{\mathrm{d}t}\left(\frac{v_O}{R}\right)=\frac{1}{R}\frac{\mathrm{d}v_O}{\mathrm{d}t}$$

其中，R 是常量，轮心 O 做直线运动，所以它的速度对时间的一阶导数等于这一点的加速度，即

$$\frac{\mathrm{d}v_O}{\mathrm{d}t}=a_O$$

于是

$$\alpha=\frac{a_O}{R}$$

α 的转向与 a_O 的指向一致，即顺时针转向。

车轮做平面运动，取轮心 O 为基点，则点 C^* 的加速度为

$$\boldsymbol{a}_{C^*}=\boldsymbol{a}_O+\boldsymbol{a}_{C^*O}^{\tau}+\boldsymbol{a}_{C^*O}^{n}$$

其中

$$a_{C^*O}^{\tau}=R\alpha=a_O\text{，}a_{C^*O}^{n}=R\omega^2=\frac{v_O^2}{R}$$

它们的方向如图 9-19a 所示。由于 $\boldsymbol{a}_O$ 和 $\boldsymbol{a}_{C^*O}^{\tau}$ 大小相等，方向相反，于是

$$a_{C^*}=a_{C^*O}^{n}$$

由此看出，速度瞬心 C^* 的加速度并不等于零。当车轮沿固定的直线轨道做纯滚动时，其速度瞬心 C^* 的加速度指向轮心，如图 9-19b 所示。

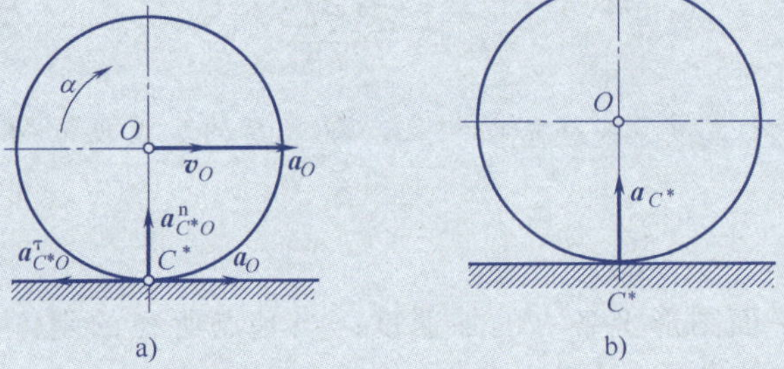

图 9-19

思考与讨论：

（1）圆轮沿直线轨道做纯滚动，只要轮心做匀速运动，那么轮缘上任意一点的加速度方向是否均指向轮心？

（2）当圆轮沿着固定曲面做纯滚动时，如何根据轮心的速度求解加速度？

例题动画

求解程序

例 9-8 如图 9-20a 所示，曲柄 $OA=r$，以匀角速度 ω 绕定轴 O 转动。连杆 $AB=2r$，轮 B 半径为 $r/2$，在地面上滚动而不滑动。求曲柄在图示铅垂位置时，连杆 AB 及轮 B 的角加速度。

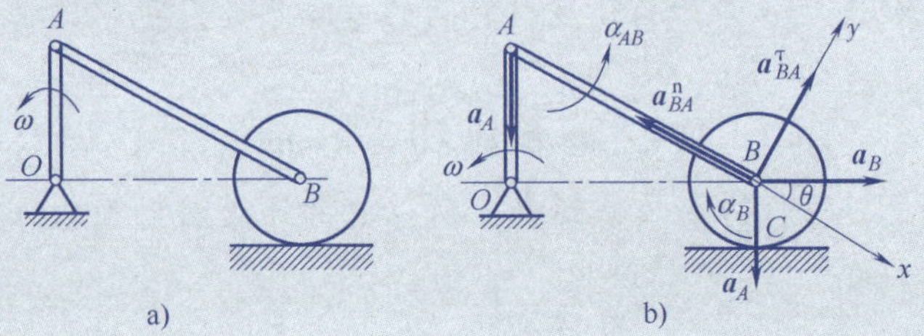

图 9-20

解： 杆 AB 及轮 B 做平面运动，由例 9-3 可知此瞬时连杆 AB 及轮 B 的角速度分别为 $\omega_{AB}=0$，$\omega_B=2\omega$（逆时针方向）。

以点 A 为基点，则点 B 的加速度为

$$\boldsymbol{a}_B=\boldsymbol{a}_A+\boldsymbol{a}_{BA}^{\tau}+\boldsymbol{a}_{BA}^{n} \tag{a}$$

其中，$a_A=r\omega^2$，$a_{BA}^{n}=0$，$\boldsymbol{a}_B$ 和$\boldsymbol{a}_{BA}^{\tau}$ 大小未知。加速度合成矢量图如图 9-20b 所示。

将式（a）分别向 Bx、By 轴投影，得

$$Bx\text{ 轴：}a_B\cos\theta=-a_{BA}^{n}+a_A\sin\theta$$

$$By\text{ 轴：}a_B\sin\theta=a_{BA}^{\tau}-a_A\cos\theta$$

解出

$$a_B=\frac{\sqrt{3}}{3}r\omega^2$$

$$a_{BA}^{\tau}=\frac{2\sqrt{3}}{3}r\omega^2$$

所以

$$\alpha_{AB}=\frac{a_{BA}^{\tau}}{AB}=\frac{\sqrt{3}}{3}\omega^2\qquad（逆时针）$$

由此可见，杆 AB 在图示位置做瞬时平动，其角速度等于零，但其角加速度并不等于零。点 B 是轮心，与地面的距离始终为 $r/2$，因此可得

$$\alpha_B=\frac{a_B}{r/2}=\frac{2\sqrt{3}}{3}\omega^2\qquad（顺时针）$$

例 9-9　如图 9-21a 所示连杆机构，杆 AB 以匀角速度 ω 绕轴 A 转动，$AB=CD=r$，$BC=2\sqrt{3}r$，试求 $\varphi=30°$时，杆 CD 的角速度和角加速度。

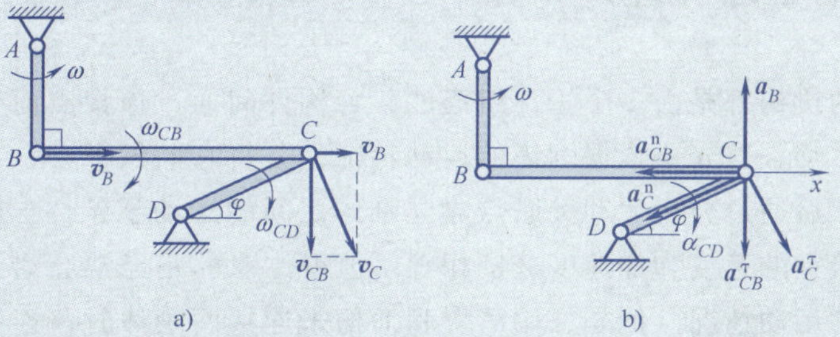

图　9-21

例题动画

求解程序

解： 机构中杆 BC 做平面运动。

（1）速度分析

以点 B 为基点，则点 C 的速度为

$$\boldsymbol{v}_C=\boldsymbol{v}_B+\boldsymbol{v}_{CB}$$

其中，$v_B=AB\cdot\omega$，$\boldsymbol{v}_C$ 和 $\boldsymbol{v}_{CB}$ 的大小未知，速度方向如图 9-21a 所示。

由图中的几何关系可知

$$v_C=\frac{v_B}{\sin30^\circ}=2r\omega$$

$$v_{CB}=v_B\cot30^\circ=\sqrt{3}r\omega$$

则

$$\omega_{CB}=\frac{v_{CB}}{BC}=\frac{1}{2}\omega$$

$$\omega_{CD}=\frac{v_C}{CD}=2\omega\text{（顺时针）}$$

（2）加速度分析

以点 B 为基点，则点 C 的加速度为

$$\boldsymbol{a}_C^\tau+\boldsymbol{a}_C^{\mathrm{n}}=\boldsymbol{a}_B+\boldsymbol{a}_{CB}^\tau+\boldsymbol{a}_{CB}^{\mathrm{n}}$$

其中，$a_C^{\mathrm{n}}=CD\cdot\omega_{CD}^2$，$a_B=AB\cdot\omega^2$，$a_{CB}^{\mathrm{n}}=CB\cdot\omega_{CB}^2$，$\boldsymbol{a}_C^\tau$ 和 $\boldsymbol{a}_{CB}^\tau$ 大小未知。加速度合成矢量图如图 9-21b 所示。

将上述加速度合成矢量式向 Cx 方向投影，得

$$a_C^\tau\sin30^\circ-a_C^{\mathrm{n}}\cos30^\circ=-a_{CB}^{\mathrm{n}}$$

解得

$$a_C^\tau=3\sqrt{3}r\omega^2$$

则

$$\alpha_{CD}=\frac{a_C^\tau}{CD}=3\sqrt{3}\omega^2\text{（顺时针）}$$

9.4 运动学综合应用

工程中的机构都是由多个构件组成的，各构件间通过连接点而传递运动。为分析机构的运动，首先要依据刚体的运动特征，分析它们做平动、定轴转动还是平面运动；然后通过分析运动关联点建立刚体之间的运动学条件。例如，用铰链连接，则连接点的速度和加速度分别相等。值得注意的是经常会遇到两刚体间的连接点有相对运动情况。例如，用滑块和滑槽来连接两刚体时，连接点的速度和加速度是不相等的，需要用点的合成运动理论去建立连接点的运动学条件。如果被连接的刚体中有做平面运动的情形，则需要综合应用合成运动和平面运动的理论去求解。下面通过例题来加以说明。

例 9-10 如图 9-22a 所示机构，杆 AC 铅直运动，杆 BD 水平运动，A 为铰链，滑块 B 可沿槽杆 AE 中的直槽滑动。图示瞬时，$AB=60\text{mm}$，$\theta=30^\circ$，$v_A=10\sqrt{3}\text{mm/s}$，$a_A=10\sqrt{3}\text{mm/s}^2$，$v_B=50\text{mm/s}$，$a_B=10\text{mm/s}^2$，求该瞬时杆 AE 的角速度及角加速度。

例题动画

求解程序

解：(1) 求杆 AE 的角速度。

以滑块 B 为动点，动系固结在杆 AE 上做平面运动，由点的速度合成定理有

$$\boldsymbol{v}_a=\boldsymbol{v}_e+\boldsymbol{v}_r \tag{a}$$

其中，$\boldsymbol{v}_a=\boldsymbol{v}_B$；$\boldsymbol{v}_r$ 大小未知，方向沿 AE；$\boldsymbol{v}_e$ 为杆 AE 上与滑块 B 重合的点 B' 的速度，其大小和方向均未知，式 (a) 中有三个待求量，无法作出速度平行四边形。

由于杆 AE 做平面运动，以点 A 为基点，杆 AE 上与滑块 B 重合的点 B' 的速度为

$$\boldsymbol{v}_{B'}=\boldsymbol{v}_A+\boldsymbol{v}_{B'A} \tag{b}$$

其中，$\boldsymbol{v}_A$ 大小已知；$\boldsymbol{v}_{B'A}$ 方向垂直于杆 AE，大小未知；$\boldsymbol{v}_{B'}$ 大小和方向均未知。式 (b) 中有三个待求量，无法求解。由于牵连速度 $\boldsymbol{v}_e=\boldsymbol{v}_{B'}$，联立式 (a)、式 (b) 两式得

$$\boldsymbol{v}_B=\boldsymbol{v}_A+\boldsymbol{v}_{B'A}+\boldsymbol{v}_r \tag{c}$$

速度合成矢量图如图 9-22a 所示。将式 (c) 分别向 $\boldsymbol{v}_{B'A}$ 及 $\boldsymbol{v}_r$ 方向投影，有

$$v_B\cos30°=-v_A\cos60°+v_{B'A}$$

$$v_B\sin30°=v_A\sin60°+v_r$$

解得

$$v_{B'A}=30\sqrt{3}\,\text{mm/s},v_r=10\text{mm/s}$$

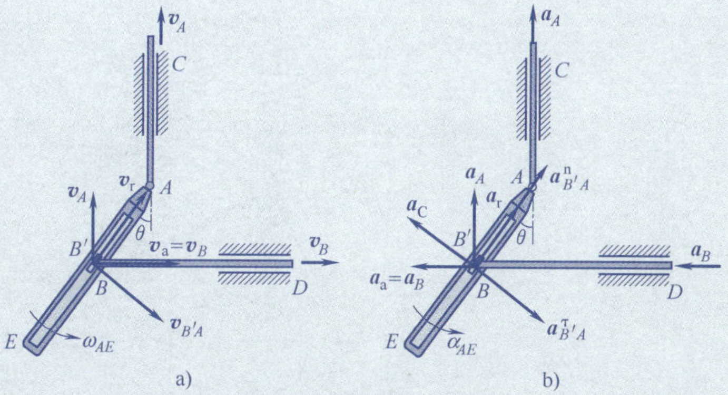

图 9-22

从而解得杆 AE 的角速度为

$$\omega_{AE}=\frac{v_{B'A}}{AB'}=\frac{\sqrt{3}}{2}\text{rad/s}\qquad(\text{逆时针})$$

(2) 求杆 AE 的角加速度。

动点、动系的选取与上面相同，由点的加速度合成定理，有

$$\boldsymbol{a}_a = \boldsymbol{a}_e + \boldsymbol{a}_r + \boldsymbol{a}_C \tag{d}$$

其中，$\boldsymbol{a}_a = \boldsymbol{a}_B$，$\boldsymbol{a}_e$ 为杆 AE 上与滑块 B 重合的点 B' 的加速度，$\boldsymbol{a}_e = \boldsymbol{a}_{B'}$，其大小和方向均未知；$a_C = 2\omega_{AE} v_r = 10\sqrt{3}\,\text{mm/s}^2$；$\boldsymbol{a}_r$ 大小未知。加速度合成矢量图如图 9-22b 所示。式（d）中有三个待求量，不能求解。

对于做平面运动的杆 AE，以 A 为基点，点 B' 的加速度为

$$\boldsymbol{a}_{B'} = \boldsymbol{a}_A + \boldsymbol{a}_{B'A}^{\tau} + \boldsymbol{a}_{B'A}^{n} \tag{e}$$

其中，$a_{B'A}^{n} = AB' \cdot \omega_{AE}^2 = 45\text{mm/s}^2$，牵连加速度 $\boldsymbol{a}_e = \boldsymbol{a}_{B'}$。联立式（d）、式（e）两式得

$$\boldsymbol{a}_B = \boldsymbol{a}_A + \boldsymbol{a}_{B'A}^{\tau} + \boldsymbol{a}_{B'A}^{n} + \boldsymbol{a}_r + \boldsymbol{a}_C \tag{f}$$

各加速度矢量如图 9-22b 所示。式（f）中只有 $\boldsymbol{a}_{B'A}^{\tau}$ 及 $\boldsymbol{a}_r$ 两个加速度的大小未知。将式（f）分别向 $\boldsymbol{a}_{B'A}^{\tau}$ 方向投影，有

$$-a_B\cos 30° = -a_A \sin 30° + a_{B'A}^{\tau} - a_C$$

解得　$a_{B'A}^{\tau} = 10\sqrt{3}\,\text{mm/s}^2$

则槽杆 AE 的角加速度为

$$\alpha_{AE} = \frac{a_{B'A}^{\tau}}{AB'} = \frac{\sqrt{3}}{6}\text{rad/s}^2 \qquad \text{（逆时针）}$$

例 9-11　如图 9-23a 所示的平面机构，AB 长为 l，滑块 A 可沿摇杆 OC 的长槽滑动。摇杆 OC 以匀角速度 ω 绕 O 轴转动，滑块 B 以匀速 $v=\omega l$ 沿水平导轨滑动。图示瞬时 OC 铅垂，AB 与水平线 OB 夹角为 30°。求此瞬时杆 AB 的角速度及角加速度。

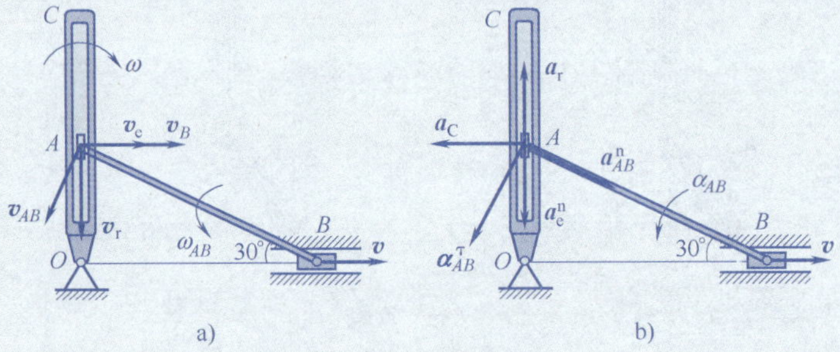

图　9-23

解： 杆 AB 做平面运动，点 A 又在摇杆 OC 内有相对运动，这是一个应用刚体平面运动和点的合成运动理论联合求解的问题，而且是一种含两个运动输入量 ω 和 $\boldsymbol{v}$ 的较复杂的机构运动问题。

（1）求杆 AB 的角速度。

机构中杆 AB 做平面运动，以 B 为基点，则有

$$\boldsymbol{v}_A = \boldsymbol{v}_B + \boldsymbol{v}_{AB} \tag{a}$$

其中，$\boldsymbol{v}_B=\boldsymbol{v}$，$\boldsymbol{v}_A$ 和 $\boldsymbol{v}_{AB}$ 大小未知，方向如图 9-23a 所示。

由于点 A 在摇杆 OC 内滑动，因此需用点的合成运动方法。取滑块 A 为动点，动系固结在摇杆 OC 上，由点的速度合成定理，有

$$\boldsymbol{v}_a=\boldsymbol{v}_r+\boldsymbol{v}_e \tag{b}$$

其中，$\boldsymbol{v}_a=\boldsymbol{v}_A$；$v_e=OA\cdot\omega$，$v_a$ 和 v_r 大小未知，速度合成矢量图如图 9-23a 所示，将式（a）和式（b）联立，有

$$\boldsymbol{v}_B+\boldsymbol{v}_{AB}=\boldsymbol{v}_r+\boldsymbol{v}_e \tag{c}$$

将此矢量式（c）向 $\boldsymbol{v}_B$ 方向投影，得

$$v_B-v_{AB}\sin30°=v_e$$

从而求得

$$v_{AB}=2(v_B-v_e)=l\omega$$

故杆 AB 的角速度

$$\omega_{AB}=\frac{v_{AB}}{AB}=\omega\ (\text{逆时针})$$

将式（c）沿 $\boldsymbol{v}_r$ 方向投影，得

$$v_{AB}\cos30°=v_r$$

则

$$v_r=\frac{\sqrt{3}}{2}\omega l$$

（2）求杆 AB 的角加速度。

以 B 为基点，则点 A 的加速度为

$$\boldsymbol{a}_A=\boldsymbol{a}_B+\boldsymbol{a}_{AB}^{\tau}+\boldsymbol{a}_{AB}^{n} \tag{d}$$

其中，$a_B=0$，$a_{AB}^{n}=AB\cdot\omega_{AB}^2=l\omega^2$，$\boldsymbol{a}_A$ 和$\boldsymbol{a}_{AB}^{\tau}$ 大小未知，加速度合成矢量图如图 9-23b 所示。

以滑块 A 为动点，动系固结在摇杆 OC 上，则有

$$\boldsymbol{a}_a=\boldsymbol{a}_r+\boldsymbol{a}_e^{n}+\boldsymbol{a}_e^{\tau}+\boldsymbol{a}_C \tag{e}$$

其中，$a_e^{n}=OA\cdot\omega^2=\frac{1}{2}l\omega^2$，$a_e^{\tau}=0$，$a_C=2\omega v_r=\sqrt{3}\,l\omega^2$，$\boldsymbol{a}_a=\boldsymbol{a}_A$。加速度矢量图如图 9-23b 所示。

将式（d）和式（e）联立，有

$$\boldsymbol{a}_{AB}^{\tau}+\boldsymbol{a}_{AB}^{n}=\boldsymbol{a}_r+\boldsymbol{a}_e^{n}+\boldsymbol{a}_C \tag{f}$$

式（f）中仅有$\boldsymbol{a}_r$ 和$\boldsymbol{a}_{AB}^{\tau}$ 的大小未知。将矢量式（f）沿$\boldsymbol{a}_C$ 方向投影得

$$a_{AB}^{\tau}\sin30°-a_{AB}^{n}\cos30°=a_C$$

因此

$$a_{AB}^{\tau}=3\sqrt{3}l\omega^2$$

从而求得杆 AB 的角加速度为

$$\alpha_{AB}=\frac{a_{AB}^{\tau}}{AB}=3\sqrt{3}\omega^2(\text{逆时针})$$

例题动画

求解程序

例 9-12 如图 9-24a 所示平面机构，滑块 B 可沿杆 OA 滑动。杆 BE 与 BD 分别与滑块 B 铰接，杆 BD 可沿水平导轨运动。滑块 E 以匀速 $\boldsymbol{v}$ 沿铅垂导轨向上运动，杆 BE 长为 $\sqrt{2}l$。图示瞬时杆 OA 铅垂，且与杆 BE 夹角为 45°。求该瞬时杆 OA 的角速度与角加速度。

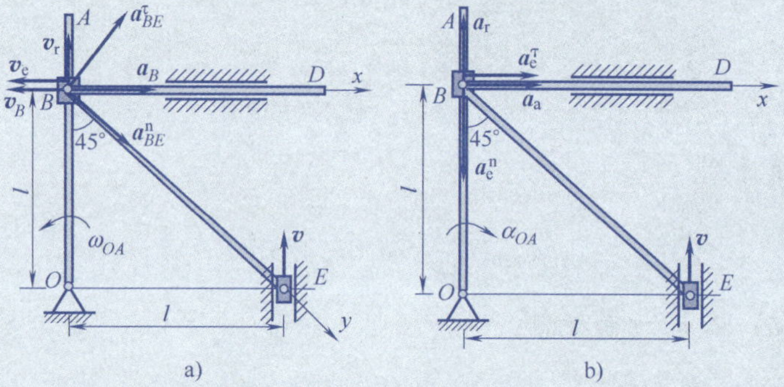

图 9-24

解： 杆 BE 做平面运动，可先求出滑块 B 的速度和加速度。滑块在杆 OA 上滑动，并带动杆 OA 转动，可按合成运动方法求解杆 OA 的角速度与角加速度。

（1）求点 B 的速度。

杆 BE 做平面运动，其速度瞬心为点 O，所以有

$$\omega_{BE}=\frac{v}{OE}=\frac{v}{l}$$

$$v_B=\omega_{BE}\cdot OB=v$$

（2）求点 B 的加速度。

以 E 为基点，点 B 的加速度为

$$\boldsymbol{a}_B=\boldsymbol{a}_E+\boldsymbol{a}_{BE}^{\tau}+\boldsymbol{a}_{BE}^{n} \tag{a}$$

其中，$a_E=0$，$a_{BE}^{n}=BE\cdot\omega_{BE}^2=\frac{\sqrt{2}v^2}{l}$，$\boldsymbol{a}_B$ 和 $\boldsymbol{a}_{BE}^{\tau}$ 大小未知。加速度合成矢量图如图 9-24a 所示，将加速度合成矢量式（a）向 By 方向投影，得

$$a_B\cos45°=a_{BE}^{n}$$

解得

$$a_B=\frac{a_{BE}^{n}}{\cos45°}=\frac{2v^2}{l}$$

（3）求杆 OA 的角速度。

用刚体平面运动方法求出了点 B 的速度和加速度。由于滑块 B 可以在杆 OA 上滑动，因此可利用点的合成运动方法求解杆 OA 的角速度与角加速度。

取滑块 B 为动点，动参考系固结在杆 OA 上，由点的速度合成定理

$$\boldsymbol{v}_{\mathrm{a}}=\boldsymbol{v}_{\mathrm{r}}+\boldsymbol{v}_{\mathrm{e}}$$

其中 $\boldsymbol{v}_{\mathrm{a}}=\boldsymbol{v}_B$；牵连速度 $\boldsymbol{v}_{\mathrm{e}}$ 是杆 OA 上与滑块 B 重合那一点的速度，方向垂直于 OA，因此与 $\boldsymbol{v}_{\mathrm{a}}$ 同向；相对速度 $\boldsymbol{v}_{\mathrm{r}}$ 沿着杆 OA，即垂直于 $\boldsymbol{v}_{\mathrm{a}}$。显然有 $v_{\mathrm{r}}=0$，速度合成矢量图如图 9-24a 所示。因此

$$v_{\mathrm{a}}=v_{\mathrm{e}}=v_B=v$$

$$\omega_{OA}=\frac{v_{\mathrm{e}}}{OB}=\frac{v}{l}\text{（逆时针）}$$

（4）求杆 OA 的角加速度。

由于牵连运动为转动，运用牵连运动为转动时的加速度合成定理

$$\boldsymbol{a}_{\mathrm{a}}=\boldsymbol{a}_{\mathrm{r}}+\boldsymbol{a}_{\mathrm{e}}^{\mathrm{n}}+\boldsymbol{a}_{\mathrm{e}}^{\tau}+\boldsymbol{a}_{\mathrm{C}} \tag{b}$$

其中，$\boldsymbol{a}_{\mathrm{a}}=\boldsymbol{a}_B$，$a_{\mathrm{e}}^{\mathrm{n}}=OB\cdot\omega_{OA}^2=\dfrac{v^2}{l}$，$a_{\mathrm{C}}=0$。$\boldsymbol{a}_{\mathrm{r}}$ 和 $\boldsymbol{a}_{\mathrm{e}}^{\tau}$ 大小未知，加速度合成矢量图如图 9-24b 所示。

将式（b）沿 Bx 轴投影，可得

$$a_{\mathrm{a}}=a_{\mathrm{e}}^{\tau}$$

则滑块 B 的牵连切向加速度为

$$a_{\mathrm{e}}^{\tau}=\frac{2v^2}{l}$$

杆 OA 的角加速度为

$$\alpha_{OA}=\frac{a_{\mathrm{e}}^{\tau}}{OB}=\frac{2v^2}{l^2}\text{（顺时针）}$$

例 9-13　如图 9-25a 所示机构，长为 l 的曲柄 O_1B 以匀角速度 ω 绕 O_1 轴转动，带动边长为 l 的等边三角形板 ABC 做平面运动。板上的点 C 与杆 O_2C 铰接，点 A 与套筒铰接，而套筒可以在绕着轴 O 转动的杆 OD 上滑动。在图示瞬时，曲柄 O_1B 铅垂，O_2、C、A 三点在同一水平线上，杆 OD 与水平面间的夹角为 60°，$OA=O_2C=l$。求此瞬时杆 O_2C 和杆 OD 的角速度及角加速度。

例题动画

求解程序

解： 三角形板 ABC 做平面运动，可先求出杆 O_2C 的角速度与角加速度。套筒在杆 OD 上滑动，并带动杆 OD 转动，可按点的合成运动方法求解杆 OD 的角速度和角加速度。

（1）求杆 O_2C 的角速度。

三角形板 ABC 做平面运动，由点 B 和点 C 的速度确定出三角形板的速度瞬心为点 C^*，如图 9-25a 所示，由于

$$v_B=\omega\cdot O_1B=l\omega$$

所以有

$$\omega_{ABC}=\frac{v_B}{BC^*}=\frac{2\sqrt{3}}{3}\omega\text{（逆时针）}$$

$$v_C=\omega_{ABC}\cdot CC^*=\frac{\sqrt{3}}{3}l\omega$$

解得

$$\omega_{O_2C}=\frac{v_C}{O_2C}=\frac{\sqrt{3}}{3}\omega\text{（顺时针）}$$

（2）求杆 O_2C 的角加速度。

以 B 为基点，点 C 的加速度为

$$\boldsymbol{a}_C^{\tau}+\boldsymbol{a}_C^{n}=\boldsymbol{a}_B+\boldsymbol{a}_{CB}^{\tau}+\boldsymbol{a}_{CB}^{n} \tag{a}$$

其中，$a_C^n=O_2C\cdot\omega_{O_2C}^2=\dfrac{l\omega^2}{3}$，$a_B=O_1B\cdot\omega^2=l\omega^2$，$a_{CB}^n=BC\cdot\omega_{ABC}^2=\dfrac{4}{3}l\omega^2$，$\boldsymbol{a}_C^{\tau}$ 和 $\boldsymbol{a}_{CB}^{\tau}$ 大小未知。加速度合成矢量图如图 9-25b 所示。

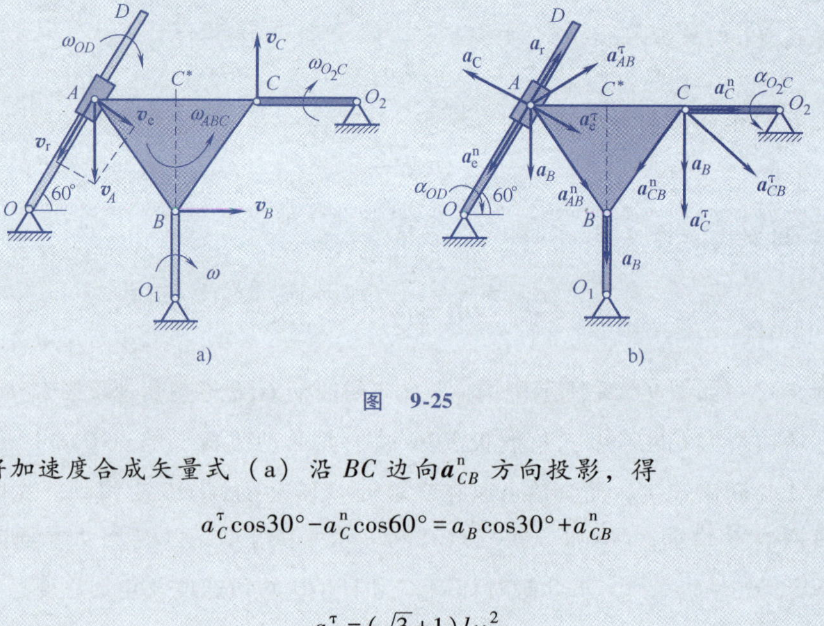

图 9-25

将加速度合成矢量式（a）沿 BC 边向 $\boldsymbol{a}_{CB}^n$ 方向投影，得

$$a_C^{\tau}\cos30°-a_C^n\cos60°=a_B\cos30°+a_{CB}^n$$

解得

$$a_C^{\tau}=(\sqrt{3}+1)l\omega^2$$

则

$$\alpha_{O_2C}=\frac{a_C^{\tau}}{O_2C}=(\sqrt{3}+1)\omega^2\text{（逆时针）}$$

将上述加速度合成矢量式（a）沿杆 O_2C 向 $\boldsymbol{a}_C^n$ 方向投影，得

$$a_C^n=a_{CB}^{\tau}\cos30°-a_{CB}^n\cos60°$$

解得

$$a_{CB}^{\tau}=\frac{2\sqrt{3}}{3}l\omega^{2}$$

则

$$\alpha_{ABC}=\frac{a_{CB}^{\tau}}{BC}=\frac{2\sqrt{3}}{3}\omega^{2}(\text{顺时针})$$

（3）求杆 OD 的角速度。

用刚体平面运动方法求出了杆 O_2C 的角速度与角加速度。由于套筒可以在杆 OD 上滑动，因此可利用点的合成运动方法求解杆 OD 的角速度与角加速度。

取三角板上的点 A 为动点，动系固结在杆 OD 上，由点的速度合成定理

$$\boldsymbol{v}_A=\boldsymbol{v}_{\mathrm{r}}+\boldsymbol{v}_{\mathrm{e}}$$

其中，$v_A=AC^{*}\cdot\omega_{ABC}=\frac{\sqrt{3}}{3}l\omega$，$\boldsymbol{v}_{\mathrm{r}}$ 和 $\boldsymbol{v}_{\mathrm{e}}$ 大小未知。速度合成矢量图如图 9-25a 所示，由图中的几何关系可知

$$v_{\mathrm{e}}=v_A\sin30^{\circ}=\frac{\sqrt{3}}{6}l\omega$$

$$v_{\mathrm{r}}=v_A\cos30^{\circ}=\frac{1}{2}l\omega$$

解得

$$\omega_{OD}=\frac{v_{\mathrm{e}}}{OA}=\frac{\sqrt{3}}{6}\omega(\text{顺时针})$$

（4）求杆 OD 的角加速度。

三角板 ABC 做平面运动，以点 B 为基点，点 A 的加速度为

$$\boldsymbol{a}_A=\boldsymbol{a}_B+\boldsymbol{a}_{AB}^{\tau}+\boldsymbol{a}_{AB}^{\mathrm{n}}\tag{b}$$

其中，$a_B=O_1B\cdot\omega^{2}=l\omega^{2}$，$a_{AB}^{\tau}=AB\cdot\alpha_{ABC}=\frac{2\sqrt{3}}{3}l\omega^{2}$，$a_{AB}^{\mathrm{n}}=AB\cdot\omega_{ABC}^{2}=\frac{4}{3}l\omega^{2}$，$\boldsymbol{a}_A$ 的大小和方向均未知。

由于套筒可以在杆 OD 上滑动，取三角板上的点 A 为动点，动系固结在杆 OD 上，由牵连运动为转动时的加速度合成定理得

$$\boldsymbol{a}_A=\boldsymbol{a}_{\mathrm{e}}^{\tau}+\boldsymbol{a}_{\mathrm{e}}^{\mathrm{n}}+\boldsymbol{a}_{\mathrm{r}}+\boldsymbol{a}_{\mathrm{C}}\tag{c}$$

其中，$a_{\mathrm{e}}^{\mathrm{n}}=OA\cdot\omega_{OD}^{2}=\frac{1}{12}l\omega^{2}$，$a_{\mathrm{C}}=2\omega_{OD}v_{\mathrm{r}}=\frac{\sqrt{3}}{6}l\omega^{2}$，$\boldsymbol{a}_A$ 大小和方向均未知，$\boldsymbol{a}_{\mathrm{r}}$ 和 $\boldsymbol{a}_{\mathrm{e}}^{\tau}$ 大小未知。加速度合成矢量图如图 9-25b 所示。

将式（b）和式（c）联立，得

$$\boldsymbol{a}_B+\boldsymbol{a}_{AB}^{\tau}+\boldsymbol{a}_{AB}^{n}=\boldsymbol{a}_{e}^{\tau}+\boldsymbol{a}_{e}^{n}+\boldsymbol{a}_{r}+\boldsymbol{a}_{C} \tag{d}$$

将矢量式（d）向$\boldsymbol{a}_{e}^{\tau}$方向投影，有

$$a_B\cos60°+a_{AB}^{\tau}\cos60°+a_{AB}^{n}\cos30°=a_{e}^{\tau}-a_{C}$$

解得

$$a_{e}^{\tau}=\frac{3+7\sqrt{3}}{6}l\omega^2$$

则

$$\alpha_{OD}=\frac{a_{e}^{\tau}}{OA}=\frac{3+7\sqrt{3}}{6}\omega^2 (顺时针)$$

本章思维导图

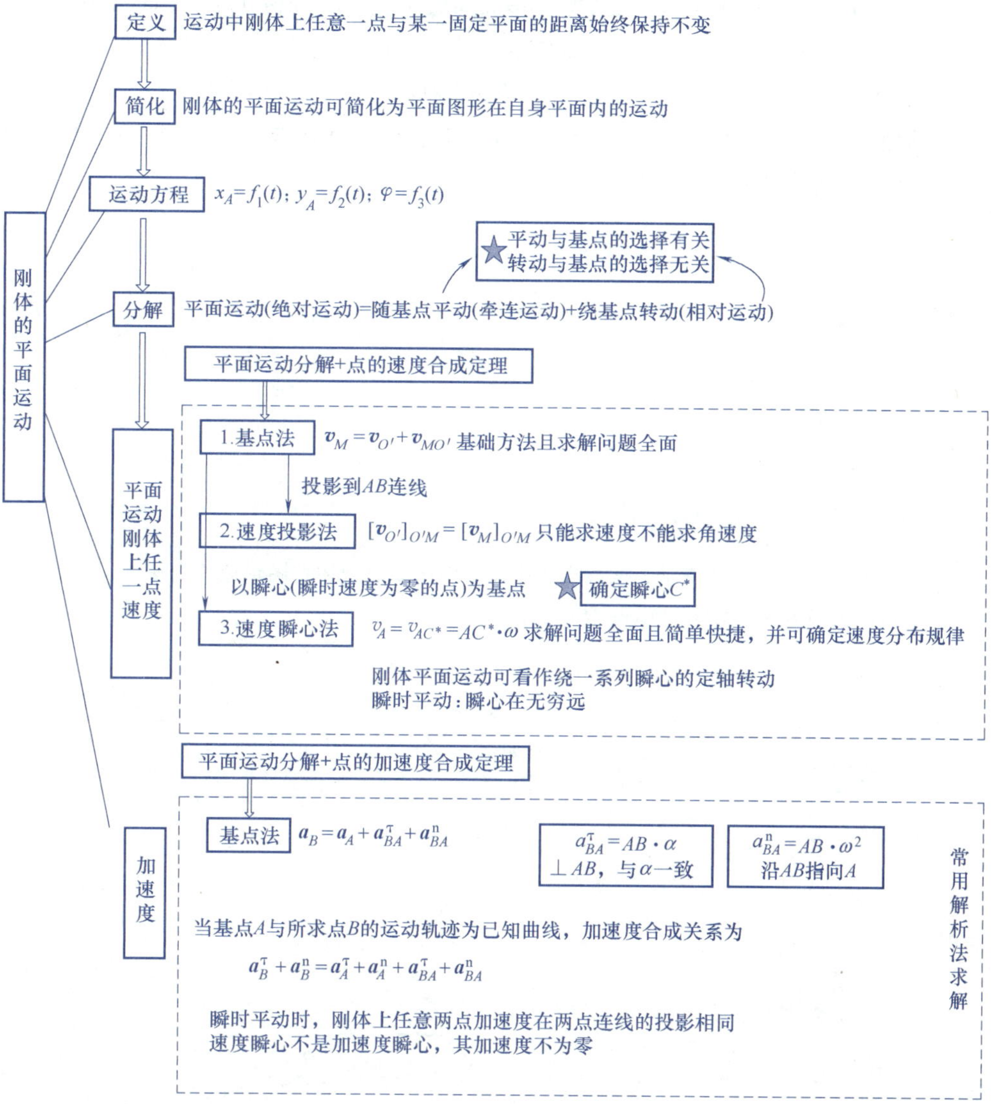

```
                 ┌──────┐
                 │ 定义 │ 运动中刚体上任意一点与某一固定平面的距离始终保持不变
                 └──────┘
                    │
                 ┌──────┐
                 │ 简化 │ 刚体的平面运动可简化为平面图形在自身平面内的运动
                 └──────┘
                    │
              ┌──────────┐
              │ 运动方程 │ $x_A=f_1(t)$；$y_A=f_2(t)$；$\varphi=f_3(t)$
              └──────────┘
                    │                    ┌────────────────────────────┐
                    │                  ★ │ 平动与基点的选择有关          │
                    │                    │ 转动与基点的选择无关          │
                 ┌──────┐                └────────────────────────────┘
                 │ 分解 │ 平面运动(绝对运动)=随基点平动(牵连运动)+绕基点转动(相对运动)
                 └──────┘
```

刚体的平面运动

平面运动刚体上任一点速度

┌────────────────────────────────┐
│ 平面运动分解+点的速度合成定理 │
└────────────────────────────────┘

1. 基点法　　$\boldsymbol{v}_M=\boldsymbol{v}_{O'}+\boldsymbol{v}_{MO'}$　基础方法且求解问题全面

投影到 AB 连线

2. 速度投影法　$[\boldsymbol{v}_{O'}]_{O'M}=[\boldsymbol{v}_M]_{O'M}$ 只能求速度不能求角速度

以瞬心(瞬时速度为零的点)为基点　★ 确定瞬心 C^*

3. 速度瞬心法　$v_A=v_{AC^*}=AC^*\cdot\omega$ 求解问题全面且简单快捷，并可确定速度分布规律

刚体平面运动可看作绕一系列瞬心的定轴转动
瞬时平动：瞬心在无穷远

┌────────────────────────────────┐
│ 平面运动分解+点的加速度合成定理 │
└────────────────────────────────┘

加速度

基点法　　$a_B=a_A+a_{BA}^\tau+a_{BA}^n$

| $a_{BA}^\tau=AB\cdot\alpha$ $\perp AB$，与 α 一致 | $a_{BA}^n=AB\cdot\omega^2$ 沿 AB 指向 A |

当基点 A 与所求点 B 的运动轨迹为已知曲线，加速度合成关系为

$a_B^\tau+a_B^n=a_A^\tau+a_A^n+a_{BA}^\tau+a_{BA}^n$

瞬时平动时，刚体上任意两点加速度在两点连线的投影相同
速度瞬心不是加速度瞬心，其加速度不为零

常用解析法求解

习题

9-1　如题 9-1 图所示，椭圆规尺 AB 由曲柄 OC 带动，曲柄以角速度 ω_0 绕 O 轴转动，$OC=BC=AC=r$，若取点 C 为基点，求椭圆规尺 AB 的平面运动方程。

9-2　如题 9-2 图所示，半径为 r 的齿轮由曲柄 OA 带动，沿半径为 R 的固定齿轮滚动。若曲柄 OA 以等角加速度 α 绕轴 O 转动，当运动开始时，角速度 $\omega_0=0$，转角 $\varphi=0$。求动齿轮以中心 A 为基点的平面运动方程。

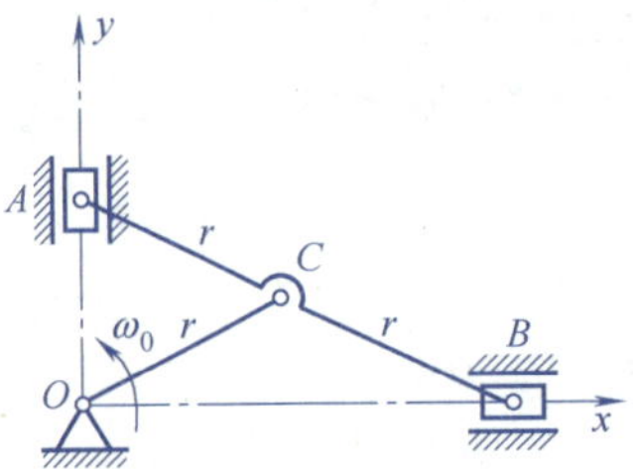

题　9-1 图

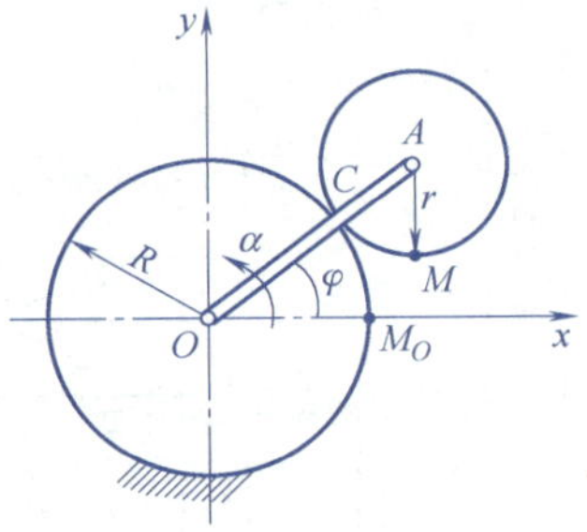

题　9-2 图

9-3　如题 9-3 图所示，试找出图中做平面运动的刚体在图示位置的速度瞬心，并确定其角速度转向及题 9-3 图 e、f 中点 M 的速度方向。

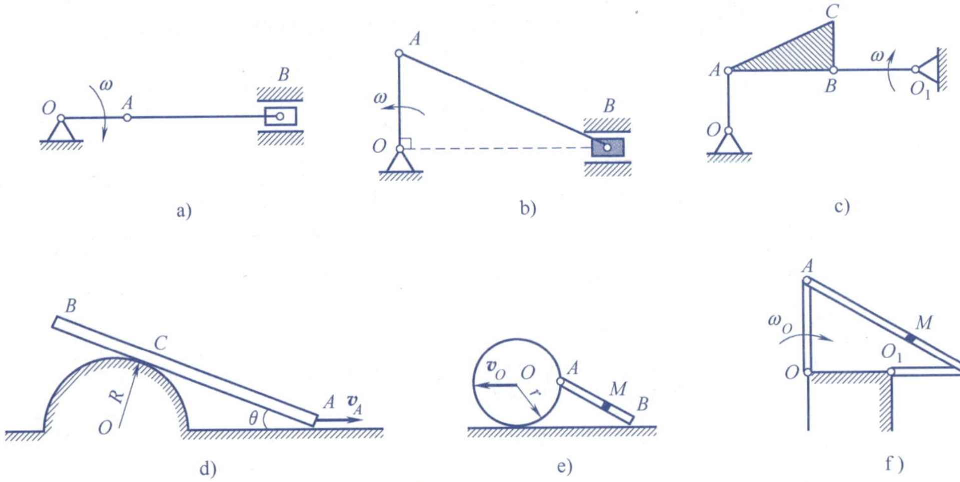

题　9-3 图

9-4　如题 9-4 图所示的曲柄摆杆，已知曲柄 $OA=20\text{cm}$，匀转速 $n=50\text{r/min}$，摆杆 $BO_1=40\text{cm}$，求在图示位置时，摆杆 BO_1 和连杆 AB 的角速度。

9-5　如题 9-5 图所示的齿轮刨床的刨刀运动机构，曲柄 OA 以角速度 ω_0 绕 O 轴转动，通过齿条 AB 带动齿轮 Ⅰ 绕轴 O_1 转动。已知 $OA=R$，齿轮 Ⅰ 的半径 $O_1C=r=R/2$。在图示位置 $\alpha=60°$，求此瞬时齿轮 Ⅰ 的角速度。

9-6　如题 9-6 图所示的配汽机构，曲柄 OA 的角速度 $\omega=20\text{rad/s}$ 为常量。已知 $OA=0.4\text{m}$，$AC=BC=0.2\sqrt{37}\text{m}$。求当曲柄 OA 在铅垂直线位置和水平位置时，配汽机构中气阀推杆 DE 的速度。

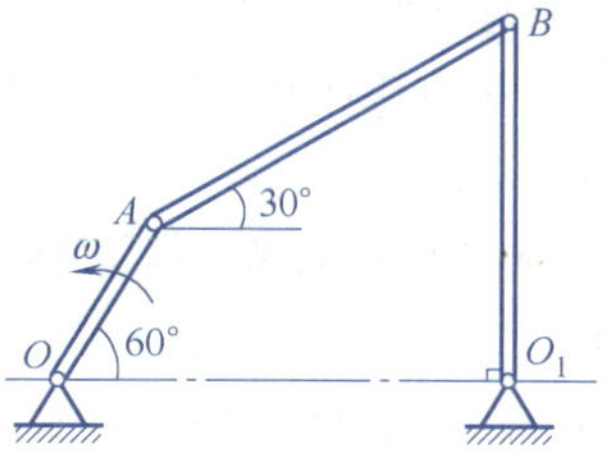

题　9-4 图

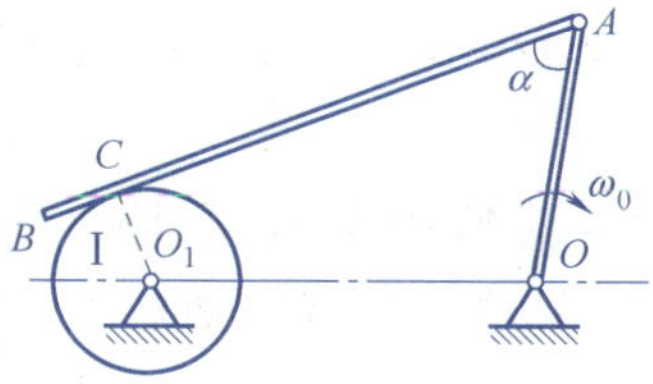

题　9-5 图

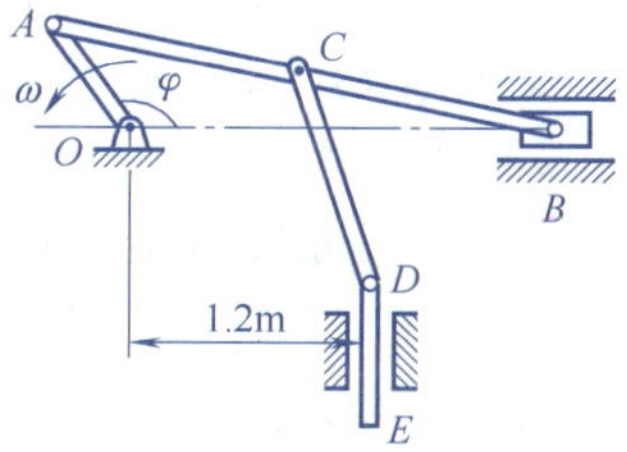

题　9-6 图

9-7　如题 9-7 图所示的机构中，滑块 B、滑块 D 分别沿垂直和水平导槽滑动，并借杆 AB 和杆 AD 与圆轮中心 A 点铰接，设圆轮做无滑动滚动。图示瞬时滑块 B 的速度 $v_B=0.5\text{m/s}$，已知 $AB=0.5\text{m}$，$r=0.2\text{m}$。试求圆轮的角速度和滑块 D 的速度。

9-8　如题 9-8 图所示的机构中，曲柄 $OA=150\text{mm}$，连杆 $AB=200\text{mm}$，$BD=300\text{mm}$。设 $OA\perp OO_1$ 时，$AB\perp OA$，$\theta=60°$，曲柄 OA 的角速度 $\omega=4\text{rad/s}$；求此机构中点 B 和 D 的速度以及杆 AB、杆 O_1B 和杆 BD 的角速度。

9-9　如题 9-9 图所示的曲柄机构中，CD 分别与连杆 AB 的中点 C、杆 DE 铰接，杆 DE 可绕轴 E 转动。已知 OAB 成一水平线，曲柄 OA 的角速度 $\omega=8\text{rad/s}$，$OA=0.25\text{m}$，$DE=1\text{m}$，$\angle CDE=90°$。求曲柄机构在图示位置时，杆 DE 的角速度。

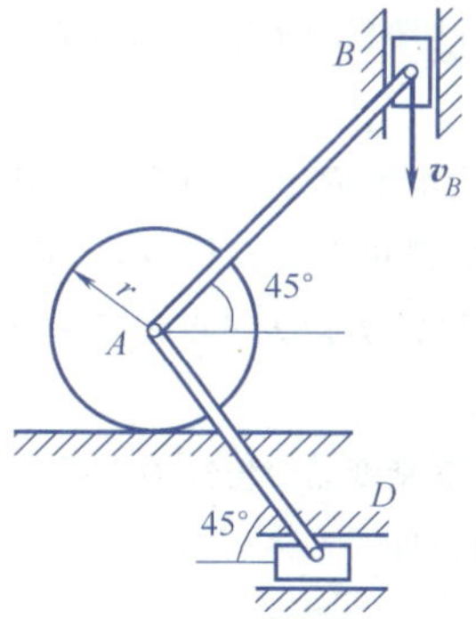

题　9-7 图

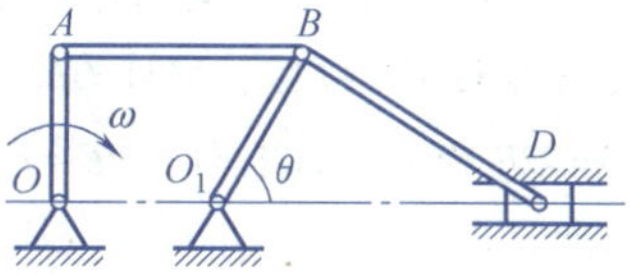

题　9-8 图

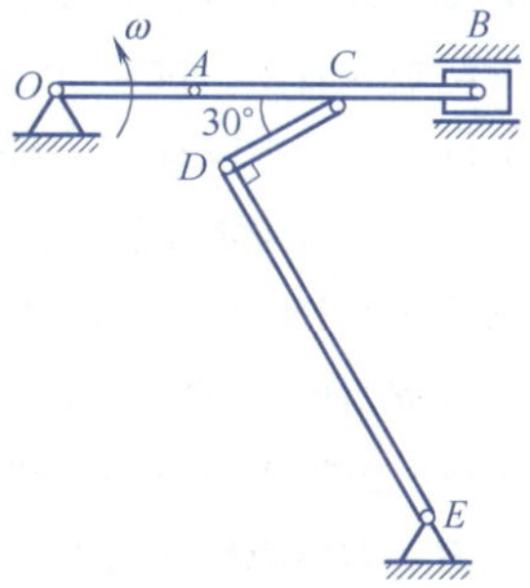

题　9-9 图

9-10　如题 9-10 图所示的筛动机构中，筛子的摆动是由曲柄连杆机构带动的。已知曲柄 OA 的转速 $n_0=40\text{r/min}$，$OA=0.3\text{m}$。当筛子 BC 运动到与点 O 在同一水平线上时，$OA\perp AB$。求此瞬时筛子 BC 的速度。

9-11　如题 9-11 图所示，已知 $OA=0.1\text{m}$，$OD=BE=0.12\text{m}$，$AB=0.26\text{m}$，$DE=0.12\sqrt{3}\text{ m}$；杆 OA 的角速度 $\omega_0=12\text{rad/s}$。求图示瞬时杆 OD 和杆 DE 的角速度。

9-12　如题 9-12 图所示，已知 $OA=BC$，$AB=OC$，曲柄 OA 以匀速 $n=90\text{r/min}$ 绕轴 O 转动，带动杆 AB 和杆 CD 运动。求当杆 AB 与杆 OA、杆 CD 两两垂直时，杆 CD 的角速度及点 D 的速度。

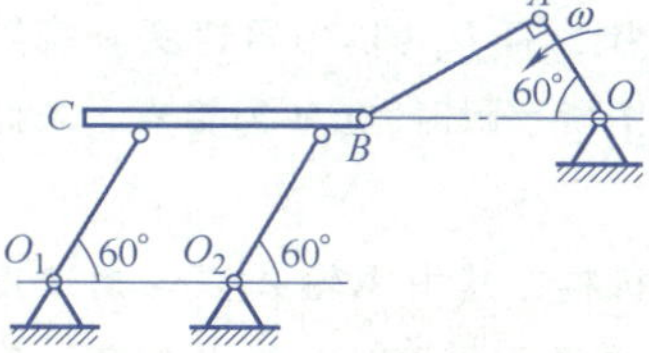

题　9-10 图

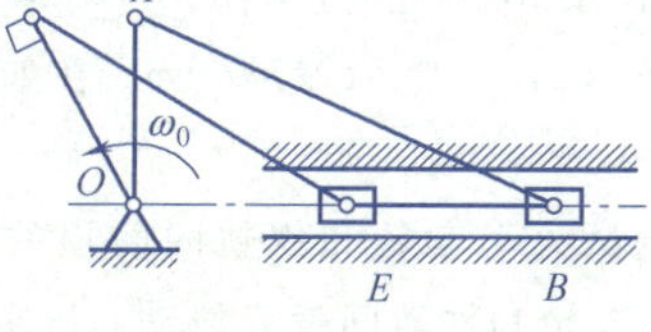

题　9-11 图

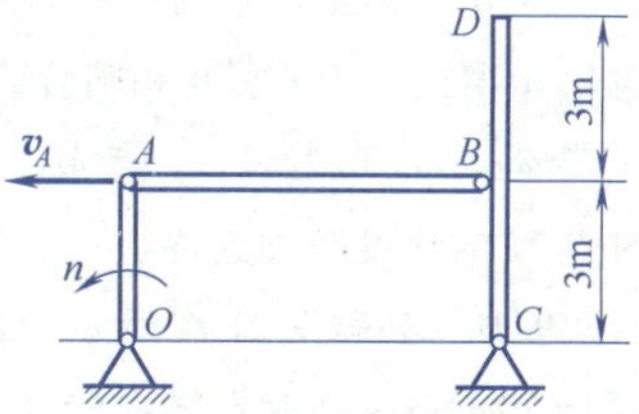

题　9-12 图

9-13　如题 9-13 图所示的机构中，杆 AB 以速度 $u=480\text{mm/s}$ 沿水平导槽匀速运动，并通过连杆 BC 带动摇杆 OC 绕轴 O 摆动。设 $BC=OC=l=800\text{mm}$，设求 $\varphi=60°$ 时摇杆 OC 的角速度和角加速度。

9-14　如题 9-14 图所示的机构中，曲柄 OA 长 r，绕过轴 O 以匀角速度 ω 转动。已知 $AB=6r$，$BC=3\sqrt{3}r$。当 $\theta=60°$、$\beta=90°$ 时，试求滑块 C 的速度和加速度。

9-15　如题 9-15 图所示，曲柄 OA 以匀角速度 $\omega=2\text{rad/s}$ 绕轴 O 转动，并借助连杆 AB 驱动半径为 r 的轮子在半径为 R 的圆弧槽中做无滑动的滚动。设 $OA=AB=R=2r=1\text{m}$，试求图示瞬时点 B 和点 C 的速度与加速度。

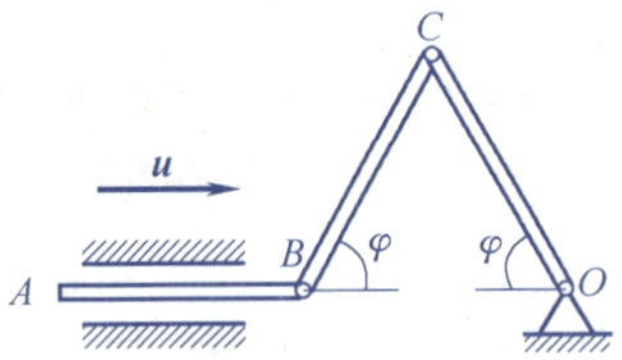

题　9-13 图

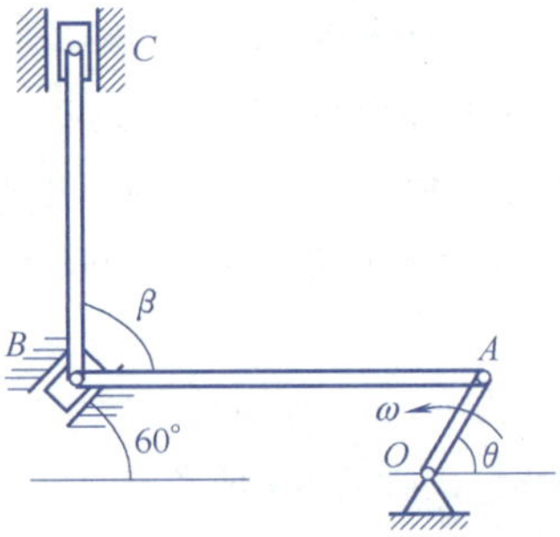

题　9-14 图

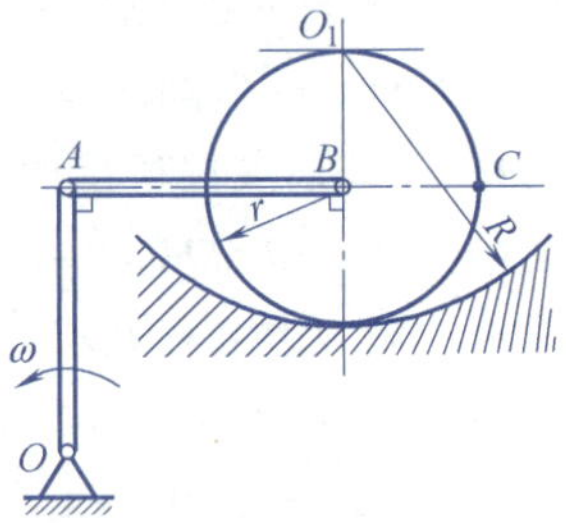

题　9-15 图

9-16　如题 9-16 图所示四连杆机构，尺寸和位置如图所示，已知杆 AB 以匀角速度 $\omega=1\text{rad/s}$ 绕轴 A 转动，试求图示瞬时点 C 的加速度。

9-17　如题 9-17 图所示机构，半径为 r 的轮子以匀角速度 ω 在水平面上做纯滚动，连杆 $AB=2r$，其一端与轮缘铰接，另一端 B 与杆 OB 铰接，摇杆 $OB=2r$，滑块 E 可在杆 OB 上滑动，并铰接在水平杆 ED 上。该瞬时 AC 和 OB 皆为铅直方向，$OE=r$，且 A、E、D 三点在同一水平线上。求此瞬时杆 ED 的速度和加速度。

9-18　如题 9-18 图所示机构，平面机构的曲柄 OA 长为 $2a$，以角速度 ω_0 绕轴 O 转动。在图示位置，$AB=BO$，且 $\angle OAD=90°$，求此时套筒 D 相对于杆 BC 的速度。

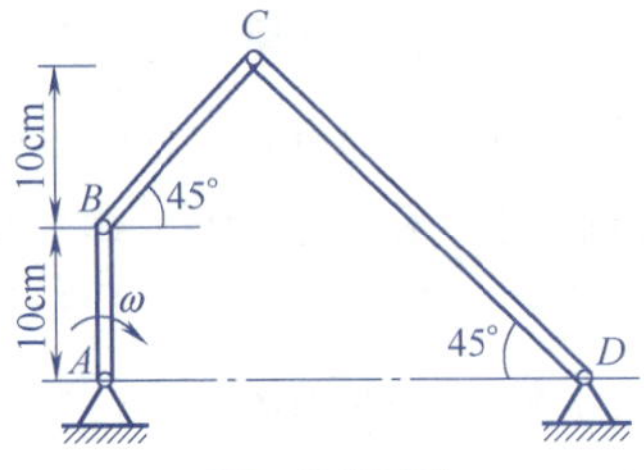

题　9-16 图

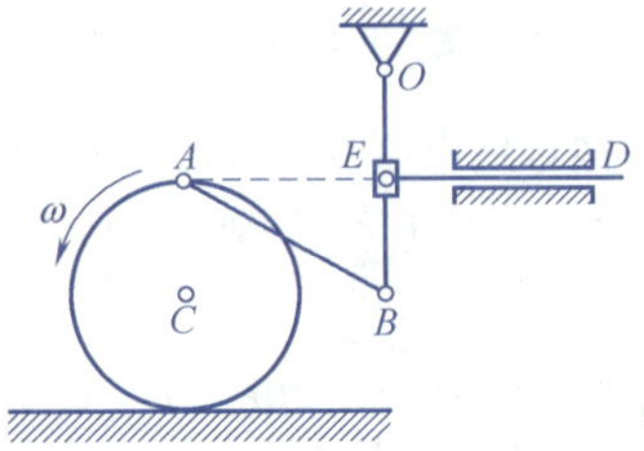

题　9-17 图

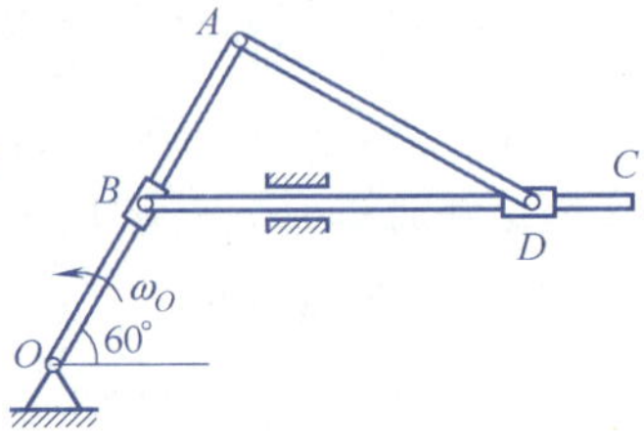

题　9-18 图

9-19　如题 9-19 图所示机构，滑块 A 的速度 $v_A=20\text{cm/s}$，$AB=40\text{cm}$。求当 $AC=BC$，$\varphi=30°$时杆 CD 的速度和加速度。

9-20　如题 9-20 图所示的曲柄齿轮椭圆规中，齿轮 A 和曲柄 O_1A 固结为一体，齿轮 C 和齿轮 A 半径均为 r 并互相啮合。图中 $AB=O_1O_2$，$O_1A=O_2B=0.4\text{m}$。杆 O_1A 以匀角速度 ω 绕轴 O_1 转动，$\omega=0.2\text{rad/s}$。点 M 为轮 C 上一点，$CM=0.1\text{m}$。在如图所示瞬时，CM 为铅直，求此时点 M 的速度和加速度。

9-21　如题 9-21 图所示，测试火车车轮和铁轨间磨损的机构，其中飞轮 A 以匀角速度 $\omega_A=20\pi\text{rad/s}$ 逆时针转向转动，车轮和铁轨间没有滑动。试求在图示位置时车轮 D 的角速度 ω_D 和角加速度 α_D。

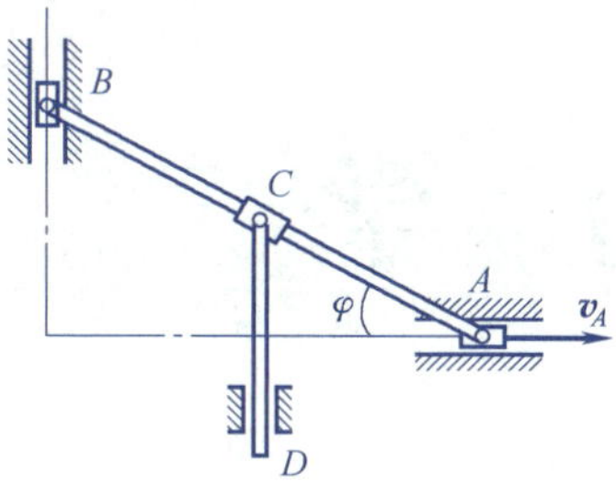

题　9-19 图

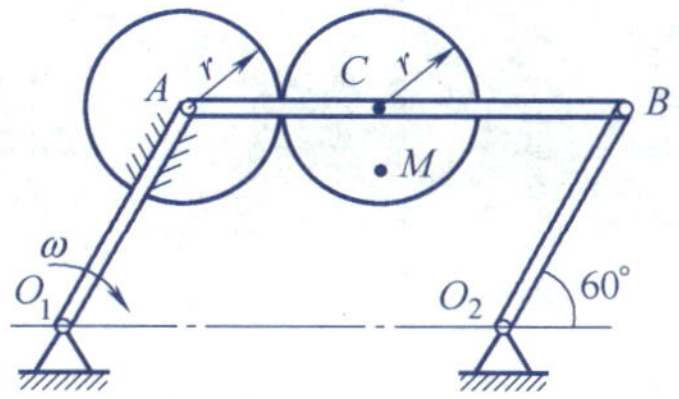

题　9-20 图

9-22　如题 9-22 图所示平面机构，$O_1A=2O_2B=0.2\text{m}$，半圆凸轮 $R=0.1\text{m}$，曲柄 O_1A 以匀角速度 $\omega=2\text{rad/s}$ 转动，求图示瞬时顶杆 DE 的速度和加速度。

9-23　如题 9-23 图所示，边长为$\sqrt{2}l$的正方形板 $DEFG$ 在自身平面内运动，其两边始终与固定槽边点 A、点 B 接触，$AB=l$。图示瞬时正方形板的角速度 ω 和角加速度 α 均为已知，点 A 处于 DG 边的中点。求正方形板上点 F 的速度和加速度的大小。

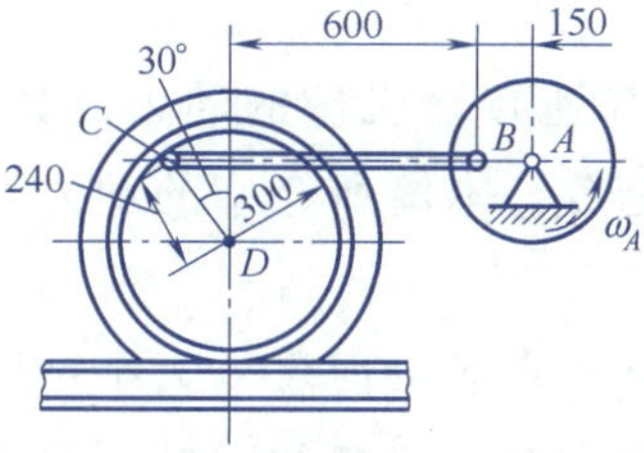

题　9-21 图

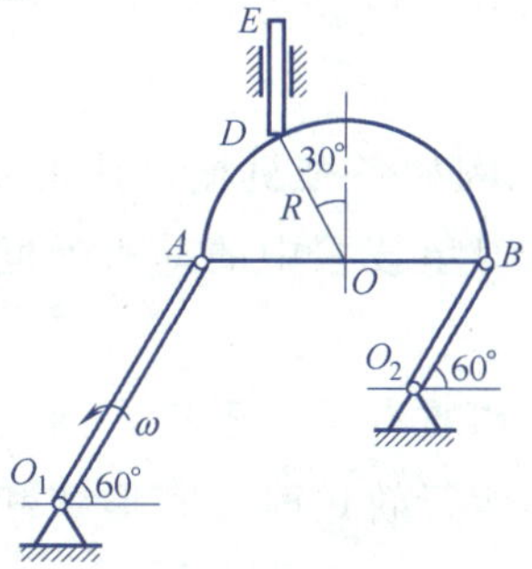

题　9-22 图

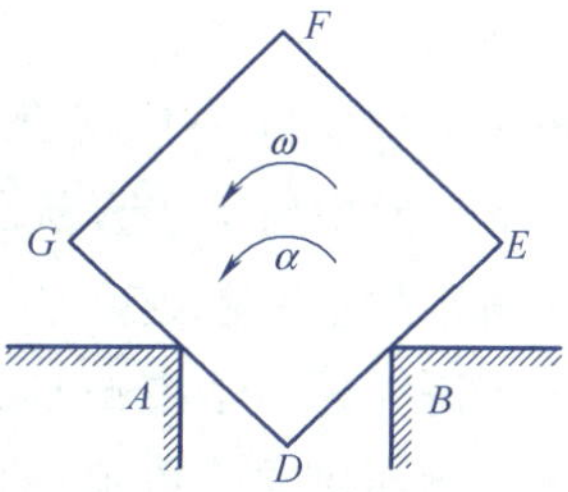

题　9-23 图

习题答案

第3篇　动　力　学

动力学主要研究物体在力作用下的运动效应，是研究机械运动与作用力之间关系的科学。

静力学讨论了作用于物体上力系的简化及平衡问题，未涉及物体在非平衡力系作用下的运动问题。运动学则从几何角度出发讨论了物体的运动特征，未涉及作用在物体上使其运动状态发生变化的力。动力学则研究物体的机械运动状态变化与作用于物体上的力之间的关系，建立物体机械运动的普遍规律。因此，静力学和运动学是动力学的基础，静力学研究的平衡问题可视为动力学问题的特例。

动力学问题在工程实际中广泛存在，例如各种机械，特别是高速转动机械的动力计算，机械的振动和平衡，航空航天以及火箭、卫星技术中的动力学问题等。本篇所介绍的动力学理论是研究这些问题的重要基础。

在动力学中所研究的力学模型是质点和质点系。**质点**是指具有一定质量而尺寸大小可以忽略不计的物体，例如研究人造地球卫星运行轨道时，其形状和大小对所研究的问题不起主要作用，可以忽略不计，可将卫星抽象为质点。刚体做平动时，由于刚体内各点的运动情况完全相同，也可以不考虑其形状和大小，而将其抽象为一个质点来研究。**质点系**是有限或无限个相互联系的质点所组成的系统，常见的刚体、弹性体、流体以及任何几个刚体组成的机构等均可视为质点系，是力学中最具普遍意义、内涵十分广泛的模型。如果质点系中每个质点的运动不受约束的限制，则称为自由质点系，反之，称为非自由质点系。**刚体**是一种特殊的质点系，其上任意两个质点间的距离保持不变，也称为不变的质点系。在动力学中，一个物体究竟视为什么样的力学模型，应当根据所研究问题的内容来决定。

动力学的重要内容是对给定物体的力学模型建立描述其运动状态变化的数学模型。物体的运动量（坐标、速度和角速度、加速度和角加速度等）是随时间变化的，必须用微分方程来描述动力学规律。求解这些运动微分方程可主要归纳为动力学两类基本问题：①已知物体的基本运动规律，求作用在物体上的力；②已知作用在物体上的力及运动的初始条件，求物体的运动规律。

本篇所涉及的动力学课程体系由矢量动力学和分析动力学两部分组成。矢量动力学主要以矢量形式建立一般质点系的受力和运动量之间的关系，先介绍质点动力学基本方程，在此基础上，经过适当的演绎和归纳推导出用于解决质点系动力学问题的动力学普遍定理，即动量定理、动量矩定理和动能定理。分析动力学则以标量形式的功和能作为质点系的基本概念，以力学的变分原理为基础，得出动力学方程。

第 10 章 质点动力学基本方程

本章在介绍动力学基本定律的基础上，建立质点运动微分方程，进而讨论质点动力学两类问题的求解。

10.1 动力学基本定律

动力学的全部理论都以动力学的基本定律为基础，这些定律是牛顿在总结前人对自然的观察和实验研究成果基础上提出来的，称为**牛顿三定律**。

1. 牛顿第一定律（惯性定律）

不受力的作用的质点将保持静止或匀速直线运动状态。这个定律指出，质点保持其静止或匀速直线运动状态不变的性质，称为**惯性**。相应地，质点的匀速直线运动也称为**惯性运动**。该定律表明，力是改变质点运动状态的原因。

2. 牛顿第二定律（力与加速度之间的关系定律）

质点的质量与加速度的乘积，等于作用于质点的力，加速度的方向与力的方向相同。即

$$m\boldsymbol{a}=\boldsymbol{F} \tag{10-1}$$

其中，m、$\boldsymbol{a}$、$\boldsymbol{F}$ 分别表示质点的质量、质点的加速度和作用力。式（10-1）是牛顿第二定律的数学表达式，是质点动力学的基本方程，建立了质点的质量、加速度与作用力之间的定量关系。当质点同时受 n 个力的作用时，定律中所说的作用力 $\boldsymbol{F}$ 应为 n 个力的合力。

该定律表明，力与加速度的关系是瞬时关系，即力在某瞬时对质点运动状态的改变是通过该瞬时其确定的加速度表现的。质点的加速度不仅取决于作用力，而且与质点的质量有关。由式（10-1）可知，在一定力的作用下，质点的质量越大，加速度越小，其运动状态越不容易改变，即它的惯性越大。反之，质点的质量越小，加速度越大，其运动状态越容易改变，即它的惯性越小。由此可见，**质点的质量是其惯性大小的度量。**

物体在重力 $\boldsymbol{G}$ 的作用下产生的加速度称为重力加速度，用 $\boldsymbol{g}$ 表示。根据牛顿第二定律有

$$\boldsymbol{G}=m\boldsymbol{g} \tag{10-2}$$

式中，G 是物体所受重力的大小，称为物体的重量。式（10-2）建立了物体的重

量与质量之间的关系，可见，重量和质量是两个不同的概念。重力近似为物体所受地球引力的大小，随着物体在地面上的位置不同而不同，重力加速度也会随之改变，但两者的比值即物体的质量是常量。根据国际计量委员会规定的标准，标准自由落体加速度的数值为 9.80665m/s^2，一般取 9.80m/s^2。

在国际单位制中，质量、长度和时间是基本量，对应的基本单位分别是 kg（千克）、m（米）和 s（秒），力的单位是导出单位。质量为 1kg 的质点，获得 1m/s^2 的加速度时，作用于该质点的力为 1 N（单位名称：牛顿；单位符号：N），即

$$1\text{N} = 1\text{kg}\times 1\text{m/s}^2 = 1\text{kg}\cdot\text{m/s}^2$$

3. 牛顿第三定律（作用与反作用定律）

两个物体间的作用力与反作用力总是大小相等、方向相反，沿着同一直线，且同时分别作用在这两个物体上。

这个定律指出，力是物体与物体之间的相互作用，这种作用总是成对出现。在静力学中作用与反作用定律是进行受力分析的一个重要原则。这说明，牛顿第三定律不仅适用于平衡的物体，而且也适用于任何运动的物体。在动力学问题中，这一定律仍是分析物体间相互作用力关系的依据，提供了从质点动力学过渡到质点系动力学的桥梁。

牛顿运动定律是在观察天体运动和生产实践中的一般机械运动的基础上总结出来的，只适用于解决速度远小于光速的宏观物体的运动。凡是牛顿运动定律适用的参考系称为**惯性参考系**。通常在一般的实际工程问题中，将固结于地面或相对于地面做匀速直线平移的坐标系作为惯性参考系，可以得到相当精确的结果。在一些特殊问题中，如研究人造卫星的飞行轨道，由于物体运动的范围相当大，这时地球自转产生的影响比较显著，若再把固结于地球的坐标系作为惯性参考系，就会产生较大的误差。因此，当需要考虑地球自转影响的问题时，应选取以地心为原点，三轴指向三个恒星的坐标系作为惯性参考系。在研究天体的运动时，应选取以太阳中心为原点，三轴指向三个恒星的坐标系作为惯性参考系。在本书中，如无特别说明均选取固定在地球表面的坐标系作为惯性参考系。

以牛顿运动定律为基础的力学称为古典力学。在古典力学范畴内，认为质量是不变的量，空间和时间是“绝对的”，与物体的运动无关。这些观点已被近代物理所否定，但对于一般工程中的机械运动，由于物体的运动速度远小于光速，应用古典力学足以得到相当精确的结果。但当物体的速度接近光速或研究的问题属于微观领域时，则需要应用量子力学或相对论力学的理论。

10.2 质点运动微分方程

将动力学基本方程用微分形式表示所得到的方程称为质点运动微分方程。由点的运动学可知，描述点的运动有三种方法：矢量法、直角坐标法和自然法。相

应地，质点的运动微分方程也有三种形式，它们是解决质点动力学问题的基本方程。

10.2.1　矢量形式的质点运动微分方程

设质量为 m 的质点 M 在力系$\boldsymbol{F}_1$、$\boldsymbol{F}_2$、…、$\boldsymbol{F}_n$ 的作用下运动，在某瞬时质点的加速度为 $\boldsymbol{a}$，合力为 $\boldsymbol{F}=\sum \boldsymbol{F}_i$，则由式（10-1）可得

$$m\boldsymbol{a}=\boldsymbol{F}=\sum \boldsymbol{F}_i$$

用矢量法描述点的运动，运动方程为 $\boldsymbol{r}=\boldsymbol{r}(t)$，任意瞬时，有

$$\boldsymbol{a}=\frac{\mathrm{d}\boldsymbol{v}}{\mathrm{d}t}=\frac{\mathrm{d}^2\boldsymbol{r}}{\mathrm{d}t^2}$$

所以上式可写为

$$m\frac{\mathrm{d}\boldsymbol{v}}{\mathrm{d}t}=\boldsymbol{F}\text{ 或 }m\frac{\mathrm{d}^2\boldsymbol{r}}{\mathrm{d}t^2}=\sum_{i=1}^{n}\boldsymbol{F}_i \tag{10-3}$$

这就是**矢量形式的质点运动微分方程**。

在实际计算时，需要根据点的运动形式来选择合适的坐标系，得到相应的投影形式。

10.2.2　直角坐标形式的质点运动微分方程

设矢径 $\boldsymbol{r}$ 和力$\boldsymbol{F}_i$ 在直角坐标轴上的投影分别为 x、y、z 和 F_{ix}、F_{iy}、F_{iz}。由点的运动学可知，式（10-3）在直角坐标轴上的投影形式为

$$\left.\begin{aligned}m\frac{\mathrm{d}^2x}{\mathrm{d}t^2}&=\sum F_{ix}\\ m\frac{\mathrm{d}^2y}{\mathrm{d}t^2}&=\sum F_{iy}\\ m\frac{\mathrm{d}^2z}{\mathrm{d}t^2}&=\sum F_{iz}\end{aligned}\right\} \tag{10-4}$$

这就是**直角坐标形式的质点运动微分方程**。

10.2.3　自然坐标形式的质点运动微分方程

由点的运动学可知，点的全加速度 $\boldsymbol{a}$ 在切线与主法线构成的密切面内，点的加速度在副法线上的投影等于零，即

$$\boldsymbol{a}=a_\tau\boldsymbol{\tau}+a_\mathrm{n}\boldsymbol{n}$$

$$a_\mathrm{b}=0$$

式中，$\boldsymbol{\tau}$ 和 $\boldsymbol{n}$ 分别是沿轨迹切线和主法线的单位矢量，如图 10-1 所示。

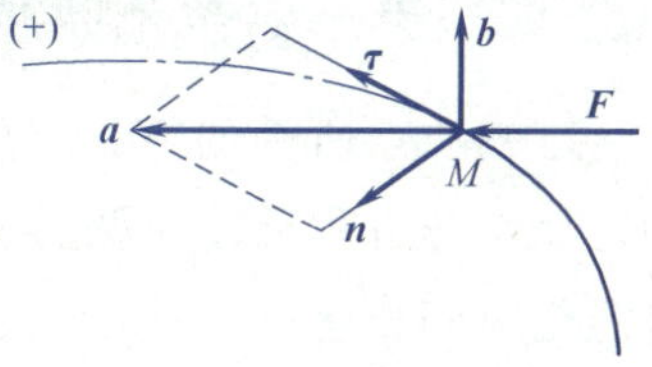

图　10-1

课程加油站

已知 $a_\tau=\dfrac{dv}{dt}$，$a_n=\dfrac{v^2}{\rho}$（ρ 为轨迹的曲率半径），于是质点运动微分方程在自然轴系上的投影为

$$\left.\begin{aligned} m\frac{dv}{dt} &= \sum F_{i\tau} \\ m\frac{v^2}{\rho} &= \sum F_{in} \\ 0 &= \sum F_{ib} \end{aligned}\right\} \tag{10-5}$$

这就是**自然坐标形式的质点运动微分方程**。其中 $F_{i\tau}$、F_{in} 和 F_{ib} 分别是作用于质点的各力在切线、主法线和副法线上的投影。

式（10-3）是矢量式，可向任意轴投影，得到相应的投影式。式（10-4）和式（10-5）是两种常用的质点运动微分方程。还有其他形式的质点运动微分方程，如柱坐标形式、极坐标形式等，这里不做介绍。至于在具体应用时选用什么形式的运动微分方程，需要根据具体情况而定。

思考与讨论：

（1）当质点运动轨迹未知时，是否能运用自然坐标形式的质点运动微分方程？

（2）两个质量相同的质点，如果在任意位置受力相同，选择坐标形式相同，那么运动微分方程是否也相同？

10.3 质点动力学两类基本问题

质点动力学的问题可分为两类基本问题。一是已知质点的运动，求作用于质点上的力；二是已知作用于质点上的力，求质点的运动。应用质点的运动微分方程，可求解自由质点动力学的两类基本问题。

10.3.1 第一类基本问题

已知质点的运动方程或质点在任意瞬时的速度或加速度，求作用在质点上的未知力。第一类问题比较简单，质点的运动方程已知，只需要通过求导便可由运动微分方程求得作用于质点上的力。这一类问题可归结为数学中的微分问题。

10.3.2 第二类基本问题

已知质点所受的力，求质点的运动。可先分析作用于质点上的力，列出质点的运动微分方程后求出微分方程的解。质点所受的力可能是不变的，如重力；也可能是时间、坐标、速度的已知函数，如万有引力、介质阻力等。当力的变化规律复杂时，求微分方程的解在数学上比较困难。运动微分方程积分后得到的积分

常数可由质点运动的初始条件来确定。若初始条件不同，受同样力作用的同一质点也将做不同的运动。所以在求解第二类问题时，除了需要知道作用在质点上的力以外，还需要知道质点运动的初始条件，才能完全确定质点的运动。这一类问题可归结为数学中的积分问题。

此外，有些动力学问题是第一类与第二类问题的综合，称为混合问题。即已知部分运动和部分力，求解另外一部分运动和力。下面举例说明如何运用质点运动微分方程求解质点动力学的这两类基本问题。

例 10-1　如图 10-2 所示，质点 M 的质量为 m，运动方程是 $x=b\cos\omega t$，$y=d\sin\omega t$，其中 b、d、ω 为常量。求作用在质点 M 上的力。

例题动画

解： 这是第一类问题，即已知物体的运动，求作用于物体上的力。由运动方程消去时间 t，可得该质点的轨迹方程，有

$$\frac{x^2}{b^2}+\frac{y^2}{d^2}=1$$

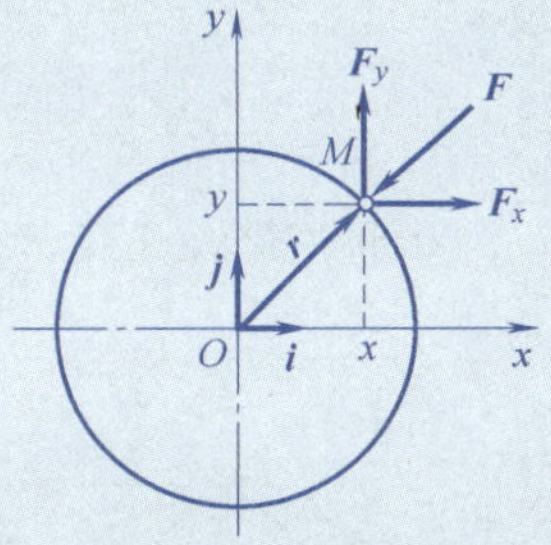

图　10-2

求解程序

由此可知，该质点的轨迹是以坐标原点 O 为中心，长轴、短轴分别为 b、d 的椭圆，如图 10-2 所示。质点的加速度在坐标轴上的投影分别为

$$a_x=\frac{\mathrm{d}^2x}{\mathrm{d}t^2}=-b\omega^2\cos\omega t=-\omega^2 x$$

$$a_y=\frac{\mathrm{d}^2y}{\mathrm{d}t^2}=-d\omega^2\sin\omega t=-\omega^2 y$$

将其代入运动微分方程（10-4）可得作用在质点上的力在 x 轴、y 轴上的投影分别为

$$F_x=ma_x=-m\omega^2 x$$

$$F_y=ma_y=-m\omega^2 y$$

于是力 $\boldsymbol{F}$ 可表示为矢量形式，有

$$\boldsymbol{F}=F_x\boldsymbol{i}+F_y\boldsymbol{j}=-m\omega^2(x\boldsymbol{i}+y\boldsymbol{j})=-m\omega^2\boldsymbol{r}$$

式中，$\boldsymbol{r}$ 为质点 M 的矢径。质点 M 所受的力 $\boldsymbol{F}$ 的大小正比于矢径的模，其方向则与矢径 $\boldsymbol{r}$ 的方向相反。这表明质点按给定的运动方程做椭圆运动时有如下两个特点：①力的方向始终指向椭圆中心，为有心力；②力的大小与该质点到椭圆中心的距离成正比。

例 10-2　如图 10-3 所示，以初速度 $\boldsymbol{v}_0$ 自地球表面竖直向上发射一质量为 m 的火箭。若不计空气阻力，火箭所受引力 $\boldsymbol{F}$ 的大小与它到地心距离的平方成反比。求火箭所能到达的最大高度。

例题动画

解： 这是第二类问题，即已知质点的受力，求质点的运动。可采用直角坐

求解程序

标形式的质点运动微分方程进行求解。取火箭为研究对象并视为质点，火箭在任意位置 x 处仅受到地球引力 $\boldsymbol{F}$ 作用。由题意可知，$\boldsymbol{F}$ 的大小与 x^2 成反比，设 μ 为比例系数，则有

$$F=\frac{\mu}{x^2}$$

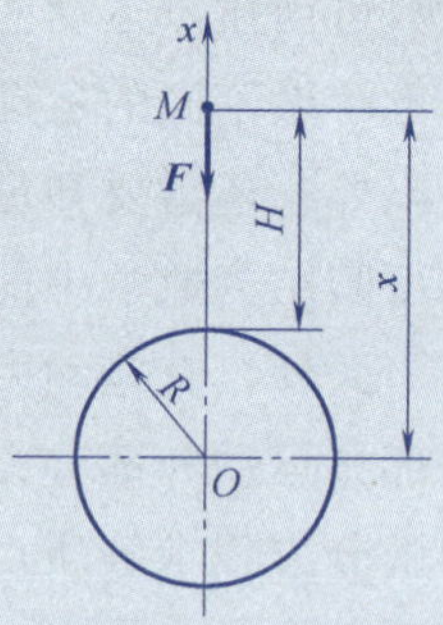

图 10-3

当火箭处于地面时，即 $x=R$ 时，$F=mg$，代入上式可得 $\mu=mgR^2$，于是火箭在任意位置 x 处所受地球引力 $\boldsymbol{F}$ 是坐标 x 的函数，其大小为

$$F=\frac{mgR^2}{x^2}$$

由于火箭做直线运动，火箭的直线运动微分方程为

$$m\frac{\mathrm{d}^2x}{\mathrm{d}t^2}=-\frac{mgR^2}{x^2} \tag{a}$$

其中

$$\frac{\mathrm{d}^2x}{\mathrm{d}t^2}=\frac{\mathrm{d}v}{\mathrm{d}t}=\frac{\mathrm{d}v\,\mathrm{d}x}{\mathrm{d}x\,\mathrm{d}t}=v\frac{\mathrm{d}v}{\mathrm{d}x}$$

则式（a）可写成

$$mv\frac{\mathrm{d}v}{\mathrm{d}x}=-\frac{mgR^2}{x^2}$$

分离积分变量，即

$$v\mathrm{d}v=-gR^2\frac{\mathrm{d}x}{x^2} \tag{b}$$

根据题意及所选坐标轴，初始条件为 $t=0$ 时，$x=R$，$v=v_0$；当火箭到最大高度 H 时，$x_{\max}=R+H$，$v=0$。对式（b）进行积分有

$$\int_{v_0}^{0}v\mathrm{d}v=\int_{R}^{R+H}-gR^2\frac{\mathrm{d}x}{x^2}$$

即

$$\frac{1}{2}v_0^2=gR^2\left(\frac{1}{R}-\frac{1}{R+H}\right)$$

则火箭能达到的高度 H 为

$$H=\frac{v_0^2R}{2gR-v_0^2} \tag{c}$$

通过例 10-2 可知，欲使火箭脱离地球引力，即不受地球引力的作用，必须要求 $x=R+H\to\infty$，由于 R 为常量，根据式（c）可知

$$2gR-v_0^2=0$$

即

$$v_0=\sqrt{2gR}$$

将 $g=9.8\times10^{-3}\text{km/s}^2$，$R=6370\text{km}$ 代入上式可得

$$v_0=11.2\text{km/s}$$

即 11.2km/s 就是火箭脱离地球引力所需的最小发射速度，称为第二宇宙速度或逃逸速度。

例 10-3　在均匀的静止液体中，质量为 m 的物块 M 从液面处无初速度地缓慢下沉。由实验可知，当物块的速度不大时，液体阻力 $\boldsymbol{F}$ 的大小与物块速度的大小成正比，即 $F=cv$，其中 c 为黏滞阻力系数，其数值与液体性质、物体形状等有关。浮力不计，试求物块在重力和阻力共同作用下运动的速度和运动规律。

例题动画

求解程序

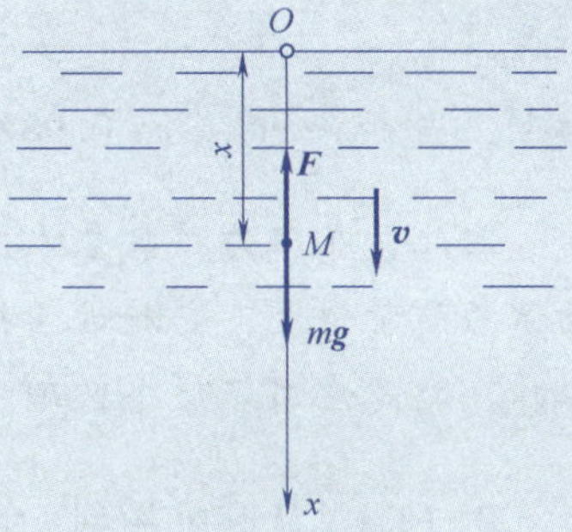

图　10-4

解： 取物块 M 为研究对象，作用在其上的力有重力和介质阻力，这两个力均为已知，求质点的运动，属于动力学第二类问题。

以物块 M 的初始位置为坐标原点建立坐标系，轴 x 向下为正，建立物块 M 的运动微分方程。物块 M 的受力图如图 10-4 所示，则物块 M 的位移、速度及加速度均设为沿轴 x 的正向。运动微分方程为

$$m\frac{\mathrm{d}v}{\mathrm{d}t}=mg-cv \tag{a}$$

当 $cv=mg$ 时，式（a）左边加速度为零，物块将做匀速运动，这时的速度 $\dfrac{mg}{c}=v_{\mathrm{L}}$ 称为极限速度。则

$$\frac{v_{\mathrm{L}}}{g}\frac{\mathrm{d}v}{\mathrm{d}t}=v_{\mathrm{L}}-v$$

分离变量后得

$$\frac{\mathrm{d}v}{v_{\mathrm{L}}-v}=\frac{g}{v_{\mathrm{L}}}\mathrm{d}t$$

运动的起始条件为：$t=0$ 时，$v_0=0$，$x_0=0$，于是

$$\int_0^v\frac{\mathrm{d}v}{v_{\mathrm{L}}-v}=\int_0^t\frac{g}{v_{\mathrm{L}}}\mathrm{d}t$$

求得

$$\ln\frac{v_{\mathrm{L}}-v}{v_{\mathrm{L}}}=-\frac{g}{v_{\mathrm{L}}}t$$

即

$$v=v_{\mathrm{L}}\left[1-\mathrm{e}^{-(g/v_{\mathrm{L}})t}\right]$$

这就是物块的速度随时间变化的规律。

把 $v=\frac{dx}{dt}$代入上式取定积分得

$$\int_0^x dx=\int_0^t v_L[1-e^{-(g/v_L)t}]dt$$

则物块下沉的运动规律为

$$x=v_L t-\frac{v_L^2}{g}[1-e^{-(g/v_L)t}]$$

由此可见物块的速度是随时间的增加而增大的，当 $t\to\infty$时，$v=v_L=\frac{mg}{c}$。实际上，当 $t=\frac{4v_L}{g}$时，$v=0.982v_L$，已非常接近于极限速度。

因此，在阻力系数基本相同的情况下，即物体的大小及形状基本相同时，物体的质量越大，它趋近于极限速度所需的时间越长。工程中的选矿、选种等工作，就是应用了这个道理。

例题动画

求解程序

课程加油站

例 10-4 从某处抛射一质量为 m 的物体，已知初速度为 $\boldsymbol{v}_0$，抛射角即初速度对水平线的仰角为 α，若不计空气阻力，求物体在重力单独作用下的运动规律。

解： 本题属于动力学第二类问题，即已知力求运动。

以抛射体为研究对象，将其视为质点。以初始位置为坐标原点 O，建立直角坐标系，并使初速度 $\boldsymbol{v}_0$ 在坐标平面 xOy 内，如图 10-5 所示。

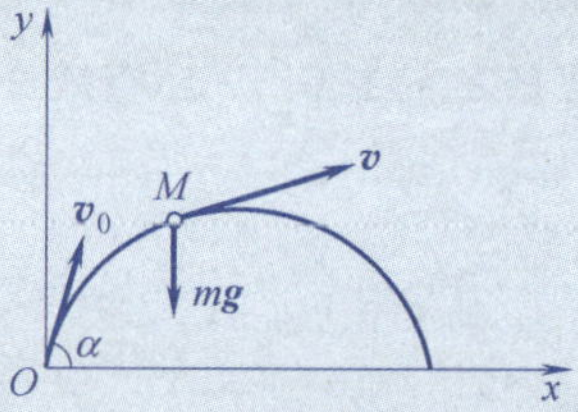

图 10-5

在任意位置质点仅受重力的作用，由直角坐标形式的质点运动微分方程得

$$m\frac{d^2x}{dt^2}=0,m\frac{d^2y}{dt^2}=-mg$$

积分后得

$$v_x=\frac{dx}{dt}=C_1,v_y=\frac{dy}{dt}=-gt+C_2$$

再积分后得

$$x=C_1t+C_3$$

$$y=-\frac{1}{2}gt^2+C_2t+C_4$$

其中，C_1、C_2、C_3、C_4 为积分常数，由运动的初始条件确定。

当 $t=0$，$x_0=y_0=0$，$v_{0x}=v_0\cos\alpha$，$v_{0y}=v_0\sin\alpha$ 时，代入以上四式，即得 $C_1=v_0\cos\alpha$，$C_2=v_0\sin\alpha$，$C_3=C_4=0$。于是物体的运动方程为

$$x=v_0t\cos\alpha$$

$$y=v_0t\sin\alpha-\frac{1}{2}gt^2$$

由以上两式消去时间 t，即得抛射体的轨迹方程为

$$y=x\tan\alpha-\frac{gx^2}{2v_0^2\cos^2\alpha}$$

由此可知，物体的轨迹是一条抛物线。

思考与讨论：

例 10-4 中，y 轴向上时，上升阶段和下降阶段，质点的运动微分方程是否相同？

例 10-5　如图 10-6 所示一圆锥摆，质量 $m=0.1$ kg 的小球系于长 $l=0.3$ m 的绳上，绳的另一端固定于点 O，夹角 $\theta=60°$，设小球在水平面内做匀速圆周运动，求小球的速度 $\boldsymbol{v}$ 和绳子张力 $\boldsymbol{F}$ 的大小。

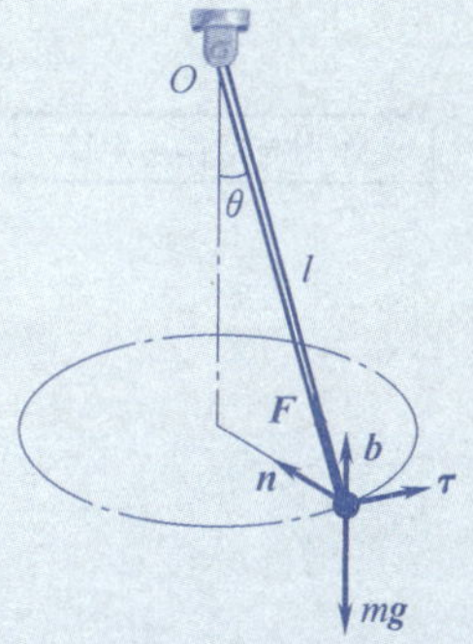

图　10-6

例题动画

求解程序

解： 本题求质点的运动规律和未知力是第一类基本问题与第二类基本问题的综合，为混合问题。以小球为研究对象，由自然坐标形式的质点运动微分方程得

$$m\frac{v^2}{\rho}=F\sin\theta$$

$$0=F\cos\theta-mg$$

其中 $\rho=l\sin\theta$，于是解得

$$F=\frac{mg}{\cos\theta}=\frac{0.1\text{kg}\times9.8\text{m/s}^2}{0.5}=1.96\text{N}$$

$$v=\sqrt{\frac{Fl\sin^2\theta}{m}}=\sqrt{\frac{1.96\text{N}\times0.3\text{m}\times\left(\frac{\sqrt{3}}{2}\right)^2}{0.1\text{kg}}}=2.1\text{m/s}$$

思考与讨论：

（1）如果知道作用在质点上的力，那么质点在任一瞬时的运动状态是否可以完全确定？

（2）质点所受到的力越大，则速度越大，这句话对吗？为什么？

本章思维导图

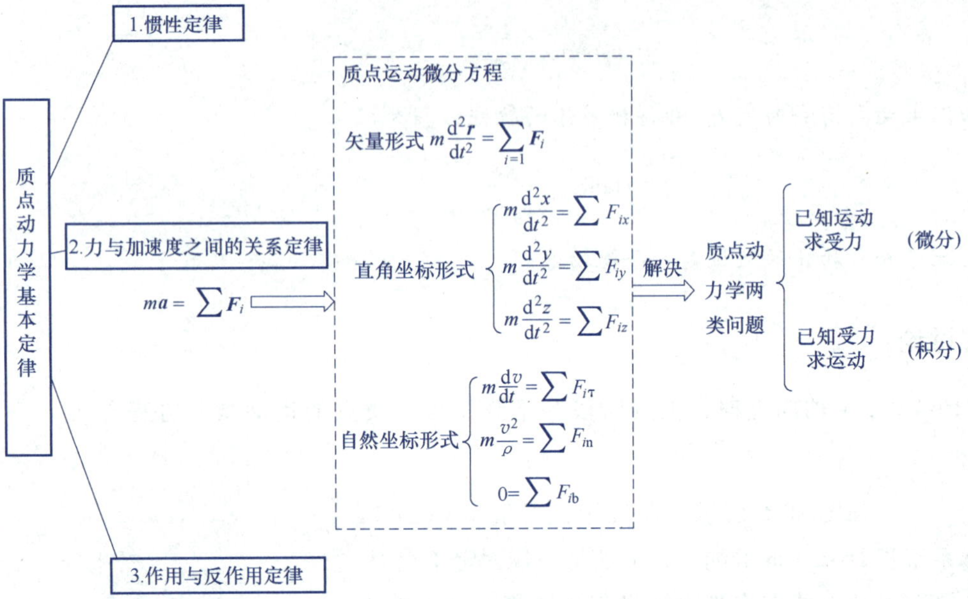
质点动力学基本定律
1.惯性定律
2.力与加速度之间的关系定律
$ma=\sum F_i$
3.作用与反作用定律
质点运动微分方程
矢量形式 $m\frac{d^2\boldsymbol{r}}{dt^2}=\sum_{i=1}\boldsymbol{F}_i$
直角坐标形式
$m\frac{d^2x}{dt^2}=\sum F_{ix}$
$m\frac{d^2y}{dt^2}=\sum F_{iy}$
$m\frac{d^2z}{dt^2}=\sum F_{iz}$
自然坐标形式
$m\frac{dv}{dt}=\sum F_{i\tau}$
$m\frac{v^2}{\rho}=\sum F_{in}$
$0=\sum F_{ib}$
解决
质点动力学两类问题
已知运动求受力
(微分)
已知受力求运动
(积分)

习题

10-1　如题 10-1 图所示，两根细绳的一端系住一个质量为 1kg 的小球 M。已知小球以匀速 $v=2.5\text{m/s}$ 在水平面内做圆周运动，圆的半径 $r=0.5\text{m}$，试求两绳的张力。

10-2　如题 10-2 图所示，在曲柄滑道机构中，活塞和活塞杆质量共为 50kg。曲柄 OA 长 0.3m，绕 O 轴做匀速转动，转速 $n=120\text{r/min}$。求当曲柄在 $\varphi=0°$ 和 $\varphi=90°$ 时，作用在构件 BDC 上总的水平力。

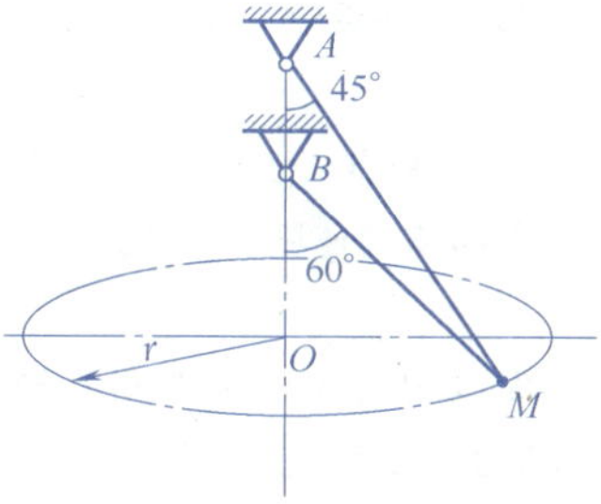

题　10-1 图

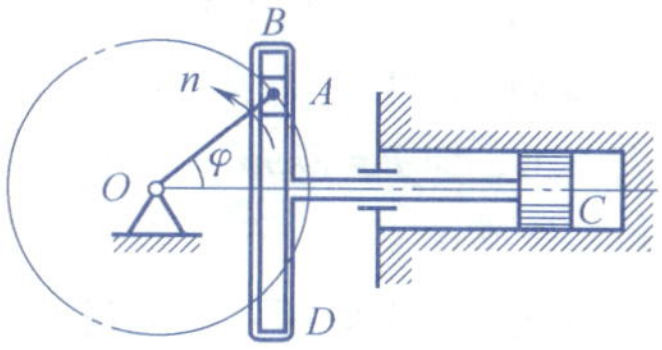

题　10-2 图

10-3　如题 10-3 图所示，球磨机滚筒半径为 R，绕通过中心的水平轴匀速转动，桶内铁球由筒壁上的凸棱带着上升。为使铁球获得粉碎矿石的能量，铁球应在 $\varphi=\varphi_0$ 时脱离筒壁，求滚筒每分钟的转数 n。

10-4　如题 10-4 图所示，小球从固定的光滑半圆柱顶端 A 无初速度下滑。求小球脱离半圆柱时的位置角 φ。

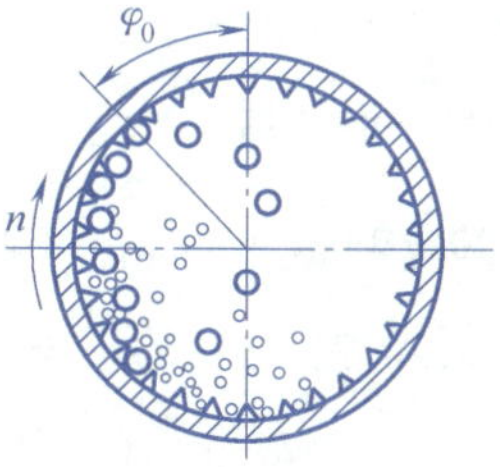

题　10-3 图

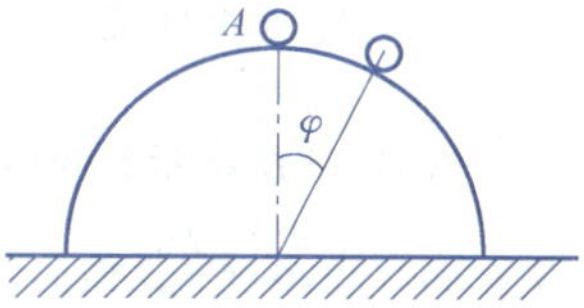

题　10-4 图

10-5　某飞机以 $v=1000\text{km/h}$ 的速度俯冲，其后驾驶员将飞机自某低点拉起，在铅垂平面内绕半径为 $R=1500\text{m}$ 的大圆弧飞行。驾驶员的质量为 65kg，求驾驶员对座位的最大压力是多少。

10-6　质量为 20g 的质点沿水平直线做简谐运动，其运动方程为 $x=100\sin\dfrac{\pi}{2}t$（x 的单位为 mm，t 的单位为 s）。求作用于质点上的力与 x 的关系，并求此力的最大值。

10-7　如题 10-7 图所示，一小车以等加速度 $\boldsymbol{a}$ 沿与水平面夹角为 θ 的斜面向上运动，在车的平顶上放一个质量为 m 的物块，随车一同运动。求物块与小车间的静摩擦系数 f_s 最小值。

10-8　如题 10-8 图所示，半圆形凸轮以匀速 $v=0.1\text{m/s}$ 向右运动，通过杆 CD 使重物 M 上下运动。已知凸轮半径 $R=100\text{mm}$，重物质量 $m=10\text{kg}$，轮 C 半径不计。求当 $\varphi=45°$时重物 M 对杆 CD 的压力。

10-9　如题 10-9 图所示，筛矿砂的筛体按 $x=50\sin\omega t$，$y=50\cos\omega t$（x、y 的单位为 mm，t 的单位为 s）的规律做简谐振动。为使筛面上的矿砂粒与筛体分开而抛起，求曲柄转动角速度 ω 的最小值。

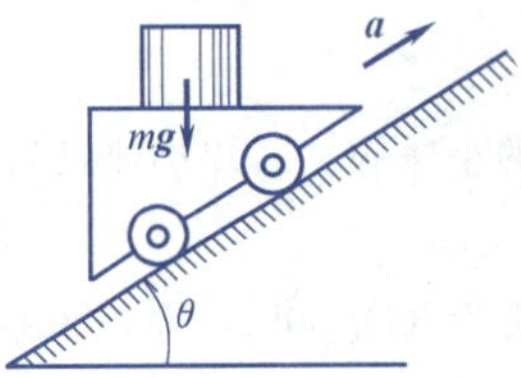

题 10-7 图

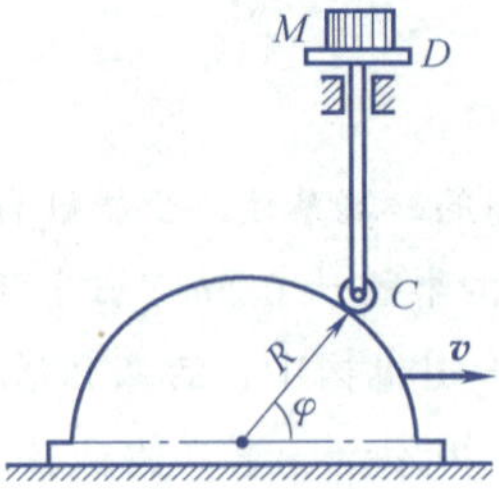

题 10-8 图

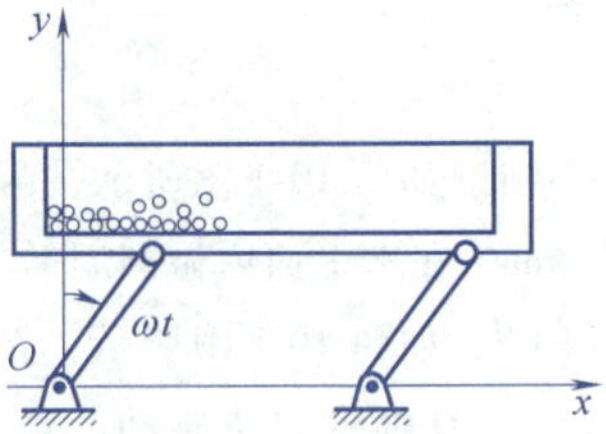

题 10-9 图

10-10 列车以 72km/h 的速度匀速转弯，车厢内用弹簧秤称一重物。重物原重 10N，弹簧秤示数为 10.2N，求轨道的曲率半径。

10-11 如题 10-11 图所示，物体自高度 h 处以速度 $\boldsymbol{v}_0$ 水平抛出。空气阻力可视为与速度的一次方成正比，即 $\boldsymbol{F}=-km\boldsymbol{v}$，式中，$m$ 为物体的质量；$\boldsymbol{v}$ 为物体的速度；k 为常系数。求物体的运动方程和轨迹。

10-12 如题 10-12 图所示，光滑直管 AB 长 l，在水平面以匀角速度 ω 绕铅直轴 Oz 转动，另有一小球在管内做相对运动。初始瞬时，小球在 B 端，相对速度为 $\boldsymbol{v}_{r0}$，指向固定端 A。问当 v_{r0} 为多大时，小球恰好能到达 A 端？

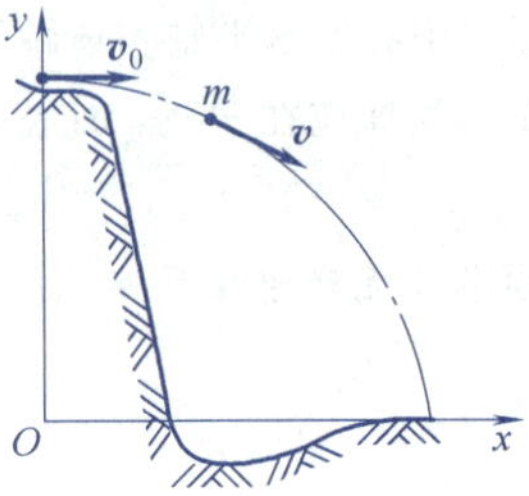

题 10-11 图

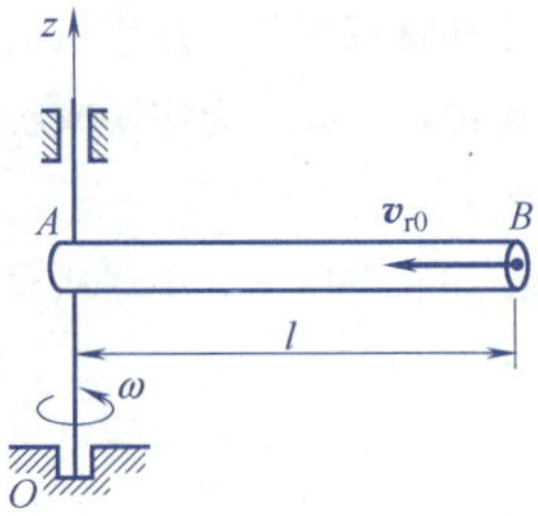

题 10-12 图

10-13 如题 10-13 图所示，物体 A、B 的质量分别为 $m_1=20\text{kg}$ 和 $m_2=40\text{kg}$，用弹簧相连。物块 A 沿铅垂线以 $y=H\cos\dfrac{2\pi}{T}t$ 做简谐运动，式中振幅 $H=10\text{mm}$，周期 $T=0.25\text{s}$。弹簧的质量略去不计，求水平面所受压力的最大值和最小值。

10-14 如题 10-14 图所示，物块 A、B 的质量分别为 $m_A=20\text{kg}$ 和 $m_B=10\text{kg}$，最初它们静置于地板上，用绳子跨过滑轮把物块 A、B 连接起来。不计绳和滑轮的质量、不计摩擦，现有一个铅垂向上的力 $F=294\text{N}$ 作用在滑轮的中心。求物块 A 和 B 的加速度。

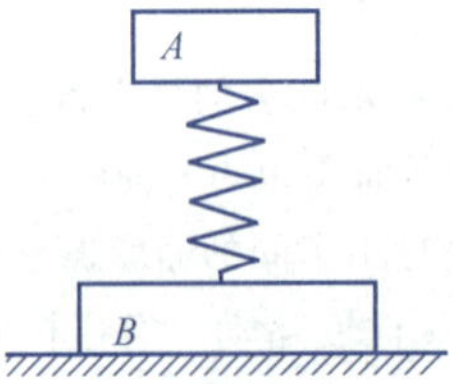

题 10-13 图

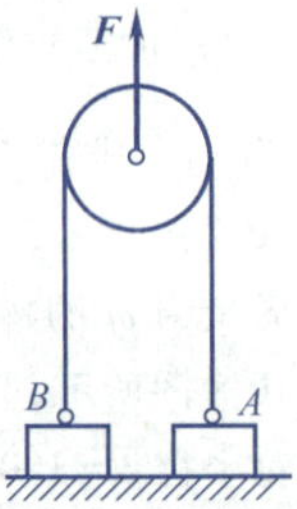

题 10-14 图

10-15 如题 10-15 图所示，水平管 CD 以匀角速度 ω 绕铅直轴 AB 转动。管中放一个滑块 M，初瞬时 $t=0$ 时，$x=x_0$，$\dot{x}_0=0$，管长为 l。不计摩擦，求滑块在管中运动的时间 T。

10-16　如题 10-16 图所示，质量 $m=6\text{kg}$ 的小球，放在倾角 $\theta=30°$ 的光滑斜面上，并用平行于斜面的软绳将小球固定在图中所示的位置。如斜面以 $a=\frac{1}{3}g$ 的加速度向左运动，求绳子张力 $\boldsymbol{F}_{\mathrm{T}}$ 及斜面约束力 $\boldsymbol{F}_{\mathrm{N}}$ 的大小。欲使绳子张力为零，斜面的加速度 $\boldsymbol{a}$ 应该为多大？

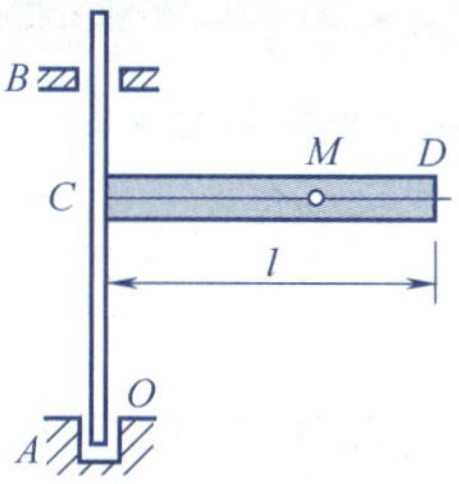

题　10-15 图

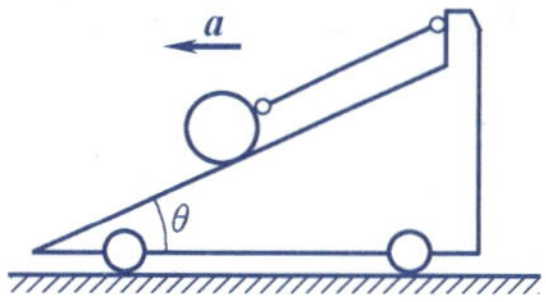

题　10-16 图

习题答案

第 11 章 动量定理

上一章研究了质点的动力学问题，本章开始研究质点系的动力学问题。若对质点系中每个质点列运动微分方程进行求解，一方面会非常烦琐，另一方面所列运动微分方程的积分运算也并不都是可行的，因此该方法难以在工程问题中推广应用。

实际上，工程应用中更关注的是质点系整体运动特征，并不需要知道每个质点的运动规律。将质点的牛顿第二定律推广到质点系，可以得到质点系动力学普遍定理，包括动量定理、动量矩定理和动能定理。动力学普遍定理从不同侧面建立了度量质点系整体运动特征的量（动量、动量矩、动能）与作用于质点系上力系作用效果的量（主矢、主矩、功）之间的关系，不局限于系统中单个质点的运动，具有明确的物理意义。

本章介绍质点系的动量定理及其工程应用。

11.1 质点和质点系的动量

动量是描述物体运动状态的物理量，反映了物体机械运动的强度。动量不仅与物体的速度有关，而且与其质量有关。例如：子弹的质量虽小，但由于射击速度很大，所以杀伤力极强；轮船靠岸时速度缓慢，但由于质量很大，稍有不慎会将码头撞坏。

11.1.1 质点的动量

质点的质量与速度的乘积称为质点的动量，即 $\boldsymbol{p}=m\boldsymbol{v}$。

质点的动量是矢量，它的方向与质点速度的方向一致。计算时可用其在直角坐标轴上的投影表示

$$\boldsymbol{p}=m\boldsymbol{v}=mv_x\boldsymbol{i}+mv_y\boldsymbol{j}+mv_z\boldsymbol{k} \tag{11-1}$$

在国际单位制中，动量的单位是 kg · m/s（千克 · 米/秒）。

11.1.2 质心、内外力及其性质

1. 质心

质点系的运动不仅与作用在质点系上的力及各质点的质量大小有关，而且与

质量的分布有关，质心是描述质点系质量分布的一个重要几何特征量。在重力场中，质心和重心位置重合，无论质点系是否在重力场中，质心总是存在的。

设 n 个质点组成的质点系，总质量为 M，其中第 i 个质点的质量为 m_i，其位置矢径为 $\boldsymbol{r}_i$，质点系质心的位置矢径为 $\boldsymbol{r}_C$，则

$$\boldsymbol{r}_C = \frac{\sum m_i \boldsymbol{r}_i}{\sum m_i} = \frac{\sum m_i \boldsymbol{r}_i}{M} \tag{11-2}$$

即：**质心的位置矢径等于质点系各质点位置矢径对质量的加权平均。**

计算质心位置时，常用式（11-2）在直角坐标系中的投影形式。

2. 内外力及其性质

质点系内各质点之间相互作用的力，称为**内力**。质点系以外的物体作用于质点系中各质点的力称为**外力**。内力和外力是相对而言的，与研究对象的选择有关。内力用符号 $\boldsymbol{F}^{(\mathrm{i})}$ 表示，外力用符号 $\boldsymbol{F}^{(\mathrm{e})}$ 表示。质点系中的内力总是成对出现的，它们大小相等、方向相反，故内力具有下面两条性质：

（1）所有内力的矢量和恒等于零，即 $\sum \boldsymbol{F}_i^{(\mathrm{i})} = \boldsymbol{0}$；

（2）所有内力对任一点取矩的矢量和恒等于零，即 $\sum \boldsymbol{M}_O(\boldsymbol{F}_i^{(\mathrm{i})}) = \boldsymbol{0}$。

11.1.3　质点系的动量

由 n 个质点组成的质点系，总质量为 M，其中第 i 个质点的质量为 m_i，某瞬时速度为 $\boldsymbol{v}_i$，质点系各质点动量的矢量和，称为**质点系的动量**，即

$$\boldsymbol{p} = \sum \boldsymbol{p}_i = \sum m_i \boldsymbol{v}_i \tag{11-3}$$

将式（11-2）对时间 t 求一次导数，则有 $\dot{\boldsymbol{r}}_C = \dfrac{\sum m_i \dot{\boldsymbol{r}}_i}{M}$，即

$$M\boldsymbol{v}_C = \sum m_i \boldsymbol{v}_i \tag{11-4}$$

式中，$\boldsymbol{v}_C$ 为质心的速度，将式（11-4）代入式（11-3）可得质点系的动量为

$$\boldsymbol{p} = M\boldsymbol{v}_C \tag{11-5}$$

即质点系的动量等于质点系的总质量与质心速度的乘积。因此，求质点系动量时，可以将质点系看作质量集中到质心的一个点求动量。质点系的动量描述了其质心的运动，未能反映质点系中其他质点的运动，是质点系整体运动的一个部分，是度量质点系整体运动的基本特征量之一。

思考与讨论：

（1）刚体分别做平动、定轴转动和平面运动时，如何求刚体的动量？

（2）均质圆盘的质量为 m，半径为 r，绕质心 C 以角速度 ω 做定轴转动，圆盘的动量是多大？

质点系的动量是矢量，方向与质心速度的方向一致，计算时常常采用投

影式。

对由 n 个刚体组成的刚体系统，设第 i 个刚体的质量为 M_i，其质心速度为 $\boldsymbol{v}_{Ci}$，则刚体系统的动量为 $\boldsymbol{p}=\sum M_i\boldsymbol{v}_{Ci}$。

例题动画

求解程序

例 11-1 两均质杆 OA 和 AB 质量均为 m，杆长均为 l，铰接于点 A，如图 11-1 所示，图示当两杆位于铅垂位置时，杆 OA 绕定轴 O 以角速度 ω 逆时针转动，杆 AB 相对于杆 OA 亦以角速度 $\omega_r=\omega$ 逆时针转动，求此瞬时系统的动量。

解： 杆 OA 做定轴转动，杆 AB 做平面运动，由刚体系统动量公式，可得

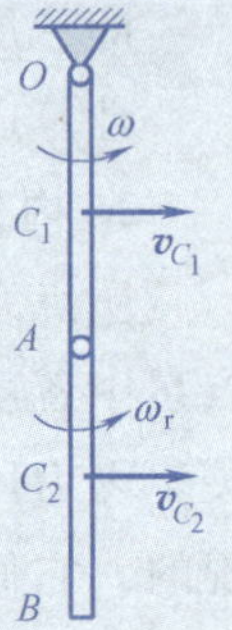

图 11-1

$$系统动量\ \boldsymbol{p}=m\boldsymbol{v}_{C_1}+m\boldsymbol{v}_{C_2}$$

$$杆\ OA\ 质心速度\ v_{C_1}=\frac{1}{2}\omega，方向水平向右$$

$$杆\ AB\ 的角速度\ \omega_{AB}=\omega+\omega_r=2\omega$$

$$所以杆\ AB\ 质心速度\ v_{C_2}=l\omega+\frac{l}{2}\cdot 2\omega=2l\omega，方向水平向右$$

故系统总动量为

$$p=mv_{C_1}+mv_{C_2}=m\cdot\frac{l}{2}\omega+m\cdot 2l\omega=\frac{5}{2}ml\omega，方向水平向右$$

思考与讨论：

（1）杆 AB 的绝对角速度是多大？用基点法求杆 AB 质心速度时，用到杆 AB 角速度，应该用其绝对角速度还是相对于杆 OA 的角速度？

（2）试以 AB 质心 C_2 为动点，OA 为动系，求杆 AB 质心的速度。

（3）求刚体系统动量时，是否可以将杆 OA 与 AB 看作整体，点 A 视为刚体系统的质心，则刚体系统总动量 $\boldsymbol{p}=2m\boldsymbol{v}_A$？为什么？

例题动画

求解程序

例 11-2 椭圆规如图 11-2 所示，已知曲柄 OC 的质量为 m，规尺 AB 的质量为 $2m$，滑块 A 与 B 的质量均为 m'，$OC=CA=CB=l$。求在图示位置曲柄以角速度 ω 转动时椭圆规的动量。

解： 由 v_A、v_B 可知 AB 瞬心为 P，且

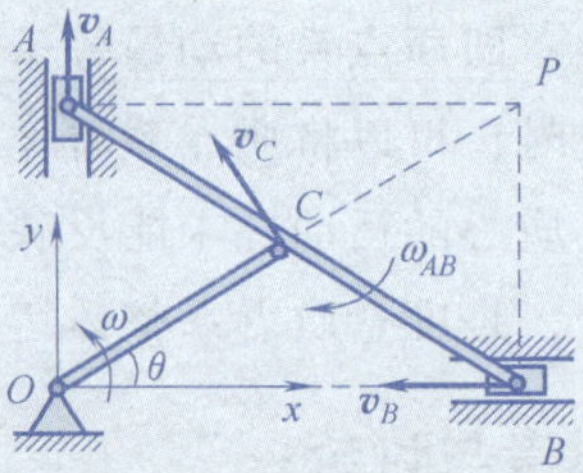

图 11-2

$$v_C=l\omega,\omega_{AB}=\frac{v_C}{PC}=\frac{l\omega}{l}=\omega，顺时针转向$$

$$v_B=BP\cdot\omega=2l\sin\theta\omega,v_A=AP\cdot\omega=2l\cos\theta\omega$$

$$\begin{aligned}p_x&=-m\frac{v_C}{2}\sin\theta-2mv_C\sin\theta-m'v_B\\&=-m\frac{l}{2}\omega\sin\theta-2ml\omega\sin\theta-m'2l\omega\sin\theta\\&=-\left(\frac{5}{2}m+2m'\right)l\omega\sin\theta\end{aligned}$$

$$p_y = m\frac{v_C}{2}\cos\theta + 2mv_C\cos\theta + m'v_A = m\frac{l}{2}\omega\cos\theta + 2ml\omega\cos\theta + m'\cdot 2l\omega\cos\theta$$

$$= \left(\frac{5}{2}m + 2m'\right)l\omega\cos\theta$$

所以系统动量的大小为

$$p = \sqrt{p_x^2 + p_y^2}$$

$$= \sqrt{\frac{25}{4}m^2l^2\omega^2 + 4m'^2l^2\omega^2 + 10mm'l^2\omega^2} = \left(\frac{5}{2}m + 2m'\right)l\omega$$

方向为 $\cos\langle \boldsymbol{p},\boldsymbol{i}\rangle = \frac{p_x}{p} = -\sin\theta$, $\cos\langle \boldsymbol{p},\boldsymbol{j}\rangle = \frac{p_y}{p} = \cos\theta$

11.2 动量定理

11.2.1 质点的动量定理

质量为 m 的质点，某瞬时受到的合力为 $\boldsymbol{F}$，速度为$\boldsymbol{v}$，加速度为 $\boldsymbol{a}$，根据牛顿第二定律有

$$\boldsymbol{F} = m\boldsymbol{a} = m\frac{\mathrm{d}\boldsymbol{v}}{\mathrm{d}t}$$

若质点质量为常量，则可改写为

$$\frac{\mathrm{d}}{\mathrm{d}t}(m\boldsymbol{v}) = \frac{\mathrm{d}\boldsymbol{p}}{\mathrm{d}t} = \boldsymbol{F} \tag{11-6}$$

即质点的动量对时间求导等于作用在该质点上的合力，这就是质点动量定理的微分形式。

将式（11-6）两边同乘 $\mathrm{d}t$，得 $\mathrm{d}(m\boldsymbol{v}) = \boldsymbol{F}\mathrm{d}t$

记 $\mathrm{d}\boldsymbol{I} = \boldsymbol{F}\mathrm{d}t$，称为力 $\boldsymbol{F}$ 在微小时间间隔内的元冲量。对上式积分，可得

$$m\boldsymbol{v}_2 - m\boldsymbol{v}_1 = \int_{t_1}^{t_2}\boldsymbol{F}\mathrm{d}t = \boldsymbol{I} \tag{11-7}$$

式中，$\boldsymbol{I}$ 表示作用力 $\boldsymbol{F}$ 在有限时间间隔 t_2-t_1 内的累积效应，称为力 $\boldsymbol{F}$ 的冲量。冲量是一个矢量，国际单位制中，冲量的单位是 kg · m/s（千克 · 米/秒）。

式（11-7）表明，质点的动量在任一时间段内的改变量，等于作用在该质点上的合力在同一时间段内的冲量，这就是质点动量定理的积分形式。

应用时常取投影式。

思考与讨论：

篮球运动员接迎面飞来的篮球，手接触到球后，两臂随球迅速引至胸前将球接住，试用动量定理的积分形式解释为什么要这样做？

11.2.2 质点系的动量定理

由 n 个质点组成的质点系，总质量为 M，其中第 i 个质点的质量为 m_i，速度为 $\boldsymbol{v}_i$，某瞬时该质点受到内力的合力为$\boldsymbol{F}_i^{(\mathrm{i})}$，外力的合力为$\boldsymbol{F}_i^{(\mathrm{e})}$，由质点动量定理的微分形式得

$$\frac{\mathrm{d}}{\mathrm{d}t}(m_i\boldsymbol{v}_i)=\boldsymbol{F}_i^{(\mathrm{i})}+\boldsymbol{F}_i^{(\mathrm{e})}$$

对质点系，这样的方程共有 n 个，将 n 个方程两端分别相加，并交换左边求和求导顺序，可得

$$\frac{\mathrm{d}}{\mathrm{d}t}\sum(m_i\boldsymbol{v}_i)=\sum\boldsymbol{F}_i^{(\mathrm{i})}+\sum\boldsymbol{F}_i^{(\mathrm{e})}$$

其中，$\sum(m_i\boldsymbol{v}_i)$ 为质点系的动量 $\boldsymbol{p}$，且根据质点系内力的性质 $\sum\boldsymbol{F}_i^{(\mathrm{i})}=\boldsymbol{0}$，代入上式可得

$$\frac{\mathrm{d}\boldsymbol{p}}{\mathrm{d}t}=\sum\boldsymbol{F}_i^{(\mathrm{e})} \tag{11-8}$$

式（11-8）表明，**质点系的动量对时间的一阶导数，等于作用于该质点系外力的矢量和，**这就是**质点系动量定理的微分形式，**也称为**质点系的动量定理。**可见，质点系动量的改变仅决定于外力系，与质点系所受的内力无关，内力系不能改变质点系的动量，但可以改变质点系中部分质点的动量。

动量定理在应用时常取投影式，将式（11-8）投影到直角坐标轴上，得

$$\left.\begin{aligned}\frac{\mathrm{d}p_x}{\mathrm{d}t}&=\sum F_{ix}^{(\mathrm{e})}\\\frac{\mathrm{d}p_y}{\mathrm{d}t}&=\sum F_{iy}^{(\mathrm{e})}\\\frac{\mathrm{d}p_z}{\mathrm{d}t}&=\sum F_{iz}^{(\mathrm{e})}\end{aligned}\right\} \tag{11-9}$$

这就是质点系动量定理的投影式，表明**质点系动量在任一轴上投影的改变仅决定于外力系在该轴投影的代数和。**

思考与讨论：

（1）举重运动员可以举起大于自己体重的杠铃却为什么举不起自己？

（2）人蹲在磅秤上缓慢站起来，磅秤指针将发生怎样的变化？为什么？

（3）人屈腿跳起来，是否是靠内力改变了人体的动量？为什么？

设 $t=t_1$ 时，质点系的动量为 $\boldsymbol{p}_1$，$t=t_2$ 时，质点系的动量为 $\boldsymbol{p}_2$，对式（11-8）积分，得

$$\boldsymbol{p}_2-\boldsymbol{p}_1=\sum \boldsymbol{I}_i^{(e)} \tag{11-10}$$

其中，$\sum \boldsymbol{I}_i^{(e)}$ 表示在时间间隔 t_2-t_1 内作用在质点系上的外力冲量的矢量和。式（11-10）为**质点系动量定理的积分形式**，即**在某一时间间隔内，质点系动量的改变量等于这段时间内作用于该质点系上合外力冲量的矢量和。**

将式（11-10）投影到直角坐标轴上，得

$$\left.\begin{aligned} p_{2x}-p_{1x} &= \sum I_{ix}^{(e)} \\ p_{2y}-p_{1y} &= \sum I_{iy}^{(e)} \\ p_{2z}-p_{1z} &= \sum I_{iz}^{(e)} \end{aligned}\right\} \tag{11-11}$$

这表明**在某一时间间隔内，质点系动量在任一轴上投影的改变量等于这段时间内作用在该质点系外力冲量在该轴上投影的代数和。**

11.2.3　质点系动量守恒定律

若质点系不受外力或外力系的矢量和恒等于零，即 $\sum \boldsymbol{F}_i^{(e)}=\boldsymbol{0}$，根据式（11-8）或（11-10），$\boldsymbol{p}=$常矢量；

若质点系受外力系的矢量和不为零，但在某一坐标轴（如 x 轴）上的投影恒等于零，即 $\sum \boldsymbol{F}_i^{(e)}\neq\boldsymbol{0}$，但 $\sum F_{ix}^{(e)}=0$，根据式（11-9）或式（11-11），$p_x=$常数。

由上可知，**作用于质点系上外力系的矢量和（或外力系的矢量和在某一坐标轴上的投影）恒等于零，则质点系的动量（或动量在该轴上的投影）保持不变。这就是质点系的动量守恒定律。**

例 11-3　重 G、半径为 r 的均质圆轮 B，在圆轮上作用一矩为 M 的力偶，借助于细绳提升重为 $\boldsymbol{P}$ 的重物 C，如图 11-3a 所示。若重物 C 上升的加速度为 $\boldsymbol{a}$，求固定铰支座 B 的约束反力。

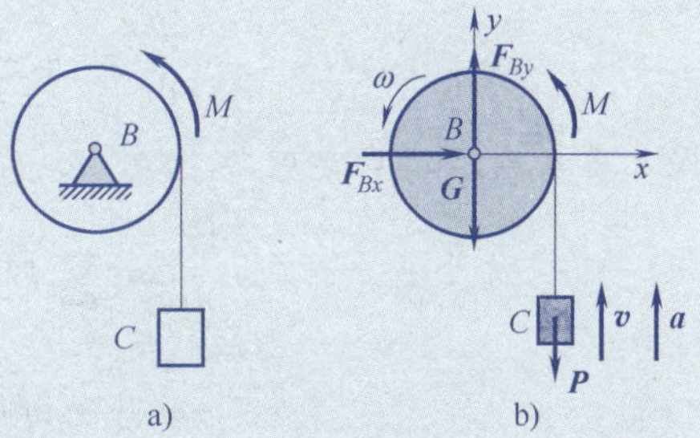

图　11-3

例题动画

求解程序

解： 以轮和重物整体为研究对象，假设物块 C 的速度为 $\boldsymbol{v}$，受力如图 11-3b 所示。

$$\text{系统的动量为 } p_x=0;\ p_y=\frac{P}{g}v$$

$$\text{故}\ \frac{\mathrm{d}p_x}{\mathrm{d}t}=0;\quad \frac{\mathrm{d}p_y}{\mathrm{d}t}=\frac{P}{g}a$$

代入质点系的动量定理

$$\frac{\mathrm{d}p_x}{\mathrm{d}t}=\sum F_{ix}^{(e)};\quad \frac{\mathrm{d}p_y}{\mathrm{d}t}=\sum F_{iy}^{(e)}$$

得

$$0=F_{Bx}$$

$$\frac{P}{g}a=F_{By}-G-P$$

解得
$$F_{Bx}=0;\ F_{By}=G+P+\frac{P}{g}a$$

例题动画

求解程序

例 11-4 质量为 m、长度为 l 的均质杆 OA，绕通过 O 端的水平轴在铅垂面内转动，当转到与水平线成 θ 角时，杆 OA 的角速度 ω，角加速度为 α，如图 11-4a 所示。求此刻固定铰支座 O 的约束反力。

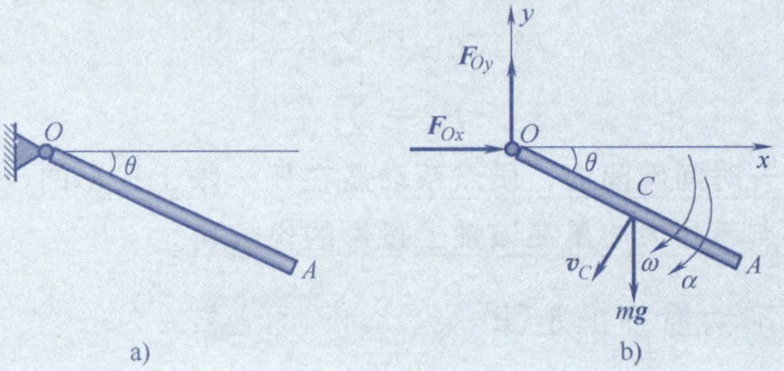

图 11-4

解：研究杆 OA，转过 θ 角时受力如图 11-4b 所示。

$$杆的动量为\ p_x=-m\frac{l}{2}\omega\sin\theta;p_y=-m\frac{l}{2}\omega\cos\theta$$

将其对时间 t 求导可得

$$\frac{\mathrm{d}p_x}{\mathrm{d}t}=-m\frac{l}{2}\alpha\sin\theta-m\frac{l}{2}\omega^2\cos\theta$$

$$\frac{\mathrm{d}p_y}{\mathrm{d}t}=-m\frac{l}{2}\alpha\cos\theta+\frac{l}{2}\omega^2\sin\theta$$

代入质点系的动量定理

$$\frac{\mathrm{d}p_x}{\mathrm{d}t}=\sum F_{ix}^{(e)};\ \frac{\mathrm{d}p_y}{\mathrm{d}t}=\sum F_{iy}^{(e)}$$

$$-m\frac{l}{2}\alpha\sin\theta-m\frac{l}{2}\omega^2\cos\theta=F_{Ox}$$

$$-m\frac{l}{2}\alpha\cos\theta+m\frac{l}{2}\omega^2\sin\theta=F_{Oy}-mg$$

解得
$$F_{Ox}=-m\frac{l}{2}\alpha\sin\theta-m\frac{l}{2}\omega^2\cos\theta$$

$$F_{Oy}=mg-m\frac{l}{2}\alpha\cos\theta+m\frac{l}{2}\omega^2\sin\theta$$

构件运动时支座约束力由两部分组成，一部分由主动力引起，称为**静约束力**，例 11-4 中杆静止在 θ 角位置时，轴承的静约束力为 mg；另一部分是由构件运动状态变化引起的，称为**附加动约束力**，例 11-4 中，x 方向附加动约束力为 $-m\dfrac{l}{2}\alpha\sin\theta-m\dfrac{l}{2}\omega^2\cos\theta$，$y$ 方向附加动约束力为 $-m\dfrac{l}{2}\alpha\cos\theta+m\dfrac{l}{2}\omega^2\sin\theta$。

思考与讨论：

（1）固定铰支座 O 处的约束力大小方向未知，正交分解时若将其分解为沿杆方向（x 轴）和垂直于杆方向（y 轴），则本题求解计算过程更简单，但是否正确？为什么？

（2）动量定理是否可以在自然轴系上投影？

（3）动量定理是否可以用于变质量质点系的研究？试应用动量定理的微分形式推导火箭发射这一变质量体系的动力学方程。

课程加油站

11.3　质心运动定理及质心运动守恒定律

质心运动定理在质点系动力学中具有重要的意义。在很多实际问题中，质心的运动往往是问题的主要方面。例如：如图 11-5 所示，研究炮弹的弹道、卫星的运行轨迹问题等时，质点系相对于质心的转动成为一个次要因素，质点系的运动取决于质心的运动；研究定向爆破时，可以根据质心的运动轨迹，预先估计大部分碎石堆落的位置。

课程加油站

炮弹的弹道　　卫星运行轨迹　　定向爆破

图　11-5

11.3.1　质心运动定理

将质点系的动量 $\boldsymbol{p}=M\boldsymbol{v}_C$ 代入质点系动量定理 $\dfrac{\mathrm{d}\boldsymbol{p}}{\mathrm{d}t}=\sum\boldsymbol{F}_i^{(\mathrm{e})}$，得

$$\frac{\mathrm{d}M\boldsymbol{v}_C}{\mathrm{d}t}=\sum\boldsymbol{F}_i^{(\mathrm{e})}$$

对于质量不变的质点系，则有

$$M\frac{\mathrm{d}\boldsymbol{v}_C}{\mathrm{d}t}=M\boldsymbol{a}_C=\sum\boldsymbol{F}_i^{(\mathrm{e})} \tag{11-12}$$

即：**质点系的质量与质心加速度的乘积等于作用于质点系所有外力的矢量和**。这就是**质心运动定理**。

形式上，质心运动定理与质点动力学基本方程 $m\boldsymbol{a}=\boldsymbol{F}$ 完全相似，因此质心运动定理也可叙述如下：**质点系质心的运动，可以看成一个质点的运动，设想此质点集中了整个质点系的质量及其所受的外力**。质心运动定理反映了质心的重要力学特征，质点系质心的运动只取决于质点系的外力，内力改变不了质心的运动。这个定理在理论上和实际中都具有重要的意义。

注意：

（1）质心运动定理只适用于质量不变的质点系。

（2）只有外力才能改变质心的运动，内力不能改变质心的运动。

（3）质心的加速度只与外力的大小、方向有关，而与外力的作用位置无关。

实例分析：通过自行车行驶、跳水运动员的质心轨迹（见图 11-6），体会质心运动定理的内涵和意义。

图 11-6

自行车行驶时，人踏脚蹬，通过链条带动后轮转动，将人和车看作一个系统，人踏脚蹬的力是内力，不影响质心的运动，并不能直接驱动自行车前进。但人踏脚蹬的力是自行车行驶的原动力，它能促使后轮转动，引起地面对后轮作用向前的摩擦力$\boldsymbol{F}_1$，对前轮作用向后的摩擦力$\boldsymbol{F}_2$，摩擦力为系统水平方向的外力，当 $F_1>F_2$，质心向前运动。如果地面光滑，那么无论人踏脚蹬的力多大，后轮将只能在原地打转，自行车无法前进。

跳水运动员自跳板起跳后，无论在空中做何种动作，采取何种姿势，由于外力（重力）未改变，所以分析运动员的质心在入水前的运动轨迹，可以将其看作是质量集中在质心的一个点的斜抛运动，轨迹为抛物线。

式（11-12）是质心运动定理的矢量形式，应用时常取投影形式。

将质心运动定理投影在直角坐标轴上，得

$$\left.\begin{aligned} Ma_{Cx} &= \sum F_{ix}^{(e)} \\ Ma_{Cy} &= \sum F_{iy}^{(e)} \\ Ma_{Cz} &= \sum F_{iz}^{(e)} \end{aligned}\right\} \tag{11-13}$$

对于刚体系统，假设每个刚体的质量为 M_i，质心速度为 $\boldsymbol{v}_{Ci}$，刚体系统的动量为 $\boldsymbol{p}=\sum M_i\boldsymbol{v}_{Ci}$。由于每个刚体的质心位置比系统质心位置容易确定，可将其质心运动定理变换为

$$M\boldsymbol{a}_C = \sum \boldsymbol{M}_i\boldsymbol{a}_{Ci} = \sum \boldsymbol{F}_i^{(e)} \tag{11-14}$$

11.3.2　质心运动守恒定律

若质点系不受外力或外力系的矢量和恒等于零，即 $\sum \boldsymbol{F}_i^{(e)}=\boldsymbol{0}$，根据式（11-12）得 $\boldsymbol{a}_C=\boldsymbol{0}$，则 $\boldsymbol{v}_C=$常矢量，即质心做匀速直线运动；若系统开始静止，即 $\boldsymbol{v}_C=\boldsymbol{0}$，于是有 $\boldsymbol{r}_C=$常矢量，质心位置始终保持不变。

若质点系受外力系的矢量和不为零，但它在某一坐标轴（如 x 轴）上的投影恒等于零，即 $\sum \boldsymbol{F}_i^{(e)}\neq\boldsymbol{0}$，$\sum F_{ix}^{(e)}=0$，根据式（11-13），$a_{Cx}=0$，则 $v_{Cx}=c$，即质心速度在该轴上的投影保持不变；若系统开始静止，$v_{Cx}=0$，则 $x_C=c$，即质心在该轴的坐标保持不变。

以上两种情况都称为**质心运动守恒定律**。

例 11-5　如图 11-7 所示，光滑水平面上放置两个半径相同、质量相等的均质圆盘，均受大小、方向相同的力作用，初始时均处于静止状态，问两个圆盘的质心，哪个运动得更快？

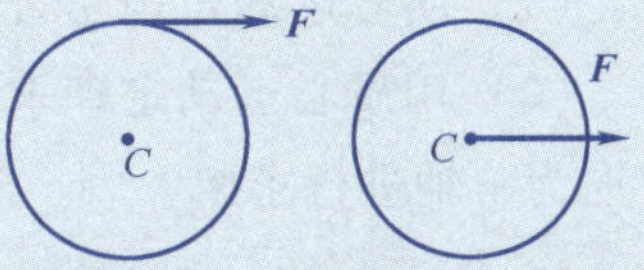

图　11-7

解： 由于两圆盘所受的外力主矢及运动初始条件相同，由质心运动定理可知，两圆盘质心的运动一样快。

思考与讨论：

（1）例 11-5 中，两圆盘的运动情况是否相同？分别描述两圆盘的运动。

（2）刚体受一群力作用，改变各力的作用点，此刚体质心的加速度改变吗？

（3）炮弹飞出炮膛后，如无空气阻力，质心沿抛物线运动。炮弹爆炸后，质心运动规律不变。若有一块碎片落地，质心是否还沿原抛物线运动？为什么？

例题动画

例 11-6　用质心运动定理求解例 11-3。

解： 以系统为研究对象，受力及运动分析如图 11-3b 所示。

均质圆轮质心加速度为 0，重物 C 只有 y 方向的加速度 $\boldsymbol{a}$，根据刚体系统质心运动定理，即式（11-14）分别投影在 x、y 轴，得

$$0=F_{Bx}$$

$$\frac{P}{g}a=F_{By}-G-P$$

解得
$$F_{Bx}=0;\ F_{By}=G+P+\frac{P}{g}a$$

求解程序

例 11-7　用质心运动定理求解例 11-4。

解： 杆 OA 转过 θ 角时受力如图 11-8 所示，OA 杆做定轴转动，其质心加速度大小为 $a_C^\tau=\frac{l}{2}\alpha$，$a_C^n=\frac{l}{2}\omega^2$，方向如图 11-8 所示。

例题动画

代入质心运动定理 $ma_{Cx}=\sum F_{ix}^{(e)}$；$ma_{Cy}=\sum F_{iy}^{(e)}$，可得

$$-m\frac{l}{2}\alpha\sin\theta-m\frac{l}{2}\omega^2\cos\theta=F_{Ox}$$

$$-m\frac{l}{2}\alpha\cos\theta+m\frac{l}{2}\omega^2\sin\theta=F_{Oy}-mg$$

解得 $F_{Ox}=-m\frac{l}{2}\alpha\sin\theta-m\frac{l}{2}\omega^2\cos\theta$

$$F_{Oy}=mg-m\frac{l}{2}\alpha\cos\theta+m\frac{l}{2}\omega^2\sin\theta$$

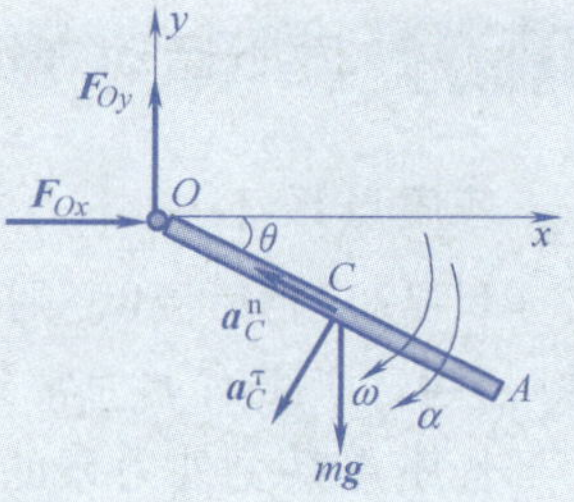

图 11-8

思考与讨论：

（1）质心运动定理是否可以在自然轴系上投影？

（2）用质心运动定理求解例 11-4 时，是否可以取沿杆方向为 x 轴，垂直于杆方向为 y 轴进行求解？

例题动画

求解程序

例 11-8 如图 11-9a 所示，电动机用螺栓固定在刚性基础上，设其外壳和定子的总质量为 m_1，质心位于转子转轴的中心 O_1；转子质量为 m_2，由于制造或安装的偏差，转子质心 O_2 不在转轴中心上，偏心距 $O_1O_2=e$。转子以等角速度 ω 转动。求：（1）质心运动方程；（2）基础对电动机总的水平和铅垂反力；（3）若电动机没有螺栓固定，各处摩擦不计，初始时电动机静止，求转子以匀角速度 ω 转动时电动机外壳的运动。

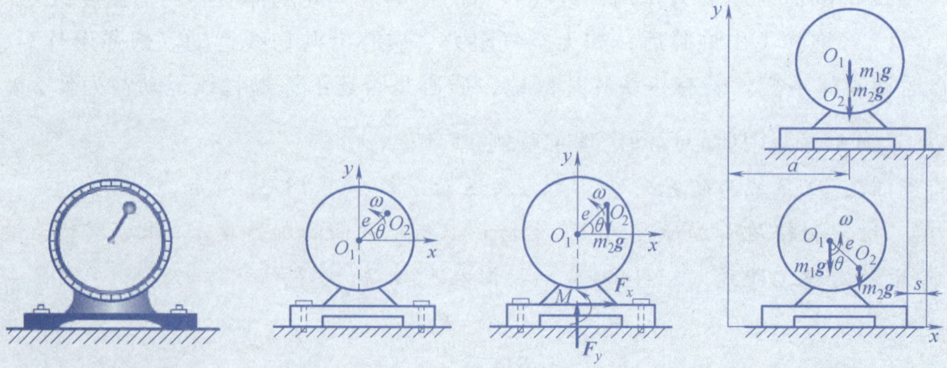

图 11-9

解：（1）建立如图 11-9b 所示坐标系。

任一瞬时，$\theta=\omega t$，即有

$$x_1=0, y_1=0, x_2=e\cos\omega t, y_2=e\sin\omega t$$

故质心运动方程为 $x_C=\frac{m_2e\cos\omega t}{m_1+m_2}$，$y_C=\frac{m_2e\sin\omega t}{m_1+m_2}$

（2）以系统为研究对象，受力如图 11-9c 所示。

将上两式对时间求二阶导数，可得

$$\ddot{x}_C=-\frac{m_2e\omega^2\cos\omega t}{m_1+m_2},\ \ddot{y}_C=-\frac{m_2e\omega^2\sin\omega t}{m_1+m_2}$$

由质心运动定理

$$m\ddot{x}_C=\sum F_{ix},\ (m_1+m_2)\frac{-m_2e\omega^2\cos\omega t}{m_1+m_2}=F_x$$

$$m\ddot{y}_C=\sum F_{iy},\ (m_1+m_2)\frac{-m_2e\omega^2\sin\omega t}{m_1+m_2}=F_y-(m_1+m_2)g$$

解得　$F_x=-m_2e\omega^2\cos\omega t,\ F_y=(m_1+m_2)g-m_2e\omega^2\sin\omega t$

(3) 求电动机外壳的运动

研究电动机整体由图示受力分析知 $\sum F_{ix}^{(e)}=0$，又初始静止，故 $x_C=$常量。建立图 11-9d 所示坐标系，设初始时转子位于定子质心铅垂下方，则

$$x_{C1}=\frac{m_1a+m_2a}{m_1+m_2}=a$$

当转子转过 $\theta=\omega t$，设定子向左移动距离为 s，此时质心

$$x_{C2}=\frac{m_1(a-s)+m_2(a-s+e\sin\omega t)}{m_1+m_2}$$

因为 $x_{C1}=x_{C2}$，则

$$\frac{m_1(a-s)+m_2(a-s+e\sin\omega t)}{m_1+m_2}=a$$

解得

$$s=\frac{m_2e\sin\omega t}{m_1+m_2}$$

若电动机没有螺栓固定，各处摩擦不计，转子以匀角速度 ω 转动时电动机外壳沿水平方向做简谐运动。

由第二问结论可知，转子运动状态变化时，机座约束力 $F_x=-m_2e\omega^2\cos\omega t$，$F_y=(m_1+m_2)g-m_2e\omega^2\sin\omega t$。其中动约束力为 $F_x=-m_2e\omega^2\cos\omega t$，$F_y=-m_2e\omega^2\sin\omega t$，随着转子的运动，动约束力有最大值或最小值。

当 $\theta=0$、π 时，动约束力 $|F_{x\max}|=m_2e\omega^2$，$|F_{y\min}|=0$；

当 $\theta=\frac{\pi}{2}$、$\frac{3\pi}{2}$时，动约束力 $|F_{x\min}|=0$，$|F_{y\max}|=m_2e\omega^2$。

动约束力与 ω^2 成正比，当转子的转速很高时，其数值可以达到静约束力的几倍，甚至几十倍，而且这种约束力是周期性变化的，必然引起机座和基础的振动，还会引起有关构件内的交变应力，以致产生疲劳破坏。

思考与讨论：

(1) 根据 $F_{y\min}=(m_1+m_2)g-m_2e\omega^2$，令 $F_{y\min}=0$，求得对应的角速度为 $\omega=$

$\sqrt{\frac{(m_1+m_2)g}{m_2e}}$。所以当转子的转速 $\omega>\sqrt{\frac{(m_1+m_2)g}{m_2e}}$时，若电动机放在桌面上无螺栓固定，电动机会怎样运动？为什么？

（2）是否可以应用质点系动量定理求解电动机机座受到的约束力偶的大小？

（3）蛤蟆夯是建筑工地使用的一种小型施工器械，工作中夯体在偏心飞轮带动下不断跳起落下夯实地面，试对其进行动力学分析。

（4）试用质心运动定理，分析跳高运动员的过杆姿势采用跨越式合理，还是采用背越式合理？为什么？

本章思维导图

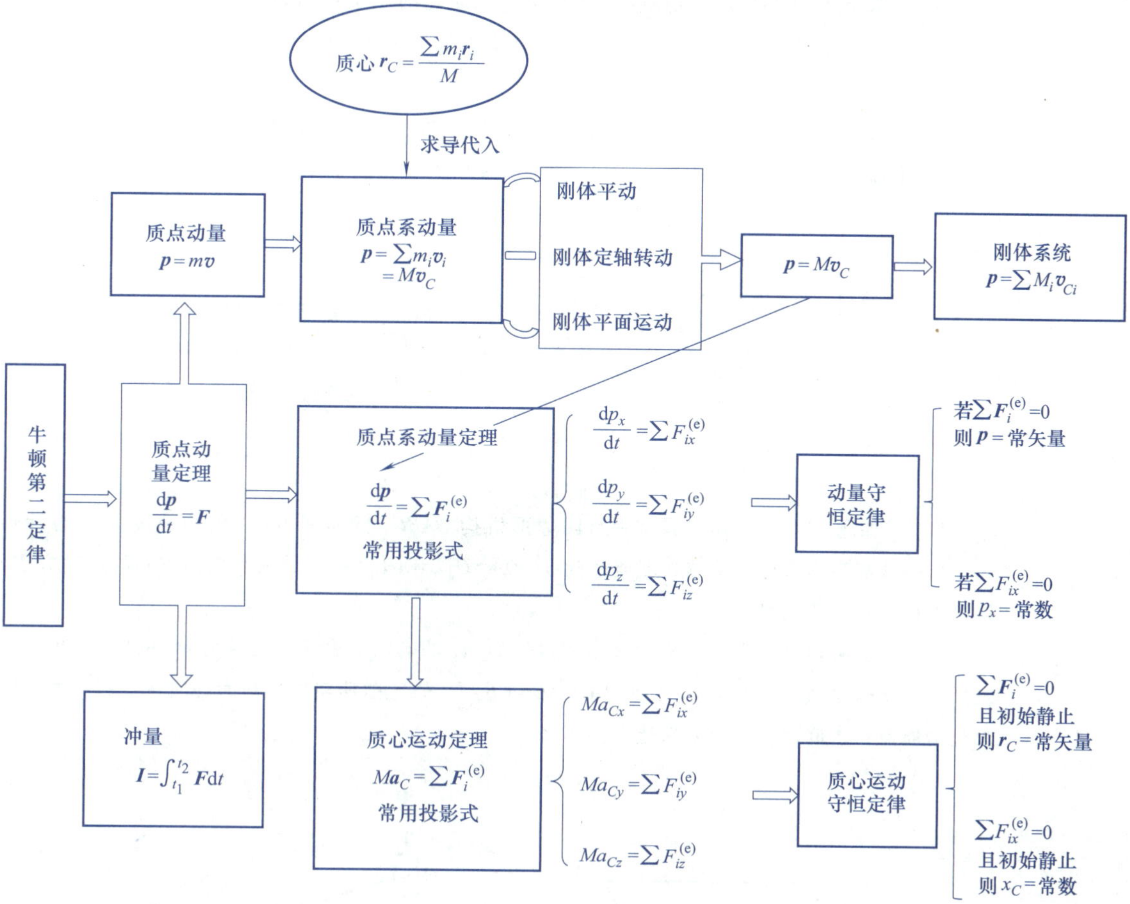

质心 $r_C=\frac{\sum m_i r_i}{M}$
求导代入
质点动量 $p=mv$
质点系动量 $p=\sum m_i v_i=Mv_C$
刚体平动
刚体定轴转动
刚体平面运动
$p=Mv_C$
刚体系统 $p=\sum M_i v_{Ci}$
牛顿第二定律
质点动量定理 $\frac{dp}{dt}=F$
质点系动量定理 $\frac{dp}{dt}=\sum F_i^{(e)}$ 常用投影式
$\frac{dp_x}{dt}=\sum F_{ix}^{(e)}$
$\frac{dp_y}{dt}=\sum F_{iy}^{(e)}$
$\frac{dp_z}{dt}=\sum F_{iz}^{(e)}$
动量守恒定律
若$\sum F_i^{(e)}=0$ 则$p=$常矢量
若$\sum F_{ix}^{(e)}=0$ 则$p_x=$常数
冲量 $I=\int_{t_1}^{t_2}F\mathrm{d}t$
质心运动定理 $Ma_C=\sum F_i^{(e)}$ 常用投影式
$Ma_{Cx}=\sum F_{ix}^{(e)}$
$Ma_{Cy}=\sum F_{iy}^{(e)}$
$Ma_{Cz}=\sum F_{iz}^{(e)}$
质心运动守恒定律
$\sum F_i^{(e)}=0$ 且初始静止 则$r_C=$常矢量
$\sum F_{ix}^{(e)}=0$ 且初始静止 则$x_C=$常数

习题

11-1　如题 11-1 图所示，均质杆 OA、AB 与均质轮的质量均为 m，杆 OA 的长度为 l_1，AB 杆的长度为 l_2，轮的半径为 R，轮沿水平面做纯滚动。在图示瞬间时，杆 OA 的角速度为 ω，求整个系统的动量。

11-2　如题 11-2 图所示拖拉机一条履带，均质履带单位长度质量为 ρ，两个均质带轮半径均为 r，轮轴距离为 l，试计算拖拉机以速度 $\boldsymbol{v}$ 行驶时的履带的动量。

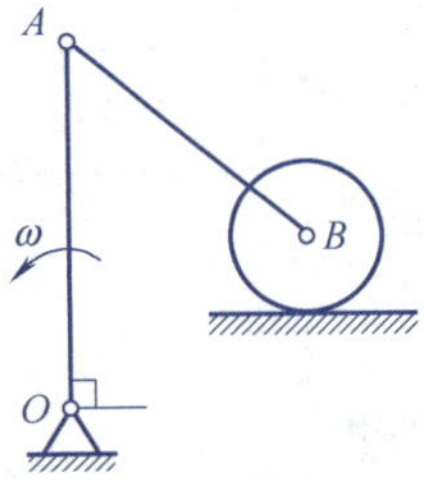

题　11-1 图

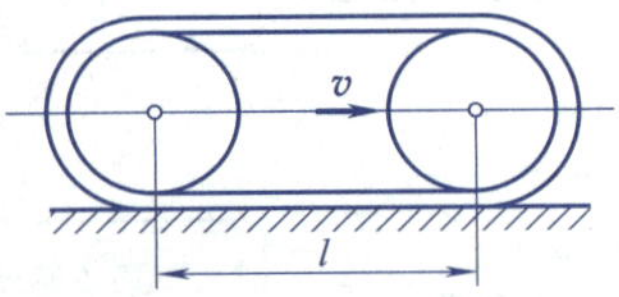

题　11-2 图

11-3　如题 11-3 图所示，铰接平行四边形机构 $OABO_1$ 的曲柄 OA 以匀角速度 ω 逆时针转动，各构件都为均质杆，单位长度质量为 ρ，$OA=O_1B=AB/2=a$。试求此机构质心的运动方程、轨迹方程以及系统动量。

11-4　如题 11-4 图所示，椭圆规由质量均为 m_1 的套筒 A 和 B，质量为 m_2 的曲柄 OC，以及质量为 $2m_2$ 的规尺 AB 构成。已知 $OC=AC=CB=l$，假定曲柄与规尺都为均质杆，套筒都可抽象化为质点，求椭圆规的质心轨迹。

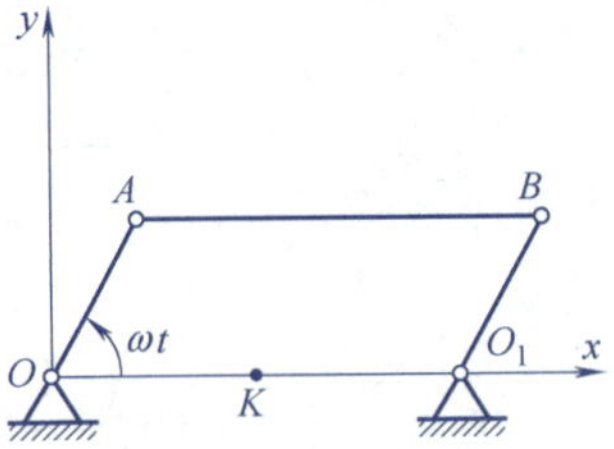

题　11-3 图

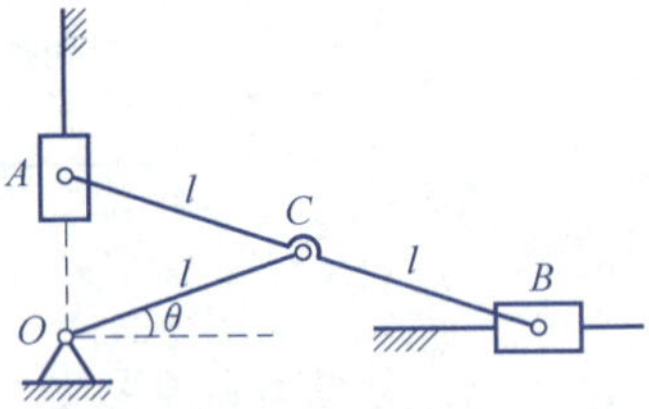

题　11-4 图

11-5　如题 11-5 图所示，质量为 M 的大三角块放在绝对光滑的水平面上，其斜面上另放一个和它相似的小三角块，其质量为 m。已知大、小三角块的水平边各为 a 与 b。试求小三角块由图示位置滑到底时大三角块的位移。

11-6　均质杆 AB 长 $2l$，B 端放置在光滑水平面上。杆在如题 11-6 图位置自由倒下，求 A 点的轨迹方程。

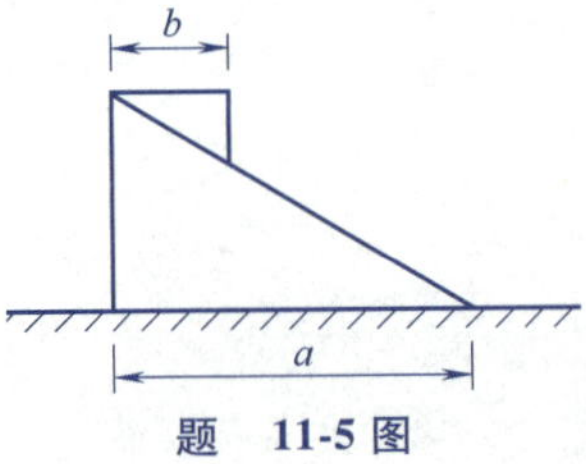

题　11-5 图

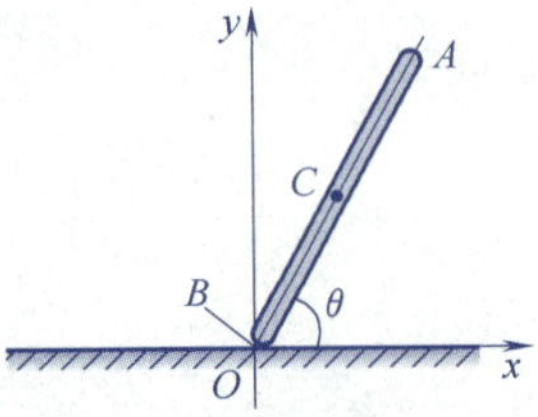

题　11-6 图

11-7　如题 11-7 图所示，小球 P 沿光滑大半圆柱体表面滑下，小球质量为 m，大半圆柱体质量为 M，半径为 R，放在光滑水平面上，初始系统静止，求小球未脱离大半圆柱体时的运动轨迹。

11-8　如题 11-8 图所示，飞轮 M 绕 AB 轴旋转，AB 轴安装在圆形框架内并绕 DE 轴转动，飞轮的质心 C 在 AB 与 DE 的交点，求飞轮所受外力的主矢量。

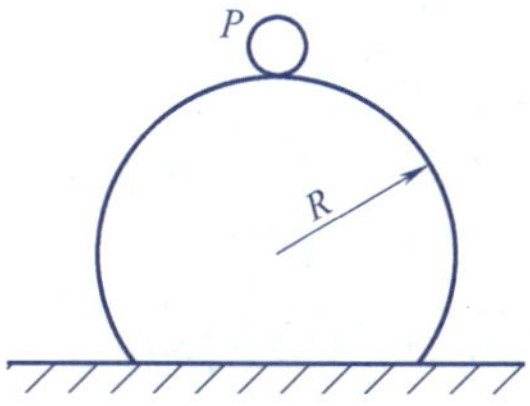

题　11-7 图

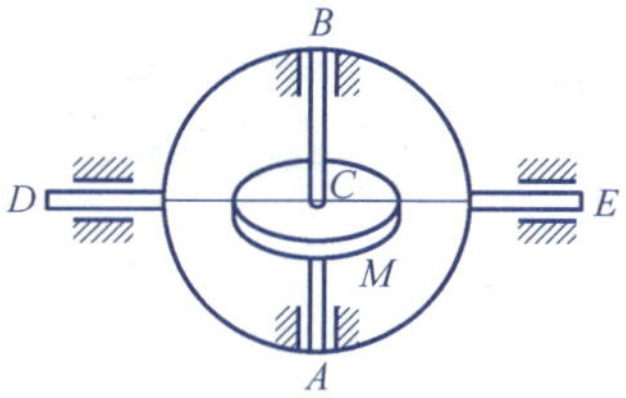

题　11-8 图

11-9　如题 11-9 图所示，均质滑轮 A 质量为 m，重物 M_1、M_2 质量分别为 m_1、m_2，斜面的倾角为 θ，不计摩擦。已知重物 M_2 的加速度为 $\boldsymbol{a}$，试求轴承 O 处的约束力。

11-10　均质曲柄 AB 长为 r，质量为 m_1，在力偶作用下以匀角速度 ω 转动，并带动滑槽连杆以及与其固结的活塞 D，如题 11-10 图所示，滑槽、连杆、活塞总质量为 m_2，质心位于 C 点。在活塞上作用一水平恒力 $\boldsymbol{F}$，不计摩擦及滑块 B 的质量，求作用在曲柄轴 A 处的最大水平约束力。

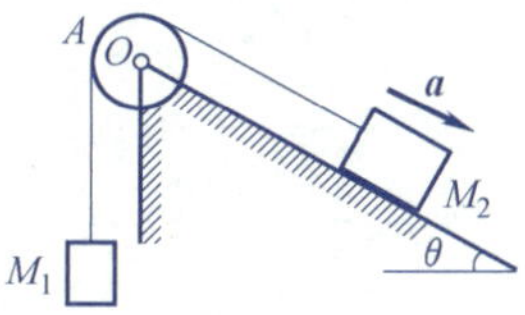

题　11-9 图

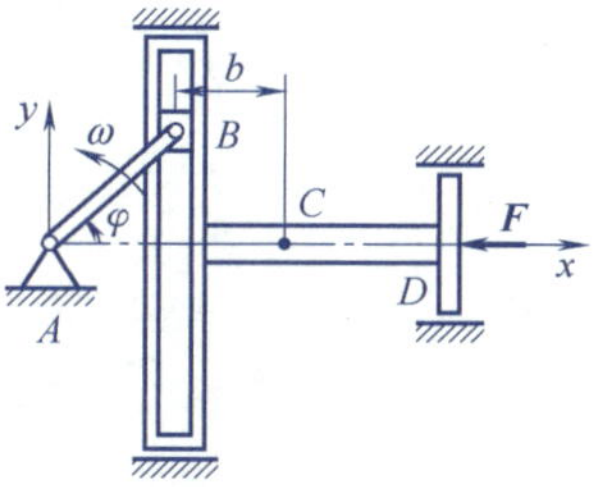

题　11-10 图

11-11　如题 11-11 图所示，灭火水龙头的横截面面积为 $16\mathrm{cm}^2$，水柱以 8m/s 从水龙头喷出，与水平面成 $\alpha=30°$ 角，求水柱对铅直墙壁的冲击力，不计重力对水柱的影响，假定水滴碰到墙壁后立即变为沿着墙壁。

11-12　如题 11-12 图所示，水以 $v=2\mathrm{m/s}$ 的速度沿着直径为 $d=300\mathrm{mm}$ 的水管流动，求作用在水管弯头处支座上的附加压力的水平分量 $\boldsymbol{F}_{\mathrm{N}}$ 的大小。

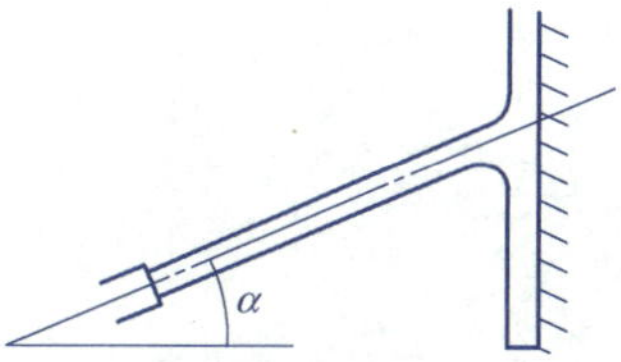

题　11-11 图

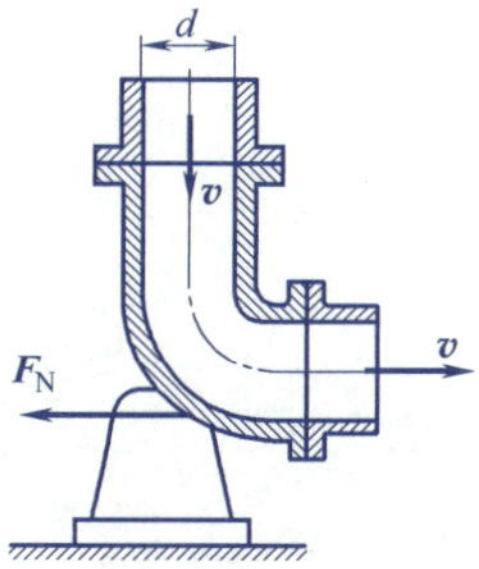

题　11-12 图

11-13　如题 11-13 图所示，质量为 m 的滑块 A，可以在水平光滑槽中运动，刚性系数为 k 的弹簧一端与滑块相连接，另一端固定。杆 AB 长度为 l，质量忽略不计，A 端与滑块 A 铰接，

B 端焊接质量为 m_1 的小球。设在力偶 M 作用下杆 AB 在铅直平面内绕点 A 旋转，转动角速度为常数。求滑块 A 的运动微分方程。

11-14　如题 11-14 图所示凸轮机构中，凸轮以等角速度 ω 绕定轴 O 转动。质量为 m_1 的滑杆 Ⅰ 借右端弹簧的推压而顶在凸轮上，当凸轮转动时，滑杆做往复运动。设凸轮为均质圆 盘，质量为 m_2，半径为 r，偏心距为 e，求在任一瞬时机座螺钉的总动约束力。

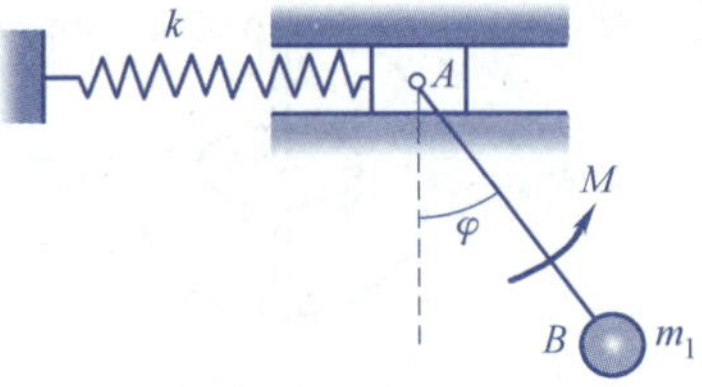

题　11-13 图

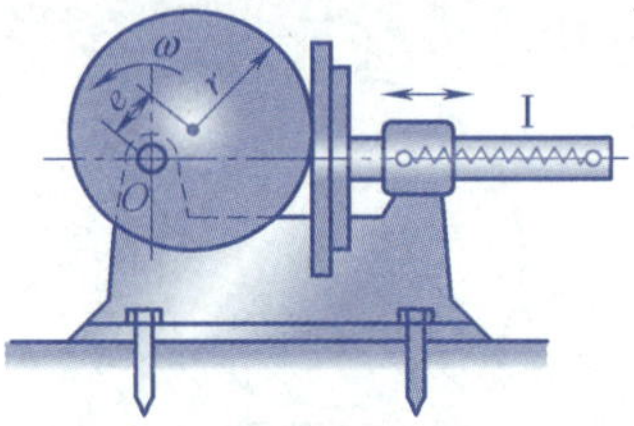

题　11-14 图

11-15　火箭以等加速度 $\boldsymbol{a}$ 水平飞行，已知燃料喷射的相对速度为常数 C，火箭的起始质量为 m_0，不计空气阻力，求火箭质量随时间的变化规律。

习题答案

第 12 章 动量矩定理

质点系运动时，每个质点都具有动量，形成动量系，质点系的动量和动量矩分别是动量系向一点简化的主矢和主矩，二者为反映质点系的机械运动强度的基本特征量。相应地，作用在质点系上的外力系向一点简化，简化结果为外力主矢和主矩。

质点系动量定理反映了质点系动量与其所受外力系主矢之间的关系，然而质点系的动量仅描述了质点系运动规律的一个侧面。例如：均质圆盘绕质心轴转动时，无论其转速多快，圆盘的动量恒为零，此刻质点系的运动如何体现，其与外力主矩之间存在怎样的关系？将由动量矩定理给出，动量矩定理建立了质点系对于某一定点或质心的动量矩与外力系主矩之间的关系。

本章首先介绍质点的动量矩定理，进一步推导质点系对固定点或固定轴的动量矩定理，并给出刚体定轴转动微分方程；然后将质点系对定点的动量矩定理推广到质心，推导刚体平面运动微分方程。

12.1 质点和质点系的动量矩

12.1.1 质点的动量矩

动量矩是瞬时量，是表征质点绕某定点（或定轴）运动强弱的一种度量，是质点运动的另一个基本特征量。

1. 质点对固定点的动量矩

设某瞬时质点的动量为 $m\boldsymbol{v}$，相对于固定点 O 的位置矢径为 $\boldsymbol{r}$，如图 12-1 所示。将**质点的动量对点 O 的矩定义为质点对点 O 的动量矩**，用 $\boldsymbol{L}_O$ 表示，即

$$\boldsymbol{L}_O=\boldsymbol{M}_O(m\boldsymbol{v})=\boldsymbol{r}\times m\boldsymbol{v} \tag{12-1}$$

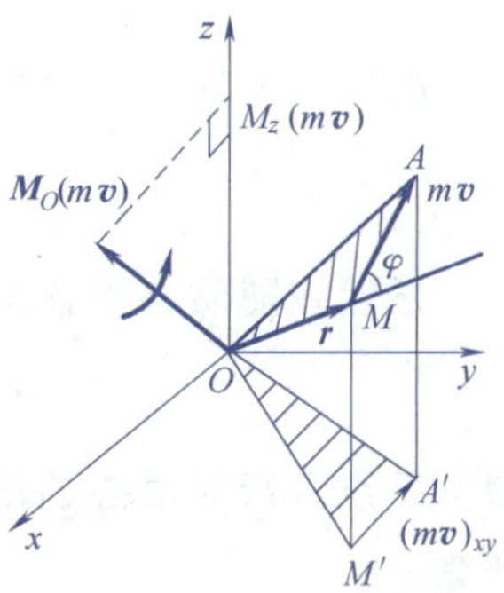

图 12-1

质点对于固定点的动量矩是**定位矢量**，作用点在所选的矩心 O 上，垂直于 $\boldsymbol{r}$ 与 $m\boldsymbol{v}$ 所决定的平面，方向由右手法则确定，大小等于△OMA 面积的两倍，即 $L_O=mvr\sin\varphi=2S_{\triangle OMA}$。

在国际单位制中，动量矩的单位是 kg · m^2/s

（千克·米^2/秒）。

2. 质点对固定轴的动量矩

质点动量 $m\boldsymbol{v}$ 在垂直于 z 轴的 xOy 平面内的投影 $(m\boldsymbol{v})_{xy}$，对该平面与 z 轴的交点 O 之矩，定义为质点对 z 轴的动量矩，用 L_z 表示，即 $L_z=M_z(m\boldsymbol{v})$。

质点对固定轴的动量矩是代数量，其正负号由右手法则来确定，与力对轴之矩的符号规定相同。由图 12-1 知，$L_z=\pm 2S_{\triangle OM'A'}$。

与力对点之矩与对轴之矩的关系相同，质点对固定点的动量矩在过该点之轴上的投影等于质点对该轴的动量矩，即 $L_z=[\boldsymbol{L}_O]_z$。

若已知质点对过固定点 O 的各直角坐标轴的动量矩分别为 L_x、L_y、L_z，则质点对固定点 O 的动量矩可表示为$\boldsymbol{L}_O=L_x\boldsymbol{i}+L_y\boldsymbol{j}+L_z\boldsymbol{k}$。

12.1.2 质点系的动量矩

如图 12-2 所示，由 n 个质点组成的质点系，总质量为 M，其中第 i 个质点的质量为 m_i，相对固定点 O 位置矢量为$\boldsymbol{r}_i$，某瞬时速度为 $\boldsymbol{v}_i$，各质点动量对固定点 O 之矩的矢量和，即动量系主矩，称为**质点系对固定点 O 的动量矩**。即

$$\boldsymbol{L}_O=\sum \boldsymbol{L}_{Oi}=\sum \boldsymbol{r}_i\times m_i\boldsymbol{v}_i \tag{12-2}$$

C 为质点系的质心，位置矢径为$\boldsymbol{r}_C$，速度为 $\boldsymbol{v}_C$，$Oxyz$ 为固定参考系，$Cx'y'z'$为随质心平移的参考系。质点系第 i 个质点相对于质心 C 的位置矢径为$\boldsymbol{r}'_i$，相对于动参考系 $Cx'y'z'$的速度为 $\boldsymbol{v}'_i$，则**质点系中各质点相对平动参考系 $Cx'y'z'$ 运动的动量对质心 C 之矩的矢量和称为质点系相对质心 C 的动量矩**，即

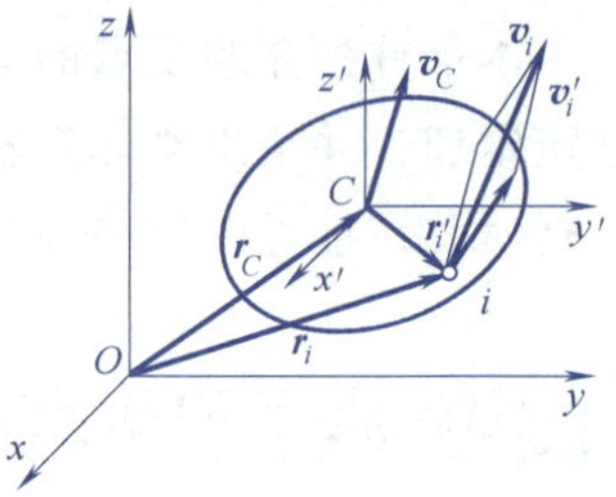

图 12-2

$$\boldsymbol{L}'_C=\sum \boldsymbol{r}'_i\times m_i\boldsymbol{v}'_i$$

质点系中各质点绝对运动动量对质心 C 之矩的矢量和为

$$\begin{aligned}\boldsymbol{L}_C&=\sum \boldsymbol{r}'_i\times m_i\boldsymbol{v}_i=\sum \boldsymbol{r}'_i\times m_i(\boldsymbol{v}'_i+\boldsymbol{v}_C)\\&=\sum \boldsymbol{r}'_i\times m_i\boldsymbol{v}'_i+\sum \boldsymbol{r}'_i\times m_i\boldsymbol{v}_C\end{aligned}$$

由质心坐标公式可得 $\sum m_i\boldsymbol{r}'_i=M\boldsymbol{r}'_C$，于是有

$$\boldsymbol{L}_C=\sum \boldsymbol{r}'_i\times m_i\boldsymbol{v}'_i+M\boldsymbol{r}'_C\times\boldsymbol{v}_C$$

显然在随质心平移的动参考系中 $r'_C=0$，因此可得

$$\boldsymbol{L}_C=\sum \boldsymbol{r}'_i\times m_i\boldsymbol{v}_i=\sum \boldsymbol{r}'_i\times m_i\boldsymbol{v}'_i=\boldsymbol{L}'_C$$

即：**质点系相对质心的动量矩，可以用质点的绝对速度计算，也可以用相对速度计算**。

将$\boldsymbol{r}_i=\boldsymbol{r}_C+\boldsymbol{r}'_i$代入式（12-2），则质点系对于固定点 O 的动量矩为

$$L_O=\sum r_i\times m_i v_i=\sum(r_C+r_i')\times m_i v_i=\sum r_C\times m_i v_i+\sum r_i'\times m_i v_i$$

其中，$\sum m_i v_i=Mv_C$，故质点系对固定点 O 的动量矩为

$$L_O=r_C\times Mv_C+L_C \tag{12-3}$$

即**质点系对任一固定点的动量矩等于集中于质心的质点系动量对固定点的动量矩与质点系相对于质心的动量矩的矢量和。**

以固定点 O 为原点建立直角坐标系，**质点系对任一固定轴 z 的动量矩等于质点系中各质点对该固定轴动量矩的代数和，亦等于各质点对固定点 O 之矩在 z 轴投影的代数和**。即

$$L_z=\sum L_{zi}=\sum[L_{Oi}]_z \tag{12-4}$$

思考与讨论：

（1）质点系相对质心的动量矩，可以用质点的绝对速度计算，也可以用相对速度计算，这个结论对质点系中其他质点是否成立，为什么？

（2）求质点系对固定点的动量矩是否可以分解为随任意质点平动的动量矩加绕任意点转动的动量矩，为什么？

下面分别讨论刚体平动、定轴转动及平面运动时动量矩的表达式。

1. 平动刚体的动量矩

设平动刚体质量为 M，质心 C 的速度为 v_C，位置矢径为 r_C，其中第 i 个质点的质量为 m_i，速度为 v_i，位置矢径为 r_i，如图 12-3 所示。由于刚体平动，故 $v_i=v_C$。由式（12-2），平动刚体对固定点 O 的动量矩为

$$L_O=\sum r_i\times m_i v_i=\left(\sum m_i r_i\right)\times v_C$$

代入质心坐标公式 $\sum m_i r_i=Mr_C$，故

$$L_O=r_C\times Mv_C \tag{12-5}$$

即：**平动刚体对任一固定点的动量矩等于视刚体为质量集中于质心的质点对该固定点的动量矩。**

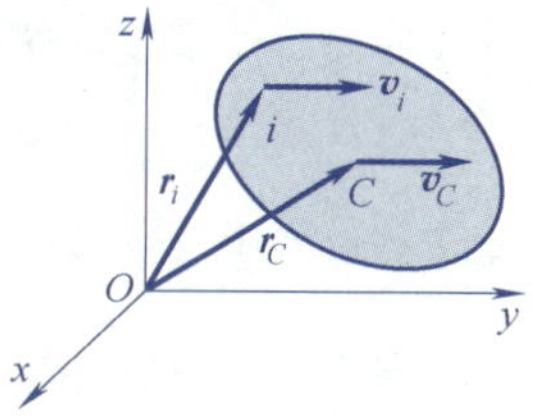

图　12-3

思考与讨论：

试由式（12-3）直接推导平动刚体对固定点 O 的动量矩计算公式（12-5）。

2. 定轴转动刚体对转轴的动量矩

设刚体绕固定轴 z 转动的角速度为 ω，刚体上任一质点质量为 m_i，到转轴的距离为 r_i，则其速度大小为 $v_i=r_i\omega$，如图 12-4 所示。由式（12-4）可计算定轴转动刚体对转轴 z 的动量矩为

$$L_z=\sum L_{zi}=\sum m_i v_i r_i=\left(\sum m_i r_i^2\right)\omega$$

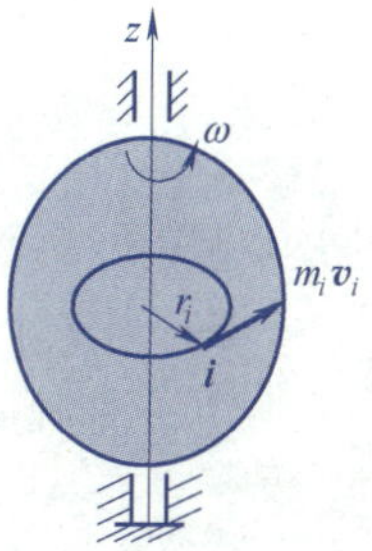

图　12-4

令 $J_z=\sum m_i r_i^2$，J_z **称为刚体对固定轴 z 的转动惯量**，于是

$$L_z=J_z\omega \tag{12-6}$$

即：**定轴转动刚体对转轴的动量矩等于刚体对转轴转动惯量与刚体角速度的乘积**。转向与角速度相同。

3. 平面运动刚体对任一固定点的动量矩

刚体做平面运动，可以将其简化为平面图形在 xOy 平面的运动。设刚体质量为 M，质心的速度为 $\boldsymbol{v}_C$，位置矢径为 $\boldsymbol{r}_C$，刚体转动的角速度为 ω，如图 12-5 所示。将刚体的平面运动分解成随质心的平动和绕质心的转动，在随质心平移的参考系 $Cx'y'$ 中，只能看到刚体绕过质心的 z' 轴做定轴转动，故刚体相对质心的动量矩为

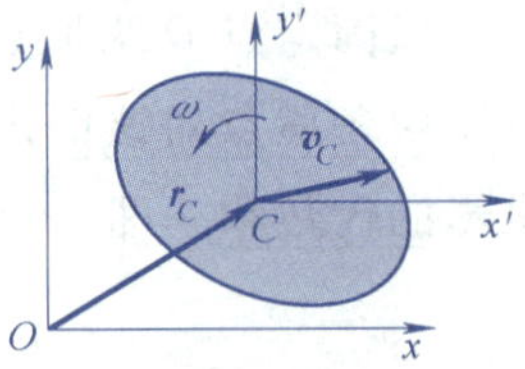

图 12-5

$$\boldsymbol{L}_C=\boldsymbol{L}'_C=J_C\boldsymbol{\omega} \tag{12-7}$$

方向与 $\boldsymbol{\omega}$ 的矢量方向相同，垂直于纸面向外。

将式（12-7）代入式（12-3）求平面运动刚体对平面内固定点的动量矩，平面运动刚体随质心的平动和绕质心的转动都发生在同一平面内，其对平面内固定点的动量矩均可视为代数量，规定逆时针为正，顺时针为负。则平面运动刚体对平面内任一固定点的动量矩为

$$L_O=L_O(M\boldsymbol{v}_C)+J_C\omega \tag{12-8}$$

例题动画

例 12-1 如图 12-6 所示，均质圆盘可绕轴 O 转动，其上缠有一绳，绳下端吊一重物 A。若圆盘对转轴 O 的转动惯量为 J，半径为 r，角速度为 ω，重物 A 的质量为 m，并设绳与圆盘间无相对滑动，求系统对轴 O 的动量矩。

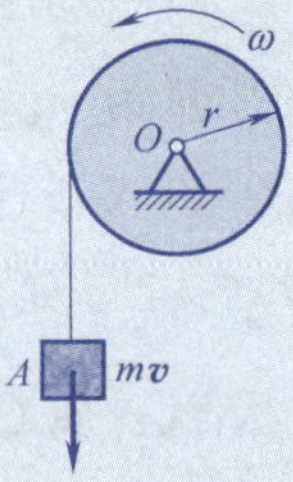

图 12-6

解：$L_O=L_{O块}+L_{O盘}=mvr+J\omega=mr^2\omega+J\omega=(mr^2+J)\omega$

逆时针转向。

求解程序

例 12-2 两均质杆 OA 和 AB 质量均为 m，杆长均为 l，铰接于点 A，如图 12-7 所示，当两杆位于铅垂位置时，杆 OA 绕定轴 O 以角速度 ω 逆时针转动，杆 AB 相对于杆 OA 亦以角速度 $\omega_r=\omega$ 逆时针转动，设均质杆过杆端垂直于杆平面轴的转动惯量为 $J_O=\dfrac{1}{3}ml^2$，对过杆质心垂直于杆平面的转动惯量为 $J_C=\dfrac{1}{12}ml^2$，求图示系统对固定点 O 的动量矩。

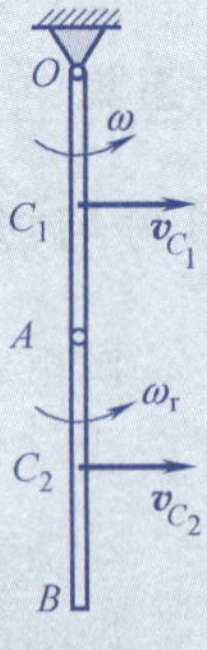

图 12-7

例题动画

解：杆 OA 做定轴转动，AB 做平面运动。

AB 角速度 $\omega_{AB}=2\omega$，质心速度 $v_{C_2}=2l\omega$，于是有

$$L_O=L_{O(OA)}+L_{O(AB)}=J_{O(OA)}\omega+mv_{C_2}\cdot\frac{3}{2}l+J_{C_2(AB)}\cdot 2\omega$$

求解程序

所以，$L_O=\frac{1}{3}ml^2\omega+m\cdot 2l\omega\,\frac{3}{2}l+\frac{1}{12}ml^2\cdot 2\omega=\frac{7}{2}ml^2\omega$

逆时针转向。

12.2 动量矩定理

12.2.1 质点的动量矩定理

如图 12-8 所示，质量为 m 的质点，某瞬时速度为 $\boldsymbol{v}$，受到的合力为 $\boldsymbol{F}$，对固定点 O 的位矢为 $\boldsymbol{r}$，则质点对固定点 O 的动量矩 $\boldsymbol{L}_O(m\boldsymbol{v})=\boldsymbol{r}\times m\boldsymbol{v}$，合力 $\boldsymbol{F}$ 对固定点 O 的力矩 $\boldsymbol{M}_O(\boldsymbol{F})=\boldsymbol{r}\times\boldsymbol{F}$。

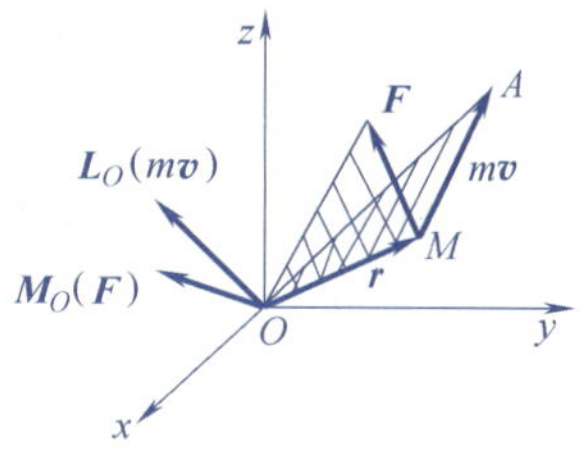

图　12-8

根据质点动力学基本方程 $m\boldsymbol{a}=\boldsymbol{F}$，若质点质量为常量，则可改写为 $\frac{\mathrm{d}}{\mathrm{d}t}(m\boldsymbol{v})=\boldsymbol{F}$，对其两边用 $\boldsymbol{r}$ 叉乘，则

$$\boldsymbol{r}\times\frac{\mathrm{d}}{\mathrm{d}t}(m\boldsymbol{v})=\boldsymbol{r}\times\boldsymbol{F} \tag{12-9}$$

由于

$$\frac{\mathrm{d}}{\mathrm{d}t}(\boldsymbol{r}\times m\boldsymbol{v})=\frac{\mathrm{d}\boldsymbol{r}}{\mathrm{d}t}\times m\boldsymbol{v}+\boldsymbol{r}\times m\frac{\mathrm{d}\boldsymbol{v}}{\mathrm{d}t}=\boldsymbol{v}\times m\boldsymbol{v}+\boldsymbol{r}\times\frac{\mathrm{d}}{\mathrm{d}t}(m\boldsymbol{v})$$

注意到其中 $\boldsymbol{v}\times m\boldsymbol{v}=\boldsymbol{0}$，故 $\frac{\mathrm{d}}{\mathrm{d}t}(\boldsymbol{r}\times m\boldsymbol{v})=\boldsymbol{r}\times\frac{\mathrm{d}}{\mathrm{d}t}(m\boldsymbol{v})$，将其代入式（12-9），可得

$$\frac{\mathrm{d}}{\mathrm{d}t}(\boldsymbol{r}\times m\boldsymbol{v})=\boldsymbol{r}\times\boldsymbol{F}$$

即

$$\frac{\mathrm{d}\boldsymbol{L}_O}{\mathrm{d}t}=\boldsymbol{M}_O(\boldsymbol{F}) \tag{12-10}$$

式（12-10）表明，**质点对某固定点的动量矩对时间的一阶导数，等于作用在质点上的合力对同一点之矩，**这就是**质点的动量矩定理**。

将式（12-10）投影到直角坐标轴上，注意空间矢量对点之矩与对轴之矩的关系，可得

$$\left.\begin{aligned}\frac{\mathrm{d}L_x}{\mathrm{d}t}&=\sum M_x(\boldsymbol{F})\\ \frac{\mathrm{d}L_y}{\mathrm{d}t}&=\sum M_y(\boldsymbol{F})\\ \frac{\mathrm{d}L_z}{\mathrm{d}t}&=\sum M_z(\boldsymbol{F})\end{aligned}\right\} \tag{12-11}$$

即**质点对固定轴的动量矩对时间的一阶导数，等于作用在质点上的合力对同一轴之矩。**这就是**质点对固定轴的动量矩定理。**

12.2.2 质点系的动量矩定理

由 n 个质点组成的质点系，总质量为 M，其中第 i 个质点的质量为 m_i，对固定点 O 的位置矢径为$\boldsymbol{r}_i$，某瞬时该质点受到的内力合力为$\boldsymbol{F}_i^{(\mathrm{i})}$，外力合力为$\boldsymbol{F}_i^{(\mathrm{e})}$，由质点的动量矩定理得

$$\frac{\mathrm{d}}{\mathrm{d}t}\boldsymbol{L}_{Oi}=\boldsymbol{M}_O(\boldsymbol{F}_i^{(\mathrm{i})})+\boldsymbol{M}_O(\boldsymbol{F}_i^{(\mathrm{e})})$$

对质点系中所有质点写出上式，对这样的 n 个方程求和，交换左边求和求导顺序，可得

$$\frac{\mathrm{d}}{\mathrm{d}t}\sum\boldsymbol{L}_{Oi}=\sum\boldsymbol{M}_O(\boldsymbol{F}_i^{(\mathrm{i})})+\sum\boldsymbol{M}_O(\boldsymbol{F}_i^{(\mathrm{e})})$$

根据质点系内力的性质 $\sum\boldsymbol{M}_O(\boldsymbol{F}_i^{(\mathrm{i})})=\boldsymbol{0}$，又$\frac{\mathrm{d}}{\mathrm{d}t}\sum\boldsymbol{L}_{Oi}=\frac{\mathrm{d}}{\mathrm{d}t}\boldsymbol{L}_O$，可得

$$\frac{\mathrm{d}\boldsymbol{L}_O}{\mathrm{d}t}=\sum\boldsymbol{M}_O(\boldsymbol{F}_i^{(\mathrm{e})}) \tag{12-12}$$

式（12-12）表明，**质点系对某固定点的动量矩对时间的导数，等于作用于质点系的外力对同一点取矩的矢量和**，这就是**质点系的动量矩定理**。可见，质点系动量矩的改变与质点系所受的内力无关，只有外力才能改变质点系的动量矩，内力系不能改变质点系的动量矩，但可以改变质点系中部分质点的动量矩。

应用时常使用投影式，将式（12-12）投影到直角坐标轴上，注意空间矢量对点之矩与对轴之矩的关系，则

$$\left.\begin{aligned}\frac{\mathrm{d}L_x}{\mathrm{d}t}&=\sum M_x(\boldsymbol{F}_i^{(\mathrm{e})})\\ \frac{\mathrm{d}L_y}{\mathrm{d}t}&=\sum M_y(\boldsymbol{F}_i^{(\mathrm{e})})\\ \frac{\mathrm{d}L_z}{\mathrm{d}t}&=\sum M_z(\boldsymbol{F}_i^{(\mathrm{e})})\end{aligned}\right\} \tag{12-13}$$

即**质点系对固定轴的动量矩对时间的导数，等于作用于质点系上的外力对同一轴之矩的代数和**。这就是**质点系对固定轴的动量矩定理**。

注意：上述动量矩定理的表达式只适用于对固定点或固定轴。对于一般的动点或动轴，其动量矩定理具有较复杂的表达式。

例题动画

求解程序

例 12-3 重 G、半径为 r 的均质圆轮 B，设圆轮对转轴 B 的转动惯量为 J_B，且 $J_B=\frac{1}{2}\frac{G}{g}r^2$，在圆轮上作用一矩为 M 的力偶，借助于细绳提升重为 P 的重物 C，如图 12-9a 所示。初始静止，求重物 C 上升高度为 h 时的加速度 $\boldsymbol{a}$。

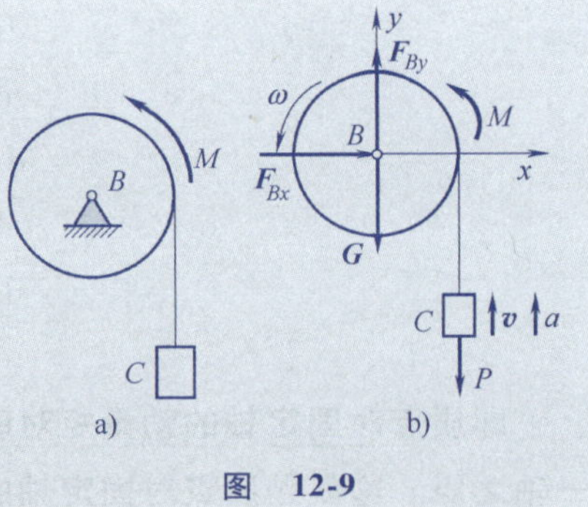

图 12-9

解： 以轮和重物整体为研究对象，假设物块 C 上升高度为 h 时的速度为 v，加速度为 $\boldsymbol{a}$，受力如图 12-9b 所示。

系统对 B 的动量矩为

$$L_B=\frac{P}{g}vr+J_B\omega=\frac{P}{g}vr+\frac{1}{2}\frac{G}{g}r^2\frac{v}{r}=\frac{2P+G}{2g}vr$$

外力对 B 的力矩为

$\sum M_B(\boldsymbol{F}_i^{(e)})=M-Pr$ 代入质点系的动量矩定理，有

$$\frac{\mathrm{d}\left(\frac{2P+G}{2g}vr\right)}{\mathrm{d}t}=M-Pr$$

解得

$$\frac{2P+G}{2g}ar=M-Pr$$

所以

$$a=\frac{2(M-Pr)}{(2P+G)r}g$$

若求固定铰支座 B 的约束反力，可根据动量定理进一步求解。

思考与讨论：

如图 12-10 所示，三个鼓轮的质量、形状完全相同，对轮心的转动惯量皆为 J，绳子绕在半径为 r 的小轮子，试将各图中鼓轮的角加速度由大到小排列。($g=9.81\mathrm{m/s^2}$)

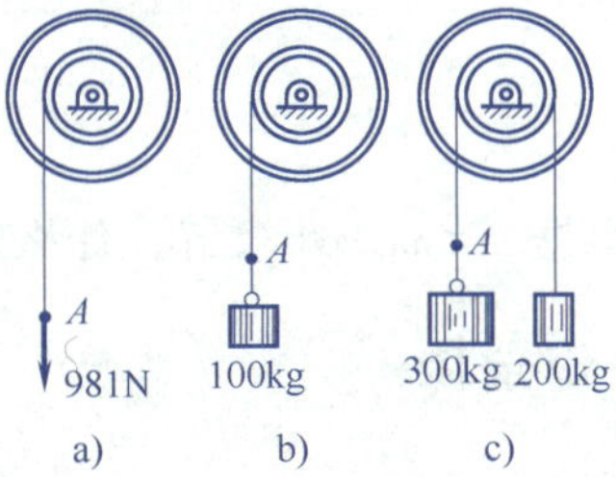

图　12-10

例 12-4　质量为 m、长度为 l 的均质杆 OA，如图 12-11a 所示，设杆对转轴 O 的转动惯量为 $J_O=\frac{1}{3}ml^2$。求由水平位置静止开始转动，转过 θ 角时杆 OA 的角速度 ω、角加速度 α。

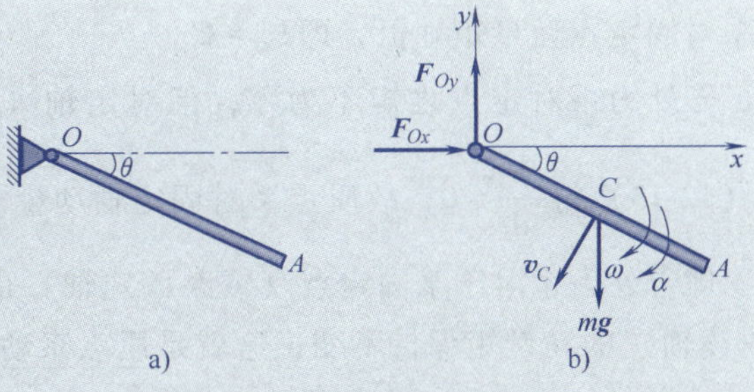

图　12-11

解： 研究杆 OA，设转过 θ 角时杆 OA 的角速度为 ω、角加速度为 α，受力如图 12-11b 所示。

例题动画

求解程序

杆 OA 对转轴 O 的动量矩 $L_O=J_O\omega=\dfrac{1}{3}ml^2\omega$

外力对转轴 O 的力矩 $\sum M_O(\boldsymbol{F}_i^{(e)})=mg\dfrac{1}{2}\cos\theta$

代入质点系的动量矩定理，有

$$\frac{\mathrm{d}\left(\frac{1}{3}ml^2\omega\right)}{\mathrm{d}t}=mg\frac{l}{2}\cos\theta$$

即

$$\frac{1}{3}ml^2\alpha=mg\frac{l}{2}\cos\theta$$

解得

$$\alpha=\frac{3g\cos\theta}{2l}$$

应用积分变换，得 $\alpha=\dfrac{\mathrm{d}\omega}{\mathrm{d}t}=\dfrac{\mathrm{d}\omega}{\mathrm{d}t}\dfrac{\mathrm{d}\theta}{\mathrm{d}\theta}=\omega\dfrac{\mathrm{d}\omega}{\mathrm{d}\theta}=\dfrac{3g\cos\theta}{2l}$

由分离变量法得

$$\omega\mathrm{d}\omega=\frac{3g\cos\theta}{2l}\mathrm{d}\theta$$

两边分别积分，得 $\displaystyle\int_0^\omega\omega\mathrm{d}\omega=\int_0^\theta\frac{3g\cos\theta}{2l}\mathrm{d}\theta$

求得

$$\omega=\sqrt{\frac{3g\sin\theta}{l}}$$

若求固定铰支座 O 的约束反力，可根据动量定理进一步求解。

思考与讨论：

求杆的角速度是否可以根据 $\omega=\omega_0+\alpha t$ 求解，什么情况下可以？为什么？

12.2.3 质点系动量矩守恒定律

与动量守恒定律类似，质点系的内力不能改变质点系的动量矩。

若外力系对定点 O 的主矩 $\sum \boldsymbol{M}_O(\boldsymbol{F}_i^{(e)})=\boldsymbol{0}$，由式(12-12)可得$\dfrac{\mathrm{d}\boldsymbol{L}_O}{\mathrm{d}t}=\boldsymbol{0}$，故质点系对固定点动量矩守恒，即$\boldsymbol{L}_O=\boldsymbol{C}$。

若外力系对定点之矩不为零，但对定轴（如 x）之矩 $\sum M_x(\boldsymbol{F}_i^{(e)})=0$，由式（12-13）得$\dfrac{\mathrm{d}L_x}{\mathrm{d}t}=0$，故质点系对固定轴动量矩守恒，即$L_x=C$。

即若外力系对于某固定点（或某固定轴）的主矩等于零时，质点系对于该点（或该轴）的动量矩保持不变，这就是**质点系动量矩守恒定律**。

例 12-5 一绳跨过定滑轮，两端吊着质量均为 m 的甲、乙两人，甲吊在绳上不动，乙以相对细绳的速度 $\boldsymbol{u}$ 向上爬。如图 12-12a 所示，若滑轮半径为 r，质量不计，且初始时系统静止，求甲、乙两人的速度。

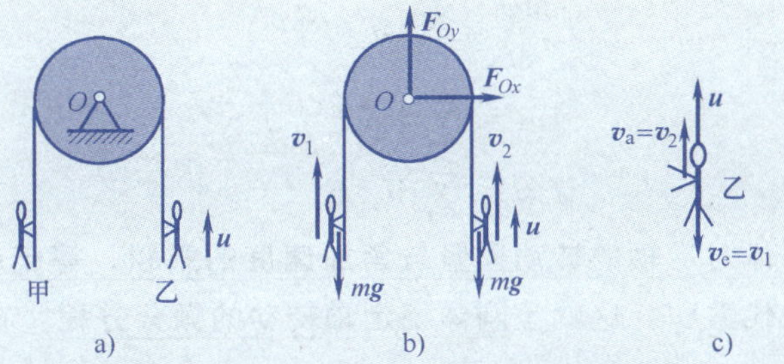

图　12-12

解： 以系统为研究对象，受力如图 12-12b 所示。

$\sum M_O(F_i^{(e)}) = 0$ 且初始静止，所以 $L_O=0$。

设乙开始向上爬时，甲上升的速度为 v_1，乙上升的速度为 v_2，则

$$L_O = mv_1r - mv_2r = 0$$

解得 $v_1=v_2$，即乙开始向上爬时，甲、乙两人的绝对速度一直相等，并且上升高度相同。

接着求解甲、乙两人的绝对速度的大小。

以乙为动点，绳子为动系，由于甲吊在绳子上不动，绳子的速度大小即甲的速度大小，如图 12-12c 所示，根据点的速度合成定理可得

$$v_2 = u - v_1$$

解得：

$$v_1 = v_2 = \frac{u}{2}$$

例题动画

求解程序

思考与讨论：

（1）如果考虑定滑轮质量，是否还可以得到甲、乙两人上升速度相同的结论？为什么？

（2）是否可以将甲、乙两人看作质点，应用牛顿第二定律求得甲、乙两人速度相同的结论？

（3）甲、乙两人上升高度始终相同，那么是否可以甄别哪位是自己努力爬上去的？依据是什么？

课程加油站

12.3　刚体定轴转动微分方程

设刚体在外力 $F_1^{(e)}$、$F_2^{(e)}$、…、$F_n^{(e)}$ 作用下绕固定轴 z 转动，其角速度为 ω，对 z 轴的转动惯量为 J_z，则定轴转动刚体对轴 z 的动量矩 $L_z=J_z\omega$。

根据质点系对固定轴的动量矩定理，有

$$\frac{\mathrm{d}L_z}{\mathrm{d}t} = \frac{\mathrm{d}}{\mathrm{d}t}(J_z\omega) = \sum M_z(F_i^{(e)})$$

由于刚体对定轴的转动惯量 J_z 为常数，可得

$$J_z \frac{\mathrm{d}\omega}{\mathrm{d}t} = \sum M_z(\boldsymbol{F}_i^{(e)}) \tag{12-14a}$$

或
$$J_z \alpha = \sum M_z(\boldsymbol{F}_i^{(e)}) \tag{12-14b}$$

或
$$J_z \ddot{\varphi} = \sum M_z(\boldsymbol{F}_i^{(e)}) \tag{12-14c}$$

上式表明：**刚体对定轴的转动惯量与角加速度的乘积，等于作用于刚体上的外力对该轴之矩的代数和，**这就是**刚体绕定轴转动的微分方程**。

例题动画

求解程序

例 12-6 如图 12-13 所示，已知滑轮半径为 R，转动惯量为 J，带动滑轮的带拉力为 $\boldsymbol{F}_1$ 和 $\boldsymbol{F}_2$。求滑轮的角加速度 α。

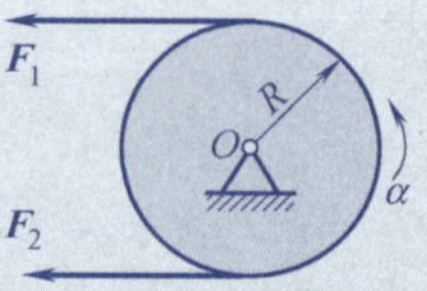

图 12-13

解：由刚体定轴转动微分方程可得

$$J\alpha = F_1 R - F_2 R$$

解得
$$\alpha = \frac{F_1 R - F_2 R}{J}$$

思考与讨论：

（1）跨过定滑轮的带拉力一定是相等的吗？当定滑轮处于什么运动状态时轮两侧带拉力相等？

（2）若定滑轮做非匀速转动，在什么假设条件下可以认为跨过定滑轮的带拉力是相等的？

例题动画

求解程序

例 12-7 图 12-14 所示物理摆的质量为 m，C 为其质心，若摆对转轴的转动惯量为 J_O。求微小摆动的周期。

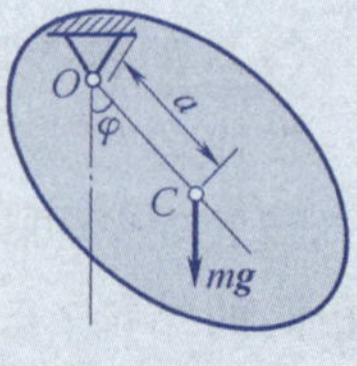

图 12-14

解：设 φ 角以逆时针方向为正，由刚体定轴转动的微分方程，有

$$J_O \ddot{\varphi} = -mga\sin\varphi$$

当微小摆动时 $\sin\varphi \approx \varphi$，上式可写为 $\ddot{\varphi} + \dfrac{mga}{J_O}\varphi = 0$

方程通解为 $\varphi = \varphi_0 \sin\left(\sqrt{\dfrac{mga}{J_O}}t + \alpha\right)$，其中

摆动圆频率
$$\omega_n = \sqrt{\frac{mga}{J_O}}$$

摆动周期
$$T = 2\pi\sqrt{\frac{J_O}{mga}}$$

φ_0 为角振幅，α 为初相位，它们均由初始条件确定。

工程中，对于几何形状复杂或非均质的物体，常用实验方法测定其转动惯量。常见的有摆动、单轴扭振及三线悬挂扭振等，通过测定摆动或扭振周期，根据周期与转动惯量之间的关系计算转动惯量。

思考与讨论：

（1）根据例 12-7 的结论，设计用物理摆测量不规则物体对固定轴转动惯量的实验方案。

（2）试述三线摆测量复杂形状物体转动惯量的力学原理及实验方案，以及其与物理摆相比的优势。

例 12-8 如图 12-15a 所示，啮合齿轮各绕定轴 O_1、O_2 转动，其半径分别为 r_1、r_2，质量分别为 m_1、m_2，转动惯量分别为 J_1、J_2，今在轮 O_1 上作用一矩为 M 的力偶，求其角加速度。

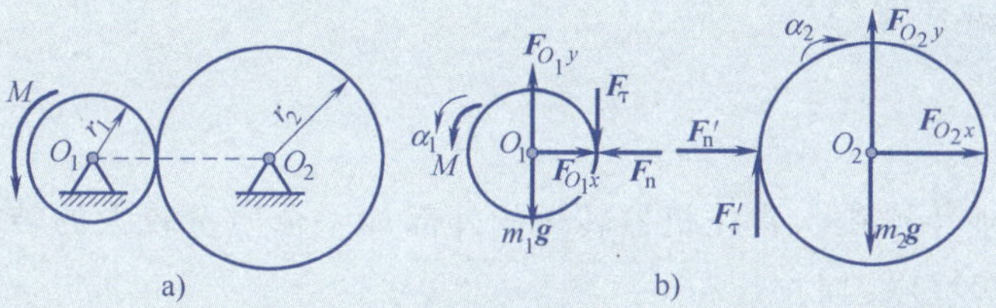

图 12-15

例题动画

求解程序

解： 分别以两轮为研究对象，受力如图 12-15b 所示，由刚体定轴转动的微分方程，有

$$J_1\alpha_1 = M - F_\tau r_1$$

$$J_2\alpha_2 = F'_\tau r_2$$

由运动学关系

$$\alpha_1 r_1 = \alpha_2 r_2$$

解得

$$\alpha_1 = \frac{Mr_2^2}{J_1 r_2^2 + J_2 r_1^2}, \quad \alpha_2 = \frac{Mr_1 r_2}{J_1 r_2^2 + J_2 r_1^2}$$

思考与讨论：

（1）例 12-8 是否可以选取整体为研究对象，对 O_1 或 O_2 列固定轴动量矩定理求解？会遇到什么困难？与分开求解相比，哪种方法更方便？

（2）当没有外力偶 M 作用时，是否可以认为系统整体动量矩守恒？

12.4 刚体对轴的转动惯量

12.4.1 转动惯量的概念

将定轴转动微分方程 $J_z\alpha = \sum M_z(\boldsymbol{F}_i^{(e)})$ 与质心运动定理 $M\boldsymbol{a}_C = \sum \boldsymbol{F}_i^{(e)}$ 对照比较，质量 M 是反映刚体平行移动惯性的物理量，刚体对轴的转动惯量 J_z 则是对刚体转动惯性的度量。

刚体对任意轴 z 的转动惯量定义为**刚体上所有各质点的质量与该质点到转轴 z 的垂直距离平方乘积的算数和**。即

$$J_z = \sum m_i r_i^2 \tag{12-15a}$$

对于质量连续分布的刚体，式（12-15a）可写为积分形式

$$J_z = \int r^2 \mathrm{d}m \tag{12-15b}$$

由定义可知，转动惯量的大小不仅与刚体质量有关，而且与质量相对于轴的分布情况有关。同一刚体，质量分布距转轴越远则转动惯量越大。谈及刚体的转动惯量时，必须指明是对哪一轴的转动惯量。在国际单位制中，转动惯量的单位是 $\mathrm{kg \cdot m^2}$（千克·米^2）。

思考与讨论：

（1）在工业生产中，常在机器转轮的外部加一个质量较大的转轮，以使机器转速稳定，试解释原因。

（2）空中走钢丝的演员在表演节目时会将手臂水平伸直或横握一根细长的直杆，这是为什么呢？

对于几何形状规则的均质刚体，其转动惯量可按式（12-15b）计算；对于几何形状不规则，但可以划分成若干规则几何形状的组合刚体，转动惯量可用组合法计算。

12.4.2 简单几何形状均质物体的转动惯量

1. 均质细杆对垂直于杆过质心轴的转动惯量

设杆的质量为 m，长为 l（见图 12-16），根据式（12-15b），杆对垂直于杆过质心的轴 z 的转动惯量为

$$J_z = \int x^2 \mathrm{d}m = \int_{-\frac{l}{2}}^{\frac{l}{2}} x^2 \frac{m}{l} \mathrm{d}x = \frac{1}{12} m l^2$$

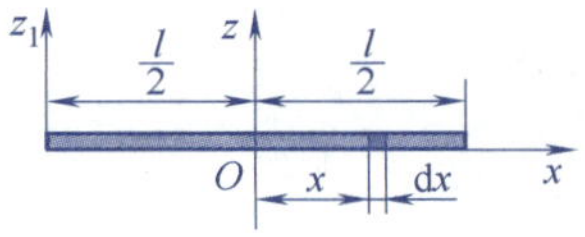

图 12-16

2. 细圆环对垂直于环平面过质心轴的转动惯量

设细圆环的质量为 m，半径为 r（见图 12-17），根据式（12-15a），杆对垂直于环平面过质心的轴 z 的转动惯量为

$$J_z = \sum m_i r_i^2 = (\sum m_i) r^2 = m r^2$$

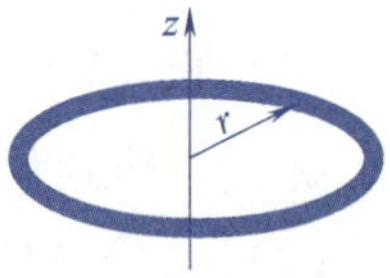

图 12-17

3. 薄圆板对垂直于板平面过质心轴的转动惯量

设薄圆板质量为 m，半径为 R（见图 12-18），根据式（12-15b），杆对垂直于板平面过质心的轴 z 的转动惯量为

$$J_z = \int r^2 \mathrm{d}m = \int_0^R r^2 \frac{m}{\pi R^2} 2\pi r \mathrm{d}r = \frac{1}{2} m R^2$$

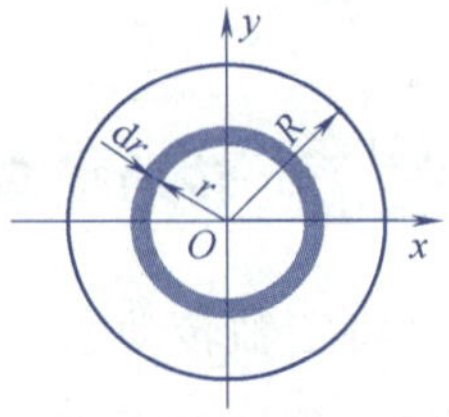

图 12-18

4. 薄平板对三正交坐标轴转动惯量之间的关系

如图 12-19 所示，在薄平板所在平面内取 x、y 轴，z 轴

与板垂直。任取微小面元 ΔS_i，其质量为 m_i，根据式（12-15a），薄平板对 x、y、z 轴的转动惯量分别为

$$J_x = \sum m_i y_i^2 ; J_y = \sum m_i x_i^2$$

$$J_z = \sum m_i r_i^2 = \sum m_i (x_i^2 + y_i^2) = J_x + J_y$$

于是得到薄平板对三正交坐标轴的转动惯量之间的关系式，即

$$J_z = J_x + J_y \tag{12-16}$$

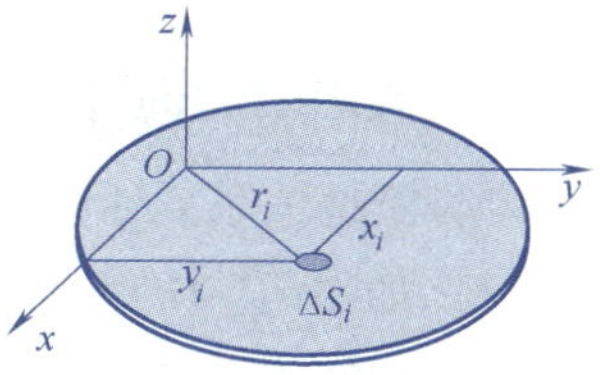

图　12-19

思考与讨论：

通过薄平板对三正交坐标轴的转动惯量之间的关系，求图 12-18 中薄圆板对过质心轴 x、y 的转动惯量。

12.4.3　转动惯量的平行轴定理

刚体对于任一轴的转动惯量，等于刚体对于通过质心并与该轴平行的轴的转动惯量，加上刚体的质量与两轴间距离平方的乘积，这就是转动惯量的平行轴定理。如图 12-20a 所示，即

$$J_z = J_{z_C} + md^2 \tag{12-17}$$

由定理可知，**刚体对于所有平行轴的转动惯量，以过质心轴的转动惯量为最小。**

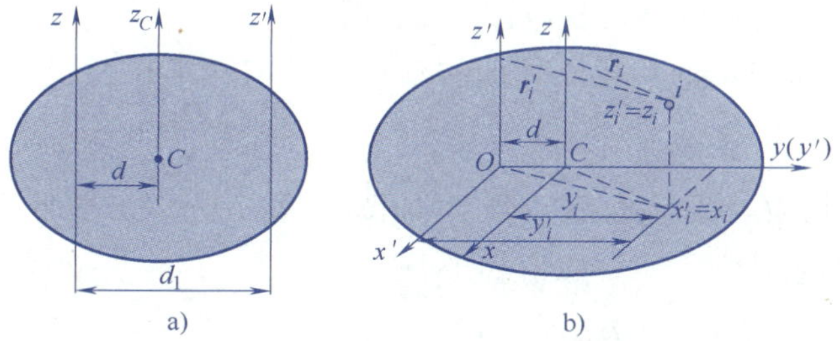

图　12-20

证明：在刚体质心 C 和点 O 分别建立直角坐标系 $Cxyz$ 和 $Ox'y'z'$，其中 y 与 y' 轴重合，x 与 x' 轴平行，z 与 z' 轴平行，且间距为 d，如图 12-20b 所示。设刚体总质量为 m，其上任一质点 i，质量为 m_i，在 $Cxyz$ 和 $Ox'y'z'$ 中的坐标分别为 (x_i, y_i, z_i)、(x_i', y_i', z_i')，则

$$J_{z_C} = J_z = \sum m_i r_i^2 = \sum m_i (x_i^2 + y_i^2)$$

$$J_{z'} = \sum m_i r_i'^2 = \sum m_i (x_i'^2 + y_i'^2)$$

由坐标关系知，$x_i' = x_i$，$y_i' = y_i + d$，代入上式，可得

$$J_{z'} = \sum m_i [x_i^2 + (y_i + d)^2] = \sum m_i (x_i^2 + y_i^2) + 2d \sum m_i y_i + d^2 \sum m_i$$

其中，$\sum m_i (x_i^2 + y_i^2) = J_{zC}$，$\sum m_i y_i = m y_C = 0$，$\sum m_i = m$

所以 $J_{z'}=J_{z_C}+md^2$，得证。

思考与讨论：

（1）在图 12-20a 中另有与轴 z 平行的轴 z'，两轴之间的距离为 d_1，刚体对两轴的转动惯量关系是否可以写为 $J_{z'}=J_z+md_1^2$？

（2）如图 12-21 所示，等截面等长度的铝质直杆与铜质直杆焊接在一起，对 z_1、z_2 及 z_3 轴的转动惯量分别为 J_{z1}、J_{z2} 及 J_{z3}，试将其由大到小排列。

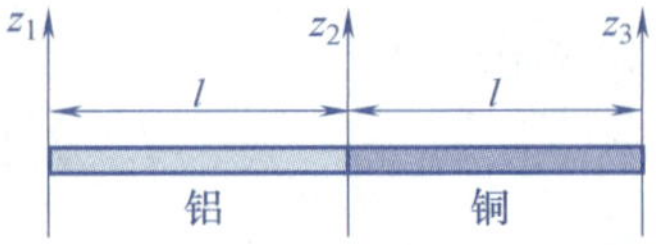

图 12-21

12.4.4 用回转半径表示转动惯量

质量为 m 的刚体对轴 z 的转动惯量为 J_z，令

$$\rho_z=\sqrt{\frac{J_z}{m}} \quad 或 \quad J_z=m\rho_z^2 \tag{12-18}$$

式中，ρ_z 称为刚体对 z 轴的**回转半径，刚体的转动惯量等于该物体的质量与其回转半径平方的乘积。**

回转半径的几何意义是，假设将刚体的质量集中到一点，并保持刚体对轴的转动惯量不变，则该点到轴的距离就等于回转半径的长度。

均质刚体回转半径仅与刚体的形状有关，而与刚体的质量无关。即几何形状相同，材质不同的均质刚体，其回转半径相同。

现将几种形状简单的均质刚体的转动惯量及回转半径列于表 12-1 中，以便查阅。

例题动画

求解程序

例 12-9 均质等截面直角折杆尺寸如图 12-22 所示，其质量为 $3m$，求其对轴 O 的转动惯量。

解： $J_{O(OA)}=\frac{1}{12}ml^2+m\left(\frac{l}{2}\right)^2=\frac{1}{3}ml^2$

$$J_{O(AB)}=\frac{1}{12}2m(2l)^2+2m(\sqrt{2}l)^2=\frac{14}{3}ml^2$$

$$J_{O(OAB)}=J_{O(OA)}+J_{O(AB)}=\frac{1}{3}ml^2+\frac{14}{3}ml^2=5ml^2$$

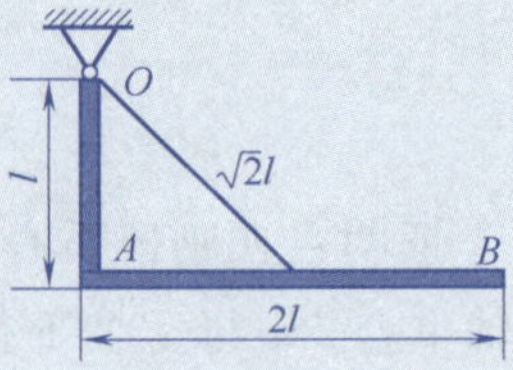

图 12-22

例 12-10 均质圆盘质量为 $2m$，半径为 r。细杆 OA 质量为 m，长为 $l=3r$，绕轴 O 转动的角速度为 ω，如图 12-23 所示。求下列三种情况下系统对轴 O 的动量矩。（1）圆盘与杆固结；（2）圆盘绕轴 A 相对杆 OA 以角速度 ω 逆时针方向转动；（3）圆盘绕轴 A 相对杆 OA 以角速度 ω 顺时针方向转动。

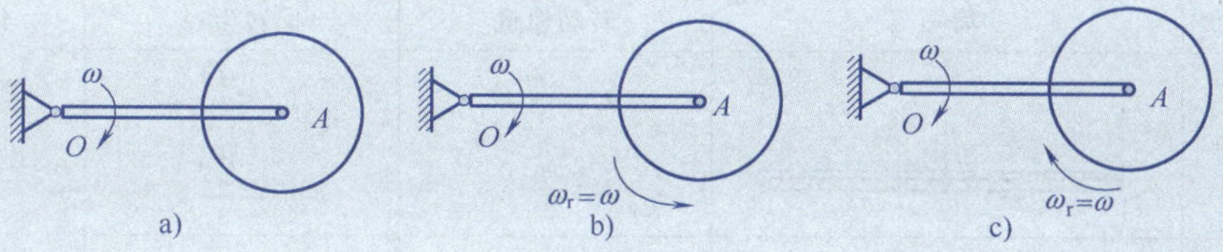

图　12-23

解：（1）圆盘与杆固结，整体定轴转动，系统对轴 O 的转动惯量

$$J_O = J_{O(杆)} + J_{O(盘)}$$
$$= \frac{1}{3}ml^2 + \left[\frac{1}{2}(2m)r^2 + 2m(3r)^2\right] = 22mr^2$$

故系统对轴 O 的动量矩

$$L_O = -J_O\omega = -22mr^2\omega$$

（2）$\omega_A = -\omega + \omega = 0$，圆盘平动，系统对轴 O 的动量矩

$$L_O = L_{O杆} + L_{O盘}$$
$$= J_{O杆}(-\omega) + (-2mv_A l)$$
$$= -\frac{1}{3}ml^2\omega - 2ml\omega l$$
$$= -21mr^2\omega$$

（3）$\omega_A = -\omega - \omega = -2\omega$，圆盘做平面运动，系统对轴 O 的动量矩

$$L_O = L_{O杆} + L_{O盘}$$
$$= J_{O杆}(-\omega) + [-2mv_A l + J_{A盘}(-2\omega)]$$
$$= -\frac{1}{3}ml^2\omega - 2ml\omega l + \frac{1}{2}(2m)r^2(-2\omega)$$
$$= -23mr^2\omega$$

例题动画（1）

例题动画（2）

例题动画（3）

求解程序

思考与讨论：

（1）在第二问中，杆和圆盘如何连接可以实现该运动情况？

（2）在第三问中，将圆盘视作平面运动求其动量矩，为什么角速度取 2ω？

（3）第二、三两问中，求系统动量矩时是否可以将圆盘的运动（绝对运动）分解成随杆绕 O 的定轴转动（牵连运动），再加上圆盘相对杆绕杆端的定轴转动（相对运动）？如果可以，求盘相对于杆绕杆端运动的动量矩时，圆盘的角速度是多大？

表 12-1　均质刚体的转动惯量

物体形状	简图	转动惯量	回转半径	体积
细直杆	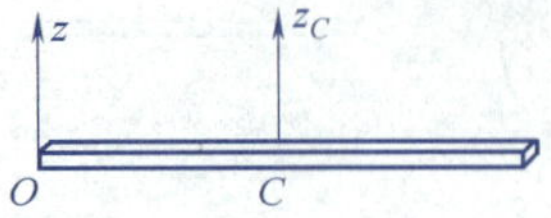	$J_{z_C}=\frac{m}{12}l^2$ $J_z=\frac{m}{3}l^2$	$\rho_{z_C}=\frac{\sqrt{3}l}{6}$ $\rho_z=\frac{\sqrt{3}l}{3}$	—
细圆环	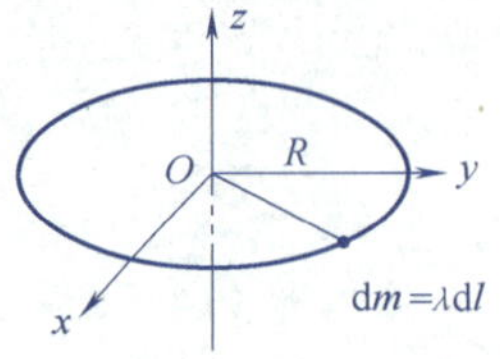	$J_z=mR^2$ $J_x=J_y=\frac{1}{2}mR^2$	$\rho_z=R$ $\rho_x=\rho_y=\frac{\sqrt{2}}{2}R$	—
薄圆板	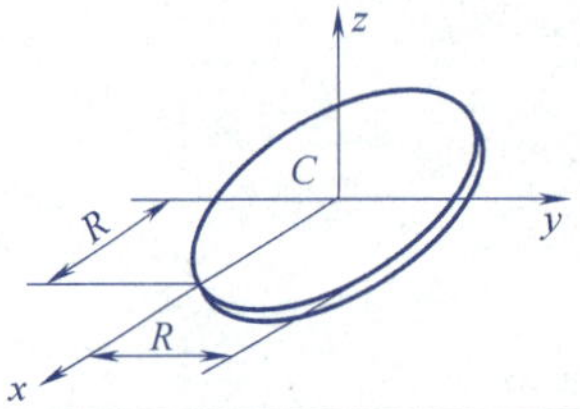	$J_z=\frac{m}{2}R^2$ $J_x=J_y=\frac{m}{4}R^2$	$\rho_z=\frac{\sqrt{2}}{2}R$ $\rho_x=\rho_y=\frac{R}{2}$	πR^2h
矩形薄板	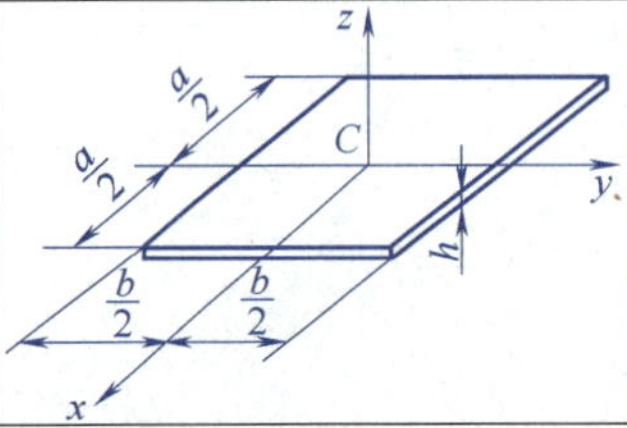	$J_z=\frac{m}{12}(a^2+b^2)$ $J_y=\frac{m}{12}a^2$ $J_x=\frac{m}{12}b^2$	$\rho_z=\sqrt{\frac{1}{12}(a^2+b^2)}$ $\rho_y=0.289a$ $\rho_x=0.289b$	abh
圆柱	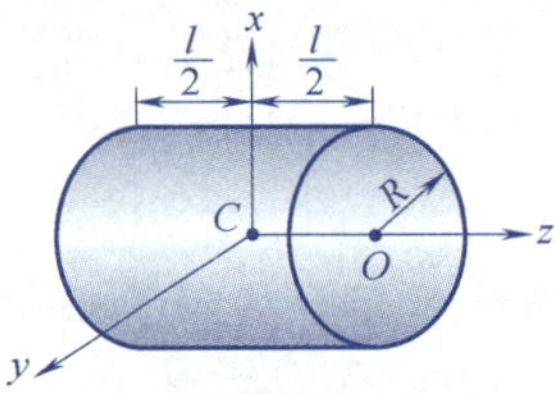	$J_z=\frac{1}{2}mR^2$ $J_x=J_y$ $=\frac{m}{12}(3R^2+l^2)$	$\rho_z=\frac{R}{\sqrt{2}}$ $\rho_x=\rho_y=$ $\sqrt{\frac{1}{12}(3R^2+l^2)}$	πR^2l
实心球	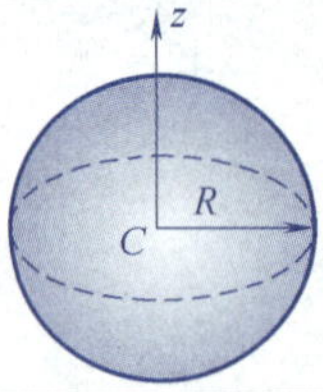	$J_z=\frac{2}{5}mR^2$	$\rho_z=\sqrt{\frac{2}{5}}R$	$\frac{4}{3}\pi R^3$
圆锥	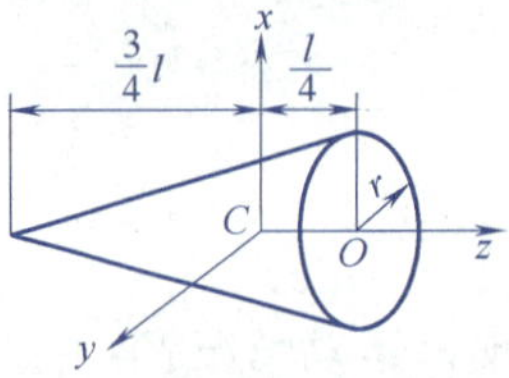	$J_z=\frac{3}{10}mr^2$ $J_x=J_y=$ $\frac{3}{80}m(4r^2+l^2)$	$\rho_z=\sqrt{\frac{3}{10}}r$ $\rho_x=\rho_y=$ $\sqrt{\frac{3}{80}(4r^2+l^2)}$	$\frac{\pi}{3}r^2l$
长方体	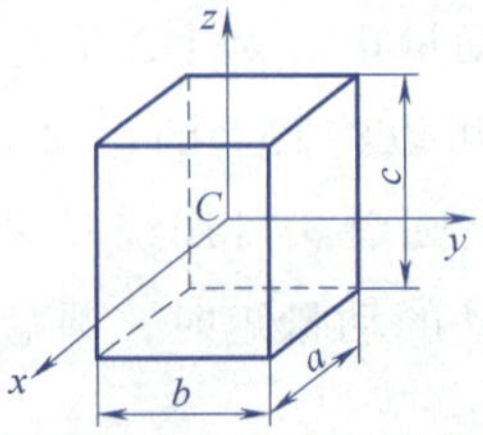	$J_z=\frac{m}{12}(a^2+b^2)$ $J_y=\frac{m}{12}(a^2+c^2)$ $J_x=\frac{m}{12}(b^2+c^2)$	$\rho_z=\sqrt{\frac{1}{12}(a^2+b^2)}$ $\rho_y=\sqrt{\frac{1}{12}(a^2+c^2)}$ $\rho_x=\sqrt{\frac{1}{12}(b^2+c^2)}$	abc

（续）

物体形状	简图	转动惯量	回转半径	体积
空心圆柱	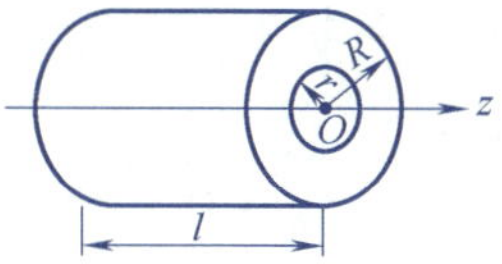	$J_z=\dfrac{m}{2}(R^2+r^2)$	$\rho_z=\sqrt{\dfrac{1}{2}(R^2+r^2)}$	$\pi l(R^2-r^2)$
圆环	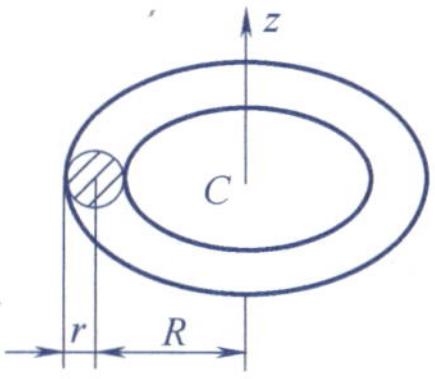	$J_z=m\left(R^2+\dfrac{3}{4}r^2\right)$	$\rho_z=\sqrt{R^2+\dfrac{3}{4}r^2}$	$2\pi^2r^2R$

12.5 质点系相对质心的动量矩定理

前面阐述的质点系的动量矩定理仅适用于惯性参考系，且特别指明对固定点或固定轴成立。对于一般的动点或动轴，动量矩定理具有更复杂的形式。但是，若相对于质点系的质心或随同质心平动的坐标轴，动量矩定理形式不变，推导过程如下。

由式（12-3）可知质点系对于固定点 O 的动量矩为$\boldsymbol{L}_O=\boldsymbol{r}_C\times M\boldsymbol{v}_C+\boldsymbol{L}_C$，将其代入质点系对固定点 O 的动量矩定理$\dfrac{\mathrm{d}\boldsymbol{L}_O}{\mathrm{d}t}=\sum \boldsymbol{M}_O(\boldsymbol{F}_i^{(e)})$，可得

$$\frac{\mathrm{d}\boldsymbol{L}_O}{\mathrm{d}t}=\frac{\mathrm{d}}{\mathrm{d}t}(\boldsymbol{r}_C\times M\boldsymbol{v}_C+\boldsymbol{L}_C)=\sum \boldsymbol{M}_O(\boldsymbol{F}_i^{(e)})$$

设任一外力$\boldsymbol{F}_i^{(e)}$作用在质点 i 上，其位置矢量为$\boldsymbol{r}_i$，其与质心位置矢量关系为 $\boldsymbol{r}_i=\boldsymbol{r}_C+\boldsymbol{r}'_i$，代入上式有

$$\frac{\mathrm{d}}{\mathrm{d}t}(\boldsymbol{r}_C\times M\boldsymbol{v}_C+\boldsymbol{L}_C)=\sum \boldsymbol{r}_i\times \boldsymbol{F}_i^{(e)}=\sum(\boldsymbol{r}_C+\boldsymbol{r}'_i)\times \boldsymbol{F}_i^{(e)}$$

展开可得$\dfrac{\mathrm{d}}{\mathrm{d}t}\boldsymbol{r}_C\times M\boldsymbol{v}_C+\boldsymbol{r}_C\times\dfrac{\mathrm{d}}{\mathrm{d}t}M\boldsymbol{v}_C+\dfrac{\mathrm{d}}{\mathrm{d}t}\boldsymbol{L}_C=\sum \boldsymbol{r}_C\times \boldsymbol{F}_i^{(e)}+\sum \boldsymbol{r}'_i\times \boldsymbol{F}_i^{(e)}$

注意到左边第一式　　$\dfrac{\mathrm{d}}{\mathrm{d}t}\boldsymbol{r}_C\times M\boldsymbol{v}_C=\boldsymbol{v}_C\times M\boldsymbol{v}_C=\boldsymbol{0}$

左边第二式　$\boldsymbol{r}_C\times\dfrac{\mathrm{d}}{\mathrm{d}t}M\boldsymbol{v}_C=\boldsymbol{r}_C\times M\boldsymbol{a}_C=\boldsymbol{r}_C\times\sum \boldsymbol{F}_i^{(e)}=\sum \boldsymbol{r}_C\times \boldsymbol{F}_i^{(e)}$

整理可得

$$\frac{\mathrm{d}\boldsymbol{L}_C}{\mathrm{d}t}=\sum \boldsymbol{r}'_i\times \boldsymbol{F}_i^{(e)}$$

式中，$\sum \boldsymbol{r}'_i\times \boldsymbol{F}_i^{(e)}$ 表示外力系对质心的主矩，于是得

$$\frac{\mathrm{d}\boldsymbol{L}_C}{\mathrm{d}t}=\sum \boldsymbol{M}_C(\boldsymbol{F}_i^{(\mathrm{e})}) \tag{12-19}$$

这就是**质点系相对于质心的动量矩定理**，即**质点系相对于质心的动量矩对时间的导数，等于作用于质点系的外力对质心的主矩**。

将矢量方程（12-19）向以质心 C 为原点的平移坐标系任意轴，如 z 轴上投影，得到质点系对过质心轴的动量矩定理

$$\frac{\mathrm{d}L_{Cz}}{\mathrm{d}t}=\sum M_{Cz}(\boldsymbol{F}_i^{(\mathrm{e})}) \tag{12-20}$$

即**质点系相对于过质心轴的动量矩对时间的导数，等于作用于质点系的外力对同一轴之矩的代数和**。

注意：上述相对质心的动量矩定理的表达式，对质点系中其他任意质点不一定成立，再一次表明了质心在动力学中的重要性和特殊地位。

质点系相对于质心的动量矩定理与质点系相对于固定点的动量矩定理在形式上完全相似。同样地，质点系相对于质心动量矩的改变决定于外力系对质心的主矩，内力不能改变质点系相对质心的动量矩。若外力系对质心（或质心轴）的主矩为零，则质点系相对质心（或质心轴）的动量矩守恒。

思考与讨论：

（1）试用相对质心动量矩守恒定律解释花样滑冰运动员快速转圈时为什么要收回双臂？

（2）试用相对质心动量矩定理，分析明日环魔术中为何铁环在下落过程中可以自动套进铁链上？魔术成功的诀窍是什么？

（3）在地面上，由于地球引力的作用，人与地面间有压力和摩擦力，转身很容易；在太空完全失重的环境中，人受地面的压力和摩擦力将消失，航天员怎样完成转身这个原本在地面上难度系数为零的普通动作？

课程加油站

12.6 刚体平面运动微分方程

动量定理建立了质心运动与外力主矢之间的关系，相对质心的动量矩定理建立了质点系绕质心运动与外力主矩之间的关系。二者结合，就可以全面描述平面运动刚体运动与所受外力之间的关系。

如图 12-24 所示，设刚体具有质量对称面，且刚体做平行于此质量对称面的平面运动，作用在刚体上的外力可向运动平面简化为平面力系 $\boldsymbol{F}_1$、$\boldsymbol{F}_2$、…、$\boldsymbol{F}_n$。在运动平面内选取静坐标系 Oxy，以质心为原点建立平动坐标系 $Cx'y'$，刚体的平面运动可以分解成随质心的平动和绕质心的转动。刚体在任意瞬时的位置，可选质心坐标（x_C，

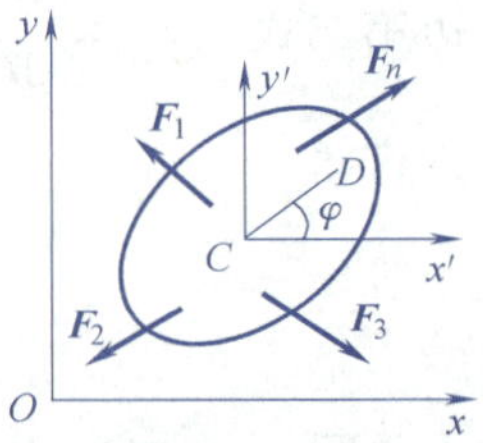

图 12-24

y_C），以及刚体绕过质心垂直于质量对称面的轴 z' 转动的角度 φ 来描述。

平面运动刚体相对于动坐标系 $Cx'y'$ 的运动就是绕过质心垂直于质量对称面的轴 z' 转动，若以 ω 表示刚体转动的角速度，J_C 表示绕通过质心 C 且垂直于运动平面的轴的转动惯量，则刚体对质心的动量矩为

$$L_C = L_{Cz'} = J_C\omega = J_C\dot{\varphi}$$

刚体做平面运动，随质心的平动和绕质心的转动均发生在 xOy 平面，由质心运动定理和相对质心的动量矩定理有

$$\left.\begin{aligned} M\boldsymbol{a}_C &= \sum \boldsymbol{F}_i^{(e)} \\ \frac{\mathrm{d}L_C}{\mathrm{d}t} = J_C\alpha = J_C\ddot{\varphi} &= \sum M_C(\boldsymbol{F}_i^{(e)}) \end{aligned}\right\} \tag{12-21a}$$

将其投影到直角坐标系上，可得

$$\left.\begin{aligned} M\ddot{x}_C &= \sum F_{ix}^{(e)} \\ M\ddot{y}_C &= \sum F_{iy}^{(e)} \\ J_C\ddot{\varphi} &= \sum M_C(F_i^{(e)}) \end{aligned}\right\} \tag{12-21b}$$

投影到自然轴系上，可得

$$\left.\begin{aligned} M\frac{\mathrm{d}v_C}{\mathrm{d}t} &= \sum F_{ix}^{(\tau)} \\ M\frac{v_C^2}{\rho} &= \sum F_{iy}^{(n)} \\ J_C\ddot{\varphi} &= \sum M_C(F_i^{(e)}) \end{aligned}\right\} \tag{12-21c}$$

以上三式均称为**刚体平面运动微分方程**，对平面运动的刚体，利用式（12-21）可由运动求受力；反之，也可由受力及运动初始条件求刚体运动方程；亦可知部分运动和受力情况求另一部分运动和受力。如果 $a_C=0$，$\alpha=0$，则式（12-21）退化为平面任意力系的平衡方程。

例 12-11　一均质圆柱，重 W，半径为 r，无初速地放在倾角为 θ 的斜面上做纯滚动，如图 12-25a 所示，不计滚动阻力，求其质心的加速度。

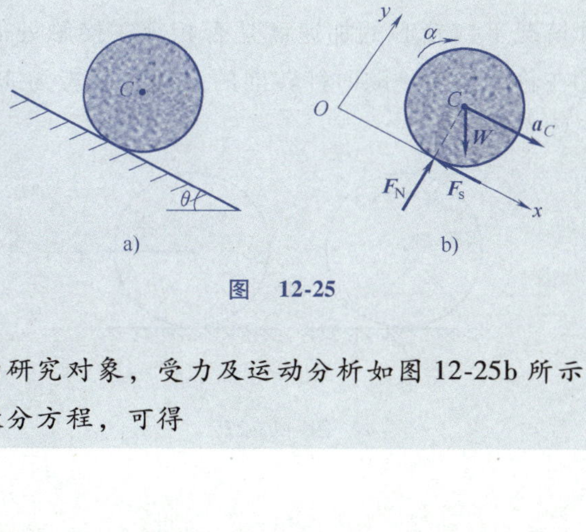

图　12-25

解：以圆柱为研究对象，受力及运动分析如图 12-25b 所示。

由平面运动微分方程，可得

例题动画

求解程序

$$\frac{W}{g}a_C = W\sin\theta - F_s$$

$$0 = F_N - W\cos\theta$$

$$\frac{1}{2}\frac{W}{g}r^2\alpha = F_s r$$

由纯滚动条件有

$$a_C = r\alpha$$

解得
$$a_C = \frac{2}{3}g\sin\theta, \quad F_s = \frac{1}{3}W\sin\theta$$

由于圆柱做纯滚动，$F_s = \frac{1}{3}W\sin\theta \leqslant F_m = fF_N$，故圆柱体在斜面上做纯滚动的条件为

$$f \geqslant \frac{1}{3}\tan\theta$$

思考与讨论：

（1）质量为 m 的均质圆盘，水平放在光滑的水平面上，其受力情况如图 12-26 所示。开始时，圆盘静止，且 $R = 2r$，则各圆盘将如何运动？

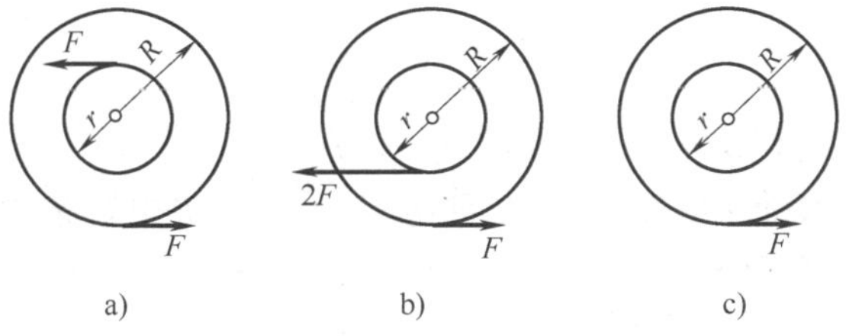

图 12-26

（2）如图 12-27 所示，半径为 R 的均质轮在水平面上只滚不滑，不计滚动摩阻，问在下述两种情况下，轮心的加速度是否相等？接触处的摩擦力是否相同？如何定量求出？①在轮上作用一顺时针转向的力偶，其矩为 M；②在轮心作用一水平向右的力 F，且 $F=M/R$。

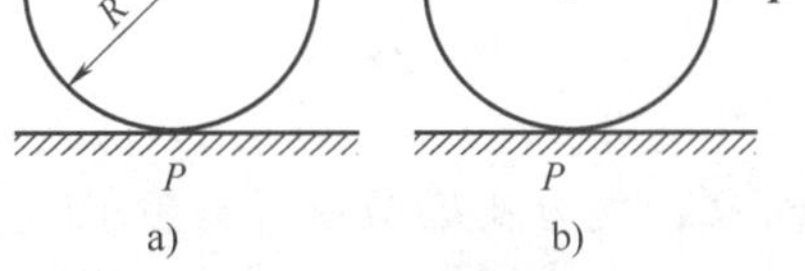

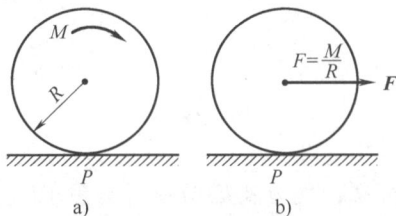

图 12-27

例 12-12　均质杆 AB 质量为 m，长为 l，在铅直平面内一端沿着水平地面，另一端沿着铅垂墙壁，从图 12-28a 所示位置无初速地滑下。不计摩擦，求开始滑动的瞬时，地面和墙壁对杆的约束反力。

例题动画

求解程序

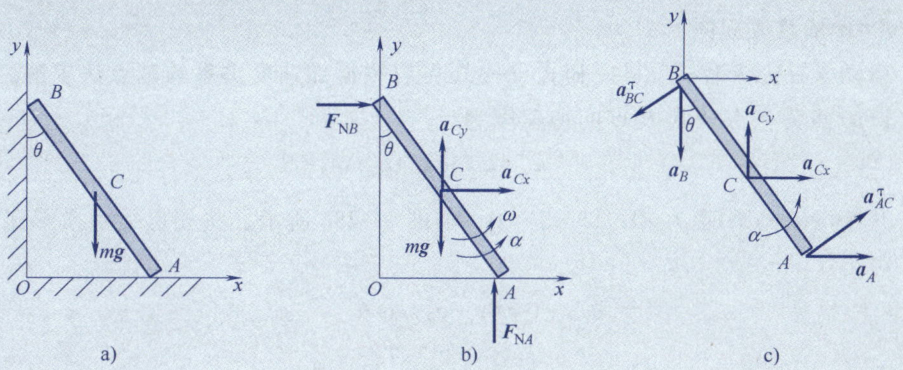

a)　　b)　　c)

图　12-28

解： 以杆 AB 为研究对象，受力及运动分析如图 12-28b 所示。

建立图示坐标系 $Oxyz$，由平面运动微分方程可得

$$ma_{Cx}=F_{NB} \tag{a}$$

$$ma_{Cy}=F_{NA}-mg \tag{b}$$

$$\frac{1}{12}ml^2\alpha=F_{NA}\frac{l}{2}\sin\theta-F_{NB}\frac{l}{2}\cos\theta \tag{c}$$

列质心运动方程

$$\begin{cases}x_C=\dfrac{l}{2}\sin\theta\\[2ex] y_C=\dfrac{l}{2}\cos\theta\end{cases}$$

上式对时间 t 求二阶导，得

$$\begin{cases}a_{Cx}=\ddot{x}_C=\dfrac{l}{2}\cos\theta\ddot{\theta}-\dfrac{l}{2}\sin\theta\dot{\theta}^2\\[2ex] a_{Cy}=\ddot{y}_C=-\dfrac{l}{2}\sin\theta\ddot{\theta}-\dfrac{l}{2}\cos\theta\dot{\theta}^2\end{cases}$$

开始滑动的瞬时 $\dot{\theta}=0$，代入上式可得此瞬时，

$$\begin{cases}a_{Cx}=\dfrac{l}{2}\cos\theta\ddot{\theta}=\dfrac{l}{2}\cos\theta\alpha & \text{(d)}\\[2ex] a_{Cy}=-\dfrac{l}{2}\sin\theta\ddot{\theta}=-\dfrac{l}{2}\sin\theta\alpha & \text{(e)}\end{cases}$$

联立式（a）~式（e），求解得

$$\alpha=\frac{3g}{2l}\sin\theta, F_{NA}=mg\left(1-\frac{3}{4}\sin^2\theta\right), F_{NB}=\frac{3}{4}mg\sin\theta\cos\theta$$

思考与讨论：

例 12-12 中，求导时 $\ddot{\theta}=\omega$，$\ddot{\theta}=\alpha$，如果设 AB 与水平方向的夹角为 θ，$\dot{\theta}=\omega$，$\ddot{\theta}=\alpha$ 依然成立吗？

运动学补充方程式（d）和式（e）还可以根据加速度关系的基点法求解。

以 C 点为基点，则 B 点的加速度为

$$\boldsymbol{a}_B=\boldsymbol{a}_C+\boldsymbol{a}_{BC}^{\tau}+\boldsymbol{a}_{BC}^{\mathrm{n}}$$

开始滑动的瞬时 $\dot{\theta}=0$，即 $a_{BC}^{\mathrm{n}}=0$，如图 12-28c 所示，将矢量关系投影到 x 轴上，可得

$$0=a_{Cx}-a_{BC}^{\tau}\cos\theta$$

故
$$a_{Cx}=a_{BC}^{\tau}\cos\theta=\frac{l}{2}\alpha\cos\theta \tag{d'}$$

以 C 点为基点，则 A 点的加速度为

$$\boldsymbol{a}_A=\boldsymbol{a}_C+\boldsymbol{a}_{AC}^{\tau}+\boldsymbol{a}_{AC}^{\mathrm{n}}$$

开始滑动的瞬时 $\dot{\theta}=0$，即 $a_{AC}^{\mathrm{n}}=0$，如图 12-28c 所示，将矢量关系投影到 y 轴上可得

$$0=a_{Cy}+a_{AC}^{\tau}\sin\theta$$

故
$$a_{Cy}=-a_{AC}^{\tau}\sin\theta=-\frac{l}{2}\alpha\sin\theta \tag{e'}$$

本章思维导图

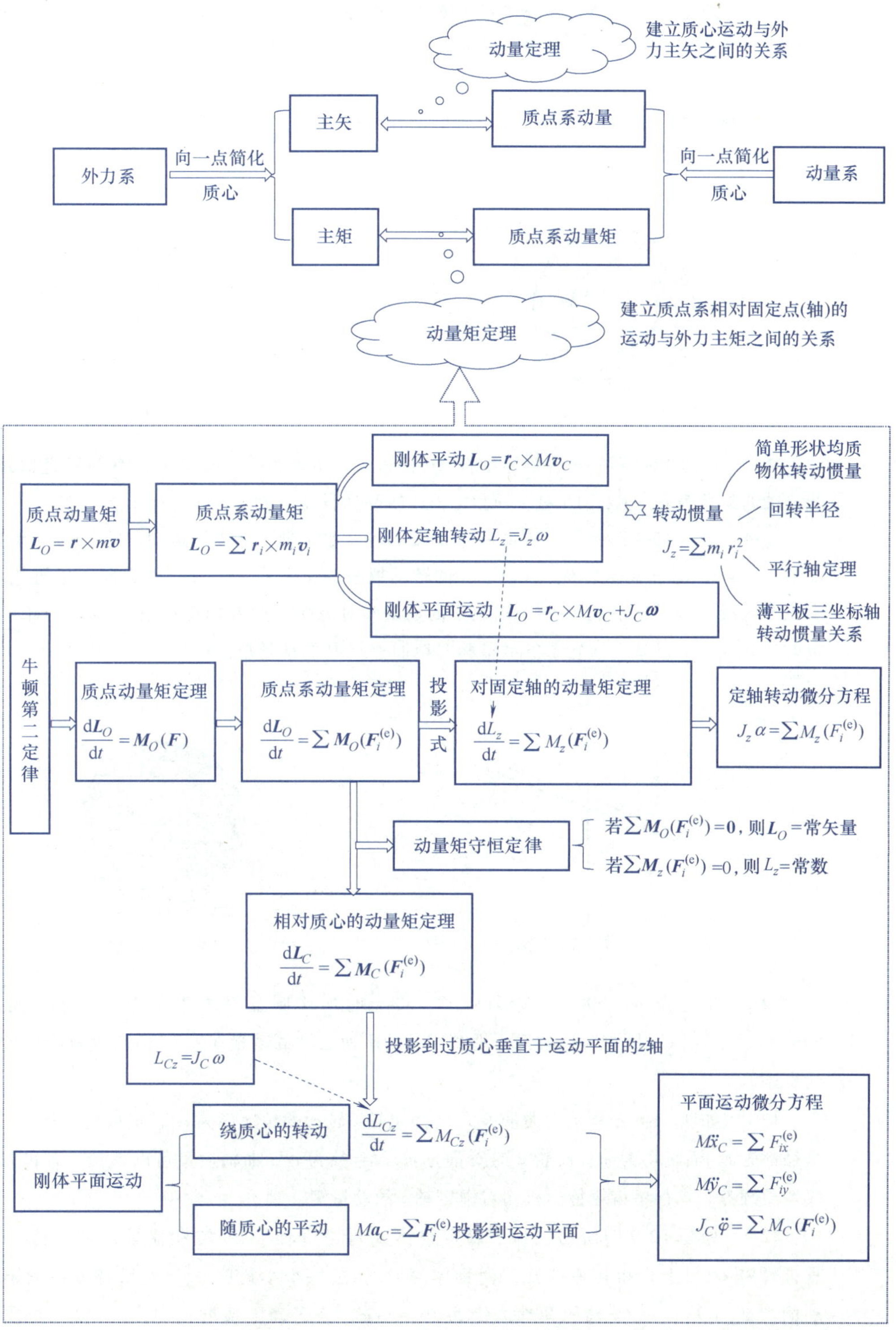

动量定理
建立质心运动与外力主矢之间的关系
主矢
质点系动量
外力系
向一点简化
质心
向一点简化
质心
动量系
主矩
质点系动量矩
动量矩定理
建立质点系相对固定点(轴)的运动与外力主矩之间的关系
刚体平动 $L_O=r_C\times Mv_C$
质点动量矩 $L_O=r\times mv$
质点系动量矩 $L_O=\sum r_i\times m_iv_i$
刚体定轴转动 $L_z=J_z\omega$
刚体平面运动 $L_O=r_C\times Mv_C+J_C\omega$
简单形状均质物体转动惯量
转动惯量 $J_z=\sum m_ir_i^2$
回转半径
平行轴定理
薄平板三坐标轴转动惯量关系
牛顿第二定律
质点动量矩定理 $\frac{dL_O}{dt}=M_O(F)$
质点系动量矩定理 $\frac{dL_O}{dt}=\sum M_O(F_i^{(e)})$
投影式
对固定轴的动量矩定理 $\frac{dL_z}{dt}=\sum M_z(F_i^{(e)})$
定轴转动微分方程 $J_z\alpha=\sum M_z(F_i^{(e)})$
动量矩守恒定律
若$\sum M_O(F_i^{(e)})=0$，则L_O=常矢量
若$\sum M_z(F_i^{(e)})=0$，则L_z=常数
相对质心的动量矩定理 $\frac{dL_C}{dt}=\sum M_C(F_i^{(e)})$
投影到过质心垂直于运动平面的z轴
$L_{Cz}=J_C\omega$
绕质心的转动 $\frac{dL_{Cz}}{dt}=\sum M_{Cz}(F_i^{(e)})$
刚体平面运动
随质心的平动 $Ma_C=\sum F_i^{(e)}$投影到运动平面
平面运动微分方程
$M\ddot{x}_C=\sum F_{ix}^{(e)}$
$M\ddot{y}_C=\sum F_{iy}^{(e)}$
$J_C\ddot{\varphi}=\sum M_C(F_i^{(e)})$

习题

12-1　如题 12-1 图所示，在半径为 $\boldsymbol{R}$ 的薄圆盘上有一个半径为 $\boldsymbol{r}$ 的同心圆孔，设此空心圆盘质量为 $\boldsymbol{M}$，轴 z 通过质心且与盘面垂直，求此空心圆盘对 z 轴的转动惯量。

12-2　如题 12-2 图所示，均质实心圆柱的半径为 4cm，高度为 40cm，设 z 轴垂直于圆柱的纵轴，与质心相距 10cm，求圆柱对 z 轴的回转半径。

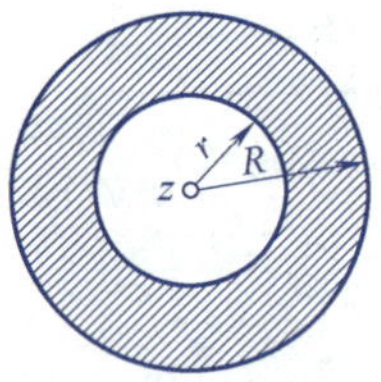

题　12-1 图

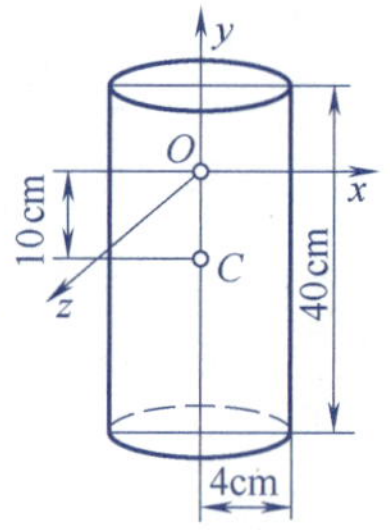

题　12-2 图

12-3　如题 12-3 图所示，均质细杆 AB 长为 $2l$，质量为 M，杆的中心 O 与铅直轴固连，杆与 y 轴的夹角为 α，求杆 AB 对 x 轴和 y 轴的转动惯量 J_x、J_y。

12-4　如题 12-4 图所示，质量为 m 的偏心轮在水平面上做平面运动。轮子轴心为 A，质心为 C，$AC=e$；轮子半径为 R，对轴心 A 的转动惯量为 J_A；C、A、B 三点在同一铅直线上。(1) 当轮子只滚不滑时，若 $\boldsymbol{v}_A$ 已知，求轮子的动量和对地面上点 B 的动量矩。(2) 当轮子又滚又滑时，若 $\boldsymbol{v}_A$、ω 已知，求轮子的动量和对地面上点 B 的动量矩。

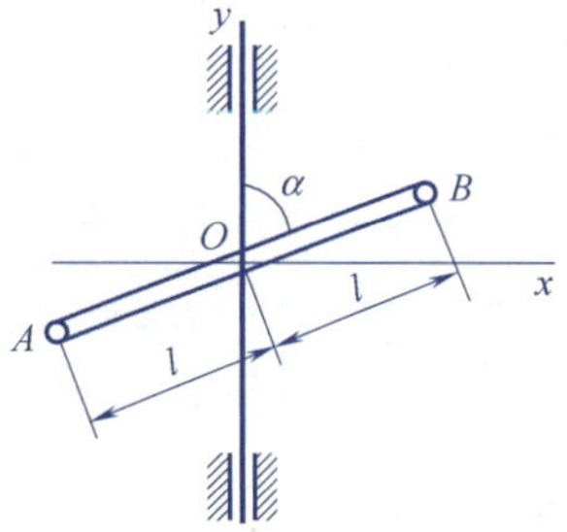

题　12-3 图

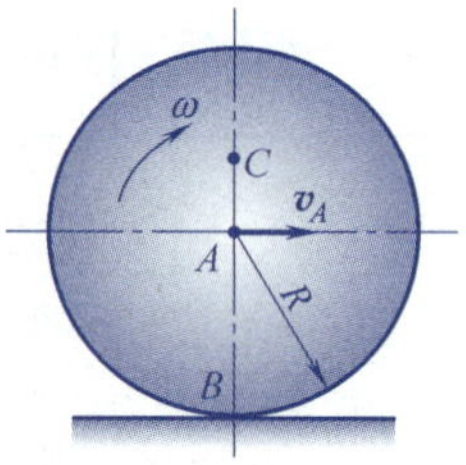

题　12-4 图

12-5　半径为 $R=30\text{cm}$，质量为 $M=50\text{kg}$ 的均质圆盘沿着水平面纯滚动，角速度为 60r/min。求：(1) 圆盘对通过质心垂直于运动平面之轴的动量矩；(2) 圆盘对瞬时转动轴的动量矩。

12-6　如题 12-6 图所示，曲柄 OC_3 绕固定轴 z 转动的角速度为 ω_z，定齿轮 1 和动齿轮 3 的半径都为 r，质量均为 m，齿轮 2 的质量为 m_2，半径为 r_2，曲柄质量可以不计，各齿轮都可看成均质圆盘。求行星齿轮传达机构对固定轴 z 的动量矩。

12-7　如题 12-7 图所示，为了确定物体 A 对铅直轴 Oz 的转动惯量，把物体连接在铅直弹性杆 $\boldsymbol{OO}_1$ 上，扭转弹性杆，使物体绕 Oz 转过一个小角度 φ_0，然后释放，测定扭转振动的周期为 T_1，对 Oz 轴的弹性力矩为 $M_z=-c\varphi$，为了确定系数 c，进行了第二个实验，把半径为 $\boldsymbol{r}$、质量为 M 的均质圆盘安装在杆 $\boldsymbol{OO}_1$ 上，测得扭转振动周期为 $\boldsymbol{T}_2$，求物体 A 的

转动惯量 J_z。

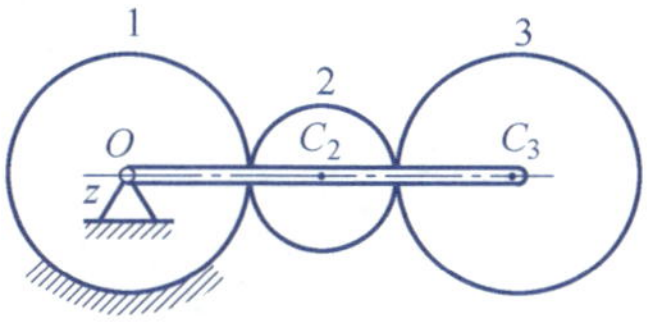

题　12-6 图

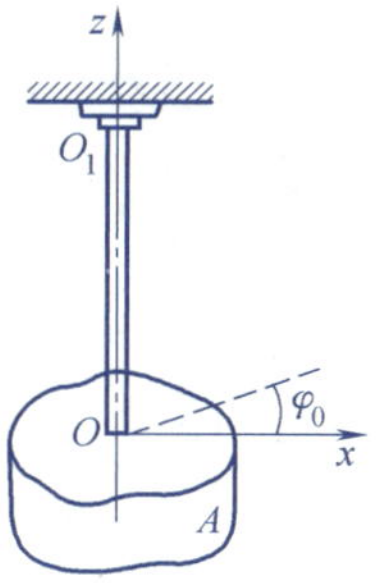

题　12-7 图

12-8　如题 12-8 图所示，均质轮 A 重 $\boldsymbol{P}$，半径为 r_1，以角速度 ω 绕杆 OA 的 A 端转动，此时将轮 A 放在重 $\boldsymbol{Q}$ 的均质轮 B 上，其半径为 r_2。轮 B 原为静止，但可绕其轴自由转动。放上轮 A 后，轮 A 的重量由轮 B 支承。略去杆 OA 的重量及轴承摩擦，并设两轮间的摩擦系数为 f，求自轮 A 放到轮 B 上，到两轮间没有相对滑动为止，经过了多少时间。

12-9　如题 12-9 图所示，已知均质杆 OA 重 49N，长 $l=0.5\text{m}$，弹簧性系数 $k=29.4\text{N/cm}$。求杆 OA 绕轴 O 微摆动的周期。

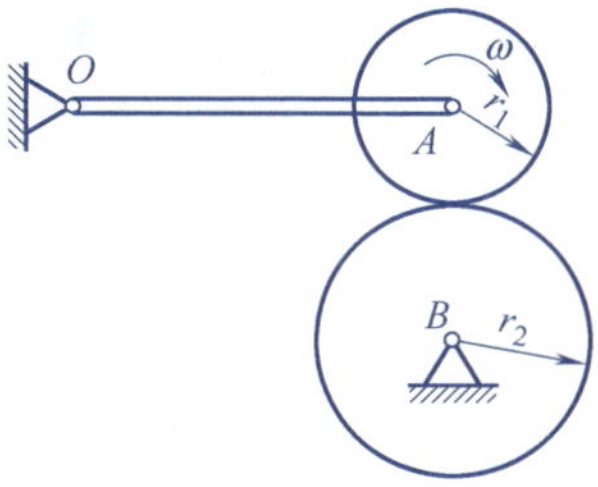

题　12-8 图

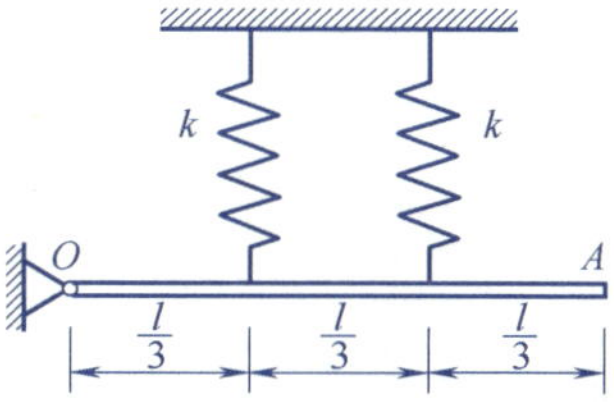

题　12-9 图

12-10　如题 12-10 图所示，水平面内均质圆盘与均质杆 OC 固结，可绕铅垂轴 O 转动。已知圆盘质量 $m_1=40\text{kg}$，半径 $r=0.15\text{m}$，杆 OC 质量 $m_2=10\text{kg}$，长 $l=0.3\text{m}$。设在杆上作用一常力偶，其力偶矩 $M=20\text{N}\cdot\text{m}$，求杆 OC 的角加速度。

12-11　若题 12-10 中的圆盘铰接于杆端 C，其他条件不变，求杆 OC 的角加速度。

12-12　如题 12-12 图所示，均质杆 AB 质量 $m=49\text{kg}$，长 $l=2\text{m}$，放在光滑地面上。如将一水平力 $F=98\text{N}$ 垂直于杆作用在杆端 A。求此力作用瞬时，杆质心 C 的加速度、杆的角速度以及点 A 的加速度。

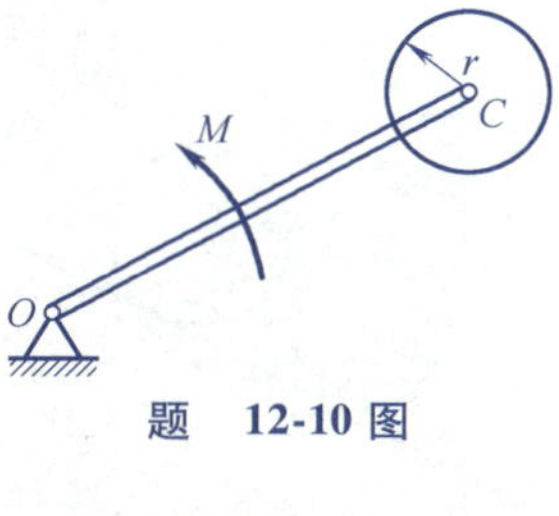

题　12-10 图

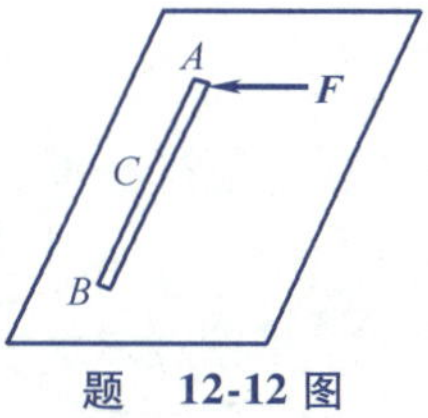

题　12-12 图

12-13　两个质量为 m_1 和 m_2 的重物分别系在两根不同的绳子上，两绳分别绕在半径为 r_1 和 r_2 并固结在一起的两鼓轮上，如题 12-13 图所示。设鼓轮对 O 轴的转动惯量为 J_O，重为 $\boldsymbol{W}$。求鼓轮的角加速度和轴承的约束力。

12-14　质量为 m、半径为 R 的均质圆盘沿倾角为 θ 的斜面又滚又滑，如题 12-14 图所示。动摩擦系数为 f'，试求圆盘的角加速度、质心加速度和斜面对圆盘的约束力。

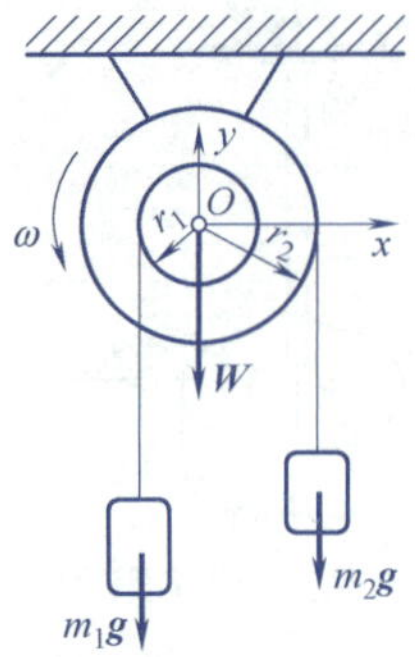

题　12-13 图

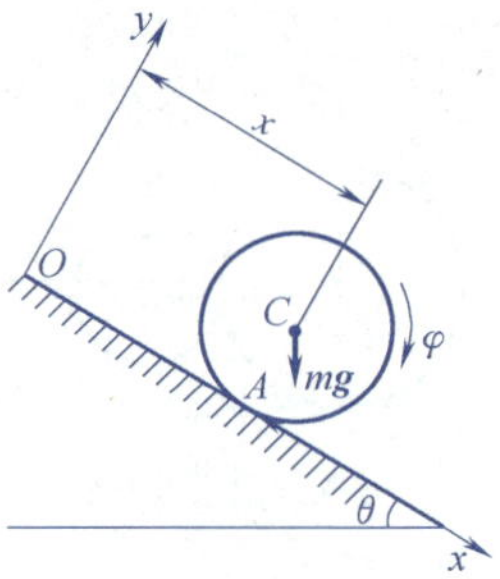

题　12-14 图

12-15　质量为 m、半径为 r 的滑轮上绕有软绳，将绳的一端固定于点 A 而令滑轮自由下落，如题 12-15 图所示。不计绳子的质量，试求轮心 C 的加速度和绳子的拉力。

12-16　如题 12-16 图所示，一细绳的下端缠在轮 O 上，上端缠在可绕水平轴 O' 转动的轮 O' 上，轮 O 在重力作用下做平面运动。求从静止开始 2s 后，下面的轮 O 的角速度及轮心 O 的速度。已知两轮质量相同，半径均为 0.2m，且都可看作均质轮。

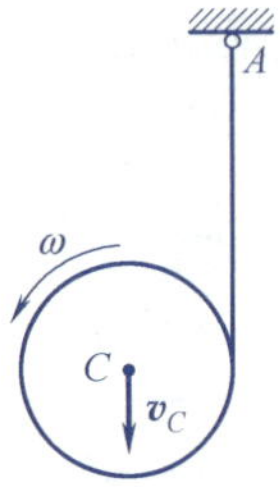

题　12-15 图

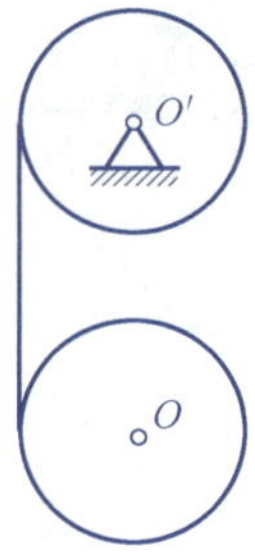

题　12-16 图

12-17　上题中，若两轮半径相同，但质量不同，轮 O' 上质量为轮 O 的 2 倍，求轮 O 中心的加速度及绳子的张力。此情况下，系统对轴 O' 的动量矩是否守恒？

12-18　半径为 r、质量为 m 的均质圆柱体，在半径为 R 的刚性圆槽内做纯滚动，如题 12-18 图所示。已知圆柱体在其初始位置 $\varphi=\varphi_0$ 处由静止开始向下滚动。试求：(1) 圆槽对圆柱体的约束力（用坐标 φ 及其导数表示）；(2) 圆柱体的微振动周期。

12-19　如题 12-19 图所示，在倾角为 θ 的粗糙斜面上有一均质薄壁圆管和一均质圆柱。圆管与圆柱具有相同的质量及外径。不计滚动阻力和圆管与圆柱间的摩擦。求圆管或圆柱中心的加速度。

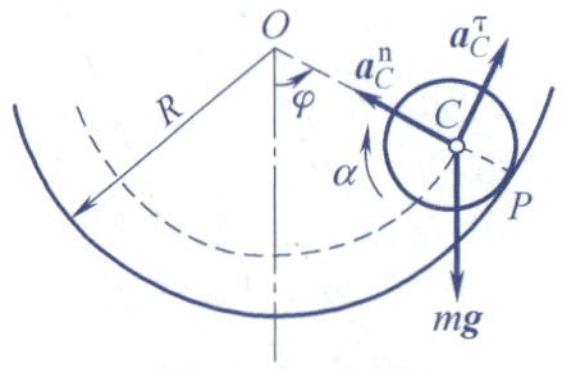

题　12-18 图

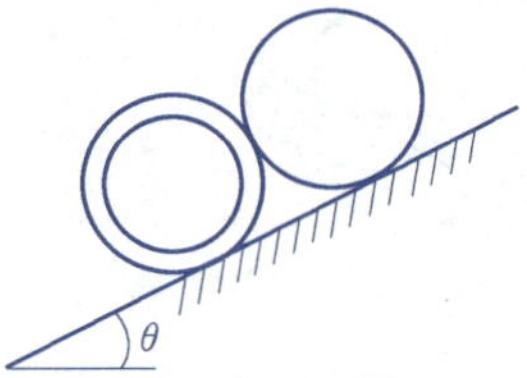

题　12-19 图

12-20　上题中若 $\theta=30°$，圆管与圆柱之间的摩擦系数 $f=0.5$，求圆管或圆柱中心的加速度。

12-21　如题 12-21 图所示，均质细杆 OA 可绕水平轴 O 转动。杆的另一端 A 以光滑铰链与一物体 B 的质心相连。已知杆质量为 m，长为 l，物体 B 的质量为 M，系统杆处于水平位置且静止，求当杆 OA 转到铅垂位置时的角速度。

12-22　质量不计，长为 l 的刚性细杆，一端用中间铰链与质量为 m 的滑块 A 连接，另一端与质量为 m 的小球固连，滑块可在光滑的水平面上滑动，杆和小球可在铅垂面内运动，如题 12-22 图所示。为使刚性杆以匀角速度 ω 绕轴 A 转动，在杆 AB 上作用一力偶 M，试求力偶 M 随杆 AB 转动角度 θ 的变化规律。

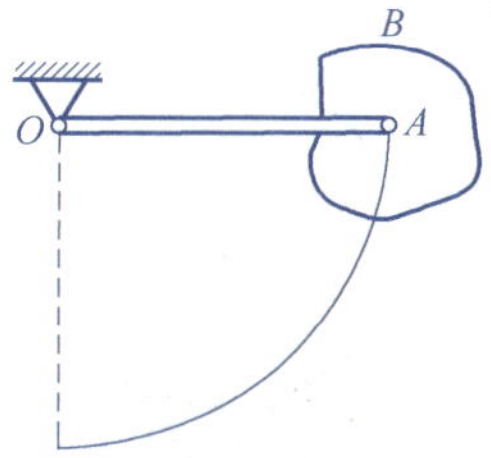

题　12-21 图

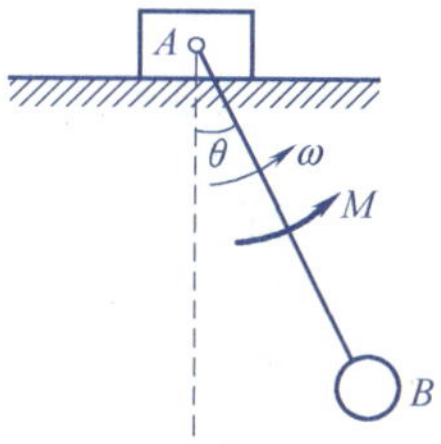

题　12-22 图

12-23　如题 12-23 图所示，两杆各重为 $\boldsymbol{W}$，长为 l，以光滑铰链铰接。在图示位置上系统处于静止，试求当一已知水平力 $\boldsymbol{F}$ 作用于点 C 时，两杆所产生的角加速度。

12-24　如题 12-24 图所示，长为 l、质量为 m 的均质杆 AB 放在水平桌面上，支撑点 O 到质心 C 的距离为 b，不计摩擦，在图示位置将杆突然释放，求杆释放瞬时，质心 C 的加速度及支撑点 O 处的约束力。

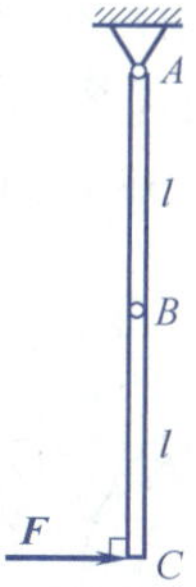

题　12-23 图

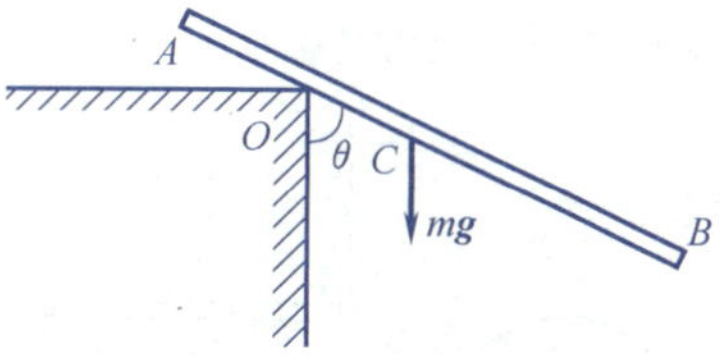

题　12-24 图

12-25　半径为 R、质量为 m_0 的圆柱形自旋卫星绕对称轴旋转，质量均为 m 的两个质点沿径向对称地向外伸展，与旋转轴的距离 x 不断地增大，如题 12-25 图所示。联系卫星与质点的变长度杆的质量不计，自旋卫星无外力矩作用，设质点自卫星表面出发时卫星的初始角速度为 ω_0。试计算卫星自旋角速度 ω 的变化规律。

12-26　如题 12-26 图所示，板重 $\boldsymbol{P}_1$，受水平拉力 $\boldsymbol{F}$ 的作用沿水平面运动，板与水平面间的动摩擦系数为 f，在板上放一重为 $\boldsymbol{P}_2$ 的均质圆柱，此圆柱对板只滚不滑，求板的加速度。

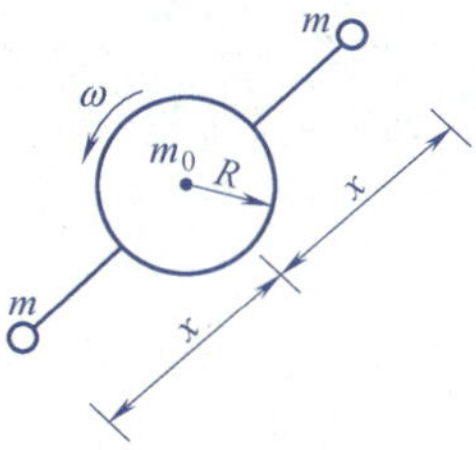

题　12-25 图

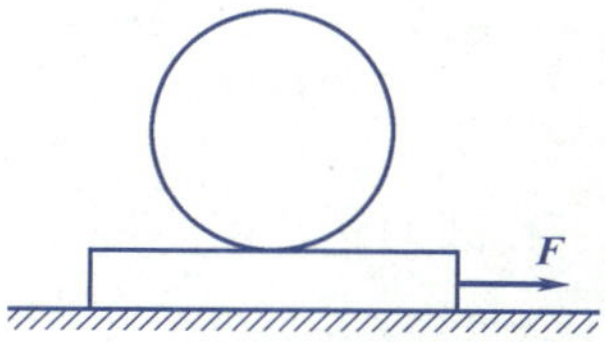

题　12-26 图

12-27　如题 12-27 图所示，均质圆柱体质量为 m，半径为 r，放在倾角为 60°的斜面上。一细绳缠绕在圆柱体上，另一端固定于点 A，绳与 A 相连部分与斜面平行。若圆柱体与斜面间的动摩擦系数 $f=\frac{1}{3}$，求圆柱体质心的加速度。

12-28　如题 12-28 图所示，在光滑水平面上有一质量为 M 的任意形状的薄板，O 点为薄板的质心，其中心回转半径为 ρ_0，薄板上有一质量为 m 的甲虫 A。甲虫 A 相对于薄板的运动规律 $\rho(t)$、$\varphi(t)$ 为已知。求在任意时刻薄板运动的绝对角速度。

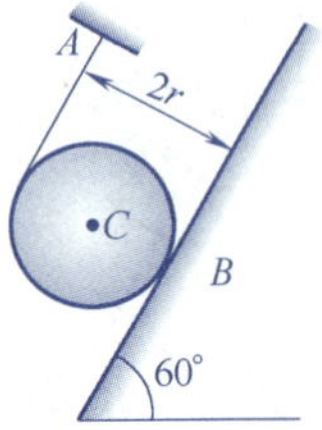

题　12-27 图

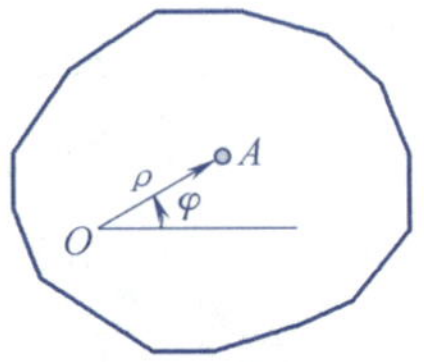

题　12-28 图

12-29　如题 12-29 图所示，均质杆 OA 和 AB 长均为 l，质量均为 m，OA 杆在水平位置，AB 杆与水平成 30°角，B 轮半径为 $r=l/2$，质量 $M=2m$，放在水平面上，D 处有足够的摩擦力保证它只滚不滑，不计滚动摩阻。在 A 处有一铅垂的绳子 AC，使系统保持静止。求当绳子 AC 被剪断的瞬时，O、A、B、D 处的力及杆 OA、AB 和 B 轮的角加速度。

12-30　如题 12-30 图所示，圆环质量为 M，半径为 R，质量沿轮缘均匀分布，不计厚度。圆环直立在光滑的水平面上，质量为 m 的甲虫在圆环上爬。起始时甲虫静止地处于圆环的最低点，然后突然沿圆环以相对匀速率 u 爬行。（1）求甲虫开始运动时圆环的角速度。（2）相对速率 u 多大时，甲虫才能爬到和圆环中心 O 同样的高度？（3）甲虫爬到和圆环中心同样高度时，地面对圆环的作用力是多少？

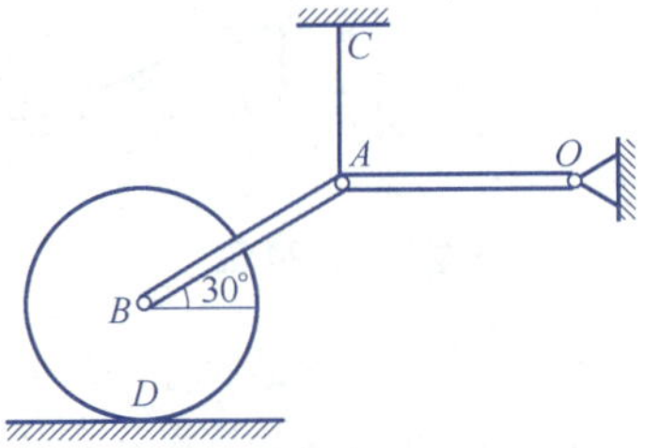

题　12-29 图

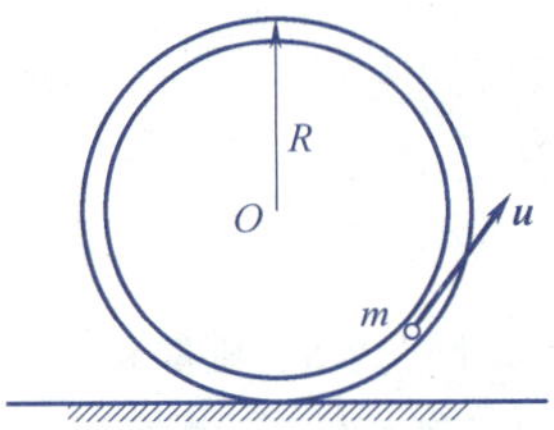

题　12-30 图

习题答案

第 13 章

动能定理

动量定理和动量矩定理从动量的角度分析，建立了质点系机械运动状态变化与外力系之间的关系。动量和动能是对物体机械运动的两种度量，每种度量各有其适用范围，动量的变化决定于力的冲量，动能的变化决定于力的功。

动能定理从能量的角度来分析质点和质点系的动力学问题，得到的是一个标量方程，有时更为方便和有效，其与动量定理和动量矩定理相辅相成，构成质点系动力学普遍定理。同时，由于能量可以在不同物体或系统中传递，并能以不同的形态相互转换，故动能定理可以建立机械运动与其他形式运动之间的联系。

本章介绍力的功、质点和质点系的动能以及势能等基本概念，将质点的动能定理推广到质点系，建立质点或质点系动能改变与力做功之间的关系；最后介绍质点系动能定理在工程中的应用以及动力学普遍定理的综合应用。

13.1 质点和质点系的动能

历史上，人类很早已认识到物体对外做功的能力与速度有关，后来又定量地知道与速度的平方有关。伽利略在观察落体时，作为实验结果已经得到速度和降落距离之间关系的公式，莱布尼茨（1686 年）引入过“活力”一词，可以认为“活力”是动能的最早的名称。

13.1.1 质点的动能

物体由于机械运动而具有的能量称为动能，是物体做功能力的一种度量。设质点的质量为 m，速度为 v，则质点的动能为

$$T=\frac{1}{2}mv^2 \tag{13-1}$$

动能是恒正的标量，在国际单位制中动能的单位为 $kg\cdot m^2/s^2$（千克 · 米^2/秒^2），即 J（焦）。因速度为瞬时量，所以动能也为瞬时量。

13.1.2 质点系的动能

质点系的动能是各个质点动能的算术和。对于由 n 个质点组成的质点系，设第 i 个质点的质量为 m_i，速度为 v_i，于是质点系的动能为

$$T = \sum \frac{1}{2} m_i v_i^2 \tag{13-2}$$

质点系的动能为正标量，只有当系统内每个质点都处于静止时系统动能才能等于零。

思考与讨论：

（1）质点系动量为0，是否质点系中每个质点的动量都为0？

（2）质点系对某一固定点动量矩为0，是否质点系中每个质点对这一固定点动量矩的动量都为0？

（3）质点系动能为0，是否质点系中每个质点的动能都为0？

任意质点系的动能可用柯尼希定理表示。

如图13-1所示，$Oxyz$ 为固定参考系，C 为质点系的质心，$Cx'y'z'$ 为随质心平移的参考系。质点系总质量为 M，质心速度为 $\boldsymbol{v}_C$，第 i 个质点的质量为 m_i，绝对速度为 $\boldsymbol{v}_i$，相对于动参考系 $Cx'y'z'$ 的速度为 $\boldsymbol{v}'_i$。根据点的速度合成定理有 $\boldsymbol{v}_i = \boldsymbol{v}_C + \boldsymbol{v}'_i$，将其代入式（13-2），可得质点系动能为

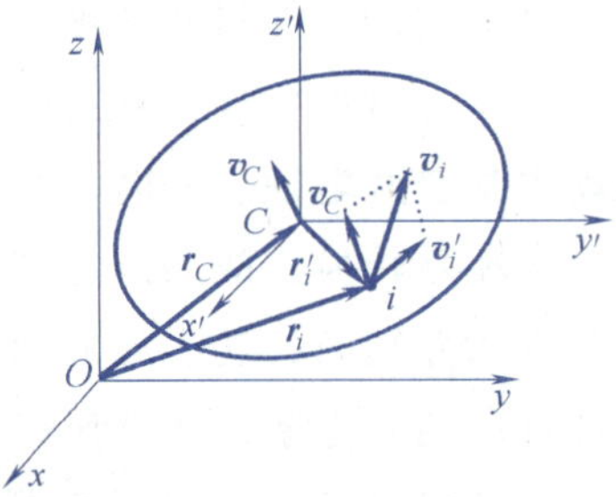

图　13-1

$$\begin{aligned} T &= \frac{1}{2}\sum m_i(v_C + v'_i)\cdot(v_C + v'_i) \\ &= \frac{1}{2}\sum m_i(v_C^2 + v'^2_i + 2v_C\cdot v'_i) \\ &= \frac{1}{2}Mv_C^2 + \frac{1}{2}\sum m_i v'^2_i + v_C\cdot\sum m_i v'_i \end{aligned}$$

注意到 $\sum m_i v'_i = Mv'_C = \mathbf{0}$，则上式简化为

$$T = \frac{1}{2}Mv_C^2 + \frac{1}{2}\left(\sum m_i v'^2_i\right) = T_e + T_r \tag{13-3}$$

式（13-3）表明：**质点系的动能（绝对运动动能）等于质点系随质心的平移动能（牵连运动动能）与相对于以质心为基点的平移系的动能（相对运动动能）之和，**此即**柯尼希（König）定理**。这里再一次看到了质心在动力学中的重要地位。

刚体是工程实际中常见的质点系，刚体的运动形式不同，其动能的表达式也不同。

1. 平动刚体的动能

刚体平动时，刚体质量为 M，其上任意一点质量为 m_i，刚体上各点速度 v_i 都等于质心速度 v_C，所以动能可以写成

$$T = \frac{1}{2}\sum m_i v_C^2 = \frac{1}{2}Mv_C^2 \tag{13-4}$$

可见平动刚体的动能可以将刚体看作质点求动能。即：**平动刚体的动能，等于刚体的质量与其速度平方乘积的一半。**

2. 定轴转动刚体的动能

刚体以角速度 ω 绕 z 轴定轴转动（见图 12-4），刚体上任意一点质量为 m_i，到转轴 z 的垂直距离为 r_i，则任意点的速度 $v_i=\omega r_i$，故刚体的动能为

$$T=\sum \frac{1}{2}m_i v_i^2=\sum \frac{1}{2}m_i(\omega r_i)^2=\frac{1}{2}\left(\sum m_i r_i^2\right)\omega^2=\frac{1}{2}J_z\omega^2 \qquad (13\text{-}5)$$

其中 J_z 是刚体对定轴 z 的转动惯量。即：**定轴转动刚体的动能，等于刚体对转轴转动惯量与角速度平方乘积的一半。**

思考与讨论：

（1）试用柯尼希定理推导平动刚体动能的计算公式。

（2）质量是反映刚体平动惯量的物理量，转动惯量是反映刚体绕固定轴转动惯性的物理量。试对照比较平动与转动刚体动能的表达式，分析其形式上的一致性。

3. 平面运动刚体的动能

刚体做平面运动，可以将其简化为平面图形在 xOy 平面的运动。设刚体质量为 M，质心的速度为 $\boldsymbol{v}_C$，刚体转动的角速度为 ω，如图 13-2 所示。以质心为原点建立平动坐标系，刚体的平面运动可以分解成随质心的平动和绕质心的转动。在随质心平移的参考系 $Cx'y'$ 中，只能看到刚体绕过质心垂直于运动平面的轴做定轴转动。

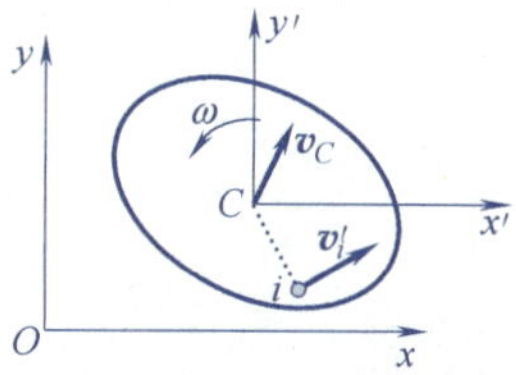

图　13-2

刚体相对于随质心平动坐标系运动的动能为

$$T_r=\frac{1}{2}\left(\sum m_i v_i'^2\right)=\frac{1}{2}J_C\omega^2$$

根据式（13-3），刚体平面运动的动能为

$$T=\frac{1}{2}Mv_C^2+\frac{1}{2}J_C\omega^2 \qquad (13\text{-}6)$$

所以，**平面运动刚体的动能，等于刚体随同质心平动动能与相对质心转动动能之和。** J_C 为刚体对过质心垂直于运动平面之轴的转动惯量。

动能是瞬时量，在任意瞬时刚体平面运动可以看作绕过瞬心 C^* 垂直于运动平面的定轴转动，如图 13-3 所示。此瞬时，刚体上各点速度的分布与绕 C^* 做定轴转动的刚体相同，其动能可表示为

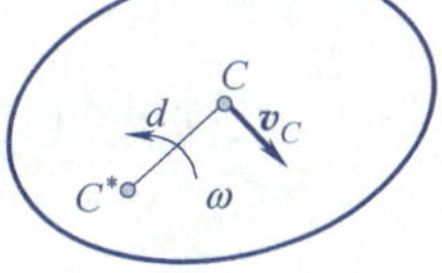

图　13-3

$$T=\frac{1}{2}J_{C^*}\omega^2 \qquad (13\text{-}7)$$

式中，J_{C^*} 为刚体对通过瞬心垂直于运动平面的轴的转动惯量。即：**平面运动刚体在**

任意瞬时的动能，等于刚体对此瞬时瞬心转动惯量与角速度平方乘积的一半。

由转动惯量的平行轴定理：$J_{C^*}=J_C+Md^2$，将其代入上式，可得

$$T=\frac{1}{2}(J_C+Md^2)\omega^2=\frac{1}{2}J_C\omega^2+\frac{1}{2}M(d\omega)^2$$

注意到 $v_C=d\omega$，故求某瞬时平面运动刚体动能时，采用式(13-6)与式(13-7)具有一致性。

思考与讨论：

(1) 试述利用式(13-7)求平面运动刚体动能，在应用时有何局限性？

(2) 根据基点法，刚体的平面运动可以分解成随任意基点的平动和绕任意基点的转动，其动能是否等于刚体随同任意基点平动动能与相对基点转动动能之和？为什么？

例题动画

求解程序

例 13-1 滑块 A 以速度 $\boldsymbol{v}_A$ 在滑道内滑动，其上铰接一质量为 m、长为 l 的均质杆 AB，杆以角速度 ω 绕 A 转动，如图 13-4a 所示。试求当杆 AB 与铅垂线的夹角为 φ 时杆的动能。

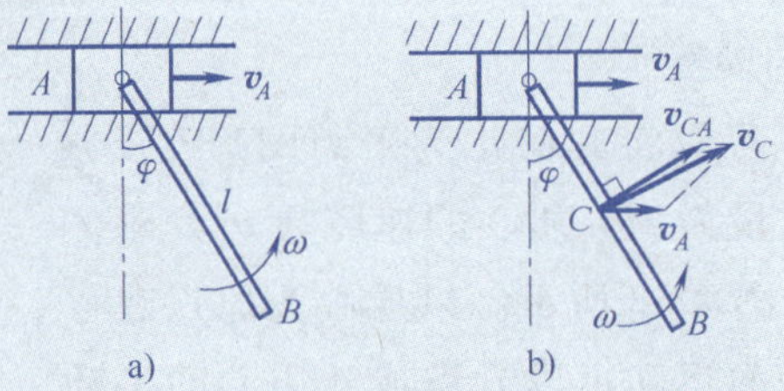

图 13-4

解： AB 杆做平面运动，其质心 C 的速度为

$$\boldsymbol{v}_C=\boldsymbol{v}_A+\boldsymbol{v}_{CA}$$

速度合成矢量图如图 13-4b 所示，由几何法可得

$$v_C^2=v_A^2+v_{CA}^2-2v_Av_{CA}\cos(180°-\varphi)$$

$$=v_A^2+\frac{1}{4}\omega^2l^2+v_Al\omega\cos\varphi$$

则杆的动能

$$T=\frac{1}{2}Mv_C^2+\frac{1}{2}J_C\omega^2$$

$$=\frac{1}{2}M\left(v_A^2+\frac{1}{4}\omega^2l^2+v_Al\omega\cos\varphi\right)+\frac{1}{2}\left(\frac{1}{12}Ml^2\right)\omega^2$$

$$=\frac{1}{2}Mv_A{}^2+\frac{1}{6}Ml^2\omega^2+\frac{1}{2}Mv_Al\omega\cos\varphi$$

思考与讨论：

(1) 例 13-1 中是否可以将 AB 视作绕 A 做定轴转动求 AB 的动能？

(2) 例 13-1 能否用瞬心法求 AB 的动能？

例 13-2　两均质杆 OA 和 AB 的质量均为 m，杆长均为 l，铰接于点 A，如图 13-5 所示，图示当两杆位于铅垂位置时，杆 OA 绕定轴 O 以角速度 ω 逆时针转动，杆 AB 相对于杆 OA 亦以角速度 $\omega_r=\omega$ 逆时针转动，求此瞬时系统的动能。

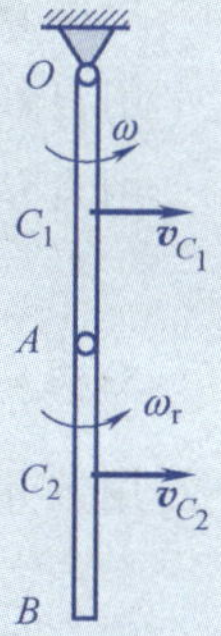

图　13-5

例题动画

求解程序

解： 杆 OA 定轴转动，AB 做平面运动

AB 角速度为 $\omega_{AB}=2\omega$，质心速度 $v_{C_2}=2l\omega$，于是有

$$
\begin{aligned}
T &= T_{OA}+T_{AB}\\
&=\frac{1}{2}J_{O(OA)}\omega^2+\frac{1}{2}mv_{C_2}^2+\frac{1}{2}J_{C_2(AB)}\omega_{AB}{}^2\\
&=\frac{1}{2}\times\frac{1}{3}ml^2\omega^2+\frac{1}{2}m(2l\omega)^2+\frac{1}{2}\times\frac{1}{12}ml^2\times4\omega^2\\
&=\frac{7}{3}ml^2\omega^2
\end{aligned}
$$

13.2　力的功

13.2.1　功的概念

1. 常力的功

作用在质点上的力，使质点产生一段路程，即力对质点做了功，记为 W。功表示力在这段路程内所积累的效应。

物块受恒力 $\boldsymbol{F}$ 作用下沿直线走过位移 $\boldsymbol{r}$，$\boldsymbol{F}$ 与 $\boldsymbol{r}$ 之间的夹角为 θ（图 13-6），则力 $\boldsymbol{F}$ 沿位移 $\boldsymbol{r}$ 所做的功为

$$W=\boldsymbol{F}\cdot\boldsymbol{r}\ 或\ W=Fr\cos\theta \tag{13-8}$$

功等于力乘以质点在力的方向所产生的位移，是代数量。在国际单位制中，功的单位为 N·m（牛·米）或 kg·m^2/s^2（千克·米^2/秒^2），即 J（焦）。

2. 变力的功

若质点 M 在变力 $\boldsymbol{F}$ 的作用下沿曲线 AB 运动（见图 13-7），取微小弧段 ds，可近似看作常力，计算力 $\boldsymbol{F}$ 在微小位移 d$\boldsymbol{r}$ 中所做的功，称为力的元功，记为 δW。

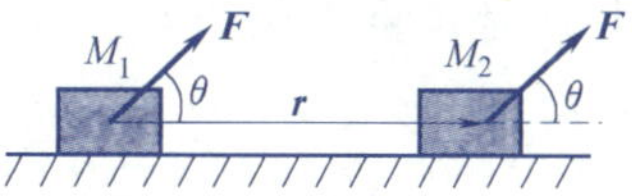

图　13-6

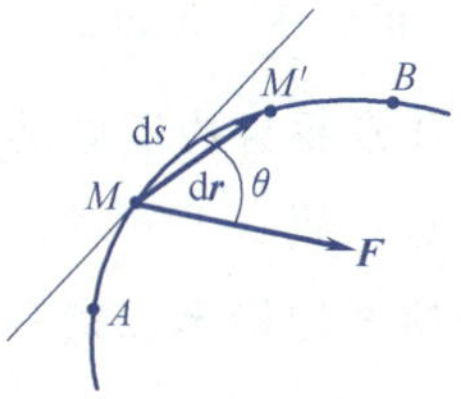

图　13-7

用矢量法表示 $$\delta W=\boldsymbol{F}\cdot \mathrm{d}\boldsymbol{r} \tag{13-9}$$

用自然法表示 $$\delta W=F\cos\theta\cdot \mathrm{d}s=F_{\tau}\mathrm{d}s \tag{13-10}$$

用直角坐标法表示 $$\begin{aligned}\delta W&=(F_x\boldsymbol{i}+F_y\boldsymbol{j}+F_z\boldsymbol{k})\cdot(\mathrm{d}x\boldsymbol{i}+\mathrm{d}y\boldsymbol{j}+\mathrm{d}z\boldsymbol{k})\\&=F_x\mathrm{d}x+F_y\mathrm{d}y+F_z\mathrm{d}z\end{aligned} \tag{13-11}$$

当质点在变力 $\boldsymbol{F}$ 作用下沿曲线自点 A 运动到点 B 时,变力 $\boldsymbol{F}$ 所做的总功

用矢量法表示 $$W=\int_A^B \boldsymbol{F}\cdot \mathrm{d}\boldsymbol{r} \tag{13-12}$$

用自然法表示 $$W=\int_A^B F_{\tau}\mathrm{d}s \tag{13-13}$$

用直角坐标法表示 $$W=\int_A^B F_x\mathrm{d}x+F_y\mathrm{d}y+F_z\mathrm{d}z \tag{13-14}$$

3. 合力的功

若质点同时受到 n 个力$\boldsymbol{F}_1$、$\boldsymbol{F}_2$、…、$\boldsymbol{F}_n$ 的作用，其合力为$\boldsymbol{F}_{\mathrm{R}}=\sum \boldsymbol{F}_i$，则当质点从 A 运动到 B 时，合力$\boldsymbol{F}_{\mathrm{R}}$ 所做的功为

$$\begin{aligned}W&=\int_A^B \boldsymbol{F}_{\mathrm{R}}\cdot \mathrm{d}\boldsymbol{r}=\int_A^B(\boldsymbol{F}_1+\boldsymbol{F}_2+\cdots+\boldsymbol{F}_n)\cdot \mathrm{d}\boldsymbol{r}\\&=\int_A^B \boldsymbol{F}_1\mathrm{d}\boldsymbol{r}+\int_A^B \boldsymbol{F}_2\mathrm{d}\boldsymbol{r}+\cdots+\int_A^B \boldsymbol{F}_n\mathrm{d}\boldsymbol{r}\end{aligned} \tag{13-15}$$

即**作用于质点的合力在任一路程中所做的功，等于各分力在同一路程中所做功的代数和**。

13.2.2 几种常见力的功

1. 重力的功

设质点质量为 m，在重力作用下从 M_1 运动到 M_2。建立如图 13-8 所示直角坐标系，其重力在直角坐标系上的投影为 $F_x=0$，$F_y=0$，$F_z=-mg$，应用式（13-14），重力功为

$$W=\int_{z_1}^{z_2}-mg\mathrm{d}z=mg(z_1-z_2)$$

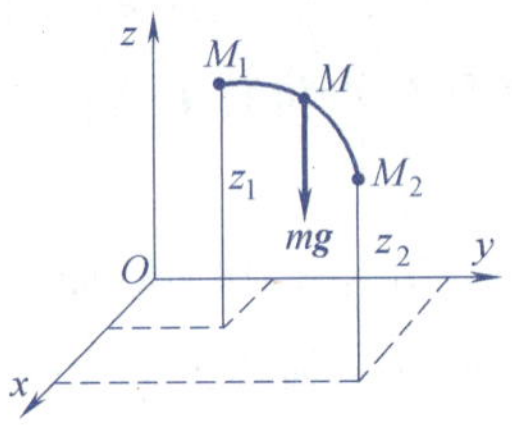

图 13-8

对于质点系，设总质量为 M，每个质点质量为 m_i，z_{i1}、z_{i2} 为每个质点始末状态 z 坐标，z_{C1}，z_{C2} 为质点系质心始末状态 z 坐标，则质点系重力做功为

$$W=\sum m_i g(z_{i1}-z_{i2})=\left(\sum m_i z_{i1}-\sum m_i z_{i2}\right)g=Mg(z_{C1}-z_{C2}) \tag{13-16}$$

即：**质点系重力所做的功，等于质点系重量与质心始末状态高度坐标之差的乘积**。质点系质心下降时，重力做正功；质心上升时，重力做负功。质点系重力做功仅与质心的始末位置有关，而与质心走过的路径无关。

2. 弹性力的功

弹簧一端固定于点 O，另一端固定于质点 M，在弹性力作用下沿图 13-9 所示

轨迹运动。设弹簧原长为 l_0，弹性系数为 k，从点 O 至点 M 作矢径 $\boldsymbol{r}$，在弹性范围内，弹性力 $\boldsymbol{F}$ 与 $\boldsymbol{r}$ 共线，大小与其变形量 δ 成正比，可表示为

$$\boldsymbol{F}=-k(r-l_0)\frac{\boldsymbol{r}}{r}=-k(r-l_0)\boldsymbol{r}_0$$

其中，$\boldsymbol{r}_0=\dfrac{\boldsymbol{r}}{r}$表示径向单位矢量。

质点在 M_1 位置，弹簧被拉伸，变形量 $\delta_1=(r_1-l_0)>0$，质点受拉力作用，方向与矢径$\boldsymbol{r}_1$ 相反；若质点在 M_2 位置，弹簧被压缩，变形量 $\delta_2=(r-l_0)<0$，质点受推力作用，方向与矢径$\boldsymbol{r}_2$ 相同。

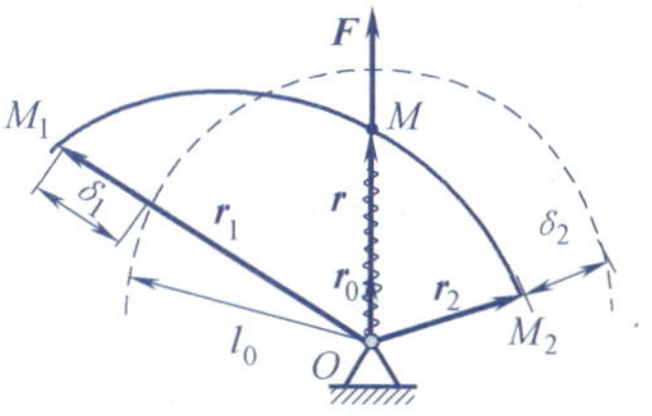

图　13-9

弹性力 $\boldsymbol{F}$ 所做的元功为

$$\mathrm{d}W=\boldsymbol{F}\cdot\mathrm{d}\boldsymbol{r}=-k(r-l_0)\boldsymbol{r}_0\cdot\mathrm{d}\boldsymbol{r}$$

其中，$\boldsymbol{r}_0\cdot\mathrm{d}\boldsymbol{r}=\dfrac{\boldsymbol{r}}{r}\cdot\mathrm{d}\boldsymbol{r}=\dfrac{1}{2r}\mathrm{d}(\boldsymbol{r}\cdot\boldsymbol{r})=\dfrac{1}{2r}\mathrm{d}(r^2)=\mathrm{d}r$，

代入上式可得

$$\mathrm{d}W=-k(r-l_0)\mathrm{d}r$$

因此，质点由从 M_1 运动到 M_2，弹性力 $\boldsymbol{F}$ 所做的功为

$$W=\int_{r_1}^{r_2}-k(r-l_0)\mathrm{d}r=\frac{k}{2}[(r_1-l_0)^2-(r_2-l_0)^2]=\frac{k}{2}(\delta_1^2-\delta_2^2) \tag{13-17}$$

弹性力的功等于弹性系数之半乘以弹簧初始变形平方与弹簧末位置变形平方之差。可见，弹性力做功仅与质点始末位置弹簧变形量有关，与质点运动路径无关。

思考与讨论：

（1）弹性力做功什么情况下可以直接表示为弹性系数之半乘以弹簧变形量的平方？

（2）弹性系数相同的弹簧，是否变形量相同弹性力做功就相同？为什么？

3. 万有引力的功

物体相互吸引的万有引力、电荷或磁极之间的静电引力或磁作用力都是中心力。以万有引力为例，设质量为 m_1 的质点 M 受固定于 O 点质量为 m_2 的质点的引力 $\boldsymbol{F}$ 作用，质点从 M_1 运动到 M_2，如图 13-10 所示。

以 O 为原点，设质点 M 的矢径为 $\boldsymbol{r}$，其单位矢量为$\boldsymbol{r}_0$，由万有引力知

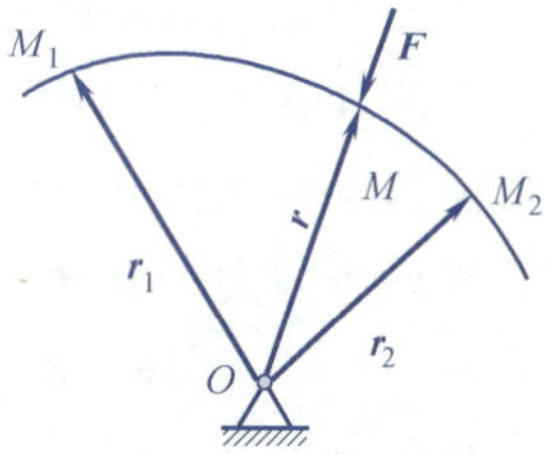

图　13-10

$$\boldsymbol{F}=-G\frac{m_1m_2}{r^2}\boldsymbol{r}_0$$

其中，G 为万有引力常数，$G=6.67\times10^{-11}\mathrm{m}^3/(\mathrm{kg}\cdot\mathrm{s}^2)$，当质点从 M_1 运动到 M_2，引力 $\boldsymbol{F}$ 所做的功可应用式（13-12）得

$$W=\int_{M_1}^{M_2}\boldsymbol{F}\cdot \mathrm{d}\boldsymbol{r}=\int_{M_1}^{M_2}-G\frac{m_1m_2}{r^2}\boldsymbol{r}_0\mathrm{d}\boldsymbol{r}$$

将$\boldsymbol{r}_0\cdot\mathrm{d}\boldsymbol{r}=\mathrm{d}r$代入上式，得

$$W=\int_{r_1}^{r_2}-G\frac{m_1m_2}{r^2}\mathrm{d}r=Gm_1m_2\left(\frac{1}{r_2}-\frac{1}{r_1}\right) \tag{13-18}$$

由此可见，万有引力的功亦只与质点的始末位置有关，而与质点运动的路径无关。

4. 力矩、力偶的功

定轴转动刚体点 M 上作用力 $\boldsymbol{F}$，如图 13-11 所示，当刚体绕转轴 z 转过 φ 角时，力 $\boldsymbol{F}$ 所做的功为

$$W=\int\boldsymbol{F}\cdot\mathrm{d}\boldsymbol{r}=\int(\boldsymbol{F}_\tau+\boldsymbol{F}_\mathrm{n}+\boldsymbol{F}_\mathrm{b})\cdot\mathrm{d}s\boldsymbol{\tau}=\int F_\tau\mathrm{d}s$$

故
$$W=\int_0^{\varphi}F_\tau r\mathrm{d}\varphi=\int_0^{\varphi}M_z(\boldsymbol{F})\mathrm{d}\varphi \tag{13-19}$$

若在转动刚体垂直于转轴的平面内作用一力偶 M，则力偶做功为

$$W=\int_0^{\varphi}M\mathrm{d}\varphi \tag{13-20}$$

若力偶为常量，则 $W=M\varphi$

即**常力偶做功为力偶矩乘以在力偶转向上发生的角位移。**

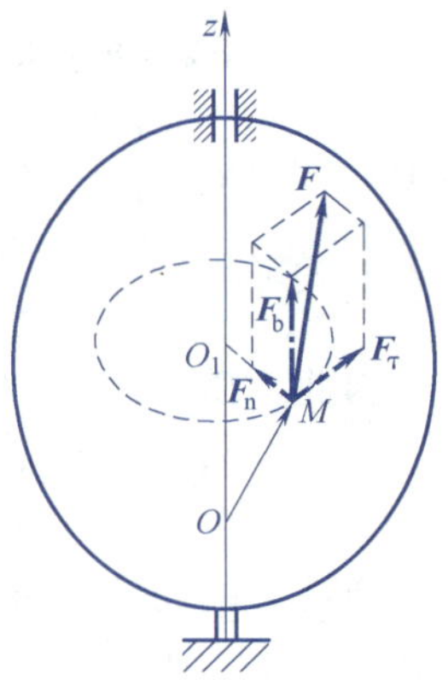

图 13-11

5. 摩擦力的功

若物体受到的摩擦力为动滑动摩擦力，则 $F_\mathrm{d}=f_\mathrm{d}F_\mathrm{N}$，$f_\mathrm{d}$ 为动滑动摩擦系数，F_N 为物体受到的法向反力。若 F_N 为常值，s 为滑动距离，由于摩擦力与物体滑动位移方向相反，故摩擦力的功为

$$W=-\int_0^{s}F_\mathrm{d}\mathrm{d}s=-f_\mathrm{d}F_\mathrm{N}s \tag{13-21}$$

动滑动摩擦力的功与滑动的路程成正比，与物体运动的路径相关。

下面讨论纯滚动时静滑动摩擦力的功。

当刚体在固定平面上做纯滚动时（见图 13-12），受到的静滑动摩擦力$\boldsymbol{F}_\mathrm{s}$作用在瞬心上，由于瞬心速度等于零，因此摩擦力的元功为

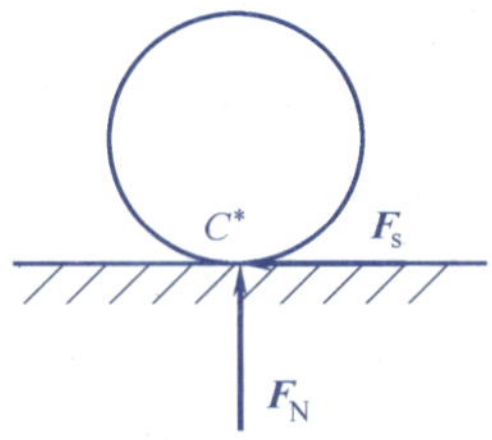

图 13-12

$$\mathrm{d}W=\boldsymbol{F}_\mathrm{s}\cdot\mathrm{d}\boldsymbol{r}=\boldsymbol{F}_\mathrm{s}\cdot\boldsymbol{v}\mathrm{d}t=0$$

故轮做纯滚动时，静滑动摩擦力不做功。

例 13-3 如图 13-13a 所示，滑块重 $P=9.8\mathrm{N}$，弹性系数 $k=0.5\mathrm{N/cm}$，初始滑块在 A 位置时弹簧对滑块的拉力为 2.5N，然后滑块在 $F_\mathrm{T}=20\mathrm{N}$ 绳子拉力作用下沿光滑水平槽从位置 A 运动到位置 B，求作用于滑块上所有力的功。

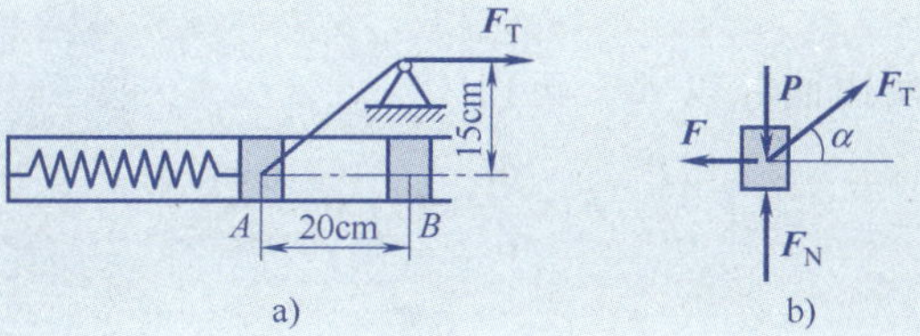

图　13-13

例题动画

求解程序

解： 滑块在任一瞬时受力如图 13-13b 所示。由于 $\boldsymbol{P}$ 与 $\boldsymbol{F}_N$ 始终垂直于滑块位移，它们所做的功为零。只需计算拉力 $\boldsymbol{F}_T$ 与弹性力 $\boldsymbol{F}$ 的功。

先计算拉力 $\boldsymbol{F}_T$ 的功

$$W_T=\int_0^{20}F_T\cos\alpha\mathrm{d}x=\int_0^{20}20\frac{20-x}{\sqrt{(20-x)^2+15^2}}\mathrm{d}x=200\mathrm{N}\cdot\mathrm{cm}$$

再计算弹性力 $\boldsymbol{F}$ 的功

$$W_K=\frac{k}{2}(\delta_1^2-\delta_2^2)=\frac{0.5}{2}\left[\left(\frac{2.5}{0.5}\right)^2-\left(\frac{2.5}{0.5}+20\right)^2\right]\mathrm{N}\cdot\mathrm{cm}=-150\mathrm{N}\cdot\mathrm{cm}$$

故作用于滑块上所有力的功

$$W=W_T+W_K=50\mathrm{N}\cdot\mathrm{cm}$$

思考与讨论：

求拉力 F_T 的功可以将其看作常力求解吗？如何求解？

13.3　质点与质点系的动能定理

13.3.1　质点的动能定理

设质点质量为 m，在合力 $\boldsymbol{F}$ 作用下沿曲线运动，速度为 $\boldsymbol{v}$，据质点运动微分方程的矢量形式

$$m\frac{\mathrm{d}\boldsymbol{v}}{\mathrm{d}t}=\boldsymbol{F}$$

在方程两侧点乘矢量 $\mathrm{d}\boldsymbol{r}$，得 $m\dfrac{\mathrm{d}\boldsymbol{v}}{\mathrm{d}t}\cdot\mathrm{d}\boldsymbol{r}=\boldsymbol{F}\cdot\mathrm{d}\boldsymbol{r}$，即 $m\boldsymbol{v}\cdot\mathrm{d}\boldsymbol{v}=\boldsymbol{F}\cdot\mathrm{d}\boldsymbol{r}$ 其中，$\boldsymbol{v}\cdot\mathrm{d}\boldsymbol{v}=\dfrac{1}{2}\mathrm{d}(\boldsymbol{v}\cdot\boldsymbol{v})=\mathrm{d}\;\dfrac{1}{2}v^2$，代入上式可得 $m\boldsymbol{v}\cdot\mathrm{d}\boldsymbol{v}=\mathrm{d}\left(\dfrac{1}{2}mv^2\right)=\mathrm{d}T$，记 $\boldsymbol{F}\cdot\mathrm{d}\boldsymbol{r}=\delta W$，故

$$\mathrm{d}T=\mathrm{d}\left(\frac{1}{2}mv^2\right)=\delta W \tag{13-22}$$

即质点动能的微小变化等于作用在质点上合力的元功， 这就是**质点动能定理**

的微分形式。

将式（13-22）两边同除以 $\mathrm{d}t$，可得

$$\frac{\mathrm{d}T}{\mathrm{d}t}=\boldsymbol{F}\cdot\frac{\mathrm{d}\boldsymbol{r}}{\mathrm{d}t}=\boldsymbol{F}\cdot\boldsymbol{v}=\frac{\delta W}{\mathrm{d}t} \tag{13-23}$$

记

$$P=\frac{\delta W}{\mathrm{d}t} \tag{13-24}$$

式中，P 为**功率**，是**单位时间内所做的功，表征力做功的快慢程度**。在国际单位制中，功率的单位为 W（瓦特）或 J/s（焦/秒），1W 表示在 1s 内做 1J 的功。

由式（13-23）和式（13-24）可以看出，对于具有一定功率的机械（例如汽车），$\boldsymbol{v}$ 大则 $\boldsymbol{F}$ 小，$\boldsymbol{v}$ 小则 $\boldsymbol{F}$ 大，故汽车爬坡时，常用换挡方法减小速度，以加大牵引力。

若质点 M 沿曲线轨迹由 M_1 运动到 M_2，将式（13-22）沿路径进行积分，得

$$\int_{M_1}^{M_2}\mathrm{d}\left(\frac{1}{2}mv^2\right)=\int_{M_1}^{M_2}\delta W$$

$$\frac{1}{2}mv_2^2-\frac{1}{2}mv_1^2=T_2-T_1=W_{12} \tag{13-25}$$

即质点的动能改变等于运动过程中合力对质点所做的功，这就是**质点动能定理积分形式**。

13.3.2 质点系的动能定理

课程加油站

由 n 个质点组成的质点系，总质量为 M，其中第 i 个质点的质量为 m_i，速度为 $\boldsymbol{v}_i$，根据质点动能定理的微分形式，有

$$\mathrm{d}\left(\frac{1}{2}m_iv_i^2\right)=\delta W_i$$

对质点系中每个质点都可以列出如上的方程后相加，并交换求和与微分运算符号，得

$$\mathrm{d}\sum\left(\frac{1}{2}m_iv_i^2\right)=\sum\delta W_i$$

即

$$\mathrm{d}T=\sum\delta W_i \tag{13-26}$$

质点系动能的微小变化等于作用在质点系上所有力所做元功之和。这就是**质点系动能定理的微分形式**。

对上式积分，得

$$T_2-T_1=\sum W_{12} \tag{13-27}$$

质点系在某一运动过程中，质点系动能的改变量，等于作用在质点系上所有力在这一过程中所做功之和。这就是**质点系动能定理的积分形式**。

1. 作用在质点系上的力分为内力和外力

若将作用在质点系上的力分为内力和外力，则式（13-27）可写为

$$T_2 - T_1 = \sum W_{12}^{(i)} + \sum W_{12}^{(e)}$$

其中，$\sum W_{12}^{(i)}$ 表示作用在质点系上所有内力做功之和，$\sum W_{12}^{(e)}$ 表示作用在质点系上所有外力做功之和。

对于做任意运动的质点系内任意两个质点 A、B，彼此作用一对内力 $\boldsymbol{F}_A$、$\boldsymbol{F}_B$，$\boldsymbol{F}_A = -\boldsymbol{F}_B$，$A$、$B$ 两点的速度分别为 $\boldsymbol{v}_A$、$\boldsymbol{v}_B$，$\boldsymbol{r}_0$ 为点 A 到点 B 所引位矢的单位矢量，如图 13-14 所示。在 dt 时间间隔内，这对内力所做元功之和为

$$\begin{aligned} \mathrm{d}W &= \boldsymbol{F}_A \cdot \boldsymbol{v}_A \mathrm{d}t + \boldsymbol{F}_B \cdot \boldsymbol{v}_B \mathrm{d}t \\ &= F_A \mathrm{d}t\ (\boldsymbol{r}_0 \cdot \boldsymbol{v}_A - \boldsymbol{r}_0 \cdot \boldsymbol{v}_B) \\ &= F_A \mathrm{d}t\ (v_A \cos\theta - v_B \cos\varphi) \end{aligned}$$

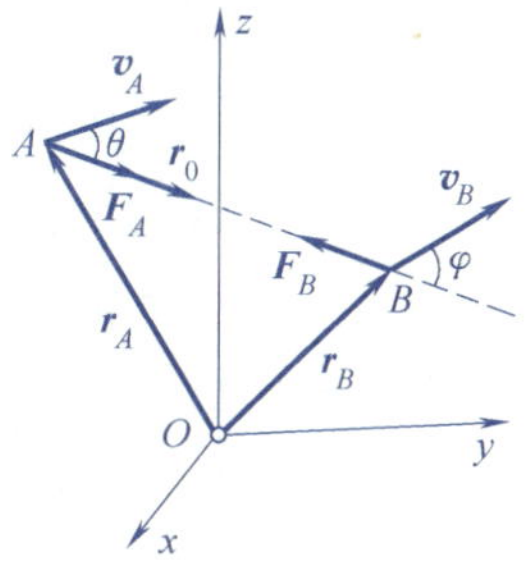

图　13-14

对于任意质点系，任意两点之间的相对距离有可能会发生改变，两点速度在两点连线上的投影不一定相等，内力做功之和不一定为零。例如，将发动机作为整体，缸中膨胀的气体质点之间与气体对活塞及气缸的作用力，自行车的闸块与车圈间的摩擦力，机械系统内部包含发动机或变形元件（如弹簧等）时，内力的功均要考虑。

但对刚体而言，各质点之间的距离保持不变，任意两点速度在两点连线上的投影相等，即 $v_A \cos\theta = v_B \cos\varphi$，从而得出结论：**刚体做任意运动时，其内力的元功之和等于零。**

因此，若质点系全部内力的元功之和为零，则质点系动能定理的积分形式表示为

$$T_2 - T_1 = \sum W_{12}^{(e)} \tag{13-28}$$

思考与讨论：

（1）动量定理中曾经提出过人骑自行车行驶，最终改变质点系动量的是地面给自行车的摩擦力，似乎人蹬自行车的内力大小与自行车的行驶情况无关，这显然不符合实际情况。那么，在描述自行车行驶的运动方程中如何体现内力的作用呢？试用动能定理加以分析。

（2）运动员跑步时，地面与鞋之间的滑动摩擦力做功吗？什么是运动员动量改变的原因？什么是动能改变的原因？

2. 作用在质点系上的力分为主动力和约束力

若将作用在质点系上的力分为主动力和约束力，则质点系的动能定理表示为

$$T_2 - T_1 = \sum W_{12}^{(F)} + \sum W_{12}^{(N)}$$

其中，$\sum W_{12}^{(F)}$ 表示作用在质点系上所有主动力做功之和，$\sum W_{12}^{(N)}$ 表示作用在质点系上所有约束力做功之和。

在实际工程问题中，经常会遇到约束力做功之和为零的情况。静力学部分介

绍了不考虑摩擦的各种约束，例如：光滑接触约束、柔性约束、光滑铰链约束、光滑轴承及刚性二力杆等。根据式（13-9）力的元功的定义，上述约束中或在约束力作用点（作用方向）没有位移或一对约束力做功之和等于零，这种**约束力不做功，或做功之和为零**的约束称为**理想约束**。

在约束均为理想约束的情况下，质点系动能定理积分形式为

$$T_2 - T_1 = \sum W_{12}^{(F)} \tag{13-29}$$

对于做功的约束力如弹性力及摩擦力，则将其视为主动力处理。

例题动画

求解程序

例 13-4 如图 13-15a 所示，重为 G、半径为 r 的均质圆轮 B，在圆轮上作用一矩为 M 的力偶，借助于细绳提升重为 P 的重物 C。初始静止，求重物 C 上升高度为 h 时的加速度 $\boldsymbol{a}$。

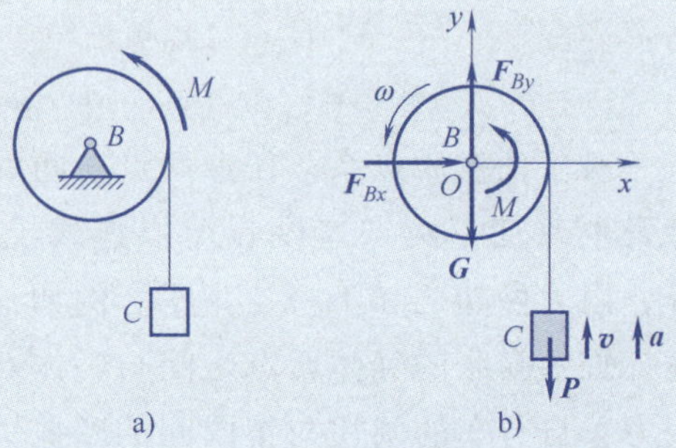

图 13-15

解： 以轮和重物整体为研究对象，受力如图 13-15b 所示。

假设物块 C 上升高度 h 时的速度为 $\boldsymbol{v}$，加速度为 $\boldsymbol{a}$，圆轮 B 的角速度 $\omega=\dfrac{v}{r}$，方向如图 13-5b 所示。

初始系统动能 $\qquad T_1=0$

上升高度 h 时系统的动能为

$$T_2=\frac{1}{2}\frac{P}{g}v^2+\frac{1}{2}\left(\frac{1}{2}\frac{G}{g}r^2\right)\left(\frac{v}{r}\right)^2=\frac{2P+G}{4g}v^2$$

主动力所做的功为 $\qquad \sum W_{12}^{(F)}=M\dfrac{h}{r}-Ph$

代入质点系动能定理的积分形式 $\quad T_2-T_1=\sum W_{12}^{(F)}$

可得

$$\frac{2P+G}{4g}v^2=M\frac{h}{r}-Ph$$

对上式求导，有

$$\frac{2P+G}{2g}va=M\frac{v}{r}-Pv$$

解得

$$a=\frac{2(M-Pr)}{(2P+G)r}g$$

若求固定铰支座 B 的约束反力，可根据动量定理进一步求解。

例 13-5 如图 13-16a 所示，质量为 m、长度为 l 的均质杆 OA，求由水平位置静止开始转动，转过 θ 角时杆 OA 的角速度 ω、角加速度 α。

解： 研究杆 OA，设转过 θ 角时杆 OA 的角速度 ω、角加速度为 α，受力如图 13-16b 所示。

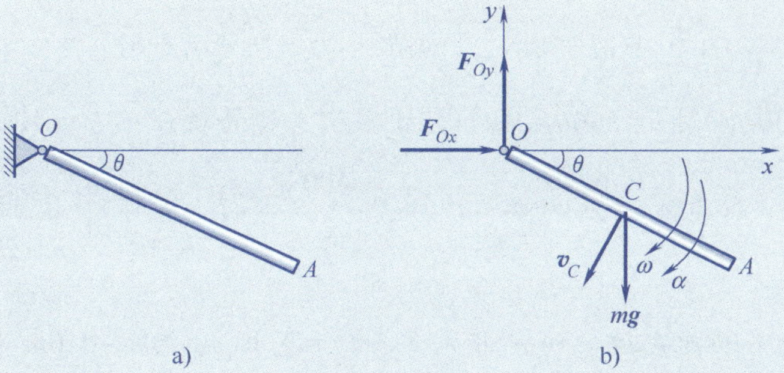

图　13-16

初始 OA 杆动能　　$T_1=0$

设转过 θ 角时 OA 杆动能　$T_2=\frac{1}{2}\left(\frac{1}{3}ml^2\right)\omega^2$

主动力做功为　　$\sum W_{12}^{(F)}=mg\frac{l}{2}\sin\theta$

代入质点系动能定理的积分形式 $T_2-T_1=\sum W_{12}^{(F)}$，有

$$\frac{1}{2}\left(\frac{1}{3}ml^2\right)\omega^2=mg\frac{l}{2}\sin\theta \tag{a}$$

解得　　$\omega=\sqrt{\frac{3g\sin\theta}{l}}$

对式（a）求导，有　$\frac{1}{3}ml^2\omega\alpha=mg\frac{l}{2}\omega\cos\theta$

解得　　$\alpha=\frac{3g\cos\theta}{2l}$

若求固定铰支座 O 的约束反力，可根据动量定理进一步求解。

例题动画

求解程序

例 13-6　图 13-17 所示机构，均质杆质量 $m=10\text{kg}$，长 $l=60\text{cm}$，两端与不计重量的滑块铰接，滑块可在光滑槽内滑动，弹簧的弹性系数 $k=400\text{N/m}$。在图示 $\theta=30°$ 位置，系统静止，弹簧的伸长为 20cm，然后无初速释放，求当杆到达铅垂位置时的角速度。

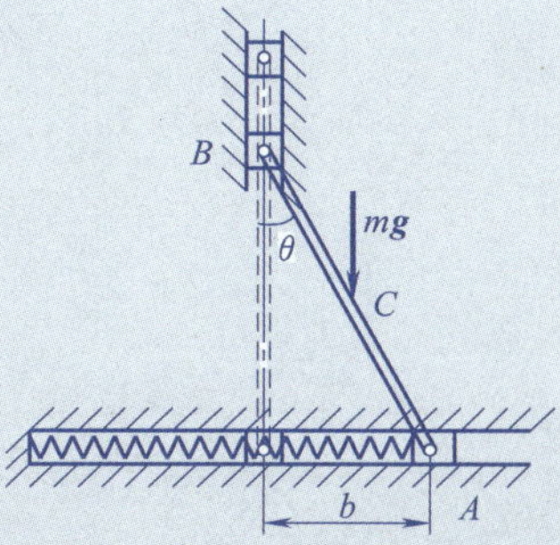

图　13-17

解： 以系统为研究对象，运动初瞬时动能 $T_1=0$。

当杆运动到铅垂位置时，其速度瞬心为杆端 B，设此时杆的角速度为 ω，则此时系统的动能

$$T_2=\frac{1}{2}J_B\omega^2=\frac{1}{2}\left(\frac{1}{3}ml^2\right)\omega^2=0.6\omega^2\text{N}\cdot\text{m}$$

在系统运动过程中，只有重力和弹性力做功，所有力做的功为

例题动画

求解程序

$$\sum W_{12} = mg\frac{l}{2}(\cos\theta - 1) + \frac{k}{2}(\delta_1^2 - \delta_2^2)$$

初始 $\theta = 30°$，则 $b = l\sin\theta = 30\text{cm}$，故末状态弹簧被压缩 $\delta_2 = 10\text{cm}$，故

$$\sum W_{12} = \left[10 \times 9.8 \times \frac{0.6}{2}(\cos 30° - 1) + \frac{400}{2}(0.2^2 - 0.1^2)\right]\ \text{N} \cdot \text{m} = 2.06\text{N} \cdot \text{m}$$

代入质点系动能定理的积分形式 $T_2 - T_1 = \sum W_{12}$，可得 $0.6\omega^2 = 2.06$，解得 $\omega = 1.85\text{rad/s}$

思考与讨论：

（1）内力不能改变质点系的动量、动量矩，能改变质点系的动能吗？外力能改变质点系的动量、动量矩，一定能改变质点系的动能吗？

（2）试用动能定理求解例 12-8，体会整体系统的外约束越多，采用动能定理求解比动量矩定理求解的优势就越突出，为什么？

（3）例 13-6 中，是否可以对解出的角速度求导求其角加速度？为什么？

例题动画

求解程序

例 13-7 图 13-18a 所示系统中，连杆 OA、AB 皆长 l，均质杆 OA 质量为 m，AB 质量忽略不计，均质圆盘质量为 m，半径为 $r = l/3$，在水平地面做纯滚动。在 A 点作用一铅垂方向的常力 $\boldsymbol{P}$，初始 OA 与水平方向夹角为 θ_0，且系统静止。求连杆 OA 运动到水平位置时的角速度及角加速度。

解： 以系统为研究对象，受力如图 13-18b 所示。

运动初瞬时动能 $$T_1 = 0$$

当杆 OA 运动到与水平方向夹角为 θ 时，杆 AB 速度瞬心为 C^*，设此时杆 OA 的角速度为 ω_{OA}，杆 AB 的角速度为 ω_{AB}，如图 13-18c 所示，此时系统的动能

$$T_2 = \frac{1}{2}J_O\omega_{OA}^2 + \frac{1}{2}J_D\omega_B^2$$

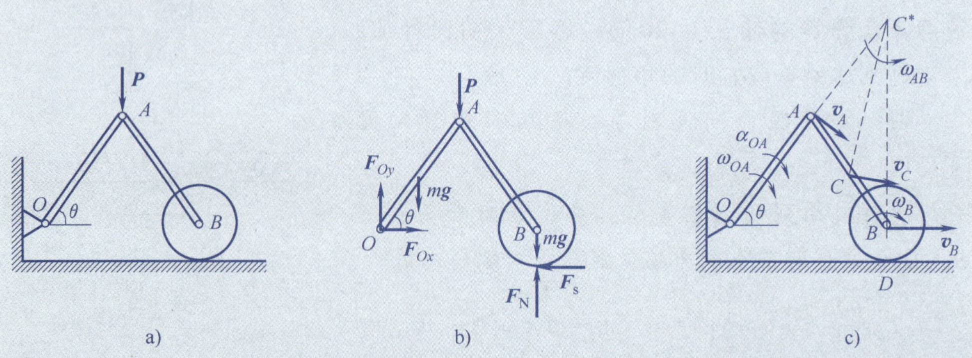

图 13-18

由运动学关系，有

$$\omega_{OA}=\omega_{AB},\omega_B=\frac{v_B}{r}=\frac{BP\cdot\omega_{AB}}{r}=6\sin\theta\omega_{AB}$$

故

$$T_2=\frac{1}{2}\left(\frac{1}{3}ml^2\right)\omega_{OA}^2+\frac{1}{2}\left(\frac{3}{2}mr^2\right)\omega_B^2$$

$$=\left(\frac{1}{6}ml^2+3ml^2\sin^2\theta\right)\omega_{OA}^2$$

系统运动过程中，所有主动力所做的功为

$$\sum W_{12}^{(F)}=\left(mg\frac{l}{2}+Pl\right)(\sin\theta_0-\sin\theta)$$

代入质点系动能定理的积分形式 $T_2-T_1=\sum W_{12}^{(F)}$，得

$$\left(\frac{1}{6}ml^2+3ml^2\sin^2\theta\right)\omega_{OA}^2=\left(\frac{1}{2}mg+P\right)l(\sin\theta_0-\sin\theta) \tag{a}$$

运动到水平位置时，$\theta=0°$，代入式（a）可得

$$\frac{1}{6}ml^2\omega_{OA}^2=\left(\frac{1}{2}mg+P\right)l\sin\theta_0$$

解得

$$\omega_{OA}=\sqrt{\frac{3(mg+2P)\sin\theta_0}{ml}}$$

对式（a）求导有

$$\frac{1}{3}ml^2\omega_{OA}\alpha_{OA}-6ml^2\sin\theta\cos\theta\omega_{OA}^3+6ml^2\sin^2\theta\omega_{OA}\alpha_{OA}=\left(\frac{1}{2}mg+P\right)l\cos\theta\omega_{OA}$$

代入 $\theta=0°$，整理后解得　$\alpha_{OA}=\dfrac{3(mg+2P)}{2ml}$

思考与讨论：

（1）是否可以直接求连杆 OA 从初始与水平方向夹角 θ_0 位置运动到水平位置过程中主动力的功，然后代入动能定理求连杆 OA 运动到水平位置时的角速度？

（2）本题为什么要求连杆 OA 运动到任意位置时的角速度？

（3）为什么本题中 $\omega_{OA}=-\mathrm{d}\theta/\mathrm{d}t$，$\alpha_{OA}=\omega_{OA}/\mathrm{d}t$？

13.4　势能与机械能守恒定律

13.4.1　有势力与势能

1. 势力场与有势力

如果物体在某空间受到的力完全由其所在位置确定，则此空间称为**力场**。当物体在某力场中运动时，力所做的功与物体运动的轨迹形状即中间路径无关，或

者沿任何闭合路径运行一周时，力所做的功为零，这种力场就称为**有势力场或保守力场**，相应的这种力就称为**有势力或保守力**。反之，如果力所做的功与中间路径有关，或沿任何闭合路径运行一周，力所做的功不为零，那么这种力就叫作**非保守力**。重力、牛顿引力、弹性力等都是保守力，动滑动摩擦力所做的功一般与路径有关，是非保守力。

2. 质点的势能

有势力作用下的质点，在某一位置的势能是指质点在这一位置所具有对外界做功的能力。因此定义：在势力场中，质点的势能 V 等于质点从所处位置 M 回到势能零点 M_0 时，有势力做功的代数和，用 V 表示为

$$V=\int_{M}^{M_0}\boldsymbol{F}\cdot \mathrm{d}\boldsymbol{r}=\int_{M}^{M_0}(F_x\mathrm{d}x+F_y\mathrm{d}y+F_z\mathrm{d}z) \tag{13-30}$$

（1）重力场中的势能

重力场中，任取一直角坐标系，z 轴方向垂直向上，取零势能点 M_0 的坐标为（x_0，y_0，z_0），根据式（13-30），则点 M（x，y，z）的势能为

$$V=\int_{z}^{z_0}-mg\mathrm{d}z=mg(z-z_0) \tag{13-31}$$

（2）弹性力场中的势能

设弹簧的弹性系数为 k，在零势能点 M_0 的变形量为 δ_0，在 M 处的变形量为 δ，根据式（13-30）和式（13-17），则点 M 的势能为

$$V=\frac{k}{2}(\delta^2-\delta_0^2) \tag{13-32}$$

势能的大小与正负都是相对于零势能位置而言的，确定质点的势能之前，首先必须选定零势能位置，零势能点的位置可以任意选取。

3. 质点系的势能

对于质点系，其在势力场中若受多个有势力作用时，各势能可有各自的零势能点。计算质点系在某位置的势能，需选取质点系的零势能位置，即各质点系处于其零势能点的一组位置。质点系从某位置运动到零势能位置时，各有势力所做功的代数和称为质点系在该位置的势能。

例如，质点系在重力场中运动，取质点系零势能位置的坐标为 z_{10}、z_{20}、…、z_{n0}，则质点系在位置坐标为 z_1、z_2、…、z_n 位置时的势能为

$$V=\sum m_i g(z_i-z_{i0})=Mg(z_C-z_{C0}) \tag{13-33}$$

4. 有势力的功与势能的关系

质点系在势力场中运动，有势力的功可通过势能来计算。有势力做正功，其势能相应降低；有势力做负功，其势能相应增加。若以 δW 表示有势力的元功，δV 表示势能微小变化，则有

$$\delta W=-\mathrm{d}V \tag{13-34}$$

即**有势力的元功等于其势能的全微分并冠以负号**。对式（13-34）积分得

$$W_{12}=V_1-V_2 \tag{13-35}$$

即**有势力作用点从初位置 1 到末位置 2 时，该力所做的功等于其初、末位置的势能差**。

5. 势力场的其他性质

(1) 有势力在直角坐标轴上的投影等于势能对该坐标的偏导数冠以负号。

由势能的概念及计算可知，质点系在势力场中的势能，由其所在位置唯一确定，是其所在位置的单值函数，即 $V=V(x, y, z)$。所以势能的全微分可以写作偏导数的和，即

$$\mathrm{d}V=\frac{\partial V}{\partial x}\mathrm{d}x+\frac{\partial V}{\partial y}\mathrm{d}y+\frac{\partial V}{\partial z}\mathrm{d}z$$

有势力 F 的元功 $\delta W=F_x\mathrm{d}x+F_y\mathrm{d}y+F_z\mathrm{d}z$，由式 (13-34) 可得

$$F_x\mathrm{d}x+F_y\mathrm{d}y+F_z\mathrm{d}z=-\frac{\partial V}{\partial x}\mathrm{d}x-\frac{\partial V}{\partial y}\mathrm{d}y-\frac{\partial V}{\partial z}\mathrm{d}z$$

故

$$F_x=-\frac{\partial V}{\partial x},\quad F_y=-\frac{\partial V}{\partial y},\quad F_z=-\frac{\partial V}{\partial z} \tag{13-36}$$

即**有势力在坐标轴上的投影等于其势能对相应坐标偏导数的负值**。

也可以将有势力表示为 $\boldsymbol{F}=-\mathbf{grad}V$，其中 $\mathbf{grad}=\frac{\partial V}{\partial x}\boldsymbol{i}+\frac{\partial V}{\partial y}\boldsymbol{j}+\frac{\partial V}{\partial z}\boldsymbol{k}$，即有势力等于其势能梯度的负值。

(2) 在势力场中势能相同的各点构成等势面。

当质点势能 $V(x, y, z)=C$ 时，这个方程代表一个曲面（或平面），质点在该曲面任意点的势能相等，该曲面称为等势面。当 C 为零时，质点在该曲面任意点的势能等于零，称为零势能面。

重力场中，$V=mg(z-z_0)=C$，即 $z=C_0$ 为等势面方程，等势面为水平平面。弹性力场中，$V=\frac{k}{2}(\delta^2-\delta_0^2)=C$，即 $\delta^2=C_0$ 为等势面方程，即等势面为以弹簧的固定端为中心的球面。

势力场中任何一点的势能只有一个数值，此点只通过一个等势能面，即等势能面不相交。

(3) 有势力方向垂直于等势面，指向势能减少的方向。

设质点在等势面上运动，则有势力 F 在等势面上任意微小位移 $\mathrm{d}\boldsymbol{r}$ 上所做的元功为 $\delta W=\boldsymbol{F}\cdot\mathrm{d}\boldsymbol{r}=0$，又力 $\boldsymbol{F}$ 与 $\mathrm{d}\boldsymbol{r}$ 均不为零，所以 $\boldsymbol{F}$ 与 $\mathrm{d}\boldsymbol{r}$ 垂直，即有势力 $\boldsymbol{F}$ 垂直于等势面。

设质点 M 在有势力作用下沿力的方向产生位移 $\mathrm{d}\boldsymbol{r}$，由等势面 V_1 移动到 V_2，如图 13-19 所示。力 $\boldsymbol{F}$ 做正功，$\delta W=\boldsymbol{F}\cdot\mathrm{d}\boldsymbol{r}>0$，由式 (13-35) 得 $\delta W=V_1-V_2>0$，因此 $V_1>V_2$，可见有势力的方向指向势能减小的方向。

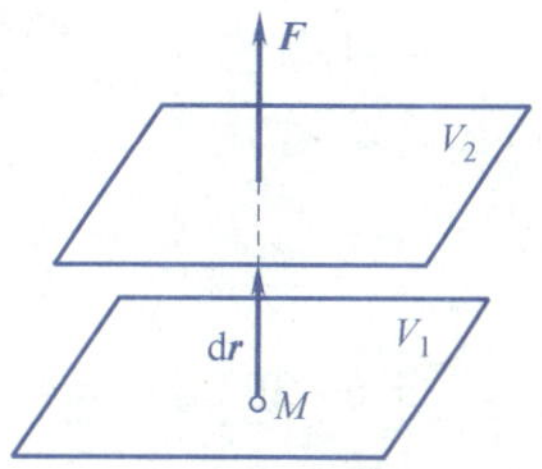

图　13-19

13.4.2 机械能守恒定律

质点系在某瞬时动能和势能的代数和称为质点系的**机械能**。

当质点系在有势力作用下从位形 1 运动到位形 2，根据质点系动能定理

$$T_2-T_1=W_{12}$$

若所有做功的力均为有势力，根据式（13-35），$W_{12}=V_1-V_2$，于是有

$$T_2-T_1=V_1-V_2$$

或

$$T_1+V_1=T_2+V_2 \tag{13-37}$$

即质点系仅在有势力作用下运动时，其机械能保持不变，这就是机械能守恒定律。这样的质点系称为**保守系统**。

若质点系还受到非有势力作用，设有势力做功为 W_{12}，非有势力做功为 W'_{12}，由动能定理

$$T_2-T_1=W_{12}+W'_{12}$$

又 $W_{12}=V_1-V_2$，于是有 $T_2-T_1=V_1-V_2+W'_{12}$

或

$$(T_2+V_2)-(T_1+V_1)=W'_{12} \tag{13-38}$$

可见，当系统受到非有势力做功时，其机械能不守恒，这种系统称为**非保守系统**。若质点系受非有势力做负功时，W'_{12}为负，质点系在运动过程中机械能减小，称为**机械能耗散**；当质点系受到非有势力做正功时，W'_{12}为正，质点系在运动过程中机械能增加，则外界对系统输入了能量。

机械能守恒定律表明了能量不会消失，也不能创造，只能从一种形式转换为另一种形式。

例 13-8 试用机械能守恒定律求解例 13-6。

例题动画

解： 以系统为研究对象，由于系统在运动过程中仅受有势力作用，故机械能守恒。设水平滑槽所在位置为重力势能零点，弹簧自然长度时为弹性势能零点。

设运动初瞬时系统动能为 T_1，势能为 V_1；当杆运动到铅垂位置时，系统动能为 T_2，势能为 V_2；

运动初瞬时系统静止，且弹簧伸长为 20cm，故

$$T_1=0,\ V_1=mg\frac{l}{2}\cos\theta+\frac{k}{2}\delta^2=\left(10\times9.8\times\frac{0.6}{2}\cos30°+\frac{400}{2}\times0.2^2\right)\text{N}\cdot\text{m}=33.46\text{N}\cdot\text{m}$$

当杆运动到铅垂位置时，其速度瞬心为杆端 B，设此时杆的角速度为 ω，此时系统动能

求解程序

$$T_2=\frac{1}{2}J_B\omega^2=\frac{1}{2}\left(\frac{1}{3}ml^2\right)\omega^2=0.6\omega^2\text{N}\cdot\text{m}$$

当 $\theta=30°$时，$b=l\sin\theta=30\text{cm}$，故末状态弹簧被压缩 $\delta_2=10\text{cm}$，于是势能

$$V_2=mg\frac{l}{2}+\frac{k}{2}\delta^2=\left(10\times9.8\times\frac{0.6}{2}+\frac{400}{2}\times0.1^2\right)\text{N}\cdot\text{m}=31.4\text{N}\cdot\text{m}$$

代入机械能守恒定律　　$T_1+V_1=T_2+V_2$

可得　　$\omega=1.85\text{rad/s}$

思考与讨论：

弹性势能原点是否可以选初始弹簧伸长的位置？求解过程有何不同？

13.5 动力学普遍定理的综合应用

动力学普遍定理包括动量定理、动量矩定理和动能定理，它们从不同角度研究了质点或质点系的运动量（动量、动量矩、动能）的变化与力的作用量（冲量、力矩、功等）之间的关系。三个定理以简明的数学形式建立了这两组物理量之间的对应关系，从不同的侧面描绘了质点系运动的动力学过程。虽然三个定理都是在牛顿定律基础上导出的，但在经典力学以外的物理学领域内，动量守恒、动量矩守恒和能量守恒作为普遍的自然规律依然存在。从这个意义上说，动力学普遍定理比牛顿定律具有更广泛的意义。

课程加油站

动力学普遍定理的综合应用，一方面指对一个问题可用不同的定理求解，此时可选择最合适的定理，用最简单的方法求解；另一方面指对一个问题需用几个定理联合应用才能求解。综合应用动力学普遍定理分析解决力学问题的基本方法包括以下几个方面。

1. 已知质点系的运动情况求约束反力

一般用动量定理、质心运动定理，若约束反力对转轴之矩不为零，还可用动量矩定理。

2. 已知质点系的受力状态求其运动情况

（1）求系统运动的路程、角位移

一般选用动能定理。

（2）求系统运动的速度、角速度

多采用用动能定理或机械能守恒定律；若质点系所受外力的主矢为零或在某轴上的投影为零时，可用动量守恒定律；若质点系所受外力对某固定轴的矩的代数和为零，可用动量矩守恒定律。

（3）求系统运动的加速度、角加速度

选取系统为研究对象，常用动量定理、质心运动定理求解，还可以对动能定理求导得加速度，亦可对系统采用对固定轴的动量矩定理求解；研究定轴转动的刚体，多用定轴转动微分方程；对平面运动的刚体，则用平面运动微分方程。

3. 已知初始条件及主动力，求系统在某位置的约束反力

一般先通过动能定理求系统在任意位置的运动情况，再用动量定理或质心运动定理求约束反力。

例题动画

求解程序

例 13-9 如图 13-20a 所示均质等截面折杆 OAC 质量为 $3m$，OA 段长 $2l$，AC 段长 l，OA 垂直于 AC，初始时 OA 处于水平位置，静止释放后求 OA 处于铅垂位置时折杆的角速度、角加速度以及固定铰支座 O 处的约束力。

解： 研究折杆 OAC，设 OA 处于铅垂位置时折杆的角速度为 ω、角加速度为 α，受力如图 13-20b 所示。

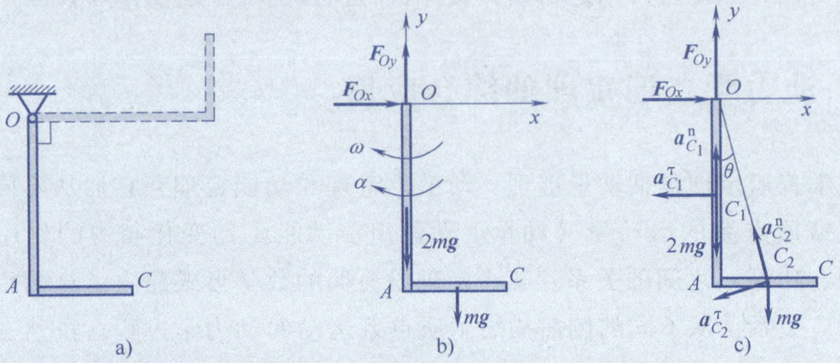

图 13-20

(1) 动能定理求角速度

初始时折杆 OAC 动能 $T_1=0$

设转过 θ 角时折杆 OAC 动能 $T_2=\dfrac{1}{2}J_O\omega^2$

其中，$J_O=\dfrac{1}{3}2m(2l)^2+\left[\dfrac{1}{12}ml^2+m\left(4l^2+\dfrac{l^2}{4}\right)\right]=7ml^2$

代入上式可得 $T_2=\dfrac{7}{2}ml^2\omega^2$

主动力做功为 $\sum W_{12}^{(F)}=2mgl+mg\left(2l+\dfrac{l}{2}\right)=\dfrac{9}{2}mgl$

代入质点系动能定理的积分形式 $T_2-T_1=\sum W_{12}^{(F)}$，整理有

$$\frac{7}{2}ml^2\omega^2=\frac{9}{2}mgl$$

求得

$$\omega=\sqrt{\frac{9g}{7l}}$$

(2) 定轴转动微分方程求角加速度

折杆 OAC 绕转轴 O 做定轴转动，当 OA 处于铅垂位置时，设其角加速度为 α。

根据定轴转动微分方程 $J_O\alpha=\sum M_O(\boldsymbol{F}_i^{(e)})$

其中，$J_O=7ml^2$，$\sum M_O(\boldsymbol{F}_i^{(e)})=mg\dfrac{l}{2}$

代入上式可得 $7ml^2\alpha=mg\dfrac{l}{2}$

解得
$$\alpha=\frac{g}{14l}$$

(3) 根据质心运动定理求 O 处约束力

OA 段质心 C_1 与 AC 段质心 C_2 加速度分析如图 13-20c 所示，根据质心运动定理有

$$-2ma_{C_1}^{\tau}-ma_{C_2}^{\tau}\cos\theta-ma_{C_2}^{n}\sin\theta=F_{Ox}$$

$$2ma_{C_1}^{n}-ma_{C_2}^{\tau}\sin\theta+ma_{C_2}^{n}\cos\theta=F_{Oy}-2mg-mg$$

其中，$OC_2=\sqrt{4l^2+(l/2)^2}=\frac{\sqrt{17}}{2}l$

$$\cos\theta=\frac{2l}{OC_2}=\frac{4\sqrt{17}}{17},\quad \sin\theta=\frac{l/2}{OC_2}=\frac{\sqrt{17}}{17}$$

$$a_{C_1}^{\tau}=l\alpha, a_{C_1}^{n}=l\omega^2, a_{C_2}^{\tau}=OC_2\alpha, a_{C_2}^{n}=OC_2\omega^2$$

代入解得 $F_{Ox}=-\frac{13}{14}mg=-0.93mg$，$F_{Oy}=\frac{227}{28}mg=8.11mg$

例 13-10　在图 13-21a 所示机构中，已知物块 A 的质量为 m，鼓轮 B 的质量为 $M=2m$，内径为 r，外径为 $R=2r$，对其中心轴的回转半径为 $\rho=\sqrt{2}r$，均质轮 C 的质量为 m，半径为 r，中心系一弹性系数为 k 的弹簧，在水平面上做纯滚动。假设绳子不可伸长，与滑轮间无相对滑动，轴承 O 处摩擦和绳子、弹簧重量都不计。在弹簧无变形时将系统静止释放，试求：(1) 物块 A 下落 h 高度时，轮 C 中心的速度和加速度；(2) 水平绳 CD 的张力；(3) 水平面与滚子 C 之间的摩擦力。

例题动画

求解程序

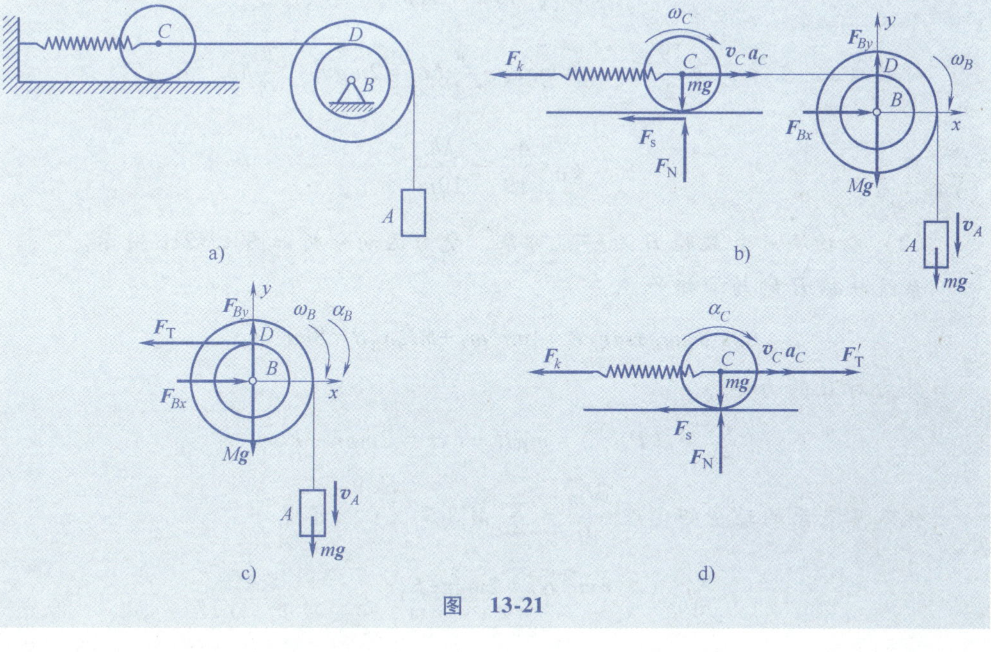

图　13-21

解：(1) 以系统为研究对象，受力运动分析如图 13-21b 所示。

运动初瞬时动能 $T_1=0$

设物块 A 下落 h 高度时，轮 C 中心的速度和加速度为 $\boldsymbol{v}_C$、$\boldsymbol{a}_C$，此时系统动能

$$T_2=\frac{1}{2}mv_C^2+\frac{1}{2}J_C\omega_C^2+\frac{1}{2}J_B\omega_B^2+\frac{1}{2}mv_A^2$$

由运动学关系可知

$$v_C=\omega_C r=\omega_B r$$

$$v_A=\omega_B R=2v_C$$

其中

$$J_C=\frac{1}{2}mr^2$$

$$J_B=M\rho^2=4mr^2$$

故 $T_2=\dfrac{1}{2}mv_C^2+\dfrac{1}{2}\left(\dfrac{1}{2}mr^2\right)\dfrac{v_C^2}{r^2}+\dfrac{1}{2}(4mr^2)\dfrac{v_C^2}{r^2}+2mv_C^2=\dfrac{19}{4}mv_C^2$

系统运动过程中，所有力所做的功为

$$\sum W_{12}=mgh+\frac{k}{2}\left[0^2-\left(\frac{h}{R}r\right)^2\right]=mgh-\frac{k}{8}h^2$$

代入质点系动能定理的积分形式 $T_2-T_1=\sum W_{12}$，有

$$\frac{19}{4}mv_C^2=mgh-\frac{k}{8}h^2 \tag{a}$$

解得

$$v_C=\sqrt{\frac{4gh}{19}-\frac{kh^2}{38m}}$$

对式 (a) 求导，得 $\dfrac{19}{2}mv_C a_C=mgv_A-\dfrac{k}{4}hv_A=2mgv_C-\dfrac{k}{2}hv_C$

解得

$$a_C=\frac{4g}{19}-\frac{kh}{19m}$$

(2) 以物块 A 和鼓轮 B 为研究对象，受力运动分析如图 13-21c 所示。

系统转轴 B 的动量矩为

$$L_B=J_B\omega_B+mv_A R=4mr^2\omega_B+mR\omega_B R=8mr^2\omega_B$$

外力对 B 的力矩为

$$\sum M_B(\boldsymbol{F}_i^{(e)})=mgR-F_{\mathrm{T}}r=2mgr-F_{\mathrm{T}}r$$

代入质点系的动量矩定理 $\dfrac{\mathrm{d}L_B}{\mathrm{d}t}=\sum M_B(\boldsymbol{F}_i^{(e)})$，可得

$$8mr^2\alpha_B=2mgr-F_{\mathrm{T}}r$$

其中，
$$a_C = r\alpha_B = \frac{4g}{19} - \frac{kh}{19m}$$

解得
$$F_T = \frac{6}{19}mg + \frac{8kh}{19}$$

（3）以轮 C 为研究对象，受力运动分析如图 13-21d 所示。

由平面运动微分方程，有

$$ma_C = F'_T - F_k - F_s \tag{b}$$

$$\frac{1}{2}mr^2\alpha_C = F_s r \tag{c}$$

轮 C 做纯滚动，有

$$a_C = r\alpha_C \tag{d}$$

$$F_k = k\frac{h}{2} \tag{e}$$

解得
$$F_s = \frac{F'_T - F_k}{3} = \frac{2}{19}mg - \frac{kh}{38}$$

例 13-11　如图 13-22a 所示，质量为 $M = 2.97$kg，长为 $L = 1.0$m 的均质等截面细杆可绕水平光滑的轴 O 转动，最初杆静止于竖直方向。一弹片质量为 $m = 10$g，以水平速度 $v = 200$m/s 射出并嵌入杆的下端，和杆一起运动，求杆的最大摆角。

例题动画

求解程序

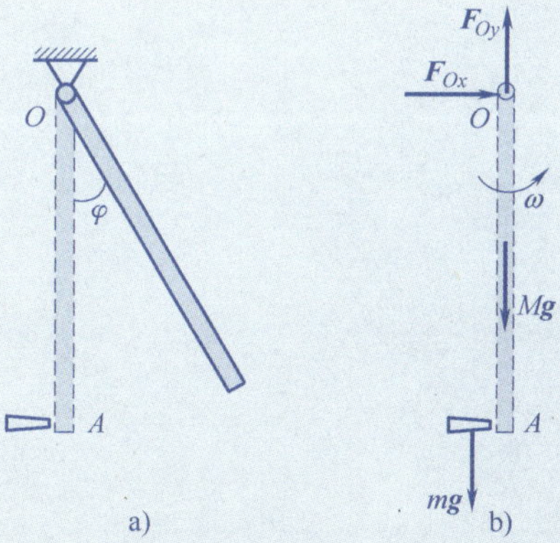

图　13-22

解： 以杆和子弹为系统进行研究，受力如图 13-22b 所示。

因为 $\sum M_O(F_i^{(e)}) = 0$，故系统动量矩守恒。

初始系统动量矩为 $L_{O1} = L_{O(A)} = mvL = (0.01 \times 200 \times 1.0)\text{kg} \cdot \text{m}^2/\text{s} = 2\text{kg} \cdot \text{m}^2/\text{s}$

假设子弹嵌入杆末端后，杆的角速度为 ω。则此刻系统动量矩为

$$L_{O2} = L_{O(OA)} + L_{O(A)} = \frac{1}{3}ML^2\omega + mL^2\omega = \frac{1}{3} \times 2.97\omega + 0.01\omega = \omega$$

由 $L_{O1} = L_{O2}$，代入解得 $\omega = 2$rad/s

子弹嵌入杆末端后和杆一起运动，运动初瞬时动能

$$T_1=T_{OA}+T_A=\frac{1}{2}\left(\frac{1}{3}ML^2\right)\omega^2+\frac{1}{2}m(L\omega)^2$$

$$=\left[\frac{1}{2}\left(\frac{1}{3}\times 2.97\right)\times 2^2+\frac{1}{2}\times 0.01\times 2^2\right]\mathrm{kg\cdot m^2/s^2}=2\mathrm{kg\cdot m^2/s^2}$$

达到最大摆角 φ 时动能 $T_2=0$

系统运动过程中，只有重力做功，所做的功为

$$\sum W_{12}^{(F)}=-Mg\frac{L}{2}(1-\cos\varphi)-mgL(1-\cos\varphi)=-\left(\frac{M}{2}+m\right)gL(1-\cos\varphi)$$

$$=\left[-\left(\frac{2.97}{2}+0.01\right)\times 9.8\times 1\times(1-\cos\varphi)\right]\mathrm{kg\cdot m^2/s^2}$$

$$=-14.65(1-\cos\varphi)\ \mathrm{kg\cdot m^2/s^2}$$

代入质点系动能定理的积分形式 $T_2-T_1=\sum W_{12}^{(F)}$，有

$$0-2=-14.65(1-\cos\varphi)$$

解得 $\cos\varphi=0.86$，$\varphi=30.68°$

本章思维导图

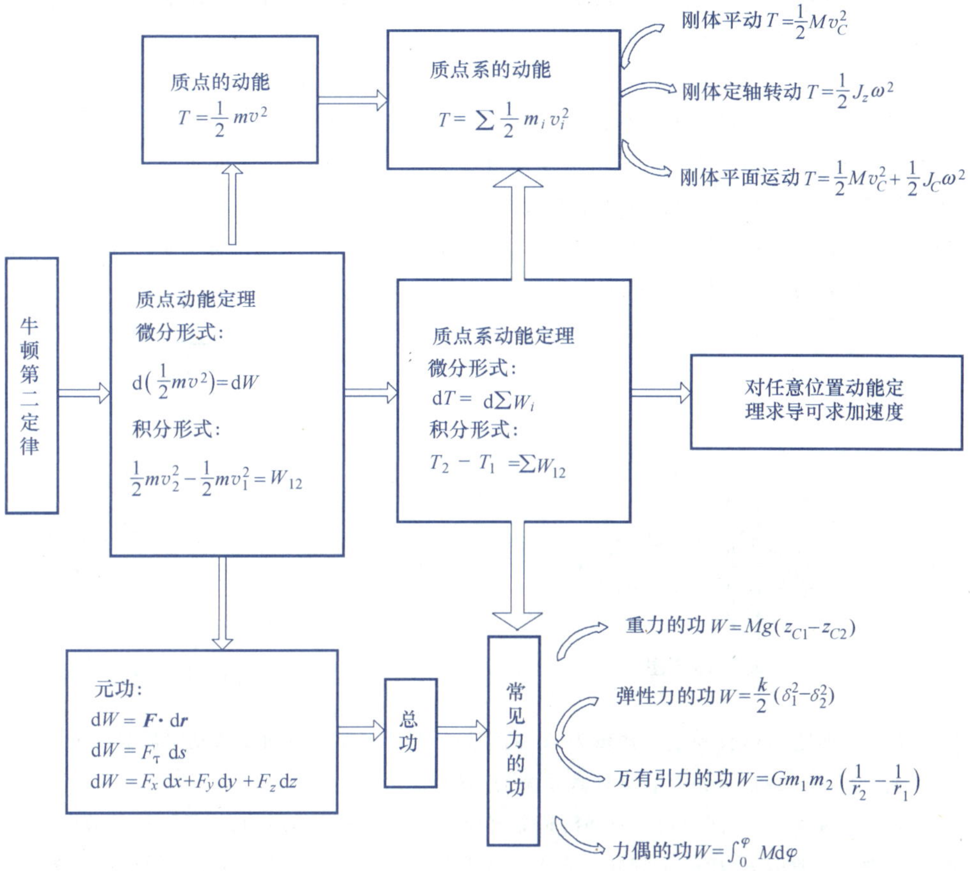

质点的动能
$T=\frac{1}{2}mv^2$
质点系的动能
$T=\sum\frac{1}{2}m_iv_i^2$
刚体平动 $T=\frac{1}{2}Mv_C^2$
刚体定轴转动 $T=\frac{1}{2}J_z\omega^2$
刚体平面运动 $T=\frac{1}{2}Mv_C^2+\frac{1}{2}J_C\omega^2$
牛顿第二定律
质点动能定理
微分形式：
$d\left(\frac{1}{2}mv^2\right)=dW$
积分形式：
$\frac{1}{2}mv_2^2-\frac{1}{2}mv_1^2=W_{12}$
质点系动能定理
微分形式：
$dT=d\sum W_i$
积分形式：
$T_2-T_1=\sum W_{12}$
对任意位置动能定理求导可求加速度
元功：
$dW=\boldsymbol{F}\cdot d\boldsymbol{r}$
$dW=F_\tau ds$
$dW=F_x dx+F_y dy+F_z dz$
总功
常见力的功
重力的功 $W=Mg(z_{C1}-z_{C2})$
弹性力的功 $W=\frac{k}{2}(\delta_1^2-\delta_2^2)$
万有引力的功 $W=Gm_1m_2\left(\frac{1}{r_2}-\frac{1}{r_1}\right)$
力偶的功 $W=\int_0^\varphi Md\varphi$

习题

13-1 如题 11-1 图所示，试求曲柄 OA 以匀角速度 ω 转动时系统的动能。

13-2 如题 11-2 图所示，拖拉机履带质量为 m，两个车轮的质量均为 m_1。车轮被看成半径为 r 的均质圆盘，两车轮轴间的距离为 $l=\pi r$。求拖拉机前进速度为 v 时此质点系的动能。

13-3 如题 13-3 图所示，滑道连杆机构的曲柄 OA 长为 a，以匀角速度 ω 绕 O 轴转动，曲柄对转动轴的转动惯量等于 J_O，滑道连杆的质量为 m，不计滑块 A 的质量，试求此机构的动能，并问 θ 为多大时，动能为最大值与最小值。

13-4 如题 13-4 图所示，长为 l，质量为 m 的均质杆 OA 以球铰链固定，并以等角速度 ω 绕铅直 z 轴转动。如杆与铅直线的交角为 θ，求杆的动能。

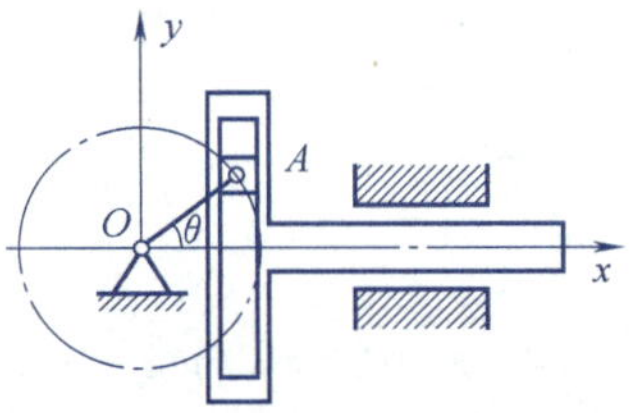

题 13-3 图

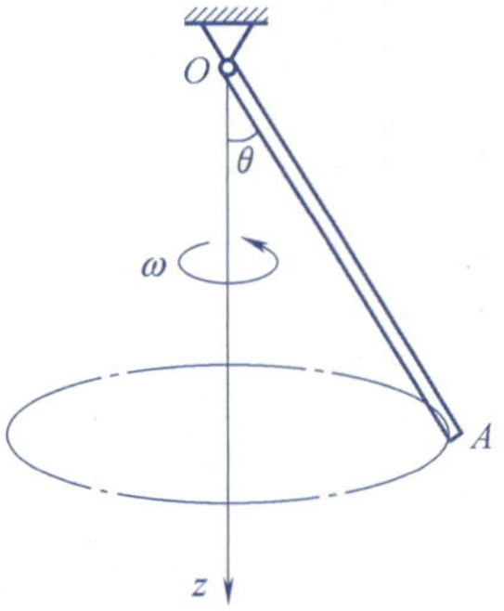

题 13-4 图

13-5 如题 13-5 图所示，质量为 m_1 的滑块 A 沿水平面以速度 $\boldsymbol{v}$ 移动，质量为 m_2 的物块 B 沿滑块 A 以相对速度 $\boldsymbol{u}$ 滑下，试计算系统的动能。

13-6 如题 13-6 图所示，曲柄滑道导杆机构在铅直平面内运动，曲柄 OA 上作用一矩为 M 的常力偶。初瞬时 $\theta=0°$，系统处于静止。试求曲柄转过一周时的角速度。设曲柄长为 r，质量为 m_1，视为均质杆，滑道及导杆的质量为 m_2，滑块 A 质量不计。设滑道导杆与轨道间的摩擦力为常值$\boldsymbol{F}_f$，滑块与滑道之间的摩擦不计。

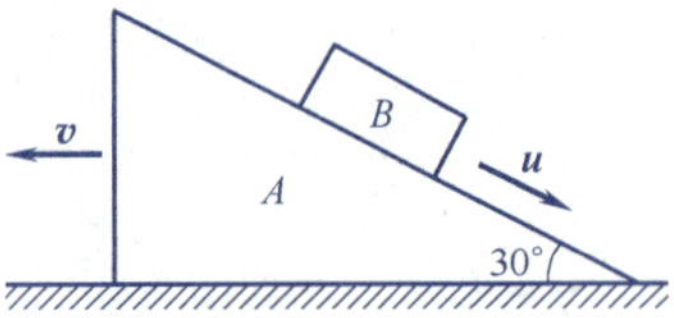

题 13-5 图

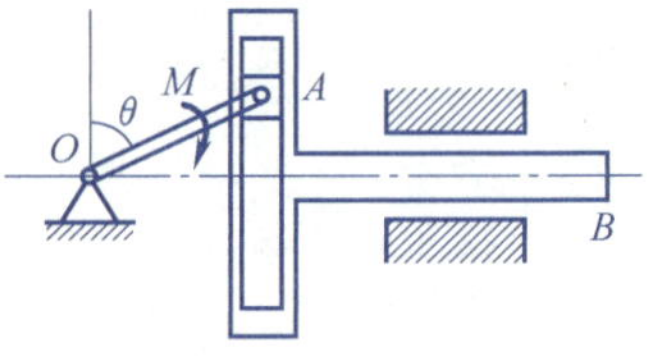

题 13-6 图

13-7 如题 13-7 图所示，平面机构由两均质杆 AB、BO 组成，两杆的质量均为 m，长度均为 l，在铅垂平面内运动。在杆 AB 上作用一不变的力偶矩 M 从图示位置由静止开始运动。不计摩擦，试求当 A 即将碰到铰支座 O 时 A 端的速度。

13-8 如题 13-8 图所示，均质杆 OA 的质量为 30kg，杆在铅垂位置时弹簧处于自然状态。设弹簧的弹性系数为 $k=3\text{kN/m}$，为使杆能由铅直位置 OA 转到水平位置 OA'，在铅直位置时的角速度至少应为多少？

13-9 如题 13-9 图所示，两均质杆 CA 和 CB 各重 $\boldsymbol{P}$，长均为 l，在点 C 由铰链相连接，放

在光滑的水平面上。由于 A 和 B 端的滑动，杆系在其铅直面内落下，求铰链 C 与地面相碰时的速度 v（点的初始高度为 h，开始时杆系静止）。

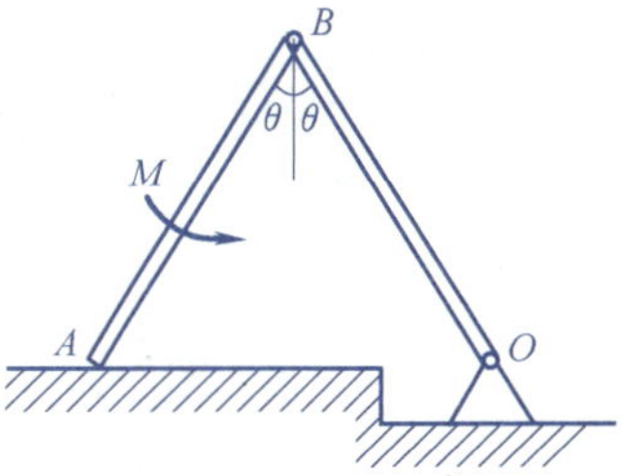

题　13-7 图

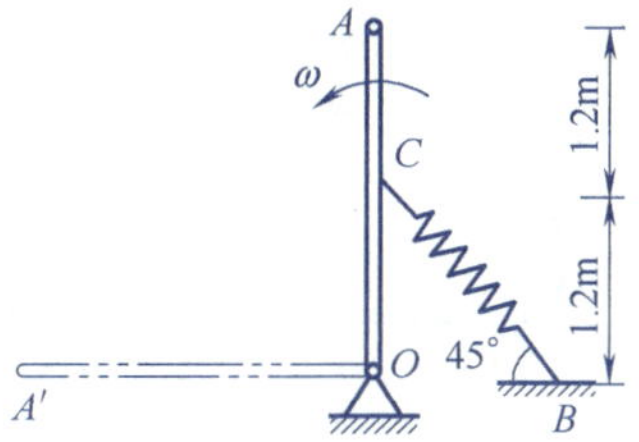

题　13-8 图

13-10　如题 13-10 图 a、b 所示，两种支持情况的均质正方形板，边长均为 a，质量均为 m，初始时均处于静止状态。受扰动后均沿顺时针方向倒下，不计摩擦，求当 OA 边处于水平位置时，两方板的角速度。

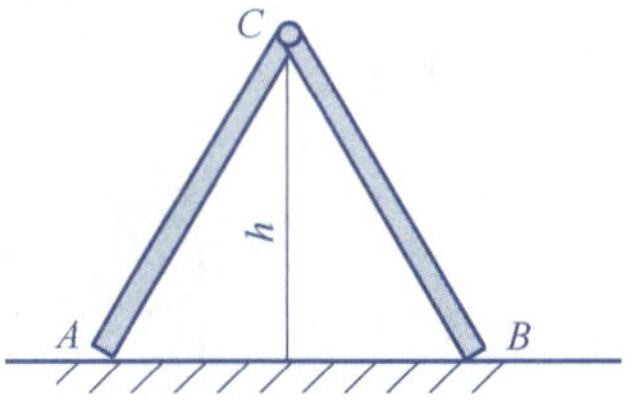

题　13-9 图

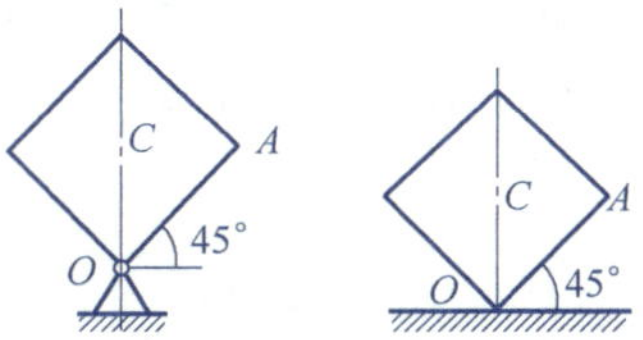

a)　　b)

题　13-10 图

13-11　如题 13-11 图所示，均质铁链长为 l，放在光滑桌面上，在桌边垂下一段长为 a 的位置，自静止开始下滑。试求它全部离开桌面时的速度。

13-12　如题 13-12 图所示，均质圆盘的质量为 m，半径为 R，沿水平面只滚不滑；均质杆 OA 长为 $2R$，质量亦为 m，A 端小滚轮的大小及质量均略去不计。如圆盘受一力矩为 M 的力偶作用后由静止开始运动，试求圆盘中心 O 移动距离 s 时的速度。

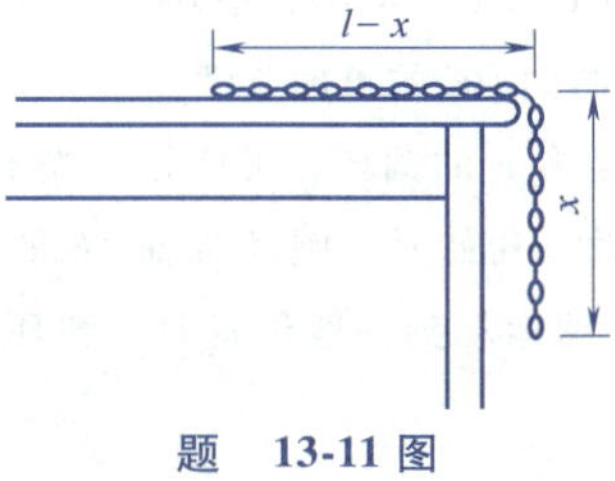

题　13-11 图

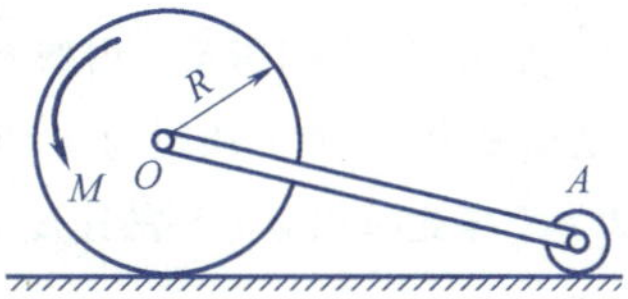

题　13-12 图

13-13　如题 13-13 图所示，均质圆柱 A 重 $\boldsymbol{P}_1$，半径为 t；鼓轮 B 重 $\boldsymbol{P}_2$，内径为 r，外半径为 R，对中心轴的回转半径为 ρ；物体 C 重 $\boldsymbol{P}_3$。系统从静止开始运动。试求当物体 C 下落 h 时，圆柱 A 中心的速度和加速度。设圆柱在水平面上做纯滚动。

13-14　如题 13-14 图所示系统中，重物 A 质量为 $3m$，滑轮 B 和圆柱 O 可看作均质圆柱，质量均为 m，半径均为 R，弹性系数为 k，初始时弹簧为原长，系统从静止释放。若圆柱 O 在斜面上做纯滚动，且绳与滑轮 B 之间无相对滑动，B 轴光滑，弹簧和绳的倾斜段与斜面平行。试求当重物 A 下降距离 s 时重物的速度和加速度。

13-15　如题 13-15 图所示，行星轮系传动机构放在水平面内，已知定齿轮半径为 r_1；动齿轮半径为 r_2，质量为 m_2；曲柄 OA 的质量为 m_3。一力偶矩为常量 M 的力偶作用于曲柄 OA 上，此机构从静止开始运动。试求曲柄转过角 φ 时的角速度和角加速度。齿轮当作均质圆盘，曲柄当作均质细杆，不计摩擦。

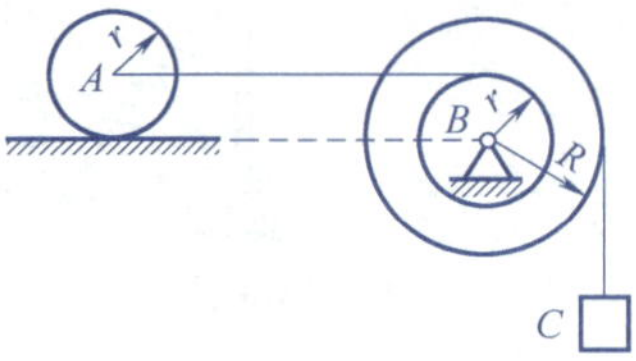

题 13-13 图

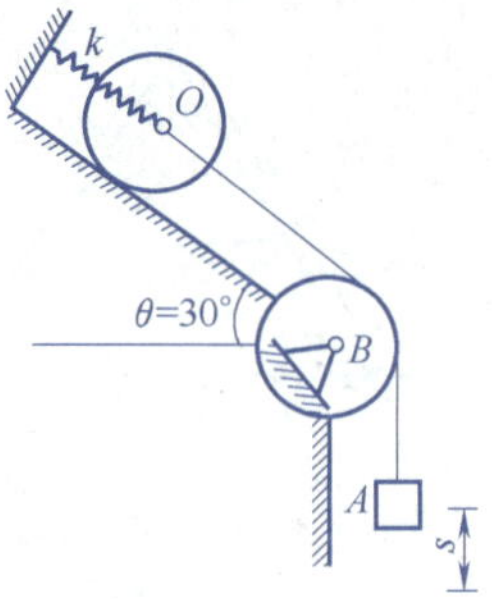

题 13-14 图

13-16 如题 13-16 图所示，传动轴由电动机带动，电动机和传动装置用胶带相连接。在电动机轴上作用有一力偶，其力偶矩为 M。电动机轴和安装在其上的滑轮的转动惯量为 J_1，传动轴和安装在其上的滑轮的转动惯量为 J_2。电动机上滑轮的半径为 r_1，传动轴上滑轮的半径为 r_2，胶带质量为 m。轴承的摩擦可略去不计，试求电动机轴的角加速度。

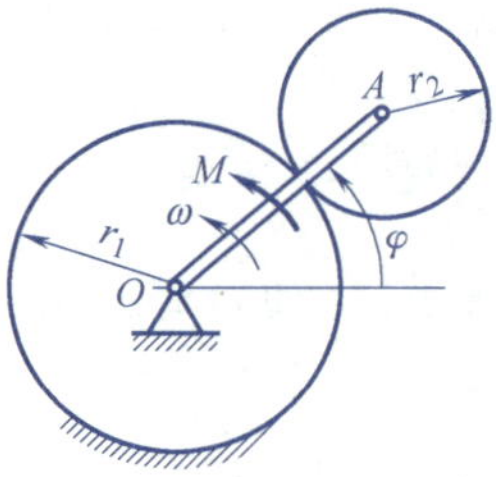

题 13-15 图

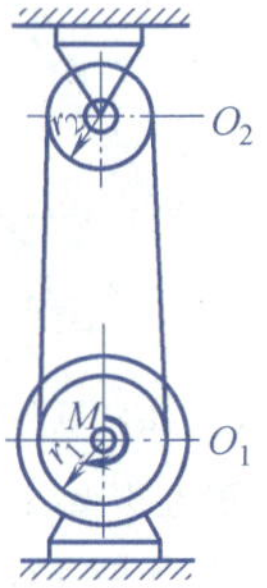

题 13-16 图

13-17 如题 13-17 图所示，椭圆规尺在水平面内由曲柄 OC、规尺 AB 以及滑块 A、B 组成。OC、AB 可视为均质细杆，其质量分别为 m_1 和 $2m_1$，且 $OC=AC=BC=l$，滑块 A 和 B 的质量都等于 m_2，如在曲柄上作用常力偶矩 M，不计摩擦，试求曲柄 OC 的角加速度。

13-18 如题 13-18 图所示，内壁光滑的圆管弯成半径为 R 的圆环，可绕铅垂光滑轴 AB 转动，其转动惯量为 J，有一质量为 m 的小球可在管内运动。初始时，圆环绕轴 AB 的角速度为 ω_0，$\theta_0=0$，小球此时相对圆环的速度大小为 v_{r_0}，试求小球运动到一般位置时，圆环的角速度和角加速度。

13-19 试用动能定理求解习题 12-19。

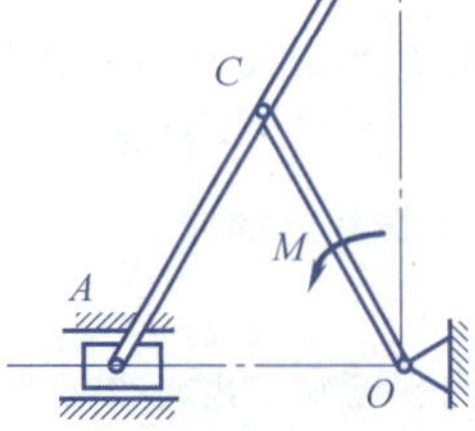

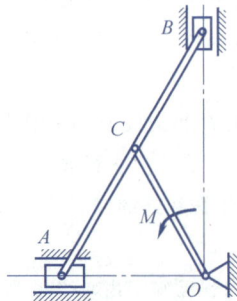

题 13-17 图

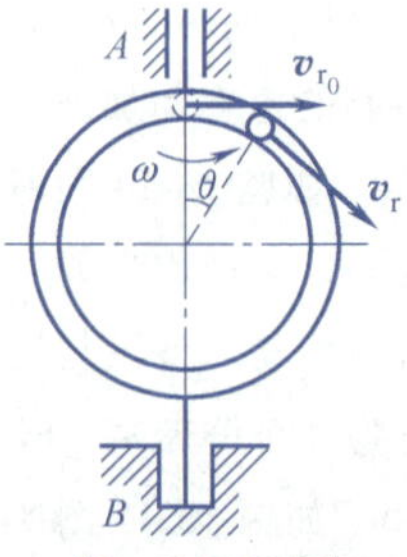

题 13-18 图

13-20　试用动能定理求解习题 12-21。

13-21　如题 13-21 图所示，均质细杆长 l，质量为 m_1，上端 B 靠在光滑的墙上，下端 A 以铰链与均质圆柱的中心相连。圆柱质量为 m_2，半径为 R，放在粗糙的地面上，自图示位置由静止开始只滚不滑，初始杆与水平线的交角 $\theta=45°$。求点 A 在初瞬时的加速度。

13-22　如题 13-22 图所示，电动绞车提升一质量为 m 的物体，在主动轴上作用矩为 M 的主动力偶。已知主动轴和从动轴连同安装在这两轴上的齿轮以及其他附属零件的转动惯量分别为 J_1 和 J_2；传动比 $z_2:z_1=i$；吊绳缠绕在鼓轮上，此轮半径为 R。设轴承的摩擦和吊索的质量均略去不计，求重物的加速度。

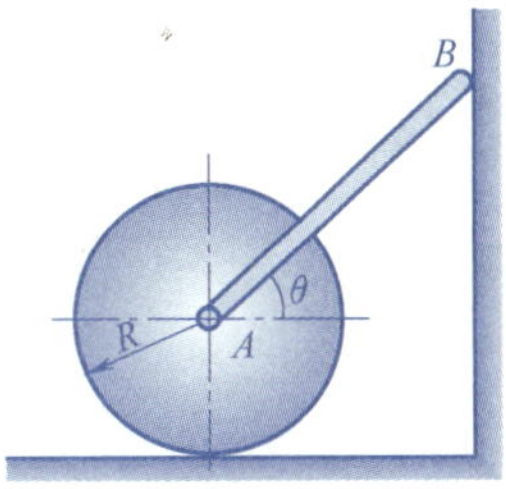

题　13-21 图

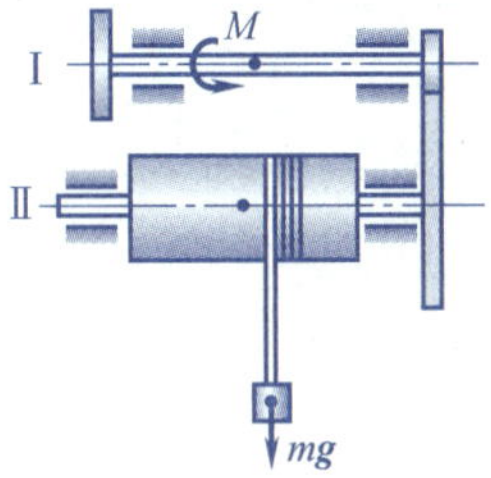

题　13-22 图

13-23　如题 13-23 图所示，质量为 m、半径为 R 的圆盘铰接在质量为 m 的滑块上。滑块可在地面上滑动，圆盘靠在墙壁上，不计所有摩擦。初始时，$\theta_0=0$，系统静止。滑块受到微小扰动后向右滑动，试求圆盘脱离墙壁时的 θ 以及此时地面的支承力。

13-24　如题 13-24 图所示，均质细杆 AB 质量为 m，长为 $2l$，一端用长为 l 的细绳 OA 拉住，一端 B 置于地面上，可以无摩擦地滑动。初瞬时，绳 OA 位于水平位置，而 O、B 两点在同一铅垂线上，系统处于静止状态。试求当 OA 运动到铅垂位置时，点 B 的速度以及此时绳子的拉力和地面的约束力。

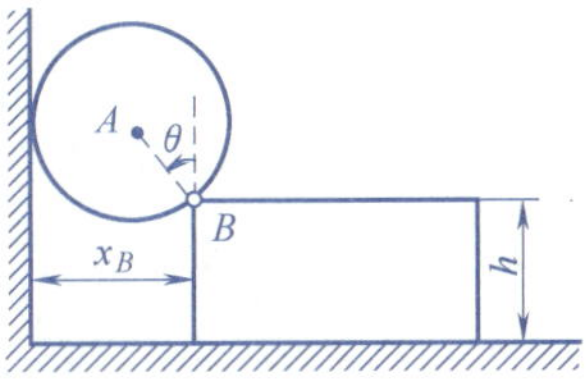

题　13-23 图

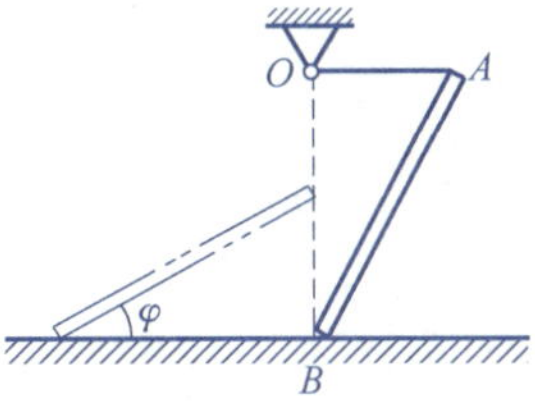

题　13-24 图

13-25　如题 13-25 图所示，三棱柱 A 沿三棱柱 B 的光滑斜面滑动，A 重 P，B 重 Q，三棱柱 B 的斜面与水平面成 θ 角。初始系统处于静止状态，求运动时三棱柱 B 的加速度。B 与水平面之间的摩擦可以忽略不计。

13-26　如题 13-26 图所示，三棱柱 B 重 Q，放在光滑水平面上，可以无摩擦地滑动。重 P 的均质圆柱体 A 由静止沿斜面向下纯滚动，三棱柱 B 的斜面与水平面成 θ 角。求三棱柱 B 的加速度。

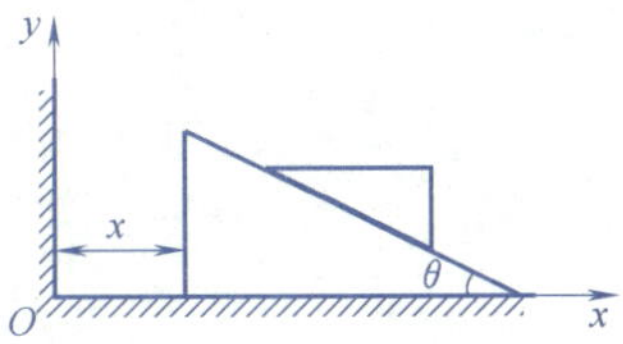

题　13-25 图

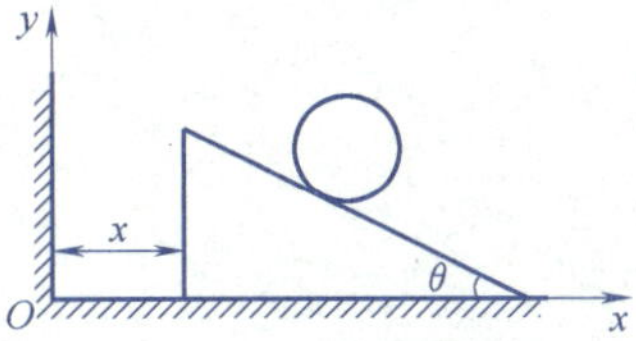

题　13-26 图

13-27　如题 13-27 图所示的均质细杆长为 l、质量为 m，静止直立于光滑水平面上。当杆受微小干扰而倒下时，求杆刚刚转动到另一端接触地面瞬时，杆的角速度和地面的约束力。

13-28　如题 13-28 图所示，弹簧两端各系重物 A 和 B，放在光滑水平面上，重物 A 重 P，重物 B 重 Q。弹簧原长为 l_0，弹性系数为 k，若将弹簧拉长到 l，然后无初速释放，问当弹簧回到原长时，重物 A 和 B 的速度各为多少？

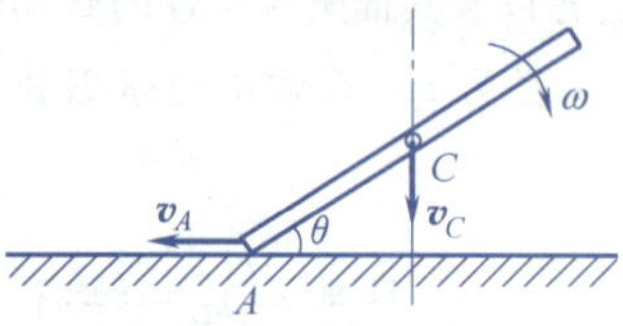

题　13-27 图

题　13-28 图

习题答案

第 14 章 达朗贝尔原理

前面几章介绍了解决非自由质点系动力学问题的方法，即动力学普遍定理，包括动量定理、动量矩定理以及动能定理。显然动力学普遍定理求解问题思路灵活、方法多样，与其相比，静力学解决问题的思路相对单一而且容易规范化。

达朗贝尔原理从另一个角度提供了质点和质点系受力与运动之间的关系的分析方法，该方法的特点是，引入了惯性力的概念，用静力学列平衡方程的方法来求解动力学问题，故又称**动静法**。达朗贝尔原理与下一章将要介绍的虚位移原理一起构成了分析动力学基础，在工程中获得了广泛应用。

14.1 质点及质点系的达朗贝尔原理

14.1.1 达朗贝尔惯性力

1743 年，达朗贝尔提出一个解决非自由质点动力学问题的方法，称为达朗贝尔原理。

设质点 M 的质量为 m，沿图 14-1 所示轨迹运动，在某瞬时作用于质点 M 上的主动力合力为 $\boldsymbol{F}$，约束反力合力为 $\boldsymbol{F}_N$，质点的加速度为 $\boldsymbol{a}$。

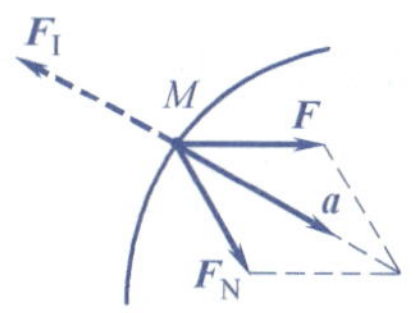

图 14-1

根据质点动力学基本方程有 $m\boldsymbol{a}=\boldsymbol{F}+\boldsymbol{F}_N$，移项后可得

$$\boldsymbol{F}+\boldsymbol{F}_N-m\boldsymbol{a}=0 \tag{14-1}$$

式（14-1）与静力学平衡方程形式相似。

令
$$\boldsymbol{F}_I=-m\boldsymbol{a} \tag{14-2}$$

式中，$\boldsymbol{F}_I$ 称为**质点的达朗贝尔惯性力**。

达朗贝尔惯性力是一个虚拟作用于质点上的力，**大小等于质点的质量与其加速度大小的乘积，方向与其加速度的方向相反。**

思考与讨论：

（1）达朗贝尔惯性力是真实的力吗？如何求其大小和方向？

（2）质点在空中运动，只受重力作用，当质点做自由落体运动、斜上抛上升及下降时，质点惯性力的大小和方向是否相同？

14.1.2 质点的达朗贝尔原理

引入达朗贝尔惯性力后，将式（14-2）代入式（14-1），则图 14-1 所示质点的动力学方程改写成

$$\boldsymbol{F}+\boldsymbol{F}_{\mathrm{N}}+\boldsymbol{F}_{\mathrm{I}}=\boldsymbol{0} \tag{14-3}$$

即：**在质点运动的任一瞬时，作用于质点上的主动力、约束反力和虚加在质点上的惯性力构成形式上的平衡力系**。这就是**质点的达朗贝尔原理**。

课程加油站

可以认为，**引入达朗贝尔惯性力是为了将质点的动力学方程列为静力学平衡方程的形式**，进而**实现用静力学理论和规范化的解题方法处理相对复杂的动力学问题**。

需要强调的是，质点的达朗贝尔原理尽管在形式上是平衡方程，但质点并非处于平衡状态。对非自由质点动力学问题，这一方法具有很多优越性。

思考与讨论：

质点上的主动力、约束反力和假想加在质点上的惯性力形成的是一个什么力系？满足什么条件才能平衡？

对质点而言，作用在每个质点上的主动力合力、约束力合力以及虚加在每个质点上的惯性力会形成汇交力系，且应该处于形式上的平衡。由静力学可知，汇交力系的平衡条件是各力的矢量和为零。应用时可以对式（14-3）取其直角坐标或自然坐标投影式。

思考与讨论：

当质点在平面或空间运动时，质点的达朗贝尔原理分别可列几个独立的平衡方程？

例 14-1 单摆的摆长为 l，摆锤 A 质量为 m，如图 14-2a 所示，求其摆动的运动微分方程及绳子的张力。

例题动画

求解程序

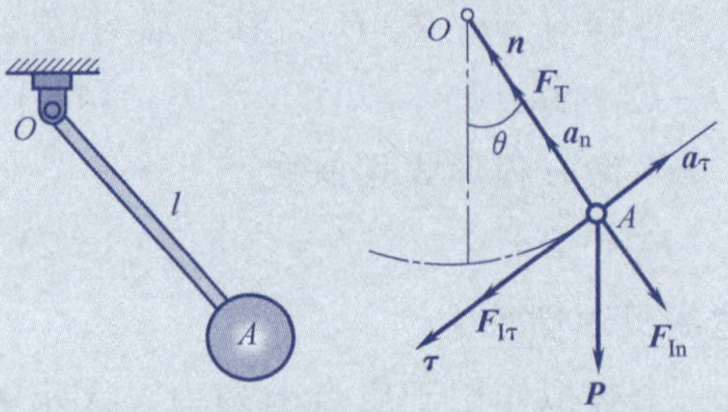

a)　　　b)

图　14-2

解：（1）将摆锤 A 视为质点，进行受力分析及运动分析，如图 14-2b 所示。质点的加速度为

$$a_{\tau}=l\ddot{\theta}\ ,\ a_{\mathrm{n}}=l\dot{\theta}^{2}$$

（2）根据加速度分析添加惯性力

$$F_{I\tau}=ml\ddot{\theta}\ ,\ F_{In}=ml\dot{\theta}^2$$

（3）由质点的达朗贝尔原理列平衡方程

$$\sum F_{i\tau}=0,\ F_{I\tau}+mg\sin\theta=0$$

$$\sum F_{in}=0,\ -F_{In}-mg\cos\theta+F_T=0$$

（4）求解可得

单摆的运动微分方程为 $\ddot{\theta}+\dfrac{g}{l}\sin\theta=0$

绳子的张力为 $F_T=mg\cos\theta+ml\,\dot{\theta}^2$

14.1.3　质点系的达朗贝尔原理

n 个质点组成的非自由质点系，其中第 i 个质点，质量为 m_i，加速度为 $\boldsymbol{a}_i$，该质点上作用的外力合力为 $\boldsymbol{F}_i^{(e)}$，内力合力为 $\boldsymbol{F}_i^{(i)}$。在该质点上虚加惯性力 $\boldsymbol{F}_{Ii}=-m_i\boldsymbol{a}_i$，根据质点的达朗贝尔原理，作用在该质点的外力 $\boldsymbol{F}_i^{(e)}$、内力 $\boldsymbol{F}_i^{(i)}$ 和虚加的惯性力 $\boldsymbol{F}_{Ii}$ 将组成形式上的平衡力系。质点系中每个质点平衡，则质点系亦处于平衡状态。

思考与讨论：

质点系作用在每个质点上的外力合力、内力合力以及虚加在每个质点上的惯性力会形成什么力系？满足什么条件才能平衡？

对质点系而言，作用在每个质点上的外力合力、内力合力以及虚加在每个质点上的惯性力会形成空间任意力系，且处于形式上的平衡。由静力学可知，空间任意力系的平衡条件是力系的主矢为零，且对任一点的主矩也为零。即

$$\left.\begin{aligned}&\sum \boldsymbol{F}_i^{(e)}+\sum \boldsymbol{F}_i^{(i)}+\sum \boldsymbol{F}_{Ii}=\boldsymbol{0}\\&\sum \boldsymbol{M}_O(\boldsymbol{F}_i^{(e)})+\sum \boldsymbol{M}_O(\boldsymbol{F}_i^{(i)})+\sum \boldsymbol{M}_O(\boldsymbol{F}_{Ii})=\boldsymbol{0}\end{aligned}\right\}$$

由质点系内力的性质 $\sum \boldsymbol{F}_i^{(i)}=\boldsymbol{0}$，$\sum \boldsymbol{M}_O(\boldsymbol{F}_i^{(i)})=\boldsymbol{0}$，将外力系分为主动力系和约束力系。设 $\boldsymbol{F}_i$、$\boldsymbol{F}_{Ni}$ 为作用质点 M_i 上的主动力合力及外约束合力，所以得

$$\left.\begin{aligned}&\sum \boldsymbol{F}_i+\sum \boldsymbol{F}_{Ni}+\sum \boldsymbol{F}_{Ii}=\boldsymbol{0}\\&\sum \boldsymbol{M}_O(\boldsymbol{F}_i)+\sum \boldsymbol{M}_O(\boldsymbol{F}_{Ni})+\sum \boldsymbol{M}_O(\boldsymbol{F}_{Ii})=\boldsymbol{0}\end{aligned}\right\}\tag{14-4}$$

因此，**在质点系运动的任一瞬时，作用于质点系上的所有主动力系、约束反力系和虚加在质点系上的惯性力系构成形式上的平衡力系**。这就是**质点系的达朗贝尔原理**。

应用质点系达朗贝尔原理求解动力学问题，将式（14-4）投影到以点 O 为圆点的直角坐标轴上，就可以得到六个独立的“平衡方程”。

思考与讨论：

当质点系在平面或空间运动时，质点系的达朗贝尔原理可列几个独立的平衡方程？

例题动画

求解程序

例 14-2 重 $\boldsymbol{P}$、长 l 的等截面均质细杆 AB，其 A 端铰接于铅直轴 AC，并以匀角速度 ω 绕该轴转动，如图 14-3a 所示。求角速度 ω 与杆与铅垂方向夹角 θ 的关系。

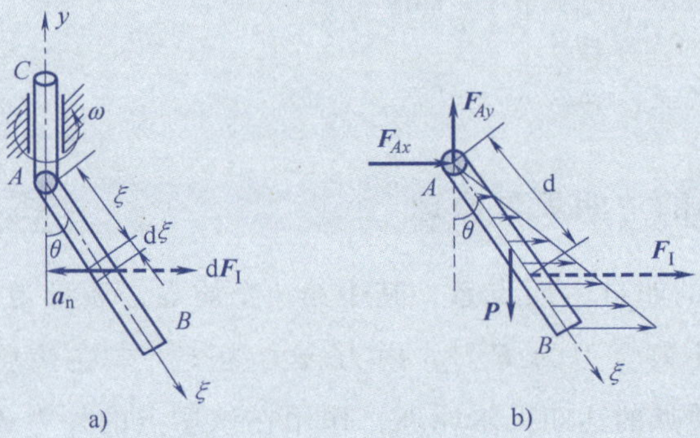

图 14-3

解： 以杆 AB 为研究对象，受力如图 14-3b 所示。

杆 AB 匀速转动，距 A 点 ξ 的微元段 $\mathrm{d}\xi$ 的加速度 $a_{\mathrm{n}}=(\xi\sin\theta)\ \omega^2$，微元质量 $\mathrm{d}m=\dfrac{P}{gl}\mathrm{d}\xi$，虚加惯性力

$$\mathrm{d}F_{\mathrm{I}}=\mathrm{d}m\cdot a_{\mathrm{n}}=\frac{P\omega^2\sin\theta}{gl}\xi\mathrm{d}\xi$$

整个杆的惯性力的合力

$$F_{\mathrm{I}}=\int_0^l\mathrm{d}F_{\mathrm{I}}=\int_0^l\frac{P\omega^2\sin\theta}{gl}\xi\mathrm{d}\xi=\frac{P\omega^2 l\sin\theta}{2g}$$

设力 $\boldsymbol{F}_{\mathrm{I}}$ 的作用点到点 A 的距离为 d，由合力矩定理

$$F_{\mathrm{I}}(d\cos\theta)=\int_0^l\xi\cos\theta\mathrm{d}F_{\mathrm{I}}$$

解得
$$d=\frac{\int_0^l\xi\mathrm{d}F_{\mathrm{I}}}{F_{\mathrm{I}}}=\frac{\int_0^l\frac{P\omega^2\sin\theta}{gl}\xi^2\mathrm{d}\xi}{\frac{P\omega^2 l\sin\theta}{2g}}=\frac{2l}{3}$$

假想地加上惯性力，由质点系的达朗贝尔原理得

$$\sum M_A(\boldsymbol{F}_i)=0,\ F_{\mathrm{I}}d\cos\theta-P\frac{l}{2}\sin\theta=0$$

代入 F_{I}，有
$$\frac{Pl}{2}\sin\theta\left(\frac{2l\omega^2\cos\theta}{3g}-1\right)=0$$

解得 $\theta=0$，　　$\theta=\arccos\left(\dfrac{3g}{2l\omega^2}\right)$

可见，在应用达朗贝尔原理求解质点系动力学问题时，需要分析每个质点的加速度，然后对应地虚加惯性力，很显然这样去求解问题时工作量大且不易实现。如果能够将这些惯性力形成的惯性力系先进行简化，应用质点系的达朗贝尔原理解题就会方便许多。

14.2 刚体惯性力系简化

根据静力学中任意力系的简化方法，将虚加在刚体上的惯性力系向一点简化，简化结果为一个力和力偶，力的大小和方向可以用主矢表示，力偶的大小和转向可以用主矩表示。主矢与简化中心的位置无关，主矩与简化中心的位置有关。下面分别讨论当刚体做不同形式的运动时，惯性力系向一点简化后的主矢、主矩。

14.2.1 惯性力系主矢

设刚体总质量为 M，其内任意质点 i 的质量为 m_i，速度为$\boldsymbol{v}_i$，加速度为 $\boldsymbol{a}_i$，相对固定点 O 的矢径为$\boldsymbol{r}_i$；质心相对固定点 O 的矢径为$\boldsymbol{r}_C$，速度为$\boldsymbol{v}_C$，加速度为 $\boldsymbol{a}_C$，添加在每个质点上的惯性力 $\boldsymbol{F}_{\mathrm{I}i}=-m_i\boldsymbol{a}_i$，如图 14-4 所示，则惯性力系主矢为各质点惯性力的矢量和。

$$\boldsymbol{F}_{\mathrm{IR}}=\sum\boldsymbol{F}_{\mathrm{I}i}=\sum(-m_i\boldsymbol{a}_i)\qquad(14\text{-}5)$$

将质心位置矢量表达式 $M\boldsymbol{r}_C=\sum m_i\boldsymbol{r}_i$ 对时间求二阶导，得 $M\ddot{\boldsymbol{r}}_C=\sum m_i\ddot{\boldsymbol{r}}_i$，即 $M\boldsymbol{a}_C=\sum m_i\boldsymbol{a}_i$，代入式（14-5），得

$$\boldsymbol{F}_{\mathrm{IR}}=-M\boldsymbol{a}_C\qquad(14\text{-}6)$$

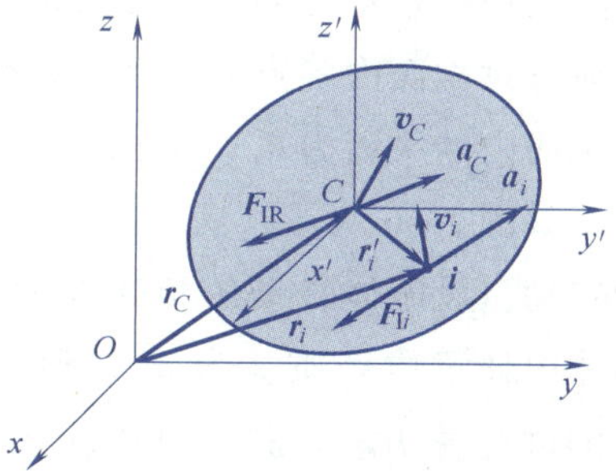

图 14-4

注意：上述推导过程没有对刚体的运动做任何限制，因此，**无论刚体做什么运动，惯性力系的主矢大小等于刚体的质量与其质心加速度的乘积，方向与质心加速度方向相反**。

加之主矢与简化中心的位置无关，故无论刚体做什么运动，且无论向哪点简化，主矢的简化结果均相同。

14.2.2 惯性力系主矩

惯性力系的主矩，一般随刚体运动形式的不同而不同，而且与简化中心的位置有关。下面分别讨论刚体平动、定轴转动和平面运动时，添加在运动刚体上的惯性力系的简化结果。

1. 刚体平动

如图 14-5 所示，平动刚体总质量为 M，其内任意质点 i 的质量为 m_i，到固定点 O 的矢径为$\boldsymbol{r}_i$，同一瞬时各点加速度 $\boldsymbol{a}_i$ 与质心加速度 $\boldsymbol{a}_C$ 相等。

添加在每个质点上的惯性力

$$\boldsymbol{F}_{\mathrm{I}i}=-m_i\boldsymbol{a}_i=-m_i\boldsymbol{a}_C$$

将此惯性力系向固定点 O 简化，则主矩为

$$\boldsymbol{M}_{\mathrm{I}O}=\sum\boldsymbol{M}_O(\boldsymbol{F}_{\mathrm{I}i})=\sum\boldsymbol{r}_i\times(-m_i\boldsymbol{a}_C)$$
$$=-\sum m_i\boldsymbol{r}_i\times\boldsymbol{a}_C=-M\boldsymbol{r}_C\times\boldsymbol{a}_C$$

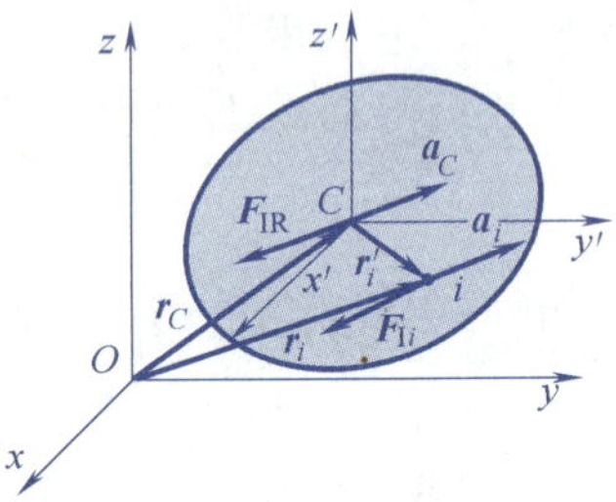

图 14-5

若惯性力系向质心 C 简化，则$r_C=0$，所以主矩为

$$\boldsymbol{M}_{\mathrm{I}C}=\boldsymbol{0}\tag{14-7}$$

由此可见**刚体平动时，惯性力系对任意点的主矩一般不为零；若选质心为简化中心，其主矩为零。**

综合式（14-6）和式（14-7）可得结论：**平动刚体的惯性力系，可以简化为一个过质心的合力，合力的大小为刚体质量与质心加速度大小的乘积，方向与质心加速度方向相反。**

2. 刚体定轴转动

工程中定轴转动的刚体通常具有质量对称面，且转轴垂直于质量对称面，此时质量对称面内各点的运动可以代表整个刚体的运动，惯性力系可简化为在质量对称面内的平面力系。下面仅讨论此情况下惯性力系简化结果。

如图 14-6 所示，具有质量对称面的刚体绕过 O 点垂直于质量对称面的轴做定轴转动，设刚体转动的角速度为 ω，角加速度为 α。刚体内任意质点质量为 m_i，到转轴的距离为r_i，加速度可分解为$\boldsymbol{a}_i^{\tau}$、$\boldsymbol{a}_i^{\mathrm{n}}$，对应在该质点添加切向惯性力 $\boldsymbol{F}_{\mathrm{I}i}^{\tau}$ 及法向惯性力 $\boldsymbol{F}_{\mathrm{I}i}^{\mathrm{n}}$。其大小分别为

$$F_{\mathrm{I}i}^{\tau}=m_ia_i^{\tau}=m_ir_i\alpha,F_{\mathrm{I}i}^{\mathrm{n}}=m_ia_i^{\mathrm{n}}=m_ir_i\omega^2$$

方向与加速度方向相反，如图 14-6 所示。

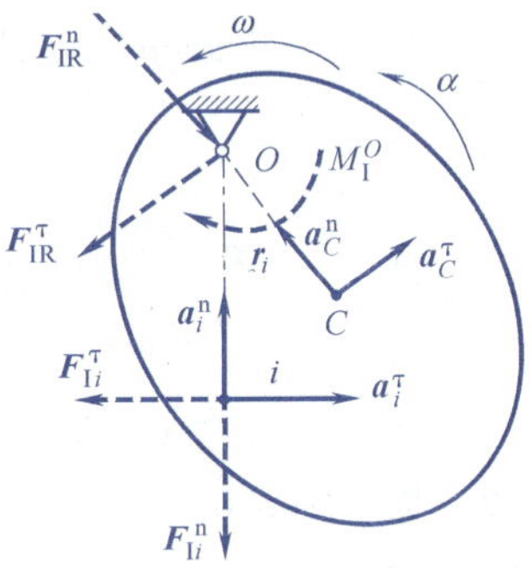

图 14-6

每个质点对应添加的惯性力产生的惯性力矩均发生在此质量对称面内，将此惯性力系向过 O 点的转轴简化，则其主矩为

$$M_{\mathrm{I}O}=\sum M_O(\boldsymbol{F}_{\mathrm{I}i}^{\tau})+\sum M_O(\boldsymbol{F}_{\mathrm{I}i}^{\mathrm{n}})$$

由于 $\boldsymbol{F}_{\mathrm{I}i}^{\mathrm{n}}$ 过 O 点，$\sum M_O(\boldsymbol{F}_{\mathrm{I}i}^{\mathrm{n}})=0$，所以

$$M_{\mathrm{I}O}=\sum M_O(F_{\mathrm{I}i}^{\tau})=\sum(-\boldsymbol{F}_{\mathrm{I}i}^{\tau}\cdot r_i)=\sum(-m_ir_i\alpha\cdot r_i)=-\sum(m_ir_i^2)\alpha$$

其中，$$J_O=\sum m_ir_i^2$$

故惯性力系向转轴 O 简化的主矩为

$$M_{IO}=-J_O\alpha \tag{14-8}$$

综合式（14-6）和式（14-8）可得结论：**当刚体具有质量对称面且绕垂直于质量对称面的轴做定轴转动时，惯性力系向转轴简化，结果为一个力和一个力偶。力的大小和方向可用主矢表示，大小等于刚体质量与质心加速度的乘积，方向与质心加速度方向相反，作用线过转轴；力偶的力偶矩可由主矩表示，大小等于刚体对转轴的转动惯量与其角加速度的乘积，转向与角加速度转向相反。**

思考与讨论：

（1）当转轴通过质心时，惯性力系简化结果是什么？

（2）当刚体做匀速转动时，若转轴不过质心，惯性力系简化结果是什么？

（3）当刚体做匀速转动且转轴通过质心时，惯性力系简化结果是什么？

3. 刚体平面运动

工程中，做平面运动的刚体常常具有质量对称面，且平行于此平面运动。这时质量对称面各点的运动可用来代表整个刚体的运动，惯性力系可简化为在质量对称面内的平面力系。下面仅讨论此情况下惯性力系简化结果。

如图 14-7 所示，刚体具有质量对称面且平行于此平面运动，刚体上的空间惯性力系可简化为此质量对称面内的平面力系。刚体质量为 M，角速度为 ω，角加速度为 α，质心 C 的加速度为 $\boldsymbol{a}_C$。选质心 C 为基点，可将刚体的平面运动分解为随质心的平动和绕质心的转动。

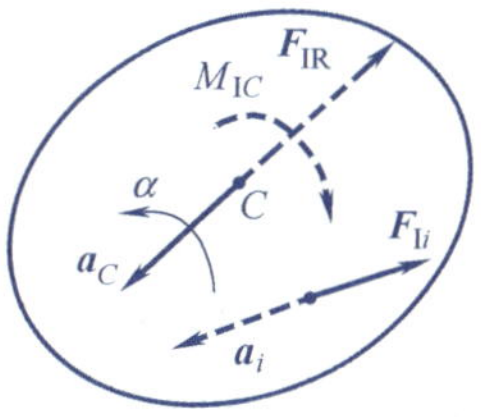

图　14-7

随质心平动部分的惯性力系向质心简化，由刚体平动时惯性力系简化结果，得

$$\boldsymbol{F}_{IR平动}=-M\boldsymbol{a}_C,\ M_{IC平动}=0 \tag{14-9a}$$

绕质心转动部分的惯性力系向过质心的转轴简化，由刚体定轴转动时惯性力系简化结果，当转轴过质心时，其简化结果为

$$\boldsymbol{F}_{IR转动}=0,\ M_{IC转动}=-J_C\alpha \tag{14-9b}$$

合并式（14-9a）与式（14-9b），可得刚体平面运动时，惯性力系向质心 C 简化的结果为

$$\left.\begin{aligned}\boldsymbol{F}_{IR}&=\boldsymbol{F}_{IR平动}+\boldsymbol{F}_{IR转动}=-M\boldsymbol{a}_C\\ M_{IC}&=M_{IC平动}+M_{IC转动}=-J_C\alpha\end{aligned}\right\} \tag{14-10}$$

式（14-10）表明，**当刚体具有质量对称面且平行于此平面运动时，惯性力系向质心简化，结果为在此对称面内的一个力和一个力偶，力的大小和方向可用主矢表示，大小等于刚体质量与质心加速度的乘积，方向与质心加速度方向相反，作用线过质心；力偶的力偶矩可由主矩表示，大小等于刚体对过质心轴的转动惯量与角加速度的乘积，转向与角加速度转向相反。**

上述常见刚体运动惯性力系简化结果见表 14-1。

表 14-1 常见刚体运动惯性力系简化结果

简化结果	运动状态		
	平动	定轴转动（刚体具有质量对称面且转轴垂直于此平面）	平面运动（刚体具有质量对称面且平行于此平面运动）
惯性力	$\boldsymbol{F}_{IR}=-M\boldsymbol{a}_C$	$\boldsymbol{F}_{IR}=-M\boldsymbol{a}_C$	$\boldsymbol{F}_{IR}=-M\boldsymbol{a}_C$
惯性力偶	$M_{IC}=0$	$M_{IO}=-J_O\alpha$	$M_{IC}=-J_C\alpha$
惯性力的作用线	过质心 C	过转轴 O	过质心 C

思考与讨论：

具有质量对称面且绕垂直于质量对称面转轴定轴转动的刚体，若向质心简化，简化结果会发生怎样的变化？

例题动画

求解程序

例 14-3 如图 14-8a 所示，求剪断 A 处绳子瞬时，质量为 m 的均质正方形板在图示位置惯性力系的简化结果。

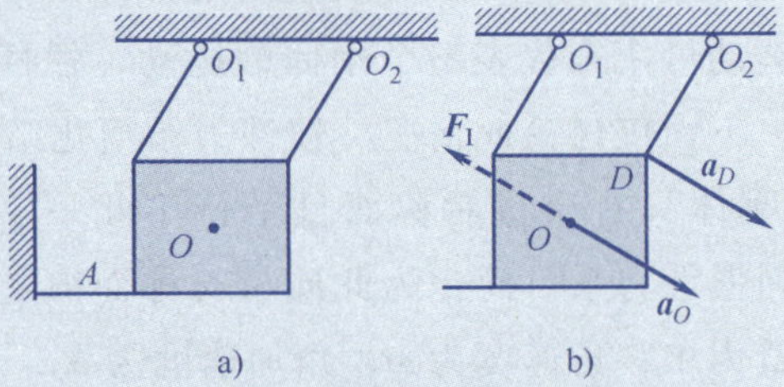

图 14-8

解： 剪断 A 处绳子瞬时方板做曲线平动，且各点速度为 0，质心只有切向加速度。

根据平动刚体惯性力系简化结果，将惯性力系向质心 O 简化，简化结果为一合力，即

$$F_I=Ma_O=Ma_D$$

方向如图 14-8b 所示，与点 O 加速度方向相反。

例题动画

求解程序

例 14-4 如图 14-9a 所示，求剪断 A 处绳子瞬时，质量为 m、长为 L 的均质杆在图示位置惯性力系的简化结果。

解： 剪断 A 处绳子瞬时杆 OA 定轴转动，角速度为 0，根据定轴转动刚体惯性力系简化结果，将惯性力系向转轴 O 简化，得

$$F_I=ma_C^{\tau}=m\frac{L}{2}\alpha$$

$$M_{IO}=J_C\alpha=\frac{1}{3}mL^2\alpha$$

方向及转向如图 14-9b 所示

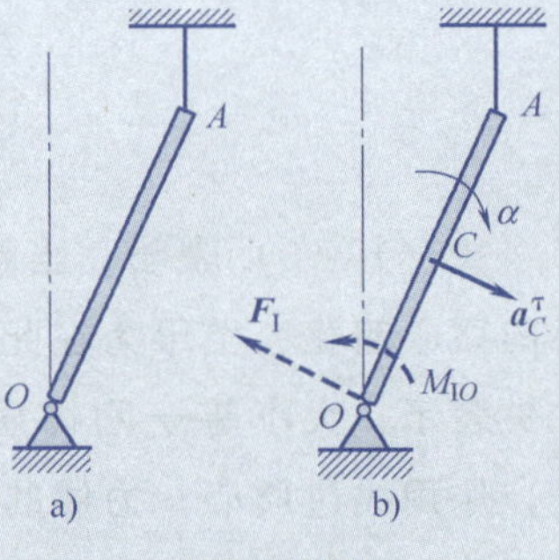

图 14-9

例 14-5　如图 14-10a 所示，重为 $\boldsymbol{P}$、半径为 r 的均质圆轮沿倾角为 θ 的斜面只滚不滑向下运动。求惯性力系的简化结果、轮心 C 的加速度及斜面对圆轮的摩擦力。

例题动画

求解程序

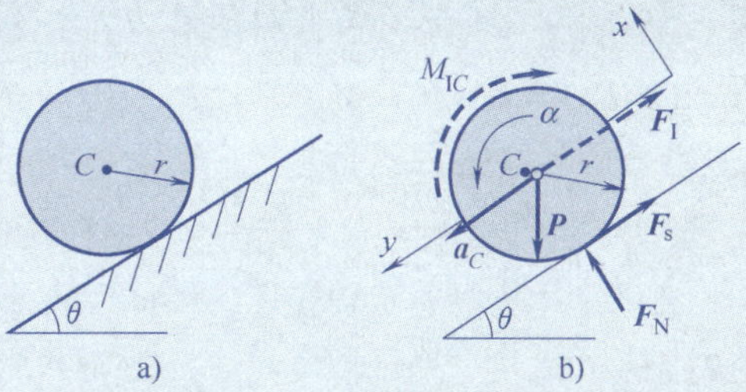

图　14-10

解： 圆轮做纯滚动，根据平面运动刚体惯性力系简化结果，将惯性力系向质心 C 简化，得

$$F_I = ma_C = \frac{P}{g}r\alpha$$

$$M_{IC} = J_C\alpha = \frac{1}{2}\frac{P}{g}r^2\alpha$$

对圆轮进行受力分析如图 14-10b 所示，包括主动力、约束力及虚加惯性力和惯性力偶。由质点系的达朗贝尔原理，这些形成平面任意力系，列平衡方程如下：

$$\sum F_{ix} = 0,\ F_N - P\cos\theta = 0$$

$$\sum F_{iy} = 0,\ P\sin\theta - F_s - F_I = 0$$

$$\sum M_C(\boldsymbol{F}_i) = 0,\ F_s r - M_{IC} = 0$$

解得 $a_C = \frac{2}{3}g\sin\theta$，$F_s = \frac{1}{3}P\sin\theta$

例 14-6　重 G、半径为 r 的均质圆轮 B，在圆轮上作用一矩为 M 的力偶，借助于细绳提升重为 P 的重物 C，如图 14-11a 所示。求固定铰支座 B 的约束反力。

例题动画

解： 以轮和重物整体为研究对象，受力如图 14-11b 所示。

假设物块 C 的加速度为 $\boldsymbol{a}$，轮的惯性力系向转轴简化，物体 C 的惯性力向质心 C 简化，则

$$F_{IC} = \frac{P}{g}a$$

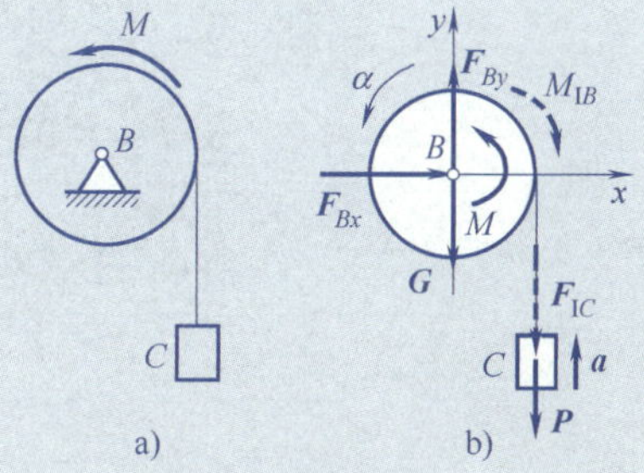

图　14-11

求解程序

$$M_{IB}=J_B\alpha=\frac{1}{2}\frac{G}{g}r^2\frac{a}{r}=\frac{Gr}{2g}a$$

方向及转向如图 14-11b 所示。

由质点系的达朗贝尔原理，这些形成平面任意力系，列平衡方程如下：

$$\sum M_B(\boldsymbol{F}_i)=0,\ M-M_{IB}-r(P+F_{IC})=0$$

$$\sum F_{ix}=0,\ F_{Bx}=0$$

$$\sum F_{iy}=0,\ F_{By}-G-P-F_{IC}=0$$

解得 $$a=\frac{2(M-rP)}{r(G+2P)}g,F_{Bx}=0,F_{By}=G+P+\frac{2(M-rP)}{r(G+2P)}P$$

例题动画

求解程序

例 14-7 如图 14-12a 所示，质量为 m、长度为 l 的均质杆 OA，初始水平放置保持静止，求 OA 转过 θ 角时固定铰支座 O 的约束反力。

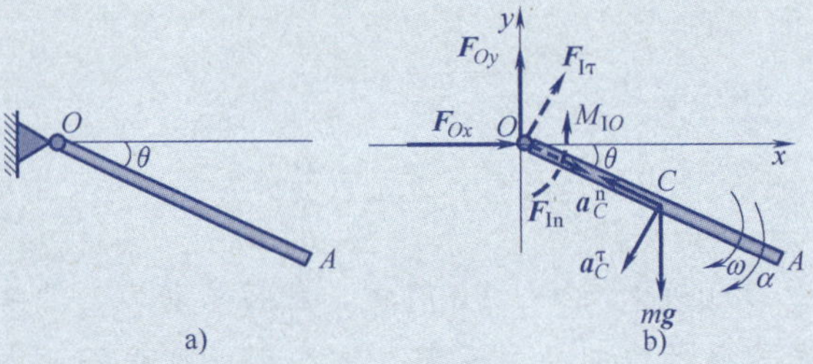

图 14-12

解： 以杆 OA 为研究对象，受力如图 14-12b 所示。

假设 OA 转过 θ 角时，杆的角速度为 ω，角加速度为 α，质心 C 的加速度 a_C^τ、a_C^n，杆的惯性力系向转轴 O 简化，则

$$F_{I\tau}=ma_C^\tau=m\frac{l}{2}\alpha,\ F_{In}=ma_C^n=m\frac{l}{2}\omega^2$$

$$M_{IO}=J_O\alpha=\frac{1}{3}ml^2\alpha$$

方向及转向如图 14-12b 所示。

由质点系的达朗贝尔原理，这些形成平面任意力系，列平衡方程如下：

$$\sum M_O(\boldsymbol{F}_i)=0,\ M_{IO}-mg\frac{l}{2}\cos\theta=0 \tag{a}$$

$$\sum F_{ix}=0,\ F_{Ox}+F_{I\tau}\sin\theta+F_{In}\cos\theta=0 \tag{b}$$

$$\sum F_{iy}=0,\ F_{Oy}+F_{I\tau}\cos\theta-F_{In}\sin\theta-mg=0 \tag{c}$$

由式（a）解得 $$\alpha=\frac{3g\cos\theta}{2l}$$

由 $\alpha=\dfrac{\mathrm{d}\omega}{\mathrm{d}t}=\dfrac{3g\cos\theta}{2l}$，进一步积分求得杆的角速度 $\omega=\sqrt{\dfrac{3g\sin\theta}{l}}$

故惯性力系简化结果为

$$F_{\mathrm{I}\tau}=m\frac{l}{2}\alpha=\frac{3mg\cos\theta}{4},\ F_{\mathrm{In}}=m\frac{l}{2}\omega^2=\frac{3mg\sin\theta}{2},\ M_{\mathrm{I}O}=\frac{1}{2}mgl\cos\theta$$

代入式（b）、式（c），解得

$$F_{Ox}=-\frac{9}{4}mg\sin\theta\cos\theta,\ F_{Oy}=mg+\frac{3}{2}mg\sin^2\theta-\frac{3}{4}mg\cos^2\theta$$

思考与讨论：

例 14-7 中 OA 杆惯性力系简化结果是否可以直接加到质心上，若向质心简化，简化结果如何改变？

例 14-8　均质悬臂梁 AB 长 l，重 W，B 端与重 G、半径为 r 的均质圆轮铰接，如图 14-13a 所示。在圆轮上作用一矩为 M 的力偶，借助于细绳提升重为 P 的重物 C。试求固定端 A 处的约束反力。

例题动画

求解程序

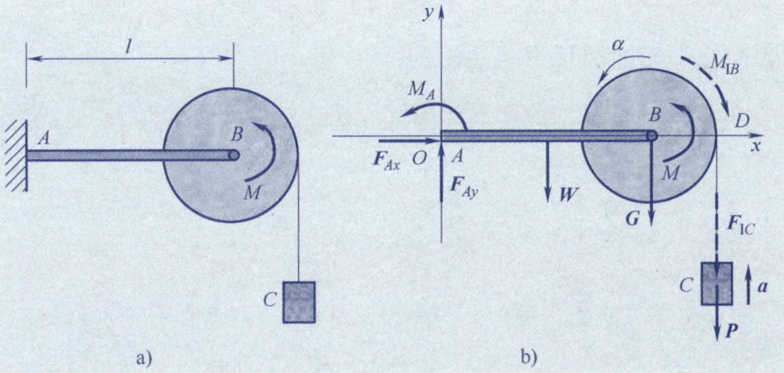

图　14-13

解： 先以轮和重物为研究对象，受力如图 14-11b 所示。

假设重物 C 的加速为 a，求解过程见例 14-6，解得

$$a=\frac{2(M-rP)}{r(G+2P)}g$$

再以整体为研究对象，受力如图 14-13b 所示，虚加惯性力，由质点系的达朗贝尔原理，这些形成平面任意力系，列平衡方程如下：

$$\sum F_{ix}=0,\ F_{Ax}=0$$

$$\sum F_{iy}=0,\ F_{Ay}-W-G-P-F_{\mathrm{IC}}=0$$

$$\sum M_A(\boldsymbol{F}_i)=0,\ M_A+M-W\frac{l}{2}-Gl-M_{\mathrm{IB}}-(P+F_{\mathrm{IC}})(l+r)=0$$

解得

$$F_{Ay}=W+G+P+\frac{2(M-rP)}{r(G+2P)}P$$

$$M_A=l\left(\frac{W}{2}+G\right)-M+\frac{(M-rP)}{(G+2P)}G+(l+r)\frac{rG+2M}{r(G+2P)}P$$

思考与讨论：

（1）试用动能定理求解重物 C 上升的加速度？

（2）应用质点系达朗贝尔原理求解 A 处约束力时，是否可以对轮缘右侧与绳子的接触点 D 取矩？

14.2.3 惯性力系主矢、主矩的物理意义

建立质点系惯性力系主矢、主矩与其动量、动量矩的联系。

由式 14-5 可知，惯性力系主矢为

$$\boldsymbol{F}_{\mathrm{IR}} = \sum \boldsymbol{F}_{\mathrm{I}i} = \sum(-m_i\boldsymbol{a}_i) = \sum\left(-m_i\frac{\mathrm{d}\boldsymbol{v}_i}{\mathrm{d}t}\right) = -\frac{\mathrm{d}}{\mathrm{d}t}\sum m_i\boldsymbol{v}_i = -\frac{\mathrm{d}\boldsymbol{P}}{\mathrm{d}t} \tag{14-11}$$

即质点系惯性力系的主矢大小等于质点系动量对时间的变化率，二者仅相差一负号。

选 O 为简化中心，惯性力系主矩为

$$\begin{aligned}\boldsymbol{M}_{\mathrm{I}O} &= \sum \boldsymbol{M}_O(\boldsymbol{F}_{\mathrm{I}i}) = \sum \boldsymbol{r}_i\times(-m_i\boldsymbol{a}_i) = \sum \boldsymbol{r}_i\times\left(-m_i\frac{\mathrm{d}\boldsymbol{v}_i}{\mathrm{d}t}\right)\\ &= -\sum\left[\frac{\mathrm{d}}{\mathrm{d}t}(\boldsymbol{r}_i\times m_i\boldsymbol{v}_i)-\frac{\mathrm{d}\boldsymbol{r}_i}{\mathrm{d}t}\times m_i\boldsymbol{v}_i\right]\\ &= -\frac{\mathrm{d}}{\mathrm{d}t}\sum(\boldsymbol{r}_i\times m_i\boldsymbol{v}_i)+\sum\left(\frac{\mathrm{d}\boldsymbol{r}_i}{\mathrm{d}t}\times m_i\boldsymbol{v}_i\right)\end{aligned}$$

注意到 $\boldsymbol{L}_O = \sum(\boldsymbol{r}_i\times m_i\boldsymbol{v}_i)$，且 $\frac{\mathrm{d}\boldsymbol{r}_i}{\mathrm{d}t}\times m_i\boldsymbol{v}_i = \boldsymbol{v}_i\times m_i\boldsymbol{v}_i = \boldsymbol{0}$

所以

$$\boldsymbol{M}_{\mathrm{I}O} = -\frac{\mathrm{d}\boldsymbol{L}_O}{\mathrm{d}t} \tag{14-12}$$

将式（14-12）投影到过 O 点的 x、y、z 直角坐标轴上，注意到空间矢量对点的矩矢在通过该点的轴上的投影等于空间矢量对该轴的矩，有

$$\left.\begin{aligned}M_{\mathrm{I}x} &= [\boldsymbol{M}_{\mathrm{I}O}]_x = -\left[\frac{\mathrm{d}\boldsymbol{L}_O}{\mathrm{d}t}\right]_x = -\frac{\mathrm{d}L_x}{\mathrm{d}t}\\ M_{\mathrm{I}y} &= [\boldsymbol{M}_{\mathrm{I}O}]_y = -\left[\frac{\mathrm{d}\boldsymbol{L}_O}{\mathrm{d}t}\right]_y = -\frac{\mathrm{d}L_y}{\mathrm{d}t}\\ M_{\mathrm{I}z} &= [\boldsymbol{M}_{\mathrm{I}O}]_z = -\left[\frac{\mathrm{d}\boldsymbol{L}_O}{\mathrm{d}t}\right]_z = -\frac{\mathrm{d}L_z}{\mathrm{d}t}\end{aligned}\right\} \tag{14-13}$$

式中，$\boldsymbol{M}_{\mathrm{I}O}$ 为惯性力系向 O 点简化的主矩；$M_{\mathrm{I}x}$、$M_{\mathrm{I}y}$、$M_{\mathrm{I}z}$ 为惯性力系对过 O 点直角坐标轴 x、y、z 的矩；$\boldsymbol{L}_O$ 为刚体对固定点 O 的动量矩；L_x、L_y、L_z 为刚体对过 O 点的直角坐标轴 x、y、z 的动量矩。

将任意质点系对固定点的动量矩 $\boldsymbol{L}_O = \boldsymbol{r}_C\times M\,\boldsymbol{V}_C+\boldsymbol{L}_C$ 代入式（14-12），则平面

运动刚体惯性力系向任意一点 O 简化的主矩为

$$\boldsymbol{M}_{\mathrm{I}O}=-\frac{\mathrm{d}\boldsymbol{L}_O}{\mathrm{d}t}=-\frac{\mathrm{d}(\boldsymbol{r}_C\times M\boldsymbol{V}_C+\boldsymbol{L}_C)}{\mathrm{d}t}$$

$$=-\left(\frac{\mathrm{d}\boldsymbol{r}_C}{\mathrm{d}t}\times M\boldsymbol{V}_C+\boldsymbol{r}_C\times M\frac{\mathrm{d}\boldsymbol{V}_C}{\mathrm{d}t}+\frac{\mathrm{d}\boldsymbol{L}_C}{\mathrm{d}t}\right)$$

其中，$\frac{\mathrm{d}\boldsymbol{r}_C}{\mathrm{d}t}\times M\boldsymbol{V}_C=\boldsymbol{V}_C\times M\boldsymbol{V}_C=\boldsymbol{0}$，$\frac{\mathrm{d}\boldsymbol{V}_C}{\mathrm{d}t}=\boldsymbol{a}_C$，故

$$\boldsymbol{M}_{\mathrm{I}O}=-\boldsymbol{r}_C\times M\boldsymbol{a}_C-\frac{\mathrm{d}\boldsymbol{L}_C}{\mathrm{d}t}$$

若惯性力系向质心 C 简化，$\boldsymbol{r}_C=\boldsymbol{0}$，则主矩为

$$\boldsymbol{M}_{\mathrm{I}C}=-\frac{\mathrm{d}\boldsymbol{L}_C}{\mathrm{d}t}\tag{14-14}$$

由式（14-12）~式（14-14）可知，**惯性力系向固定点、固定轴以及质心简化的主矩等于质点系对该固定点、固定轴以及质心的动量矩对时间的变化率，二者仅相差一负号。**

将式（14-11）代入式（14-4）第一式及其投影式，可以得到质点系的动量定理；将式（14-12）~式（14-14）代入式（14-4）第二式及其投影式，可以得到质点系对固定点、固定轴以及质心的动量矩定理，故**达朗贝尔原理与质点系的动量定理和动量矩定理具有一致性。**

思考与讨论：

（1）试根据式（14-12）推导平动刚体惯性力系主矩简化结果。

（2）试根据式（14-13）推导转轴垂直于质量对称面的刚体惯性力系主矩简化结果。

（3）对照比较质点系的达朗贝尔原理与质点系动量定理及动量矩定理的一致性，试述达朗贝尔原理的优势在哪里？

课程加油站

14.3　绕定轴转动刚体的轴承动约束力

机构运动时支座约束力由两部分组成，一部分是由主动力引起的**静约束力**，另一部分是由机构运动状态变化引起的**动约束力**。

在工程实际中，由于转子质量不均匀以及制造和安装误差，高速转动的机械转轴常常会承受巨大的动约束力，导致振动、噪声甚至机器零件损坏。因此，研究动约束力产生的原因以及减小甚至消除动约束力的条件，具有重要的实际意义。

由达朗贝尔原理可知，刚体所受的轴承约束力不仅与主动力有关，还与刚体的惯性力系有关，而动约束力仅与惯性力系有关。确定动约束力仅需考虑刚体的

惯性力系，下面先讨论任意一个绕定轴转动刚体的惯性力系简化结果。

14.3.1 任意定轴转动刚体惯性力系简化结果

如图 14-14 所示，质量为 M 的刚体绕 z 轴定轴转动，设刚体转动的角速度为 ω，角加速度为 α，选转轴上的任一点 O 为坐标原点，建立图示直角坐标系 $Oxyz$。

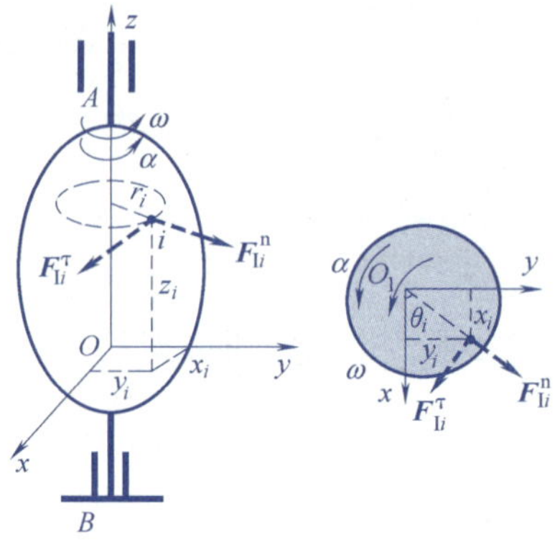

图 14-14

刚体内任意质点 i 的质量为 m_i，坐标为 x_i、y_i、z_i，到转轴的距离为 r_i。点的加速度可分解为 $\boldsymbol{a}_i^\tau$、$\boldsymbol{a}_i^n$，对应添加质点的惯性力可分解为切向惯性力 $\boldsymbol{F}_{Ii}^\tau$ 及法向惯性力 $\boldsymbol{F}_{Ii}^n$。方向与加速度方向相反，大小分别为

$$F_{Ii}^\tau = m_i a_i^\tau = m_i r_i \alpha, F_{Ii}^n = m_i a_i^n = m_i r_i \omega^2$$

注意到 $\cos\theta_i = \dfrac{x_i}{r_i}$，$\sin\theta_i = \dfrac{y_i}{r_i}$，则任意质点 i 的惯性力在三个坐标轴上的投影为

$$F_{Ii}^x = F_{Ii}^\tau \sin\theta_i + F_{Ii}^n \cos\theta_i = m_i y_i \alpha + m_i x_i \omega^2$$

$$F_{Ii}^y = -F_{Ii}^\tau \cos\theta_i + F_{Ii}^n \sin\theta_i = -m_i x_i \alpha + m_i y_i \omega^2$$

$$F_{Ii}^z = 0$$

故刚体惯性力系在三个坐标轴上投影的代数和分别为

$$\left.\begin{aligned}
F_{IR}^x &= \sum F_{Ii}^x = \left(\sum m_i y_i\right)\alpha + \left(\sum m_i x_i\right)\omega^2 = M y_C \alpha + M x_C \omega^2 \\
F_{IR}^y &= \sum F_{Ii}^y = -\left(\sum m_i x_i\right)\alpha + \left(\sum m_i y_i\right)\omega^2 = -M x_C \alpha + M y_C \omega^2 \\
F_{IR}^z &= 0
\end{aligned}\right\} \quad (14\text{-}15)$$

其中，M 为刚体质量，x_C、y_C 为刚体质心坐标。故惯性力系主矢为

$$\boldsymbol{F}_{IR} = F_{IR}^x \boldsymbol{i} + F_{IR}^y \boldsymbol{j} + F_{IR}^z \boldsymbol{k} = (M y_C \alpha + M x_C \omega^2)\boldsymbol{i} + (-M x_C \alpha + M y_C \omega^2)\boldsymbol{j} \quad (14\text{-}16)$$

选 O 为简化中心，则此惯性力系对固定点 O 的主矩 $\boldsymbol{M}_{IO}$，其在过 O 点直角坐标轴上的投影分别为惯性力系对坐标轴之矩 M_{Ix}、M_{Iy}、M_{Iz}，即

$$M_{Ix} = \sum M_x(\boldsymbol{F}_{Ii}^\tau) + \sum M_x(\boldsymbol{F}_{Ii}^n)$$

$$= \sum m_i r_i \alpha \cos\theta_i \cdot z_i - \sum m_i r_i \omega^2 \sin\theta_i \cdot z_i = \alpha \sum m_i x_i z_i - \omega^2 \sum m_i y_i z_i$$

$$M_{Iy} = \sum M_y(\boldsymbol{F}_{Ii}^\tau) + \sum M_y(\boldsymbol{F}_{Ii}^n)$$

$$= \sum m_i r_i \alpha \sin\theta \cdot z_i + \sum m_i r_i \omega^2 \cos\theta \cdot z_i = \alpha \sum m_i y_i z_i + \omega^2 \sum m_i x_i z_i$$

$$M_{Iz} = \sum M_z(\boldsymbol{F}_{Ii}^\tau) + \sum M_z(\boldsymbol{F}_{Ii}^n) = \sum(-m_i r_i \alpha \cdot r_i) = -\sum(m_i r_i^2)\alpha$$

其中，$J_z=\sum m_i r_i^2$ 是刚体对于转轴 z 的转动惯量，$J_{xz}=\sum m_i x_i z_i$ 和 $J_{yz}=\sum m_i y_i z_i$ 是表征刚体的质量对于坐标系分布的几何性质的物理量，分别称为刚体对于轴 x、z 和轴 y、z 的**惯性积**，又称为**离心转动惯量**。惯性积与转动惯量具有相同的单位，不同的是惯性积可以是正值，也可以是负值，由刚体的质量对于坐标系的分布情况而定。

故惯性力系对坐标轴之矩 $M_{\mathrm{I}x}$、$M_{\mathrm{I}y}$、$M_{\mathrm{I}z}$ 可表示为

$$\left.\begin{aligned}M_{\mathrm{I}x}&=J_{xz}\alpha-J_{yz}\omega^2\\M_{\mathrm{I}y}&=J_{yz}\alpha-J_{xz}\omega^2\\M_{\mathrm{I}z}&=-J_z\alpha\end{aligned}\right\}\tag{14-17}$$

即惯性力系对转轴上固定点 O 的主矩为

$$\boldsymbol{M}_{\mathrm{I}O}=\boldsymbol{M}_{\mathrm{I}x}\boldsymbol{i}+\boldsymbol{M}_{\mathrm{I}y}\boldsymbol{j}+\boldsymbol{M}_{\mathrm{I}z}\boldsymbol{k}=(J_{xz}\alpha-J_{yz}\omega^2)\boldsymbol{i}+(J_{yz}\alpha-J_{xz}\omega^2)\boldsymbol{j}-J_z\alpha\boldsymbol{k}\tag{14-18}$$

当定轴转动的刚体具有质量对称面，且转轴 z 垂直于质量对称面，交点为 O，则 $J_{xz}=\sum m_i x_i z_i=0$，$J_{yz}=\sum m_i y_i z_i=0$，则惯性力系主矩为 $M_{\mathrm{I}O}=M_{\mathrm{I}z}=-J_z\alpha$，与式（14-8）结论一致。

14.3.2 刚体定轴转动轴承动约束力

设刚体在主动力作用下绕轴 z 定轴转动，角速度为 ω，角加速度为 α，如图 14-15 所示，求轴承 A、B 处的动约束力。

取此刚体为研究对象，选转轴上的任一点 O 为坐标原点，建立图示直角坐标系 $Oxyz$。选 O 为简化中心，刚体上所有主动力向 O 简化的主矢与主矩用 $\boldsymbol{F}_{\mathrm{R}}$ 与 $\boldsymbol{M}_O$ 表示，惯性力系向 O 简化的主矢与主矩用 $\boldsymbol{F}_{\mathrm{IR}}$ 与 $\boldsymbol{M}_{\mathrm{I}O}$ 表示，轴承 A、B 处的 5 个约束力分别为 $\boldsymbol{F}_{Ax}$、$\boldsymbol{F}_{Ay}$、$\boldsymbol{F}_{Bx}$、$\boldsymbol{F}_{By}$、$\boldsymbol{F}_{Bz}$。

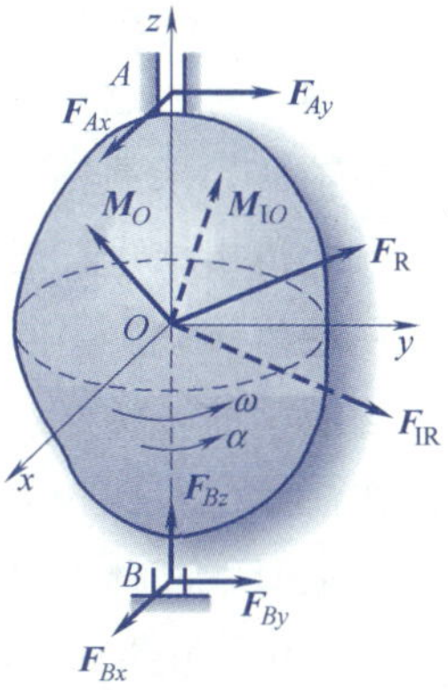

图　14-15

应用质点系的达朗贝尔原理，有

$$\sum F_{ix}=0,\ F_{Ax}+F_{Bx}+F_{\mathrm{IR}}^x+F_{\mathrm{R}}^x=0$$

$$\sum F_{iy}=0,\ F_{Ay}+F_{By}+F_{\mathrm{IR}}^y+F_{\mathrm{R}}^y=0$$

$$\sum F_{iz}=0,\ F_{Bz}+F_{\mathrm{IR}}^z+F_{\mathrm{R}}^z=0$$

$$\sum M_x(\boldsymbol{F}_i)=0,\ F_{By}OB-F_{Ay}OA+M_{\mathrm{I}x}+M_x=0$$

$$\sum M_y(\boldsymbol{F}_i)=0,\ -F_{Bx}OB+F_{Ax}OA+M_{\mathrm{I}y}+M_y=0$$

轴承约束力均与轴相交或平行，故方程 $\sum M_z(\boldsymbol{F}_i)=0$ 自然满足。

将式（14-15）和式（14-17）代入上述 5 个方程，并考虑轴承处的动约束力，与主动力无关，仅与刚体运动产生的惯性力系相关。解得轴承动约束力为

$$\left.\begin{aligned}F'_{Ax}&=-\frac{1}{AB}(M_{\mathrm{I}y}+F^{x}_{\mathrm{IR}}OB)\\F'_{Ay}&=\frac{1}{AB}(M_{\mathrm{I}x}-F^{y}_{\mathrm{IR}}OB)\\F'_{Bx}&=\frac{1}{AB}(M_{\mathrm{I}y}-F^{x}_{\mathrm{IR}}OA)\\F'_{By}&=-\frac{1}{AB}(M_{\mathrm{I}x}+F^{y}_{\mathrm{IR}}OA)\\F'_{Bz}&=-F^{z}_{\mathrm{IR}}\end{aligned}\right\}\tag{14-19}$$

由于惯性力主矢在 z 方向投影为 0，所以推力轴承 B 沿 z 方向的动约束力为 0。要使轴承受到的附加动约束力均为 0，必须有

$$F^{x}_{\mathrm{IR}}=F^{y}_{\mathrm{IR}}=0,\ M_{\mathrm{I}x}=M_{\mathrm{I}y}=0$$

即轴承附加动约束力等于零的条件是：惯性力系的主矢等于零，惯性力系对 x 轴和 y 轴的主矩亦等于零。即

$$\begin{cases}y_C\alpha+x_C\omega^2=0\\x_C\alpha+y_C\omega^2=0\end{cases},\quad\begin{cases}J_{xz}\alpha-J_{yz}\omega^2=0\\J_{yz}\alpha-J_{xz}\omega^2=0\end{cases}$$

显然，为使上面方程成立，必须有

$$\begin{cases}x_C=y_C=0\\J_{xz}=J_{yz}=0\end{cases}$$

上式即为消除轴承动约束力的条件。要使惯性力主矢为零，转轴 z 必须通过刚体的质心 C；要使惯性力主矩为零，刚体对转轴 z 的惯性积必须等于零。

若刚体对通过某点的 z 轴的惯性积 J_{xz} 和 J_{yz} 均等于零，则称 z 轴为过该点的**惯性主轴**，如果惯性主轴通过质心，则称为**中心惯性主轴**。

由此得出结论：**若使定轴转动刚体轴承动约束力为零，则应选取刚体的中心惯性主轴为转轴。**

若刚体的转轴过质心，且刚体上没有其他主动力，只受重力作用时，则刚体可以在任意位置保持静止不动，这种现象称为**静平衡**；当刚体的转轴过质心且为惯性主轴时，刚体转动时不出现轴承附加动约束力，这种现象称为**动平衡**。

实际中，由于材料不均匀，制造或加工安装误差等原因，都可能使刚体的转轴偏离中心惯性主轴。为了保证机器运转安全，应将动约束力控制到允许的范围内。为此，高速运转的刚体通常要在专用试验机上进行动平衡试验，并根据试验数据，在刚体上适当的位置附加或减少质量，使刚体的转轴尽量接近刚体的中心惯性主轴，从而减小轴承动约束力。

思考与讨论：

能够动平衡的定轴转动的刚体一定能够实现静平衡吗？能够静平衡的定轴转动的刚体一定能够实现动平衡吗？

例 14-9　设转子连同轴的质量 $m=20\text{kg}$，转轴 AB 垂直于转子的质量对称面，但质心不在转轴上，偏心距 $e=0.1\text{mm}$，如图 14-16 所示。若转子以 $n=12000\text{r/min}$ 匀速转动，求轴承处的动约束力。

例题动画

求解程序

解： 以转子为研究对象，因为转轴 AB 垂直于转子的质量对称面，故 AB 对转轴的惯性积为 0；又转子匀速转动，即 $\alpha=0$，则惯性主矩为 0。

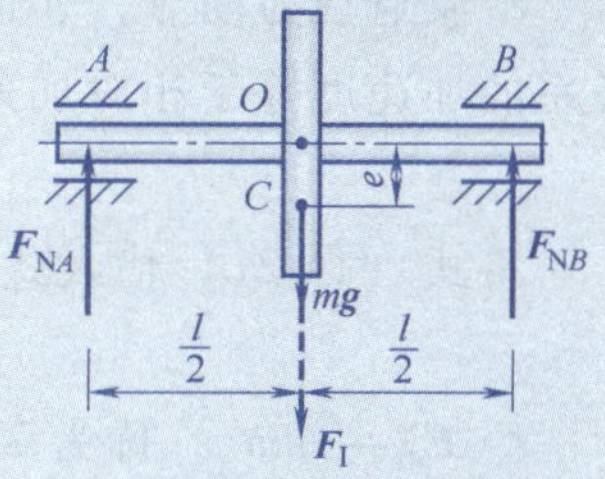

图　14-16

当转子的质心位于最下端时，轴承处约束力最大，受力如图 14-16 所示。转子匀速转动，其角速度

$$\omega=\frac{n\pi}{30}=\frac{12000\pi}{30}\text{rad/s}=400\pi\text{rad/s}$$

质心 C 只有法向加速度

$a_n=e\omega^2=[0.1\times10^{-3}\times(400\pi)^2]\text{m/s}^2=158\text{m/s}^2$，方向指向转轴

因此，惯性力大小为

$$F_I=ma_n=(20\times158)\text{N}=3160\text{N}$$

由质点系的达朗贝尔原理，求动约束力时不考虑主动力，对惯性力系与动约束力列平衡方程得

$$\sum F_{iy}=0,\ F_{NA}+F_{NB}-F_I=0$$

$$\sum M_A(\boldsymbol{F}_i)=0,\ F_{NB}l-F_I\frac{l}{2}=0$$

代入解得

$$F_{NA}=F_{NB}=\frac{1}{2}F_I=1580\text{N}$$

可见，在高速转动下，0.1mm 的偏心距所引起的轴承动约束力为静约束力 $\frac{1}{2}mg=98\text{N}$ 的 16 倍，巨大的轴承动约束力势必使轴承磨损加快，甚至引起轴承破坏。而且，惯性力的方向随转子的转动呈周期性变化，轴承动约束力亦会发生周期性的变化，进而引起机器的噪声与振动，同样会加速轴承的磨损与破坏。因此，必须尽量减小与消除偏心距。

14.4　质点的相对运动微分方程

动力学基本方程建立了惯性参考系中质点受力与运动之间的关系，对工程实际中的多数问题，以地球作为惯性参考系，应用动力学基本方程求解可以得到与实际相符的结果。但动力学基本方程在非惯性参考系中并不成立，如研究远程火箭和洲际导弹相对于地球的运动，就必须考虑地球自转的影响，不能再将其视为惯性参考系。因此，如何描述质点相对非惯性参考系的运动，建立质点相对运动微分方程，是一个具有实际意义的问题。

将牛顿定律与点的合成运动结合起来，可以解决质点相对运动动力学问题。

设一质量为 m 的质点 M，相对于非惯性参考系 $O'x'y'z'$ 运动，此坐标系又相对于惯性参考系（静系）$Oxyz$ 运动。设质点的相对加速度为 $\boldsymbol{a}_r$，绝对加速度为 $\boldsymbol{a}_a$，作用在质点上的合力为 $\boldsymbol{F}$。则在惯性参考系中，根据牛顿第二定律，有

$$m\boldsymbol{a}_a=\boldsymbol{F} \tag{14-20}$$

将质点视为动点，非惯性参考系看作动系，根据运动学知识，质点相对静参考系的加速度等于相对加速度、牵连加速度和科氏加速度的矢量和，即

$$\boldsymbol{a}_a=\boldsymbol{a}_r+\boldsymbol{a}_e+\boldsymbol{a}_C \tag{14-21}$$

将式（14-21）代入式（14-20），移项可得

$$m\boldsymbol{a}_r=\boldsymbol{F}+(-m\boldsymbol{a}_e)+(-m\boldsymbol{a}_C) \tag{14-22}$$

令 $\boldsymbol{F}_{Ie}=-m\boldsymbol{a}_e$，称为**牵连惯性力**；$\boldsymbol{F}_{IC}=-m\boldsymbol{a}_C$，称为**科里奥利惯性力**，简称科氏惯性力。

惯性力的大小等于质点的质量乘以动参考系运动引起的加速度，方向与加速度方向相反。于是，式（14-22）可以写成与牛顿第二定律相类似的形式，即

$$m\boldsymbol{a}_r=\boldsymbol{F}+\boldsymbol{F}_{Ie}+\boldsymbol{F}_{IC} \tag{14-23}$$

式（14-23）称为质点相对运动动力学基本方程，即**质点的质量与相对加速度的乘积等于作用于质点的合力与牵连惯性力、科里奥利惯性力的矢量和**。可见，**在非惯性参考系中，点的运动由作用在质点上的合力与惯性力共同决定。**

若质点在动参考系中处于静止状态，则 $\boldsymbol{F}+\boldsymbol{F}_I=\boldsymbol{0}$。

例如，以匀加速度 $\boldsymbol{a}$ 做水平直线行驶的火车，在其车厢内的固定小桌上放质量为 m 的苹果，苹果相对小桌静止不动。在静参考系中对苹果进行受力分析，水平方向受静滑动摩擦力 $\boldsymbol{F}_s$ 作用，其运动和受力符合牛顿第二定律 $\boldsymbol{F}_s=m\boldsymbol{a}$。但若在固结在火车上的动参考系中对苹果进行受力分析，水平方向仍受静滑动摩擦力 $\boldsymbol{F}_s$ 作用，但苹果相对于火车处于静止状态，显然不符合牛顿定律。只有在受力分析时，考虑惯性力 $\boldsymbol{F}_I=-m\boldsymbol{a}$，则可得 $\boldsymbol{F}_s+\boldsymbol{F}_I=\boldsymbol{0}$，这样苹果在动参考系中运动和受力的关系就可以符合牛顿定律。

因此，在非惯性参考系中若依然采用牛顿定律分析质点运动和受力的关系，受力分析时不仅需要考虑主动力、约束力，还需要考虑由于非惯性系具有加速度而产生的惯性力。可以认为，**在非惯性参考系中引入惯性力，使得牛顿定律在非惯性参考系中依然成立。**

惯性力仅在非惯性系中有意义，不同于我们通常所说的力，力是指物体与物体之间的相互作用，在惯性系和非惯性系中都存在，它既有施力物体又有受力物体；而惯性力是假想出来的力，即为“虚拟力”，找不出施力物体。尽管是“虚拟力”，在实际生活中，我们也能感受到惯性力的作用效果。车辆在制动或起步时车中乘客会前倾或后仰，是因为在汽车这个变速运动的非惯性系中，乘客受到向前或向后的平动惯性力作用；洗衣机的甩干功能是利用转动时惯性离心力的作用；自由降落的物体会偏东，汾河河流冲刷西岸，都是由于受到科里奥利惯性力的作用。

思考与讨论：

达朗贝尔惯性力与牵联惯性力及科氏惯性力有何异同？

本章思维导图

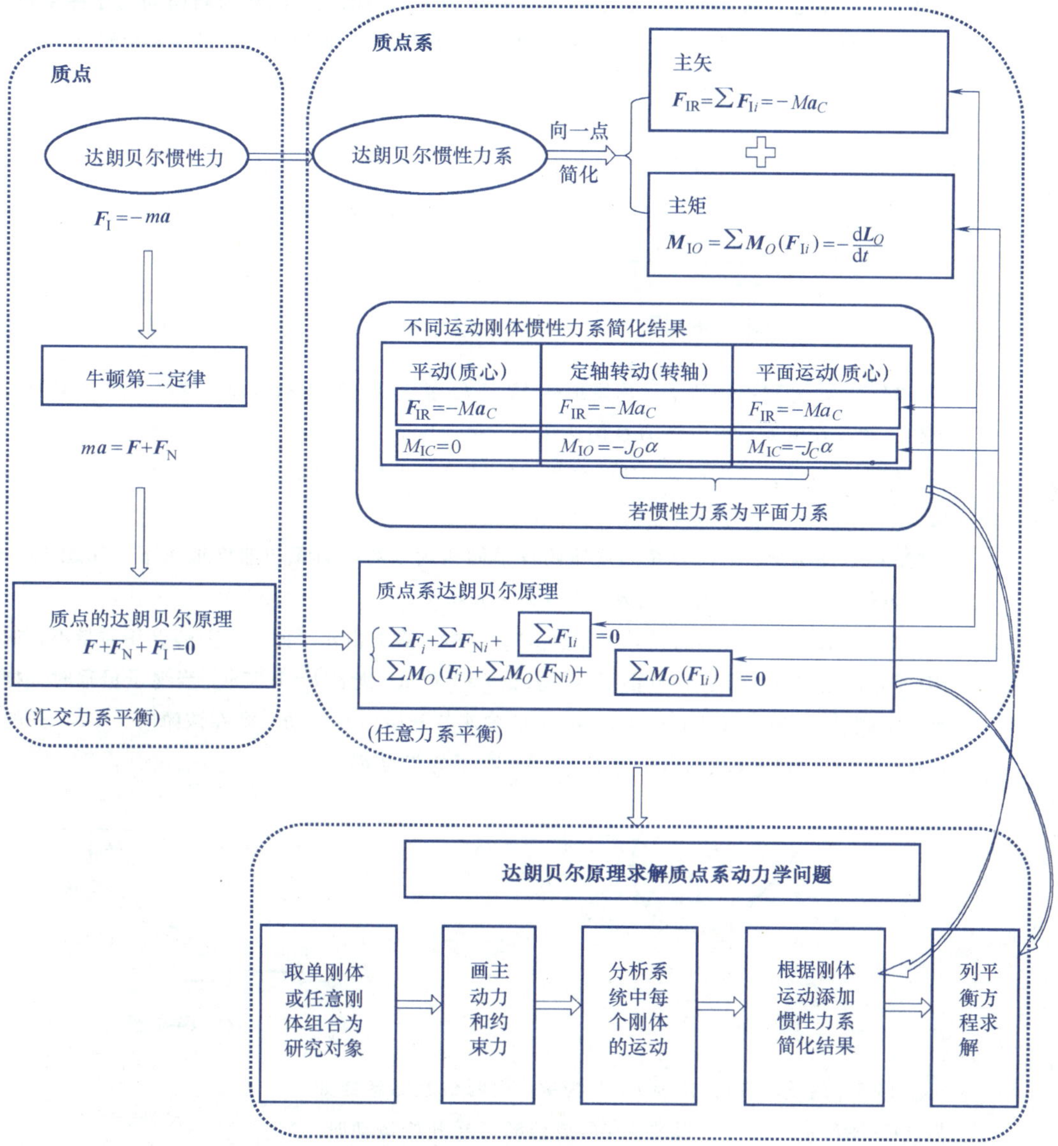
质点
达朗贝尔惯性力
$F_I=-ma$
牛顿第二定律
$ma=F+F_N$
质点的达朗贝尔原理
$F+F_N+F_I=0$
(汇交力系平衡)
质点系
达朗贝尔惯性力系
向一点
简化
主矢
$F_{IR}=\sum F_{Ii}=-Ma_C$
主矩
$M_{IO}=\sum M_O(F_{Ii})=-\frac{dL_O}{dt}$
不同运动刚体惯性力系简化结果
平动(质心)
定轴转动(转轴)
平面运动(质心)
$F_{IR}=-Ma_C$
$F_{IR}=-Ma_C$
$F_{IR}=-Ma_C$
$M_{IC}=0$
$M_{IO}=-J_O\alpha$
$M_{IC}=-J_C\alpha$
若惯性力系为平面力系
质点系达朗贝尔原理
$\sum F_i+\sum F_{Ni}+\sum F_{Ii}=0$
$\sum M_O(F_i)+\sum M_O(F_{Ni})+\sum M_O(F_{Ii})=0$
(任意力系平衡)
达朗贝尔原理求解质点系动力学问题
取单刚体或任意刚体组合为研究对象
画主动力和约束力
分析系统中每个刚体的运动
根据刚体运动添加惯性力系简化结果
列平衡方程求解

习题

14-1　如题 14-1 图所示，物块 A 放在倾角为 θ 的斜面上，物块与斜面间的摩擦系数为 $f=\tan\varphi_{m}$，如斜面向左做加速运动，试求加速度 a 为何值时，物块 A 才不致沿斜面滑动。

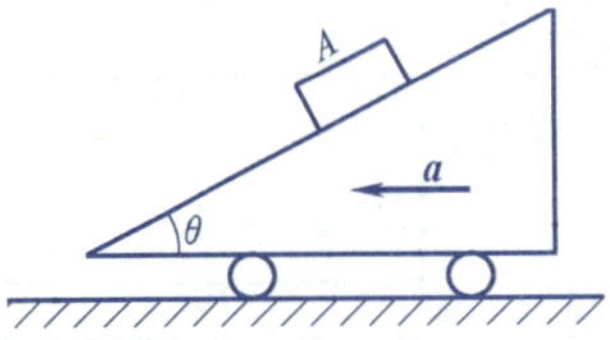

题　14-1 图

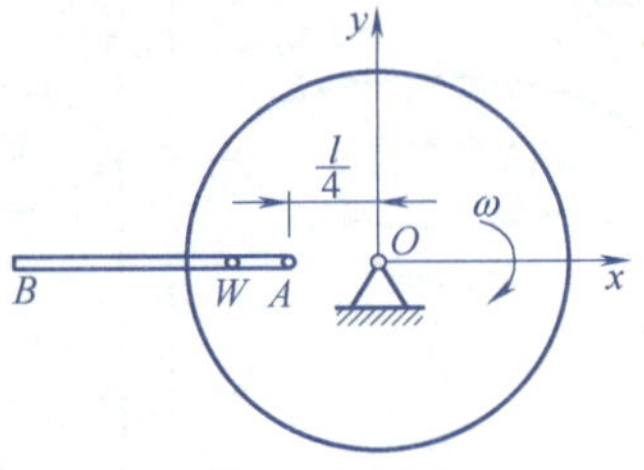

题　14-2 图

14-2　如题 14-2 图所示，均质细杆 AB 长 l，重为 $\boldsymbol{P}$，其 A 端与圆盘铰接，并在 W 处插入一销钉，圆盘在铅垂平面内绕轴 O 匀速转动，角速度为 ω，$OA=l/4$。当杆转到图示水平位置时，突然拔去销钉 W，允许杆 AB 自由地绕点 A 转动。求杆在此瞬时的角加速度和点 A 处的约束反力。

14-3　重为 P、半径为 R 的均质圆球沿倾角为 θ 的斜面无初速度地滚下，如题 14-3 图所示。欲使球滚而不滑，摩擦系数 f 最小应等于多少。

14-4　质量 $m=45.5\text{kg}$ 的均质细杆 AB，下端 A 在光滑水平面上，上端 B 用质量不计的软绳 BD 系在固定点 D，如题 14-4 图所示。杆长 $l=3.05\text{m}$，绳长 $h=1.22\text{m}$。当绳子铅垂时，杆对水平面的倾角 $\theta=30°$，A 点以 $v_A=2.44\text{m/s}$ 的匀速度开始向左运动。求在该瞬时，(1) 杆的角加速度 $\boldsymbol{\alpha}$；(2) 加在 A 端的水平力 F_A；(3) 绳子的张力 F_T。

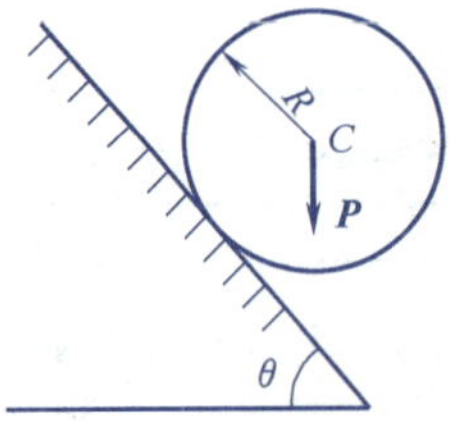

题　14-3 图

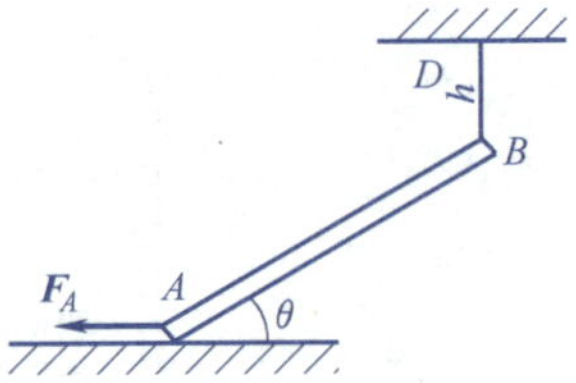

题　14-4 图

14-5　均质杆 AB，长为 l，重为 $\boldsymbol{P}$，用两根软绳悬挂如题 14-5 图所示。求当一根软绳 AC 被切断，杆开始运动时，另一根软绳 BC 承受的力。

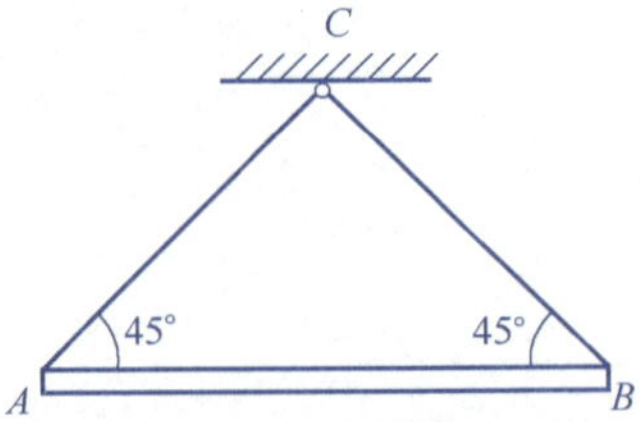

题　14-5 图

14-6　均质平板 AB，质量为 m，放在半径为 r、质量均为 $0.5m$ 的两个相同的均质圆柱形滚子上，如题 14-6 图所示。平板上作用一水平拉力 $\boldsymbol{F}_T$，滚子在水平面上做纯滚动，并设平板与滚子之间无相对滑动。试求平板 AB 运动的加速度。

14-7　两根相同的均质杆 OA 与 AB，长度均为 l，质量均为 m，通过铰链 A 连接，并以铰链 O 固定。如题 14-7 图所示。试求两杆由水平静止位置开始运动时的角加速度。

14-8　长度为 l、质量为 m 的均质杆 AB 与 CD，以软绳 AC 与 BD 相连，并在 AB 的中点以

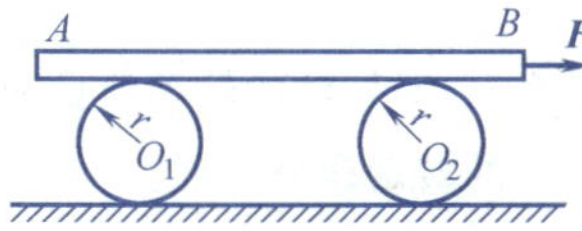

题　14-6 图

题　14-7 图

铰链 O 固定，如题 14-8 图所示。求当 BD 被剪断瞬时，B 与 D 两点的加速度。

14-9　重力为 100N 的平板放在水平面上，它与水平面间的摩擦系数为 0.2，板上有一重 3000N、半径为 0.2m 的均质圆盘。圆盘与平板间有足够的摩擦力，以阻止圆盘滑动，滚动摩阻不计，如题 14-9 图所示。今在平板上作用一水平力 $\boldsymbol{F}_T$，$F_T = 200\text{N}$，求平板的加速度及圆盘相对于平板的角加速度。

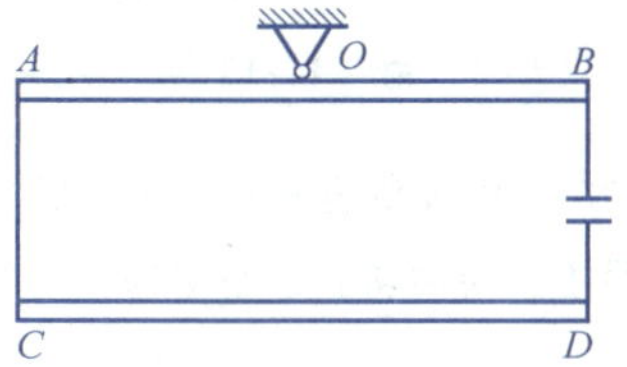

题　14-8 图

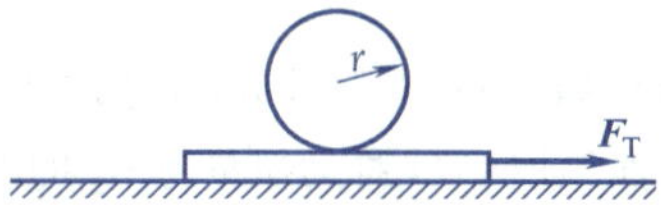

题　14-9 图

14-10　重为 $\boldsymbol{P}_1$ 的重物 A 沿斜面 D 下降，同时借绕过滑轮 C 的绳子使重为 $\boldsymbol{P}_2$ 的重物 B 上升，斜面与水平面成 θ 角，如题 14-10 图所示。不计滑轮和绳的质量及摩擦，求斜面 D 给地板凸出部分 E 的水平压力。

14-11　均质杆 AB 重 P，B 端放在地面上，A 端与轮铰接，轮在平面上做纯滚动，轮心做匀速直线运动，速度为 $\boldsymbol{v}$，如题 14-11 图所示。试求在图示位置时，杆 AB 在 A、B 两点所受的力（B 与地面的摩擦不计）。

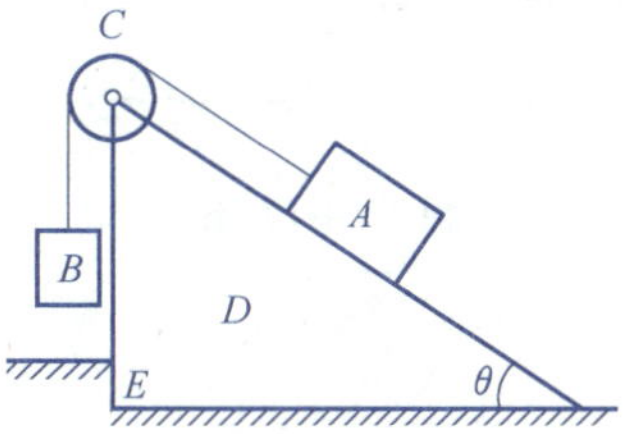

题　14-10 图

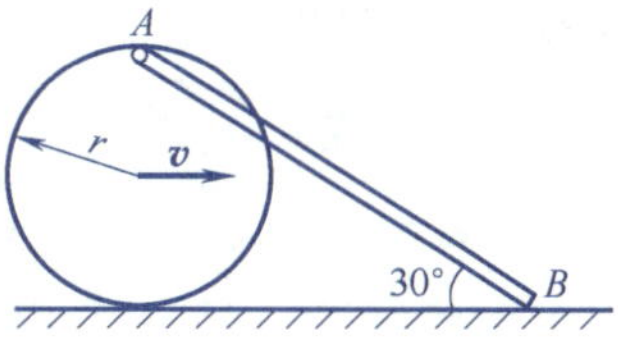

题　14-11 图

14-12　如题 14-12 图所示，质量为 m_1 的物体 A 下落时，带动质量为 m_2 的均质圆盘 B 转动，不计支架和绳子的重量及轴上的摩擦，$BC = a$，盘 B 的半径为 R。求固定端 C 的约束力。

14-13　如题 14-13 图所示，汽车总质量为 m，以加速度 a 做水平直线运动。汽车质心 G 离地面的高度为 h，汽车的前、后轴到通过质心垂线的距离分别等于 c 和 b。求其前、后轮的正压

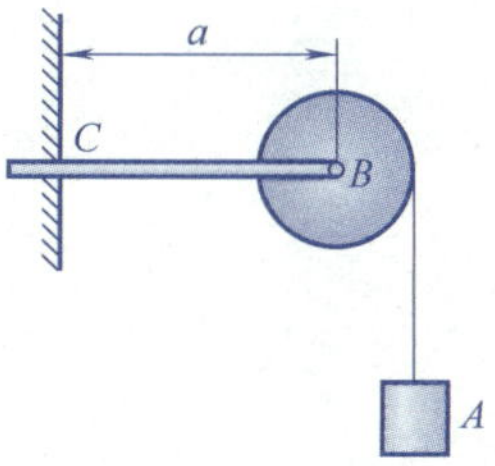

题　14-12 图

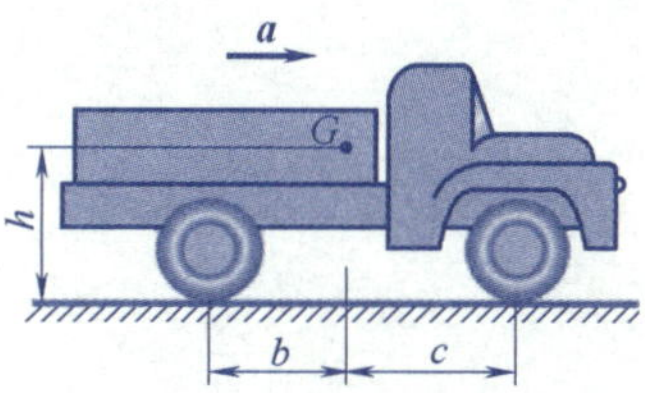

题　14-13 图

力，汽车应如何行驶方能使前后轮的压力相等。

14-14　曲柄滑道机构如题 14-14 图所示，已知圆轮半径为 r，对转轴的转动惯量为 J，轮上作用不变的力偶 M，ABD 滑槽的质量为 m，不计摩擦。求圆轮的转动微分方程。

14-15　如题 14-15 图所示，长方形均质平板的质量为 27 kg，由两个销 A 和 B 悬挂。如果突然撤去销 B，求在撤去销 B 的瞬时平板的角加速度和销 A 的约束力。

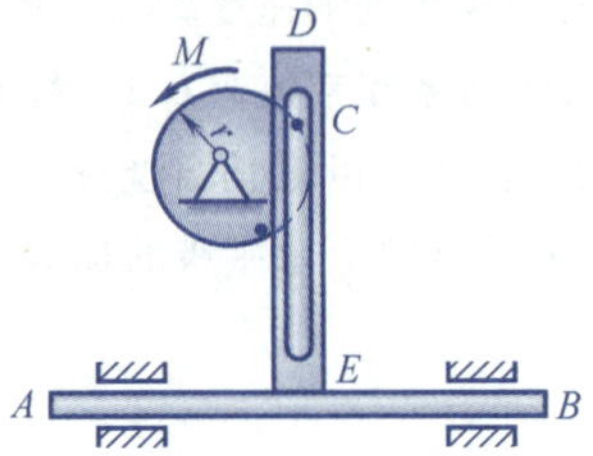

题　14-14 图

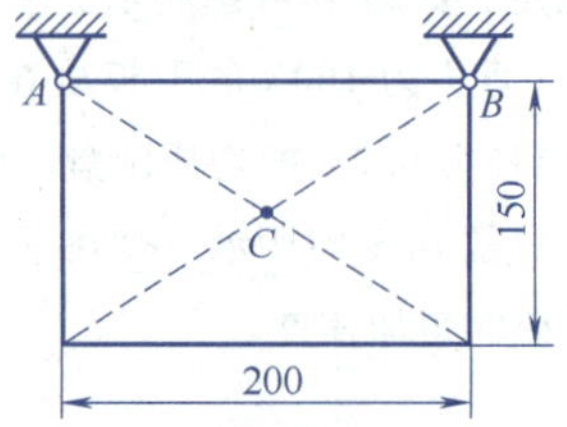

题　14-15 图

14-16　如题 14-16 图所示，曲柄 OA 的质量为 m_1，长为 r，以等角速度 ω 绕水平的 O 轴逆时针方向转动。曲柄 OA 推动质量为 m_2 的滑杆 BC，使其沿铅垂方向运动。忽略摩擦，求当曲柄与水平方向夹角为 30°时的力偶矩 M 及轴承 O 的约束力。

14-17　如题 14-17 图所示，磨刀砂轮 Ⅰ 的质量 $m_1=1\text{kg}$，其偏心距 $e_1=0.5\text{mm}$，小砂轮 Ⅱ 的质量 $m_2=1\text{kg}$，偏心距 $e_2=0.5\text{mm}$。电动机转子 Ⅲ 的质量 $m_3=8\text{kg}$，无偏心，带动砂轮旋转，转速 $n=3000\text{r/min}$。求转动时轴承 A、B 的附加动约束力。

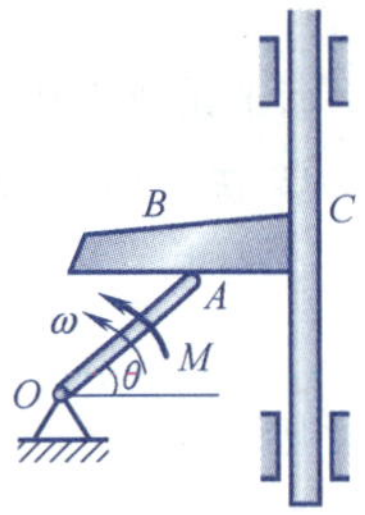

题　14-16 图

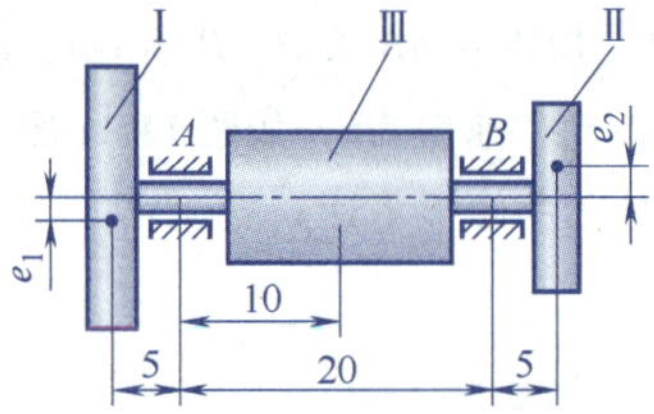

题　14-17 图

习题答案

第 15 章 虚位移原理

静力学研究了刚体和刚体系统的平衡条件，所讨论的力、力矩都是以矢量形式出现的，故又称为矢量静力学或几何静力学。对刚体和不变形刚体系统而言，其平衡的必要与充分条件为主矢为零、主矩为零。对任意质点系来说，上述刚体平衡的充要条件仅仅是其平衡的必要条件，而不一定是充分条件。另外用几何静力学求解刚体系统的平衡问题，需要多次选研究对象列平衡方程，当刚体较多且约束复杂时会比较烦琐。

本章介绍的虚位移原理，引入虚位移和虚功的概念，从力做功出发直接建立质点系处于平衡时主动力之间的关系，避开了不需要求解的内力及约束力，使问题变得简单。同时，虚位移原理给出了质点系平衡的充要条件，开辟了解决非自由质点系平衡问题的新途径，称为分析静力学。不仅如此，分析静力学的重要意义还在于，将虚位移原理与达朗贝尔原理结合，可以导出非自由质点系的动力学普遍方程，为解决复杂系统的动力学问题提供一种普遍的方法，奠定了分析力学的基础。

15.1 约束的分类及约束方程

质点系运动时，限制质点系中各质点的位置和运动的条件称为**约束**。描述这些限制条件的表达式称为**约束方程**，根据不同的约束形式及其性质，约束可分以下类型。

15.1.1 几何约束与运动约束

限制质点或质点系在空间几何位置的约束称为几何约束。

例 15-1 图 15-1a 所示单摆，长为 l 刚杆连接摆球 M 悬挂于 O 点，小球只能在铅垂平面内绕 O 做圆周运动；图 15-1b 所示曲柄连杆机构，曲柄 OA 长 r，绕 O 做定轴转动，连杆 AB 长 l，在铅垂平面做平面运动，滑块 B 沿水平滑道做直线运动。写出单摆和曲柄连杆机构的约束方程。

解： 约束方程为

$$x^2+y^2=l^2$$

约束方程为

$$x_A^2+y_A^2=r^2$$

$$(x_B-x_A)^2+(y_B-y_A)^2=l^2$$

$$y_B=0$$

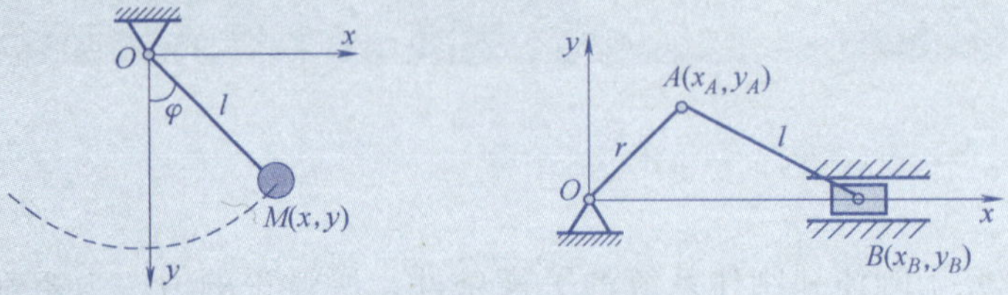

a) b)

图 15-1

例题动画（1）

例题动画（2）

求解程序

可见，几何约束的约束方程中只含质点位置坐标，不包含质点速度。

设质点系有 n 个质点，其几何约束方程的一般形式为

$$f_r(x_1, y_1, z_1, \cdots, x_n, y_n, z_n)=0 \tag{15-1}$$

式中，$r=1, 2, \cdots, s$，s 为约束方程的个数。

思考与讨论：

图 15-1a 所示单摆，若将刚杆换为弹簧，如何写摆球受到的约束方程？摆球可以看作平面自由质点吗？

不仅能限制质点系的位置，而且能限制质点系中各质点速度的约束称为运动约束。

例题动画

求解程序

例 15-2 如图 15-2 所示，半径为 r 的轮 B 沿水平直线轨道做纯滚动，写出轮 B 的约束方程。

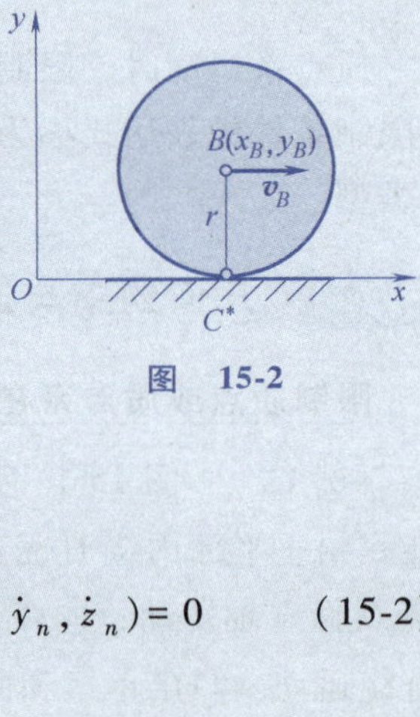

图 15-2

轮心 B 到地面的距离始终保持不变，且满足纯滚动的运动条件，$y_B=r$ 为几何约束方程。

车轮与地面的接触点 C^* 为瞬心，轮心 B 的速度为轮转动的角速度乘以半径。

$\dot{x}_B=r\dot{\varphi}$ 为运动约束方程。

运动约束方程中不只含质点位置坐标，还包含质点速度。其一般形式为

$$f_r(x_1, y_1, z_1, \cdots, x_n, y_n, z_n, \dot{x}_1, \dot{y}_1, \dot{z}_1, \cdots, \dot{x}_n, \dot{y}_n, \dot{z}_n)=0 \tag{15-2}$$

式中，$r=1, 2, \cdots, s$，s 为约束方程的个数。

15.1.2 定常约束与非定常约束

约束条件不随时间变化的约束称为定常约束。如例 15-1、例 15-2 中的约

束。定常约束的约束方程中不显含时间 t。式（15-1）也是定常约束方程的一般形式。

约束条件随时间变化的约束称为非定常约束。

例 15-3　如图 15-3 所示，绳索一端固定小球 M，初始小球与定滑轮 O 之间绳子长度为 l_0，另一端绕过定滑轮 O，以相同的速度 $\boldsymbol{u}$ 拉动绳索。

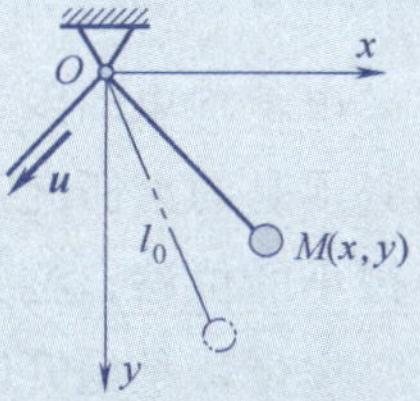

图　15-3

小球运动过程中绳子保持拉直状态，且绳子不可伸长，则约束方程为

$$x^2+y^2=(l_0-ut)^2$$

在非定常约束的约束方程中显含时间 t，一般形式为

$$f_r(x_1,y_1,z_1,\cdots,x_n,y_n,z_n,t)=0 \tag{15-3}$$

式中，$r=1$，2，…，s，s 为约束方程的个数。

求解程序

15.1.3　双面约束与单面约束

同时限制质点某方向及相反方向运动的约束称为双面约束。约束方程为等式。如例 15-1～例 15-3 中的约束。式（15-1）也是双面约束方程的一般形式。

只能限制质点某方向的运动，而不能限制相反方向运动的约束称为单面约束。

若例 15-3 只限制绳子不可伸长，不保证绳子保持拉直状态时，则约束方程为

$$x^2+y^2\leqslant(l_0-ut)^2$$

即单面约束的约束方程一般形式

$$f_r(x_1,y_1,z_1,\cdots,x_n,y_n,z_n)<0 \tag{15-4}$$

式中，$r=1$，2，…，s，s 为约束方程的个数。

15.1.4　完整约束与非完整约束

几何约束或其约束方程能够积分的运动约束称为完整约束。其约束方程中不包含坐标对时间的导数，图 15-2 所示纯滚动的车轮，其运动方程可积分为 $x_B=r\varphi+C$（C 为积分常数），该运动约束为完整约束。

如果在约束方程中显含坐标对时间的导数，并且不可以积分，这种约束称为非完整约束。

本章只研究定常双面完整约束问题，其约束方程的一般式为式（15-1）。

思考与讨论：

（1）可积分的运动约束是否等同于几何约束？

（2）所有的几何约束都是完整约束吗？所有的运动约束都是非完整约束吗？

15.2 虚位移的概念及计算

15.2.1 虚位移的概念

由于约束的限制，质点系内各质点的运动不可能是完全自由的，各质点的位移必须是约束所允许的。**在某瞬时，质点系在约束允许的条件下，可能实现的任何微小的位移，**称为该质点系的**虚位移**，虚位移是整个分析力学的核心概念。

虚位移是抛开时间概念和主动力因素之后，只在约束允许条件下，系统中各质点可能产生微小的位置变化，也可以说它是一种假想的位移，是虚加给质点的位移，实现它不需要时间过程，且不受主动力和初始条件的限制。

一般情况下，虚位移有多个，而满足约束条件、主动力条件以及起始条件的真实位移则只有一个。微小实位移用 $\mathrm{d}\boldsymbol{r}$ 表示，虚位移则用 $\delta\boldsymbol{r}$ 表示，变分符号 δ，含有无限小的“变更”的意思，变分运算与微分运算相类似。如图 15-4 所示，$\delta\boldsymbol{r}$、$\delta\boldsymbol{r}_A$、$\delta\boldsymbol{r}_B$、$\delta\varphi$ 均为虚位移，虚位移可以是线位移，也可以是角位移。

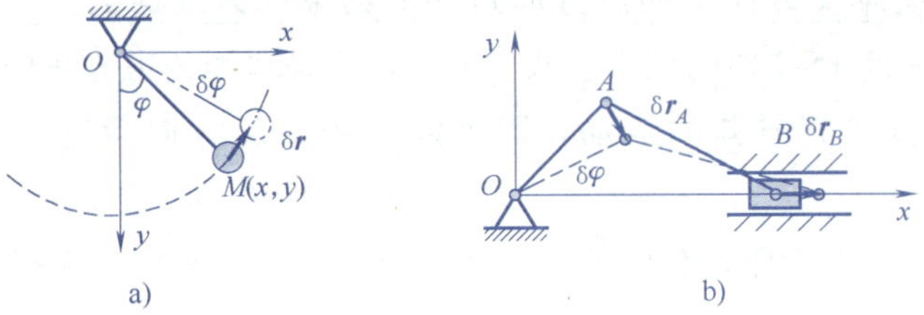

图 15-4

虚位移和实位移的共同点是都受约束的限制，是约束所允许的位移。不同点是真实位移是在力的作用下，在一定时间内发生的位移，与初始条件相关，具有确定性。而虚位移与受力、初始状态及时间过程均无关，仅要求满足系统的约束条件，具有任意性和不确定性。具体表现为：

（1）虚位移是无限小的，真实位移可无限小，也可有限大小。

（2）完成真实位移需要时间，而虚位移不需要时间。

（3）真实位移与系统受力和运动初始条件有关，而虚位移是纯几何概念，它既不牵涉到系统的实际运动，也不涉及力的作用，与时间过程和运动的初始条件无关。

（4）在定常约束的情况下，微小实位移必定是虚位移中的一个。在非定常约束的情况下，某瞬时的虚位移是将时间固定后约束所允许的无限小位移，而真实位移是不能固定时间的，故微小实位移与虚位移无关。

例如，一个放在固定水平面的小球，虚位移可以沿平面内任意方向，而真实位移只能沿其中的一个方向，即在定常约束的情况下，真实位移必定是虚位移中的一个。

又如图 15-5 所示，圆盘在水平面绕圆心 C 以角速度 ω 转动，圆盘上沿直径方向开一细槽，小球 M 可在槽内滚动。对小球而言，圆盘为非定常约束。在图示瞬时，约束允许小球 M 的虚位移为水平方向，可向左也可向右，在图中用 $\delta\boldsymbol{r}_1$、$\delta\boldsymbol{r}_2$ 表示。而小球 M 的绝对位移则沿 $d\boldsymbol{r}_a$ 方向。可见，在非定常约束的情况下，真实位移与虚位移无关，真实位移不再是虚位移中的一个。

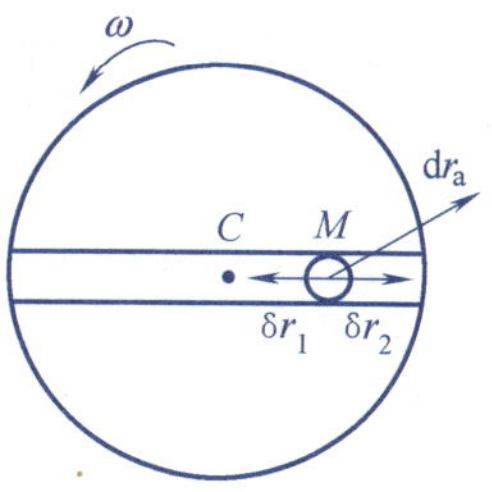

图　15-5

由以上分析可知，虚位移的发生与时间 t 的变化无关，常用 $\delta t\equiv 0$ 表示这一现象。虚位移可以理解为，设想时间突然停滞，约束被凝固时，受约束质点系可能发生的无限小位移。

思考与讨论：

（1）画出例 15-3 中可能的虚位移及真实位移，说明虚位移与真实位移的区别及联系。

（2）表示虚位移用到变分符号 δ，表示微小实位移用到微分符号 d，变分运算与微分运算有何异同？

15.2.2　虚位移的计算

质点系由许多质点组成，质点之间由约束联系，各质点的虚位移之间必有一定的关系，下面介绍建立质点系各质点虚位移之间关系的两种方法。

1. 几何法

仅讨论定常约束的情形。此条件下真实位移必定是虚位移中的一个，可以用求实位移的方法来求各质点虚位移之间的关系。由实位移与速度的关系 $d\boldsymbol{r}=\boldsymbol{v}dt$，可相应对虚位移也写出类似的关系式 $\delta\boldsymbol{r}=\boldsymbol{v}\delta t$，这里速度 $\boldsymbol{v}$ 称为**虚速度**。

可得两点虚位移关系为

$$\frac{\delta r_B}{\delta r_A}=\frac{v_B\delta t}{v_A\delta t}=\frac{v_B}{v_A}$$

这里借助了虚速度的概念，通过求速度的几何法来分析质点系的虚位移关系，故又称为**虚速度法**。

例题动画

求解程序

例 15-4　如图 15-6 所示曲柄连杆机构，曲柄 OA 长 r，绕 O 做定轴转动，连杆 AB 长 l，在铅垂平面做平面运动，滑块 B 沿水平滑道做直线运动，求 A、B 两点的虚位移关系。

解： 设 A 点虚位移为 $\delta\boldsymbol{r}_A$，B 点虚位移为 $\delta\boldsymbol{r}_B$，如图 15-6 所示。

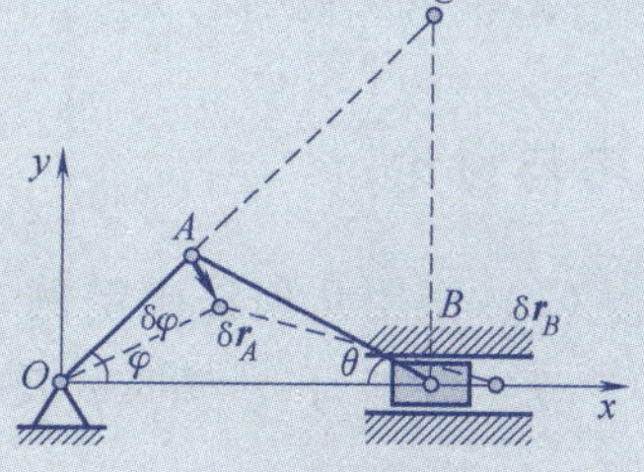

图　15-6

AB 做平面运动，C^* 为 AB 的瞬心，故

$$\frac{\delta r_B}{\delta r_A}=\frac{v_B}{v_A}=\frac{BC^*}{AC^*}$$

在△ABC 中，根据正弦定理

$$\frac{BC^*}{\sin(\varphi+\theta)}=\frac{AC^*}{\sin(90°-\theta)}=\frac{AC^*}{\cos\theta}$$

所以，

$$\frac{\delta r_B}{\delta r_A}=\frac{BC^*}{AC^*}=\frac{\sin(\varphi+\theta)}{\cos\theta}$$

思考与讨论：

（1）还可以用什么方法确定例 15-4 中 A、B 两点的虚位移关系？

（2）刚体平动、定轴转动以及平面运动时，如何确定刚体上任意两点的虚位移关系？

2. 解析法

解析法是对约束方程或坐标表达式进行变分，以求出虚位移之间的关系。

例题动画

求解程序

例 15-5 椭圆规机构如图 15-7 所示，滑块 A 在铅垂导槽内，连杆 AB 长 l，求 A、B 滑块的虚位移之间的关系。

解：设 A 点虚位移为 $\delta \boldsymbol{y}_A$，B 点虚位移为 $\delta \boldsymbol{x}_B$，如图 15-7 所示。

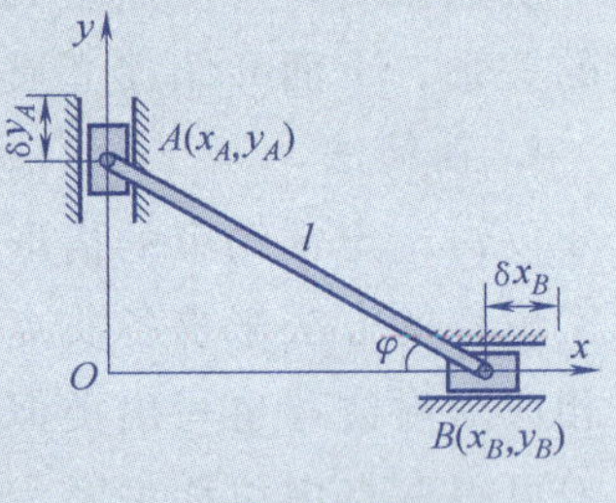

图 15-7

设滑块 A 坐标为（x_A，y_A），滑块 B 坐标为（x_B，y_B），则约束方程为 $y_A^2+x_B^2=l^2$

对上式进行变分运算（类似微分运算）得

$$2y_A\delta y_A+2x_B\delta x_B=0$$

整理可得

$$\frac{\delta x_B}{\delta y_A}=-\frac{y_A}{x_B}=-\tan\varphi$$

比较以上两种方法，可以发现，几何法直观，而解析法比较规范。

思考与讨论：

（1）试用几何法确定例 15-5 中 A、B 两点的虚位移关系。

（2）分别对 $x_B=l\cos\varphi$ 及 $y_B=l\sin\varphi$ 做变分，求例 15-5 中 A、B 两点的虚位移关系。

（3）例 15-5 中 δx_B 及 δy_A 的方向假设能沿 x 及 y 轴的负方向吗？如果假设成负方向，变分运算需要注意什么问题？

15.3 虚位移原理及应用

作用在某质点上的力在该点虚位移上做的功称为**虚功**。虚位移原理就是应用虚功的概念来研究质点系的平衡问题。

15.3.1 虚功

如图 15-8 所示，设某质点受力 $\boldsymbol{F}$ 作用，并给该质点一个虚位移 $\delta\boldsymbol{r}$，则力 $\boldsymbol{F}$ 在虚位移 $\delta\boldsymbol{r}$ 上所做的功称为虚功，即

$$\delta W = \boldsymbol{F} \cdot \delta\boldsymbol{r}$$

或

$$\delta W = F\cos\varphi\delta r$$

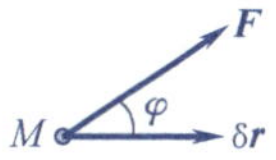

图 15-8

显然，虚功也是假想的，它与虚位移是同阶无穷小量。δW 一般也不是功函数的变分，仅是点积 $\boldsymbol{F} \cdot \delta\boldsymbol{r}$ 的记号。

若约束力在质点系中与之相对应的任一组虚位移上所做虚功之和等于零，则此类约束称为**理想约束**，记为 $\sum \boldsymbol{F}_{Ni} \cdot \delta\boldsymbol{r}_i = 0$。

前面动能定理一章已经说明固定铰支座、光滑铰链、无重刚杆、不可伸长的绳索、无滑动的滚动等约束为理想约束，现从虚功的角度看，这些约束也为理想约束。

力学系统中绝大多数约束都属于理想约束，在求解力学问题时，虚功的计算避开了不需要求解的约束力，大大简化了问题的求解。分析力学在处理约束问题上的这一创造性特点，具有重要的理论和实际意义。

课程加油站

15.3.2 虚位移原理

具有双面、定常、理想约束的质点系，在某一位置处于平衡的必要与充分条件是：所有作用于质点系上的主动力，在该位置的任何虚位移中所做的虚功之和等于零，上述结论称为**虚位移原理**。

假设作用在质点系中任一质点上的主动力合力为$\boldsymbol{F}_i$，该质点的虚位移为 $\delta\boldsymbol{r}_i$，$\boldsymbol{F}_i$ 与 $\delta\boldsymbol{r}_i$ 之间的夹角为φ_i，则虚位移原理的数学表达式为

$$\sum \boldsymbol{F}_i \cdot \delta\boldsymbol{r}_i = 0 \tag{15-5a}$$

或

$$\sum F_i \delta r_i \cos\varphi_i = 0 \tag{15-5b}$$

其解析表达式为

$$\sum (F_{ix}\delta x_i + F_{iy}\delta y_i + F_{iz}\delta z_i) = 0 \tag{15-5c}$$

式中，F_{ix}、F_{iy}、F_{iz} 分别表示主动力$\boldsymbol{F}_i$ 在 x、y、z 轴上的投影；δx_i、δy_i、δz_i 是虚位移 $\delta\boldsymbol{r}_i$ 在 x、y、z 轴上的投影。

以上三式称为**虚功方程**，虚位移原理也称**虚功原理**。

证明：首先证明原理的必要性。即证明如果质点系平衡，则 $\sum \boldsymbol{F}_i \cdot \delta\boldsymbol{r}_i = 0$。

设由 n 个质点组成的质点系，作用于任一质点 i 上的主动力合力为$\boldsymbol{F}_i$，约束力合力为$\boldsymbol{F}_{\mathrm{R}i}$。由于质点系处于平衡状态，因此，质点系中每个质点都处于平衡状态。根据静力学平衡条件，应满足关系式$\boldsymbol{F}_i+\boldsymbol{F}_{\mathrm{R}i}=\boldsymbol{0}$。

给质点系各质点以虚位移，设任意质点 i 的虚位移为 $\delta\boldsymbol{r}_i$，则作用在质点上的主动力及约束力的虚功之和为 $(\boldsymbol{F}_i+\boldsymbol{F}_{\mathrm{R}i})\cdot\delta\boldsymbol{r}_i=0$。

对质点系内所有质点，都可以得到同样的等式，将 n 个等式相加，有

$$\sum(\boldsymbol{F}_i+\boldsymbol{F}_{\mathrm{R}i})\cdot\delta\boldsymbol{r}_i=\sum\boldsymbol{F}_i\cdot\delta\boldsymbol{r}_i+\sum\boldsymbol{F}_{\mathrm{R}i}\cdot\delta\boldsymbol{r}_i=0$$

由于研究的质点系受到的约束都是理想的，则 $\sum\boldsymbol{F}_{\mathrm{R}i}\cdot\delta\boldsymbol{r}_i=0$，上式可写为

$$\sum\boldsymbol{F}_i\cdot\delta\boldsymbol{r}_i=0$$

即主动力所做的虚功之和为零是上述质点系平衡的必要条件。

其次证明原理的充分性。即证明如果 $\sum\boldsymbol{F}_i\cdot\delta\boldsymbol{r}_i=0$，则质点系平衡。

已知作用于系统上的主动力所做的虚功之和为零，即 $\sum\boldsymbol{F}_i\cdot\delta\boldsymbol{r}_i=0$，若质点系在主动力$\boldsymbol{F}_i$ 和约束反力$\boldsymbol{F}_{\mathrm{R}i}$ 的作用下由静止平衡状态进入运动，则质点系将产生实位移 $\mathrm{d}\,\boldsymbol{r}_i$，质点系动能将有增量 $\mathrm{d}T$，根据动能定理

$$\mathrm{d}T=\sum(\boldsymbol{F}_i+\boldsymbol{F}_{\mathrm{R}i})\cdot\mathrm{d}\boldsymbol{r}_i>0$$

由于质点系的约束为定常约束，实位移是虚位移中的一个，选此实位移为虚位移，则

$$\sum(\boldsymbol{F}_i+\boldsymbol{F}_{\mathrm{R}i})\cdot\delta\boldsymbol{r}_i>0$$

如果研究的质点系受到的约束都是理想的，即 $\sum\boldsymbol{F}_{\mathrm{R}i}\cdot\delta\boldsymbol{r}_i=0$，上式可写为

$$\sum\boldsymbol{F}_i\cdot\delta\boldsymbol{r}_i>0$$

与给定的假设条件相矛盾，因此，当作用于质点系上的主动力所做的虚功之和为零，即 $\sum\boldsymbol{F}_i\cdot\delta\boldsymbol{r}_i=0$ 时，质点系一定保持平衡。

至此虚位移原理得证。

虚位移原理中不包含约束力，因此在理想约束的条件下，应用虚位移原理求解静力学问题只需考虑主动力。当遇到的问题不是理想约束时，如遇到摩擦或弹簧约束时，只要将摩擦力或弹性力视为主动力计入其虚功，仍可应用虚位移原理求解。利用虚位移原理还可以求解未知的约束力，只要先解除约束，代之以约束力，并将其视为主动力即可。

思考与讨论：

（1）虚位移原理应用的条件是质点系具有理想约束，若质点系的约束不全是理想约束的时候还可以应用吗？如何应用？

（2）质点系在力系作用下处于平衡，是否各质点的虚位移均为0?

（3）虚位移原理给出的是任意质点系平衡的充要条件，是否适用于变形体？

15.3.3 虚位移原理的应用

应用虚位移原理可以求解以下三类问题，包括求主动力之间的关系、求系统的平衡位置、求约束力。下面分别举例说明。

1. 求主动力之间的关系

虚位移原理所列的平衡方程只表示主动力之间的关系，不包含未知的理想约束力，对复杂系统的静力学问题，显得明显简便。

例 15-6　如图 15-9 所示椭圆规机构中，连杆 AB 长为 l，滑块 A、B 与杆重均不计，忽略各处摩擦，机构在图示位置平衡。求：主动力 $\boldsymbol{F}_A$ 与 $\boldsymbol{F}_B$ 之间的关系。

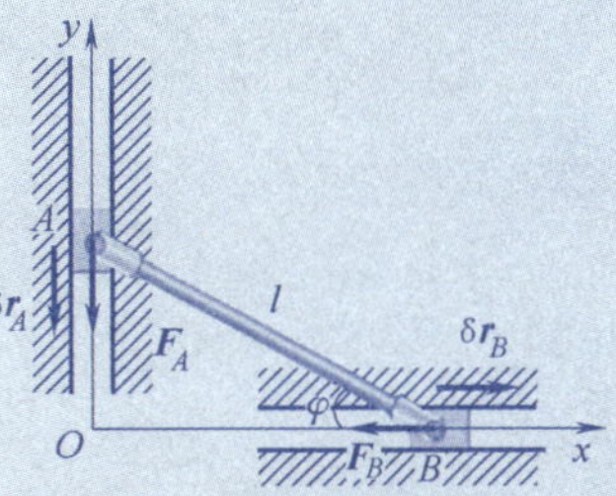

图　15-9

例题动画

求解程序

解： 以椭圆规机构为研究对象，系统约束为理想约束，受到的主动力为 $\boldsymbol{F}_A$ 与 $\boldsymbol{F}_B$。

设 A、B 两点的虚位移为 $\delta\boldsymbol{r}_A$，$\delta\boldsymbol{r}_B$，由虚位移原理 $\sum \boldsymbol{F}_i \cdot \delta\boldsymbol{r}_i = 0$，得

$$F_A\delta r_A - F_B\delta r_B = 0$$

连杆 AB 做平面运动，由速度投影定理，得 A、B 两点虚位移关系为

$$\delta r_B\cos\varphi = \delta r_A\sin\varphi$$

代入虚功方程可得

$$F_A\delta r_A - F_B\delta r_A\tan\varphi = 0$$

所以
$$F_A = F_B\tan\varphi$$

例 15-7　如图 15-10 所示机构，不计各构件自重与各处摩擦，求机构在图示位置平衡时，主动力偶矩 M 与主动力 F 之间的关系。

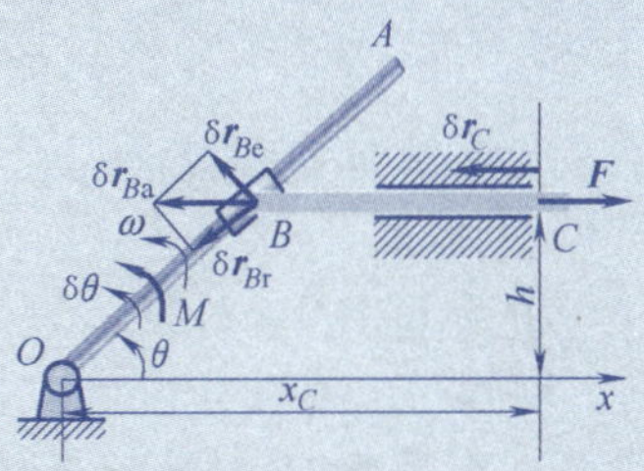

图　15-10

例题动画

求解程序

解： 以机构为研究对象，系统约束为理想约束，在主动力 $\boldsymbol{F}$ 与主动力偶矩 M 作用下平衡。

设 OA 杆转动的虚位移为 $\delta\theta$，C、B 两处虚位移为 $\delta\boldsymbol{r}_C$、$\delta\boldsymbol{r}_{\mathrm{Ba}}$。由虚位移原理 $\sum \boldsymbol{F}_i \cdot \delta\boldsymbol{r}_i = 0$，得

$$M\delta\theta - F\delta r_C = 0$$

BC 平动，由虚速度法知，C、B 两点虚位移关系为 $\delta r_C = \delta r_{Ba}$

以 BC 上 B 为动点，OA 为动系，由虚速度法可知，$\delta r_{Ba} = \dfrac{\delta r_{Be}}{\sin\theta}$

OA 定轴转动，由虚速度法知，$\delta r_{Be} = OB \cdot \delta\theta = \dfrac{h\delta\theta}{\sin\theta}$

代入虚功方程可得

$$M\delta\theta-\frac{Fh\delta\theta}{\sin^2\theta}=0$$

所以
$$M=\frac{Fh}{\sin^2\theta}$$

例题动画

求解程序

例 15-8 图 15-11a 所示机构中，已知 $OA=AB=l$，如不计各构件的重量和摩擦，求在图示位置平衡时主动力 $\boldsymbol{P}$ 与 $\boldsymbol{Q}$ 的大小之间的关系。

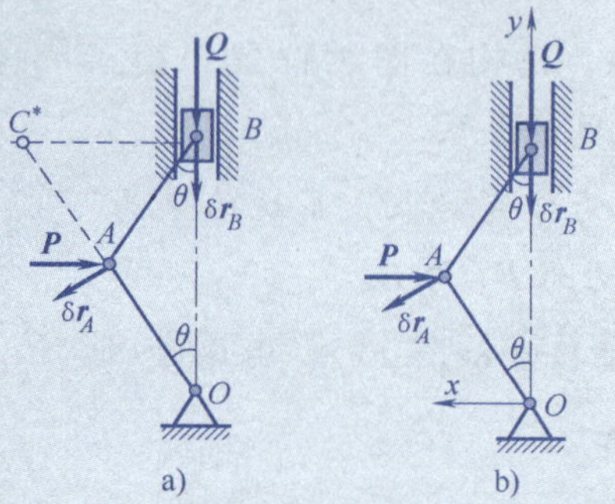

图 15-11

解法 1：几何法

以系统为研究对象，系统约束为理想约束，在主动力 $\boldsymbol{P}$ 与 $\boldsymbol{Q}$ 作用下平衡。设 A、B 两点的虚位移为 $\delta\boldsymbol{r}_A$、$\delta\boldsymbol{r}_B$，如图 15-11a 所示。

由虚位移原理 $\sum \boldsymbol{F}_i\cdot\delta\boldsymbol{r}_i=0$，得

$$-P\delta r_A\cos\theta+Q\delta r_B=0$$

刚体 AB 做平面运动，C^* 为 AB 的瞬心，由虚速度法得

$$\frac{\delta r_B}{\delta r_A}=\frac{v_B}{v_A}=\frac{BC^*}{AC^*}=\frac{2l\sin\theta}{l}=2\sin\theta$$

代入虚功方程得

$$-P\delta r_A\cos\theta+Q(2\sin\theta\delta r_A)=0$$

由于 $\delta\theta\neq0$，故得
$$P=2Q\tan\theta$$

解法 2：解析法

建立如图 15-11b 所示坐标系，则

$$x_A=l\sin\theta,\ y_B=2l\cos\theta$$

对其进行变分有

$$\delta x_A=l\cos\theta\delta\theta,\ \delta y_B=-2l\sin\theta\delta\theta$$

$$F_{Ax}=-P,\ F_{By}=-Q$$

根据虚位移原理解析表达式 $\sum(F_{ix}\delta x_i+F_{iy}\delta y_i+F_{iz}\delta z_i)=0$ 可得

$$F_{Ax}\delta x_A+F_{By}\delta y_B=0$$

代入整理有 $-Pl\cos\theta\delta\theta+(-Q)(-2l\sin\theta\delta\theta)=0$

由于 $\delta\theta\neq0$，故得　　　　$P=2Q\tan\theta$

例 15-9　如图 15-12 所示机构中，当曲柄 OC 绕轴摆动时，滑块 A 沿曲柄自由滑动，从而带动杆 AB 在铅垂导槽 K 内移动。已知 $OC=a$，$OK=l$，在 C 点垂直于曲柄作用一力 $\boldsymbol{Q}$，而在 B 点沿 BA 作用一力 $\boldsymbol{P}$。求机构平衡时，力 $\boldsymbol{P}$ 与 $\boldsymbol{Q}$ 的关系。

解：以系统为研究对象，系统约束为理想约束，在主动力 $\boldsymbol{P}$ 与 $\boldsymbol{Q}$ 作用下平衡。

本题采用综合法求主动力虚功之和，用解析法计算力 $\boldsymbol{P}$ 的虚功，用几何法计算力 $\boldsymbol{Q}$ 的虚功。

设 A、C 两点的虚位移为 δy_A、$\delta \boldsymbol{r}_C$，OC 杆转动的虚位移为 $\delta\varphi$，如图 15-12 所示。

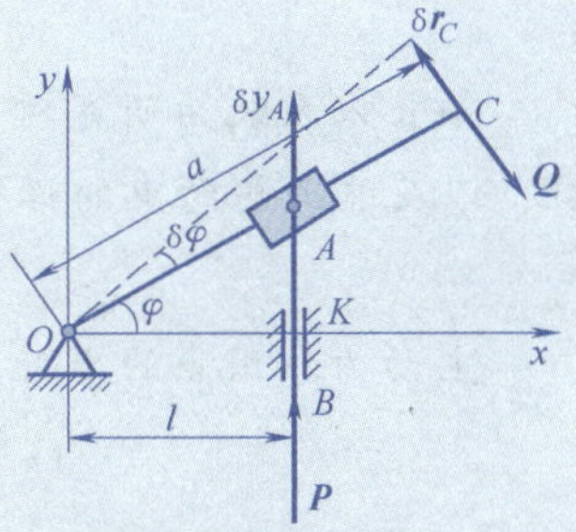

图　15-12

例题动画

求解程序

由虚位移原理 $\sum \boldsymbol{F}_i\cdot\delta\boldsymbol{r}_i=0$，可得

$$P\delta y_A-Q\delta r_C=0$$

建立如图 15-12 所示坐标系，$y_A=l\tan\varphi$，对其进行变分有

$$\delta y_A=\frac{l}{\cos^2\varphi}\delta\varphi$$

OC 定轴转动，由虚速度法知，$\delta r_C=a\delta\varphi$

代入虚功方程可得

$$P\frac{l}{\cos^2\varphi}\delta\varphi-Qa\delta\varphi=0$$

由于 $\delta\varphi\neq0$，故得

$$Q=\frac{Pl}{a\cos^2\varphi}$$

思考与讨论：

试用点的合成运动的方法，建立例 15-9 中 A、C 两点的虚位移关系。

2. 求系统的平衡位置

求系统平衡位置时，系统一般会包含弹簧，需要假设系统平衡位置，计算此位置对应的弹性力，并视为主动力，将其虚功计入主动力的虚功中，利用虚位移原理进行求解。

例 15-10　如图 15-13a 所示平面机构，两杆长度相等。在 B 点挂有重 W 的重物。D、E 两点用弹簧连接。已知弹簧原长为 l，弹性系数为 k，其他尺寸如图所示。不计各杆自重。求机构的平衡位置。

例题动画

求解程序

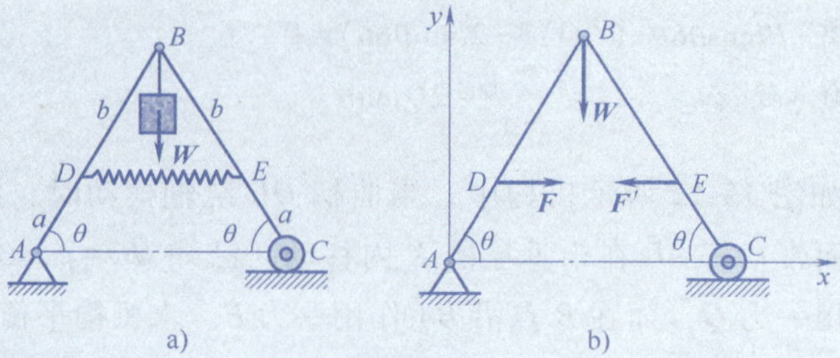

图 15-13

解：以系统为研究对象，建立如图 15-13b 所示坐标系。系统受力有主动力 $\boldsymbol{W}$，以及非理想约束的弹性力 $\boldsymbol{F}$ 和 $\boldsymbol{F}'$，将其视为主动力。其弹性力的大小为

$$F=F'=k\delta=k(2b\cos\theta-l)$$

主动力作用点的坐标及其变分为

$$y_B=(a+b)\sin\theta,\ \delta y_B=(a+b)\cos\theta\delta\theta$$

$$x_D=a\cos\theta,\ \delta x_D=-a\sin\theta\delta\theta$$

$$x_E=(a+2b)\cos\theta,\ \delta x_E=-(a+2b)\sin\theta\delta\theta$$

主动力在坐标方向上的投影为

$$F_{By}=-W,\ F_{Dx}=F,\ F_{Ex}=-F'$$

根据虚位移原理解析表达式

$$\sum(F_{ix}\delta x_i+F_{iy}\delta y_i+F_{iz}\delta z_i)=0$$

可得

$$F_{By}\,\delta y_B+F_{Dx}\,\delta x_D+F_{Ex}\,\delta x_E=0$$

代入得

$$-W(a+b)\cos\theta\delta\theta+F(-a\sin\theta\delta\theta)-F'[-(a+2b)\sin\theta\delta\theta]=0$$

整理有

$$-W(a+b)\cos\theta\delta\theta+2Fb\sin\theta\delta\theta=0$$

由于 $\delta\theta\neq0$，故得

$$\tan\theta=\frac{W(a+b)}{2kb(2b\cos\theta-l)}$$

思考与讨论：

例 15-10 中弹簧作用力是系统的内力，为什么用虚位移原理求平衡位置时需要计算其所做的功？

3. 求约束力

用虚位移原理求解平衡状态下结构的约束力，首先需要解除该支座的约束而代以约束力，将结构变为机构，将约束力视为主动力，然后列虚功方程，用虚位移原理求解。

例 15-11 如图 15-14a 所示多跨静定梁，梁 AC、CE 及 EG 分别用光滑铰链 C、E 连接，梁上受集中力 P_1、P_2、P_3 和力偶 M 作用，作用位置如图所示。试求铰 B 处的约束力。

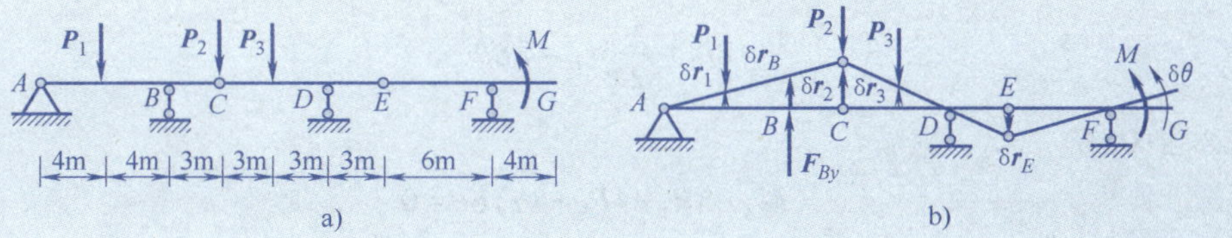

图　15-14

解： 以梁为研究对象，解除 B 处约束，代之以相应的约束力 $\boldsymbol{F}_{By}$，并视为主动力。给系统一组虚位移，如图 15-14b 所示。

由虚位移原理有

$$-P_1\delta r_1+F_{By}\delta r_B-P_2\delta r_2-P_3\delta r_3+M\delta\theta=0$$

由虚位移关系图可知

$$\delta r_1=\frac{1}{2}\delta r_B,\delta r_2=\frac{11}{8}\delta r_B,\delta r_3=\frac{1}{2}\delta r_2=\frac{11}{16}\delta r_B,\delta r_E=\delta r_3=\frac{11}{16}\delta r_B,\delta\theta=\frac{1}{6}\delta r_E=\frac{11}{96}\delta r_B$$

代入整理有

$$\left(-\frac{1}{2}P_1+F_{By}-\frac{11}{8}P_2-\frac{11}{16}P_3+\frac{11}{96}M\right)\delta r_B=0$$

由于 $\delta r_B\neq0$，故得

$$F_{By}=\frac{1}{2}P_1+\frac{11}{8}P_2+\frac{11}{16}P_3-\frac{11}{96}M$$

例 15-12　图 15-15a 所示多跨静定梁，梁 AB、BD 及 DE 分别用光滑铰链 B、D 连接，梁上受集中力 P_1、P_2 和均布载荷 q 作用，作用位置如图所示。$P_1=60\text{kN}$，$P_2=60\text{kN}$，$q=10\text{kN/m}$。求 A 端铅垂约束力及约束力偶矩。

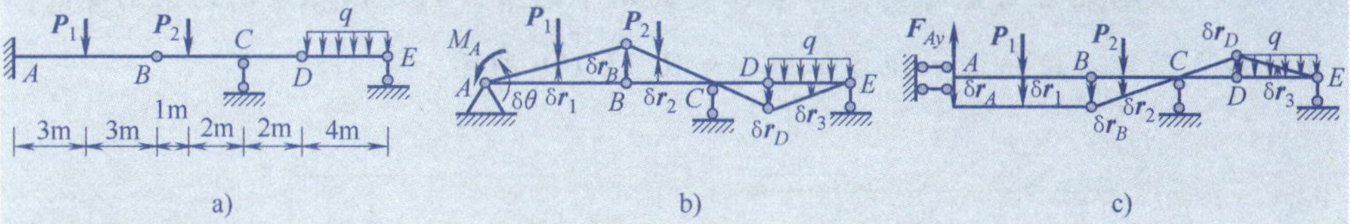

图　15-15

解：（1）求 A 端约束力偶矩。

以梁为研究对象，解除 A 处限制转动的约束，代之以相应的约束力偶矩 M_A，并视为主动力。给系统一组虚位移，如图 15-15b 所示。

由虚位移原理有

$$M_A\delta\theta-P_1\delta r_1-P_2\delta r_2+4q\delta r_3=0$$

由虚位移关系图可知

$$\delta r_1=3\delta\theta,\delta r_B=2\delta r_1=6\delta\theta$$

$$\delta r_2=\frac{2}{3}\delta r_B=4\delta\theta,\delta r_D=\delta r_2=4\delta\theta$$

例题动画

求解程序

例题动画

求解程序

$$\delta r_3=\frac{1}{2}\delta r_D=2\delta\theta$$

代入整理有

$$(M_A-3P_1-4P_2+8q)\delta\theta=0$$

由于 $\delta\theta\neq0$，故得

$$M_A=340\text{kN}\cdot\text{m}$$

(2) 求 A 处铅垂约束力。

解除 A 处铅垂约束，代之以相应的约束力 $\boldsymbol{F}_{Ay}$，并视为主动力。给系统一组虚位移，如图 15-15c 所示。

由虚位移原理有

$$-F_{Ay}\delta r_A+P_1\delta r_1+P_2\delta r_2-4q\delta r_3=0$$

由几何关系得

$$\delta r_A=\delta r_1=\delta r_B,\delta r_2=\delta r_D=\frac{2}{3}\delta r_B,\delta r_3=\frac{1}{2}\delta r_D=\frac{1}{3}\delta r_B$$

代入整理有 $\left(-F_{Ay}+P_1+\frac{2}{3}P_2-\frac{4}{3}q\right)\delta r_B=0$

由于 $\delta r_B\neq0$，故得

$$F_{Ay}=86.67\text{kN}$$

例 15-13 静定刚架几何尺寸如图 15-16a 所示，求支座 D 处的水平约束力。

例题动画

求解程序

解： 以刚架为研究对象，解除 D 处的水平约束，代之以相应的约束力 $\boldsymbol{F}_{Dx}$，并视为主动力。给系统一组虚位移，如图 15-16b 所示。

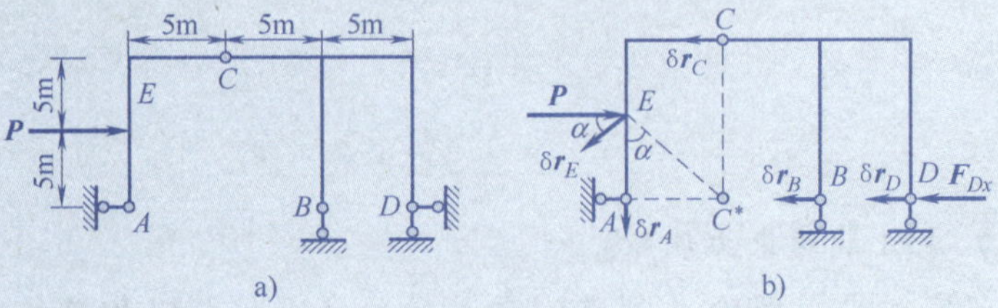

图 15-16

由虚位移原理有

$$F_{Dx}\delta r_D-P\cos\alpha\delta r_E=0$$

由运动学关系，BCD 瞬时平动 $\delta r_C=\delta r_D$

AC 平面运动，瞬心为 C^*，则

$$\frac{\delta r_C}{CC^*}=\frac{\delta r_E}{EC^*}$$

于是有$\left(F_{Dx}-P\cos\alpha\dfrac{EC^*}{CC^*}\right)\delta r_D=0$

由于$\delta r_D\neq 0$，故得

$$F_{Dx}=P\cos\alpha\frac{EC^*}{CC^*}=P\frac{EA}{CC^*}=\frac{1}{2}P$$

思考与讨论：

如何应用虚位移原理推导作用在刚体上平面任意力系的平衡方程?

由上面的例题可见，用虚位移原理求解平衡状态下结构的约束力，每次只能解除一个约束，求解一个未知量。若需要求解的约束力较多时，则不如列平衡方程更方便。

本章思维导图

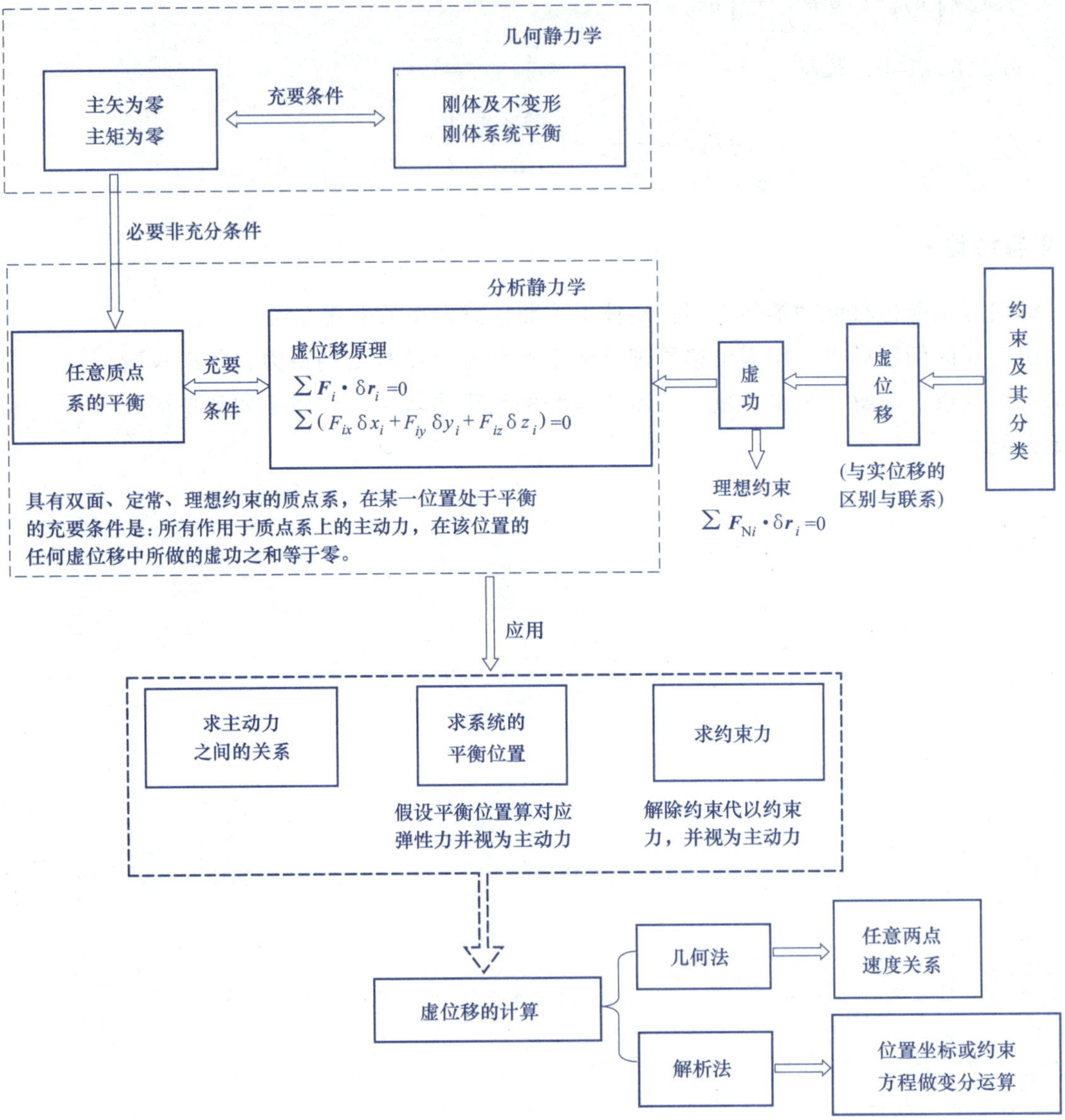
几何静力学
主矢为零
主矩为零
充要条件
刚体及不变形
刚体系统平衡
必要非充分条件
分析静力学
任意质点
系的平衡
充要
条件
虚位移原理
$\sum \boldsymbol{F}_i \cdot \delta \boldsymbol{r}_i = 0$
$\sum (F_{ix}\delta x_i + F_{iy}\delta y_i + F_{iz}\delta z_i) = 0$
具有双面、定常、理想约束的质点系，在某一位置处于平衡的充要条件是：所有作用于质点系上的主动力，在该位置的任何虚位移中所做的虚功之和等于零。
虚功
虚位移
约束及其分类
理想约束
$\sum \boldsymbol{F}_{Ni} \cdot \delta \boldsymbol{r}_i = 0$
(与实位移的区别与联系)
应用
求主动力
之间的关系
求系统的
平衡位置
求约束力
假设平衡位置算对应
弹性力并视为主动力
解除约束代以约束
力，并视为主动力
虚位移的计算
几何法
任意两点
速度关系
解析法
位置坐标或约束
方程做变分运算

习题

15-1　如题 15-1 图所示，滑块连杆机构中，已知 $OA=r$，在其上作用一个力偶矩为 M 的力偶，为使机构在给定位置平衡，求作用在 D 点的力 F 与 M 间的关系。

15-2　在连杆机构中，当曲柄 OC 绕 O 轴摆动时，套筒 A 可沿曲柄自由滑动，从而带动杆 AB 在铅垂导槽 K 内移动，如题 15-2 图所示。已知 $OK=l$，在曲柄上作用一力偶 M，而在 B 点沿 BA 方向作用一力 $\boldsymbol{F}$。试求机构在图示位置平衡时，M 与 F 之间的关系。

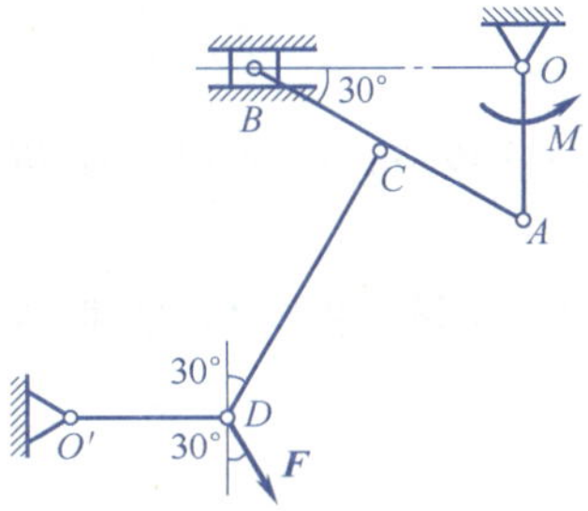

题　15-1 图

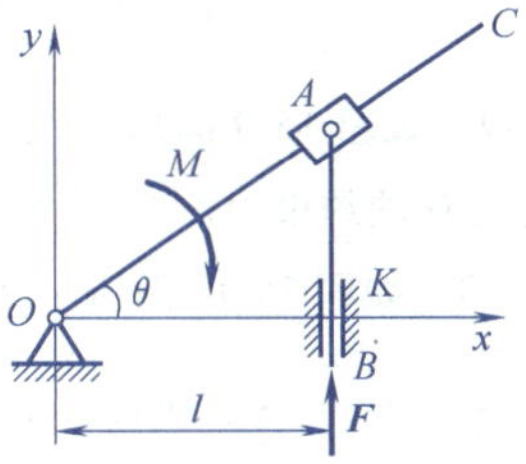

题　15-2 图

15-3　如题 15-3 图所示机构中，曲柄 OA 上作用一力偶，其力偶矩为 M，另在滑块 D 上作用一水平力 $\boldsymbol{F}$，机构尺寸如图所示。求当机构平衡时，F 与 M 之间的关系。

15-4　带槽摇杆 OA 长 l，可绕 O 轴自由转动，并通过销钉带动滑块 B 沿光滑水平导槽运动，如题 15-4 图所示。试求系统在图示位置平衡时，两水平力 $\boldsymbol{F}_A$ 和 $\boldsymbol{F}_B$ 之间的关系。

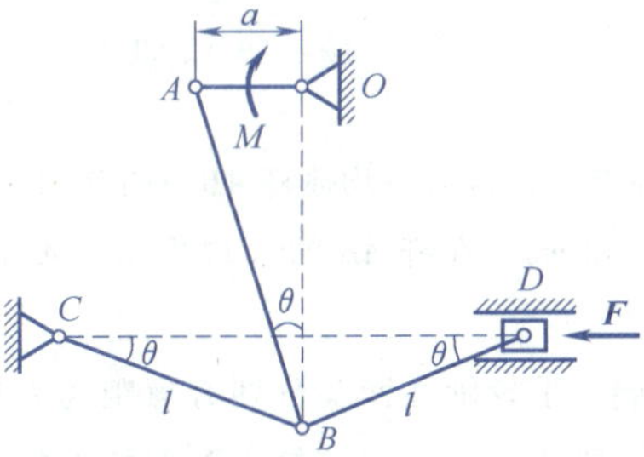

题　15-3 图

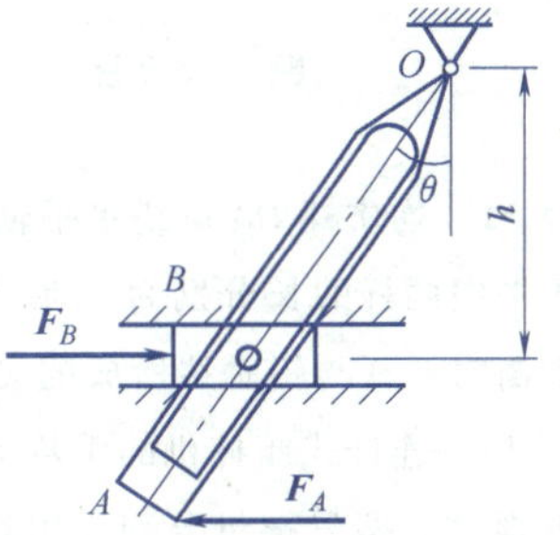

题　15-4 图

15-5　机构如题 15-5 图所示，$AB=BC=l$，$BD=BE=b$，弹性系数为 k，当 $AC=a$ 时，弹簧内拉力为零。设在 C 处作用一水平力 $\boldsymbol{F}$，机构处于平衡。求 A 与 C 之间的距离 x。

15-6　如题 15-6 图所示，一平面机构，不计各杆及滑块重量，忽略各接触面之间的摩擦，求机构在图示位置处于平衡时，M 与 F 的关系。

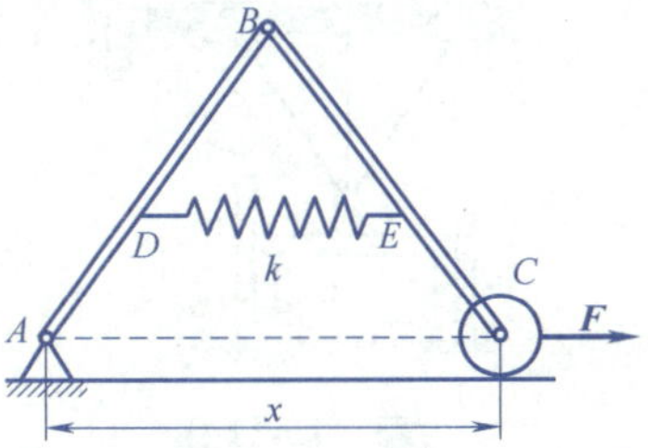

题　15-5 图

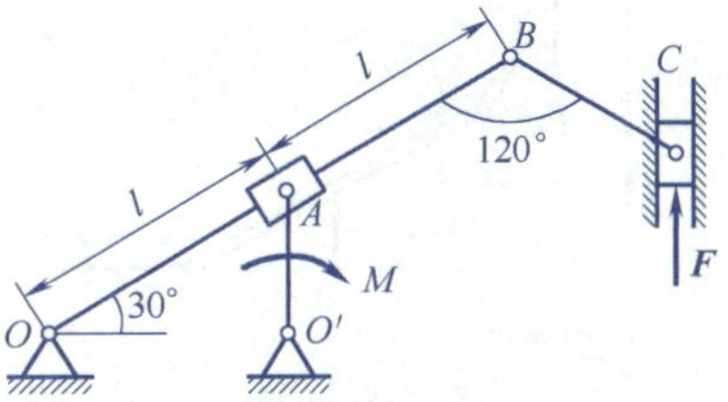

题　15-6 图

15-7　多跨梁由 AB、BC、CE 组成，梁重不计。载荷分布如题 15-7 图所示。已知 $F=5\text{kN}$，$q=2\text{kN/m}$，力偶矩 $M=12\text{kN}\cdot\text{m}$。求固定端 A 处的约束力。

15-8　静定刚架受 $F=4\text{kN}$ 的水平力作用，几何尺寸如题 15-8 图所示，试求支座 D 处的铅垂约束力。

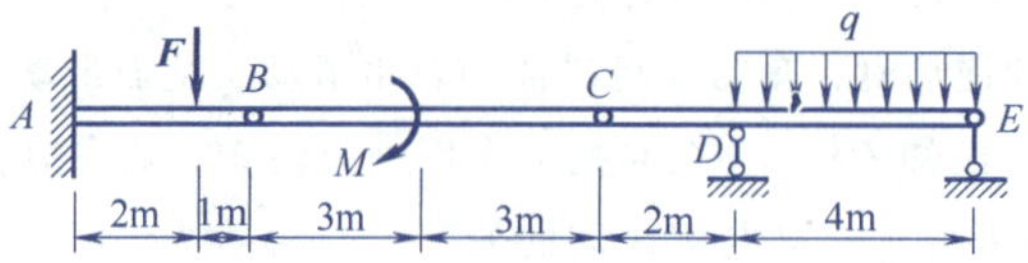

题　15-7 图

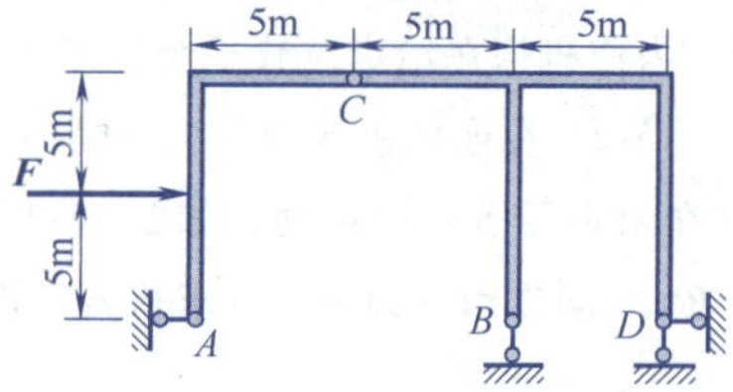

题　15-8 图

15-9　如题 15-9 图所示结构中，已知 $l=10\text{m}$，力偶矩 $M=100\text{N}\cdot\text{m}$，$F=100\text{N}$。$BD\perp AC$，试求支座 D 的约束力。

15-10　如题 15-10 图所示平面桁架 $ABCD$，在节点 D 处承受铅垂载荷 $\boldsymbol{F}$。已知 $AB=BC=AC=a$，$AD=DC=\dfrac{a}{\sqrt{2}}$，求杆件 BD 的内力。

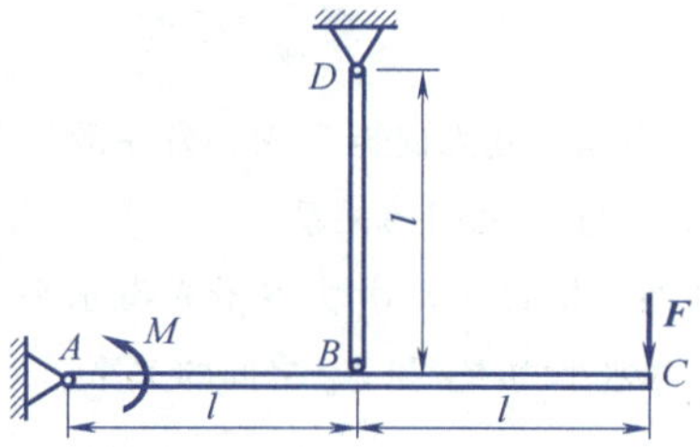

题　15-9 图

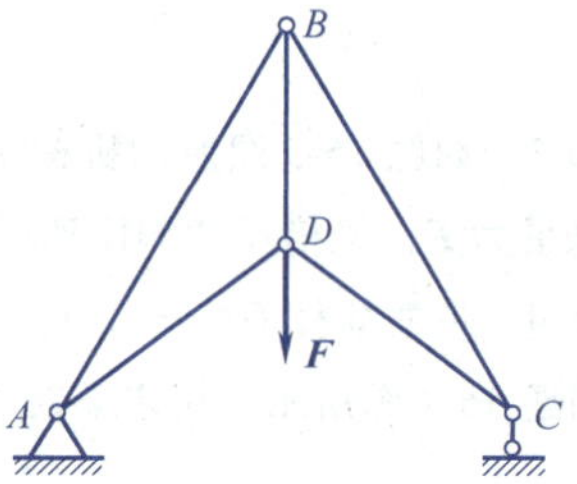

题　15-10 图

15-11　均质杆 OA 可绕水平轴 O 自由转动，在端点 A 铰接另一均质杆 AB，如题 15-11 图所示。机构中两杆的长分别为 l_1 和 l_2，质量分别为 m_1 和 m_2。在杆 AB 的 B 端作用一水平力 $\boldsymbol{F}$，试求平衡时两杆与铅垂线所成的夹角 α 和 β。

15-12　连杆式压榨机的手轮上作用矩为 M 的力偶，手轮轴在两头分别有螺距为 h 但旋向相反的螺纹，两只螺母分别与边长为 a 的菱形杆机构的两个对顶点铰接，菱形杆上的上顶点固定不动，下顶点连在压榨机的水平压板上，如题 15-12 图所示。当菱形顶角等于 2α 时，求压榨机传给液压机传给被压物体的压力。

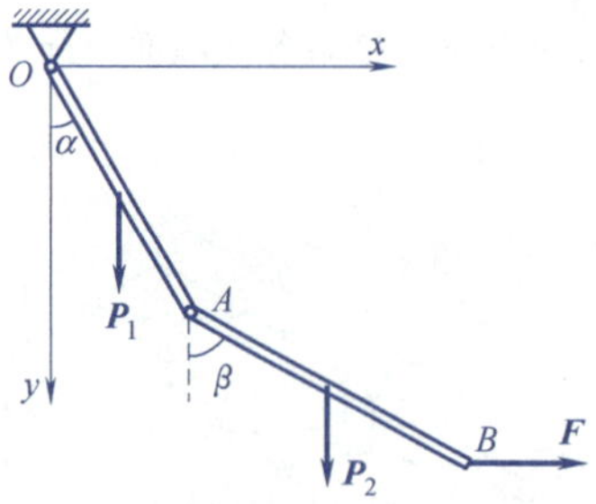

题　15-11 图

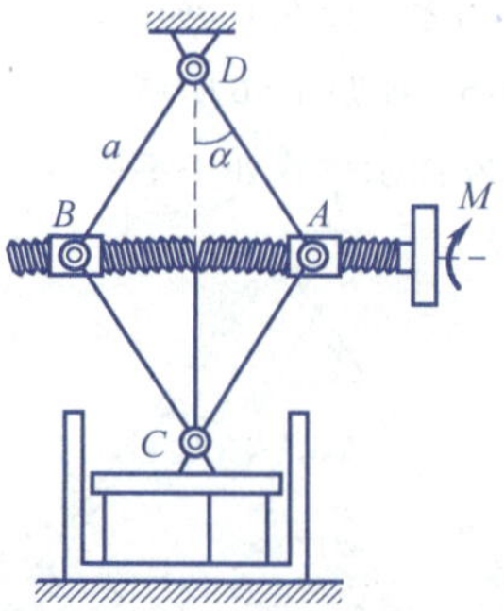

题　15-12 图

15-13　如题 15-13 图所示杠杆式压榨机，求给受压试件 A 的力 $\boldsymbol{F}_A$ 的大小，已知 $F=100\text{N}$，$a=60\text{cm}$，$b=10\text{cm}$，$c=60\text{cm}$，$d=20\text{cm}$。

15-14　如题 15-14 图所示，在台秤上的 F 点放质量为 M 的重物，已知 $AB=a$，$BC=b$，$CD=c$，$IK=d$，秤台长 $EG=L$，为使平衡重物用的砝码 m 不依赖于重物在台秤上的位置，求 b、c、d、L 之间的比例，并求砝码的质量 m。

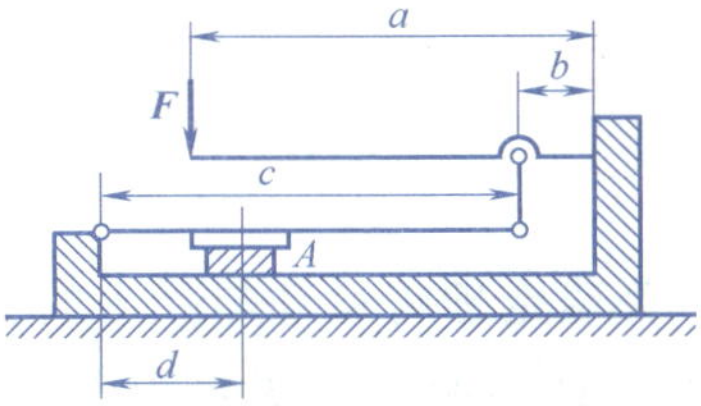

题　15-13 图

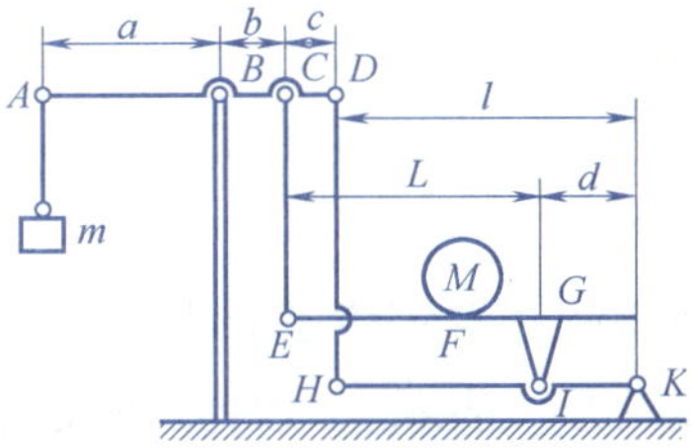

题　15-14 图

15-15　电车车闸上的机械制动器如题 15-15 图所示，在力 $\boldsymbol{F}$ 的作用下，闸块 A 和 B 能以同样大小的压力作用在轮箍 C 和 D 上，车轮看成不动的。求：(1) a、b、c 之间的关系；(2) 作用在 A 和 B 上面压力的大小。

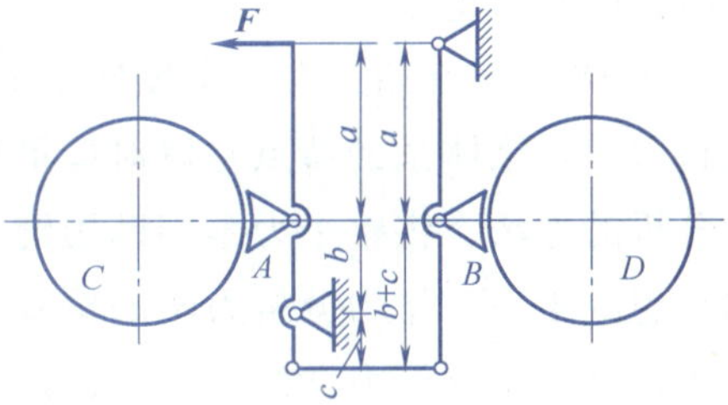

题　15-15 图

15-16　梁 AB 和 BD 用圆柱铰链 B 相连，水平梁 AB 在截面 A 处插在铅直墙内，梁 BD 搁在光滑的凸角 E 上，与铅垂线的夹角为 θ，沿着梁 BD 方向作用着力 $\boldsymbol{F}$，如题 15-16 图所示。求固定端 A 处约束力的水平分量，两根梁的质量都忽略不计。

15-17　两根梁 BC 和 CD 在 C 处铰接，再用圆柱铰链 B 和立柱 AB 相连，立柱 A 处为固定端约束，梁 CD 又与圆柱铰链 D 与地板连接，梁上有水平力 P_1 和 P_2 作用，尺寸如题 15-17 图所示。求：(1) 固定端 A 处约束力的水平分量；(2) 固定端 A 处的力偶矩 M_A。

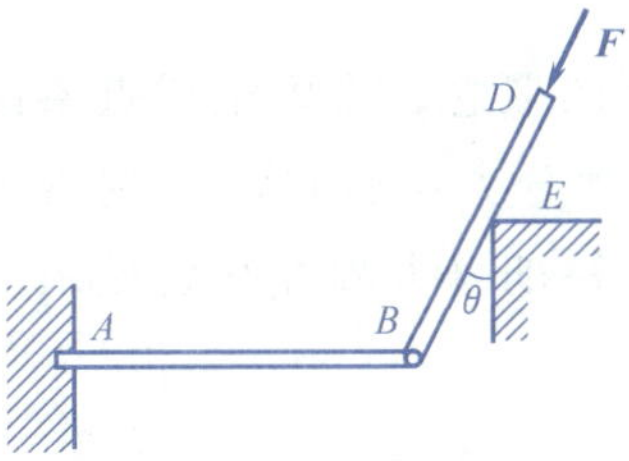

题　15-16 图

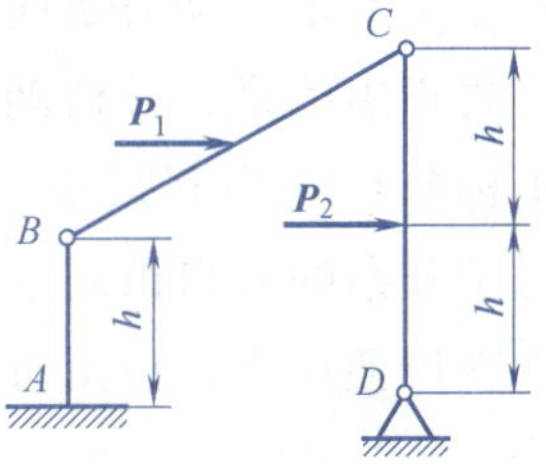

题　15-17 图

习题答案

第 16 章 拉格朗日方程

在牛顿基本定律基础上建立的质点系动力学普遍定理将运动与受力的关系采用矢量的形式表示，这种处理动力学问题的方法和体系称为“矢量力学”。矢量力学以其理论的严格性和表达的直观性形成了完整的体系，在研究质点和简单刚体系统动力学问题方面十分便利和有效，但在研究具有复杂约束系统的动力学问题时则困难重重。

从 18 世纪开始，在力学发展史中出现了与矢量力学并驾齐驱的理论体系，即分析力学。该体系的特点是以对能量和功的分析代替对力或力矩的分析，采用数学分析的方法，将整个力学问题用统一的原理和公式表述出来，避开了求解系统的理想约束力。作为分析力学的奠基人，拉格朗日导出了具有普遍意义的动力学方程，开创了分析力学的新领域，以拉格朗日方程为基础的分析力学称为拉格朗日力学。

本章将以虚位移原理与达朗贝尔原理为基础，推导动力学普遍方程，即达朗贝尔-拉格朗日方程，并由之推演得到具有重要理论价值和应用意义的拉格朗日方程。动力学普遍方程采用直角坐标描述质点系的运动，拉格朗日方程则采用广义坐标描述质点系的运动，二者构成了分析动力学的基础，都是用分析的方法来解决非自由质点系的动力学问题。

需要指出的是，拉格朗日方程引入了广义坐标的概念，将确定质点系位置的独立坐标数目减小到最少，对应获得的系统运动微分方程数目亦减到最少。因此，对于复杂的非自由质点系动力学问题，应用拉格朗日方程往往要比用动力学普遍方程简便得多，使用时更具有优越性。

16.1 自由度与广义坐标

对于一个自由质点，要确定它在空间的位置，需要三个独立的直角坐标。对于由 n 个质点组成的自由质点系，则需要 3 n 个独立的直角坐标来确定每个质点在空间的位置。但对于非自由质点系，由于约束的存在，3 n 个坐标就不都是相互独立的，它们必须满足约束条件。

工程中的约束多数为完整约束，**在完整约束的条件下，确定质点系位置所需要独立坐标的个数称为该质点系的自由度数，**简称**自由度**。

在一般情况下，若具有完整约束的质点系由 n 个质点组成，受到 s 个几何约束，且 $s<3n$，则在 $3n$ 个坐标中只有 $k=3n-s$ 个坐标是独立的，k 即为该质点系的自由度。对于平面问题 $k=2n-s$。

例 16-1　确定图 16-1 所示机构的自由度数目。

解： 具有完整约束的质点系中，两个质点在平面内运动，需要 4 个独立的直角坐标来确定位置（x_A，y_A，x_B，y_B）。

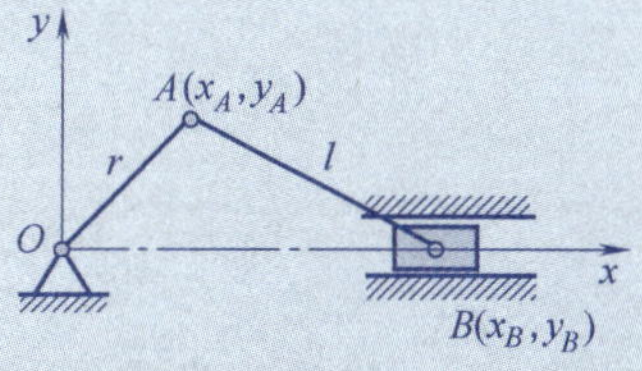

图　16-1

约束方程有 3 个，分别为

$x_A^2+y_A^2=r^2$，$(x_B-x_A)^2+(y_B-y_A)^2=l^2$，$y_B=0$

故图示机构的自由度为 $k=2n-s=2\times2-3=1$。

例题动画

求解程序

思考与讨论：

（1）平面运动刚体的自由度是多少？在空间运动刚体的自由度呢？

（2）试述刚体自由度与静力学独立平衡方程个数之间的关系。

用来确定质点系位置的独立参变量称为该质点系的广义坐标。在完整约束的情况下，质点系广义坐标的数目等于该质点系的自由度。

注意：（1）广义坐标的选取不是唯一的，要根据解题的方便任意选取，可以是长度坐标，也可以是角度坐标。

（2）所选取的一组广义坐标能够完全确定质点系的位置。

（3）各广义坐标之间必须相互独立。

课程加油站

例 16-2　图 16-2 所示在铅垂平面内运动的双摆，试确定其自由度，并选取广义坐标确定系统的位置。

解： 具有完整约束的质点系中，两个质点在平面内运动，需要 4 个独立的直角坐标来确定位置（x_A，y_A，x_B，y_B）。

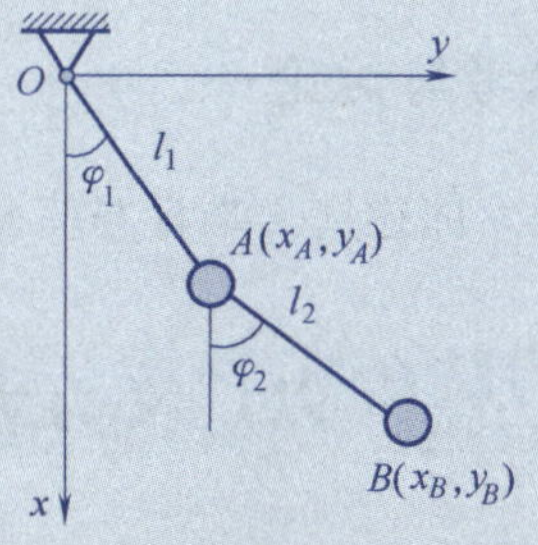

图　16-2

约束方程有 2 个，分别为

$$x_A^2+y_A^2=l_1^2，(x_B-x_A)^2+(y_B-y_A)^2=l_2^2$$

故图示机构的自由度为 $k=2n-s=2\times2-2=2$。

即系统有两个自由度，可取 φ_1、φ_2 为广义坐标，来确定系统的位置。

$$x_A=l_1\sin\varphi_1，\ y_A=l_1\cos\varphi_1$$

$$x_B=l_1\sin\varphi_1+l_2\sin\varphi_2，\ y_B=l_1\cos\varphi_1+l_2\cos\varphi_2$$

在一般情况下，若由 n 个质点组成的质点系，受到 s 个几何约束，具有 k 个自由度，取 q_1，q_2，…，q_k 为广义坐标。对于定常完整约束，质点系中各个质点的直角坐标及其矢径可以写成广义坐标的函数，即

例题动画

求解程序

$$\left.\begin{aligned} x_i &= x_i(q_1, q_2, \cdots, q_k) \\ y_i &= y_i(q_1, q_2, \cdots, q_k) \\ z_i &= z_i(q_1, q_2, \cdots, q_k) \\ \boldsymbol{r}_i &= \boldsymbol{r}_i(q_1, q_2, \cdots, q_k) \end{aligned}\right\} \quad (i=1,2,\cdots,n) \tag{16-1}$$

对式（16-1）进行变分运算，如对坐标x_i求变分，得

$$\delta x_i = \frac{\partial x_i}{\partial q_1}\delta q_1 + \frac{\partial x_i}{\partial q_2}\delta q_2 + \cdots + \frac{\partial x_i}{\partial q_k}\delta q_k = \sum_{j=1}^{k}\frac{\partial x_i}{\partial q_j}\delta q_j$$

式中，δq_j 称为**广义虚位移**。上式建立了质点坐标的变分与其广义坐标变分之间的关系，即质点在直角坐标系中的虚位移与广义坐标中虚位移之间的关系。

对式（16-1）中各式均进行变分运算，得

$$\left.\begin{aligned} \delta x_i &= \sum_{j=1}^{k}\frac{\partial x_i}{\partial q_j}\delta q_j \\ \delta y_i &= \sum_{j=1}^{k}\frac{\partial y_i}{\partial q_j}\delta q_j \\ \delta z_i &= \sum_{j=1}^{k}\frac{\partial z_i}{\partial q_j}\delta q_j \\ \delta \boldsymbol{r}_i &= \sum_{j=1}^{k}\frac{\partial \boldsymbol{r}_i}{\partial q_j}\delta q_j \end{aligned}\right\} \quad (i = 1,2,\cdots,n) \tag{16-2}$$

式（16-2）建立了质点直角坐标和矢量法表示的虚位移与广义坐标表示的广义虚位移之间的关系。

思考与讨论：

试述广义坐标与直角坐标之间的区别与联系，以及引入广义坐标的意义。

16.2 以广义力表示的质点系平衡条件

16.2.1 广义坐标表示的虚位移原理

虚位移原理的表达式（15-5）中，是以质点的位置矢量或直角坐标变分表示虚位移的，由于这些虚位移不一定是独立的虚位移，采用虚位移原理解决问题时需要先建立虚位移之间的关系。若采用广义坐标变分表示虚位移，由于虚位移之间是相互独立的，虚位移原理可以表示为更简洁的形式。

将式（16-2）中矢量法表示的虚位移与广义虚位移之间的关系

$$\delta \boldsymbol{r}_i = \sum_{j=1}^{k}\frac{\partial \boldsymbol{r}_i}{\partial q_j}\delta q_j$$

代入质点系的虚位移原理 $\sum \boldsymbol{F}_i \cdot \delta \boldsymbol{r}_i = 0$，可得

$$\sum_{i=1}^{n} \boldsymbol{F}_i \cdot \sum_{j=1}^{k} \frac{\partial \boldsymbol{r}_i}{\partial q_j} \delta q_j = 0$$

交换求和顺序，则

$$\sum_{j=1}^{k} \sum_{i=1}^{n} \boldsymbol{F}_i \cdot \frac{\partial \boldsymbol{r}_i}{\partial q_j} \delta q_j = 0$$

令

$$Q_j = \sum_{i=1}^{n} \boldsymbol{F}_i \cdot \frac{\partial \boldsymbol{r}_i}{\partial q_j} \tag{16-3}$$

式中，Q_j 称为对应于广义坐标q_j 的**广义力**，显然，广义力的数目与广义坐标数目相等，等于系统的自由度。它的量纲可以是力或力矩，若 q_j 的单位是长度，则 Q_j 的单位是力；若 q_j 的单位是弧度，则 Q_j 的单位是力矩。

课程加油站

虚位移原理用广义力和广义坐标可表示为

$$\sum_{j=1}^{k} Q_j \delta q_j = 0 \tag{16-4}$$

即具有双面、定常、理想约束的质点系，在某一位置处于平衡的必要与充分条件是：所有作用于质点系上和每一个广义坐标对应的广义力，在该位置的广义虚位移中所做的虚功之和等于零。

思考与讨论：

（1）广义力都具有力的量纲吗？广义力与广义坐标有什么联系？

（2）试述广义力与主动力的区别与联系以及引入广义力的意义。

（3）广义力和广义坐标表示的虚位移原理有何优势？

16.2.2 以广义力表示质点系的平衡条件

对于完整约束的质点系，k 个广义坐标的虚位移 δq_j（$j=1$，2，…，k）是相互独立的，并且都是不等于零的任意微小量，所以若使式（16-4）恒成立，必须有

$$Q_j = 0 (j=1,2,\cdots,k) \tag{16-5}$$

式（16-5）为**广义坐标表示的虚位移原理**。**即具有双面、定常、理想约束的质点系，在某一位置处于平衡的必要与充分条件是：所有作用于质点系上与每一个广义坐标对应的广义力都等于零**。

用广义力表示质点系的平衡条件是一个方程组，方程的数目等于广义坐标的数目。

由于 $\boldsymbol{r}_i = x_i \boldsymbol{i} + y_i \boldsymbol{j} + z_i \boldsymbol{k}$ 且x_i、y_i、z_i 均为广义坐标q_j 的函数，所以

$$\frac{\partial \boldsymbol{r}_i}{\partial q_j} = \frac{\partial x_i}{\partial q_j}\boldsymbol{i} + \frac{\partial y_i}{\partial q_j}\boldsymbol{j} + \frac{\partial z_i}{\partial q_j}\boldsymbol{k}$$

将上式和 $\boldsymbol{F}_i=F_{ix}\boldsymbol{i}+F_{iy}\boldsymbol{j}+F_{iz}\boldsymbol{k}$ 代入 $Q_j=\sum\limits_{i=1}^{n}\boldsymbol{F}_i\cdot\dfrac{\partial \boldsymbol{r}_i}{\partial q_j}$，可得

$$Q_j=\sum_{i=1}^{n}(F_{ix}\boldsymbol{i}+F_{iy}\boldsymbol{j}+F_{iz}\boldsymbol{k})\cdot\left(\frac{\partial x_i}{\partial q_j}\boldsymbol{i}+\frac{\partial y_i}{\partial q_j}\boldsymbol{j}+\frac{\partial z_i}{\partial q_j}\boldsymbol{k}\right)$$

故

$$Q_j=\sum_{i=1}^{n}\left(F_{ix}\frac{\partial x_i}{\partial q_j}+F_{iy}\frac{\partial y_i}{\partial q_j}+F_{iz}\frac{\partial z_i}{\partial q_j}\right)\quad (j=1,2,\cdots,k) \tag{16-6}$$

广义力的计算方法有以下两种：

1. 解析法

根据式（16-6）求解广义力，首先需将各质点的直角坐标表示为广义坐标的函数，再代入计算。

2. 几何法

利用虚功进行计算，这种方法直观，计算亦比较方便。由于广义坐标 q_1，q_2，…，q_k 是相互独立的，且可以任意取值，因此可取一组特殊的虚位移，令某一个 $\delta q_k\neq 0$，其余（$k-1$）个广义虚位移都等于零，计算所有主动力在相应的虚位移中所做的虚功和，即

$$\sum \delta W_F=Q_k\delta q_k$$

由此可求出广义力

$$Q_k=\frac{\sum \delta W_F}{\delta q_k}(j=1,2,\cdots,k) \tag{16-7}$$

在解决实际问题时，往往采用几何法比较方便。

例题动画

求解程序（1）

求解程序（2）

例 16-3 图 16-3a 所示双摆，摆锤 A、B 分别重 $\boldsymbol{P}_1$、$\boldsymbol{P}_2$，今在 B 点沿水平方向作用一已知力 $\boldsymbol{P}_3$，且三力在同一平面内，试求系统平衡时，两摆杆与铅垂线的夹角 φ_1 和 φ_2 各为多大。

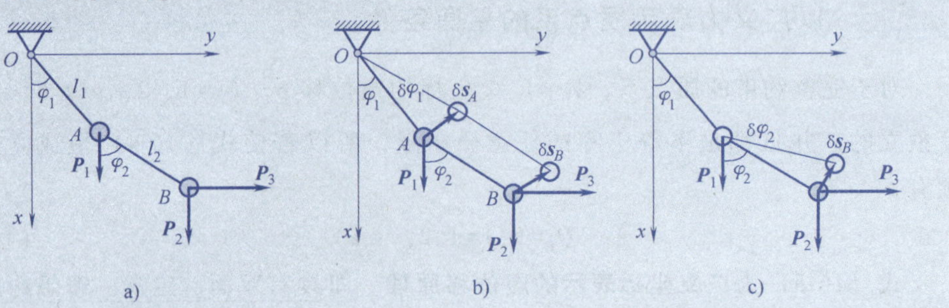

图 16-3

解法 1：解析法

以系统为研究对象，其具有 2 个自由度，建立如图 16-3a 所示直角坐标系，取 φ_1、φ_2 为广义坐标。

主动力在坐标轴上的投影为

$$F_{Ax}=P_1,\ F_{Ay}=0,F_{Bx}=P_2,\ F_{By}=P_3$$

A、B 两点的直角坐标用广义坐标表示为

$$x_A = l_1\cos\varphi_1, y_A = l_1\sin\varphi_1$$

$$x_B = l_1\cos\varphi_1 + l_2\cos\varphi_2, y_B = l_1\sin\varphi_1 + l_2\sin\varphi_2$$

对广义坐标求偏导，得

$$\frac{\partial x_A}{\partial\varphi_1} = -l_1\sin\varphi_1, \frac{\partial x_A}{\partial\varphi_2} = 0, \frac{\partial y_A}{\partial\varphi_1} = l_1\cos\varphi_1, \frac{\partial y_A}{\partial\varphi_2} = 0,$$

$$\frac{\partial x_B}{\partial\varphi_1} = -l_1\sin\varphi_1, \frac{\partial x_B}{\partial\varphi_2} = -l_2\sin\varphi_2, \frac{\partial y_B}{\partial\varphi_1} = l_1\cos\varphi_1, \frac{\partial y_B}{\partial\varphi_2} = l_2\cos\varphi_2$$

根据式（16-6），对应广义坐标的广义力分别表示为

$$Q_{\varphi_1} = F_{Ax}\frac{\partial x_A}{\partial\varphi_1} + F_{Ay}\frac{\partial y_A}{\partial\varphi_1} + F_{Bx}\frac{\partial x_B}{\partial\varphi_1} + F_{By}\frac{\partial y_B}{\partial\varphi_1}$$

$$Q_{\varphi_2} = F_{Ax}\frac{\partial x_A}{\partial\varphi_2} + F_{Ay}\frac{\partial y_A}{\partial\varphi_2} + F_{Bx}\frac{\partial x_B}{\partial\varphi_2} + F_{By}\frac{\partial y_B}{\partial\varphi_2}$$

代入可得

$$Q_{\varphi_1} = -P_1 l_1\sin\varphi_1 + P_3 l_1\cos\varphi_1 - P_2 l_1\sin\varphi_1$$

$$Q_{\varphi_2} = P_3 l_2\cos\varphi_2 - P_2 l_2\sin\varphi_2$$

根据系统的平衡条件——广义力为 0，即 $Q_{\varphi_1} = 0$，$Q_{\varphi_2} = 0$，可解得系统平衡时，

$$\varphi_1 = \arctan\frac{P_3}{P_1 + P_2}, \varphi_2 = \arctan\frac{P_3}{P_2}$$

解法 2：几何法

以系统为研究对象，建立如图所示的直角坐标，取φ_1、φ_2 为广义坐标。

令 $\delta\varphi_1 \neq 0$、$\delta\varphi_2 = 0$，系统的虚位移图如图 16-3b 所示。

$$\delta s_A = \delta s_B = l_1\delta\varphi_1$$

$$\begin{aligned}\sum\delta W_1 &= -P_1\delta s_A\sin\varphi_1 - P_2\delta s_B\sin\varphi_1 + P_3\delta s_B\cos\varphi_1 \\ &= (-P_1 l_1\sin\varphi_1 - P_2 l_1\sin\varphi_1 + P_3 l_1\cos\varphi_1)\delta\varphi_1\end{aligned}$$

由式（16-7），得

$$Q_{\varphi_1} = \frac{\sum\delta W_1}{\delta\varphi_1} = -P_1 l_1\sin\varphi_1 + P_3 l_1\cos\varphi_1 - P_2 l_1\sin\varphi_1$$

令 $\delta\varphi_1 = 0$、$\delta\varphi_2 \neq 0$，系统的虚位移图如图 16-3c 所示。

$\delta s_A = 0$，$\delta s_B = l_2\delta\varphi_2$

$$\sum \delta W_2 = -P_2 \delta s_B \sin\varphi_2 + P_3 \delta s_B \cos\varphi_2$$

$$= (-P_2 l_2 \sin\varphi_2 + P_3 l_2 \cos\varphi_2)\delta\varphi_2$$

$$Q_{\varphi_2} = \frac{\sum \delta W_2}{\delta\varphi_2} = -P_2 l_2 \sin\varphi_2 + P_3 l_2 \cos\varphi_2$$

由系统平衡条件$Q_{\varphi_1}=0$，$Q_{\varphi_2}=0$，解得

$$\varphi_1 = \arctan\frac{P_3}{P_1+P_2},\ \varphi_2 = \arctan\frac{P_3}{P_2}$$

例题动画

求解程序

例 16-4 如图 16-4 所示，重物 A 和 B 连接在细绳两端，A 放在粗糙的水平面上，B 绕过定滑轮 E 铅垂悬挂，动滑轮 H 的轴心上挂一重物 C。设 A 重 $2\boldsymbol{P}$，B 重 $\boldsymbol{P}$，求平衡时，C 的重量 W 及重物 A 与水平面的静滑动摩擦系数 f。

解： 以系统为研究对象，系统具有两个自由度，取s_A和 s_B为广义坐标。系统受的主动力有重力，还有非理想约束的摩擦力，解除水平面的约束，代之以法向反力和摩擦力，并将摩擦力视为主动力，如图 16-4 所示。

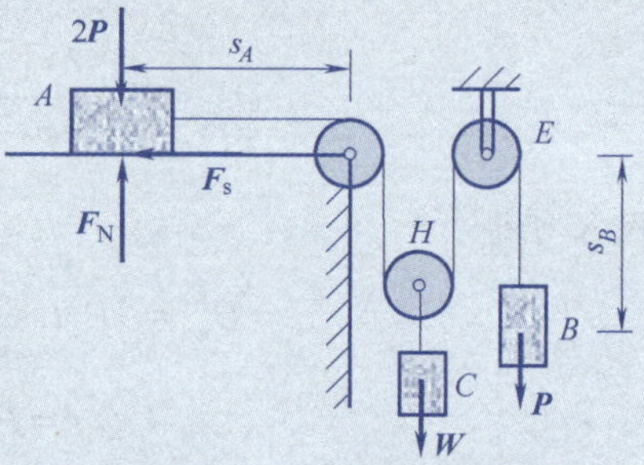

图 16-4

下面用几何法求广义力。

令 $\delta s_A \neq 0$，$\delta s_B = 0$，则

$$\sum \delta W_1 = -F_s \delta s_A + \frac{1}{2} W \delta s_A = \left(-F_s + \frac{1}{2}W\right)\delta s_A$$

故 $Q_A = \dfrac{\sum \delta W_1}{\delta s_A} = -F_s + \dfrac{1}{2}W$

令 $\delta s_A = 0$，$\delta s_B \neq 0$，则

$$\sum \delta W_2 = P\delta s_B - \frac{1}{2} W \delta s_B = \left(P - \frac{1}{2}W\right)\delta s_B$$

故 $Q_B = \dfrac{\sum \delta W_2}{\delta s_B} = P - \dfrac{1}{2}W$

由系统的平衡条件$Q_A = 0$，$Q_B = 0$，可解得系统平衡时，

$$W = 2P, F_s = \frac{1}{2}W = P$$

若平衡，则 $F_s \leqslant f F_N = 2fP$

故重物 A 与水平面的静滑动摩擦系数$f \geqslant \dfrac{F_s}{2P} = \dfrac{1}{2}$

16.3 保守系统的平衡条件·平衡的稳定性

若作用在质点系上的主动力均为有势力，则质点系称为**保守系统**，其势能由其所在位置唯一确定，可以写成各质点的坐标函数。

16.3.1 用势能表示的保守系统的平衡条件

设保守系统的质点系在任一位置的势能为 V，记为

$$V=V(x_1,y_1,z_1;x_2,y_2,z_2;\cdots;x_n,y_n,z_n)$$

若采用广义坐标表示质点系的位置，则质点系的势能可以写成广义坐标的函数，即

$$V=V(q_1,q_2,\cdots,q_k)$$

根据式（13-36），有势力和势能函数的关系为

$$F_{ix}=-\frac{\partial V}{\partial x_i},\ F_{iy}=-\frac{\partial V}{\partial y_i},\ F_{iz}=-\frac{\partial V}{\partial z_i}$$

将上式代入式（16-6），在保守系统中可将广义力 Q_j 写成用势能表达的形式

$$\begin{aligned}Q_j&=\sum_{i=1}^{n}\left(F_{ix}\frac{\partial x_i}{\partial q_j}+F_{iy}\frac{\partial y_i}{\partial q_j}+F_{iz}\frac{\partial z_i}{\partial q_j}\right)\\&=\sum_{i=1}^{n}-\left(\frac{\partial V}{\partial x_i}\frac{\partial x_i}{\partial q_j}+\frac{\partial V}{\partial y_i}\frac{\partial y_i}{\partial q_j}+\frac{\partial V}{\partial z_i}\frac{\partial z_i}{\partial q_j}\right)\\&=-\frac{\partial V}{\partial q_j}(j=1,2,\cdots,k)\end{aligned}\tag{16-8}$$

即**若作用在质点系上的主动力均为有势力，对应于某一广义坐标的广义力，等于势能对该广义坐标的偏导数冠以负号。**

对于主动力都是有势力的保守系统，采用解析法求广义力，还可以根据式（16-8），首先将势能表示为广义坐标的函数再代入计算。

在保守系统中，由广义坐标表示的平衡条件亦可写成如下形式：

$$Q_j=-\frac{\partial V}{\partial q_j}=0\quad(j=1,2,\cdots,k)\tag{16-9}$$

因此，**在势力场中，具有理想约束的质点系的平衡条件是：对应于系统任一平衡位置，势能函数必取一极值，对于每个广义坐标的偏导数分别等于零。**

16.3.2 平衡的稳定性

引入势能，可以求保守系统的平衡位置，根据式（16-9）知，保守系统在平衡位置上其势能取极值。但满足平衡条件的保守系统可能处于不同的平衡状态，下面讨论系统在平衡位置的稳定性与势能取极小或极大值之间的关系。

若质点系在某一位置处于平衡，有一微小扰动使其偏离平衡位置。当微小扰

动消失后，质点系在有势力作用下，仍能返回其平衡位置，这种平衡状态称为**稳定平衡**；若微小扰动消失后，质点系在有势力作用下不再返回原平衡位置，这种平衡状态称为**不稳定平衡**。

例如图 16-5 所示的 3 个小球，其中图 16-5a 所示为稳定平衡，小球在凹曲面的最低点处平衡，当给小球一个很小的扰动后，小球在重力作用下仍会回到原来的平衡位置；图 16-5b 所示为不稳定平衡，小球在凸曲面的最高点处平衡，当给小球一个很小的扰动后，小球在重力作用下会滚下去，不再回到原来的平衡位置；图 16-5c 所示小球在一水平平面上平衡，当给小球一个很小的扰动后，小球在周围平面上的任一点都可以平衡，这种平衡状态称为**随遇平衡**。

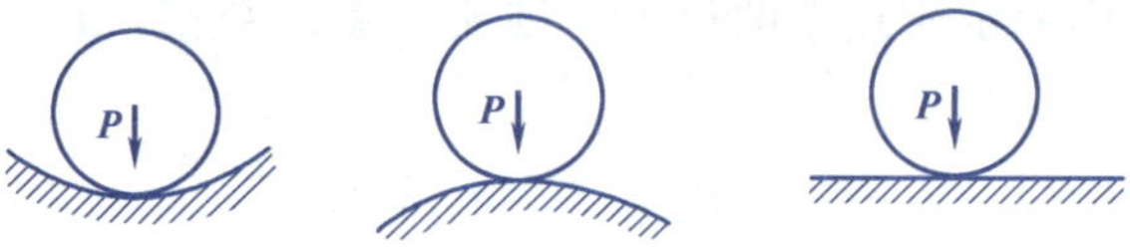

图 16-5

由图 16-5 还可以发现，在稳定平衡位置上，当系统受到扰动后，在新的可能位置处，系统的势能均高于平衡位置处的势能，即**在稳定平衡的平衡位置上，系统势能具有极小值**。相反，**在不稳定平衡的平衡位置上，系统势能具有极大值。对于随遇平衡，系统在某位置附近其势能是不变的**，所以其附近任何可能位置都是平衡位置。

具有理想、双面约束并受主动力为有势力的质点系，其所有满足约束的平衡位置中，只有使系统总势能取极小值者是稳定的，此即为最小势能原理。

根据最小势能原理，判断平衡位置稳定性的准则为

$$\left.\begin{array}{l}\Delta V>0\ \text{平衡位置是稳定的}\\ \Delta V<0\ \text{平衡位置是不稳定的}\\ \Delta V=0\ \text{平衡位置是随遇的}\end{array}\right\} \tag{16-10}$$

式中，ΔV 为所考察的平衡位置到任意相邻位置时，系统总势能的改变量。

对于单自由度的保守系统，设 q 为广义坐标，则系统势能为 $V=V(q)$，当系统平衡时，由式（16-9），在平衡位置上有

$$\frac{\mathrm{d}V}{\mathrm{d}q}=0 \tag{16-11}$$

相应地，$\Delta V=V(q_0+\delta q)-V(q_0)$

$$=\left(\frac{\mathrm{d}V}{\mathrm{d}q}\right)_{q=q_0}\delta q+\frac{1}{2!}\left(\frac{\mathrm{d}^2V}{\mathrm{d}q^2}\right)_{q=q_0}(\delta q)^2+\frac{1}{3!}\left(\frac{\mathrm{d}^3V}{\mathrm{d}q^3}\right)_{q=q_0}(\delta q)^3+\cdots$$

式中，q_0 为系统平衡位置的广义坐标；$\left(\frac{\mathrm{d}V}{\mathrm{d}q}\right)_{q=q_0}=0$。$\Delta V$ 的正负由高阶项的正负判断。

$$\left.\begin{aligned}\left(\frac{\mathrm{d}^2V}{\mathrm{d}q^2}\right)_{q=q_0}>0,\text{稳定平衡}\\ \left(\frac{\mathrm{d}^2V}{\mathrm{d}q^2}\right)_{q=q_0}<0,\text{不稳定平衡}\end{aligned}\right\}\tag{16-12}$$

若$\left(\frac{\mathrm{d}^2V}{\mathrm{d}q^2}\right)_{q=q_0}=0$，则需根据$\left(\frac{\mathrm{d}^3V}{\mathrm{d}q^3}\right)_{q=q_0}$的正负判断系统的稳定性，以此类推。若所有高阶项均为零，则平衡位置是随遇的。

总之，对单自由度系统，可依据式（16-11）确定其平衡位置。式（16-12）为单自由度系统平衡稳定性的判据，若在平衡位置上，系统势能对广义坐标的二阶导数大于零，即系统势能具有极小值，则系统处于稳定平衡状态；反之，若在平衡位置上，系统势能对广义坐标的二阶导数小于零，则系统处于不稳定平衡状态。

例题动画

求解程序

例 16-5　图 16-6 所示机构，均质杆 AB 质量 $m=10\text{kg}$，长 $l=60\text{cm}$，两端与不计重量的滑块铰接，滑块可在光滑槽内滑动，弹簧的弹性系数 $k=400\text{N/m}$。AB 在铅垂位置，弹簧为原长，求系统平衡位置及平衡时的稳定性。

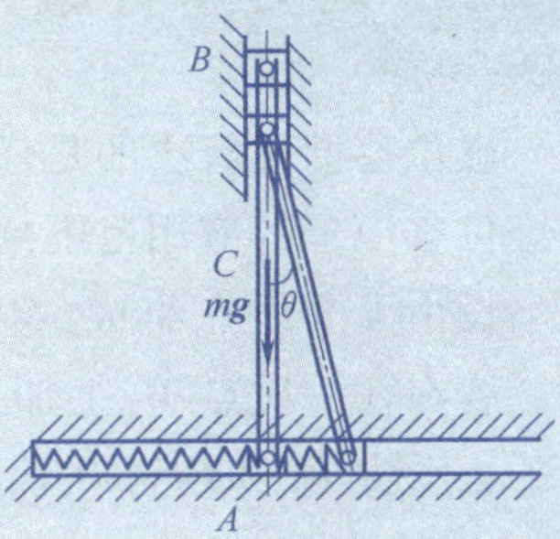

图　16-6

解： 系统为研究对象，该系统为单自由度保守系统，选取 θ 角为广义坐标，过 A 点的水平位置为重力零势能位置，弹簧原长处于弹性零势能位置。

系统势能为

$$V=mg\frac{l}{2}\cos\theta+\frac{k}{2}(l\sin\theta)^2=mg\frac{l}{2}\cos\theta+\frac{k}{2}l^2\sin^2\theta$$

$$Q_\theta=-\frac{\mathrm{d}V}{\mathrm{d}\theta}=mg\frac{l}{2}\sin\theta-kl^2\sin\theta\cos\theta$$

根据式（16-9）或式（16-11），系统的平衡条件为$\frac{\mathrm{d}V}{\mathrm{d}\theta}=0$ 或 $Q_\theta=0$，故

$$mg\frac{l}{2}\sin\theta-kl^2\sin\theta\cos\theta=\sin\theta\left(mg\frac{l}{2}-kl^2\cos\theta\right)=0$$

由 $\sin\theta=0$，得到第一个平衡位置

$$\theta_1=0$$

由 $mg\frac{l}{2}-kl^2\cos\theta=0$，得到第二个平衡位置

$$\theta_2=\arccos\frac{mg}{2kl}=\arccos 0.204=78.23°$$

判断系统是否处于稳定平衡状态，根据式（16-12），需考察 V 的二阶导数，即

$$\frac{d^2V}{d\theta^2}=mg\frac{l}{2}\cos\theta-kl^2\cos^2\theta+kl^2\sin^2\theta$$

$$\left.\frac{d^2V}{d\theta^2}\right|_{\theta_1=0°}=mg\frac{l}{2}-kl^2=-114.6<0$$

$$\left.\frac{d^2V}{d\theta^2}\right|_{\theta_1=78.23°}=mg\frac{l}{2}0.204+kl^2(\sin^2\theta-0.204^2)=138.02>0$$

所以，θ_1 是不稳定平衡位置，θ_2 是稳定平衡位置。

思考与讨论：

（1）根据虚位移原理可以确定质点系的平衡位置，在平衡位置时，质点系一定处于平衡状态吗？

（2）如何参考微积分学的理论，得到多自由度系统平衡稳定性的判据？

16.4 动力学普遍方程

虚位移原理解决的是任意质点系的平衡问题，与达朗贝尔原理相结合，可以将虚位移原理的应用范围推广到动力学，为求解动力学问题开辟一个新的途径。

设由 n 个质点组成的质点系，根据达朗贝尔原理，在质点系运动的任一瞬时，若在任一质点 M_i 上加上惯性力，则系统在虚加的惯性力 $\boldsymbol{F}_{Ii}=-m_i\boldsymbol{a}_i$，以及真实的主动力 $\boldsymbol{F}_i$ 和约束力 $\boldsymbol{F}_{Ni}$ 作用下处于平衡。对每一质点列平衡方程

$$\boldsymbol{F}_i+\boldsymbol{F}_{Ni}+\boldsymbol{F}_{Ii}=\boldsymbol{0}\quad(i=1,2,\cdots,n)$$

设想在系统处于静止状态的约束条件下，给质点系各质点任何一组虚位移 $\delta\boldsymbol{r}_i(i=1,2,\cdots,n)$，则总虚功为

$$\sum_{i=1}^{n}(\boldsymbol{F}_i+\boldsymbol{F}_{Ni}+\boldsymbol{F}_{Ii})\cdot\delta\boldsymbol{r}_i=0$$

设该质点系受到的是理想约束，则

$$\sum_{i=1}^{n}\boldsymbol{F}_{Ni}\cdot\delta\boldsymbol{r}_i=0$$

故
$$\sum_{i=1}^{n}(\boldsymbol{F}_i+\boldsymbol{F}_{Ii})\cdot\delta\boldsymbol{r}_i=0\tag{16-13a}$$

即
$$\sum_{i=1}^{n}(\boldsymbol{F}_i-m_i\boldsymbol{a}_i)\cdot\delta\boldsymbol{r}_i=0\tag{16-13b}$$

或
$$\sum_{i=1}^{n}(\boldsymbol{F}_i-m_i\ddot{\boldsymbol{r}}_i)\cdot\delta\boldsymbol{r}_i=0\tag{16-13c}$$

将式（16-13c）写成解析式，则有

$$\sum_{i=1}^{n}[(F_{ix}-m_i\ddot{x}_i)\delta x_i+(F_{iy}-m_i\ddot{y}_i)\delta y_i+(F_{iz}-m_i\ddot{z}_i)\delta z_i]=0\tag{16-14}$$

式（16-13）、式（16-14）是由达朗贝尔原理和虚位移原理相结合而得到的结果，称为**动力学普遍方程**，也称**达朗贝尔—拉格朗日方程**。

动力学普遍方程可以叙述如下：**在理想约束条件下，在任一瞬时作用在质点系上的所有主动力和虚加的惯性力，在该瞬时质点系所处位置的任何虚位移上的虚功之和等于零。**

思考与讨论：

（1）惯性力虚功的计算与主动力虚功的计算有何异同？

（2）动力学普遍方程适用于怎样的质点系？为什么与虚位移原理适用的范围不同？

例 16-6　图 16-7 所示滑轮系统中，动滑轮上悬挂着重为 $\boldsymbol{Q}_1$ 的重物，绳子绕过定滑轮后，挂着重为 $\boldsymbol{Q}_2$ 的重物，设滑轮和绳子的重量不计，求重为 $\boldsymbol{Q}_2$ 的重物下降的加速度。

例题动画

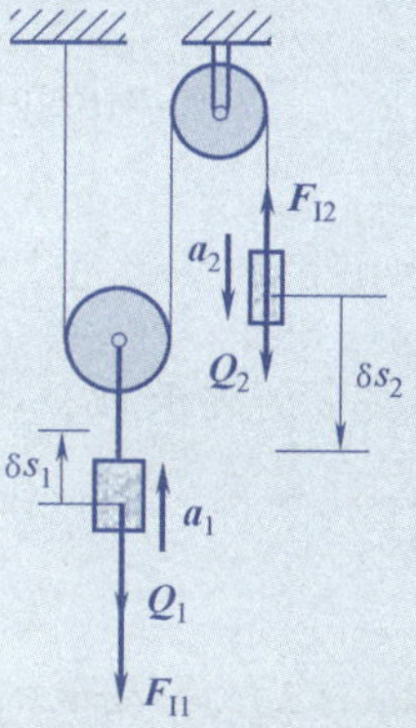

图　16-7

求解程序

解：以系统为研究对象，系统具有理想约束，系统所受的主动力为 $\boldsymbol{Q}_1$、$\boldsymbol{Q}_2$，假想加上惯性力 $\boldsymbol{F}_{I1}$、$\boldsymbol{F}_{I2}$，如图 16-7 所示。

$$F_{I1}=\frac{Q_1}{g}a_1,\ F_{I2}=\frac{Q_2}{g}a_2$$

给系统一组虚位移 δs_1、δs_2，由动力学普遍方程，得

$$\left(Q_2-\frac{Q_2}{g}a_2\right)\delta s_2-\left(Q_1+\frac{Q_1}{g}a_1\right)\delta s_1=0$$

由运动学关系 $\delta s_2=2\delta s_1$，$a_2=2a_1$，代入上式得

$$\left(Q_2-\frac{Q_2}{g}a_2\right)\delta s_2-\left(Q_1+\frac{Q_1}{g}\frac{a_2}{2}\right)\frac{\delta s_2}{2}=0$$

整理有

$$\left[\left(Q_2-\frac{Q_1}{2}\right)\delta s_2-\frac{a_2}{g}\left(Q_2+\frac{Q_1}{4}\right)\right]\delta s_2=0$$

因为 $\delta s_2\neq 0$，解得

$$a_2=\frac{2(2Q_2-Q_1)}{4Q_2+Q_1}g$$

例 16-7　如图 16-8 所示，光滑水平面上放置三棱柱 ABC，质量为 m_1，倾角为 θ。质量为 m_2、半径为 r 的均质圆柱沿该三棱柱的斜面 AB 无滑动滚下，试求三棱柱向左运动的加速度 $\boldsymbol{a}$ 和圆柱质心 O 相对于三棱柱的加速度 $\boldsymbol{a}_r$。

例题动画

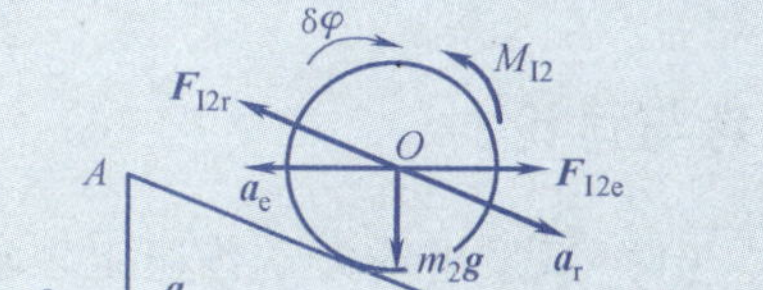

图　16-8

解：以系统为研究对象，有两个自由度，选三棱柱位移 x 与圆柱转角 φ 为广义坐标，对应的虚位移分别为 δx 与 $\delta\varphi$。

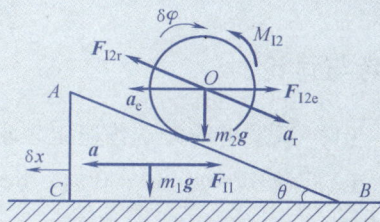

例题动画

系统具有理想约束，系统所受的主动力为 $m_1\boldsymbol{g}$、$m_2\boldsymbol{g}$，假想加上惯性力 $\boldsymbol{F}_{I1}$、$\boldsymbol{F}_{I2e}$、$\boldsymbol{F}_{I2r}$，以及惯性力偶 M_{I2}，方向如图 16-8 所示，大小为

$$F_{I1}=m_1a,\ F_{I2e}=m_2a_e=m_2a,\ F_{I2r}=m_2a_r,\ M_{I2}=J_O\alpha$$

其中，a 为三棱柱的加速度，也是圆柱质心 C 的牵连加速度；a_r 为圆柱质心 O 相对于三棱柱的加速度，$J_O=\dfrac{1}{2}m_2r^2$，α 为圆柱的角加速度，且 $a_r=r\alpha$。

（1）令 $\delta x=0$，$\delta\varphi\neq 0$，由动力学普遍方程，得

$$m_2g\sin\theta\cdot r\delta\varphi+F_{I2e}\cos\theta\cdot r\delta\varphi-F_{I2r}\cdot r\delta\varphi-M_{I2}\delta\varphi=0$$

将各惯性力（力偶）代入上式得

$$m_2g\sin\theta\cdot r\delta\varphi+m_2a\cos\theta\cdot r\delta\varphi-m_2a_r\cdot r\delta\varphi-\frac{1}{2}m_2r^2\alpha\delta\varphi=0$$

整理有
$$\left(g\sin\theta+a\cos\theta-\frac{3}{2}a_r\right)m_2r\delta\varphi=0$$

由 $\delta\varphi$ 的任意性，得

$$g\sin\theta+a\cos\theta-\frac{3}{2}a_r=0 \tag{a}$$

（2）令 $\delta\varphi=0$，$\delta x\neq 0$，由动力学普遍方程，得

$$-(F_{I1}+F_{I2e})\delta x+F_{I2r}\cos\theta\cdot\delta x=0$$

将各惯性力（力偶）代入上式得

$$-(m_1+m_2)a\delta x+m_2a_r\cos\theta\cdot\delta x=0$$

整理有
$$[(m_1+m_2)a-m_2a_r\cos\theta]\delta x=0$$

由 δx 的任意性，得

$$(m_1+m_2)a-m_2a_r\cos\theta=0 \tag{b}$$

联立式（a）与式（b），解得

$$a=\frac{m_2g\sin2\theta}{3(m_1+m_2)-2m_2\cos^2\theta},\ a_r=\frac{2g\sin\theta(m_1+m_2)}{3(m_1+m_2)-2m_2\cos^2\theta}$$

思考与讨论：

（1）试采用动力学普遍定理求解本题，体会动力学普遍方程的优势。

（2）令 $\delta x=0$，$\delta\varphi\neq 0$ 时，$\delta\varphi$ 是相对运动量，求虚功时是否不应该包含 $\boldsymbol{F}_{I2e}$ 的虚功？

（3）令 $\delta\varphi=0$，$\delta x\neq 0$ 时，δx 是牵连运动量，求虚功时是否不应该包含 $\boldsymbol{F}_{I2r}$ 的虚功？

16.5 拉格朗日方程

动力学普遍方程已是不包含理想约束力的动力学方程组，但式（16-14）所示是直角坐标形式的，质点系中各质点的直角坐标由约束方程相互联系，并不独立，需要涉及虚位移关系的计算，因此，采用式（16-14）得到的动力学普遍方程一般不是最少量方程。如果采用广义坐标描述质点系的运动，将动力学普遍方程表示为广义坐标的形式，就可以得到一组独立的最少量的微分方程。

课程加油站

拉格朗日以动力学普遍方程为基础，从约束方程的一般形式出发，导出以广义坐标表示的动力学普遍方程。该方程的物理概念更清楚而且又便于运算，称之为第二类拉格朗日方程。

16.5.1 第二类拉格朗日方程的推导

1. 拉格朗日关系式

为了推导有普遍物理意义而又使用方便的数学形式，下面先介绍推演拉格朗日方程所引入的两个数学关系式。

（1）
$$\frac{\partial \dot{\boldsymbol{r}}_i}{\partial \dot{q}_j}=\frac{\partial \boldsymbol{r}_i}{\partial q_j} \tag{16-15}$$

式（16-15）表示，任一点的速度$\dot{\boldsymbol{r}}_i$对广义速度$\dot{q}_j$求偏导，等于同一点的矢径$\boldsymbol{r}_i$对广义坐标q_j求偏导。

证明：将$\boldsymbol{r}_i=\boldsymbol{r}_i(q_1, q_2, \cdots, q_k, t)$对时间$t$求导数，可得

$$\dot{\boldsymbol{r}}_i=\sum_{j=1}^{k}\frac{\partial \boldsymbol{r}_i}{\partial q_j}\dot{q}_j+\frac{\partial \boldsymbol{r}_i}{\partial t} \tag{16-16}$$

将式（16-16）对广义速度$\dot{q}_j$求偏导数，注意$\frac{\partial \boldsymbol{r}_i}{\partial q_j}$和$\frac{\partial \boldsymbol{r}_i}{\partial t}$只是广义坐标$q_j$和时间$t$的函数，故$\frac{\partial \dot{\boldsymbol{r}}_i}{\partial \dot{q}_j}=\frac{\partial \boldsymbol{r}_i}{\partial q_j}$，式（16-15）得证。

（2）
$$\frac{\mathrm{d}}{\mathrm{d}t}\frac{\partial \boldsymbol{r}_i}{\partial q_j}=\frac{\partial}{\partial q_j}\frac{\mathrm{d}\boldsymbol{r}_i}{\mathrm{d}t} \tag{16-17}$$

式（16-17）表示，任一点矢径$\boldsymbol{r}_i$对时间t求全导数和对某一广义坐标求偏导数的次序可以交换。

证明：将式（16-16）对广义坐标q_j求偏导数，则

$$\frac{\partial \dot{\boldsymbol{r}}_i}{\partial q_j}=\sum_{s=1}^{k}\frac{\partial^2 \boldsymbol{r}_i}{\partial q_j \partial q_s}\dot{q}_s+\frac{\partial^2 \boldsymbol{r}_i}{\partial t \partial q_j} \tag{16-18}$$

将

$$\frac{\partial \boldsymbol{r}_i}{\partial q_j}=\frac{\partial \boldsymbol{r}_i}{\partial q_j}(q_1, q_2, \cdots, q_k, t)$$

对时间 t 求全导数，则有

$$\frac{\mathrm{d}}{\mathrm{d}t}\frac{\partial \boldsymbol{r}_i}{\partial q_j}=\sum_{s=1}^{k}\frac{\partial^2 \boldsymbol{r}_i}{\partial q_j \partial q_s}\dot{q}_s+\frac{\partial^2 \boldsymbol{r}_i}{\partial t \partial q_j} \tag{16-19}$$

比较式（16-18）与式（16-19），可得

$$\frac{\mathrm{d}}{\mathrm{d}t}\frac{\partial \boldsymbol{r}_i}{\partial q_j}=\frac{\partial \dot{\boldsymbol{r}}_i}{\partial q_j}=\frac{\partial}{\partial q_j}\frac{\mathrm{d}\boldsymbol{r}_i}{\mathrm{d}t}$$

式（16-17）得证。

2. 拉格朗日方程的基本形式

设由 n 个质点组成的质点系，受完整双面理想约束，具有 k 个自由度，其位置可由 k 个广义坐标q_1，q_2，…，q_k 来确定。对于完整约束，质点系中各个质点的矢径可以写成广义坐标的函数形式，即

$$\boldsymbol{r}_i=\boldsymbol{r}_i(q_1,q_2,\cdots,q_k,t)$$

对上式求变分，则有

$$\delta\boldsymbol{r}_i=\sum_{j=1}^{k}\frac{\partial \boldsymbol{r}_i}{\partial q_j}\delta q_j$$

代入动力学普遍方程（16-13c）得

$$\sum_{i=1}^{n}(\boldsymbol{F}_i-m_i\ddot{\boldsymbol{r}}_i)\cdot\sum_{j=1}^{k}\frac{\partial \boldsymbol{r}_i}{\partial q_j}\delta q_j=0$$

改变求和顺序，得

$$\sum_{j=1}^{k}\left(\sum_{i=1}^{n}\boldsymbol{F}_i\cdot\frac{\partial \boldsymbol{r}_i}{\partial q_j}-\sum_{i=1}^{n}m_i\ddot{\boldsymbol{r}}_i\cdot\frac{\partial \boldsymbol{r}_i}{\partial q_j}\right)\cdot\delta q_j=0 \tag{16-20}$$

由$\frac{\mathrm{d}}{\mathrm{d}t}\left(\dot{\boldsymbol{r}}_i\cdot\frac{\partial \boldsymbol{r}_i}{\partial q_j}\right)=\ddot{\boldsymbol{r}}_i\cdot\frac{\partial \boldsymbol{r}_i}{\partial q_j}+\dot{\boldsymbol{r}}_i\cdot\frac{\mathrm{d}}{\mathrm{d}t}\frac{\partial \boldsymbol{r}_i}{\partial q_j}$移项可得

$$\ddot{\boldsymbol{r}}_i\cdot\frac{\partial \boldsymbol{r}_i}{\partial q_j}=\frac{\mathrm{d}}{\mathrm{d}t}\left(\dot{\boldsymbol{r}}_i\cdot\frac{\partial \boldsymbol{r}_i}{\partial q_j}\right)-\dot{\boldsymbol{r}}_i\cdot\frac{\mathrm{d}}{\mathrm{d}t}\frac{\partial \boldsymbol{r}_i}{\partial q_j} \tag{16-21}$$

将式（16-15）、式（16-17）代入式（16-21），得

$$\ddot{\boldsymbol{r}}_i\cdot\frac{\partial \boldsymbol{r}_i}{\partial q_j}=\frac{\mathrm{d}}{\mathrm{d}t}\left(\dot{\boldsymbol{r}}_i\cdot\frac{\partial \dot{\boldsymbol{r}}_i}{\partial \dot{q}_j}\right)-\dot{\boldsymbol{r}}_i\cdot\frac{\partial \dot{\boldsymbol{r}}_i}{\partial q_j} \tag{16-22}$$

将式（16-22）代入式（16-20）括号中第二项，并交换求和求导顺序，得

$$\sum_{i=1}^{n}m_i\ddot{\boldsymbol{r}}_i\cdot\frac{\partial \boldsymbol{r}_i}{\partial q_j}=\frac{\mathrm{d}}{\mathrm{d}t}\sum_{i=1}^{n}m_i\dot{\boldsymbol{r}}_i\cdot\frac{\partial \dot{\boldsymbol{r}}_i}{\partial \dot{q}_j}-\sum_{i=1}^{n}m_i\dot{\boldsymbol{r}}_i\cdot\frac{\partial \dot{\boldsymbol{r}}_i}{\partial q_j}$$

其中，

$$\sum_{i=1}^{n}m_i\dot{\boldsymbol{r}}_i\cdot\frac{\partial \dot{\boldsymbol{r}}_i}{\partial \dot{q}_j}=\frac{\partial}{\partial \dot{q}_j}\sum_{i=1}^{n}\frac{1}{2}m_i\dot{\boldsymbol{r}}_i\cdot\dot{\boldsymbol{r}}_i=\frac{\partial T}{\partial \dot{q}_j}$$

$$\sum_{i=1}^{n}m_i\dot{\boldsymbol{r}}_i\cdot\frac{\partial \dot{\boldsymbol{r}}_i}{\partial q_j}=\frac{\partial}{\partial q_j}\sum_{i=1}^{n}\frac{1}{2}m_i\dot{\boldsymbol{r}}_i\cdot\dot{\boldsymbol{r}}_i=\frac{\partial T}{\partial q_j}$$

式中，$T=\sum_{i=1}^{n}\frac{1}{2}m_i\dot{\boldsymbol{r}}_i\cdot\dot{\boldsymbol{r}}_i=\sum_{i=1}^{n}\frac{1}{2}m_iv_i^2$，代表系统的动能。所以

$$\sum_{i=1}^{n}m_i\ddot{\boldsymbol{r}}_i\cdot\frac{\partial\boldsymbol{r}_i}{\partial q_j}=\frac{\mathrm{d}}{\mathrm{d}t}\frac{\partial T}{\partial\dot{q}_j}-\frac{\partial T}{\partial q_j}\tag{16-23}$$

根据式（16-3），式（16-20）中第一个和式为对应广义坐标的广义力，即

$$\sum_{i=1}^{n}\boldsymbol{F}_i\cdot\frac{\partial\boldsymbol{r}_i}{\partial q_j}=Q_j$$

将式（16-3）、式（16-23）代入式（16-20），得

$$\sum_{j=1}^{k}\left[Q_j-\left(\frac{\mathrm{d}}{\mathrm{d}t}\frac{\partial T}{\partial\dot{q}_j}-\frac{\partial T}{\partial q_j}\right)\right]\delta q_j=0\tag{16-24}$$

对于完整约束的质点系，虚位移 δq_j（$j=1,2,\cdots,k$）都是相互独立的，且 δq_1，δq_2，…，δq_k 取任意值，式（16-24）均成立。取任意 $\delta q_j\neq0$，其他虚位移都为零，则可以得到 k 个方程，即

$$\frac{\mathrm{d}}{\mathrm{d}t}\frac{\partial T}{\partial\dot{q}_j}-\frac{\partial T}{\partial q_j}=Q_j\quad(j=1,2,\cdots,k)\tag{16-25}$$

式（16-25）称为**第二类拉格朗日方程**。它是由 k 个二阶常微分方程组成的方程组，方程的数目和系统的自由度数目相等，积分可以得到以广义坐标表示的质点的运动方程。

3. 保守系统的拉格朗日方程

在上述条件下，如果质点系所受的主动力都是有势力，则广义力可表示为

$$Q_j=-\frac{\partial V}{\partial q_j}$$

代入式（16-25），得

$$\frac{\mathrm{d}}{\mathrm{d}t}\frac{\partial T}{\partial\dot{q}_j}-\frac{\partial T}{\partial q_j}+\frac{\partial V}{\partial q_j}=0\quad(j=1,2,\cdots,k)\tag{16-26}$$

将质点系动能和势能之差用 L 表示，即令

$$L=T-V\tag{16-27}$$

式中，L 称为**拉格朗日函数**。

由于势能函数不含广义速度 $\dot{q}_j$，因而 $\frac{\partial V}{\partial\dot{q}_j}=0$，方程（16-26）可以改写成

$$\frac{\mathrm{d}}{\mathrm{d}t}\frac{\partial(T-V)}{\partial\dot{q}_j}-\frac{\partial(T-V)}{\partial q_j}=0\quad(j=1,2,\cdots,k)$$

将式（16-27）代入上式，得

$$\frac{\mathrm{d}}{\mathrm{d}t}\frac{\partial L}{\partial\dot{q}_j}-\frac{\partial L}{\partial q_j}=0\quad(j=1,2,\cdots,k)\tag{16-28}$$

式（16-28）称为**保守系统的拉格朗日方程**。

思考与讨论：

（1）试用拉格朗日方程推导刚体平面运动微分方程。

（2）应用拉格朗日方程求解问题时，若系统中有摩擦力应该如何处理？

（3）第二类拉格朗日方程为什么要求质点系受完整双面理想约束，推导过程中分别在哪一步用到这些条件？

16.5.2 第二类拉格朗日方程的应用

第二类拉格朗日方程是以广义坐标表示的质点系动力学方程，是解决完整约束系统动力学问题的普遍方程，具有形式简洁、便于计算的特点。

由式（16-25）和式（16-28）可知，利用拉格朗日方程解题，首先要计算出以广义坐标和广义速度表示的系统的动能函数 T 和各广义坐标相对应的广义力 Q_j。具体解题步骤如下：

（1）判断约束是否为完整双面理想约束，主动力是否有势，确定能否采用一般式拉格朗日方程，或是采用保守系统的拉格朗日方程。

（2）确定研究对象，一般以整个系统研究，确定系统的自由度数目，选取合适的广义坐标。

（3）分析系统的运动，写出用广义坐标及广义速度表示的系统的动能 T（速度及角速度均为绝对的）。正确计算系统动能要求综合应用运动学速度分析的方法及动力学计算各种运动形式刚体动能的方法。

（4）计算对应每个广义坐标的广义力 Q_j；当主动力为有势力时，如果采用保守系统的拉格朗日方程求解，需要写出用广义坐标表示的势能及拉格朗日函数。

（5）计算诸导数，将动能或拉格朗日函数、广义力代入拉格朗日方程。

（6）写出拉格朗日方程并加以整理，得到 k 个二阶常微分方程。代入初始条件，解得运动方程。

例题动画

求解程序

例 16-8 在水平面内运动的行星齿轮机构如图 16-9 所示。已知动齿轮半径为 r，重为 P，可视为均质圆盘；曲柄 OA 重 Q，可视为均质杆；定齿轮半径为 R。今在曲柄上作用一矩为 M 的常力偶，使机构运动。求曲柄的运动方程。

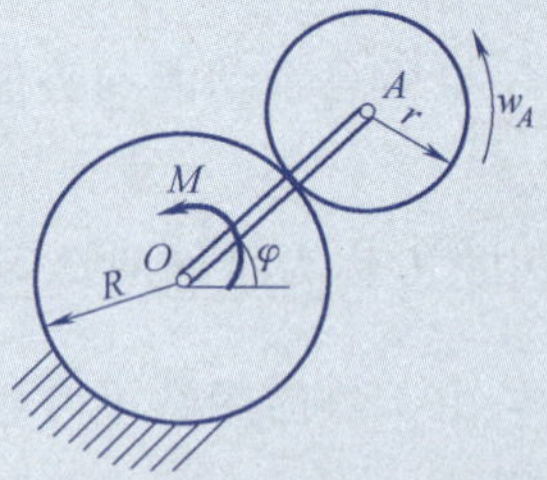

图 16-9

解： 以整个系统为研究对象，系统具有一个自由度，取曲柄转角 φ 为广义坐标。

由运动学关系知，$\omega_A=\dfrac{(R+r)\dot{\varphi}}{r}$

则系统的动能

$$T=\frac{1}{2}\left[\frac{1}{3}\frac{Q}{g}(r+R)^2\right]\dot{\varphi}^2+\frac{1}{2}\frac{P}{g}(r+R)^2\dot{\varphi}^2+\frac{1}{2}\left(\frac{1}{2}\frac{P}{g}r^2\right)\omega_A^2$$

$$=\frac{1}{12g}(2Q+9P)(r+R)^2\dot{\varphi}^2$$

给曲柄以虚位移 $\delta\varphi$，则对应的广义力

$$Q_{\varphi}=\frac{\sum \delta W_F}{\delta\varphi}=\frac{M\delta\varphi}{\delta\varphi}=M$$

计算诸导数

$$\frac{\partial T}{\partial\dot{\varphi}}=\frac{1}{6g}(2Q+9P)(r+R)^2\dot{\varphi},\ \frac{\mathrm{d}}{\mathrm{d}t}\frac{\partial T}{\partial\dot{\varphi}}=\frac{1}{6g}(2Q+9P)(r+R)^2\ddot{\varphi},\ \frac{\partial T}{\partial\varphi}=0$$

代入拉格朗日方程 $\frac{\mathrm{d}}{\mathrm{d}t}\frac{\partial T}{\partial\dot{\varphi}}-\frac{\partial T}{\partial\varphi}=Q_{\varphi}$，得 $\frac{1}{6g}(2Q+9P)(r+R)^2\ddot{\varphi}=M$，即

$$\ddot{\varphi}=\frac{6Mg}{(2Q+9P)(r+R)^2}$$

积分得曲柄的运动方程为

$$\varphi=\frac{3Mg}{(2Q+9P)(r+R)^2}t^2+\dot{\varphi}_0t+\varphi_0$$

其中，φ_0、$\dot{\varphi}_0$ 分别为初始转角和初始角速度。

例 16-9　如图 16-10 所示，轮 A 的质量为 m_1，在水平面上只滚动不滑动，定滑轮 B 的质量为 m_2，两轮均为均质圆盘，半径均为 R，重物 C 的质量为 m_3，弹簧的弹性系数为 k，试求系统的运动微分方程。

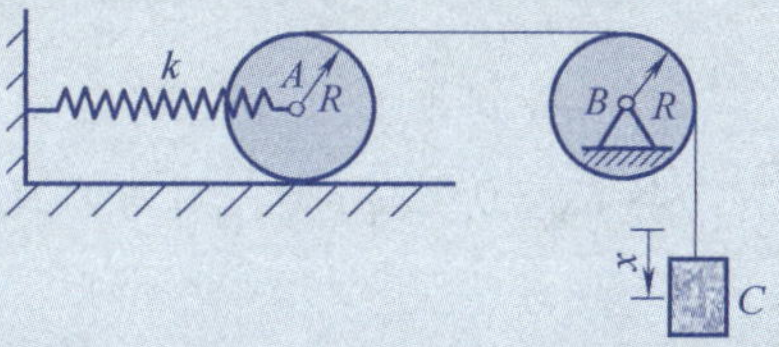

图　16-10

例题动画

求解程序

解：以系统为研究对象，系统具有一个自由度。取 x 为广义坐标，x 从重物的平衡位置量起，如图 16-10 所示。

系统的动能

$$T=\frac{1}{2}\left(\frac{3}{2}m_1R^2\right)\left(\frac{\dot{x}}{2R}\right)^2+\frac{1}{2}\left(\frac{1}{2}m_2R^2\right)\left(\frac{\dot{x}}{R}\right)^2+\frac{1}{2}m_3\dot{x}^2=\frac{1}{16}(3m_1+4m_2+8m_3)\dot{x}^2$$

设系统平衡时弹簧的静伸长为 δ_{st}，则 $k\delta_{\mathrm{st}}=2m_3g$，以系统平衡位置为弹性力及重物 C 的零势能位置，则系统的势能为

$$V=-m_3gx+\frac{k}{2}\left[\left(\delta_{\mathrm{st}}+\frac{x}{2}\right)^2-\delta_{\mathrm{st}}^{\ 2}\right]=\frac{1}{8}kx^2$$

则拉格朗日函数

$$L=T-V=\frac{1}{16}(3m_1+4m_2+8m_3)\dot{x}^2-\frac{1}{8}kx^2$$

计算诸导数，代入保守系统的拉格朗日方程 $\frac{\mathrm{d}}{\mathrm{d}t}\frac{\partial L}{\partial\dot{q}_j}-\frac{\partial L}{\partial q_j}=0$，得

$$(3m_1+4m_2+8m_3)\ddot{x}+2kx=0$$

即为系统的运动微分方程。

例题动画

求解程序

例 16-10 如图 16-11 所示，半径为 R 的均质圆轮质量为 m_1，在水平面上只滚不滑。杆长 L，质量为 m_2，与轮在圆心 A 铰接，试求系统的运动微分方程。

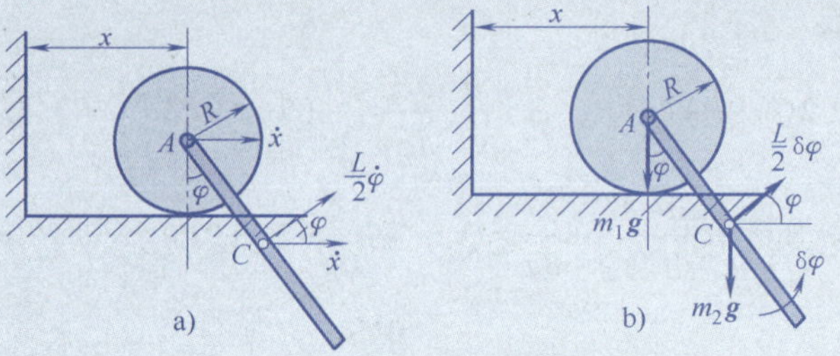

图 16-11

解： 以系统为研究对象，系统具有两个自由度，取 x 和 φ 为广义坐标，如图 16-11a 所示。

系统的动能

$$T=\frac{1}{2}\left(\frac{3}{2}m_1R^2\right)\left(\frac{\dot{x}}{R}\right)^2+\frac{1}{2}m_2\left(\dot{x}^2+\frac{L^2}{4}\dot{\varphi}^2+2\,\frac{L}{2}\dot{x}\dot{\varphi}\cos\varphi\right)+\frac{1}{2}\left(\frac{1}{12}m_2L^2\right)\dot{\varphi}^2$$

整理得

$$T=\frac{3}{4}m_1\dot{x}^2+\frac{1}{2}m_2\left(\dot{x}^2+\frac{L^2}{4}\dot{\varphi}^2+L\dot{x}\dot{\varphi}\cos\varphi\right)+\frac{1}{24}m_2L^2\dot{\varphi}^2$$

下面分别求广义坐标对应的广义力。

令 $\delta x\neq 0$，$\delta\varphi=0$，则与广义坐标 x 对应的系统广义力为

$$Q_x=\frac{\sum\delta W_F}{\delta x}=\frac{0}{\delta x}=0$$

令 $\delta x=0$，$\delta\varphi\neq 0$，如图 16-11b 所示，则与广义坐标 φ 对应的系统广义力为

$$Q_\varphi=\frac{\sum\delta W_F}{\delta\varphi}=\frac{-m_2g\,\dfrac{L}{2}\delta\varphi\sin\varphi}{\delta\varphi}=-m_2g\,\frac{L}{2}\sin\varphi$$

代入拉格朗日方程 $\dfrac{\mathrm{d}}{\mathrm{d}t}\dfrac{\partial T}{\partial\dot{x}}-\dfrac{\partial T}{\partial x}=Q_x$，$\dfrac{\mathrm{d}}{\mathrm{d}t}\dfrac{\partial T}{\partial\dot{\varphi}}-\dfrac{\partial T}{\partial\varphi}=Q_\varphi$，得

$$\begin{cases}\dfrac{3}{2}m_1\ddot{x}+m_2\ddot{x}+\dfrac{1}{2}m_2L\dfrac{\mathrm{d}}{\mathrm{d}t}(\dot{\varphi}\cos\varphi)=0\\[2mm]\dfrac{1}{4}m_2L^2\ddot{\varphi}+\dfrac{1}{2}m_2L\dfrac{\mathrm{d}}{\mathrm{d}t}(\dot{x}\cos\varphi)+\dfrac{1}{12}m_2L^2\ddot{\varphi}+\dfrac{1}{2}m_2L\dot{x}\dot{\varphi}\sin\varphi=-m_2g\,\dfrac{L}{2}\sin\varphi\end{cases}$$

整理得

$$\begin{cases}(3m_1+2m_2)\ddot{x}+m_2L\ddot{\varphi}\cos\varphi-m_2L\dot{\varphi}^2\sin\varphi=0\\2L\ddot{\varphi}+3\ddot{x}\cos\varphi+3g\sin\varphi=0\end{cases}$$

为系统的运动微分方程。

例 16-11　如图 16-12 所示，轮为均质圆盘，质量为 m_1，半径为 R，轮心 O 及重物 A 只能沿铅直方向运动，重物 A 的质量为 m_2，弹簧的弹性系数为 k，原长为 L_0。试求系统的运动微分方程。

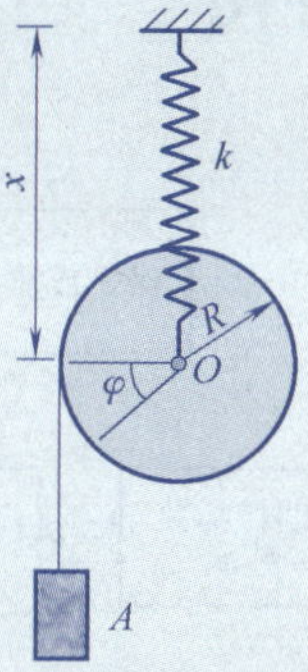

图　16-12

例题动画

求解程序

解： 以系统为研究对象，系统具有两个自由度，取 x 和 φ 为广义坐标，如图 16-12 所示。

系统的动能 $T=\dfrac{1}{2}m_1\dot{x}^2+\dfrac{1}{2}\left(\dfrac{1}{2}m_1R^2\right)\dot{\varphi}^2+\dfrac{1}{2}m_2(\dot{x}+R\dot{\varphi})^2$

下面分别求广义坐标对应的广义力。

令 $\delta x\neq0$，$\delta\varphi=0$，则与广义坐标 x 对应的系统广义力为

$$Q_x=\frac{\sum\delta W^{(x)}}{\delta x}=\frac{(m_1+m_2)g\delta x-k(x-L_0)\delta x}{\delta x}$$
$$=(m_1+m_2)g-k(x-L_0)$$

令 $\delta x=0$，$\delta\varphi\neq0$，则与广义坐标 φ 对应的系统广义力为

$$Q_\varphi=\frac{\sum\delta W^{(\varphi)}}{\delta\varphi}=\frac{m_2gR\delta\varphi}{\delta\varphi}=m_2gR$$

代入拉格朗日方程 $\dfrac{\mathrm{d}}{\mathrm{d}t}\dfrac{\partial T}{\partial\dot{x}}-\dfrac{\partial T}{\partial x}=Q_x$；$\dfrac{\mathrm{d}}{\mathrm{d}t}\dfrac{\partial T}{\partial\dot{\varphi}}-\dfrac{\partial T}{\partial\varphi}=Q_\varphi$，得

$$\begin{cases}m_1\ddot{x}+m_2\dfrac{\mathrm{d}}{\mathrm{d}t}(\dot{x}+R\dot{\varphi})=(m_1+m_2)g-k(x-L_0)\\[2mm]\dfrac{1}{2}m_1R^2\ddot{\varphi}+m_2R^2\ddot{\varphi}+m_2R\ddot{x}=m_2gR\end{cases}$$

整理得

$$\begin{cases}(m_1+m_2)\ddot{x}+m_2R\ddot{\varphi}=(m_1+m_2)g-k(x-L_0)\\(m_1+2m_2)R\ddot{\varphi}+2m_2\ddot{x}=2m_2g\end{cases}$$

为系统的运动微分方程。

本章思维导图

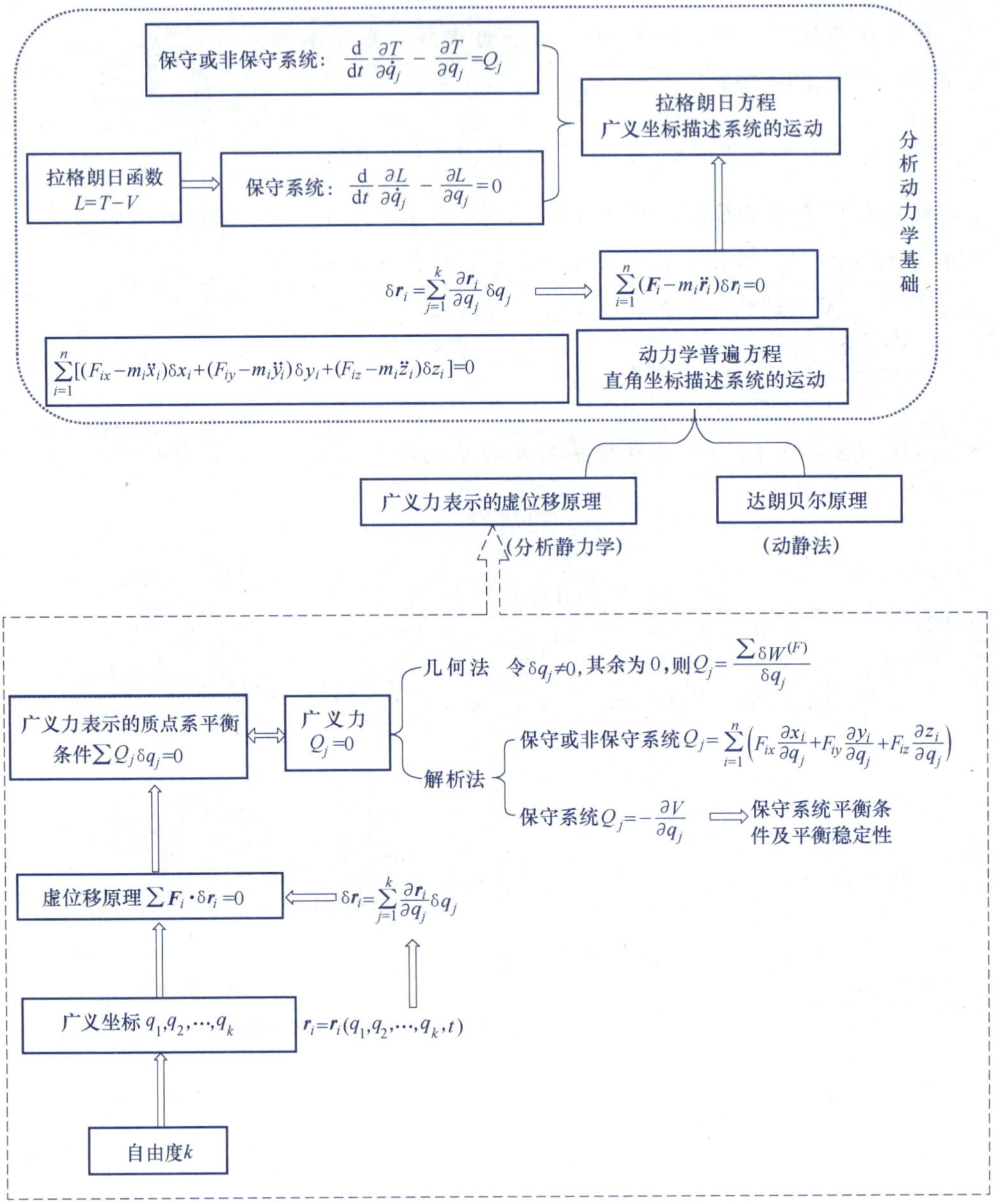
保守或非保守系统：$\frac{d}{dt}\frac{\partial T}{\partial \dot{q}_j}-\frac{\partial T}{\partial q_j}=Q_j$
拉格朗日函数 $L=T-V$
保守系统：$\frac{d}{dt}\frac{\partial L}{\partial \dot{q}_j}-\frac{\partial L}{\partial q_j}=0$
拉格朗日方程
广义坐标描述系统的运动
分析动力学基础
$\delta \boldsymbol{r}_i=\sum_{j=1}^{k}\frac{\partial \boldsymbol{r}_i}{\partial q_j}\delta q_j$
$\sum_{i=1}^{n}(\boldsymbol{F}_i-m_i\ddot{\boldsymbol{r}}_i)\delta \boldsymbol{r}_i=0$
$\sum_{i=1}^{n}[(F_{ix}-m_i\ddot{x}_i)\delta x_i+(F_{iy}-m_i\ddot{y}_i)\delta y_i+(F_{iz}-m_i\ddot{z}_i)\delta z_i]=0$
动力学普遍方程
直角坐标描述系统的运动
广义力表示的虚位移原理
（分析静力学）
达朗贝尔原理
（动静法）
几何法 令$\delta q_j\neq 0$，其余为0，则$Q_j=\frac{\sum \delta W^{(F)}}{\delta q_j}$
广义力表示的质点系平衡条件$\sum Q_j\delta q_j=0$
广义力 $Q_j=0$
解析法
保守或非保守系统$Q_j=\sum_{i=1}^{n}\left(F_{ix}\frac{\partial x_i}{\partial q_j}+F_{iy}\frac{\partial y_i}{\partial q_j}+F_{iz}\frac{\partial z_i}{\partial q_j}\right)$
保守系统$Q_j=-\frac{\partial V}{\partial q_j}$
保守系统平衡条件及平衡稳定性
虚位移原理$\sum \boldsymbol{F}_i\cdot\delta \boldsymbol{r}_i=0$
$\delta \boldsymbol{r}_i=\sum_{j=1}^{k}\frac{\partial \boldsymbol{r}_i}{\partial q_j}\delta q_j$
广义坐标 $q_1,q_2,\cdots,q_k$
$\boldsymbol{r}_i=\boldsymbol{r}_i(q_1,q_2,\cdots,q_k,t)$
自由度k

习题

16-1　如题 16-1 图所示，假设摆球质量为 m，摆长为 l，应用拉格朗日方程推导单摆运动微分方程。试分别以下列参数为广义坐标：（1）转角 θ；（2）水平坐标 x；（3）铅垂坐标 y。

16-2　单摆摆长为 l，质量为 m，其悬点铰接在质量为 m_0 的滑块上，如题 16-2 图所示。滑块可在水平槽内运动，不计摩擦，试导出其运动微分方程，并求其微振动的周期 T。

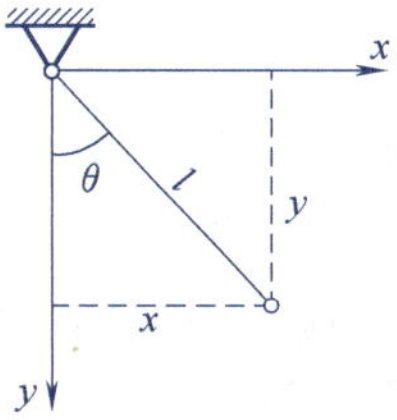

题　16-1 图

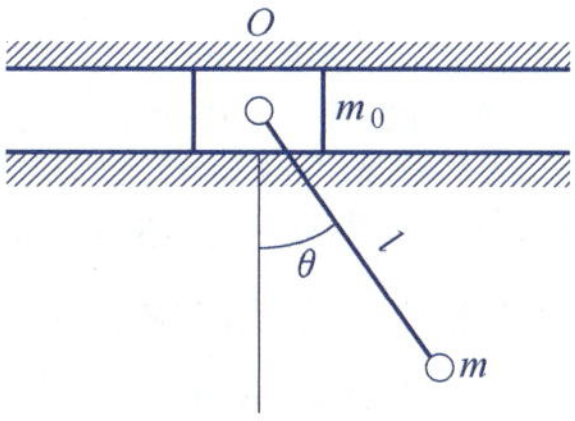

题　16-2 图

16-3　如题 16-3 图所示的行星齿轮机构中，以 O_1 为轴的轮不动。其半径为 r，整个机构在同一水平面内。设两行星轮均为均质圆盘，半径为 r，质量为 m。如在曲柄 O_1O_2 上作用矩为 M 的转动力偶，不计曲柄质量。求曲柄的角加速度。

16-4　三个齿轮的质量分别为 m_1、m_2 和 m_3，互相啮合，如题 16-4 图所示。各齿轮可视为均质圆盘，其半径分别为 r_1、r_2 和 r_3。在第一个齿轮上作用矩为 M_1 的转动力偶，而在其余两个齿轮上分别作用矩为 M_2 和 M_3 的阻力偶，其转向如图所示。求齿轮 1 的角加速度和齿轮 2、3 之间的相互作用力。

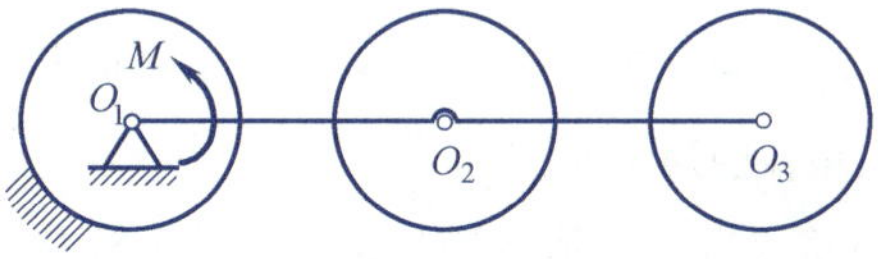

题　16-3 图

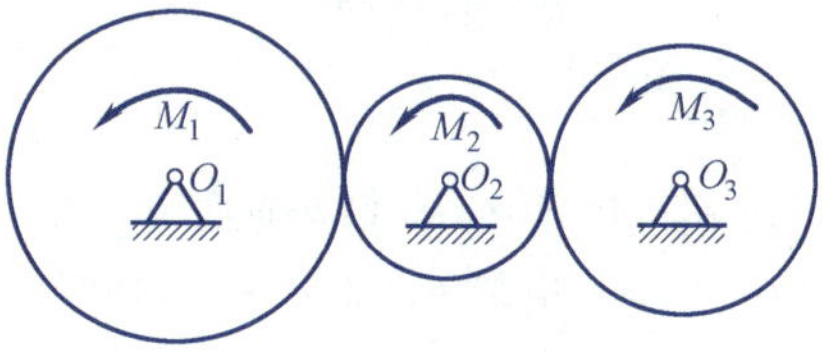

题　16-4 图

16-5　如题 16-5 图所示，质量为 m 的质点在一半径为 R 的圆环内运动，要求此圆环在力矩 M 的作用下以等角速度 ω 绕铅直轴 AB 转动，圆环对该轴的转动惯量为 J。求质点的运动微分方程和力偶的力偶矩 M。

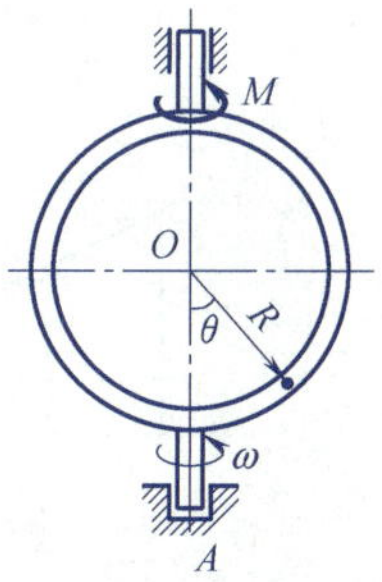

题　16-5 图

16-6　如题 16-6 图所示，长为 l 的细杆 OA，O 端铰支，A 端固结一质量为 m_1 的小球，另一系以弹簧的小球 B，质量为 m_2，在重力和弹性力作用下可沿细杆滑动。细杆 OA 在铅垂面内做大幅振动。已知弹簧的弹性系数为 k，自然长度为 l_0，不计摩擦和细杆质量，试求系统的运动微分方程。

16-7　如题 16-7 图所示，实心均质圆柱 B 和质量均匀分布于边缘的空心圆柱 A，半径均为 R，质量分别为 m_1 和 m_2，两者用通过定滑轮的绳索相连。设 A 铅直下降，B 沿水平面做纯滚动，滚动摩擦不计，试求两圆柱的角加速度及圆心的加速度。

16-8　如题 16-8 图所示，滑块 A 与小球 B 重均为 $\boldsymbol{P}$，系于绳子的两端，绳长 l。滑块 A 放

在光滑的水平面上。用手托住 B 球，并使其偏离铅直位置一微小角度，然后放手。设滑轮的大小不计，试求 A、B 的运动微分方程。

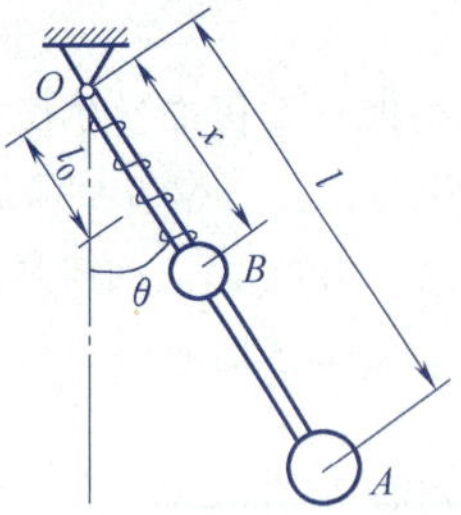

题 16-6 图

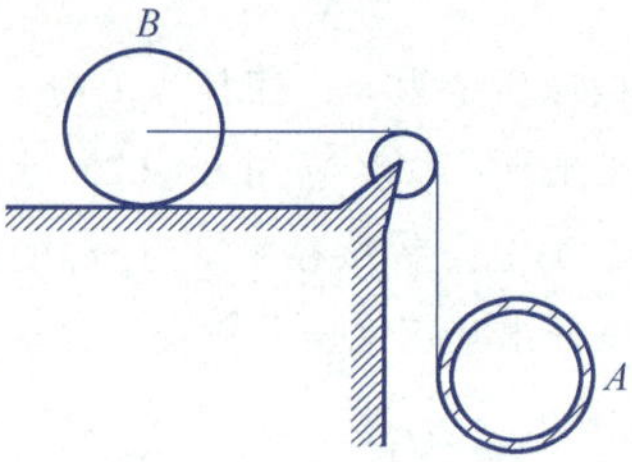

题 16-7 图

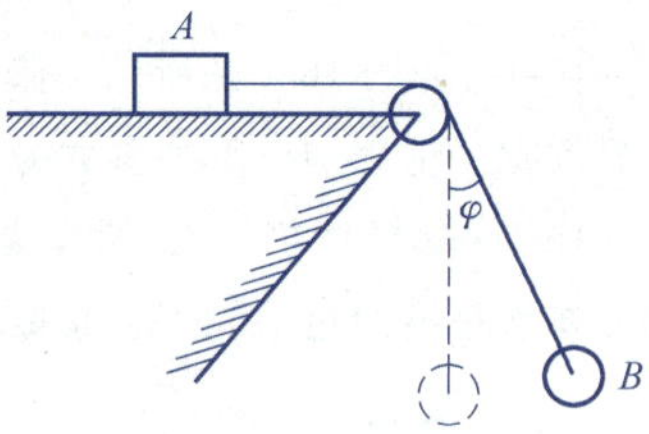

题 16-8 图

16-9 如题 16-9 图所示，绕在圆柱体 A 上的绳子，跨过质量为 M 的均质滑轮 O，与一质量为 m_B 的重物 B 相连。圆柱体的质量为 m_A，半径为 r，对于轴心的回转半径为 ρ。如绳与滑轮之间无滑动，问回转半径 ρ 满足什么条件物体 A 向上运动？（初始系统静止）

16-10 质量为 M 的水平台用长为 l 的绳子悬挂起来，如题 16-10 图所示。小球的质量为 m，半径为 r，沿水平台无滑动滚动。试以 θ 和 x 为广义坐标建立系统的运动微分方程。

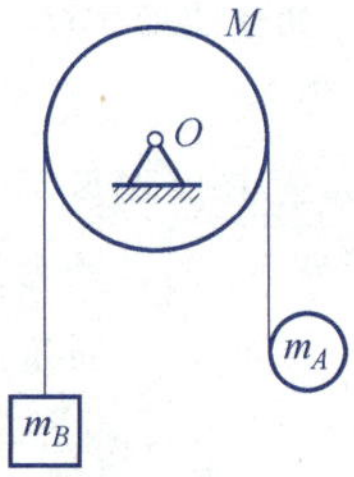

题 16-9 图

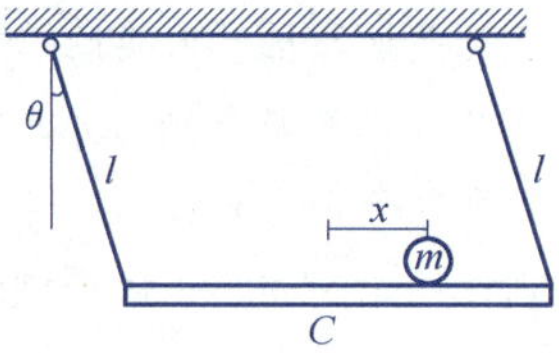

题 16-10 图

16-11 如题 16-11 图所示，一重 $\boldsymbol{P}$ 的三棱柱放在光滑水平面上，另一重 $\boldsymbol{Q}$ 的均质圆柱，沿三棱柱斜面做纯滚动，已知斜面倾角为 θ，求三棱柱的加速度。

16-12 一均质圆盘的半径为 r，质量为 m，可绕垂直于盘面并通过盘心的水平轴 O 转动，在圆盘上以长 l 的绳 AB 悬挂一质量为 m 的质点，如题 16-12 图所示。试求系统的运动微分方程。

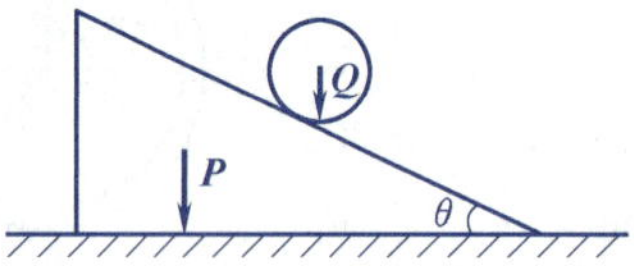

题 16-11 图

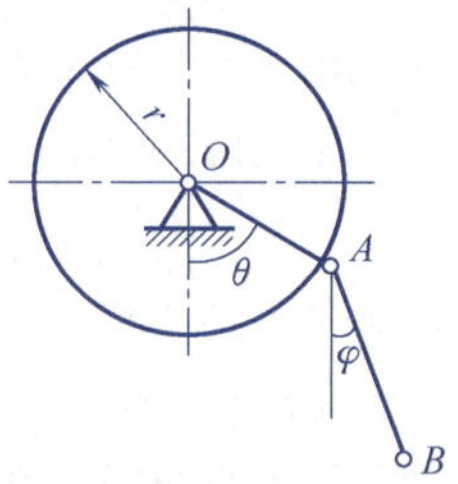

题 16-12 图

16-13 杆 OA 的长 $l=1.5\text{m}$，质量不计，可绕水平轴 O 摆动，在 A 端装一质量 $m=2\text{kg}$，半径 $r=0.5\text{m}$ 的均质圆盘，在圆盘边上 B 点固结一质量为 M 的质点，如题 16-13 图所示。试求系统在平衡位置附近做微小振动的运动微分方程。

16-14 如题 16-14 图所示，物块 M_1、M_2 和 M_3 的质量分别为 m_1、m_2 和 m_3。动滑轮 O，定滑轮 A、B 及绳的质量略去不计，且不计摩擦。求当物块 M_2 下落时，各物块的加速度。

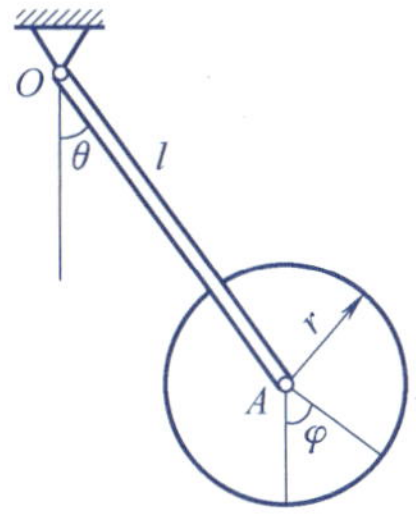

题　16-13 图

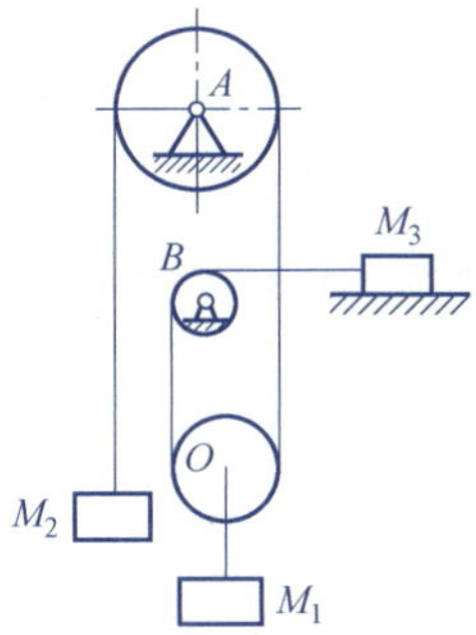

题　16-14 图

16-15　题 16-15 图所示两均质圆轮沿斜面纯滚动，均质杆 AB 与两轮心铰接。已知轮 A 质量为 m_1，半径为r_1，轮 B 质量为 m_2，半径为r_2，均质杆 AB 质量为 m_3，弹簧的弹性系数为 k，试求系统微振动微分方程及圆频率。

16-16　如题 16-16 图所示，物 A 质量为 m_1，物 B 质量为 m_2，弹簧的弹性系数为 k，其 O 端固定于物 A 上，另一端与物 B 相连。系统由静止开始运动，不计摩擦与弹簧质量，且弹簧在初瞬时无变形，试求运动中物 A 的加速度。

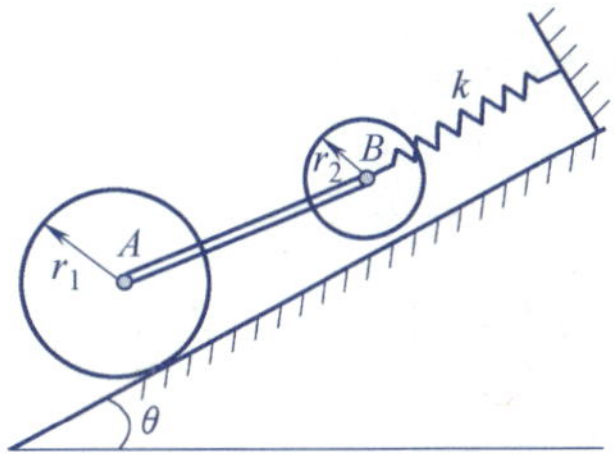

题　16-15 图

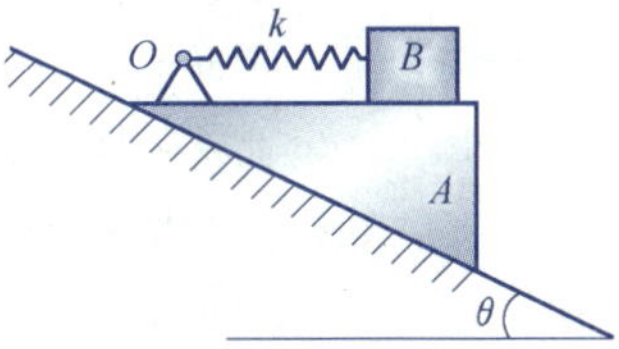

题　16-16 图

习题答案

参考文献

[1] 陈昭仪，高创宽，陈维毅. 理论力学 [M]. 北京：航空工业出版社，1999.
[2] 陈维毅，杨强，刘玮，等. 理论力学 [M]. 北京：兵器工业出版社，2002.
[3] 哈尔滨工业大学理论力学教研室. 理论力学：Ⅰ [M]. 8版. 北京：高等教育出版社，2016.
[4] 范钦珊. 理论力学 [M]. 北京：高等教育出版社，2000.
[5] 贾启芬，刘习军. 理论力学 [M]. 4版. 北京：机械工业出版社，2021.
[6] 李银山. 理论力学：上册 [M]. 北京：人民交通出版社股份有限公司，2016.
[7] 郝桐生. 理论力学 [M]. 2版. 北京：高等教育出版社，1986.
[8] 刘延柱，杨海兴. 理论力学 [M]. 北京：高等教育出版社，1991.
[9] 胡文绩，华蕊，杨强. 理论力学 [M]. 2版. 武汉：华中科技大学出版社，2021.
[10] 王立峰，范钦珊，刘荣梅等. 理论力学 [M]. 2版. 北京：机械工业出版社，2020.
[11] 冯维明，刘广荣，李文娟. 理论力学 [M]. 北京：机械工业出版社，2017.
[12] 陈建芳，李双蓓，滕晓丹. 理论力学 [M]. 北京：机械工业出版社，2020.
[13] 刘巧伶，李洪. 理论力学 [M]. 北京：科学出版社，2005.
[14] 洪嘉振，刘铸永，杨长俊. 理论力学 [M]. 4版. 北京：高等教育出版社，2015.
[15] 密歇尔斯基. 理论力学习题集：第50版 [M]. 李俊峰，译. 北京：高等教育出版社，2013.
[16] 师俊平. 理论力学 [M]. 2版. 北京：机械工业出版社，2021.
[17] 支希哲，高行山，朱西平，等. 理论力学 [M]. 3版. 北京：高等教育出版社，2021.
[18] 梅凤翔，尚玫. 理论力学 [M]. 北京：高等教育出版社，2012.
[19] 谢传锋，王琪，程耀，等. 理论力学 [M]. 北京：高等教育出版社，2009.
[20] 王月梅，曹咏弘. 理论力学 [M]. 2版. 北京：机械工业出版社，2010.
[21] 哈尔滨工业大学理论力学教研室. 理论力学 [M]. 9版. 北京：高等教育出版社，2023.
[22] 武清玺，徐鉴. 理论力学 [M]. 2版. 北京：高等教育出版社，2010.
[23] 顾晓勤，谭朝阳. 理论力学 [M]. 2版. 北京：机械工业出版社，2020.
[24] 希伯勒. 静力学：第12版 [M]. 李俊峰，吕敬，袁长清，译. 北京：机械工业出版社，2013.
[25] 刘习军，贾启芬. 理论力学同步学习辅导与习题全解 [M]. 北京：机械工业出版社，2017.
[26] 赵慧明，严圣平，赵玉成. 理论力学答疑与典型习题解析 [M]. 北京：中国铁道出版社有限公司，2022.